王德保　岳朝軍◎主編

# 文淵閣『四庫全書』岳飛資料匯編

下卷

四庫全書

中國社会科学出版社

# 目　錄

## 《四庫全書・子部》岳飛資料匯編

## 《四庫全書・集部》岳飛資料匯編

# 《四庫全書·子部》岳飛資料匯編

# 

## 莊綽

**撰:《雞肋編》卷中**

紹興三年八月，浙右地震，地生白毛，韌不可斷。時平江童謠曰“地上生白毛，老小一齊逃”，臺臣論其事，因下求言之詔，宰相吕頤浩由此以罪罷。按晉志，成帝咸康初、孝武、太元二年、十四年，地皆生毛，近白災也。孫盛以為人勞之異，其後征伐、徵斂、賦役無寧歲，天下勞擾，百姓疲怨焉。時軍卒多虜掠婦女，人有三四，每隨軍而行，謂之老小。方韓劉自建康鎮江更戍，既而劉移屯池州，韓復分軍江寧。王𤫉往湖南，岳飛自江外來行在，即至九江，郭仲荀赴明州，老小之行已數十萬人也。

**同上書卷下**

紹興四年六月二十三日，申未間，太白在日，後晝見。臨安之人，萬衆仰觀。迨暮，光芒數寸，照物有影。明日，太史乃奏云：“太白自十七日晝見，天文官失於觀瞻。然行未道，非過午也。但罰宿三十直而已。”時謂有昏迷之罪，而免無赦之誅，人以為恨。然“行未道，不為經天”，又不知何所據而言也。

建炎之後，除殿前馬步三帥外，諸將兵統於御營使司。後又分為神武五軍，劉光世、韓世忠、張俊、王𤫉、楊沂中為五帥。

劉太傅一軍在池陽，月費錢二十六萬七千六百九十貫三百文，【一十萬四千貫係朝廷應副，餘仰漕司也。】米二萬五千九百三十八石三斗，粮米七千九百六十六石八斗，草六萬四百八十束，料六千四十八石，而激賞回易之費不在焉。韓軍不知其實，但朝廷應副錢月二十一萬餘貫，則五軍可略見矣。至紹興中，吴玠一軍在蜀，歲用至四千萬。紹興八年，余在鄂州見岳侯軍，日用錢五十六萬緡，米七萬餘石，比劉軍又加倍矣，而馬芻秣不預焉。

……

世以浙人孱懦，每指錢氏為戲云。僞時，有宰相姓沈者，倚為謀臣，號“沈念二相公”。方中朝加兵江湖，僞大恐，盡集群臣問計，云：“若移兵此來，誰可為禦？”三問，無敢應者。久之，沈相出班奏事，皆傾耳，以為必有奇謀。乃云：“臣是第一個不敢去底。”朝廷渡江時，人呼諸將，皆以第行加於官稱。劉三、張七、韓五、王三十皆神武五軍大將。王三十者，名瓔，官承宣帶四廂都使，人以太尉呼之。然所至輒負敗，未嘗成功。時謂“沈念二相公二百年後，始得王三十太尉”，遂為名對也。

# 洪邁

**撰：《容齋隨筆》甲卷八，《哮張二》**

鄂州大吏丁某死，妻年方三十，與屠者朱四通。其子二郎尚少，不能制。至於成立，朱略無忌憚，白晝宣淫，反怒丁子不揖，以為見我無禮，蓋以假父自處也。丁憤懣，以母之故，且慮醜聲彰著，隱忍弗言。有哮張二者，密州諸城人，遭亂南徙，亦以屠為業，壯勇負氣。丁意可囑此事，而每與儔輩詣市飲酒，張擔肉過前，輒呼買之，而厚酬厥價，久或至數倍。他日邀之飲，問何以不作區肆而行賈僕僕。張曰：“非不能之，但赤手乏本耳。”乃付之數百緡，默念彼當感我恩誼，必可使，從容曰：“君知我心中有不平事乎？”曰：“不知也。”丁以乞毆朱為請。張艴然曰：“訝！汝貸我錢，蓋欲陷我於爭鬥。”奮衣而起，自後相遇，邈然如不相識，迨於絶交。衆哂丁不知人而下交非類，丁亦銜之。未幾，張拉朱同渡江，買豬於漢陽，爭舟，相毆擊。既歸，夜入朱室，殺朱與男女並三人，自縛告官，終不及丁一詞。時岳少保領大兵駐鄂，嘉其志義，移檄取隸軍中，不問其罪，後以功補官。

**同上書丙卷一，《王宣樂工》**

紹興初，岳少保開閫於荊襄。是時，墟落尤蕭條，虎狼肆暴，雖軍行結隊伍，亦為所虐。有士人言猛獸畏樂聲，若簫鼓振作，當自退避，由是頗采其說。乾道中，王宣為副都統制，自襄陽往鄂渚，途次荊郢間，從馬且以百數。日猶銜山，衆樂競奏，候吏報一篳篥部頭為虎於衆人中馬上銜去，正驚怖未已，又報笛部頭一人亦然。其處距宿驛幸不遠，爭策馬赴之，解鞍良久，篳篥者奔喘而至，顏無人色。少定，始能言初為虎所搏，置之穴中，復往取笛工至，則啖食。度已飽，故未見傷害，但與二雛繞弄作戲，忽憶得腰間有執器，急取出，大聲噴吹之，巨虎駭震，不暇挾其子，踉蹡遽走不反，顧望之極目，乃敢歸，幾不免虎口也。時吕彦升守襄。

**同上書戊卷六，《三公神》**

鄂州城内“三公廟”，其塑像鼎足而居，不知為何神，邦人事之甚謹。紹興中，從義郎左良為本州金口巡檢，去郡三十里。一日將晚，似夢非夢，見黄衫走卒立庭下，稱三公喚。良拒之，曰：“吾職掌巡檢，三公乃尊神，何為見喚?”俄又一卒至，其言如前，不得已隨之出，偕行到大官府，入門造堂，遥望數人，道袍裹帽而坐。延良於末，不交一談。良起，白之曰：“良承乏賤局，奉命見呼，敢問何事也?”中一人云：“無他事，以此間失去一黄羅幔，煩為根索。”良踟蹰，未及對。又云：“其人見在岳家軍中。”良拜而退，恍若夢覺。明日，謁岳少保，具以神語告之，勑軍吏詢究。岳法制素嚴，吏不敢緩，果即時擒獲，既壞其半矣。岳驚異，命誅盜，而别製新幔送廟中。良復夢來謝。《丁志》所載婺州都監，即此人也。其子輔，慶元二年為南康縣税官，説此。

**撰：《容齋隨筆》三筆卷五，《樞密名稱更易》**

國朝樞密之名，其長為使，則其貳為副使；其長為知院，則其貳為同知院。如柴禹錫知院，向敏中同知，及曹彬為使，則敏中改副使。王繼英知院，王旦同知，繼馮拯、陳堯叟亦同知。及繼英為使，拯、堯叟乃改簽書院事，而恩例同副使。王欽若、陳堯叟知院，馬知節簽書。及王、陳為使，知節遷副使。其後知節知院，則任中正、周起同知。惟熙寧初，文彦博、吕公弼已為使，而陳升之過闕留，王安石以升之曾再入樞府，遂除知院。知院與使並置，非故事也。安石之意，以沮彦博耳。紹興以來，唯韓世忠、張俊為使，岳飛為副使。此後除使固多，而其貳只為同知，亦非故事也。又使班視宰相，而乾道職制雜壓，令副使反在同知院之下，尤為未然。

**同上書四筆卷四，《兩道出師》**

紹興七年，淮西大帥劉少師罷。湖北岳少保以母憂去，累辭起復之命。朝廷以兵部尚書吕安老、侍郎張淵道分使兩部，已而正除宣撫，遂掌其軍。岳在九江，憂兵柄一失，不容再得，亟兼程至鄂，有旨復故任，而召淵道為樞密都承旨。安老在廬遭變，言者論罷張魏公，淵道亦繼坐斥。隆興中，北虜再動兵，張公為督帥，遣李顯忠、邵宏淵攻符離，失利而退，一府皆貶秩。是時汪莊敏以參知政事督視荆襄，東西不相為謀，乃亦坐譴。古今不侔如此。

## 陸游

### 撰：《老学庵笔记》卷一

鼎澧羣盜，如鍾相、楊么，戰舡有車船，有槳船，有海鰍頭；軍器有拏子，有魚叉，有木老鴉。拏子、魚叉以竹竿為柄，長二三丈，短兵所不能敵。程昌寓部曲雖蔡州人，亦習用拏子等，遂屢捷。木老鴉，一名不藉木，取堅重木為之，長纔三尺許，鋭其兩端，戰船用之，尤為便捷。官軍乃更作灰礮，用極脆薄瓦罐，置毒藥、石灰、鐵蒺藜於其中，臨陣以擊賊船，灰飛如煙霧，賊兵不能開目。欲効官軍為之，則賊地無窑戶，不能造也，遂大敗。官軍戰船亦倣賊車船而增大，有長三十六丈，廣四丈一尺，高七丈二尺五寸，未及用，而岳飛以步兵平賊。至完顔亮南下，車船猶在，頗有功云。初，張公之行，趙元鎮丞相以詩送之云：“速宜淨埽妖氛了，來看錢塘八月潮。”

鼎澧羣盜，惟夏誠、劉衡二砦，據險不可破。二人每自咤曰：“除是飛過洞庭湖。”其後卒為岳飛所破，蓋語讖云。

……

張德遠誅范瓊於建康獄中，都人皆鼓舞；秦檜之殺岳飛於臨安獄中，都人皆涕泣，是非之公如此！

## 林駉

### 撰：《古今源流至論》前集卷八，《繪功臣昭勲崇德閣記（節錄)》

隆興初，我孝宗即政之初也，首從岳侯祠宇之典。【孝宗初年，江西守臣乞建岳侯祠宇，從之。】

### 同上书續集卷一，《屯田·岳飛田鄂州》

岳飛任宣撫使日，於諸軍揀撥老弱不堪披帶官兵七千餘人，立為擅軍名額，專使營田於鄂州。

## 李如篪

### 撰：《東園叢説》卷下，《以少敗衆》

用兵固有以少敗衆者，如周瑜以三萬人敗曹公於赤壁，謝元以八千人破苻堅於淝水是也，然不可以為常。兵法十則能圍之，倍則能戰之。故王翦攻楚，必用六十萬人，垓下之役，淮陰侯以三十萬當項羽，皆以全制之者也。仁宗朝西邊用兵，劉平、任福、葛懷敏等皆破軍殺將，然五路之地不至陷失者，以鄜延、環慶、涇原、鳳翔等路皆屯重兵，其當敵之要衝者不下數萬人，足以控制之故也。紹興初，金人之勢方熾，偽齊父子戮力作難，歲為邊患。然而兩淮、荆襄、四川皆足以防禦，偽齊終以無功被廢者，以韓世忠屯淮陰，劉光世屯合肥，岳飛屯夏口，吳玠屯河池，各不下一二十萬人，足以控扼之也。

王彦之守興勢，紹興二年，敵將入寇，時劉子羽在興元，呉玠、楊政在河池，先戒彦以不可輕敵。彦以殄滅草冦得雋居多，而欲自用。暨烏珠率劉益等犯金州，彦以五千人背城而戰，果至失利，退走達州。呉玠、楊政、劉翬等共守饒豐嶺，以遏其鋒。敵攻饒豐，踰月不能上。嶺之旁有松門關者，峻險不可陟，吳玠等慮其冒險以出吾不意，乃使郭仲以五千人守之，以防不測。敵果出松門，攀木沿崖而升，郭仲不能支，遂失松門。敵兵遶出饒豐之後，吳玠等大驚，急引兵退，柵定軍山以待之。時張魏公置司在閬州，議欲徙司成都，四川大震。自非魏公威信之明，玠等重兵可以制敵，幾失四川。

辛巳，金人悉起北兵，傾國以臨淮甸，劉錡狃順昌八千人之勝，不復以重兵壓境，而乃分佈其兵于諸郡。王權守鍾離，當敵堂堂之衝，所領止三萬人。金軍初集思慮精，專而兵力數十倍，長驅南下，勢若震霆，王權安得不焚燒積聚而為宵遁之計哉？辛巳兩淮失守，劉錡之罪也。

### 同上書卷下，《記時事》

紹興六年間，既誅滅楊幺，平定李成等，四方無虞，民庶安妥，高宗圖為收復中原計，張魏公力贊之。其時，吳玠鎮蜀漢，岳飛鎮鄂渚，韓世忠、劉光世分守兩淮。岳飛陰結宛間豪傑，及招誘大行雄强，有請軍號而往者，飛慨然有掃清河朔之志。而韓世忠亦悉師攻下邳，以圖山東。國威甚震，金人稍懼。又偽齊劉璘等連年入寇，喪失軍實甚多，知進取之無益，由是有請和之議。秦檜在北庭時，已熟知金人之情，既自北中脱歸，居中參預朝政，於是力主講和之議。自後南北安靖，北邊無烽火之警者，垂三十載，人皆歸功於檜，而不知檜之所賴以濟和議之成者，乃高宗神武，而諸帥攘袂徇國之功居多也。

和議之前，朝廷有親征之舉，詔書宣佈。僕先人嘗有歡喜口號三首，謹錄之於左，其詞曰："諸將宣威正此時，一人神武萬軍知。無煩司馬誅莊賈，共笑隋侯侈少師。"又曰："要將孝友求張仲，莫把魁梧望子房。神略廟籌歸變化，帝圖王業本雄强。"此篇主為魏公也。又曰："吳岳川襄百萬兵，韓劉淮甸兩長城。頗聞時雨蘇諸路，更看壺漿走四京。"於時國勢方張，諸將往往不樂和議，岳飛力爭之，父子被誅，而其議乃始堅定。

## 王明清

### 撰：《揮麈錄·後錄》卷十

周望，字仲弼，蔡州人，有口材，好談兵，嘗為康邸記室。建炎初，吕元直從而引用之，驟拜二府。高宗幸明、越，命其經略淮、浙，付委甚重，而昧於戎機，駕馭無術，遂至紛亂。平江一城，最為荼毒，責昭化軍節度副使連州安置以死。紹興己卯，其家自理，詔復故官，澤及其子。時淩明甫哲為右正言。明甫，平江人也，親見其鄉里被害之酷，遂上疏疏其罪，命遒寢。吳越錢穆作收復平江記，悉從紀實，不能採其文華之要，雖有浮冗之詞，不欲易之："建炎四年庚戌春二月，金人首領四太子者，自明、越還師，由臨安府襲秀州。二十五日，侵平江府，午漏未盡四刻，兵自盤門入，劫踐官府民居，廥廩積聚，虜掠子女金帛，乃縱火延燒，煙焰見二百里，凡五晝夜。三月初一日，出閶西，侵常、潤，於是平江府燒之既盡，士民前後遷避得脱者十之二三，遷避不及或殺者十之六七。謹按，靖康之亂，金人再至闕，太上皇帝、淵聖皇帝北狩。今上皇帝即位於睢陽，改元建炎。是年秋，移幸江都。三年己酉春，金人南牧淮甸。二月初三日，大駕渡楊子江，幸杭州。金人叩江而不濟，已遒歸國。四月，大駕西還，駐蹕於金陵，寵其府號，易江寧為建康。議者謂金陵六朝建國，襟帶大江，崗嶺迴合，北貫淮、汴，西引川、峽，南洞襄、漢，東壓吳、越、甌、閩、荆、廣之區，四達之國也。資其富饒，基本王業，以經理中原，收復京、洛，實為勝算。開封尹杜充，久司留鑰，天下屬望。至是，召赴行在，命為淮南京東西宣撫處置使，俾提重兵，保諸路。又請隆祐太后領皇太子，帥六宮及宗室近屬，前往江表。百司庶府非與軍興之事者，悉從焉。上獨與宰相吕頤浩暨三數大臣以次侍從官留金陵治兵，詔書有‘誓堅一死以保羣生’之語，士民讀詔，感泣奮厲，以為中興之期可指日而慶矣。杜公既有成命，淹迴未遣，人心稍惑之。閏八月一日詔云：‘朕嗣位累年，寅奉基紹，愛育生靈。凡可以和戎息兵者，卑辭降禮，無所不至。而敵人猖狂追逐，侵陵未有休息之期，朕甚憚之，比命杜充提兵防淮。然大江之北，左右應接我所守者，一由荆、襄至通、泰，敵之可來者五六。兵家勝負，難可預言。所議衆多，未易偏廢。軫念旬月，莫適決擇。朕將定居建業，不復移蹕。與夫右趨鄂、岳，左駐吳、越，山川形勢，地利人情，孰安孰危，孰利孰害，以至彼我之所長、步騎之所宜，何嶮可守，何地可戰，甚地之錢物可運，甚郡之粟穀可漕，其各悉心致思，以告於朕。昔漢高帝謀臣良將多矣，都雒之計已定，及聞婁敬一言，而用之之意立決。吾士大夫之確論，朕豈不能虛懷而樂從哉？三省可示行在職事官，共條具以聞。’於是羣臣爭進避敵之計。拜杜公尚書右僕射，留鎮金陵，不復北渡矣。二十五日，大駕迺復南巡。九月初四日，駐蹕於平江府。二十五日，詔休兵已兼旬，可涓日進發。詞臣引孟子巡狩補助為說。始，平江人猶幸於駐蹕，倚以為安。至是，惶遽失望，蓋前此駕後，諸軍多阻亂不靜，人既畏之，又慮敵騎乘冬深入，於是遠有散之浙東、閩部者，而近者亦自匿於山巔水涯之際。詔以工部侍郎湯東野為守臣，又命同知樞密院周望為淮浙宣撫使宿兵府城，將官陳思恭、巨師古、張俊、魯珏、李貴俗號李閻羅者。等悉隸望節制，又詔駕後諸軍盡命先啓行，獨以禁衛諸班扈蹕。九月初四日，駕興，平江幸無釁，其民復稍稍安集，周望遣諸將各部署所隸兵，分護境内。河内降賊郭仲威領其下萬衆，至自通州屯泊於虎丘山，時大駕駐會稽。十一月，有旨，金人於和州欲渡采石，及自黄州渡兵，已至興國軍界，取二十五日移蹕前去浙西，為迎敵之計。吳人復引領望幸，未幾，建康府報，是月十八日，磵砂渡將官張超失守，敵登岸。杜丞相遣都統制官陳淬提領岳飛、劉剛等二萬人，分陣頭迎戰。又命王瓊全軍一萬三千人，相繼往來策應。二十日，陳淬與敵遇於馬家渡，凡十餘合，日暮戰酣，勝負略相若。會王瓊領西兵畔敵，檄鎮江府韓世忠、江州劉光世應援，皆不赴。世忠已望風循海道潛去，於是陳淬孤軍力弱，不能當。敵進逼建康城下，守臣陳邦光降之，通判楊邦乂死焉。杜丞相奔儀眞，收拾潰亡，移保淮甸。大駕頓於越州之蕭山縣，羣臣復勸南避，乃幸四明。於是平江大震恐。周望、湯東野集耆艾、士夫、僧道，訪問所以為計者，且曰：“今戰守皆已無策矣。”蓋其意在迎降，而欲衆發其端。士民不答而罷。望歛諸將兵歸城中，懼其抗敵取怒也。已而，金人自建康取捷徑，劫廣德軍，掠湖州南境，破屬邑長興、武康、安吉，遂侵臨安府之餘杭縣，急趨臨安府。守臣康允之去之，民自為守。六日而陷，渡錢塘江，降越州守臣李鄴，遂逼四明，以窺行在。有詔周望、湯東野等固守平江等。望自謂敵不敢犯境而過，始少安，遂倚郭仲威為腹心，俾盡護諸將，與魯珏、張俊居城中，遣巨師古控扼吳江，陳思恭屯楞伽山，李閻羅屯常熟縣。思恭兵無紀律，村落五十里間，皆被其害。周望詰責之，斬隊將武節郎張振乃戢。而郭仲威居城府外，為忠勇之論，望委任之不疑。士民亦顧望，信以為重，晏然按堵如平日，而郊居遷避之家，往往而復。平江城堞完壯，而地下聚水，四圍渠塹深廣。周望又竭取民財、錢穀，以鉅萬計，庫廪充牣，兵器犀利，沛然有餘力，以是人益安之。過明年春正月而來，傳言者多云敵自越州躡來，路返金陵；或又謂自臨安府昌化縣，道宣、歙，趨當塗，渡江而歸，杭無匹馬隻輪矣。望等素不嚴斥堠，而四境無尉，野無烽火，但以傳言為信，乃遣張俊、陳思恭等統兵規入杭州，以邀收復之功。俊等行涉旬，纔及秀州，陳思恭偵知傳言者非實，走間道，潛軍於湖州烏墩鎮以觀變。二月十八日，張俊馳報，金人侵秀州崇德縣，俊統兵迎擊於宣店，走之。平江之人且喜且懼，以俟後捷。十九日，徵鄉兵，發太湖、洞庭東西山千艘，命舟頭巡檢湯舉總之，前赴吳江，陣於簡村。二十一日，金人侵吳江縣，巨師古兵不戰而潰，更以太湖民舟為向導，歸於西山。二十二日，郭仲威遣千兵拒守於尹山，已而退師。二十三日，府中令民逐便出城，留少壯者登埤以守。是日，金人遊騎掠城東，郭仲威兵未合而返，守臣湯東野出奔，周望以郡印付仲威。二十四日，仲威會諸將飲城上，士民老幼數萬叩頭出血，請加守禦之備。仲威奮髯語衆曰：‘即發遣騎兵，敵行破矣，民慎無擾。’人猶信之。日欲晡，金人大集於城下，仲威及魯珏兵火廣化寺，又火醫官李世康宅，望、仲威等皆宵遁。其下自城南轉劫居民，北出齊門而去，民之得出郭者，多為所害。明日，金人遂據城，諸將奔遁，潛伏外邑，覘敵人之行也，競以兵還。三月初二日，張俊至自崑山。初三日，巨師古至自洞庭。李閻羅、魯珏、郭仲威等至自常熟。初五日，陳思恭至自烏墩。各以力勝，惟仲威竊據之，揭牓於市曰：“本軍已逐退金人，收復府城。”或聞亦用此奏上。周望自遁所良久乃出，領兵之吳興。十五日，始有詔周望等平江失守，可發遣諸將兵往常州以北衝襲金人，以功贖過云。初，金人兵焚之餘，金帛錢穀尚多，仲威即據城，縱兵掠取，晝夜搜抉不已。遺民間訪舊居，即執之笞責苦楚，窮問瘞藏之物，民亦寃憤。故自金人南渡磵砂，破金陵、廣德、杭、秀、常、潤、明、越，惟平江被害最深，蓋以兵多將庸，民始倚之而不去，既墮敵計，則又再遭官軍之毒。是夏，疾疫大作，米斗錢五百，有自敵中逃歸者，多困餓僵仆，或驟得食而死，橫屍枕藉道路逕港為實，哭聲振天地。自古喪亂之邦，未有如是之酷也。穆目覩其事，幸以身免，因迹階亂之由，與夫敗亡，次敘記之，以備後世史官採擇，目之曰："《收復平江府記》者，本郭仲威揭示之文，具為吳人諱於不復云，建炎四年四月二十日記。"仲威出於寇盜，號"郭大刀"，明年，除揚、眞二州鎮撫使，在郡長惡不悛。劉平叔光世為淮浙宣撫，置司京口，遣其將王德禽仲威至麾下殺之。

**同上書卷十一**

榮茂世嶷為湖北漕，置司鄂州。有都統司統制官王俊，以其舊主帥岳飛父子不軌狀詣茂世陳首，茂云："我職掌漕計，它無所預。"却之。俊遂從總領汪叔詹陳其事，汪即日上聞。秦檜之得之，藉以興羅織之獄，殺岳父子。知茂世不受理，深怨之。而高宗於茂世有霸府之舊，秦屢加害而不從。秦死，榮竟登從班。汪訐岳之後，獄方竟而殂，豈非命歟？【榮次新云。】

**撰：《揮麈録·三録》卷三**

汪明遠澈任衡州教授，以母憂歸。從吉後造朝，從秦會之，仍求舊闕，詞甚懇到。秦問："何苦欲此？"汪云："彼中人情既熟，且郡有兩臺，可以求知。"秦愈疑之，不與，迺以沅州教授處之。既不遂意，而地偏且遠，汪家素貧，稱貸赴官，極為不滿。到郡，見井邑之荒凉，游從之寥落，尤以鬱陶，心竊怒秦而不敢言也。適万俟元忠與秦異議，自參政安置秭歸，後徙沅江。汪因謁之，投分甚懽。日夕往還，三載之間，益以膠固。万俟還朝，繼而大拜，首加薦引，力為之地。入朝七年間，遂登政府。事不可料有如此者。

鄭恭老作肅甲戌歲自知吉州回，上殿陳劄子，云："郡中每歲以黄河竹索錢，輸于公上。黄河久陷僞境，錢歸何所？乞行蠲免。其他循襲似此等者，亦乞盡令除放。"高宗嘉納且喻秦丞相而稱奬再三焉。秦大怒，諷部使者誣以為在任不法，興大獄而繩治之。逮吏及門，而秦殂，遂免。

紹興己卯，陳瑩中追謚"忠肅"。其子應之正同適為刑部侍郎，往謝政府。有以大魁為元樞者，忽問云："先丈何事得罪秦師垣邪？"應之曰："先人建中初為諫官，力言二蔡於未用事時。其後以此遷謫流落，無有寧日。”其人若醒悟狀，曰：“此所以南度後，便為參政也。”蓋後誤以為陳去非，然不知初又以為何人也。

李泰發之遷責海外也，欲寓書秦丞相，以祈内徙，而無人可遣。門人王彦恭耀罷雷守，閒居全州。泰發乃作秦書，托王為尋端便。王鄰之居有李將領者，坐岳侯事，編置於郡，與閭里通情。耀令其子司法者從李將，就雇一隸，遣往會稽，授書於泰發家。既至越，泰發子弟不敢以人入都，乃就令此介自往相府投之。既達於秦，忽令問：“李參政今在何所？”遠人倉猝遭對云：“李參政見在全州，與王知府鄰居。”蓋誤以李將為泰發也。且云：“有王法司與李參政親以書付我，令來。”蓋錯愕之際，又稱“司法”為“法司”也。秦怒，於是送大理寺根勘，行下全州，體究“李光擅離貶所，如何輒敢存留在本州”，且追王耀並王法司赴獄。而全州適有法司人吏姓王者，亦與彦恭舍甚邇，俱就逮。後體究得泰發初未嘗離昌化，但誣彦恭以前任過愆除名，勒停編管辰州。王法司者懵然不知，亦勒認贓，罪杖脊。當時，聞者無不笑而憐之。

……

紹興庚申歲，明清侍親居山陰，方總角，有學者張堯叟唐老自九江來從先人。適聞岳侯父子伏誅，堯叟云：“僕去歲在匡廬，正睹岳侯葬母，儀衛甚盛，觀者填塞，山間如市。解后一僧為僕言：‘岳葬地雖佳，但與王樞密之先塋，坐向既同，龍虎無異，掩壙之後，子孫須有非命者，然經數十年，再當昌盛，子其識之。’今迺果然，未知它日如何耳。”王樞密迺襄敏，本江州人，葬其母於鄉里。有十子，輔道既罹横逆，而有名宇者為開封幕，過橋墮馬死；名端者，待漏禁門，簷瓴冰柱折墜，穿頂而沒。後數十年，輔道之子炎弼、彦融以勳德之裔，朝廷錄用以官，把麾持節，升直内閣。炎弼二子萬全、萬樞，今皆正郎，而諸位登進士第者接踵。岳，非辜之後，凡三十年，滿洗冤誣，諸子若孫，驟從縲紲，進躐清華。昔日之言，猶在耳也。

紹興癸亥，和議初成。有南雄太守黄達如者，考滿還朝，獻言“請盡誅前此異議之士，庶幾以杜後患”。秦會之喜之，薦為監察御史。方數日，廣東部使者韓球按其贓汙鉅萬。奏牘既上，雖秦亦不能揜，僅止罷絀，人亦快之。

洪景伯兄弟應博學宏詞，以“克敵弓銘”為題。洪惘然，不知所出。有巡鋪老卒睹於案間，以問洪云：“官人欲知之否？”洪笑曰：“非而所知。”卒曰：“不然，我本韓世忠太尉之部曲。從軍日，目見有人以神臂弓舊樣獻於太尉。太尉令如其制度，製以進御，賜名‘克敵’。”並以歲月告之。洪盡用其語，首云：“紹興戊午五月大將云云。”主文大以驚喜。是歲遂中科目，若有神助焉。此蓋熙寧中，西人李宏中創造，因内侍張若水獻於裕陵者也。李平叔云。

鄭亨仲剛中為川陝宣撫，節制諸將，極為尊嚴。吳璘而下，每入謁，必先堦墀，然後升廳就坐。忽璘除少保來謝，語主閽吏，乞講鈞敵之禮，吏以為白亨仲。亨仲云：“少保官雖高，猶都統制耳。倘變常禮，是廢軍容。少保若欲反，則取吾頭可矣。堦墀之儀不可易也。”璘皇恐，聽命，人皆韙之。

政和末，秦會之自金陵往參成均。行次當塗境上，值大雨，水衝橋斷，不能前進。虛中居民開短窗，延一士子教其子弟。士子於書室窗中窺見秦徒步執蓋立風雨中，淋漓悽然，甚憐之，呼入，令小愒。至晚，雨不止，白其主人，推食挽留而共榻。翌日晴霽，送之登途。秦大以感激。秦既自叙其詳，復詢士之姓名，云：“曹筠庭堅也。”秦登第即宦顯，絶不相聞。久之，曹建炎初以太學生隨大駕南幸。至維揚，免省策名，後為台州知錄，老不任事，太守張偁對移為黄巖主簿，無憀之甚。時秦專權久矣。曹一夕偶省悟，其前此一飯之恩，因謀諸婦。婦吳越錢族，晚事曹，頗解事。謂曰：“審爾何不漫愬之？”筠因便介，姑作詩以致祈懇。末句云：“浩浩秦淮千萬頃，好將餘浪到灘頭。”其淺陋不工如此。秦一覽，慨然興念，以删定官召之。尋改官入臺，遂進南床。高宗惡之，親批逐出。秦猶以為集英殿修撰，知衢州。未幾，坤維闕師，即擢次對，制閫全蜀。到官之後，弛廢不治，遂致孝忠之變。秦竟庇護之，奉祠而歸。秦没，始奪其職云。

方務德帥荆南，有寓客張黜者，逌魏公之族子，出其逌翁所記《建炎荆州遺事》一編示務德云：“孔彦舟領衆十餘萬，破荆南城。是時朝廷方經理北敵，未暇討捕羣盗。張單騎入城，説諭彦舟，使之効順朝廷，著名青史，勿罣丹書，為天下笑。彦舟感悟，與部下謀，咸有納欵之意。張又語之云：‘太尉須立勞効，庶為朝廷所信。四川宣撫，乃我之叔父也。目今去朝廷甚遠，俟見太尉立功，當為引領頭目人，入川条宣撫，以求保奏推賞，如何？’彦舟云：‘甚好。今有一項敵人往湖南劫掠，聞朝夕取道襄陽，以歸北界，待與欄截勦殺，以圖報國。’張云：‘此項來寇，人數不多，又是歸師，在今日無甚利害。鼎州一帶，有賊徒鍾相，衆號四十萬，乃國家腹心之疾，大尉儻能平此，朝廷必喜。將士以此取富貴，何患不濟？’諸將皆喜，云：‘此亦何難？’彦舟亦首肯。張遂促其出師，一戰而勝，賊徒犇潰。張遂與彥舟具立功人姓名及歸降文字，與彥舟心腹數人，俱入蜀謁魏公。行至夔州，又遇劇賊劉超者，擁數萬衆，欲往湖南刼掠。張又以說彥舟之言告之，且言：‘太尉或肯相從，我當併往宣撫司言之。’超亦聽命，駐軍於夔州，不為虜掠之計，以俟朝命。張行未及宣撫司數舍，遇族兄自魏公處來。問何幹，且以兩事告之。族兄者從而攫金。張答以‘此行止為朝廷寬顧憂，及救數路生靈之命。豈有閑錢相助？’其人不悅，徑返。往見魏公，先言以為張受三賊賂甚厚，其謀變詐，不可信，魏公然之。張至宣撫司，乞推賞孔彥舟部曲，以彥舟為主帥，且令屯駐荆南，使之彈壓鍾相餘黨，招撫襄、漢、荆、湖之人，復耕桑之業。魏公悉不從，姑令彥舟領部曲往黄州屯駐。大失望，徒黨皆不樂黄州之行，以謂宣司不信其誠心，遂率衆渡淮降敵。紹興初，楊幺復嘯聚鍾相餘黨二十萬，佔洞庭湖，襄、漢、湖、湘之民蹂踐過半，至今州縣荒殘，不能復舊。劉超者，只駐軍夔州。後遇劉季高自蜀被召趍朝，携降書入奏。朝廷大喜，季高之進用，繇此而得之。”以上悉張自叙云爾，不欲易之。

**撰：《揮麈録·餘話》卷二**

明清壬子歲仕寧國，得王俊所首岳侯狀於其家，云：

“左武大夫、果州防禦使、差充京東東路兵馬鈐轄、御前前軍副統制王俊。

右俊於八月二十二日夜二更以來，張太尉使奴厮兒慶童來，請俊去說話。俊到張太尉衙，令虞候報覆，請俊入宅，在蓮花池東面一亭子上。

張太尉先與一和尚何澤點着燭，對面坐地說話。俊到時，何澤更不與俊相揖，便起，向燈影黑處潛去。

俊於張太尉面前唱喏。坐間，張太尉不作聲。

良久，問道：‘你早睡也，那你睡得着？’

俊道：‘太尉有甚事睡不着？’

張太尉道：‘你不知自家相公得出也。’

俊道：‘相公得出，那裏去？’

張太尉道：‘得衢、婺州。’

俊道：‘既得衢州，則無事也。有甚煩惱？’

張太尉道：‘恐有後命。’

俊道：‘有後命，如何？’

張太尉道：‘你理會不得。我與相公從微相隨，朝廷必疑我也。朝廷交

更翻朝見，我去，則不必來也。'

俊道：'向日范將軍被罪，朝廷賜死。俊與范將軍從微相隨，俊元是雄威副都頭，轉至正使，皆是范將軍兼係右軍統制，同提舉一行事務，心懷忠義，到今朝廷何曾賜罪？太尉不須別生疑慮。'

張太尉道：'更説與你。我相公處有人來，交我救他。'

俊道：'如何救他？'

張太尉道：'我遮人馬動，則便是救他也。'

俊道：'動後甚意似？'

張太尉道：'這裏將人馬老小盡底移去襄陽府，不動，只在那駐劄。朝廷知，必使岳相公來彈壓撫喻。'

俊道：'太尉不得動人馬。若太尉動人馬，朝廷必疑，岳相公越被罪也。'

張太尉道：'你理會不得。若朝廷使岳相公來時，便是我救他也。若朝廷不肯交相公來時，我將人馬分佈，自據襄陽府。'

俊道：'諸軍人馬如何起發得？'

張太尉道：'我虜劫舟船，盡裝載步人、老小，令馬軍便陸路前去。'

俊道：'且看國家患難之際，且更消停。'

張太尉道：'我待做，你安排着。待我交你下手做時，你便聽我言語。'

俊道：'恐軍中不伏者多。'

張太尉道：'誰敢不伏？傅選道我不伏？'

俊道：'傅統制慷慨之人，丈夫剛氣，必不肯伏。'

張太尉道：'待有不伏者，勦殺。'

俊道：'這軍馬做甚名目起發？'

張太尉道：'你問得我是。我假做一件朝廷文字教發。我須交人不疑。'

俊道：'太尉去襄陽府，後面張相公遣人馬來追襲，如何？'

張太尉道：'必不敢來趕我。投他人馬來到這裏時，我已到襄陽府了也。'

俊道：'且如到襄陽府，張相公必不肯休，繼續前來收捕，如何？'

張太尉道：'我又何懼？'

俊道：'若番人探得知，必來夾攻。太尉南面有張相公人馬，北面有番人，太尉如何處置？'

張太尉冷笑：'我別有道理，待我遮裏兵才動，先使人將文字去與番人。萬一支吾不前，交番人發人馬助我。'

俊道：‘諸軍人馬，老小數十萬。襄陽府糧如何？’

張太尉道：‘這裏糧盡數著船裝載前去。郢州也有糧，襄陽府也有糧，可喫得一年。’

俊道：‘如何這裏數路應副，錢糧尚有不前。那裏些小糧，一年已後無糧，如何？’

張太尉道：‘我那裏一年已外，不別做轉動？我那裏不一年，交番人必退。我遲則遲動，疾則疾動，你安排著。’

張太尉又道：‘我如今動後，背嵬、遊奕，伏我不伏？’

俊道：‘不伏底多。’

張太尉道：‘姚觀察、背嵬王剛、張應、李璋，伏不伏？’

俊道：‘不知如何。’

‘明日來我這裏聚廳時，你請姚觀察、王剛、張應、李璋，云你衙裏喫飯，說與我這言語。說道張太尉一夜不曾得睡，知得相公得出，恐有後命。令自家㴱都出岳相公門下，若諸軍人馬有語言，交我怎生置御。我東則東，隨他人，我又不是都統制，朝廷又不曾有文字交我管。他㴱有事，都不能管得。’

至三更後，俊歸來本家。

次日天曉，二十三日早，衆統制官到張太尉衙前。張太尉未坐衙，俊叫起姚觀察，於教場内亭子西邊坐地。

姚觀察道：‘有甚事？大哥。’

俊道：‘張太尉一夜不曾睡，知得相公得出，大段煩惱，道破言語，交俊來問觀察如何。’

姚觀察道：‘既相公不來時，張太尉管軍事，節都在張太尉也。’

俊問觀察道：‘將來諸軍亂後，如何？’

姚觀察道：‘與他彈壓，不可交亂。恐壞了這軍人馬。你做我覆知太尉，緩緩地，且看國家患難面。’

道罷，各散去，更不曾說張太尉所言事節。

俊去見張太尉，唱喏。

張太尉道：‘夜來所言事如何？’

俊道：‘不曾去請王剛等，只與姚觀察說話，來覆太尉道，恐兵亂後，不可不彈壓。我遊奕一軍，鈐束得整齊，必不到得生事。’

張太尉道：‘既姚觀察賣弄，道他人馬整齊，我做得尤穩也。你安排着。’

俊便唱喏出來，自後不曾說話。

九月初一日，張太尉起發，赴樞密院行府，俊去辭。

張太尉道：‘王統制，你後面麄重物事轉換了著。我去後，將來必共這遮一處。你收拾，等我來叫你。’

重念俊元係東平府雄威第八長，行日本府闕糧，諸營軍兵呼千等結連俊，欲劫東平府作過。當時俊食禄本營，不敢負於國家，又不忍棄老母，遂經安撫司告首。奉聖旨，補本營副都頭。

後來繼而金人侵犯中原，俊自靖康元年首從軍旅於京城下，與金人相敵，斬首。及俊口內中箭，射落二齒，奉聖旨，特換授成忠郎。後來並係立戰功，轉至今來官資。

俊盡節仰報朝廷，今來張太尉結連俊起事，俊不敢負於國家，欲伺候將來赴樞密行府日，面詣張相公前告首。又恐都統王太尉別有出入，張太尉後面別起事背叛，臨時力所不及，使俊陷於不義。俊已於初七日面覆都統王太尉，訖今月初八日，納狀告首，如有一事一件分毫不實，乞依軍法施行。乃俊自出官已來，立到戰功，所至今來官資，即不曾有分毫過犯。所有俊應干告、敕、宣、劄在家收附外，有告首呼千等補副尉都頭宣繳申外，庶曉俊忠義，不曾作過，不敢負於國家。謹具狀披告，伏候指揮。”

次歲，明清入朝，始得詔獄全案觀之。岳侯之坐死，迺以嘗自言與太祖俱以三十歲為節度使，以為指斥乘輿，情理切害。及握兵之日，受庚牌不即出師者，凡十三次，以為抗拒詔命，初不究，“將在軍，君命有所不受”之義。又云岳雲與張憲書，通謀為亂。所供雖嘗移緘，既不曾達，繼復焚，如，亦不知其詞云何，且與元首狀了無干涉。鍛鍊雖極，而不得實情，的見誣罔。孰所為據，而遽皆處極典，覽之拂膺。儻非後來詔書湔洗追褒，則没地銜寃於無窮。所可恨者，使當時推鞫酷吏漏網，不正刑典耳。王俊者，初以小兵徒中反告而轉資，晚以裨將而妄訐主帥遂饕富貴。駔卒鈐奴，一時傾嶮，不足比數，考其終始之間，可謂怪矣。首狀雖甚為鄙俚之言，然不可更一字也。

# 沈作喆

**撰：《寓簡》卷八**

秦會之既主和議，大帥皆罷兵權，賜田宅。予為岳侯作謝表，有云：

"功狀蔑聞，敢遂良田之請；謗書狎至，猶存息壤之盟。"會之讀，不樂。

## 葉適

**撰：《習學記言》卷三十七，《隋書》**

隋文帝誤殺史萬歲，賞刑失中，人主猜暴之失，自無可論，而楊素輕肆誣陷，致其死地，亦為當時所短。然余因宇文護治獨孤信事，當是時，武將能望外成事者，多不專在一人，如素，雖敗萬歲，而又能進劉方於其國，猶未有缺。若狄青、岳飛輩，蓋數十百年而一，有寥落相望無復繼者，則其為存亡安危所係，豈不大哉！悲夫！

## 吳曾

**撰：《能改齋漫録》卷十一，《記詩・曾郎中獻秦益公十絶句》**

紹興壬戌，朝廷既罷三大將，息兵議和。曾郎中惇時守黄州，獻《書事十絶句》於秦益公。秦繳進於上。上喜，與陞擢差遣，任滿，除台州。詩云：

黄泥坂下雪猶深，赤壁磯頭江欲平。
驛吏西来聞好語，蕃人已出蔡州城。

和戎詔下破羣疑，無復旄頭彗紫微。
屈己銷兵宜有報，先看長樂板輿歸。

吾君見事若通神，兵柄收還號令新。
裴度只今真聖相，勒碑十丈可無人。

淮上州州盡滅烽，今年方喜得和戎。
問誰整頓乾坤了，學語兒童道相公。

連營貔虎氣如雲，聽詔人人願立勳。
沔鄂蘄黄一千里，更無人說岳家軍。

田父今年作社頻，邊頭聞見一番新。
官軍不斫人家樹，各自持錢去買薪。

江頭柳木已參天，柳色花光日日妍。
驚怪田家頻得醉，今年斗米不論錢。

村村準擬十分禾，老稚扶攜笑且歌。
租税況今黄紙放，陽城元自拙催科。

淮畔風塵自此清，斯人還喜見昇平。
田家盡説今年好，要雨雨来晴便晴。

百丈嵜峩賈客船，張帆打皷下長川。
路人指點幾垂淚，江道無来十六年。

其三章稱“裴度只今真聖相者”，李義山《韓碑詩》云：“帝得聖相相曰度”，蓋葢取《晏子春秋》云“仲尼，魯之聖相也”。其五章云“岳家軍”者，蓋時江左三大將，皆以家稱之。

# 郭彖

**撰：《睽車志》卷一**

岳侯死後，臨安西溪寨軍將子弟因請紫姑神，而岳侯降之，大書其名。衆皆驚愕，謂其花押則宛然平日真跡也。復書一絶，云：“經畧中原二十秋，功多過少未全酬。丹心似石今誰愬，空有遊魂遍九州。”丞相秦公聞而惡之，擒治其徒，流竄者數，人有死者。【左司周濟美説】

# 趙與旹

**撰：《賓退録》卷一**

紹興癸丑，岳武穆提兵平虔吉羣盗。道出新淦，題詩青泥市蕭寺壁間，云："雄氣堂堂貫鬥牛，誓將直節報君讎。斬除頑惡還車駕，不問登壇萬户侯。"淳熙間林令梓，欲摹刻於石。會罷去，不果。今寺廢，壁亡矣。其孫類家集，惜未有告之者。

**同上書卷十**

臧哀伯云："武王克商，遷九鼎於雒邑，義士猶或非之。"義士即《多士》所謂"遷殷頑民"者也。由周而言，則為頑民；由商而論，則為義士矣。此說近世陳同甫亮始發之，杜預謂為"伯夷之屬"，非也。

《禮》曰："銘者，自名也。自名以稱揚其先祖之美，而明著之後世者也。為先祖者，莫不有美焉，莫不有惡焉。銘之義，稱美而不稱惡。此孝子孝孫之心也，唯賢者能之。"又曰："其先祖無美而稱之，是誣也；有善而弗知，不明也；知而弗傳，不仁也。此三者，君子之所恥也。"碑、誌、行、狀之法，具於是矣。若無美而必欲諛墓，有惡而飾以為美，卑官下士，猶足以誑不知之人。仕稍通顯，則其善惡已著於人之耳目，何可誣也？莫儔靖康末所為，雖三尺童子，亦恨不誅之。而孫仲益尚書誌其墓，顧謂："靖康之變，臺諫爭請和戎，皆斥廢不用。而二三狂亮生，抗首大言，乘險徼幸，試之一擲，卒至誤國。高宗狩維揚，移蹕臨安，國步阽危，至此極矣。而進取之士，終以和戎為諱，此翰林莫公所以投閒置散，至於老死不用。"斯言也，不幾於欺天乎？及作《韓忠武誌》，則又以岳武穆為跋扈，而與范瓊同稱，善惡復混淆矣。岳之禍，承權臣風旨，而誣以不臣者，万俟忠靖、羅彦濟汝檝也。洪文惠誌羅墓，不書此事，正得"稱美不稱惡"之義。而仲益誌万俟，則顯書之，何哉？張子韶侍郎，學問氣節，表表一世，參禪學佛，與其平生自不相掩，張亦未嘗以此為諱。其從子榕作家傳，欲為文飾，乃謂張有《學說》云："釋老虛無，耳不可有聞，目不可有見。"則是靜言庸違，張必不然。余獨喜李文簡誌趙待制墓，既歷叙其在蜀理財治賦之功，且謂為當時第一，繼云："或者咎公竭澤而漁，使來者無所施其智巧。今雖累經蠲放，而害終不去。當時稍存平恕，則今日之害決不至此。嗚呼！此所謂責人終無已者也。然公亦開……"

# 岳珂

**撰:《愧郯錄》卷十三,《紹興儲議》**

大父鄂王飛,紹興十年,出師北征,密疏建儲議。高宗賜御札,有曰:“覽卿親書奏,深用歎嘉,非忱誠忠讜,則言不及此。”今宸章藏於家,可考而見。一時張戒作《默記》,誤載於七年,而有“衝風吹紙”之謗,珂所上《籲天辨誣》一書,固首辨之矣。然或者以為勳舊握兵在外,不當與大計,故足以致娟忌,珂謂不然。謹按,漢武帝三王之封,霍去病實發其議,《史記》載其奏疏曰:“陛下過聽,使臣去病待罪行間。宜專邊塞之思慮,暴骸中野無以報,乃敢惟他議以干用事者。誠見陛下憂勞天下、哀憐百姓以自忘,虧膳貶樂損郎員。皇子賴天,能勝衣趨拜,至今無號位師傅官。陛下恭讓不恤,羣臣私望,不敢越職而言。臣竊不勝犬馬心,昧死願陛下詔有司,因盛夏吉時,定皇子位。唯願陛下幸察。”制曰:“下御史。”唐李晟在鳳翔,亦嘗曰:“魏徵以直言,致太宗堯舜上,真忠臣也。”行軍司馬李叔度曰:“彼搢紳,儒者事。公勳德,何希是?”晟曰:“君失辭,晟幸得備將相,苟容身不言,豈可謂有犯無隱耶?是非惟上所擇爾。”叔度慙,此最明證。去病是時蓋為驃騎將軍,以功益置大司馬,與大將軍衛青並為之。晟節度鳳翔、隴右、涇原軍,兼行營副元帥,皆正握兵云。

**撰:《寶真齋法書贊》卷二十七,《儲議帖》**

右晦庵先生《儲議帖》眞蹟一卷。

南渡之初,天步方棘,前星隱耀,國如綴旒。先生忠節,洞穹壤勁,氣貫虹蜺。紹興十載之夏,誓師北伐,首攄大議,以開億萬載無疆之基,拜疏首塗,遂指汴洛。關河響應,境土盡復。去京僅四十有五里,而班師之詔下。奸仇其忠,娟惎其功。萌芽始終,皆在是歲。先王蹇蹇匪躬之心,於是益有攷焉。於虖!元戎啓行,先慮基本。所謂時然後言,不可以為躐,逆鱗劘上,及所難決;所謂奮不顧身,不可以為躁,北轅之釁,國無近支。社稷宗廟之託,惟在一人而已。比之嘉祐、治平間,利害盍百倍。所謂君臣相須,是謂一體,又不可謂之嫌且疑。然而先安人心,而後可以不常厥居,不常厥居,而後可以不忘復讎。先後本末,固自有序。澶淵之天聲,先王周密盖與萊公異,而熱血一語,貝錦抵巇,實不謀而與之同也。淳熙之十四年,先君漕湖南，因寓書于公，即報函中録此紙以問。顛末考之，張戒所記，謂歲在甲子，其實不然，珂《籲天》之書固辨之矣。先王時諡武穆，後三十有九載，始更定為忠。公書帖時，天若開之云用，並語録之舊聞及珂之辨，刻而係之。

贊曰："道統之傳，洙泗濂伊。公於淳熙，萬古一時。言名之興，世泯其轍。皎皎綱常，首載先烈。粤古大臣，以國為身。浚源培根，兹為愛君。總干徂征，拜疏輒發。外寧内憂，間不容髮。復讎大義，不振不隨。易安於危，本則先之。先王之忠，與萊公對。讒夫孔多，百欽若輩。彼姑息者，大義一毛。謂我徒勞，羣吠以嘈。事是蹟訛。"【案：此下原本闕佚。】

# 陳郁

**撰：《藏一話腴》内編卷下**

岳鄂王飛《謝收復河南赦》及《罷兵表略》曰："莫守金石之約，難充溪壑之求。暫圖安而解倒垂，猶云可也；欲長慮而尊中國，豈其然乎？"又曰："身居將門，功無補於涓埃；口誦詔書，面有慚於軍旅。"又曰："尚作聰明而過慮，徒懷猶豫以致疑。與無事而請和者謀，恐卑辭而厚幣者進。願定規於一勝，期收地於兩河。唾手幽燕，終欲復讎而報國；誓心天地，當令稽首以稱藩。"未幾，金渝盟，河南復陷。後六十年，得金之《南遷録》，見當時金人議論，鋭意為取江南之計，歸三京以誘吾歸兵於平地。吾保河南，則江（南）必虚。若吾不守河南，則是彼嘗見歸，吾自委棄，在遺民當自歸，曲於吾矣。金謀若此，鄂武穆之料敵，信不妄云。

# 陳櫄

**撰：《負暄野錄》卷上，《蔣宣卿書》**

蔣宣卿待制燦，紹興中以善書著名，因救解岳侯，遂忤秦相，諷言者論罷，閒廢十年。一日，忽報有中使至其家，時秦尚當國，老幼驚惶，慮有不測。蔣神色不變，徐言曰："主上聖明，吾無大過咎耳。既從罷免，縱有後命，不過符下州郡處分耳，亦何至遣中使？此必美意，不然，亦當任之。"既而中使納謁，且傳上旨，賜以香茶、湯藥、宮羅之屬，又頒下翰苑所撰憲聖慈烈皇后之弟吳郡王神道碑，命蔣書之。蔣即奉敕書，以授中使而歸。憲聖及后族賜賚至數千緡，縑帛文房之具。蔣久閒，頗窘匱，賴以少蘇。

蔣之字畫，高出流輩，而高廟垂情辭翰。臣下雖在閒廢中，猶不忘如此。蔣能不為動容，安靜以待，其量亦有可取者。蔣先時漕江西，時先大父嘗為幕屬，及其家食，嘗間詣荆溪里第訪之，親聞其說。

# 費袞

**撰：《梁谿漫志》卷一，《樞密置使》**

祖宗時，樞密置使，則有副使，置知院，則有同知院。樞使、知院二者未嘗並除。熙寧元年七月，陳秀公自大名入西府。時文潞公、吕惠穆為使，韓康公、邵安簡為副使。神宗以秀公三至樞府，欲稍重其禮，乃以為知院事。元樞並除，自此始。元豐四年，以樞密聯職輔弼，非出使之官，止置知院、同知院，餘悉罷。紹興丁巳正月，詔宥密本兵之地，用武之際，事權宜重，可依祖宗故事，置樞密使、副使。其知樞密院事、同知院簽書，並仍舊。於是秦忠獻以宰相入為樞密使，自後除使者多自知院而遷。至於副使，則八年除王敏節庶，十一年除岳武穆飛，自是久不除授矣。

# 葉紹翁

**撰：《四朝聞見錄》卷五，《罷韓侂胄麻制》**

門下：朕圖回機政，委用柄臣。遠至邇安，所賴經邦之益；力小任重，難逃誤國之辜。揆以羣情，奮由獨斷，爰誕揚於免册，容敷告於治朝。太師、平章軍國事、平原郡王韓侂胄，蚤以勲門，浸登顯路，久周旋於軒陛，適際會於風雲。服勞王家，意前人之是似；預聞國政，殆故事之所無。位極王公，職兼文武，宜思靡鹽之義，用答非常之恩。而乃植黨擅權，邀功生事，不擇人而輕信，不量己而妄為。敗累世之驩盟，致兩國之交惡，三軍暴骨，萬姓傷心。列聖有好生之德，爾則專於嗜殺。朕躬有悔過之實，爾則務為飾非。公事誕謾，曾非顧忌。遂至敵人之未戢，專以首謀而為言。臨機果見理明，既無半策；得君專行政久，徒積罪愆。倘令尚處以廟堂，何以遂安於社稷？欲存本體，姑畀真祠。庸少慰於多方，以一新於庶政。於戲！威福惟辟，朕方親總於大權；明哲保身，爾尚自圖於終吉。往其祗若，玆謂優容，罷平章軍國事，依前太師、永興軍節度使、平原郡王，特授醴泉觀使，在外任便居住，食邑實封如故。

罷自强制云："以道事君，所冀賛襄之益；朋姦罔上，乃辜委寄之隆。殊咈巖瞻，宜從策免。特進右丞相兼樞密使、［秦］國公陳某起云云沉厚之略□□□□□，亟用是宜；豈期胡廣無蹇諤之風，優禮何補？粵從言路，進秉國鈞，不思洗心之忠，徒附炙手之勢。以庸庸為上策，以唯唯為善謀。賄賂公行，廉恥俱喪。鐘鳴漏盡而行且弗止，鼎折餗覆而任何以勝。暨權臣輕啓於釁端，與鄰境頓乖於和好。内郡竭於粮餉，邊城疲於干戈。誰無憂時之思，獨為保位之計。擬而言，議而動，悉付括囊；危不持，顛不扶，殆成撓棟。尚不亟從於退黜，必將愈積於罪愆。爰解軍樞，俾奉香火。猶以股肱之舊，務全體貌之存。於戲！乞骸骨以避賢，已昧滿盈之戒。歸田里而思過，無忘循省之誠。往服寛恩，益祗明訓。可罷右丞、樞密使，依舊秦國公、醴泉觀使，在外任便居住。"

自强自出國門，每朝必朝服焚香，自云："從天乞一綫之命。"行至浦，其族人陳正和為宰，迎勞於郊，自强太息曰："賢姪，賢姪，大丈夫切不可受人大恩。"雪涕而出。自强本太學諸生，嘗居韓氏館，實訓侂胄。憲聖女弟魏夫人，實侂胄母，見其舉止凝重，交遊不妄，嘗器重之，謂侂胄曰："他日得志，必用之。"陳登科，為光澤丞，其年已六十矣。主簿張彦清登科最早，而其年方盛，嘗玩侮之。楊開國圭，彦清之友也。嘗訪彦清，因以謝自强。每敬陳，不敢狎，因私語陳曰："子姑自重，以相法論之，不十年為宰相矣！"自强以為彦清諷圭玩已，而又以圭平日無狎語，姑信之。及自强為丞，去官調闕，知韓已得柄，漫往候之。刺入，侂胄約以來日從官來見。當是時，自强不測其意，明日，又漫往。侂胄於羣從官中前設褥，拜自强，云："許多時，先生在何處？"翌日，從官即交章，特薦入臺。不期年，遂拜相云。圭事已載前録。自朝廷以岳侯賜第為太學，有善司聽者聞鼓聲，謂學永無火災，亦不出宰相。久之，自强破讖而相。自是，以諸生致宰相者相望矣。陰陽拘忌之說，可信乎？彦清亦往候。自强憐其選調，欲薦之韓。其子語之曰："爺不記光澤之事乎？"真文忠銘彦清墓，謂其不趨附自强，此殆過也。文忠中宏博，由南劍判官召入為國録，寓於圭之酒官舍，即今之清風坊。彦清寔於是年見自强，予所親目云。

**同上書卷五，《岳侯追封》**

“人主無私，予奪一歸萬世之公；天下有公，是非豈待百年而定？眷言名將，宿號藎臣。雖勳業不沒於生前，而譽望益彰於身後。緬懷英槩，申畀愍章。故追復少保、武勝軍節度使、武昌郡開國公、食邑六千戶、食實封二千四百戶、贈太師、謚武穆岳飛，蘊盖世之才，負冠軍之勇，方畧如霍票姚，而志滅匈奴；意氣如祖豫州，而誓清冀朔。屢執訊而獻馘，亦運籌而策勲。外懾威靈，内殫謨畫。屬時講好，將歸馬華山之陽；爾猶奮威，欲撫劍伊吾之北。遂致樊蠅之集，遽成市虎之疑。雖懷子儀貫日之忠，曽無其福；卒墮林甫偃月之計，孰拯其寃。迨國論之初明，果邦誣之自辨。中興之主，思念不忘；重華之君，追褒特厚。肆渺躬而在御，想風烈以如存。是用頒我絲綸，裭之王爵，錫熊途之故壤，超敬德之舊封。盖將慰九原之心，亦以作三軍之氣。於戲！修車備器，適當閒暇之時；顯忠遂良，罔間幽明之際。尚惟泉壤，歆此寵光。可特封鄂王，餘如故。”

嘉定四年六月二十日，中書舍人李大異行。

盖韓氏興師恢復，故首封鄂王以為張本，而制中故有“作三軍之氣”與“修車備器”之詞。

**同上書同卷，《岳侯追封·考異》**

此制乃《金陀粹編》第二十七卷所載。《金陀粹編》乃王孫珂所載，決不致誤。而紀聞者以李公大異為顔棫，其誤甚矣。嘉泰間，岳侯之死，僅八十年。故有“天下有公，是非豈待百年而定”之語。謂必待百年而定，何也？盖紀聞者治賦，若如所載，僅一無用原韻起句耳。恐史官誤採其說，故詳載云。

**同上書同卷，《岳侯追封·遺事》**

開禧初，降詔興師，李公壁草起句云：“天道好還，盖中國有必伸之理；人心助順，雖匹夫無不報之讐。”累詞殆將數百。予侍叔父貢士泳，自浦城行至都之玉津園前，售摹詔而讀之。叔父曰：“以中國而對匹夫，氣弱矣。其能勝乎？”已而兵果大敗。敵因亦有偽詔詆韓侂冑云：“蠢爾殘昏巨逆，輒鼓兵端，首開邊隙，敗三朝七十年之盟好，驅兩國百萬衆之生靈。彼既逆謀，此宜順動。尚期決戰，同享升平。”

# 潘自牧

**撰：《記纂淵海》卷十六，《郡縣部・廣南西路・賀州（節錄）》**

岳飛為中興名將。

**同上書卷二十一，《郡縣部・河北西路・相州 倚郭一，安陽；外縣三，湯陰、臨章、林慮》**

……文王廟在湯陰縣，張騫廟、岳飛廟、扁鵲墓俱在湯陰縣……人物……岳飛，湯陰人，少負氣節，好《左氏春秋》，誓以忠義報國，為秦檜所害，追封鄂王，諡武穆。【同上《輿地紀勝》】

**同上書卷二十六，《職官部・少保》**

史天子居處燕私，安而易，樂而躭，飲食不時，醉飽不節，寢起早晏無常，玩好器弄無制，此少保之責也。本朝紹興元年，少保右僕射吕頤浩罷少保除特進，先是頤浩言少保之官自陛下臨御未嘗輕授，望追寢成命，除一階官，故有是詔。至七年三月，自鎮南軍節度使、開府儀同三司、充浙西安撫制置大使兼知臨安府始除少保。紹興九年六月，武勝定國軍節度使岳飛除少保。

**同上書卷三十四，《職官部・都統》**

本朝南渡，諸路起兵有自稱統制者，州縣管押勤王兵亦有稱統制者，諸道都總管及諸司便宜差統制者，建炎初並罷，惟中都主兵朝廷差統制者仍舊。紹興十一年，韓世忠、張俊、岳飛除樞密副使，其兵馬就領所部統制官節制。是年，張俊發張憲事，併岳飛賜死，俊遂薦其將田師中掌故岳飛之兵，又薦王德住金陵，於是並詔為御前都統制，師中於鄂州，德於建康府駐劄。《野紀》按：江南三州都統司史無見考。

# 趙彥衛

**撰：《雲麓漫抄》卷一**

常州宜興縣張渚鎮，臨溪有山水之勝，乃過廣德大路。鎮有張氏，名大年，臨澗為圃，號桃溪。嘗倅黄藏書教子，一子登第一恩科，岳侯嘗館於其家，題其廳事之屏，云："近中原板蕩，金人長驅，如入無人之境，將帥無能，不及長城之壯。余發憤河朔，起自相臺，總髪從軍，小大歷二百餘戰，雖未及遠涉邊陲，長驅直入，亦足快國讎之萬一。今又提一壘孤軍振起，宜建康之城一舉而復，敵擁入江，倉皇宵遁，所恨不能匹馬不回耳。今且休兵養卒，蓄鋭待敵。如或朝廷見念，賜予器甲使之完備，頒降功賞使人蒙恩，即當奮勇争先，深入敵境，擒其梟帥，拔其窮城，迎二聖復還京師，取故地，再上版籍。它時過此，勒功金石，豈不快哉！此心一發，天地知之，知我者知之。建炎四年六月望日，河朔岳飛書。"岳後陷入罪，其家洗去之，今尚有遺蹟隱然。

按《小曆》，右僕射杜充在建康，方欲討李成而金兵掩至，遣統制官陳淬同統制岳飛等，領兵二萬與敵戰。前軍統制王𤫉引軍先遁，飛等敗。建康失守，通判楊邦乂不屈而死。充下諸將潰去，多行摽掠，獨飛屯宜興，不擾居民。晉陵士大夫避亂者，賴飛以全，時譽翕然稱之。江浙制置使張俊薦飛為通泰鎮撫使，飛獻金人之俘，上呼問得實，付軍中磔之，乃此時也。

# 羅大經

**撰：《鶴林玉露》卷六**

馬燧討李懷光，夜宿一村，問田父："此何村也?"曰："名埋懷村。"燧大喜曰："吾誅懷老必矣。"澶淵之役，亦以宋捷為吉兆。岳飛討楊幺時，幺據洞庭，出没不可測。偶獲一諜者，問其巢穴，對曰："險阻安可入，惟飛乃能入耳。"飛大笑曰："天遣汝為此言，吾必破其巢穴。"三軍大喜，迄平之。蓋用兵行師，但得吉兆，亦足以壯三軍之氣。

### 同上書卷八

韓世忠嘗議買新淦縣官田。高宗聞之，御札特以賜世忠。其詞云："卿遇敵必克，克且無擾。聞卿買新淦田，為子孫計。今舉以賜卿，聊旌卿之忠。"故其莊號"旌忠"。蓋當時諸將各以姓為軍號，如"張家軍"、"岳家軍"之類，朝廷頗疑其跋扈，聞其買田，蓋以為喜，故特賜之。世忠之買田，亦未必非蕭何之意也。"克且無擾"四字，可謂要言。如王全斌輩，非不克，奈擾何？信能行此四字，雖古名將，何以加諸？

### 同上書卷十二

嚴州烏石寺，在高山之上。有岳武穆飛、張循王俊、劉太尉光世題名。劉不能書，令侍兒意真代書。姜堯章題詩云："諸老凋零極可哀，尚留名姓壓崔嵬。劉郎可是疎文墨，幾點燕支涴綠苔。"

## 章如愚

### 撰：《群書考索》，別集卷二十三，《邊防門・江（節錄）》

長江。江南所恃以為固者，長江也。四川之地，據長江上游，而下臨吳會。盖江水出岷山，經夔峽而抵荆楚，則江陵為一都會。沅、湘衆水合洞庭，而輸之江，則武昌為一都會。豫章西江與鄱陽之浸，浩瀚吞納，而匯於湓口，則九江為一都會。江陵，古荆州，北據漢、沔，利盡南海，東達吳會，西通巴蜀，孔明以為用武之國。武昌，今鄂州，當江湖之衝，西距郢，南距鄂，西南距江陵，東北距九江，吳文帝嘗都於此，東晉、齊、梁、陳之際，號稱"盛府"。九江，今江州，魯人謂："北控羣蠻，西連荆、郢。"晉江州所領，兼江東西、湖南北十州之地，南朝因而不敢，嘗以貴王大臣為都督刺史。

樊若水進取江南。宋朝開寶七年，江南樊若水舉進士不第，遂謀北歸。先釣魚采石江上，以小舫載絲純其中，維南岸而疾棹抵北岸，以度江之廣狹，凡數十往返，而得其數。遂詣闕，自言有策可取江南。上如其策，太祖造浮梁渡江。冬，遣八作使郝守濬率丁匠，自荆南以大艦載巨竹絚併下朗州，所造黄黑龍船，於采石磯係纜，三日而成，不差尺寸。王師過之，如履平地。

建康天險。建炎元年【時駕在南京】，劉珏言：“金陵天險，前據大江，可以固守。東南久安，財力盡富盛，足以待敵。”許景衡亦言：“建康天險，請定計巡幸。”

水戰之備。三年，吕頤浩奏：“陰為過江之備，又水戰之具，在今宜講。然防淮難，防江易。近雖在鎮江之岸，擺拍海船，而上流諸郡，自荆南抵儀真，可渡處甚多，豈不可預為計？望置使兩員，一自鎮江至池陽，一自池陽至荆南，專提舉造船，具詢水戰利害。”

世忠決吳越之行。上駐驆江寧。敵報至，召諸將，問駐驆之地。韓世忠曰：“官家已失河北、山東，若又棄江、淮，更有何地？”遂決吳、越之行。

敵人采石濟江。杜充在建康，以六萬人列戍江南岸，而閉門不出，師無統一。敵自馬家渡過江，充北走儀真。敵入建康，遂自采石濟江。

世忠金山之捷。四年，烏珠回至鎮江，韓世忠駐焦山以邀之。世忠兵止八千，募海船百餘艘，以鐵綆貫大鈎，授諸軍強健者。敵擁十舟，噪而前。世忠分海船為兩道，出其背，每縋一綆，則曳一舟而入。敵不得渡，烏珠鑿渠遁去。

趙鼎防金。金人破楚州。范宗尹曰：“敵未必再渡。”趙鼎曰：“勿恃其不来，恃吾有以待之。”

頤浩遣諸將禦江。紹興二年秋，上曰：“寇或南来，不避如何？”頤浩曰：“若盡遣諸將禦江，寇豈能便渡？但先定計以待之。”上曰：“未聞千里而畏人者。”

張浚視師江上。四年，世忠捷大儀。敵在滁上造舟，已有渡江之耗。趙鼎薦張浚福州居住可當大事。詔浚知樞密院事，往江上視師。

趙鼎陳計。鼎密陳：“計當先定，事至即應之不可。聞渡江便退，即諸將各自為謀，天下事不再集矣。”三衙楊沂中、劉錡謂鼎曰：“探報如此，駕莫滇動。”鼎曰：“方遣二君舉兵趨常、潤，合諸將，併力一戰，以決存亡，無他術也。”二人同聲曰：“相公可謂大膽。”鼎曰：“事已到此，不得不然。”御史魏矼言：“當罷‘請和’二字，以攻守待之。”

烏珠遁去。張浚至鎮江，部分諸將。世忠與烏珠書，謂：“樞密已在此矣。”敵衆乏糧，又其主晟病篤，韓常勸烏珠曰：“士無鬬志，苟強驅之過江，必多叛者。”烏珠一夕遁去，麟、猊亦北走。

張浚視師。六年，都督張浚行邊郡視師。時淮東宣撫韓世忠駐承、楚，淮西宣撫劉光世屯太平州，江東宣撫張浚屯建康，湖北、京西招討岳飛在鄂。朝論以邊防空缺處尚多，浚獨謂：“楚、漢交兵之際，漢駐兵敖、滙間，則楚不敢越境而西。蓋我軍在前，雖有他岐捷徑，敵畏我之議其後，不敢踰越而深入。故太原未陷，則尼堪之兵不復濟河，亦以此爾。不然，必環千里之地，盡以兵守之，然後可安乎？"

張浚會大帥議事。浚至江上，會諸大帥議事，乃命世忠屯承、楚，以圖淮陽；命光世屯廬州，以招北軍；張浚練兵建康，為進屯盱眙之計；命楊沂中領精兵，為浚後翼。於是國威大振。

張浚請幸建康。張浚奏："東南形勢，莫重於建康，實為中興根本。且使人主居此，則北望中原，常懷憤惕，不敢自暇自逸，臨安易生驕肆。力請幸建康。"

浚復出江上。浚復出江上視師。時諸將聲勢不相及，沿江一帶，更無軍馬。諸將欲退保江，浚力奏，異議乃息。楊沂中逐敵於李家灣。

高宗駐驛建康。（紹興）七年，上駐驛建康。

劉錡順昌之捷。（紹興）十年，烏珠渝盟。劉錡捷於順昌。

拓臯之捷。（紹興）十一年，烏珠再舉。丙戌，錡至拓臯，適與敵會。錡與諸軍合擊之，浚與大軍繼至，敵大敗。

團結沿江民兵。建康留守葉夢得團結沿江民兵數萬，至是，呼集分據江津，分數千人守馬家渡。敵果使酈瓊以輕兵来犯，覺有備，乃出。

陳康伯四策。（紹興）三十一年，康伯四策："沿江諸郡，增壁積糧，為歸宿之地。康伯請決聖意。"五月，康伯奏："敵國渝盟，天人共憤。今日之事，有進無退。若聖意堅決，則將士之氣自振。"

汪澈請置師江上。御史汪澈言："置師江上，而專付閫外之任。"

葉義問督視以知樞密院。葉義問視江、淮、荆、襄軍馬，舍人虞允文為參議軍事，起張浚判建康，命吳拱護武昌。敵揚聲欲自光、黄擣武昌，朝廷以敵昔嘗由此入江西，慮揺根本，命吳拱護武昌一帶津渡。拱將囬鄂，汪澈止之，而自發鄂之餘兵，進戍黄州。敵果犯襄陽，拱遂破之。元顔亮明日渡江，王權退采石。十一月，葉義問至建康，被旨罷權，代以李顯忠。時知建康張燾至府才十餘日，夜漏下二鼓，燾就寢。允文叩門，求見甚急，曰："此何等時，而公欲安寢乎？適諜者言敵以明日渡江，約晨炊玉麟堂，公何以為策？"曰："燾當以死守。"

亮麾衆渡江。亮駐車和之雞籠山。丙子，亮麾衆渡江。時王權所留水軍、車船皆在，而諸將未有統屬，莫肯用命，盡伏山崦，惟張振、王琪稍任責，允文區處江事。允文往采石督舟師，未至十餘里，聞鼓聲振野，官軍十五日坐路旁者，問之，衆曰："天節使淮西，聲金不聲鼓，我曹皆騎士，節使命棄馬過江，我直不解步戰。”從者皆勸允文還建業。允文不聽，策馬至采石，趨水濵。權餘兵止萬八千人，馬數百而已，諸將已為遁計。允文召其統制張振、王琪、後載臯、盛新等，問之曰：“敵萬一得濟，汝輩走將何之？今前控大江，地利在我，孰若死中求生？且朝廷任汝輩，不能一戰報國？”衆曰：“豈不欲戰？誰主張者？”允文曰：“汝輩止坐王權之繆至此，朝廷已别選將將此軍矣。”衆曰：“誰？”允文曰：“李顯忠。”皆曰：“得人矣。”允文曰：“今顯忠未至，敵以来，日過江，我當自先與諸君戮力決一戰。且朝廷出内帑金帛九百萬緡，給節度承宣觀察使，告身在此，有功即賞之、授之。”皆曰：“既有所主，請為舍人一戰。”允文即與浚等謀整步騎，陣於江岸，而以海鰍及戰船載兵，駐中流擊之。佈陣始畢，風色作。亮執小紅旗，麾其舟自楊林口出。敵始謂采石無兵，且諸將盡伏山崦未覺。一見大驚，欲退不可。敵舟將及岸，官軍小却。允文顧時俊，撫其背曰：“汝膽畧聞四方，今可作氣否？若立陣後，則兒女子耳！”俊即揮刀出陣待敵。風色忽止，官軍以海鰍沖敵。敵舟分為二，官軍呼曰：“天師勝矣。”併擊金人。金人所用，皆撤和州民居屋板所造，及掠江濵渡舟，底如梢，皆不能動，遂盡死於江中。其回北岸者，亮盡敲殺之。

采石之捷。允文奏捷。夜半，復佈陣待敵。遣盛新引舟師自楊林渡口，戒曰：“若敵船自河出，即齊力射之，必爭與死，毋令一舟得出。如河口無敵船，則以克敵、神臂弓射北岸。”新即駐舟江心，齊力射敵。敵騎望之，遽卻。

李横權錡職。錡病，退屯鎮江。葉義問以李横權錡職，趨令渡江，錡姪汜同往。軍不利，措置守江。上以横、汜不利，差楊存中措置守江，以成閔為淮東制置，吳拱為湖北制置，李顯忠為淮西制置。亮以書招王權，以携我衆。允文用顯忠計，檄曰：“昨王權望風退舍，使汝鴟張至此。朝廷已將權重置典憲，今統兵乃李世輔也，汝豈不知其名？”亮大怒，遂抵瓜州。

諸將按試車船。時江岸有車船二十四艘，允文與楊存中等臨江按試，命戰士踏車船，徑抵瓜州。將泊岸，復回。敵兵皆持滿，以待其船中流，上下三周，回轉如飛，敵衆相顧駭愕，亮笑曰：“此紙船耳。”

諸酋射殺金亮。亮聞李寳在海道焚其戰艦，成閔諸軍方順流而下。亮愈忿，回揚州，召諸酋，約三日畢濟，過期盡殺。諸酋謀曰：“南軍有備如此，進有渰殺之禍，退有敲殺之憂，奈何？”遂射殺亮。

沙上勞軍。張浚沙上勞軍。一軍見浚，以為從天而下。

吳芾乞留建康。（紹興）三十二年，上至建康。吳芾奏：“宜留建康，以係中原之望。”

**同上書別集卷二十三，《邊防門·淮》**

兩淮。長江所恃以為藩籬者，淮也。淮東以楚、泗、廣陵為表，則京口、秣陵得以蔽遮；淮西以廬、壽、歷陽為表，則建康、姑熟得以襟帶。江西之鎮，潯陽為重，而舒、蘄實潯陽之表；湖北之鎮，武昌為緊，而齊、安實武昌之表。

廣陵，今揚州。魏文再至，佛貍嘗頓軍，郄鑒、謝安曾鎮此，高宗皇帝駐驛於此。

淮陰，今楚州。謝安、蕭道成曽鎮此，趙鼎曰：“楚當敵衝，所以蔽兩淮。”

盱眙，今盱眙軍。臧質嘗守此，吕頤浩曰：“駐維揚，當以一軍屯盱眙，以備衝突已。”【上係淮東】

合肥，今廬州。魏明帝曰：“先帝東置合肥，賊来輒破，地有所必爭。”魏文時，滿寵表：“合肥西三十里，有險可依，立城，名曰‘新城’。”時張浚行淮上，築廬州城。

壽春，今壽春府。魏與吴、晉與符堅、宋齊梁與拓拔氏，血戰而爭，此南北之衝也。紹興，劉錡嘗渡江援壽昌。

歷陽，今和州。孫策圖江表，起於此，蘓峻濟横江以刼姑熟。歷陽者，姑熟之門户。楊沂中自臨安，晝夜疾馳，六日而至歷陽。【已上係淮西】

兩淮山勢由少室而来，至於桐柏而愈大，自桐柏而至危岡，斷塹纍纍，相屬接于巢湖，幾一千里。

淮東水寨。淮東，川澤之國。凡爾小洲大渚，沙與石磧，水勢環繞，人所不到之地，皆水寨也。自謝楊縣、楊石鏡、老鸛新開諸湖而言，凡四十餘處，而相通之寨九。

淮西山寨。淮西，烏林之地。凡嶂嶺峭拔，上平下險，無路可登，無階可陟，人所難到之地，皆山寨也。自六安、信陽、舒城、南巢、廬江諸沿邊而下，凡有九十四處，而外有無水之寨六。

寨官、寨將員數。每一寨置寨官一員，令藉補資秩為之主宰。每十寨置寨將一員，令係省特差為之提督。

高宗駐揚州。建炎元年，敵過東京，上駐驛揚州。

吕頤浩請俟夾淮一戰。（建炎）三年，頤浩請申敕諸將，以俟夾淮一戰，此不易之策。又駐維揚，當以一軍屯盱眙，一軍屯壽春，以備衝突。

張守防淮之策。守言二策：一防淮，一渡江。若屯重兵於楚、泗及淮陰三處，賊兵未能遽犯，然恐我師怯戰，望風先潰，則舟楫拘於南岸，敵或以精騎間道，先絶吾渡江之路，此可患者一；渡江則去中原益遠，又行在兵多西人，不樂南去，可患者二。若為中原計而幸不至，則用防淮之策，若為宗社計而出於萬全，則用渡江之策。

高宗南渡。二月，敵犯淮。倉卒南渡。

敵犯淮。冬，敵陷滁，犯壽春，官吏以城降；犯無為，守臣與民渡江南歸。陷廬；犯和，守以城降；犯真，守棄城。

敵寇淮東。(建炎) 四年秋，達蘭冦淮東。詔劉光世住鎮江，分兵以備江岸。乃會淮南諸鎮，併力擊之。

張浚不救楚州。楚州危，趙立告急。趙鼎欲遣張浚往救，浚曰："敵鋒不可當，徒手搏虎，併亡無益。"鼎曰："楚當敵衝，所以蔽兩淮。若委而不救，則失諸將之心。"浚曰："根本未固，人心易摇，此行失利，何以善後?"鼎曰："江東新造，全藉兩浙，若失楚，則大事去矣。"浚力辭。乃詔岳飛掩擊，因令光世遣兵渡江，以為援。

敵攻泰州水寨。紹興元年，達蘭攻秦州水寨，為張敵所敗，擒其壻萬户佈拉克，殺五千人衆。

朱勝非陳淮五事。(紹興) 二年，勝非陳經營淮北五事："二謂逆豫招到山寨已二十六項。彼得之，未必為用；我失之，人心必去。五謂渡淮之後，有助順土豪，可率衆者，擢為守將，俾自為備，則兵勢益張。"

敵偽冦淮。四年，劉豫子麟、姪猊、窩里嗢等，自維揚分道入冦。舟師由清河據楚，騎兵渡淮，據滁。上曰："朕當親總六師，往臨大江，決於一戰。"時江東宣撫劉光世在馬家渡，淮西宣撫張浚軍在采石，淮東宣撫韓世忠自承州退保鎮江，詔光世以兵援世忠，且令張浚移軍建康。於是，光世進屯太平州，世忠復過江，駐揚州。

高宗親征。下詔親征，始正豫逆罪，人皆鼓勇。朝士尚多懷疑，鼎曰："願不為羣議所移，詔松年會議進兵。"詔簽樞胡松年往鎮江，與諸將會議進兵。

世忠大儀之捷。韓世忠戰于大儀，背嵬軍各持長斧，上揕人胸，下搯馬足，遂擒貝勒托卜嘉，烏珠走還泗上。

民兵擊賊。時承、楚、秦三州，各有水寨，民兵合力擊賊。上曰："淮民未能安業，今乃力奮忠義，宜放十年租税，仍撥錢来助之。"

仇愈拔廬州。敵犯廬州，知州仇愈發戍兵千人拒之，無一還者。

張浚視師。六年，浚視師，命世忠屯承、楚，光世拒廬，浚屯盱眙。

劉豫分道入寇。九月，上發臨安。豫聞上將親征，簽鄉兵分道入寇西路，趨合肥以統之。東路由紫荆山出渦口，猊統之。報至，浚復往江上視師。時浚駐盱眙，沂中屯泗上，世忠在楚，飛在鄂，聲勢了不相及，獨光世之兵在太平州，遣輕騎據廬，而沿江一帶，更無軍馬，朝廷甚憂之，張浚有進無退。時疑敵偽合兵，光世奏廬州難守，欲還太平。諸將議欲保江，浚及光世曰："賊豫之兵，以逆犯順，若不勦除，何以立國？平日，亦安用養兵為？今日之事，有進擊，無退保。"或請上回臨安，浚奏："若諸將渡江，則無淮南，而長江之險與敵共。淮南之屯，正所以屏蔽大江。使賊得淮南，因粮就運，以為家計，江南其可保乎？今淮西之冦，正當合兵掩擊。況士氣甚振，可保必勝。一有退意，大事去矣。願朝廷勿專制于中，使諸將不敢觀望。"上手書報浚："覽卿奏，甚明，俾朕釋然無憂。"浚奉此詔，異議乃息。光世已會廬州而退，浚即星馳至采石，遣人喻光世之衆，曰："若有一人渡江，即斬以徇。"督光世復還廬。賊次濠、壽，浚拒之，詔併以淮西屬浚。

沂中李家灣之捷。猊過定遠，以犯建康。楊沂中悉衆以出，至李家灣，與猊遇。吳錫率勁卒五千，突入猊軍中，賊潰亂，沂中乘之，大破之。而聞猊敗，亦潰，敵廢豫之意決。

張浚築廬城。七年，朝廷謀北伐。浚出行淮上，撫諭諸軍，築廬州城。

酈瓊叛。秋，淮西軍統制酈瓊全軍七萬降豫。是冬，敵廢豫。

劉錡順昌捷。十年，烏珠渝盟，錡敗之於順昌。

劉錡柘臯捷。十一年，烏珠謀再舉。詔大合兵於淮西，以待之。乙卯，果入冦，犯壽春府，命錡渡江禦之。敵陷壽春，錡至廬。敵騎大集，錡退以避其鋒。敵入廬州，錡退東關，見其地負山面水，據之以遏敵衝，軍勢復振。烏珠直據和州，浚遣姪子盖與王德先趨采石。浚夜絶江，與錡聲援相接。又命沂中為浚副，自臨安晝夜疾馳，六日而至歷陽。敵退，浚復和州。錡至柘臯，適與敵合，烏珠以鐵騎十餘萬，分兩隅而陳。王德與田師中先薄其右隅，虜陳動，錡與諸軍合擊之，浚與大軍繼至，敵大敗，遂復廬州。二月，捷書至，軍勢大振，勿以議和為意。秦檜曰："山陽，所以扞淮東。東，拒淮西水路，又山陽、六合，皆近江形勢之地，嚴備此數處，然後江可安。"上曰："山陽、東關，已降處分，更令張浚益脩守備。今雖遣使，然勿以議和為意，但作不講和處之爾。"

康伯條陳淮策。三十年，亮將渝盟。右僕射陳康伯條上兩淮守禦之計，同樞密葉義問奏："兩淮形勢，在今為急。荊南劉錡，則均、襄、隨、郢、光化、棗陽之所隸也；鄂渚田師中，則安、復、信陽、漢陽之所隸也；建康王權，則滁、和之所隸也；鎮江劉寶與馬帥、成閔，則真、陽、通、泰之所隸也。江陰正控海道，宜自鎮江分兵以扼之。至於濠、梁、固、始、安、豐諸郡，近邊亦要，總之合肥，比已分屯，諸將臣欲飭兵，擇地險要，廣施預備。"

汪澈言飭邊備。三十一年丁亥夜，風、雷、雨、雪交作。汪澈言："此陰盛也，願飭邊備。"

陳康伯四策。康伯畫四策："一，令兩淮諸將，分畫地界，使自為守；二，措置民社，密為寓兵之計；三，淮東劉寶，將驕卒少，不可專用；四，沿江諸郡，增壁積糧，以為歸宿之地。"

汪澈言守淮要害。澈言："渡師淮甸，以守其要害，存恤山水寨。"又言："淮南山水寨，舊来鄉豪自相結集，當隨宜存恤，使自為守。"

劉錡屯揚州。錡屯維揚，新復海、泗二州。

葉義問督視。義問督視江淮，允文參議。

王權棄廬州。劉錡遣王權迎敵，權逗遛不進。錡再激，權不得已發兵至廬州戍守，故敵得渡橋以濟淮，權棄廬州遁。敵騎至，尉子橋、姚興以三萬人力戰，權擁羣刀斧自衛，不援興。興沒，王權棄和州。權又棄和州，奔采石，中外大震。

劉錡皂角林之捷。敵萬户高景山犯揚州，錡禦之於清河。敵以氊裹舟載糧，挽而上。錡募善沒者，鑿沉之。錡俄病，嘔血不能支，猶乘肩輿，臨敵指揮。敵逼江，錡設伏皂角林，誘敵入，弩發，敵敗，斬景山。

成閔援淮西。成閔發應城縣，回援淮西。

李顯忠代王權。十一月，葉義問至建康，被旨罷權，以李顯忠代之。命虞允文往蕪湖，趣顯忠交權軍。

**同上書別集卷二十四，《邊防門・襄（節錄）》**

朱勝非議委岳飛取襄。四年，襄陽重地，既為偽將李成所據，湖湘之民亦不奠枕，朱升謂當先取之。上曰："今便可議就委，岳飛如何？"時飛駐軍鄂、岳，趙鼎曰："知上流利害，無如飛者。奏請上令韓世忠一萬人臨泗上，為疑兵，劉光世選精兵出陳、蔡，庶幾兵勢相接。"上命飛收復，命光世發精兵萬人援之。飛自鄂趣襄，勝非許飛迄事建節，且命農卿沈昭遠往總軍餉，鼎請上親筆詔監司帥守餉，飛軍無闕，庶幾必濟。

岳飛復襄，豫求救於敵，敵僞俱来，我師連戰，大破之，遂復襄陽及郢、隨諸州。飛分遣統制王貴、張憲連擊賊兵，又復鄧州，軍聲大振。

講防秋事，上謂宰執曰："岳飛既復襄陽，粘罕必怒，況今已六月下旬，便可講防秋事。敵人南来，朕當親統諸軍，分頭迎敵，若依前遠避為泛海計，何以立國？"

岳飛進屯襄，浚視師，命岳飛進屯襄陽，以窺中原。時飛在鄂，飛不可，浚奏岳飛一動則襄陽有警，復何所制？

**同上書後集卷五，《官制門·樞密院》**

高宗紹興七年，詔依故事置樞密使及副使，其知院、同知院簽書並如舊。《中興會要》：副使自岳飛罷後無有除者。

**同上書後集卷十三，《官制門·總領（節錄）》**

南渡之初，嘗命朝臣總領都督府宣撫司財賦，未以官名也。

紹興三年，差户部侍郎姚舜明往建康，總領于都督府錢物糧斛。六年，都督諸路軍馬。張浚言三宣撫司錢糧漕司互相佔吝，因致闕乏，乞於户部長貳内郡一員来鎮江府置司，專一總領，詔差户部侍郎劉寧止。七年，令户部郎官霍蠡前往鄂州置局，專一總領岳飛軍錢糧。

**同上書後集卷四十七，《兵門·都統（節錄）》**

紹興中，韓世忠、張俊、岳飛除樞密使副，罷宣撫司，其統領將副並改充御前，隸樞密院，各帶御前字入銜，其兵馬就令部統制官節制。

# 車若水

**撰：《脚氣集》**

秦檜議和，殺害名將，後人猶以為愛東南。金國遷汴之時，其直學士孫大鼎奏疏明言："天會八年之冬，諸大臣會于黒龍江之柳林相議，謂宋臣如張浚、趙鼎則志在復讎，韓世忠、呉玠則習知兵事，既不可以威取，復搆怨之良深，勢難先屈。"魯王曰："惟遣彼臣先歸，因示恐脅，而使之順我，佯不從而勉强聽之。"忠獻王曰："汝言是矣，誰可使者？"忠烈王曰："張孝純可。"忠獻曰："此人在河東失節，人誰不怨？便去，如何得位得志，只有檜可用。初言【一作初來說】趙氏得人心，必將有所推立，說，張邦昌不為人悅服，不及半年，其言皆驗。我喜其人，置之軍中，間語以利害。檜謂‘南自南，北自北’，且許說某着手時，只依這規模。今只用兵南，亦未必終弱，若縱其歸國，必是得志，可濟吾事。”是時南人羈困，檜獨温足，果至彼，得權位，而謀始行，廢劉琦、韓世忠、張浚、趙鼎，殺岳飛，而南北之勢定。忠烈王德之誓書之中，必令不妄易首相，而檜亦陰發宇文虛中之逆以報德，表裏恐喝，一如忠獻所料，誅廢其喜事之將相，定南疆北界之畫。

秦檜自謂欺世，不料後日金人自言之，《南遷錄》甚詳。當時胡編脩銓乞斬檜以謝天下，豈為過論？而後世至今，有為檜出脫者，可痛也。

# 黄震

**撰：《黃氏日抄》卷六十八，《墓誌銘（節錄）》**

薛待制弼，政和進士。宣靖間間關共難，南渡後守閩楚，平賊百七十部。然本岳飛參謀，而為秦檜用，永嘉人。

**同上書卷六十八，《水心外集·始議》**

其一謂國朝不務平西北，小人因間復燕，而國之守以離，其論偉矣。愚意竊謂尚有當講求者耳。唐虞三代，所自有惟千里，若侯服以至要，荒則聽其人之自守，不過懷以德，接以禮，故事少而國易治。秦漢盡併天下，制於一人，甚至反為夷狄，於夷狄殺無辜之民，以貪非其有之地，鞭長不及馬腹，而國無寧日矣。我太祖内收藩鎮兵，使無諸侯疆大，如封建末流之弊，外因邊酋各為守，無直鄰疆敵，如秦漢守塞轉粟、戍兵之擾，處混一之勢而能周盡天下之慮，孰有加於我太祖者哉？大計未集，而後之謀國者，輕挑强敵，豈惟非太祖之心，亦異於古人所以御天下之道矣，必欲勤遠畧，定西北，為盡天下之慮，談何容易耶？其謂建炎嗣統，獨失河東。二年，始失河南、北。紹興元年，始失京東、西。三年，又失五路。粘罕死，嘗舉數千里地以還我。兀朮背盟，分畫纔淮以南。顔亮屠殞，歸義之民，處處屯聚，京東西、秦、鳳、熙、河，州縣相次而服。宰輔繼舊盟，反割四要郡畀之，其言備盡南渡曲折。愚嘗謂中原不失於南渡之前，因南渡而後中原失，意正謂此。然念靖康而後，中原尚有可復之機者三。宗忠簡肅清宫禁，結山東、河北義勇，以請聖駕還京，此一機也，中原可不煩兵而復；岳鄂王収復兩京，所向無前，此一機也，中原可乘勝而復；逆亮速禍京東西等處，響應思歸，此一機也，中原可乗機而復。迨我孝宗，已非南渡初憤痛，方新機會。鼎來之，比況湯思退、史浩諸人，遇中原思歸者，則還之，金使甘心焉。儒生尚何以空談為哉？雖然中原遺黎，已歴祖孫三數世，惓惓吾宋者猶新。

其二謂國朝皆人主自為之，遂廢人而用法，廢官而用吏，故人才衰乏，外削中弱。以天下之大而畏人。又自熙、豐以來，世變紛更，紹興以來，小人挾制，隆興以來，取民已困，猶以為仁。俗衰時迫，誰與謀長？此所以不能盡天下之慮。

**同上書卷九十一，《跋宗忠簡行實》**

嗚呼！余讀公行，實不能不為天地之綱常哭之慟也！

方金兵圍京城不下，而以和紿我也，四方勤王之師坐視不得進。公獨曰："既曰通和，請亟退師。設有詭謀，吾兵已在城下。"遂發兵大名，至東平，至濟州，至衛南，直入重地，據韋城而徙南華，轉戰無前矣。斯時也，使趙野、范訥恊其謀，則二聖可以不北狩，而野也、納也其不然。

方金人擁吾二聖而北，天下尚皆我有也，四方之勤王而不得遂者紛紛無所向。公既尹京尋兼留守，如王善、趙再隆、丁進、孔彦舟、馬臯、趙海、楊進、王大節之流，以兵附者百八十萬。契丹九州，日附中國，且議遣辨士西使夏、東使高麗以滅金，已二十五表疏請回鑾京師矣。斯時也，使黄潛善、汪伯彦不從中沮其謀，則中原固金甌無缺之天下，而潛善也、伯彦也又不其然。

考論至此，則二聖本不至北狩，而終不免北狩者，公之謀不遂也；中原本未嘗淪没，而終不免淪没者，公之請不行也。嗚呼惜哉！自時厥後，雖有英雄百戰，皆不過救敗扶傷，況偏安日久乎？故我宋中興與否係公用舍間，他尚何言，雖然非公守磁，我高宗已先入敵國，雖江南誰與保？公雖身不及用，尚能為我宋得一岳飛。孔明圖漢鼎於既失，忠簡保天下於尚存。故公呼吸變化之功，殆過孔明百倍。然孔明晚遇族屬疎遠之昭烈，尚能堂堂出陣，公遇我光堯，視一時將相最早，反一語之不見酬。天耶？人耶？洪邁、吳柔勝序公行事乃皆以祖士稚為比。嗚呼！彼亦見其不得志而死其跡，偶同耳。

# 王應麟

**撰:《小學紺珠》卷六,《名臣類·七王》**

韓世忠【蘄】、劉光世【鄜】、張俊【循】、岳飛【鄂】、楊存中【和】、吳玠【涪】、吳璘【信】,中興將。

四將:

劉錡、岳飛、李顯忠、魏勝,章潁上四將傳。

**撰:《玉海》卷十九,《地理·州鎮·宋朝節鎮·武臣》**

兩鎮【自建炎三年韓世忠始】

韓世忠【武勝昭慶】張俊 岳飛 劉光世 楊沂中 吳璘 吕文德

**同上書卷十九,《地理·州鎮·宋朝節鎮·江州安撫使沿江制副都統制》**

尋陽、九江、湓城【浦】,晉置州,初治豫章,後治於此。中流襟帶,常為重鎮。國之南藩,要害之地,舟車衝要,湓江帶其右,廬阜居其前,彈壓九派,襟帶上流;控西江之要地,宿南渡之重師;據大江為中流,宿勁兵為重鎮;西挹武昌,東引京口;陸通五嶺,江行岷漢,亦一都會。南北以長江為限,東西以中流為防。漢盧植才兼文武,拜九江守。晉桓沖曰尋陽西連荆郢,陶侃、温嶠、庾亮、褚裒為刺史。中興朱勝非安撫大使兼守,岳飛以江西制置使駐江州,備南康、興國,江西【飛兼制置舒蘄荆南鄂岳黄復漢陽德安】上流要地,中興置都統,以廣屯備。

**同上書卷三十四,《聖文·御書·建炎書通鑑》**

建炎二年九月十七日戊戌,上書《資治通鑑》第四册,賜黄潛善。己亥,宰臣謝上曰:"近將《語》、《孟》治道處手寫入於絹屏。"又曰:"《語》、《孟》誦習之熟,真有可喜。"【聖政云孟子論治道處】二十二日癸卯,内出親書坐右素屏《旅獒》一篇,大有大畜二卦,與孟子之言七,凡十扇,遣中使宣示宰執。四年八月戊寅,上手寫《郭子儀傳》付范宗尹,示諸將韓世忠等。三年七月癸未,書"忠勇"字表韓世忠旂幟。紹興三年,表岳飛旗曰"精忠"。

**同上書卷一百十二，《學校・學校下 辟雍・紹興太學》**

建炎三年四月，詔國子監併歸禮部。紹興三年六月丁未【二十四日】，復置國子監。【詔即駐蹕所在學為之量養生徒置博士三員。】十二年十二月十二日，置祭酒司業【博士三正録一】，詔太學養士，以三百人為額。十三年正月癸卯，以岳飛第為國子監太學，前洋街，堂一曰“崇化”【淳熙十六年二月改今名】，齋十有二。【禔身至時中高閌擬齋名在二月乙酉，舊太學七十七齋。】二月二十二日，詔補太學生司業高閌，條上課試法，【閌言仁宗時判監胡瑗所補監生止試論，今秋補欲依此例。七月丙子，上試合格三百人。】詔以元祐、紹聖監學法參定。【五月詔國子生，限以八十人。】六月二十一日，詔王賞撰太學記。【太祖重建國學，陶穀撰記；徽宗初起辟雍，薛昂序，馮熙載記。】七月癸未，新修太學成，奉安文宣王于大成殿【御書大成殿及門】，上自題，賜書閣牓曰“首善”。乙未，高閌請車駕臨幸，上曰：“已命討論。”十月己丑，上國子監太武學、律學、小學勑令格式二十五卷。十二月丁酉，詔太學養士增二百人。十四年三月十八日己巳，車駕幸太學，命閌講泰卦，遂幸養正、持志二齋。四月二十七日，詔太學置小學一齋。一作六月乙巳。十五年二月戊寅，增生員一百人。【外舍生共七百人，內舍一百人，上舍三十人。】八月辛丑，又增二百人，通舊為九百人。十六年正月戊寅，以一千人為額。二十年六月一日，詔修太學。二十六年二月壬子，廣太學生員。十二月二十一日，以御製孔子並七十二賢贊碑本徧賜諸郡學校【乾道五年重修】，補弟子員。舊制四方舉人皆得就試，謂之混補，淳熙後，乃立待補之法，以解試人數百人取六，慶元中罷之，嘉泰二年復行混補。

**同上書卷一百三十二，《官制・使・咸平宣撫大使 慶曆宣撫使》**

岳飛湖北京西，吳玠川陜，吳璘四川，楊存中江淮荆襄。

……

紹興四年，著令宣撫使官屬參謀視提刑，參議視運判機幹，在諸州通判之上。領宣撫使者，皆見任二府，故行移用劄子。韓世忠宣撫淮東，詔於所部州縣用劄子。紹興二年九月辛巳，福建、江西、荆湖等路宣副韓世忠為江南東西路宣撫使，置司建康沿江。三大帥劉光世、李回、李光並去所領揚、楚等州宣撫使名，其節制淮南諸州如故，湖廣李綱止充湖南安撫使。十一年四月壬辰，京東淮東宣撫處置使韓世忠、淮西宣撫使張俊並為樞密使，湖北京西宣撫使岳飛為樞密副使。乙未，詔三宣撫司並罷，遇出師臨時取旨，逐司統制官已下各帶御前字入銜。

**同上書同卷，《官制·使·慶曆招討使》**

慶曆元年五月，詔陝西經畧招討使夏竦屯鄜州【五年春正月以夏國欵附罷使名】。熙寧八年十二月，命趙卨為安南道經畧招討使。建炎四年十二月，李成圍江州，以張俊為江南路招討使【位宣撫使下，制置使上，著為令】。紹興五年十二月，岳飛為湖北襄陽招討使。十年六月一日，兀朮犯三京，以韓世忠、張俊、岳飛兼河南北招討使。三十一年十月四日癸卯，以陝西、河東命吳璘，京東、河北東路命劉錡，京西、河北西路命成閔為使，蓋遥領其地。十一月，又命吳拱、李顯忠。隆興元年五月，李顯忠為淮南京畿京東河北招討使，邵宏淵副之。

**同上書同卷，《官制·使·建炎鎮撫使》**

四年，上還會稽時，羣盜連衡据州郡，参政范宗尹請析地以處之，稍復藩鎮之制，少與之地而專付以權。五月甲子，宗尹已為相，宗尹請以淮南、京東西、湖南北諸路並分為鎮，除茶鹽置官提舉外，他監司並罷，上供財賦權免。劇盜李成、桑仲等皆即以為鎮撫使。【五月二十日進呈，二十二日降詔曰："周建侯邦，四國有藩垣之助；唐分方鎮，北邊無夷狄之虞。欲隆鎮撫之名，為輟按廉之使。有民有社，得制節於境中；足食足兵，聽專征於閫外。苟功烈之克彰，當永傳於後裔。二十八日詔諸鎮戮力悉心，睦鄰恤難，有寇更相應援。】六月十日，解潛為荆南歸峽荆門公安，程昌寓為鼎澧鎮撫使。紹興初，乃不復除，久之，但餘荆南解潛而已。五年，召潛主管馬軍，遂罷鎮撫使。蓋鎮撫使之有聲者，文臣惟陳規，武臣惟岳飛、王彥、解潛、李横耳。嘉定十五年十二月，賈涉為京東河北鎮撫節制大使。

**同上書同卷，《官制·使·沿海制置使》**

江西

紹興三年九月，岳飛駐江州【節制舒、蕲二州。初，建炎三年江州守臣兼】。四年四月，胡世將以洪守安撫使兼京湖。

紹興五年九月，岳飛為荆湖南北襄陽府路制置使兼節制蕲黄。三十一年，成閔湖北京西。隆興二年十月，韓仲通除荆襄。

**同上書卷一百三十三，《官制·屬國 都護 都督·中興都統制又見兵制》**

諸軍都統制，古無其官。宣和間，西南用兵，大將不相統一，即其中拔一人為都統制以總之。建炎元年五月，既置御營司，遂擢王淵為都統制，名官自此始，其後劉光世為之。其下分為五軍，紹興初御營司罷，有旨諸大將之軍稱神武五軍，諸小校兵少者謂之神武副軍，並隸樞密院，俄又改為行營五護軍。韓世忠稱左軍，劉光世稱右軍，張浚稱中軍，王瓔稱前軍，巨師古稱後軍。其後右護軍叛，於是呉玠軍始以右護軍為號。四年，吳璘為右軍都統制，又以楊政為宣撫司都統制屯興元，郭浩為樞密院都統制屯金州。十一年，諸將罷兵，四月乙未乃收其所部為御前諸軍，而統制皆以屯駐州名冠軍額之上，獨川陝如故。十八年五月甲申，罷四川宣撫司楊政，改御前都統制。【紹興十二年壬戌歲，以金陵選鋒一軍移於池州，始有御前都統制之號，自王進始。】十九年漢沔亦改為御前諸軍。【璘稱利州西路，政稱利州東路。】三十一年，王彦昭始除金房開達州都統制。乾道五年十月，令蜀三都統隨駐劄處係銜。【副都統紹興七年始置，後省。乾道三年五月，除員琦為荆南副都統。】江上始有京口、秣陵、武昌三大軍。紹興末，楊存中請置江、池二軍，劉琦請置荆渚一軍。嘉定初，安丙奏分興州十軍為沔、利二軍，沔州除都統制，利州除副都統制，自是天下有十都統矣。【荆鄂一軍而正帥任鄂，副帥在襄，淳熙新旨也。又有平江許浦水軍都統制，舊隸沿海制司，乾道中改隸殿前司。五年冬改為御前水軍。八年春併歸許浦，置副都統制統之。淳熙四年冬，以七千人為額。又乾道六年，分立前、中、後三軍於許浦，建寨萬間。四月二十四日，水軍統制馮湛請以平江府許浦駐劄為稱，詔可。】

鎮江軍韓世忠部曲也，建康大軍張浚部曲也，鄂州軍岳飛部曲也，惟荆南江池皆紹興末新創。荆南則劉錡所招效用，而頗以鄂軍益之。江、池軍則三衙之疲弱，而江州一軍又雜以江西茶盜，東南惟以潤、昇、鄂三軍為根本。興州、興元府、金州三司兵本曲端、吳玠、關師古之徙關西部曲也。【三大將之兵惟興元偏重。】乾道三年閏七月一日，上諭宰執曰："朕欲江上諸軍各置副都統，兼領軍事，豈惟儲他時統帥亦使主帥不敢專擅。"於是以郭剛為鎮江副都統制，張榮為建康副都統制，以贊主帥議軍事。【次將亞旅副戎二矛重弓。】

魏何昌曰："先王制法，建官授任則置副佐，陳師命將則立監貳，宣命遣使則設介副。當難則權足相濟，員缺則才足相代。韓信伐趙，張耳為貳；

馬援討越，劉隆副軍。李德裕詔吳漢征蜀，劉尚副軍；李勣取平壤，參以道宗；李靖襲陰山，副之公謹。《唐志》："天寶末置都統，興元元年置副都統。黃巢之難，置諸道行營都統。"

**同上書卷一百三十九，《兵制·兵制四·熙寧將兵》**

熙寧七年九月，樞副蔡挺請置三十七將，將有正副，皆給虎符，從之。乃部分諸將，總隸禁旅，謂之將兵。癸丑，選使臣為將副，河北十七，府界七，京東九，京西四，所領兵二十萬，又分置陝西諸路將兵。八年三月癸巳朔，五路置四十二將，各七八萬人。【熙河九、鄜延九、環慶八、秦鳳五、涇原十一。】元豐四年二月乙丑，東南諸路兵分十三將，【淮東一、淮西二、浙西三、浙東四、江東五，江西、湖北、湖南、全部、福建、廣東、廣西、邕州自六至十三。】總天下九十二將。【東南兵三千以下唯置單將。】元祐五年十月二十六日，密院修將官敕書成。紹興五年四月乙卯，改鑄東南十將、京畿第二將紹興銅虎符。

紹興十一年四月壬辰，京東淮東宣撫使韓世忠、淮西張俊並為樞密使，京西湖北岳飛為樞副。乙未，詔罷三宣撫使，逐司統制官以下各帶御前字入銜，鑄印給之，依舊駐劄，將來調發，並三省樞密院取旨，統制官等各以職次高下輪入見。五月庚子，詔曰："凡爾有衆，朕親統臨，肆其偏裨，咸得專達。"辛丑，正總領官之名，各報發御前軍馬文字。丁未，遣俊、飛往楚州總淮東，全軍還駐鎮江。

**同上書同卷，《兵制·兵制四·建炎諸軍團結》**

建炎元年六月乙亥，同知密院汪伯彥請兩河、京東西增置射士，縣五百人，置武尉掌之，縣令領其事。凡四縣置二將，江浙、淮南大縣增二百人，小縣二百，從之。【十一月辛亥增福建，十二月乙酉增二廣，二年五月庚戌增湖南北。】丙戌，李綱上三議，一曰募兵，謂莫若取財於東南，募兵於西北。詔陝西、河北各三萬，京東西各二萬人。丁亥，詔諸軍團結，以五人為伍，伍有長，五伍為甲，甲有正，四甲為隊，五隊為部，皆有二將，五部為軍，有正副統率。【一千二百五十人為軍】。九月戊子朔，詔罷團結。二年九月乙未，詔諸路禁兵隸帥府，土兵、射士隸提刑司，即調發皆毋過三之一。

紹興二年十月，朱勝非言："屯軍二十萬，月費二百萬緡。"十一月己巳，呂頤浩言："陛下專意軍政，揀汰其冗，修飭器甲。今張俊軍三萬，韓世忠四萬，岳飛軍二萬二【闕】十一萬三千，劉光世四萬，老弱頗衆，選之可【闕】文，神武中軍楊沂中，後軍巨師古皆不下萬人，而御前忠鋭如崔增、姚端、張守忠等軍亦二萬。臣上考太祖取天下正兵不過十萬，況今有兵十六七萬，何憚不為?”三年十二月己酉，上從容語武備曰：“今養兵已二十萬有畸。”

紹興三年正月甲子，詔御前忠鋭第七將徐文，以所部屯定海縣，聽沿海制置司節制。

**同上書同卷，《兵制・兵制四・紹興三衙兵》**

三衙諸軍：殿前司本辛永宗中軍部曲，而益以他軍也；馬軍司本王彦部曲，而益以解潛、劉錡、田晟之軍也；步軍司本顏漸部曲，而益以他軍也。自紹興五年至七年，規摹始定，然馬步不能敵殿司之半，故楊存中權勢獨盛。乾道七年春，移騎軍屯於建康，以為出師之漸，號馬軍行司。

紹興初，内外大軍凡十九萬四千餘，而川陜不與宿衛。神武右軍、中軍七萬二千八百。【右軍張俊，中軍楊沂中。】江東劉光世、淮東韓世忠、湖北岳飛、湖南王瓊四軍十二萬一千六百。七年四月五日，劉錡言行營前護副軍并為十二將，曰侍衛馬軍司。

紹興五年十二月庚戌，廢神武中軍，隸殿司，以楊沂中主管殿司，又以都督府兵分隸三衙。七年四月丙申，復合馬司餘軍及八字軍為六軍十二將，命劉錡主之，而解潛典步軍如故。自是，三衙始復矣。八年九月，馬軍每十將為五軍。九年三月，改衙兵為游奕軍，始令殿前立神勇步兵一軍，三十二年隸步軍。六月二十七日，成閔請復還殿司，名護聖步軍，以鼻拱所領二千赴步軍司。隆興二年三月二十八日，詔忠勇軍屬步軍司。七月十二日，詔馬司龍衛、驍勇、武騎舊額一萬三千八百人，今止八百八十九人，宜以二千人為額。乾道二年四月，鎮江武鋒軍隸步司。八年三月八日，以西兵為御前游奕軍。【孝宗又為護聖一軍，寓陰相維持之意，馬步之數通一萬四千七百有奇也。】

**同上書卷一百四十九，《兵制・馬政下》**

紹興二年初，命廣西經畧司即韶州，撥内帑錢三十萬緡市戰馬，於是神武諸軍皆缺焉。六月癸巳，以三百騎賜岳飛。癸丑，以百騎賜張俊。七月癸亥，選千騎赴行在。

**同上書卷一百七十八，《食貨·農官·紹興營田使》**

紹興元年九月丙午，王實為淮南東路營田副使，上召對，使往鎮江與劉光世同集其事。四年五月甲寅，詔淮南帥臣兼營田使知通縣，令銜内兼帶營田，令監司守臣條畫屯田利便，限一月聞奏。六年二月庚子，江西制置大使李綱、湖南吕頤浩兼營田大使，辛丑詔宣撫使劉光世、韓世忠、張浚兼營田大使，招討岳飛、宣副吳玠兼營田使。壬寅，安撫使郭浩等兼營田使，都督行府奏改江淮營田為屯田。七月壬申，置營田司。

**同上書卷一百八十八，《兵捷·檄書下·河北招撫司都統制王彦傳檄諸郡》**

建炎元年九月戊申，彦率裨將張翼、白安民、岳飛等十一將，以所部七千人渡河，與金人戰，破之，遂復新鄉縣。彦既得新鄉，傳檄諸郡。

**同上書卷一百九十三上，《兵捷·露佈五·江西制置使岳飛復襄陽》**

紹興四年，命岳飛收復襄陽，淮西宣撫使劉光世發兵萬餘人援之。六月，飛自鄂渚趨襄陽，於是劉豫求救於金。金、齊之兵俱來，我師與遇，連戰，大破之，遂復襄陽及郢、隨諸州，又復鄧州，軍聲大振。

**同上書同卷，《兵捷·露佈五·右僕射兼知樞密院都督諸路軍馬平湖冦》**

紹興二年十二月，鍾相餘黨楊幺出沒荆、岳、鼎、澧間，命李綱、劉洪道討之。三年五月，又命折彦質，皆未克。五年二月丙戌，張浚為都督，五月，浚以楊幺據洞庭湖，實佔上流，不先去之，為腹心害，奏請自行，許之，時已命湖南制置使岳飛往討。戊戌，飛遣降人楊華入賊招安，潛結幺黨，殺幺以降。六月甲辰，賊將楊欽率三千人詣飛降，幺赴水死，招降二十餘萬，湖冦悉平。

# 周密

**撰:《齊東野語》卷二，《淮西之變（節錄）》**

紹興七年三月，浚奏劉光世在淮西軍無紀律，罷為少師、萬壽觀使，以其兵隸都督府，命參謀兵部尚書吕祉往廬州節制，且以王德為都統制，酈瓊副之。瓊與靳賽皆故羣盜，與王德素不相能。德威聲素著，軍中號為王夜叉。都承旨張宗元深以為不可，謂浚曰："瓊等畏德如虎，今乃使臨其上，是速其叛也。"浚不謂然，復謀之岳飛，曰："王德，淮西軍所服，浚欲以為都統制，而命吕祉為督府參謀領之，如何？"飛曰："德與瓊素不相下，一旦使握之在上，勢所必爭。吕尚書雖通才，然書生不習軍事，恐不足以服之。"浚曰："張宣撫何如？"飛曰："暴而寡謀，且瓊之素不服。"浚曰："然則楊沂中耳？"飛曰："沂中視德等耳，豈能馭之。"浚艴然曰："浚固知非太尉不可。"飛曰："都督以正問飛，飛不敢不盡其愚，豈以得兵為念哉？"即日乞解兵柄，持餘服。

**同上書卷二，《符離之師（節錄）》**

《澗上閒談》云："近世脩史，本之實錄、時政記等，參之諸家傳記、野史及銘誌、行狀之類。野史各有私好惡，固難盡信。若誌狀，則全是本家子孫門人掩惡溢美之辭，又可盡信乎？與其取誌狀之虛言，反不若取野史傳記之或可信者耳！且以近脩四朝史言之，如《張魏公列傳》所書'嘉禾刺客'，乃是附會雜史張元遣刺韓忠獻事。又載遺蠟書疑酈瓊之語，亦是《潘遠紀聞》'岳武穆秦州叛卒'事。至云符離軍潰，公方鼻息如雷，此是心學。雖亦取《萊公紀事》中意，然方當大軍悉潰，亦安在其為心學哉？其說皆淺近易見，乃略不審其是非，登之信史，傳之千萬世，可乎？"

**同上書卷五，《端平襄州本末（節錄）》**

大抵襄州之禍，萌於趙武仲之來，成於王旻招納克敵軍，激於李虎無敵軍之至。自岳武穆收復，凡一百三十年，生聚繁庶，不減昔日。城池高深，甲於西陲。一旦灰燼，禍至慘也……

**同上書卷十三，《岳武穆逸事》**

杜充之駐建康也，岳飛軍立硬寨於宜興，命親將守之。飛兵出不利，夫人密諭親將選精鋭、具餱糧，潛為策應之備。未幾，飛兵還，即入教場，呼問之曰："汝欲何為？"曰："聞太尉軍小不利，故擇敢戰之士，以備策應，此男女孝順耳。"飛曰："吾命汝堅守根本，天不能移，地不能動。汝今不待吾令，擅自動摇，是無師律也。"立命責短狀，將大懼，祈哀吐實，謂此非某所自為，蓋夫人亦曾有命耳。飛愈怒，竟斬之。

又紹興和議初成，金人以河南歸我。判宗正事士㒟，銜命道荆、襄、宛、洛，祇謁鞏襄原。道過南鄧，岳飛止之曰："金人無信，君宜少駐。"㒟以上命有程，辭去。不數舍，煙塵四起，軍聲囂然，於是失色南奔。忽遇大軍，望之，岳幟也，遂馳就之。飛笑曰："固謂君勿行，正恐此耳。然已遣董御帶、牛觀察在前與之交鋒矣。兵勝敗無常，君正人，且近屬，吾當以自己兵衛送君。"行數里，兩將捷書至，蓋㒟未行前一日出師也。其後飛得罪下獄，㒟極辯其無辜，且以百口保之，非惟感恩，蓋親見其用兵神速故耳。朝臣併論㒟身為宗室，不應交結將帥，因指為飛黨，遂罷宗司與祠云。

又張魏公之出督也。陛辭之日，與高宗約曰："臣當先驅清道，望陛下六龍夙駕，約至汴京，作上元節。"飛聞之曰："相公得非睡語乎？"於是魏公憾之終身。

**同上書卷十五，《曲壯閔本末（節選）》**

至今西北故老，尚能言其寃。而《四朝國史》端本傳之論乃曰："曲端之死，時論或以為寃，然觀其狠愎自用，輕視其上，縱使得志，終亦難御，況動違節制，夫何功之可言乎？"此雖史臣為魏公地，然失其實矣。信如斯言，則秦檜之殺岳飛，亦不為過。或又比之孔明斬馬謖，尤無謂也。直筆之難也久矣。惜哉！

**同上書卷二十，《岳武穆御軍》**

岳鵬舉征羣盜，過廬陵，託宿廛市。質明，為主人汛埽門宇，洗滌盆盎而去。郡守供帳，餞别於郊。師行將絶，謁未得通。問："大將軍何在？"殿者曰："已雜偏裨去矣。"其嚴肅如此，真可謂中興諸將第一。周洪道為追復制詞，有云："事上以忠，至不嫌於辰告；行師有律，幾不犯於秋毫。"蓋實錄也。辰告者，謂岳嘗上疏請建儲云。

**撰：《癸辛雜識》續集卷下，《銀瓶娘子籤》**

太學忠文廟，相傳為岳武穆王并祠。所謂銀瓶娘子者，其籤文與天竺一同，如門裏心肝卦，私試得之必中，蓋私試摘卦於中門内故也。如飛鴻落羽毛，解試得之者必中，以鴻中箭則羽毛落。

# 黎靖德

**編:《朱子語類》，卷一百十二，《論官（節錄）》**

過到温陵，圄以所聞岳侯對高廟“天下未太平”之問，云：“文臣不愛錢，武臣不惜命，天下當太平。”告之先生之前，只笑云：“後來武官也愛錢。”

**同上書卷一百二十七，《高宗朝（節選）》**

建康形勢勝於臨安，張魏公欲都建康。適值淮西兵變，魏公出而趙相入，遂定都臨安。

東南論都，所以必要都建康者，以建康正，諸方水道所湊，一望則諸要害地都在面前，有相應處。臨安如入屋角房中，坐視外面，殊不相應。武昌亦不及建康，然今之武昌非昔之武昌。吳都武昌，乃今武昌縣，地勢迫窄，只恃前一水為險耳。鄂州正今之武昌，亦是好形勢，上可以通關、陝，中可以向許、洛，下可以通山東。若臨安，進只可通得山東及淮北而已。

前輩當南渡初，有言都建康者。人云，建康非昔之建康，亦不可都。雖勝似坐杭州，如在深窟裏，然要得出近外，不若都鄂渚，應接得蜀中上一邊事體。看來其說也是。如今杭州一向偏在東南，終不濟事。記得岳飛初勵兵於鄂渚，有旨令移鎮江陵，飛大會諸將與謀，徧問諸將，皆以為可，獨任士安不應，飛頗怒之。任曰：“大將所以移鎮江陵，若是時，某安敢不說？某為見移鎮不是，所以不敢言。據某看，這裏已自成規模，已自好了。此地可以阻險而守，若往江陵，則失長江之利，非某之所敢知。”飛遂與申奏乞止，留軍鄂渚。建康舊都所以好，却以石頭城為險，此城之下，上流之水湍急，必渡得此水，上這岸，方得，所以建鄴可守。屯軍於此城之上，金兵不可向矣。

建康形勢雄壯，然攻破著淮，則只隔一水。欲進取，則可都建康；欲自守，則莫若都臨安。或問江陵，曰江陵低在水中心，全憑堤，被他殺守堤之吏，便乖。那堤一年一次築，只是土。

張戒見高宗，高宗問：“幾時得見中原?”戒對曰：“古人居安思危，陛下居危思安。”陳同父極愛此對。

太上曰：“朕恨不手斬耿南仲!”

岳飛嘗面奏，金人欲立欽宗子來南京，欲以變換南人耳目，乞皇子出閤，以定民心。時孝宗方十餘歲，高宗云："卿將兵在外，此事非卿所當預。"是時有参議姓王者，在候班，見飛呈劄子時手震。及飛退，上謂王曰："岳飛將兵在外，却來干與此等事！卿緣路來，見他曾與甚麽人交?"王曰："但見飛沿路學小書甚密，無人得知。"但以此推脫了。但此等事甚緊切，不知上何故恁地說? 如飛武人能慮及此，亦大故是有見識。某向來在朝，與君舉商量，欲拈出此等事，尋数件相類者，一併上之。將其後裔，乞加些官爵以顯之，未及而罷。

**同上書同卷，《孝宗朝（節選）》**

高宗初，張魏公奏事，論恢復中外，皆言"上神武不可及"，後來講和了便休。壽皇初年，要恢復，只要年歲做成。

問："壽皇時，人才已不及高宗時。"

曰："高宗也無人，當時有許多有名底人，而今看也只如此。"

問："岳侯若做事，何如張、韓?"

曰："張、韓所不及，却是它識道理了。"

又問："岳侯以上者，當時有誰?"

曰："次第無人。"【胡泳】

**同上書卷一百三十一，《本朝五，中興至今日人物上（節選）》**

僩因問："當初高宗若必不肯和，乘國勢稍振，必成功。"曰："也未知如何。蓋將驕惰，不堪用。"僩問："如張、韓、劉、岳之徒，富貴已極，如何責他? 死了，宜其不可用? 若論數將之才，則岳飛為勝。然飛亦横，只是他猶欲向前厮殺。"先生曰："便是如此，有才者又有些毛病。然亦上面人不能駕馭他，若撞著周世宗、趙太祖，那裏怕他? 駕馭起皆是名將。緣上之舉措無以服其心，所謂得罪於巨室者也。"

又問："劉光世本無能，然却軍心向他，其裨將亦多可用者。"曰："他本將家子，張魏公撫師淮上，督劉光世進軍。是時金人正大舉入冦，光世恐懼，遂背後愬趙忠簡。是時趙為相，折彦質為樞密，折助之，請樞密院，遂命劉光世退軍。魏公聞之大怒，遂趕囬劉光世，出榜約束云：如一人一馬渡江者，皆斬。光世遂不敢渡江，便囬淮上。樞府一面令退軍，而宣撫令進軍淮上，然終退怯。魏公既還朝，遂力言光世巽懦不堪用，罷之，而命吕安老董其軍。及安老為瓊等所殺，降劉豫，魏公由是得罪，而趙忠簡復相。趙既相，遂復舉劉光世為將，都弄成私意，魏公已自罷，得劉光世好了。雖吕安老敢事，然復舉能者而任之亦足矣，何必須光世哉，此皆趙之私意。以某觀，必竟魏公去，得光世是，而趙所為非，豈有金人方入，你卻欲掉了去，一邊令進軍，一邊令退軍，如何作事?”

又言:“諸將驕横，張與韓較與高宗密，故二人得全。岳飛較疏，高宗又忌之，遂為秦所誅，而韓世忠破膽矣。只有韓世忠在大儀鎮，筭殺得金人一陣好。高宗初遣魏良臣往北朝講和，令韓世忠退師渡江。韓聞魏將至，知其欲講和也，遂留之，云:‘某方在此措處得畧好，正抵當得金人住，大功垂成，而主上乃令追還，何也?’魏云:‘主上方與大金講和，以息兩國之民，恐邊將生事敗盟，故欲召公還，慎勿違上意。’韓再三嘆息，以為可惜，又云:‘既上意如此，只得抽軍歸耳。’遂命士卒束装，即日為歸計。魏遂渡淮，烏珠問以韓世忠已還否，魏答:‘以某來時，韓世忠正治疊行，即日起離矣。’烏珠再三審之，知其然，遂稍弛備。世忠乘其懈，囬軍奮擊之，烏珠大敗。魏良臣皇恐無地，再三哀求，云:‘實見韓將囬，不知其紿己。’乃得免。”

因言陳同父上書乞遷都建康而曰:“黄帝披山通道，未嘗寧居，今宫室臺榭、妃嬪媵嬙之盛如此，如何動得。”高宗本遷都建康了，却是趙忠簡打疊歸來。盖初間金人入寇，羣臣勸高宗躬往撫師，行至平江而止。繼而淮上諸將相繼獻捷，趙公得人望，正在此時。已而欲返臨安，適張魏公來，遂堅勸高宗往建康。及淮師失律，趙公荒窘，遂急勸高宗移歸臨安，自此遂不復動矣。看趙公後來也無奈何，其勢只得與金人講和。是時已遣王倫，以二十事使金，約不稱臣，以濁河為界，此便是講和了。後來秦檜力排趙公，遂以不肯講和之罪歸之。使萬世之下趙公得全其名者，乃檜力也。

問張、趙二公優劣，曰:“若但論理會在朝政，進退人才，趙公又較縝密，無疏失;若論擔當大事、竭力向前，則趙公不如張公。張公雖是竭力擔當，只是他才短，慮事疎處多，盡其才力方照管得，若才有些不到處，便弄出事來，便是難。趙公也是不諳軍旅之務，所以不敢擔當。萬一金人來到面前，無以應之，不若退避耳。”

……

殺岳飛，范同謀也。胡銓上書言秦檜，檜怒甚，問范如何行遣，范曰:“只莫採，半年便冷了，若重行遣，適成孺子之名。”秦甚畏范，後出之。

……

施全刺秦檜，或謂岳侯舊卒，非是。盖舉世無忠義，這些正義忽然自他

身上發出來。秦檜引問之曰："你莫是心風否?"曰："我不是心風。舉天下都要去殺番人，你獨不肯殺番人，我便要殺你。"賀孫

**同上書卷一百三十二，《本朝六，中興至今人物下（節選）》**

岳太尉飛本是韓魏公家佃客，每見韓家子弟必拜。岳飛恃才不自晦，郭子儀晚節保身甚闒冗，然當緊要處又不然，單騎見敵。飛作副樞，便直是要去做，張、韓知其謀，便只依違。然便不做亦不免，其用心如此，直是忠勇也。

# 羅璧

**撰：《識遺》卷四，《封略自然之險》**

五代失險，周世宗首於深、冀間浚胡盧河為限，宋守塘、灤而雄霸二州間。塘水不接，遂中置保定軍，餘塘水瀰漫而保州以闕無之，多植榆為蔽。宣、靖間，童貫輩争燕、雲，而不爭險，故岳飛曰："金坡諸關不獲，則燕、雲未可有。"後金人踰關，黏罕嘆曰："關險如此，而我過之，南朝可謂無人。"由此觀之，居庸諸關實河北屏蔽也。

越河而南，黄河、潼關乃中原之蔽。宋失汴，保江關，河治而不問。《雙夷錄》載：金有蒙患，南徙都汴，保關守河，黄河自洛陽、三門積津，東至邳州、桃園、崔鎮，東西長二千餘里，設四行院，每行院管五百里，以精兵二十萬守之。夜則傳更，冬則敲冰。潼關邊西南大小關口三十六，約千餘里，亦設四行省，分闕兵十萬守之，佈置周密，水洩不通。如是垂十五年，北兵渡河不可，越關不能，乃謀闕闖山東，假道宋，由蜀出襄、鄧，金坐此不支。由此觀之，黄河、潼關，中原屏蔽也。

**同上書卷五，《西北豪傑所産》**

古今多北併南，文王道化，行於汝墳。江漢詩序曰："化，自北而南也。"邵康節以地氣自北而南别天下治亂，豈南非特不能北，且不可北也?

昔人言：出粟東南，募士西北。盖謂西北風氣，豪傑所鍾。然春秋吳楚抗衡上國，項籍以江東子弟八千横行天下，李陵以荆楚士喋血單于庭，赤壁周瑜勝曹操，淝水謝玄勝苻堅，桓温入洛走姚襄，劉裕縛姚泓俘慕容超、陳慶以取河南，皆未聞資之西北。但南人進取之志不立，纔國於南，便以江淮

為限界，荆楚為門戶，講守國之計而已。如孫權赤壁，晋室淝水，劉裕廣固洛陽，俱未嘗用破竹可乘之勢。而權破操即止，晋退堅便還，劉裕且棄已得之長安。或謂中原易取難守，不知祖逖終身有雍邱，宗澤與汴為終始，岳飛恢復不已，金主役檜死之，張德遠沒身主戰，名動殊方。觀此，則敵之勍者，不專北也。劉表坐據江漢，無四方之志，曹操得以窺之漢高，即封南鄭。前史謂南鄭險如天獄，而高帝曰："吾意亦欲東爾，焉能鬱鬱久居此乎？"卒滅項羽。蜀荆邯曰："漢祖兵破身困者數矣，然軍敗復合，創愈復戰者，以前死而成功，踰於却就而滅亡也。"賈復亦曰："天下未定而安守所保，所保得無不可保乎？故圖堯舜而不至者，湯武是也；圖湯武而不至者，桓文是也。前世豪傑如此，惟周公瑾、諸葛孔明、張德遠。而公瑾天不假以年，孔明用蜀或謂不當棄荆州，張德遠則壓於主，勢不振也。抑余考李陵隴人，祖逖范陽人，項籍、劉裕、劉牢之俱彭城人，周公瑾舒人，張德遠成都人，岳飛鄴人，獨宗澤婺州人，凡有志事功多産西北，大概兵無彼此，將有勇怯。同一趙兵，趙奢將之則勝，趙括將之則敗；同一燕兵，樂毅用之則破齊，騎刼用之則為齊所破。所以料敵者，料將不料兵，不畏兵多而畏將武。

# 佚名

### 撰：《群書會元截江網》卷六，《漕運·結尾（節録）》

言省漕之策難，仰又有聞焉言通漕運之策易。言省漕運之策難，昔吕源嘗言於高宗矣。吉州起發金銀，輦入京師，朝廷頒收糴金銀，降付江西。吉州起發紬絹，輦入京師，朝廷給岳飛軍糧，搬赴吉州。彼此勞費，擾動一吉州，且然他可知矣。較移用之，更互蠲出入之勞擾，獨非省漕運之一策乎？若夫修勸農之法以省江淮漕運，如陳靖之議去冗兵、冗吏，以減江淮漕運。如范仲淹之請，此非根本説也，而未可以易言也。在今日而驟言之，激長江之水以救涸轍之魚，君子謂之不知務。

### 《群書會元截江網》卷二十一，《皇朝事實將帥上 附儒將、世將、邊將、東南將（節録）》

張俊。建炎三年，烏珠自杭州分兵，至明州城下，浙東制置使張俊拒之，小捷。【《朝野雜記》】紹興十一年，烏珠自順昌戰敗而歸，復簽兩河軍入寇。既踐淮西，直據和州，劉錡至柘皐與敵。會錡與諸軍合擊之，俊與大軍繼至，敵大敗。俊有兵八萬，皆强壮精鋭，為諸軍之冠，號“鐵山軍”。

韓世忠。建炎四年，烏珠囬至鎮江，世忠駐楊子江焦山以邀之，募海船百餘艘，進泊金山下，預命工鍜鐵，聯為長綆，貫一大鈎。平旦，敵擁千船而前。世忠分海船為兩道，出其背，敵縋一綆，則曳一舟而入。敵不得渡，願還所掠及獻馬五千匹。世忠曰：“只留下烏珠，乃可去。”烏珠刑白馬，自刃其額以祭天，幸風濤之息。世忠悉軍督戰，而風弱帆緩。敵以輕舟，絶江而逝。【《言行録》】紹興四年，世忠駐兵揚州，奉使魏良臣過。世忠方置酒，流星牌沓至。良臣問故，世忠曰：“有詔移軍守江。”良臣去。世忠上馬曰：“視吾鞭所向。”於是諸軍大集，至大儀鎮，勒為五陣，設伏二十餘處。良臣至金，金問我軍動息，良臣以所見對。烏珠喜，厲兵趨江口，距大儀鎮五里，其將孛謹撻也擁鐵騎過。世忠鳴鼓，伏者四起，吾旗與敵旗雜。敵軍亂，我師伍迭進，背嵬軍各持長斧，上砍人胸，下稍馬足。敵陷泥淖中，人馬俱斃，遂擒撻也。烏珠走還泗上，責良臣，將殺之，良臣好辭得免。世忠提舉官董文與敵戰於天長軍，統制官解元、成閔與敵戰於承州，皆敗之。【《小暦》】四年，上次崇德縣，世忠遣董旼、陳桶以俘獻行在。沈與求曰：“建炎以來，將士未嘗與金人迎敵一戰。今世忠連捷，以挫其鋒，其功不細。”上曰：“第優賞之，庶幾人知激勸，必有成功。”【《係年録》】十年，樞密院進呈先得旨，令世忠移司鎮江府，留兵以守楚州。世忠上奏，極論敵情叵測，將以計緩我師，乞獨留此軍，蔽遮江淮，誓與敵人决於一戰。【《係年録》】王初從梁方之為將也，破鄆州賊李太於鹹河，又破大名賊於超化寺，又破内黄賊數千、沂州賊三萬，追至密州，又破徐靖於莒縣，囬遇賊南樓山，又破之，還沂州，又破張仙於擂鼓山，勇冠三軍。【《本傳》】苗傅等冠蒲城縣，王將兵夜至縣北十里。賊跨溪據險，設伏於路。王使統制官馬彦輔擊賊，伏發，死之。賊乘勝至中軍，王率親兵力戰。傅大敗，遂擒劉正彦。【《言行録》】王攻建城。夜，賊稍怠。官軍梯而上，城遂破。萬汝為竄入回源洞，自縊死。王遣兵追葉諒並張雄等，皆擒戮之。初，王意城中人皆附賊，欲盡殺之。至福州，見李綱，綱曰：“建城百姓多無辜。”蘄王受教，故民得全活。【《建安録》】

劉錡。公赴東京副留守，至潁上，陸行抵順昌府。守臣陳規得報“敵騎已入東京”，規以示公。時公所部選鋒、遊奕兩軍，及老幼輜重相去尚遠，公遣騎趨之。是夕，纔抵岸。公見規曰：“事急矣。有糧，則能與君共守。”規曰：“有米數萬斛。”公曰：“可矣。”召諸將議曰：“今此有城池可守，機不可失，當同心力，以死報國家。”鑿舟沉之，即與屬官登城，命統制官許青守東門，賀輝守西門，鍾彦守南門，杜杞守北門，且明斥堠，及募土人作嚮導間探。於是軍人皆奮曰：“平時欺我八字軍，今日當為國家立功。”公親於城上督衆設戰具，修壁壘。凡六日，粗畢，而賊之遊騎已渡河，至城外矣。公於城下設伏，敵遊騎至，擒其千户阿黒殺等二人，詰之，云：“韓將軍在白沙龍渦下寨，距城三十里。”公夜遣千餘兵擊之，頗殺敵衆。既而三路都統及龍虎大王併至，逼府城，約三萬餘人。公以神臂弓及强弩射之，稍引去，復以步兵邀擊，溺于河者甚衆。生獲部下、偏將，皆謂賊已遣銀牌使馳詣東京，告急於四太子矣。時公見陳、蔡以西，皆望風投拜。時敵衆圍順昌府城，四日乃移寨於城東地，號“李村”，距城二十里。公遣驍將閻充以鋭卒五百，募土人前導，夜刼其寨，至軍中，氊帳數重，朱漆奚車，有一敵遽被甲呼曰：“留得我，即太平。”不聽，竟殺之。是夕，天欲雨，電光所燭，見辮髮者，殲之甚衆。既而，報烏珠親擁兵至。先是烏珠得告急之報，即麾其衆出京城門，至淮寧府，治戰具，備糗糧，不數日，已至順昌境。公登城，會諸將于東門，問策將安出。或謂：“今已屢捷，宜乘此勢，具舟全師而歸。”公曰：“朝廷養兵十五年，正欲為緩急之用。況已挫北兵，軍聲稍振。雖多寡不侔，然有進無退。兼敵營近在三十里，而四太子又來援，吾軍一動，被敵追及，不惟前功俱廢，致敵遂侵兩淮，震驚江浙，則平生報國之志，反為誤國之罪。不如背城一戰，於死中求生，可也。”衆以為然。公呼帳下曹成等，諭之曰：“吾遣汝作間事，捷有厚賞。第如我言，敵必不殺汝。今遣騎綽路，置汝隊中。汝遇敵，必墜馬，使為彼所得。烏珠問我何人，則曰‘太平邊帥子，喜聲色。朝廷以兩國講好，使守東京，圖逸樂耳’。”已而遣探騎，果遇敵。二人被執，烏珠問之，對如是。烏珠喜曰：“可蹴此城耳。”遂下令不用負鵝車砲具行。翌日，公行城上，見二人遠來，心知其歸，即縋上。敵械二人，以文書一卷係於械，公取焚之。烏珠至順昌城外，責諸將前日用兵之失。衆曰：“今者南方，非昔之比。國王臨城，自可見。”烏珠下令“來早府第會食”，且折箭為誓。敵並攻城，凡十餘萬。而府城惟東、西、南門受敵，公所部不過二萬，而可出戰者僅五千。則先攻東門，公出兵應之，敵敗退。烏珠自將牙兵三千為援，皆帶重甲，三人為伍，貫以韋索，號“鐵浮屠”，每進一步，即用拒馬子遮其後，示無反顧，以鐵騎馬左右翼，號“拐子馬”，悉以健鋭充之，前此攻所難下之城，並用此軍，故又名“長勝軍”。時諸將各居一部，衆欲擊韓將軍。公曰：“法當先擊烏珠。烏珠一動，則餘軍無能為矣。”時叛將孔彦舟、酈瓊、趙榮輩，騎列於陣外。有河北簽軍告官軍曰："我輩元是左護軍，本無鬥志，惟兩拐子馬可殺。"故官軍皆憤。時方極暑，我居逸而彼暴露。早涼則不與戰。逮未、申間，彼力疲而氣索。公忽遣數百人出西門，敵方來接戰，俄以數千人出南門，戒令勿喊，但與短兵，極力與戰，士殊死鬥，入敵陣中，斫以刀斧，至有奮手捽之與俱墜於濠者。敵大敗，殺其衆五千，横屍盈野。烏珠乃移寨於城西，掘塹以自衛，欲為坐困官軍之計。是夕大雨，平地水深尺餘。公遣兵刼之，上下皆不寧處。上謂宰臣曰："劉錡以孤軍首挫賊鋒，烏珠遁去，其功卓然。"自觀察使便除節鉞，即日降制。【並《言行録》】錡至廬州。時城中無守臣，備禦之具皆闕。錡以城不足守，乃趨東關，依水據山，以遏金人之衝。自金人渡淮，淮安惟恃錡兵為安危。錡得東關之險，稍相休士卒，兵力復振。金人不敢舉兵逼江者，蓋懼錡乘其後也。江南由是少安。【《係年録》】

岳飛。紹興五年，詔韓世忠"紀律嚴明"、岳飛"治軍有法"，並降詔獎諭。時世忠移屯淮南，軍行整肅，秋毫無犯，飛移軍潭州，所過不擾，上聞之，故有是詔。六年，岳飛處分往江州屯駐。上曰："淮西既無事，飛不須更來。"趙鼎曰："此有以見諸將知尊朝廷。上所命令，不敢不從。"上曰："劉麟敗北，朕不足喜，而諸將知尊朝廷，為可喜也。"岳飛收復襄陽，亦命劉光世援之。飛率統制官王萬等，自鄂渚趨?陽。右僕射朱勝非許飛迄事建節，且命司農少卿歸安、沈昭遠往總軍餉。參政趙鼎請上親筆，詔監司帥守餉，飛軍無缺，庶幾必濟。飛等進兵，於是劉豫求救於金。金、偽之兵俱來，我師與遇，連戰，大破之，遂復襄陽及郢、隨諸州。飛分遣統制官王貴、張憲連擊賊兵，又復鄧州。時軍聲大振。【並《係年録》】楊幺自恃其險，官軍陸攻則入湖，水攻則登岸。賊中為之語曰："有能害我，須是飛來。"蓋言其險，非有羽翼，莫能近也。俄詔用岳飛。適值大旱，而湖水涸。飛命軍士伐君山之木，為巨筏無數。賊不意以木筏塞諸港汊。賊戰敗，急趨舟，欲出湖，而港汊木筏已滿，舟為所礙，不能遁，戮死外，盡招降之。飛來之讖，於是乎驗。【《李龜年記》】金人敗盟，公遣將李寶、孫彦，與金人戰于曹州，屢敗之，大戰于宛亭縣之竇。又遣牛皐戰京西，敗之，進戰至黄河上，又敗之。又遣統制張憲戰于潁昌府，敗之，復潁昌府。憲又戰陳州界，敗之，復陳州。又遣統制董先、姚政戰潁昌府，敗之。又遣將王成戰鄭州，敗之，復鄭州。又遣統制官孟邦傑復永安軍，至夜，遣其將劉政刼之於中牟縣，敗之。又遣將張應、韓青戰于河南府，敗之。又遣將楊遇戰南城軍，敗之，復河南府南城軍。又遣將梁興、董榮戰絳州垣曲縣，敗之。興又戰孟州王屋縣，敗之；又戰孟州濟垣縣，敗之。公與烏珠戰偃城縣，敗之；再戰，又敗之，殺其將何李朶孛堇。張憲又戰臨潁縣，敗之。王貴、姚政與烏珠大戰于潁昌府，敗之。又命張憲、傅選、冦成戰臨潁縣，敗之。公屢獲捷，方欲深入，而宰相秦檜陰助敵人，勸上累詔班師。公憤恨而還，所復州縣，尋復失之。【《本傳》】上詔飛入覲，偕參謀官薛弼入奏事。飛以手疏言儲貳事，衝風吹，紙動揺。飛聲戰，讀不能句。飛退，弼進，上視之色動。弼曰："臣在道，常怪飛習寫細字，乃作此奏。雖其子弟，無知者。"【《言行録》】諫議万俟卨奏岳飛不臣之漸，秦檜因舊所部統制張憲之獄，改命卨推勘，而飛與其子雲皆係獄。飛賜死，隆興間賜廟。【《言行録》】

吳玠。少沉毅，尚節氣。長於騎射，曉兵法。未冠，以良家子隸涇原。夏人犯邊，鏖戰立功。金人決意取蜀，公遣將分更刼寨，晝夜數十合。金人殺死以萬計，即斂兵宵遁。高宗嘉歎，賜以親札。紹興元年，烏珠駐兵秦、雍，至是移寨窺蜀。吳玠於鳳翔之和尚原，先據戰地，誘其來。烏珠乃引衆十餘萬，造浮橋於寶雞縣，渡渭來犯玠。玠遣吳璘、雷仲率勁弓、勁弩分番迭射，烏珠中箭而遁。俘其將羊哥孛堇，横屍滿野。是役也，烏珠往返萬里，始末二年，衆之損者踰半，皆呻吟擕持以歸。初，有從馬數百，至是僅留其六。敵久窺蜀，必欲以奇取之。撒離喝與四太子懲前日之敗，不敢窺和尚原。紹興二年春，裒其兵三十萬，又盡發諸路簽軍，聲言東歸太原，反自商於出漢，陰擣梁、洋。金州失守，公亟率麾下騎兵，倍道疾馳，晝夜數百里，急調兵利、閬，徑趨金、洋。先以黄柑數百枚犒金帥，曰："大軍遠來，聊奉止渴。今日決戰，各忠所事。"撒離喝以杖擊地，大驚曰："吳侯，爾來何速耶？"不敢遽進，盤旋累日。公得以其暇，治饒風嶺，寨柵萬，據險要。而敵已麾中軍急上，遂大戰饒風嶺上。凡六晝夜，敵皆敗衂。撒離喝大怒，斬其千戶孛堇十數人，以死犯闗。又潛軍間道，踰蟬溪嶺，出官軍後，斷公歸路。公按兵，乗夜徑趨西縣。或曰："蜀危矣。"公曰："敵掃地而來，去國遠鬥而死傷大半。吾以全軍扼其吭，蜀可無憂。"公遂為清野之謀，分屯諸將，示以擣虚之勢。敵便旋中梁山浹月，一夕潛遁。【庭傑撰《功續》】四年，烏珠以撒離喝十萬，復入犯仙人闗。吳玠預為壘於闗旁，號"殺金平"，嚴兵待之。楊政曰："此地為蜀阨塞，死不可失，當守以强弩，彼不敢舍此而犯闗。且地名亦善，破之必矣。"敵至，亦據高阜，且戰且攻，玠命吳璘領射士號"駐隊"者射之，敵死者佈地。玠與由晟出鋭兵，持長斧、大刀，擊其左右，夜出不意，攻烏珠、撒離喝兩大寨，破之，連戰皆捷。敵萬戶韓常為官軍射損左目，遂遁去。王俊等追百餘里，至鳳州，又敗之。【《小曆》】烏珠舉兵五十萬，欲入川。劉豫之弟不忘朝廷，密遣使告玠，使早備之。烏珠來攻興州仙人關，玠親與烏珠相見，議定戰日，遂大戰於仙人關，大破之。北人自破契丹以來，狃於常勝，至是，與公戰輒北，不勝其憤。元帥四太子會諸道兵及正甲勁卒數萬人，造浮梁，跨渭水，自寶雞三十里，壘石為城，與公拒戰。公指授諸將，選勁弓強弩，期以必死，番休迭射。敵稍卻，則以奇兵乘險據隘，橫攻夾擊，如是三日，度其必困且走。公遣麾下伏神坌谷，待其歸。敵果遁走，伏發，敵潰，俘其都將羊哥大孛堇及首領，甲士尸填坑谷者，二十餘里，獲鎧仗數萬計。乘夜併兵，刼敵大寨。四太子全軍陷沒，勦殺殆盡，幾獲四太子。【《明庭傑選》】

吴璘。紹興九年，武安公薨，朝廷遣簽樞樓炤出使陜西。會諸將議移諸軍，公屯陜右，王不可，曰："敵反覆難信，懼有他變。今我移陜右，蜀口空虚，敵若自南擣蜀，要我陜右軍，則我不戰自屈矣。當且依山為屯，控敵要害，遲敵情，見力漸疲，可進據。"遂但以牙校三隊赴秦州，且飭階州等山寨以備之。十年，烏珠殺撻辣。其夏，撒离喝果直趨鳳翔，入石壁寨，以要我陜右軍。陜右皆陷，而王獨全師，蜀口扼敵。川陜宣撫胡世將倉卒召諸將計事，璘請以身任，責胡壯之，遂與公檄敵，責其棄信輕舉，率師即日出鳳翔，分遣諸將。姚仲等敗折合於石壁，李永祺、向起等破鶻眼張太師於扶風。敵餘兵保扶風城，又攻破之，連戰皆捷。折合僅以身免，於是撒离喝舍蜀口而北向矣。【《言行録》】朝廷出師渡淮，宣撫胡公亦被旨，乘機進討，乃以攻取之事屬王。王受命出秦、隴，往別宣府。胡問方畧安出，王曰："璘當以三陣破敵。"人皆莫測，所謂蓋王襲敵之策已素定，而諸軍莫有知者。時金人統軍胡盞、習不祝合軍五萬，營於劉圈。胡盞善戰，習不祝善謀。二人皆敵之老於兵者，且據險自固，前臨峻嶺，後控臘家城，必謂我軍不敢輕犯。王揣知其情，因直告曰："明日請戰敵。"聞之笑。是夜，王率諸軍銜枚涉渭，令曰："近敵營，方舉火。"未至里所，萬炬齊發，出敵不意。敵震駭，倉卒備戰，我軍已成列。有聞烏珠以馬撾鼓鐙曰："吾事敗矣。"王猶策習不祝有謀，必謂我趨戰欲速，不肯徑出，胡盞恃其勇，宜可挑取。乃遣輕兵嘗之。胡盞果勒兵與我軍鏖擊，數十更休迭戰。適及我之陣戰急，大將有請曰："將居高臨下，我戰地不利，宜少就平曠，以致其師，可勝。"王叱曰："如此，則我走而敵乘我矣。敵今潰，毋自怯。"王輕裘，駐馬陣前，麾軍殊死戰。三陣，敵力果憊，卒如王言。時陜右隔王化，王一戰而聲震關中，三秦父老企望官軍不日東下，往往擒敵潰兵，縛致之。王亦經畧，且將大舉進圍，臘家城將破，陜右州郡以次納書降，而講和之詔下，遂班師。胡聞王之捷，喜曰："真能踐言矣。"【《言行録》】李寶與金人舟師遇於密州膠西縣陳家島，大敗之。敵帆皆以油纈為之，舒張如錦綉，綿亘數里，悉為波濤卷聚一隅。寶復以火箭射之，着其油帆，烟焰隨發，延燒數百。火不及者，猶欲前拒。寶命健士登舟，以短兵刺擊，殪之舟中。膠西捷奏至，上大喜曰："朕獨用李寶，果立功，為天下倡矣。"即賜詔書獎諭，書"忠勇李寶"四字，表其旗幟。【《係年録》】

劉光世。時撻辣居蘄州，而其衆尚留承、楚。公守鎮江，欲攜貳之。乃以金、銀、銅為三色泉，其文曰："招納信寶。"獲金人則燕餞而遣之。未幾，踵至，得數千衆，皆給良馬、利器，用之如華人，因創"赤心"、"奇兵"兩軍，頗得其用。光世入覲，頗自激昂，奏云："錢糧不乏，器用漸足，臣官職又超衆人，所願竭力報國。他日史官記'中興名將'，書臣功第一。"上曰："卿不可徒以空言，當見之行事。"上以語宰執。於是朱勝非等皆知上馭將得其道，因言而誨誘之也。【《聖政》】公朝辭趙昇，與張浚、沈與求、胡松年侍立。上謂光世等曰："敵人南侵，諸名將皆在其中，蓋有吞噬江浙之意，賴卿等戮力扞敵，卒伐奸謀，使其失利而去，朕甚嘉之。"

李顯忠。先名世輔。戊午歲，公知同州，與王世忠號"鐵幡竿"者，令賴遇等偕謀，通蜀將，拒渭水，共為恢復之舉。乃遣使臣白彥忠、黄士成、崔佺以書抵宣府吳公玠，冀出兵外應。時撒离喝挾貴驕恣，公嘗扼腕。一日，召公計事。公疑不利於己，稱疾不往。撒离喝怒，領數百人并其首領桀黠者百餘，欲以掩公，至則踞坐聽事。公使人扶掖見之，撒离喝作色誚公，公謝以墜馬傷足，請犒從者。公密戒左右，多與之酒，數盡醉，悉殺之别館。又殺其親兵數百人，出伏甲於幕下，擒撒离喝，縛馬上，將以南歸為質，謀迎北狩之還。公衆憩原上，望追騎益多。公擁撒离喝，謂追者曰："追我急，即殺之矣。"故追騎尾而不敢逼。有勸公殺以絶望者，公曰："彼衆我寡，殺之肯舍我乎？雖死無益，吾固有所處。"乃解其縛，謂曰："欲生耶？欲死耶？能從我三事，我活汝，不則殺汝。吾以死戰，追騎皆非我敵。"撒离喝曰："公果活我，唯公命。"於是授之三箭，使折以自誓。公曰："汝國本偏隅，大宋優禮厚幣，講好修睦。而汝國遽墜大信，强悍至此，我宋何負焉？今還語而主，歸我二聖，復我土疆，繼好息兵，免南北生靈無罪被殺，一也；造謀舉事，悉自我出，吾家屬洎同州之民無與也，汝無遷怒，戮及不辜，二也；吾既捨汝，汝無縱兵追我，我獲汝，必不汝放，三也。"撒离喝聽命，惟謹次第折箭，且曰："如敢背盟，有如此箭。"公麾之，使去。追騎得撒离喝，東馳，莫敢回顧。烏珠冦邊，朝廷大舉進討，劉光世表公為本司前軍都統制。上以宸翰賜公，曰："卿將所部，與張俊會合，如立奇功，與卿建節。"諸將會淮西，戰於柘皐，烏珠大敗。【《行狀》】金亮南侵，公以池州都統移軍舒城，除御營先鋒都統制。候騎報金東京郭副留、韓將軍兵萬人渡淮，公領趙康年、曹高麥、韋永壽、劉彪等，與金戰於大人洲，首挫其鋒，乘勝掩擊過淮。金軍溺死者千餘人，俘降甚衆。復還舒城，入合淝。又擕張師顔馬司精鋭，由安豐花壓鎮取順昌。公先聲所至，城中震悚，至則拔之，擒王千户等，俘降數千人。又遣曹高麥分兵襲蒙城，擒劉承德而還。後亮親擁兵犯淮西，朝廷命建康都統王權退保和州，詔公駐軍蕪湖，以扼裕谿口之衝。督府檄公會軍采石。始權失律也，虞允文參贊督府，其軍咸詆權，笑曰："權望風先遁，我輩何能自振?"允文曰："朝廷已令李都統交此軍。"衆云："用李公，則我等有所賴。"公於是領權軍。公募軍校抵亮所，諭之曰："今管軍非王權，乃曩時擒撒离喝李世輔。汝衆逼江，將何為?曷若稍卻，容我渡軍，為一戰，決勝負。今汝臨水而陣，是不欲戰也。"亮聞之，走淮東，尚留精兵於和，為後拒。公分兵絶江，陣于和之城下。敵出迎戰。公身先，將士殊死戰。敵敗走入城，我軍躡之。敵縱火，公領軍塗甲，冒火而進，遂復和州。公又遣韋永壽、頓遇、趙宣、李宗正襲至香林塘，追擊，大破之。又分遣將校於蜀山叚寨，以來邀擊亮衆，所向無不克捷。公伺得亮將犯京口，乃遣戈船，令戰士踏車左右，岢峩巨艦，船艫相銜，掀舞於湍流駭浪中，逆折下上，勢若遊龍。諸將憑壘觀之，莫不喪氣。亮乃作僞詔，遣校尉張千秩挐舟來諭王權，謂亮提兵往瓜州，似與權有先約。雍公與議，公曰："此其用間耳！然，但當以朝廷已罪王權之事答之，庶絶其異望。"雍公以為然，遂作檄曰："今統兵乃李世輔也，汝豈不知其名？若往瓜州渡江，我固有以相待，無虚言見休。但備一戰，以決雌雄，可也。"遣所獲金兵二人齎往。亮得書大怒，數諸將不用命，致楊林之敗，將斬之。諸衆哀懇。久之，曰："姑赦汝。且日各備戰艦百艘，約五日必絶江，違令者死。"諸將退，自計曰："南人用李世輔統兵，為備甚固。我輩進必敗，退則誅，進退等死，死中求生，可也。"遂殺亮。亮斃，詔班師，以功擢侍衛馬司。諸子得對便殿，各賜金帶。人謂："公義不忘君，如關雲長；忠不恤家，如李良器。子儀之寬厚得人，光弼之嚴明御下。公兼四者之美，而能持之以恭，守之以謙，故秩視槐鼎，生榮没哀，子孫詵詵，復盛一門，亦天有以報之也。"【《行狀》】靖康間，公遨遊三國，萬死來歸，忠烈昭然，上貫白日。及敗强敵於柘皐，挫悍卒於采石，西取順昌，北復符離，雖志克就，亦足暴白於世矣。【《墓表》】

偶句。智將不如福將，則冦公準不得不舉欽若；使功不如使過，則趙公鼎不容不取馬廣。采石之役，鰍船一出，敵必魚矣，允文力也；瓜州之役，車船一踏，鯨鯢驚逝，存中力也。平廣南之亂，如狄武襄，則出於行伍者也；破西賊之膽，如范文正，則出於儒臣者也。中原響應，凛凛乎張樞密、“張關西”之號；勁敵退聽，赫赫乎韓家軍、岳家軍之聲。方玠之駐兵河池縣也，敵由商於趨金商，我師兼道以進，群將至，自吞噬。已而改趨三泉，堅壁以待，不戰自屈。是時，金以馬為糧，至人有相食之不暇，時蓋紹興之三年也。方玠之駐兵殺金平也，金乘高阜，以勁弩射，中厥目，遁至鳳州。我又逐之，必至狼狽奔潰而後已。是時，敵之將帥，皆擕弩以來，既不得騁，則頓兵鳳翔，不敢復動，時蓋紹興之四年也。向也，自荆而南，半為草萊。自吾有李横、岳飛襄荆之旅，而荆襄固矣。蔡城之積，豫欲為更舉計也，飛則遣兵以焚之，而所聚皆煨燼。虢州之粮，敵謀為保聚計也，飛則命兵以奪之，而其糧皆我有。淮之東，吾有劉錡，而敵必速斃；淮之西，吾有成閔，而敵不能入。

**《群書會元截江網》卷二十二，《將帥·事證（節錄）》**

國朝平定興復之將，亦嘗聞之太祖之世乎，其平澤潞也，時則有若石守信、高懷德；其平湖湘也，時則有若慕容釗、李處耘；其平西蜀也，時則有王全斌、崔彥進、王仁贍；廣川之平有潘美焉；江南之平有曹彬焉。扼北虜者有人，禦太原者有人，備西戎者有人，吁何其勝也。又嘗聞之高宗之世乎，金山之捷、大儀之捷，主之者韓世忠也；和尚原之捷、仙人關之捷，主之者吳玠也。順昌之役，敵騎喪魄，非劉錡之功乎？亳州之役，棄甲驚遁，非張俊之功乎？其戰於郾城也，有岳飛以復諸郡；其戰於柘皐也，有王德以逞威畧。海陵之方熾也，虎視青徐者有之，鷹揚潁壽者有之，□殽函之險，衝伊洛之郊者有之，何其盛也。時乎平定則有平定之將，時乎興復則有興復之將。晝烽不燔，夜刁不擊，則將臣之名泯然於承平之時矣。

**同上書卷二十四，《戰守和·偶句》**

岳飛諸將在荆襄，必將既捷於絳，再捷於鄭，又捷於潁川，可以長城吾三邊之脊。

**撰：《翰苑新書》別集卷十二，《祭岳武穆代徐宰【［宋］方秋崖】》**

神京鱗介腥衣裳，三精霧塞天無光。鼪啼鼯嘯紛披猖，中分宇宙何肺腸。誰其與者淪綱常，受計於敵扼我吭。王心凜凜天蒼蒼，以次東縛歸朝堂。自南自北語已償，焉用與寇為斧斨。為讎報仇胡不臧，至今淮塹為河湟。每觀王傳心摧傷，怒髮為立膽為張。皇畀予邑於祈閶，聞王有像西山岡。欲往從之潔予觴，簡書之嚴不我遑。今且去此何敢忘，牲肥酒香差日良。金戈鐵馬山茫茫。

# 元

## 王惲

### 撰：《玉堂嘉話》卷二，《鄂王岳飛謚忠武文》

主爾忘身，玆謂人臣之大節；謚以表行，必稽天下之公言。申錫賁書，追告幽穸。故太師、追封鄂王、謚忠武岳飛，威名震於遐邇，智略根乎詩書。結髪從戎，前無堅敵；枕戈勵志，誓清中原。謂恢復之義為必伸，謂忠憤之氣為難遏。上心密契，詔札具存。夫何權臣，力主和議，未究淩煙之偉績，先罹偃月之陰謀。

李將軍口不出辭，聞者流涕；藺相如身雖已死，凛然猶生。宜高皇眷念之不忘，肆孝廟哀矜之備至。還故官而禮葬，頒祠額以旌褒。逮於先帝之時，禭以真王之爵。既解誣於累聖，可無憾於九京。然而易名之典雖行，議禮之言未一。始為忠愍之號，旋更武穆之稱。朕獲覩中興之舊章，灼知皇祖之本意，爰取危身奉上之實，仍採克定禍亂之文。合此兩言，節其一惠。昔孔明之志興漢室，若子儀之光復唐都。雖計效以或殊，在秉心而弗異。垂之典册，何嫌今古之同符；賴及子孫，將與山河而並久。英靈如在，茂渥有承

## 黄溍

### 撰：《日損齋筆記》，《辯史十六則（節錄）》

《齊東野語》卷首記孝宗善政史闕不載者十餘事。

其一曰，淳熙中，張說為樞密都承旨，奏請置酒延諸侍從，上許之，說退。約客獨兵部侍郎陳良祐不至，說殊不平。上遣中使賜以上罇珍膳。說因附奏："臣奉旨集客，而良祐不至。是違聖意也。"已而，上命再賜。說復附奏："良祐迄不肯來。"夜漏將上，忽報中批陳良祐除諫議大夫，坐客皆

愕然。

按《宋實録·陳獻肅公良翰傳》載此事甚具，非良祐也。良祐亦同時從官，公謹誤以良翰為良祐，而不知《良翰傳》未嘗不載也。且說為都承旨，亦非淳熙中。蓋說以隆興初為樞密副都承旨，乾道初落副字。而良翰之除大坡，在五年十二月八日，說已為簽樞，累進知院事。淳熙元年，即罷去矣。記一事而三失焉，於秉史筆者毋責，可也？

靖康元年，宗忠簡公留守京城。岳忠武王飛時隸麾下，犯法當斬。忠簡見而奇之，曰："此將材也。"遂釋不斬，而留之軍前。會金人犯汜水，乃授以五百騎，俾為踏白使。已而凱旋，補為統領，尋遷統制，飛由是知名。此事與漢王陵之於張蒼、滕公之於韓信、暴勝之之於王訢大抵相類，漢史備著三人之事以彰其奇遇。飛孫珂撰飛《行實》乃獨諱而不録，幸忠簡家傳今行於世，而新史得以備著之。

# 楊瑀

**撰：《山居新話》卷三**

徹辰圖郯王、特穆爾巴哈昌王，二公被害，都人有垂涕者；巴延太師被黜，都人莫不稱快。筆記載張德遠誅范瓊於建康獄中，都人皆鼓舞；秦檜殺岳飛於臨安獄中，都人皆涕泣。是非之公如此。

# 陳致虛

**撰：《周易參同契分章注》卷中，《陰陽精氣章第十六》**

明君之御政，若行於大路，不勞擾於民，和氣隨時應，稍有不由正路或更邪佞以蔽賢嫉能，其國將危矣。故九齡往而國忠進，安史始萌；秦檜用而岳飛亡，燕雲莫復。正人力為國者，惟恐國之權不在君；小人只為身者，惟恐國之柄不屬已。君子小人，無世不有君子，當和而容小人，小人宜隨而從君子，則國無傾危而天下治矣。比之修煉，以和為先，和則事皆隨心而應。翼曰：和兑之吉，行未疑也。事既和，已必正，其心必誠，其意必防，其虞則無，險阻而不傾喪其丹。毫髮之差，可不慎乎？

# 鄭元祐

## 撰：《遂昌雜錄（節錄）》

余未成童時，從臧湖隱先生讀書。先生，宋京學生也。有屋六七間，與岳墳相對。時岳墳漸圮，江州岳氏諱士迪者，宋迪功郎，於王為六世孫，與宜興唐門岳氏通譜，合力以起廢，墳與寺復完整。久之，王孫有為僧者，居墳西，大壞廟與寺，至靡有孑遺。台僧可觀者，堅忍人也，以其事訴之上司官府。時何怡真為湖州推官，柯敬仲以書白其事。寺田典與人者，復歸。而寺與廟，寸椽片瓦不留。會江西李全初為總杭府經歷，慨然以興廢為己任，勸勉王華甫者，捐貲興建。於是，寺與廟稍稍復完。余為記《忠烈廟》。其大致以王起卒伍，至將相，謀審戰勝，規模施設，雖古名將不是過，一時渡南諸帥臣不論也。而高宗昏孱，竟斃王於權姦之手，論者乃謂余譏貶高宗太甚。夫宋有國時，固當為其君諱，而歸罪於秦檜。宋亡矣，高宗忘父兄之深侍會讎。彼秦檜者，復何恨？使高宗倚王以雪恥，天下為王有，尚何慊？況王忠義，上通於天，而高宗昏孱，莫之識。論者豈得以余言為過甚哉？

錢塘門西出石函橋，河西僧三寶者，壘石與磚，為西番塔，舊無有也。今四五十年矣，想塔未能如舊也。塔南即宋放生池，舊碑磨去高文虎誤用事，所謂夏王道："傳語商王，這鳥獸魚鱉元來是你。"西去即保叔墖。山脚下有大石，世傳秦始皇纜船石，喻彌陀勸人修西方淨業，晝丈餘，彌陀遇填頭。行刑日，彌陀張大像，頌佛號，其用勤矣。正鑿纜船石為大佛頭，耳竅可坐七人，其大可知。東臨湖白雲宗寺，西則水月園。由山而上，則相嚴寺。寺西石磴直上，則叔寶墖也。下則多寶寺，寺西宋詩人孫花翁墓也。墓西嘉澤廟，祠西湖龍王，蘇文忠公《題和靖處士像》語結謂："不然配食水仙王，一盞寒泉薦秋菊。"祠西小寺，忘其名。稍西，復陟巘，瞿運使廨宇在焉，後捨為善住閣。其間有"山中四時"小窗、橫幅"安樂窩"之類，其結搆皆明敞可喜。稍西為壽星寺，寺有寒碧軒，蘇文忠公題詩尚在。寺稍西，陟磴而上，為江湖偉觀，文忠公所謂"一舸鴟夷江海去，尚餘君子六千人"。余嘗與張貞居欲登偉觀，則磴道壞，不復有其處矣。寺西則瑪瑙寺。寺南養樂園，園中花卉、湖石、杉檜尚存，臨湖飛樓雄麗。賈相養其母、夫人，車船自其第，茶頃便至園。園有悅生堂，前有亭，今歸吳中周僉省。園北出，稍西，復登巘，則玉清宮也。宮北户直上，為初陽臺。臺有亭，倚亭而望，盡得西湖之勝。復有屋數間，祠葛仙翁。宮西為閣山寺，為六一泉寺，為圓明寺。寺西則栖霞嶺，嶺下為岳王墳。南臨湖為褒忠寺，寺為其孫毁，今遷寺忠烈廟後。岳墳西則冲虚宮，宋寧宗老宮人為女冠所建也。宮西為耿家步。余先人舊居與宮正相對，今屢易主矣。由耿家步而西，為東山庵。庵有女冠，神宮火後，僅彷彿爾。内附後，僧建靜勝寺，殊宏壯。

# 富大用

**編《古今事文類聚外集》卷六，《統軍司部·都元帥附副元帥·都統領》**

歷代沿革。晉孝武帝太元十九年，有河西大都統。唐天寶末，置為天下兵馬元帥，都統朔方、河南北、平盧節度使，都統之名始於此。乾元元年，户部尚書李峘除都統淮南、江東西節度使、宣慰觀察處置等使，都統之官始於此。唐制或總五道，或總三道。上元末省大中後討徐州，以康承訓討黄巢，以荊王鐸為都統。黄巢之難，置諸道行營都統，掌征伐。兵罷，則省雖總諸道兵馬，不賜旌節。宋諸軍都統制者，自渡江已前亦有之，然未嘗為官稱。盖是時，陝西、河東三路皆以武臣職高，有智者為馬步軍副都總管，遇出師征討，則加以都統制軍馬之名，非有司分也。建炎元年，置御營司，遂擢王襄愍為都統制，都統制名官自此始。大槩南渡置統制，一則兵興稱謂不一。諸路起兵有自稱統制者，州縣管押勤王兵者亦有稱統制者，諸道都總管及諸司便宜差統制者。建炎初，劉光世上言，於是竝罷，惟中都主兵朝廷差充統制者仍舊。紹興十一年，韓世忠、張俊、岳飛除樞密副使，罷宣撫司。其統制將副並改充御前，隸樞密院，各帶御前字入銜。其兵馬就令所部統制官節制，而都統皆以屯駐名冠軍額之上，獨川陝如故。嘉定初，蜀叛既平，安觀文又奏分興州十軍為沔利三軍，沔州除都統制，利州除副都統，天下有十都統矣。是年，烏珠犯泗州，詔樞密使張俊於鎮江府置司，措置江淮守備。俊發張憲事，並岳飛賜死，俊遂薦其將定遠軍節度使田師中掌故岳飛之兵，又薦清遠軍節度使王德往金陵，於是竝詔為御前都制，師中於鄂州，德於建康府駐劄。其後大軍又有統制，同統制、副統制，統領，同統領、副統領等，其下乃有正將、副將、準備將之名，皆偏裨也。舊制準備而上，自主帥陞差，仍先申樞密院定察。紹熙四年，詔江上陞差統制至準備將，令主帥解發三人赴總領所内選一名。慶元三年，詔陞差竝委主帥，自是主帥之權復重矣。元統軍司有統軍使、統軍副使及都統領、統領、副統領、知事之職。

**同上書卷七，《諸使司部・宣撫使》**

宣撫使歷代沿革。唐元和十四年，淄、青、兖、鄆等十二州平，詔户部侍郎楊於陵以本官充淄青等宣撫使。宋祖宗時不常置，有軍旅大事，則命執政大臣為之，累朝但除向文簡、范文正、富文忠、文忠烈、韓獻肅五人。仁宗征儂智高，以狄青為宣撫使，武臣宣撫自此始。建炎三年，張魏公以知樞密院為宣撫處置使。其後杜丞相、周仲弼、孟富文、趙元鎮、虞樞甫、王公明、鄭仲一、沈德之輩皆自二府出為之。虞公始以元樞除大資政矣，上恐未足為重，後二日乃復帶知樞密院事焉。若前宰相為宣撫，則自渡江已後亦止，除李伯紀、吕元直、朱藏一三人。紹興元年，劉光世以使相宣撫淮南，武臣非執政而為之自此始。二年，李泰發以端明殿學士為壽春等州宣撫使，文臣非執政而為之自此始。然自紹興至嘉泰，武臣止劉光世、韓世忠、張俊、岳飛、吳璘，從官止李光發、王伯似二人，蓋重之也。元仍唐宋制置之。

# 張光祖

**撰：《言行龜鑑》卷一**

岳武穆王飛少負氣節，生而有力，未冠，能引弓三百斤、弩八石。天資敏悟，强記書傳，尤好《左氏春秋傳》及《孫吳兵法》。家貧，拾薪為燭，達旦不寐。為文初不經意，人取而誦之，則辯是非，析義理，若精思而得之者。

# 釋念常

**撰：《佛祖曆代通載》卷二十，《南宋（節錄）》**

辛酉，是年秦檜、張俊謀殺岳飛、岳雲。【張九成登徑山，適大惠升座，有神臂弓之語。秦檜秉國，謂譏朝廷，竄師衡陽。】

# 陶宗儀

**撰：《輟耕錄》卷三，《岳鄂王》**

岳武穆王飛墓，在杭棲霞嶺下，王之子雲祔焉。自國初以來，墳漸傾圮。江州岳氏諱士迪者，於王為六世孫，與宜興州岳氏通譜，合力以起廢，廟與寺復完美。久之，王之諸孫有為僧者，居墳之西，為其廢壞，廟與寺靡有孑遺。天台僧可觀以訴於官。時何君頤貞為湖州推官，柯君敬仲九思以書白其事，田之沒於人者復歸，然廟與寺無寸椽片瓦。會李君全初為杭總管府經歷，慨然以興廢為己任，而鄭君明德元祐為作疏語曰："西湖北山褒忠演福禪寺，竊見故宋贈太師武穆岳鄂王，忠孝絶人，功名蓋世。方略如霍驃姚，不逢漢武，徒結志於忘家；意氣如祖豫州，乃遇晉元，空誓言於擊楫。賜墓田棲霞嶺下，建祀祠秋水觀西。落日鼓鐘，長為聲冤於草木；空山香火，猶將薦爽於淵泉。豈期破蕩子孫，盡壞久長規制。典祊田，隳佛宇，春秋無所烝嘗；塞墓道，毀神棲，風雨遂頽廟貌。休留夜啼拱木，躑躅春開斷垣。淚落路人，事關世教。蓋忠臣烈士，每詔條有致祭之文；豈狂子野僧，攙國典出募緣之疏。望明有司告之臺省，冀聖天子錫之圭璋。褒忠義在天之靈，激生死為臣之勸。周武封比干墓，事著遺經；唐宗建白起祠，恩覃異代。"成，郡人王華父一力興建，於是寺與廟又復完美。且杭州申明浙省，轉咨中書，以求褒贈。適趙公子期在禮部，倡議奏聞，降命勅封並如宋，止加保義二字。自我元統一函夏以來，名人佳士多有詩弔之，不下數十百篇，其最膾炙人口者如葉靖逸先生紹翁云："萬古知心只老天，英雄堪恨亦堪憐。如公少緩須臾死，彼國安能八十年。漠漠凝塵空偃月，堂堂遺像在凌烟。早知埋骨西湖路，悔不鴟夷理釣船。"趙魏公孟頫云："岳王墳上草離離，秋日荒涼石獸危。南渡君臣輕社稷，中原父老望旌旗。英雄已死嗟何及，天下中分遂不支。莫向西湖歌此曲，水光山色不勝悲。"高則誠先生明云："莫向中州歎黍離，英雄生死係安危。内廷不下班師詔，絶漠全收大將旗。父子一門甘伏節，山河萬里竟分支。孤臣尚有埋身地，二帝游魂更可悲。"潘子素先生純云："海門寒日澹無輝，偃月堂深晝漏遲。萬竈貔貅江上老，兩宫環珮夢中歸。内園羯鼓催花發，小殿珠簾看雪飛。不道帳前胡旋舞，有人行酒著青衣。"林清源先生泉生云："誰收將骨葬西湖，已卜他年必沼吳。孤冢有人來下馬，六陵無樹可棲烏。廟堂短計慚嫠婦，宇宙惟公是丈夫。往事重觀如敗局，一龕燈火屬浮屠。”讀此數詩而不墮淚者幾希。然賊檜欺君賣國，雖擢髪不足以數其罪，翻四海之波不足以湔其惡。而武穆之精忠，藹然與天地相終始，死猶生也。彼思陵者，信任姦邪，竟無父兄之念，亦獨何心哉！故余亦有詩云：“精忠祠宇西湖上，再拜荒墳感昔遊。斷碣草深蒙贔屓，空山日落叫鈎輈。天移宋祚難恢復，帝幸燕雲困楚囚。逆檜陰圖傾大業，思陵無意問神州。偷安甫遂邦家志，飲痛甘忘父母讎。信使北和憐屈膝，策文南駐忍含羞。兩宮五國瞻征幟，丹詔班師下節樓。萬里長城真自壞，中興武績遂云休。烏乎竟死姦邪手。顛沛誰為社稷憂。黯黯寃魂遊狴犴，紛紛雨淚灑貔貅。唯餘滿地萇弘血，不見中流祖逖舟。氛□已塵金匼匝，冕旒終換鐵兜鍪。姓名竹帛書千載，父子英雄土一邱。老樹尚知朝禹穴，遺黎總解說王猷。復田起廢憐僧寺，移檄褒嘉賴省侯。聖世即今崇祀典，佇看寵渥到松楸。”“精忠”，宋所賜廟額。此詩在未曾加封前作，故云。時至正己丑也 。

**編：《說郛》同上書卷十下，《遂初堂書目·國史類［尤袤］》**

岳侯斷案

**同上書卷十九上，《寓簡［沈作喆］》**

秦會之既主和議，大帥皆罷兵權，賜田宅。予為岳侯作謝表，有云：“功狀蔑聞，敢遂良田之請；謗書狎至，猶存息壤之盟。”檜讀之，不樂。

**同上書卷二十三上，《武穆獄案》**

岳武穆獄案，今在莆陽陳魯公家。世本無獄辭，但大書“天日昭昭，天日昭昭”八字。是罪案乃是細書，與前筆跡不同，不知後来如何粘成卷也。鄭棐之姪親見之。

**同上書卷二十四下，《三柳軒雜識程棨·陳文忠》**

陳文龍志忠，興化人，度宗朝狀元也。德祐末，歸守本州。北兵入閩，不屈，生縛之至杭，病卒於杭之苗兒橋巷。初，文龍入太學，累試不入格。太學守土之神，岳侯也。一夕，夢神請交代，意必老死於太學，常悒悒不樂。既而赴廷對第一，仕宦日顯，前夢不復記矣。及守鄉州，又夢神通書，閱書前面，曰交代後書年月至元，心甚慢之。未幾，國亡城陷，家殘身俘。至杭，幽於太學之側。

**同上書卷三十上，《行都紀事陳晦》**

監左帑龍舒張宣義嘗言："有親戚遊宦西蜀，路經襄漢，晚投一店。飯畢，行户外，忽見旁左側上有一人，無首，以為鬼也。主人云：'尊官不須驚，此人也，非鬼也。往年因患瘰疬，病勢蔓衍。一旦，頭忽脱墜，家人甚悲駭，已而竟無恙。自此，每有所需，則以手指畫，但日以粥湯灌之，故至今猶存耳。'又曰：'岳侯軍中，一兵犯法，梟首。妻方懷娠，後誕一子，如常人，軀幹甚偉，首僅如拳，眉目皆雕刻，則胞胎所係，父母相為感應。'"

**同上書卷三十下，《楓窗小牘》卷下**

岳少保既死獄，籍其家，僅金玉犀帶數條，及瑣鎧兜鍪、南蠻銅弩鑌刀、弓劍鞍轡，佈絹三千餘匹，粟麥五千餘斛，錢十餘萬，書籍數千卷而已。視同時諸將，如某某輩，莫不寶玩滿堂寢，田園佔畿縣，享樂壽考，妻兒滿前。禍福頓懸，不意如此，天道亦自有不可知者。

**同上書卷三十三下**

吕頤浩、趙鼎、張浚皆為相主戰者也。適酈瓊以市州叛，而聲遠以弗績誅尼堪死，劉豫廢斥，烏舍大用事，思陵亦厭佳兵。檜起帥浙東，入對之際，揣摩天意，適中機會，申講和之謀，遂為己任。大契淵衷繼命再相，以成其事。凡金人按籍所取北客，悉以遣行，盡取兵權，殺岳飛父子，其議乃定。

**同上書卷四十七上**

紹興中，金人遣其祕書監劉陶來聘，因問岳飛以何罪而死，館伴者無以對。但曰，意欲謀叛，為部將所告，以抵誅。陶曰："江南忠臣善用兵者，止有岳飛，所至紀律甚嚴，秋毫無犯。所謂項羽有一范增而不能用，所以為我擒。如飛者，其亦江南之范增乎。"館伴者黙不能對。秦檜聞之，約束勿奏，俄以不職貶其人。

**同上書卷六十三下，《湖山勝槩泗水潜夫·北新路口·棲霞嶺口古劍關棲霞嶺下》**

岳王墳。岳武穆王飛所葬，其子雲亦袝焉。葉靖逸詩云："萬古知心只老天，英雄堪恨復堪憐。如公少緩須臾死，此地安能八十年。漠漠凝塵空偃月，堂堂遺像在凌烟。早知埋骨西湖路，悔不鴟夷理釣船。”

襃忠演福院。元係智果觀音院後，充岳鄂王香火，岳雲所用鐵鎗猶存。

**同上書卷六十五上**

甲午早同仲寧、仲賢、淨如出南門，過横澗，入袁氏菴觀地，投宿洞靈觀。知觀邵惟道，字集虚，極有幹才，支傾補弊，觀遂復興。登張公洞，中路囬望太湖，宜築小亭焉。山非甚大，而洞極廣，葢一山皆空耳，其間肖像不一，而數柱若擎之者。乙未早過，湖㳇鎮跨溪有橋，號侍郎橋，或曰謂陸希聲而圖誌，頗疑其稱呼不相應也。飯於金沙寺，登頤山，訪講易臺，酌潛虬泉，皆希聲遺跡也。寺有岳飛已酉歲留題刻石詞，甚壯。

**同上書卷一百十八下，《睽車志［宋・郭彖］》**

岳侯死後，臨安雨溪寨軍將子弟因請紫姑神，而岳侯降之，大書其名。衆皆驚愕，請其花押，則宛然平日真迹也。復書一絶，云：“經畧中原二十秋，功多過少未全酬。丹心似石憑誰愬，空有遊魂徧九州。”丞相秦公聞而惡之，擒治其徒，流竄者數人，人有死者。

# 祝淵

**撰：《古今事文類聚遺集》卷一，《三師部遺・節度使除》**

紹興五年，武成、威德軍節度使，開府儀同三司，充鎮江、建康、淮東宣撫使韓世忠除少保。紹興六年，兩鎮使相、江東宣撫使張浚除少保。紹興九年六月，武勝、定國軍節度使岳飛除少保。紹興十二年，保成軍節度使、開府楊全忠除少保。紹興二十九年，奉國軍節度使判興州吳璘除少保。

**同上書卷十，《殿司部遺・應飛來讖》**

湖寇楊幺自恃其險，賊中語曰：“有能害我，除是飛來。”俄詔用岳飛。適值大旱，公命伐木為巨筏，塞諸港汊。賊戰敗，趍舟欲出湖，而舟為筏所礙不能遁，遂戮死招降之。飛來之讖於是乎驗。

**同上書同卷，《殿司部遺・捍禦金人》**

岳飛捍禦金人，猛士如林，未嘗敗衄，退守河東，敵不敢逾河飲馬。

**同上書卷十一，《府司部遺》**

國威大震，張魏公至江上，會諸大帥議事，乃命韓世忠據承楚以圖淮陽，命光世屯廬州以招北軍，命張俊練兵建康以為進屯盱眙之計，命沂中領精兵為俊後翼，命岳飛進屯襄陽以窺中原，國威大振，上御書裴度傳遣，賜以示至意。

**同上書卷十二，《監司部遺・總領》**

歷代沿革。總領財賦，古無其官。靖康末，高宗以大元帥駐軍濟州，命隨軍轉運使梁揚祖總領措置財用，然未以官名也。南渡初，嘗命朝臣總領都督府、宣撫司財賦。建炎末，張魏公用趙應祥總領四川財賦，始置所係銜，總領官自此始。又，職源紹興三年差戶部侍郎姚舜明往建康總領應干都督府錢物糧斛。六年，都督諸路軍馬。張浚言三宣撫司錢糧漕司互相估吝，因置闕乏，乞於戶部長貳内差一員来鎮江府置司，專一總領。詔差戶部侍郎劉寧止，七年，令户部郎官霍蠡前任鄂州置司，專一總領岳飛軍錢糧。其後大軍在江上，間遣版曹或大府司農卿少調其錢糧，皆暫以總領為名，而四川改置都轉運司，故總領又廢。紹興十一年，諸將既罷兵，乃收諸帥之兵，以為御前軍，屯駐諸處，皆置總領，以朝臣為之，仍帶專一報發御前軍馬文字。蓋又使之與聞，軍政不獨職，餽餉而已，敘位在轉運副使之上。鎮江諸軍錢糧淮東總領掌之，建康、池州諸軍錢糧淮西總領掌之，鄂州、荆南、江南諸軍錢糧湖廣總領掌之，興元、興州、金州諸軍錢糧四川總領掌之。初以胡紡為司農少卿，總領淮東軍馬錢糧；吳彦璋為太府少卿，總領淮西江東軍馬錢糧；曾造為太府卿，總領湖廣江西京西路財賦，湖北京西軍馬錢糧諸軍不聽節制。十六年，四川總司以總領四川宣撫司錢糧所為名。十八年，詔罷宣撫司始改為四川總領。孝宗乾道六年，詔淮東總領併歸淮西總領所。七年，復置淮東總領及淮西總領。

# 佚名

**撰：《氏族大全》卷十一，《舞袖破敵》**

牛臯，岳飛愛將也。宋建炎中，廬州守仇愈告急於飛，飛遣臯以二千騎赴之。坐未定，敵甲騎五千破城矣，臯遥謂曰："牛臯在此！"展幟示之，敵愕然。臯舞袖徑前，賊疑有伏，奔潰。

**同上書卷十七，《上書訟寃》**

知浹，宋高宗朝人，好直言，岳飛以賓客待之。飛下吏，浹上書訟其寃，秦檜怒，並送獄。

**同上書同卷，《中興名將》**

魏勝，字彥威，少有勇力，善騎射。宋建炎初，縣募弓弩手，勝應募，立大功，官至武功大夫，戰死於淮陰縣。金人以金一兩易勝肉一兩，與岳飛、劉錡、李顯忠為中興四將。

**同上書卷二十，《岳》**

岳飛，字鵬舉，初生有禽若鵬，飛鳴屋上，因以名之。少負氣節，好左氏春秋、孫吳兵法，引弓百斤，善左右射。宋靖康初，金人南侵，二聖北狩。飛應募，誓以忠義報國，用兵能以寡擊衆。建炎、紹興間，大小百戰，未嘗一敗。南薰門之戰，八百破五萬；桂嶺之戰，八千破十萬；背嵬騎五百，破烏珠十萬。又平湖廣大盜，如李成、楊幺等十數。入覲，上賜金絲戰袍，金帶衣甲等，御書於旗曰"精忠"。岳飛兵至朱仙鎮，金人已有捐燕以南之懼。時秦檜主和，遂詔班師，一日奉金字牌十二。飛東向再拜曰："臣十年之功，廢於一旦。非臣不稱職，實秦檜誤陛下也。"竟為檜所害。官至少保，贈太師，謚武穆。孝宗即位，詔訪求其後，子孫繈褓以上皆官之，立廟於鄂，號忠烈，三子雲、雷、霖。

岳雲能以手握兩鐵椎，重八十斤。穎昌大戰，數十入敵陣中，甲裳為赤，以功授左武大夫。弟雷授文資。岳霖，孝宗朝帥廣州，道出章貢，父老率子弟來迎，垂泣曰："不圖今日復見公之子。"

# 明

## 薛瑄

### 撰:《讀書錄》卷九

宋高宗，中興之主，陳少陽、岳飛皆死於讒佞，信用汪、黄、秦檜之奸邪，其不亡者，幸而已。

## 丘濬

### 撰:《大學衍義補》卷六十二

臣按：祭法言“聖王制祭祀之禮”，其常典所當祀者有五焉。其下文復歷叙自古君臣有道功庸者以實之，凡十有四人，為君者八人，為臣者六人。後世廟祀前代帝王，而以其功臣從享者，其原蓋出於此。本朝洪武初，建帝王廟於南京雞鳴山之陽，以祀三皇五帝，三王，漢高祖、光武、唐太宗、宋太祖、元世祖，所祀者止及一統之世、創業之君，其與前代泛及無統者異矣。又詔以歷代名臣，從祀帝王廟，乃以風后、力牧、臯陶、夔、龍、伯夷、伯益、伊尹、傅說、周公旦、召公奭、太公望、方叔、召虎、張良、蕭何、曹參、陳平、周勃、鄧禹、馮異、諸葛亮、房玄齡、杜如晦、李靖、郭子儀、李晟、曹彬、潘美、韓世忠、岳飛、張浚、穆呼哩、博勒呼、博勒珠、齊拉衮、巴延，凡三十有七人，是皆前代之君臣同德始終一心者。然其中或有不祀其君而祀其臣者，蓋惟取其純德鉅功，位列而通祀之。非若前代隨其君而各以其臣配其食也。臣愚竊以為，昔者建都南京，歷代帝王廟因在於彼，今郊廟既立於此，則帝王廟亦當從之而北焉，議禮之事非臣下所當及者，謹述所見如此。

**同上书卷一百四十二**

岳飛曰："用兵之術，仁、智、信、勇、嚴，闕一不可。"

……

張巡曰："使兵識將意，將識士情，投之而往如手之使指，兵將相識，人自為戰，不亦可乎？陳而後戰，兵法之常。運用之妙，在乎一心。"

臣按：自古名將不用古兵法者三人，漢霍去病、唐張巡、宋岳飛而已，皆能立功當時、垂名後世。然則兵法果不可用耶？曰："兵法譬則奕者之譜也，譜設為之法爾，用之以應變，制勝則在乎人，兵法亦猶是焉。嗚呼！世之藝術豈但兵哉？儒者之於六藝亦莫不然？"孟子曰："梓匠輪輿能與人規矩，不能使人巧。法度可以言傳，妙法必由心悟。"

……

岳飛曰："勇不足恃，用兵在先定謀。欒枝曳柴以敗荆，莫敖採樵以致絞，皆謀定也。"

# 胡居仁

**撰：《居業錄》卷四**

將相一體方能成天下之務。韓信、李愬能成其功，以有蕭何、裴度協心於内；宗澤、岳飛不能成功，是為汪、秦沮撓於内也。

# 陸容

**撰：《菽園雜記》卷十**

嘗聞邊地草皆白色，惟王昭君葬處草青，故名青塚；朱温弑唐昭宗於椒蘭殿前，血漬地處，今生赤草；岳武穆墳，樹枝皆南向。前二事皆不可見，岳墳嘗往拜謁，南枝之樹乃親見焉。

**同上書卷十二**

嘗聞吳文恪公訥為御史巡按浙江時，壞秦檜碑，而未知其詳，疑其為檜德政碑。及來浙江，聞仁和縣學有宋刻石經，往觀之，並見此刻，始知公所壞即此石，非檜德政碑也。然於此有以見公學術之正，論議之公，有補於風教多矣。公文集未得見，此作未知載否，因録以記之右。宣聖及七十二弟子贊，宋高宗製並書，其像則李龍眠廔所畫也。高宗南渡，建行宫於杭。紹興十四年正月，始即岳飛第作太學。三月臨幸，首製先聖贊，後自顏淵而下，亦譔辭以致褒崇之意。二十六年十二月，刻石於學，附以太師尚書左僕射同中書門下平章事兼樞密使秦檜記。檜之言有曰："孔聖以儒道設教，弟子皆無邪雜背違於儒道者。今縉紳之習或未純乎儒術，顧馳狙詐權譎之說，以僥倖於功利。"其意葢為當時言恢復者發也。嗚呼！靖康之禍，二帝蒙塵，汴都淪覆，當時臣子，正宜枕干嘗膽，以圖恢復，而檜力主和議，攘斥衆謀，盡指一時忠義之言為狙詐權譎之論。先儒朱子謂其倡邪說以誤國，挾敵勢以要君，其罪上通於天，萬死不足以贖者是也。昔龜山楊先生時嘗建議罷王安石孔廟配享，識者韙之。訥一介書生，幸際聖明，備員風紀，兹於仁和縣學得觀石刻，見檜之記，尚與圖贊並存，因命磨去其文，庶使邪詖之說、姦穢之名，不得厠於聖賢圖像之後。然念流傳已久，謹用備識，俾後覽者得有所考云。

**同上書卷十三**

秦約，字文仲，淮海人。博學强記，不妄交，隱居著書，尤好吟咏。古樂府如《精衛》、《望夫石》，律詩如《吳桓王》、《岳鄂王》諸篇，的的可傳者也。

# 曹安

**撰：《讕言長語》，《弔古詩》**

古今最多如李太白，見崔顥《黄鶴樓》詩遂不題。釣臺詩人有一首云："嚴陵臺下大江横，千古英雄幾戰争。今日漢家無寸土，釣臺依舊屬先生。"滕王閣元僧一詩："檻外長江去不囬，檻前楊柳後人栽。當時惟有青山在，曽見滕王歌舞来。"嘉禾陳延齡年少，作岳王墓云："一自班師下内廷，中原俱望掃沈冥。两宫環珮煙塵迥，百戰山河草木青。雨暗靈祠嘶鉄騎，月明陰井泣銀瓶。凄凉古墓西湖上，老樹悲風不忍聽。"又僧德珉姑蘇懷古云："西施一咲破姑蘇，常使行人淚眼枯。輦道落花春走鹿，琴臺明月夜啼烏。夫差古墓迷黄壤，伍相荒祠暗緑蕪。獨有靈巖山色在，峥嶸樓閣屬浮圖。"

二人皆少年作此，頗有唐氣。

## 張志淳

### 撰：《南園漫錄》卷一，《論將（節錄）》

容齋謂：紹興七年，淮西大帥劉少師罷，岳少保以母憂去官，累辭起復之命，朝廷用吕尚書、張淵道掌其軍。岳在九江，憂兵柄一失，不容再得，亟兼程至郢，有旨復故任，而召淵道為樞密都承旨。予考《齊東野語》記淮西之事，甚悉詞意，與此全不同。《宋史》論斷亦謂淮西之舉，岳飛在營，張浚惡飛，聽其歸終母喪，而不能留。今謂岳憂兵柄一失，不容再得，則觀岳應張之言，足明其本心，豈有憂兵柄一失，不容再得之念。又朱子亦曰，岳亦橫，終恐難制。汪浮溪藻與容齋同時，其言亦概，岳於張浚而不別白，又概謂之齷齪常才，又獨言岳軍中游手竄名而廩者最多。夫朱子之論岳，多得之張敬夫，敬夫之言多得之於父浚，宜無恠者。然觀朱子以只憑渠家文字，草成張魏公行事，與他書所記多不同，為恨則大賢之改過不吝可類推已。至如容齋與汪所言，則何恠高宗中無所主，而賊檜之敢於殺岳乎？以岳之忠誠才猷，據後世事定後觀之，誠所謂天下之奇才，豪傑無間言者。而當時洪、汪皆列侍從有名，猶所云若是，後數十年，朱子猶所云若是，則君子一時不值，明君而欲人盡知其蘊而不寃，且欲一時是非之必定難也。

## 周琦

### 撰：《東溪日談錄》卷十四，《南宋》

宋高宗構者，神宗第九子也，先為康王。太后因金兵陷汴，執徽、欽二主，迎構於應天府即位，以主和誤國，召李綱為相，磁州守臣宗澤知開封留守。時綱治軍政，畧有緒，開封知府黄潛善、相州守汪伯彦復主和，綱相數十日，遂罷。又以潛善、伯彦為相國，因誅上書人，決策幸東南，無復經理兩河，駕至揚州。金兵分三道，南来至汴，宗澤募義兵百萬，大敗之。累表請上還汴，潛善忌功，沮之。澤死，金兵至揚州，駕行至瓜州，渡江如杭州，罷潛善、伯彦。又以朱勝非為相，亦罷。又以吕頤浩為相，上如建康。太后為金兵所逼，如南昌，上如杭州，如浙東。金兵又分兩道，一從蘄黄渡江，趨饒、昌各處，追太后不及，陷潭、澧，自石首而回；一從滁、和自太平渡江，陷建康又陷杭州，追上不及，乃退，岳飛敗之於六合。上歸越州，頤浩亦罷，又以范宗尹為相。時秦檜北依達蘭始南歸，言曰："如欲天下無事，須是南自南、北自北。"以達蘭意，上書求和，宗尹亦罷。檜又曰："我有二策，可以聳動天下。"又以檜為右相，吕頤浩為左相。檜自此專主和議，矯奏金牌，令班師。岳飛泣下，東拜曰："十年之力，廢於一旦!"檜搆岳飛等赴獄，何鑄鞫之。飛裂衣示背，有"盡忠報國"四字。改鞫，亦知無罪，曲順檜意，誅飛。自是無復敢言兵者。胡銓上疏斬檜，上不聽，卒至誤國。萬世之下，固知岳飛之忠，秦檜之奸矣，又安知宗澤之忠，黃潛善之奸誤於前邪？高宗不悟，卒至自誤，悲夫!

孝宗繼高宗而立，鋭意恢復，以史浩為相，張浚為樞密使，督師江淮，許國之心不下岳飛。惜乎早卒，乃復與金講和。南北安静，中原之土竟不能復，國家之恥竟不能雪，有恢復之主，無恢復之臣，孝宗其亦賢君者歟？光宗之世，周必大用事，從容廟堂，引進善類，惜乎早罷不用，及排斥善類，誣朱熹輩為僞學。理宗之世，真德秀、魏了翁者出，君子滿朝，奈何丁大全、賈似道相繼用事，邪正互進，惟程朱之學復崇，值元之興，與之同滅金焉。度宗之世，賈似道秉政，端人斥盡。恭宗之世，元兵入寇，執之，北降。端宗名昰，尚幼，當元兵復寇之時，楊妃與弟楊亮節負昰與昺如温州，航海至福州，羣臣從之。陳宜中、張世傑奉昰即位，以文天祥為丞相，遷碙州而崩。陸秀夫又立昺焉，時方八歲，楊太后聽政。羣臣欲散，秀夫曰："度宗一子尚在，將焉置之？"遷厓山，元兵薄世傑之舟，張洪範等交戰。世傑、秀夫知事去，先驅妻子入海，即負帝同溺，忠義之士同溺者數萬，宋亡。說者謂宋以忠厚得天下，士以忠厚報之，信夫！南宋都杭，如閩、廣，故曰一汴二杭三閩四廣，傳九主，共一百五十五年。

## 湛若水

**撰：《格物通》卷七十四，《任將下（節錄）》**

宋高宗紹興十一年十二月，秦檜殺故少保樞密副使武昌公岳飛。飛事親孝，家無姬侍。吳玠素服飛，願與交驩，飾名姝遺之，飛曰："主上宵旰，豈大將安樂時邪？"却不受，玠益敬服。帝欲為飛營第，飛辭曰："金國未滅，何以家為？"或謂天下何時太平，飛曰："文臣不愛錢，武臣不惜死，天下太平矣。”

臣若水通曰：岳飛者，所謂才德無全，文武具備者也。故一鼓而破楊幺，使遂長驅而北，則中原可復矣。而秦檜殺之，遺千載無窮之恨也。飛之被殺，固飛之不幸，乃亦宋室之不幸也。檜之殺飛，固檜之罪，亦高宗之罪也。使高宗剛明獨斷，察檜之奸而必去之，知飛之忠而專任之，則故物可計日而克復也。不幸而至於斯，非天乎？或曰古之制將在軍，君命有所不受。飛初為將，必有命辭也，為飛者知奸臣之誤國，而必將害己，引命將之制，拜表陳情而不受召，必長驅收復中原，然後歸而請罪，則宋之祚未必絕也，宗廟未必不血食也，北寇未必亂中國而遺千載所無之禍也。臣謂此亦一說矣，然飛事親孝，故事君忠，豈忍為是哉？

……

華陽范祖禹曰：“昔周宣王任賢使能，吉甫征伐於外，而王之所與處者，張仲孝友也。夫使文武之臣征伐，而左右前後得正良之士，善其君心，則讒言不至，而忠謀見用，此所以能成功也。苟使憸邪之人從中制之，則雖吉甫無以成其功。宣王能復文武之業，以致中興者，內順治而外威嚴也。

臣若水通曰：將之無成功者，必將非其人也；將得其人矣，而又無成功者，相之不賢也，內外之不一也。故有吉甫於外，必有張仲於內，然後可成中興之功。內外一德一心而功不成者未之有也，雖然亦本於宣王之心之賢爾，惟君之賢而後能擇相，能擇相而後能用將，不然則秦檜在內，雖有岳飛之賢將，非但不能用爾，殺身敗國之禍至矣，可不戒哉？

……

楊時上欽宗疏，其畧曰：“臣嘗論姚古逗遛，當以軍法從事，久未蒙施行，今太原圍閉累月，危急甚矣。訪聞大兵尚在威勝軍，無一人一騎入太原境者，惟范瓊不受姚古節制，獨能引兵稍前，則諸將逗遛，古實為之也。奈何惜姚古不誅，坐視要重之地而不救乎？”

臣若水通曰：《語》云，“小不忍則亂大謀”，時之論姚古是矣。姚古知逗遛在軍法所必誅，所以然者，忍爾。欽宗知姚古之不誅，則人不效死，是無太原重地也，所以不行誅者，亦忍爾。自古之興亡多矣，而未有如宋之慘者。忍爾，如人之患毒疽，與命關者也，潰之，則痛而可生，不潰之，則忍而必死。宋以禮義而興，宜多歷年，然都汴則立國已弱，當盛之時，北遷關中，則猶可延祚，而不能者，忍爾。北寇漸處中國而不去，及其盛而各據，而不能決戰，乃南遷而都杭，又忍而不決戰，主和議，岳飛諸賢且受禍焉，是又不忍，又遷閩，遷廣，隱忍以死，其禍毒矣，如疽之大潰，而不可救以死。自古亡天下未有如是之慘者也。噫！可以為萬世戒矣。

**同上書卷八十三，《屯田下 授間田水利附》**

宋高宗紹興四年七月，岳飛復襄陽等六郡，因奏："金人所愛，惟子女金帛，志已驕惰。劉豫僭偽，人心終不忘宋。如以精兵二十萬直擣中原，恢復故疆誠易為力。襄陽、隨、郢地皆膏腴，苟行營田，其利甚厚。臣候糧足，即過江北剿敵。"時方重深入之舉，而營田之議自是興矣。

臣若水通曰：岳飛以恢復為己任，此大事也。而以營田厚利為請，必候糧足而後動，其慮遠矣。及其用兵規置，烏珠屢躓至以父呼，豈非屯田之利助之也乎？使其志得行，不困於和議之非，恢復中原特易易爾。

# 陸深

**撰：《儼山外集》卷十七，《續停驂録下》**

南宋名將，稱張、韓、劉、岳。葉水心論之曰，究其勲庸，多是削平内寇，撫定東南，縱有小勝，不能補過。卒用屈己講和之策，以成晏安江沱之計。予以為此責備之詞爾，又指其實而議之曰，自靖康破壞，維揚倉卒，海道艱難，杭越草創，而諸將自誇雄豪。劉光世、張俊、吳玠兄弟、韓世忠、岳飛，各以成軍，雄視海内。玩敵養兵，無若劉光世；任數避事，無若張俊。當是時也，隨意誅剥，無復顧惜，志意咸滿，仇疾互生，非特北方不可取，而南方亦未易定也，此其論宜公矣。豈二吳、韓、岳尚未免此耶？及觀汪彦章之奏劾，有曰，劉光世、韓世忠、張俊、王瓔之徒，身為大將，飛揚跋扈，不循法度，所至驅掠甚於敵人。又曰，張俊明州僅能少抗，奈何敵未退數里間而引兵先遁，是殺明州一城生靈，而高宗再有館頭之行者，張俊使之也。杜充守建康，韓世忠守京口，劉光世守九江，其措置要害，非不善也，而世忠八九月間已掃鎮江所儲之資，盡裝海船，焚其城郭，為逃遁之計。杜充力戰於前，世忠、王瓔卒不為用，光世亦偃然坐視，不出一兵，方與韓某朝夕飲宴，敵至數十里間而不知，則失建康，犯兩浙，乘輿震驚者，世忠、王瓔使之也。失豫章而太母播越，六宫流離者，光世使之也。俊自明引兵至温，道路一空，民皆逃奔山谷。世忠逗留秀州，放軍四掠，執縛縣宰，以取錢糧，雖宸翰召之，三四而不來。元夕取民間子女，張燈高會，瓔自信入閩，所過邀索千計，公然移文曰，無使枉害生靈，其意果安在哉。當時事勢若此，高宗周旋其間亦難矣。彥章欲先斬王瓊，以次論法，又欲於偏裨中擇人，陰為諸將之代，當時偏裨中不知果有出於諸將之右者乎。

# 崔銑

**撰：《士翼》卷二，《述言中》**

宋張浚，其晉殷浩、唐房琯乎？高談可聽，實用不副。天性克忌，讎李綱、趙鼎、宗澤、岳飛而薦秦檜、信呂祉，不采善謀而致三敗。世有英主，當辟失律，文公之狀似為庇護。噫！大賢牽於朋好，宋事可盡信乎？

……

徽宗之北，民不附金，中原可復，因人也。岳飛之捷，民皆應師，中原可復乘勝也，過此無幾矣。是故用賢養民以待釁，可也。越之報吳，歷年三紀，胥戮嚭竄斯舉，況北勢之勝，雍政之善哉？

# 呂柟

**撰：《涇野子內篇》卷四，《端溪問答》**

問：千古聖賢心事與天地萬物、萬事之理，無不賴文字以傳。所謂文字，如六經四書之類是也，故嘗竊料人固不可專靠書冊，舍書冊亦豈所以為學邪？

曰：顧觀之者如何耳？四方上下、山川草木，皆書冊也，要之有所歸耳。

問：動物感人，莫如音樂。嘗見世之所謂戲子扮岳飛秦檜故事，坐客往往泣下，而況先王之雅歌者與？故《天保》以上、《采薇》以下，《關雎》、《鹿鳴》、《棠棣》、《伐木》、《蓼莪》之章，苟時復咏歌，亦未必無補於德性。

曰：於田夫野老之前，扮岳飛、秦檜，即泣下沾襟，若歌《采薇》、《關雎》等詩，雖千百遍，恐亦不欲聞也。是故世變不同，人品亦異教，君子小人亦異術。

**同上書卷十五**

問："岳武穆班師，是否?"

先生曰："如何不是? 天下寧可無功業之成，不可無君臣之義。"

**同上書卷二十七，《禮部北所語》**

獻藎問："魯禘非禮，夫子不欲觀。如得魯政，將何處而可?"先生曰："如用夫子，當必革去。"曰："天子之賜，如之何?"曰："夫子必有處。如在衛，正名之類可知。"曰："陽明公嘗謂夫子為政必使輒讓父，而父固辭，然乎?"曰："聖人過化，存神不難於化，難於用耳，如弗擾佛肸之召，夫子亦欲往。"曰："如有用我者，吾其為東周乎? 況衛輒寧有不可化之理? 輒既化而蒯聵豈有不化乎? 如此類當思其作為如何? 張仲文論岳飛，當克復舊物，奉迎二帝，不當班師。"獻藎曰："人臣以君命為重，功名不足計也。孔子'君命召不俟駕而行'，班師為是。"仲文曰："聖人自有過化存神之妙，不當以聖人來說。"先生曰："仲文議論儘高，但論事須求中道，如何說不當以聖人來說? 岳飛乃百煉之鋼，只是還不能自信如伊尹，便自信得過，放太甲誰人敢做。他便做得，天下之人皆不疑。他後來反太甲，太甲亦不怨他。這樣事業從那裏得來? 從一介不取予上來。聖賢的功夫，只從細小隱微處做起，後來功業便是這樣，博厚高明。岳飛只是無伊尹這樣功夫，故做不得這樣事業，能如伊尹，何必班師?"

# 楊慎

**撰:《丹鉛餘錄》卷九**

孔子沐浴而朝，於義盡矣。胡氏乃云："仲尼此舉，先發後聞，可也。"是病聖人之未盡也。果如胡氏之言，則不告於君而擅興甲兵，是孔子先叛矣，何以討人哉? 胡氏釋之於春秋，朱子引之於論語，皆未知此理也。岳飛承金牌之召，或勸之勿班師，飛曰："此乃飛反，非檜反也。"其從容君臣之義，雖聖人不過是也。

**同上書卷十**

宋乾道二年，定"中興十三處戰功"：張俊明州，吳玠和尚原、饒風嶺、殺金平，韓世忠大儀，劉錡順昌，張子蓋海州，李寶海道，邵宏淵正月浦橋，虞允文采石，李道光化次湖，劉錡皁角林，王宣汲靖確山。凡十三，而不及岳武穆，蓋秦檜之黨猶存，掩之也。

**同上書卷十二**

朱文公談道著書，百世宗之。愚詳觀其評論，古今人品，誠有違公是而遠人情者。王安石引用姦邪，傾覆宗社，元惡大憝也，乃列之名臣録，稱其文章道德。文章則有矣，焉有用引姦邪而可名為道德邪？蘇文忠公，文章忠義，古今所同仰也，乃力詆之，謂得行其志，其禍甚於安石。孔子曰："吾之於人也，誰毀，誰譽？如有所譽，其有所試。"文公解之曰："善善速而惡惡則已緩矣。"又曰："但有先褒之善，而無預詆之惡。"信斯言也，文公於此惡，惡得為緩乎？無乃自蹈於預詆人之惡也。夫以安石之姦，則末減其已著之罪，以蘇子之言，則巧索其未形之瘢，此心何心哉？

或曰，不惟此也。秦檜之姦，人欲食其肉者也，文公稱其有骨力。岳飛之死，天下垂涕者也，文公譏其橫，又譏其直向前厮殺。漢儒如董、賈之流，皆一一議其言之疵，匡衡之言頗純粹無疵，文公則曰："匡衡有好，懷挾其不成人之美。"例如此，諸葛亮則名之為盆成括，又譏其為申、韓，陶淵明則譏其為莊、老，韓文公則文致其大顛往來之書，亹亹千餘言力詆之，必使之不為全人而後已。蓋自周、孔以下，無一人逃其議。古人謂君子當於有過中求無過，不當於無過中求有過。文公語録論人，皆無過中求有過者也。觀其與同時二三同道私地評論之說，直似村漢罵街，詞訟訐單豈有道者氣象耶？或者門人記録之過，朱子無忠臣，遂至此歟。

**同上書總錄卷十，《岳武穆當稱忠武》**

宋贈鄂王岳飛謚忠武，文曰："李將軍口不出辭，聞者流涕；藺相如身雖已死，凜然猶生。"又曰："易名之典，雖行議禮之言未一，始為忠愍之號，旋更武穆之稱，獲睹中興之舊章，灼知皇祖之本意，爰取危身奉上之實，仍采戡定禍亂之文。"合此兩言，節其一惠。昔孔明之志興漢室，子儀之光復唐都，雖計效以或殊，在秉心而弗異。垂之典册何嫌今古之同辭，賴及子孫將與山河而並久。然今天下岳祠皆稱武穆，此未定之謚，當稱忠武為真。

**同上書摘錄卷十一**

……後世猥儒，曲好議論，雖諸葛孔明、宋岳武穆，猶加索瘢，而無片語疵導。誰謂公論百年而定哉？千年猶不定者有如此……

**同上書總錄卷十八，《忠簡武穆詩句》**

宗、岳二公以忠節、戰功冠於南宋。戎馬倥偬，筆硯想無暇也。余嘗見宗忠簡石刻《華陰道二絶》云："烟遮晃白初疑雪，日映斕斑却是花。馬渡急流行小崦，柳絲如織映人家。"又云："菅茅作屋幾家居，雲碓風帘路不紆。坡側杏花溪畔柳，分明摩詰輞川圖。"岳公《湖南僧寺詩》有"潭水寒生月，松風夜帶秋"之句。唐之名家，不過如此。嗚呼！二公其可謂全才乎？

**撰：《譚菀醍醐》卷一，《張俊、張浚二人》**

張俊，附秦檜而傾岳忠武者。張浚，廣漢人，嘗稱飛"忠孝人也"。及飛寃死，後高宗納太學生程宏圖之奏，昭雪光復。浚與參賛陳俊卿悲感歎服。浚為都督，俊為樞密。劉豫遣子麟、姪猊，合兵七十萬犯淮西。張浚聞之，以書戒張俊曰："賊豫之兵，以逆犯順，若不勦除，何以立國？今日之事，有進擊，無退保也。"此見章穎所著《岳飛傳》，浚與俊豈可混為一人哉？今之士夫例以傾岳為浚之短，不知受誣千載如此。

# 鄭若曾

**撰：《江南經略》卷七上，《收羣策》**

古人用人不避恩怨，如盜賊，如貪污，如狙詐，皆得而用之。《傳》曰："四裔不靖，拔卒為將。"若未用而先責其成，已成而即忌其功，孰肯盡心，力以報我哉？岳武穆，智勇之全者也。臨出兵，盡召諸統領環坐，飲食之，先謀敵之所以敗我者，至於六七，必無敗也乃行，故每戰無敵。《書》曰："好問則裕，自用則小。"

# 何良臣

**撰：《陣紀》卷一，《節制（節選）》**

嘉隆年間，浙直之南，山海多事。其四方調募之兵，無非膽力、技藝超絶者，但其稍與賊合，如虀蟹泥，觀者無不喪魄。何也？盖緣節制不明，人心不一。以無制之卒，而用不齊之心，則進退自不應麾，固有負膽先登者死之，以致一軍悚懼而自敗，此將之過也。調集之兵，率皆無制；應募之輩，盡係遊閒。平時則重累資糧，臨戰則先為逋北。欲其劄定脚跟，猶不可得，又何能望其取勝？此將之過也。弓弩以致遠，毛筅利于接戰，火器稱為無敵，法頗善矣。及其鼓發，互相喧嚻，遺兵滅火，各務於逃，徒騎混雜，迷失隊伍，軍棄其將，號亂其鼓，雖有鬥心，猶犬之犯虎，此將之過也。臣謂斯時將乏賢明，兵集無制。兵無制矣，而為將者又不能握淮陰用市合之機。設若一人蹪蹶，萬夫寒心，總有他技驍勇，何益於用？

古云："撼山易，撼岳家軍難。"謂其浪漫有制，而更握戰機者也。"死諸葛之走生仲達"，謂其節制素行，故不敢輕侮之也。使有明將而得精兵，教閱經年，銷盡武塲套子，如出獵行營、登山涉水、寢食晦明之際，每習至精，卒然遇警，必能使其駐足成陣，舉手便戰，施不盡之號，出無窮之變，或伏或起，或正或奇，曲折相連，首尾顧應，絶而不離，却而不散，似整非整，似亂不亂。所謂合亦成陣，散亦成陣，行亦成陣，坐亦成陣，敵固不知我之所以退，抑亦不識我之所以進，是為有制之兵也，將震驚天下。使智者亦不得窺測我之所從來，況山海之冦乎？惜乎四合之徒，萬人萬心，既無良將制練，且多中制撓之將，未得兵之情。而兵未達，將之令輒欲驅之赴死戰而不蹶者，未之有也。故雲擾十數年餘，寇雖殄滅，而民亦竭矣。于是而知：兵不在多而在精，兵精而無節制，戰未可恃也；將不貴勇而貴良，將良而上不信任，事未可為也。

**同上書卷三，《陣宜（節錄）》**

宋真宗之長陣有先鋒隊，策先鋒前隊，東西拐子馬，後有拒後陣，內有無地分兵隊，大約與萬全陣少異也。凡用步兵欲以寡鬥衆、弱勝强者，無如李陵之馳驛、韓信之輕凌、張巡之聚散、岳武穆之任機、楊素之推陷、吳璘之三疊、戚繼光之鴛鴦，而臣之連環沒因之數十勢而已，然皆參古法而今作，但其用變取勝，各有神異，此在學者變通之耳。能將握步根本，練之精，出之熟，變之神，自可驅步卒橫行而無敵也。故善作陣者，無一定之形，必以地之廣狹險易，即據方、圓、曲、直、鋭而因之，可也。又從敵之衆寡、强弱、治亂而因之，可也。至於我之多少重叠，或為犄角，或分五行，或列三才，却在隨時佈演，務須首尾相顧，必應表裏，隊陣有容。

**同上書卷四，《步戰》**

大率步兵先立老營為守，然後分數處以聽指麾，因變奇正。雖襍騎隊出戰，亦必迭更。迭更之術，叠陣法也。故進必輕凌，退必持重，變化率然，乃得用步之要。其次務險，其次務隘。務險隘者，握用寡之機也。法曰："步兵不能當車騎之蹂躪，必依丘陵險阻以為固，廣易則用拒馬、扶胥、劍刃、蒺藜。倘一時拒馬不便，即伐木為鹿角，營守者為駐隊，戰者為鋒隊，鎗、筅、鐮、牌因勢而出，佈伏突奇，必火必弩。若能稍間車騎，變以烏雲，動即令人無措。故教步戰之法，起號即陣，舉號即戰，變號即易奇正，臨戰而忘教習者斬之，過險而畏進趨者斬之。偶值形勢險阻，須因地而為方、圓、曲、直、鋭之營，以自持也。只莫失於積卒握奇之旨，如韓淮陰之用死地，李嗣源之救幽州，張睢陽之用聚散掩擊，岳武穆之野戰更番，楊素之立陷陣令，李藥師之作六花營，吳璘之用三叠法，戚繼光之變鴛鴦勢，俱當為步戰之紀。而臣之連環，因之二圖，間以車騎，亦可謂之有制。然喊聲欲齊而震，鼓聲欲重而沉，戰氣欲揚而鋭，死心欲必而剛，藝必求其精練，兵必襍以短長。司馬法曰："兵不襍則不利"，故長兵以衛，短兵以守。太長則難犯，太短則不及。太輕則鋭，鋭則易亂；太重則鈍，鈍則不濟。學者能因其機，適其宜而通變之，是得步戰之妙。步兵抵暮，須列佈城，設拒馬，環儲胥，以為營壁。伍隊長旗上，宜懸鐵線燈籠，燈外有罩，罩以油佈為之。或便夜徙，抑備襲偷。如舉號罩起，一望盡為火城。敵雖有見，亦必驚悚。其傳箭支更，又在因時立制，但夜營以至静至幽為本。

# 唐順之

**撰：《武編》前集卷六《車（節録）》**

王應電《車戰通令説》曰："凡戰，卒不如騎，畏其凌殘也。騎不如車，畏其衝突也。此皆其勢然也。"古者百人為卒，大車、兵車各一乘。車十五乘為偏，九乘為小偏，二十五乘為大偏。二偏為卒，卒亦曰廣五偏五伍。將大車者二十五人，炊家子十人，樵汲五人，固守衣裝五人。兵車之上三人，中為百夫長，《詩》所謂“中軍作好”是也。左持弓，右持兵，《左傳》“左射以最”，《周禮》“凡國之勇力之士，能用五兵者，屬于司右”是也。七十五人先後于兵車，一為前拒，一為右角，一為左角。戰則卒車相參，居則以車為營，故《詩》云“君子所依，小人所腓”，二千年未有易者。戰騎出自戎狄，所謂控弦引弓也。《管子》載“騎寇始服”專指北狄。唐太宗謂“蕃兵惟勁馬奔衝”，則兼西北之勇。中國用騎始自燕趙，以其邊胡。秦漢時，乃專用步、騎。衛青言“武剛車”，李陵言“大車”，皆主自環為營。曹操始為戰騎、陷騎、遊騎。操且云：“車徒常教以正，騎隊常教以奇。”武侯八陣，騎在四角，戰則居陣旁翼，葢亦教奇之意。惟馬隆言“地廣則以鹿角車營，地狹則施木屋於車，且戰且前”。衛公七軍，騎分佈各軍，戰則居陣後為繼。其十二辰陣，一法騎居四角，一法騎佈各軍。是後不復用車矣。愚以謂後世之兵，車、步、騎三者，咸不可缺。葢苟失古人前拒、左右角之制，去步卒而專用車，則馬易傷而車易仆。正如烏珠拐子馬為武穆所破，此房琯所以用車大敗也。無卒而專用騎，下馬則不能行，此亦戎狄所短。故步、騎相兼，乃中國之長技也。無車而專用卒，則為戎馬之所馳突，此後世所以畏戎狄如虎也。奈何車法一廢不復，殆有其故。葢小車立乘，人所不便，一也；駕乘勞重，不如肩輿、馬騎之輕捷，二也；車制久廢，用失其道，或以取敗，遂為口實，三也。夫一車駕四馬，一馬被傷，全車遂頓，此所謂用失其道也。若如古者，一車有前拒、左角、右角之七十五人，為之先後出入，以相應援，人以車為依，車以人為輔，又何有車仆馬斃之患。唯夫肩輿、馬騎，用之既久，而立乘果非今人所便耳。然天下事豈有古能之而今不能者哉？世人亦每言之。顧言之者，不任其事，任之者，不知其術，非有心計雄略之士，安能為之？無弊用之，輒效乎。莫要召諸色人巧思者，推魏勝如意車之意而為之成造演習，務輕捷便利，上施利兵火器，以長竿在後，用人為御，專用以馳敵衝陣，誠勝敵之一奇。止則與大車相參為營，行則與大車共載兵甲，戰則別為偏伍，乘便驟發，與步騎相表裏。或事急不及成造，即民小車，上施木板，以皮為障，亦可備緩急之用。庶乎人心有所依，不懼敵馬之凌突也。《師律提綱》亦曰：“車營乃中國之長技，古人多以取勝。”李靖謂：“車戰一則治力，一則前拒，一則束部伍，此車戰之長。”今當依放馬燧狻猊車而為之，材小輪低，比古制差輕，止用二人曳行，但容人馬行處，車亦可行。

**同上書後集卷一**

宋岳飛征羣盜，過廬陵，托宿廛市。質明，為主人汛掃門宇洗滌盆盎而去。郡守供帳，餞别於郊。師行將絶，謁未得通，問大將軍何在。殿者云，已雜偏裨去矣，其嚴肅如此。

……

岳飛受命招捕楊幺。飛所部皆西北人，不習水戰，飛曰："兵何常？顧用之，何如耳？先遣使招諭之。"賊黨黄佐曰："岳節使號令如山，若與之敵，萬無生理，不如往降，節使誠信必善遇我。"遂降飛，表授佐武義大夫，單騎按其部，拊佐背曰："子知逆順者果能立功，封侯豈足道。欲復遣子至湖中，視其可乘者擒之，可勸者招之，如何？"佐感泣，誓以死報。

時張浚以都督軍事至潭，参政席益與浚語，疑飛玩寇，欲以聞。浚曰："岳侯，忠孝人也。岳有深機，胡可易言。"益慚而止。

黄佐襲周倫砦，殺倫，擒其統制陳貴等。飛上其功，遷武功大夫。統制任士安不稟王，令軍以此無功。飛鞭士安，使餌賊曰："三日賊不平，斬汝。"士安宣言岳太尉兵三十萬至矣。成見止士安軍，併力攻之。飛設伏，士安戰急，伏四起，擊賊走。

會召浚還防秋，飛袖小圖示浚，浚欲待來年議之。飛曰："已有定畫，都督能少留，不八日可破賊。"浚曰："何言之易！"飛曰："王四廂以王師攻水寇則難，飛以水寇攻水寇則易。水戰，我短彼長，以所短攻所長，所以難。若因敵將用敵兵，奪其手足之助，離其腹心之託，使孤立而後以王師乘之，八日之内當俘諸酋。"浚許之。

飛遂如鼎州，黄佐招楊欽來降飛，喜曰："楊欽驍悍，既降，賊腹心潰矣。"表授欽武義大夫，禮遇甚厚，乃復遣歸湖中。兩日，欽説余端、劉詵等降飛，詭罵欽曰："賊不盡降，何來也？"杖之，復令入湖。

是夜，掩賊營，降其衆數萬。幺負，固不服，方浮舟湖中，以輪激水，其行如飛，旁置撞竿官，舟迎之輙碎。飛伐君山木為巨筏，塞諸港汊，又以腐木亂草浮上流而下，擇水淺處遣善罵者挑之，且行且罵。賊怒，來追，則草木壅積，舟輪礙不行，飛亟遣兵擊之。賊奔港中，為筏所拒，官軍乘筏，張牛革以蔽矢石，舉巨木撞，其舟盡壊。幺投水，牛臯擒斬之。飛入賊壘，餘酋驚曰："何神也！"俱降飛。親行諸砦慰撫之，縱老弱歸田籍，少壯為軍，果八日而賊平。浚歎曰："岳侯神算也！"

初，賊恃其險，曰："欲犯我者，除是飛來。"至是，人以其言為讖。

獲賊舟千餘，鄂渚水軍為沿江之冠，詔兼蘄黄制置使。

……

金撻懶在承楚，欲為久駐之基，哆然有吞噬江左之意。劉光世知其久去國，戍遠方，其衆思歸，而有嗟怨之聲也，謂可以離間其心。即命鑄三色錢，以金銀銅為之，其文曰“招納信寶”，背有使押字為號。獲戎人之稍解事者，貸而不殺，說諭彼我利害向背，曲折錢以酒殽，俾持錢密示儕輩，有欲歸附者，執錢為信而納之。

自是，歸者不絶，未幾得女直、契丹、渤海、漢兒萬人，無室家者則為之取婦，給良馬器仗，使出戰，前後立功為最，創立奇兵、赤心兩軍。

……

宋岳飛與烏珠戰。初，烏珠有勁軍，皆重鎧貫以韋索，三人為聯，號拐子馬，官軍不能當。是役也，以萬五千騎來，飛戒兵卒以麻札刀入陣，勿仰視，第斫馬足。拐子馬相連，一馬仆，二馬不能行。官軍奮擊，遂大敗之。烏珠大慟曰：“自海上起兵，皆以此勝，今已矣。”

**同上書後集卷二,《死間（節録)》**

韓世忠・值是歲，金人與劉豫合兵，分道入侵。帝手札命世忠飭守，備圖進取，辭旨懇切。世忠受詔，感泣曰：“主憂如此，臣子何以生為?”遂自鎮江濟師，俾統制解元守高郵，候金步卒，親提騎兵駐大儀當敵騎，伐木為柵，自斷歸路。會遣魏良臣使金，世忠撤炊爨，紿良臣“有詔移屯守江”。良臣疾馳去，世忠度良臣已出境，即上馬，令軍中曰：“眡吾鞭所嚮。”於是，引軍次大儀。勒五陣，設伏二十餘所，約聞鼓即起擊。良臣至金軍中，金人問王師動息，具以所見對。聶呼貝勒聞世忠退，喜甚，引兵至江口，距大儀五里。别將托卜嘉擁鐵騎過東，世忠傳小麾鳴鼓，伏兵四起，旗色與金人旗雜出。金軍亂，我軍迭進，背嵬軍各持長斧，上揕人胸，下斫馬足。敵被甲，陷泥淖。世忠麾勁騎蹂躪，人馬俱斃，遂擒托卜嘉等二百餘人。所遣董旼，亦擊金人於天長縣之鵶口，擒女眞四十餘人。解元至高郵，遇敵，設水軍夾河陣，日合戰十三，相拒未決。世忠遣成閔將騎士往援，復大戰，俘生女眞及千户等。世忠復親追至淮，金人驚潰，相蹈藉，溺死甚衆。捷聞，羣臣入賀。帝曰：“世忠忠勇，朕知其必能成功。”論者以此舉為中興武功第一。

時達喇屯泗州，烏珠屯竹塾鎮，為世忠所扼。以書幣約戰，世忠許之。時方宴會，使兩伶人以橘茗報聘。會雨雪，金饋道不通，野無所掠，殺馬而食，蕃、漢軍皆怨。烏珠夜引軍還，劉麟、劉猊棄輜重遁。

# 夏良勝

**撰：《中庸衍義》卷五**

聖祖詔以歷代名臣從祀帝王廟，先是禮官奏以風后等三十六人宜從祀。聖祖曰："古之君臣同德、終始一心，載在史傳，萬世不泯。國家祀典，必合公論，不可徒觀其蹟，不究其實。若宋趙普負太祖，為不忠，不可從祀。元臣四傑，穆呼哩為首，不可以其孫從祀而去其祖，可祀穆呼哩而罷安圖。既祀巴延，則阿珠亦不必祀。如漢陳平、馮異、宋潘美，皆節義廉善始終，可從廟祀。於是定以風后、力牧、臯陶、夔、龍、伯夷、伯益、伊尹、傅說、周公旦、召公奭、太公望、召虎、方叔、張良、蕭何、曹參、陳平、周勃、鄧禹、馮異、諸葛亮、房玄齡、杜如晦、李靖、李晟、郭子儀、曹彬、潘美、韓世忠、岳飛、張浚、穆呼哩、博爾濟、齊拉袞、巴延，凡三十有七人從祀歷代帝王廟

……

金烏珠遺檜書，曰："汝朝夕以和請，而岳飛方為河北圖，必殺飛始可和。"檜以飛不死終梗和議，己必及禍，故力謀殺之。洪皓在金，以蠟書奏言："金人所畏服者惟飛。及聞其死，諸酋酌酒相賀。"檜病，遺表曰："臣願陛下益堅鄰國之歡盟，謹國是之搖動。"檜居相位凡十九年，刼制君父，倡和誤國。一時忠臣良將誅鋤畧盡，其頑鈍無恥者率為檜用，爭以誣陷善類為功。又陰結内侍及醫師王繼先，伺上動靜，開門受賂，富敵於國，外國珍寶，死猶及門。陰險深阻，與同列論事，帝前未嘗力辨，但以一二語傾擠之，俾帝自怒，凡陷害忠良率用此術。晚年殘忍尤甚，數興大獄焉。

……

宋史論斷曰：奸臣之惡，莫甚於宋之秦檜焉。蓋宋至高宗，危亡已甚。自檜挈家北還，專主和議，以罷四方援兵，上蔽日月之光，下亂彝倫之叙；大讐不復，辜二帝望救之心；報本義虧，廢七廟烝嘗之祭；陷生民於水火，喪廉恥於偏安；妬害忠良，殺岳飛而并父子；擠排讜論，竄趙鼎以及諸臣賄通外夷，寃含九地。惡固同於檮杌，凶實類於窮奇，使聖人再生，春秋再作，亦不能書其彌天之罪矣。

然則秦檜以奸邪賣國，誠天地不容之人，人神共怒之賊，然猶得保首領

以没，追封加謚者，何哉？嗟夫！此又天地至微之理也。蓋太宗負太祖，背盟專位，使其子孫幾至滅絶，天安得不生秦檜，使負高宗以喪其社稷與？不然何朝士皆疑之，惟范宗尹、李囬力薦其忠，卒使其秉執大權也？君子觀乎宣和殿檜生玉芝，則知亡宋之禍已兆於是矣。詩云“取譬不遠，昊天不忒”，此之謂也。

**同上書卷六，《達道之義 父子之常 父子之變 父子之戒》**

胡安國曰：“建儲之議，雖出於范宗尹之造膝，岳飛之密疏，張浚之建請，趙鼎之贊決，然以藝祖之後為嗣，則出於帝心之獨斷，而助以選人，婁寅亮之一言。藝祖在天之靈可以慰矣。異時揖遜之舉，曾無係戀，所以為中興治國、平天下之根本者不在是歟？

**同上書卷十七**

宋高宗謂趙鼎曰：“近將士致勇爭先，諸路守臣亦翕然自效，乃朕用卿之力也。”鼎謝曰：“皆出聖斷，臣何力之有焉？”或問鼎曰：“金人傾國來攻，衆皆洶懼，公獨言不足畏，何也？”鼎曰：“敵衆雖盛，然以劉豫邀而來，非其本心，戰必不力，以是知其不足畏也。”帝語張浚曰：“趙鼎真宰相，天使佐朕中興，可謂社稷之幸。”

臣良勝曰：高宗為康王時，質於金，左右驚震，而意思安閑，射命連中，金疑其將家子，還之。及汴京失守，復遣往質，亦不辭，此其器畧，足稱中興之任。有李綱、張浚、趙鼎之相，宗澤、韓世忠、劉錡、岳飛之將，竟不能建中興之績者，前阻於遷議，則黄潛善、汪伯彦為之也，後阻於和議，則秦檜為之也。高宗首殺陳東、歐陽徹以失天下士大夫之心；張浚殺曲端、秦檜殺岳飛以失天下將士之心。故桀、紂之失天下、失其心也如此，而謂天佐中興，為社稷之幸，乃為不幸也。

# 陸楫

**編：《古今説海》卷八十八，《説畧四雜記四？朝野遺紀闕名》**

秦檜妻王氏，素陰險，出其夫上。方岳飛獄具，一日，檜獨居書室，食柑玩皮，以爪劃之，若有思者。王氏窺見，笑曰：“老漢何一無決耶？捉虎易，放虎難也。”檜掣然當心，致片紙付入獄。是日，岳王薨於棘寺。

孝廟追復岳飛官爵，收召其子孫，使給還元貲主者具當時所得止九千緡物耳，其斃於獄也，實請具浴拉脇而殂。獄卒隗順負其屍出踰城至九曲叢祠中，故至今九曲五顯廟尚靈。順葬之北山之湄，身素，有一玉環，順亦殉之腰下，樹雙橘於上識焉。及其死也，謂其子曰，異時朝廷求而不獲，必懸官賞，汝告言曰，棺上一鉛筩，有棘寺勒字，吾埋殯之符也。後果購其瘗不得，以一班職為賞。其子始上告官，悉如所言，而尸色如生，尚可更歛禮服也。

**同上書卷一百二，《說郛十八雜記十八·暌車志［宋·郭彖］》**

岳侯死後，臨安西溪寨軍將子弟因請紫姑神，而岳侯降之，大書其名。衆已驚愕，請其花押，則宛然平日真跡也。復書一絶，云："經畧中原二十秋，功多過少未全酬。丹心似石今誰愬，空有遊魂徧九州。"秦相聞而惡之，擒治其徒，流竄者數，人有死者。

**同上書卷一百二十四，《說纂八散録二·行營雜録［宋·趙葵］》**

紹興中，金人遣其秘書監劉陶來聘，因問岳飛以何罪而死，館伴者無以對，但曰意欲謀叛，為部將所告，以抵誅。陶曰："江南忠臣善用兵者，止有岳飛，所至紀律甚嚴，秋毫無犯。所謂項羽有一范增而不能用，所以為我擒。如飛者，其亦江南之范增乎?"館伴者默不能對。秦檜聞之，約束勿奏，俄以不職貶其人。

……

監左帑龍舒張宣義嘗言："有親戚宦遊西蜀，路經襄、漢。晚投一店，行戶外，忽見旁左側上有一人，無首，以為鬼也。主人云：'尊官不須驚，此人也，非鬼也。徃年因患瘰癧，病勢蔓衍。一旦，頭忽墜脫，家人以為不可救，而竟不死。自此，每有所需，則以手指畫，但日以粥湯灌之，故至今猶存耳。"又云："岳侯軍中一兵犯法，梟首。妻方懷娠，後誕一子，如常人，而首極細，軀幹甚偉，首僅如拳，眉目皆如刻畫，則知胞胎所係，父母相為感應。"【《行都紀事》】

**同上書卷一百三十九，《浙江按察使王公》**

公諱良，字天性，河南開封人，居常以忠孝自許。建文辛巳坐事，以刑部侍郎左遷浙江按察使，謁岳飛墓，誓曰："苟愧武穆，非人也!"壬午六月，聞難慟哭，誓必死。會命使召公，公集本司及各道印於私第，嗟歎者久之。妻問故，公曰："我分應死，顧思所以處汝，未決耳。"妻曰："我則不難處，君為男子，乃為婦人謀乎。"遂投池水而死，公即列薪於户，命妾抱幼子往某僉事家，以宗祀為託，遂闔室自焚。事聞上，曰："死自其分，燬印可罪耳，徙其家於邊。"

# 陳士元

**撰：《名疑》卷三**

諸葛亮、岳飛並謚忠武，世人秖稱諸葛武侯、岳武穆。按《三國志》：亮卒，贈武鄉侯，謚忠武。《宋史》：飛卒，孝宗詔謚武穆，嘉定四年封鄂王，理宗改謚忠武矣。是二公皆當以忠武稱。又田汝成《西湖志》云："飛以紹興十三年謚武穆，淳祐六年改謚忠武，景定二年封鄂王，改謚忠文。"與《宋史》稍異。

關羽長子平，同羽死於臨沮。岳飛子雲，同飛死於獄。飛五子，雲、雷、霖、震、霆，雲其養子也，季女抱銀瓶投井死，世稱銀瓶娘子。

# 余寅　周應賓

**撰：《同姓名錄》卷三，《張俊七》**

虎子出原化記

宋張俊，成紀人，位太師，封清河郡王。高宗南渡後，俊握兵最蚤，屢立戰功，與韓世忠、劉錡、岳飛竝為名將，世稱張、韓、劉、岳云。

**同上書卷四，《張憲四》**

……趙宋張憲，岳武穆部將。從武穆破金將曹成，復隨、鄧等州，兵威大震。會秦檜主和議，與張俊誣以罪與武穆同，下獄死。……

**同上書同卷，《宋三王貴》**

……一岳武穆部將。王貴嘗有罪，欲斬之。秦檜謀殺武穆，誘貴告發。……

**同上書卷五，《劉寶五》**

……宋劉寶，岳武穆部將，嘗破楊幺有功。及武穆遇害，遂散其部曲，隱居華容山。

**同上書卷六，《郭吉二》**

宋高宗建炎四年，岳飛既破烏珠，移屯宜興，盜帥郭吉聞飛來，遁入湖。飛遣王貴等追破之，盡降其衆。

**同上書卷八，《王會三》**

……一岳武穆下獄，秦檜令親黨王？搜其家，得御札數篋，束之左藏南庫。武穆子霖請於孝宗，還之。

**同上書同卷，《王彦二》**

宋王彦，上黨人，性豪縱，喜讀韜略，徽宗時為清河尉。金人攻汴，彦慨然赴闕，求自試，擢都統制。率裨將岳飛等渡河，擊敗金人，復衛、秦等州。詔以八字軍赴行在，遂為浙西淮東沿海制置使。

**同上書卷十，《李安期二》**

宋李安期，建寧人，淹貫經史，援筆成文。岳飛死，作表忠詩百二十首吊之。

**同上書卷十二，《楊再興》**

岳武穆部將楊再興，屢立戰功，盡復西京險要。及臨潁之戰，以三百騎遇敵兵十二萬，擊殺二千餘人及萬户、千户等百餘人，戰死。獲其屍，焚之得箭鏃二升。高宗紹興二十四年，武都蠻酋楊再興連年寇掠。前軍統制李道破其衆，擒送行在。

# 章潢

**撰：《圖書編》卷一百十八，《總論陣法（節錄）》**

……夫圖以決勝，則治兵者之練兵盡於圖，可也。而張巡之教戰，惟使士知將意，將識士情。岳武穆之言亦曰："陣而後戰，兵家之常。運用之妙，存乎一心。"則二子之見，有自得於陣法之外者，故睢陽之守，卒致江淮之保全；而朱仙鎮之捷，金將帥大懼，且將棄城遠避焉。此其故何也？蓋法寓乎機，而心寄於法，可相和而不可相離者。養由基以射名天下，其法不盡於彀。率而公輸子之巧，又未有舍繩墨而專以目中者也。是故孔明、李靖精於法者，兵固極天下之至安矣，而機以神之，又未嘗不及天下至變。張巡、武穆妙於機者，兵固極天下之至變矣，而法以紀之，又未常不極天下之安。譬之醫焉，岐黄，製方者也，用方治病，百無不中者。而庸醫用之，則反有以古方而誤人者。盧醫、扁鵲，不用方者也，膏肓之疾，一望之而可知焉。故有岐黄、盧、扁之術，則用方可也，不用方亦可也。若非其人，則用方不應，不用方亦不應。何者？方不出於心，而心亦無有以神乎方故也。治兵者，亦若是而已。孔明、李靖非所謂岐黄，而張巡、武穆非所謂盧、扁也。不知趙括知書，長平敗績；任福違制，易水隳功，皆往事之明鑒也歟，機其可偏廢哉？

**同上書卷一百三，《歷代帝王廟祀典（節錄）》**

在欽天山之陽，帝王冕服坐像，伏羲神農無之，中室太昊伏羲氏、炎帝神農氏、黄帝軒轅氏。

東一室：帝金天氏、帝高陽氏、帝高辛氏、帝陶唐氏、帝有虞氏；

西一室：夏禹王、商湯王、周武王；

東一室：漢高祖皇帝、漢光武皇帝；

又西一室，唐太宗皇帝、宋太祖皇帝。

從祀：

東廡，風后、皐陶、龍伯益、傅說、召公奭、召穆公虎、張良、曹參一壇；

西廡，力牧、夔龍、伯夷、伊尹、周公旦、太公望、方叔、蕭何、陳平一壇；

又東，周勃、馮異、房玄齡、李靖、李晟、潘美、岳飛一壇；

又西，鄧禹、諸葛亮、杜如晦、郭子儀、曹彬、韓世忠、張浚一壇。

# 戚繼光

**撰：《練兵實紀》卷二，《練膽氣第二計四十三條（節錄）》**

第二十一、遵節制，軍中惟有號令。

宋時，人稱岳忠武軍，曰："撼山易，撼岳家軍難。"夫軍士一人，不過一百斤力氣，如何比山難撼？蓋山是土石，可以掘取鑽空，軍士萬人一心，一個百斤力，萬個百萬力矣，如何撼得動？若人各一心，百萬之衆，各是一個身子，即賊一個便可衝動之。古者，義勇武安王即今天下廟中關王也，生前曾獨馬单刀於萬衆中斬顔良，正是顔良之兵人各一心也。

或者又謂："萬人各具一個身，如何使得一心？要我一個身子合得百萬斤力氣來，不亦難乎？"是不然。你只看用人擡巨石大木，萬萬斤木石，用千數個人，便能擡得來。蓋數千人雖是力在各人身上，而繩子、扛子則可均在衆人身上也。如今操練的賞罰號令、節制規矩、連坐之法，都是擡石木的繩扛一樣，人人遵守號令，重如性命，死便就死，不敢違令。死於賊手，尚有優恤，立廟祭祀。犯了軍法被殺，空喪了性命，又無前項許多恩典，人人只得揀着好處死。且與賊對敵，固恐殺死，所以怕他。却不想見他走了，被他快馬趕來，卻也是死。走在水裏，不免淹死；山上跳下，不免跌死。但愚衆不怕死，只是怕賊。若將走了死的念頭，肯向前與他厮殺，殺他一個，做個好漢，死也報了我的仇恨，自然萬人一心，萬身一力。況爾輩與人爭競，一句一言都要報復，他却被賊殺來，不肯動手，與他一對，低頭聽他殺死，全不想我若殺死賊，賊必不能又殺我，有功生還，登時富貴，何等是好。爾輩愚人，何不肯萬衆一心，一齊殺賊？所謂"天堂有路不肯往，地獄無門自撞入"也，思之思之。今日號令，決要比岳爺爺軍。又如一株大木、一塊大石，繩子扛子不拘，千萬人同擡，都要壓倒肩頭上來，斷然不准你們人各異心，如往年兒戲也。

**撰：《練兵雜紀》卷四**

及至大舉而人，便謂此必不可交鋒，必不可堂堂相對，凡能神出鬼没、偷竊零騎，挑壕自固便是好漢，此牢不可破之習也。其在薊鎮，將士又以大兵每犯無敵積威所刦，亦謂決不可論戰，本鎮試為言之。若謂戰為容易，固屬欺人，但勁敵曽來亦未嘗不敗。苻堅六十萬，晉謝玄以八萬敗之；烏珠拐子馬，岳飛以五百人敗之；漢武帝時用衛青、霍去病，掃空王幕；我太祖用中山、武寧王等盡驅元兵於沙漠，恢復中原。此亦為必不可戰勝乎？抑還可戰勝乎？衛青、霍去病、謝玄、岳飛、中山、武寧王抑神仙乎？抑是我輩之人乎？

**撰：《練兵實紀》卷五，《藤牌解》**

以藤為之，中心突向外，内空，可容手軸轉動。週簷高出，雖矢至面，不能滑泄及人。内以藤為上下二環，以容手肱執持。重不過九斤，圓徑三尺。兵人一手持牌，一手持腰刀，此即岳飛旁牌麻札刀之制，令軍低頭，只砍馬足，以敗烏珠拐子馬是也。其制雖稍有不同，其用則一。此牌兵持必以狼筅為恃，葢此皆短器，不能當敵馬，用筅拒其馬，以牌出筅，下砍其馬足。此器出入陣中行伍之内，進退便利，且衛且殺，南北通用之利物也，用法别見。

## 凌迪知

**撰：《萬姓統譜》卷一百十四，《宋》**

岳飛，字鵬舉，湯陰人，少負氣節，好左氏春秋、孫吳兵法，誓以忠義報國。初授河南河北諸州招討使，轉少保，志圖恢復。用兵能以寡敵衆，屢破强敵，未嘗一敗。大業垂成，為秦檜所害。後追封鄂王，謚武穆。五子雲、雷、霖、震、霆。雲，左武大夫，隨飛征戰，數立奇功，雷、霆俱閤門祗候，霖敷文閣待制，震茶鹽提舉，霖子珂知嘉興府。

岳雲，武穆長子，年十二從征，數立奇功，飛輒隱之。能以手握兩鐵椎，重八十斤。潁昌大戰，數十入敵陣中，甲裳為赤，以功授左武大夫。弟雷授文資，死年二十三，孝宗初，贈安遠軍承宣使。

岳霖，武穆次子，孝宗朝帥廣州，道出章貢，父老率子弟來迎，垂泣曰：“不圖今日復見公子也。”

岳震，父飛討李成，駐兵黄梅，詔進屯洪州，以士卒經擾攘之後，他人莫可懷輯，因留震彈壓。後被檜禍，變姓名，匿大河民間，子孫遂家焉，至今遺有故宋敕命。

岳霆，飛第五子，雲、雷與難，霖臨陣亡，震、霆潛住黄梅，故鄉賢舊祀有曰忠臣岳震。然飛死於高宗紹興十一年，至二十五年乙亥，上距辛酉十五載矣。檜宿恨猶存，惡岳州與飛同姓，改為純州，子孫亦不敢以岳為氏。孝宗登極，卹録與恩者，祇原徙嶺南雲、雷支裔，而此派不及。至追贈忠武鄂王，震、霆子孫在梅地者，悉宗鄂姓人，今析為十三戶鄂家云。

岳珂，彰德人，霖子。寧宗朝權發遣嘉興軍府兼管內勸農事，有惠政。嘗居郡治西北金陀坊。痛其祖飛為秦檜所陷，作《籲天辨誣》、《天定録》等書，總名《金陀粹編》、《愢郯録》、《桯史》等書。

岳浚，字仲遠，宜興人，飛九世孫。博學好義，為石門縣尉，未幾，乞歸侍親。積書萬卷，延好學之士，恣其檢閱，一時名士多游其門。

岳仲明，本固始人，宋鄂王七世孫。洪武初，徙家于汴。仲明少立清節，隱居不仕，嘗廬墓六年。有司以孝廉舉朝廷，三召不起，賜號純孝先生。

岳岱，字東伯，號漳餘，武穆王裔孫，隱居吳門。工詩，所作詩畫，嘗有“杏臉因桃識，蛾眉借柳看”之句。

# 陳耀文

**撰:《天中記》卷二十七,《品藻》**

將材秉義郎岳飛犯法當刑，宗澤一見，奇之曰：“此將材也!”會金人攻汜水，澤以五百騎授飛，使立功贖罪。飛大敗金人而還。【上澤傳】

# 胡應麟

**撰:《少室山房筆叢正集》卷四**

凡武林書肆，多在鎮海樓之外及湧金門之內，及弼教坊、清河坊，皆四達衢也。省試則間徙於貢院前。花朝後數日，則徙於天竺，大士誕辰也。上巳後月餘，則徙於岳墳，遊人漸衆也。梵書多鬻於昭慶寺，書賈皆僧也。自餘委巷之中，奇書秘簡，往往遇之，然不常也。

# 彭大翼

**撰：［明］張幼學增訂《山堂肆考》卷十六，《地理·山》**

牛頭。牛頭山在江寧縣南，狀如牛頭。晉元帝渡江草創，欲立石闕於宮門，未定。王導随駕出宣陽門，乃遥指山南峰為天闕，中宗從之。梁武帝建寺於石窟下，名仙窟。又有文殊、辟支二洞，白龜、虎跑二泉，後有昭明飲馬池。自山徑中起數百級，古杉蒼檜行列，上有佛宫曰弘覺寺。寺有浮圖二殿闕，廊宇依山結構，望之如畫屏。北與獻花巖、祖堂山相連，佛經所謂江表牛頭是也。宋、大明中，立郊壇於山之南峰。岳飛設伏牛頭以邀烏珠，即此。

**同上書卷二十九，《地理·城郭》**

部分邊將

宋紹興六年，張浚以虜勢未衰，奏請親行邊塞，部分諸將以觀機會，上許之。至江上，會諸帥議事，命韓世忠據荆楚以圖睢陽，劉光世屯合肥以招北軍，張俊練兵建康進屯盱眙，楊沂中領精兵為後翼以佐俊，命岳飛屯襄陽以窺中原。形勢既立，國威大振。

**同上書卷三十五，《君道·詔令》**

奉詔班師

岳飛擊走金烏珠於郾城，追至朱仙鎮，大破之。飛大喜，語其下曰："直抵黄龍府，與諸君痛飲耳。"方指日渡河。而秦檜欲畫淮以北與金和，諷臺臣請班師。乃先請張俊、楊沂中等歸，而後上言，飛孤軍不可久留，乞速召還。飛一日奉十二金字牌，乃憤惋泣下，東面再拜曰："十年之功，廢於一旦！"乃自郾城引兵還。

**同上書卷四十二，《臣職·三孤》**

以節度使除

《會要》：宋紹興五年，以威德軍節度使、開府儀同三司充淮東宣撫使韓世忠除少保。六年，以兩鎮使相、江東宣撫使張俊除少保。九年六月，以定國軍節度使岳飛除少保。十二年，以保成軍節度使、開府楊存中除少保。又紹興六年，以少保、節度使張俊除少傅。七年，以少保、節度使楊存中除少傅。三十一年，以少保、四川宣撫使吳璘除少傅。紹興九年，以節度使韓世忠除少師。十年，以少傅、節度使張俊除少師。二十八年，以少傅、節度使楊存中除少師。

**同上書卷五十二，《臣職·大理卿》**

言岳飛無罪

秦檜矯詔，下岳飛于大理獄，大理卿薛仁輔、寺丞李若樸、何彥猷皆言其無罪。

**同上書卷六十四，《臣職·留守》**

甚奇岳飛

宗澤為留守，秉義郎岳飛犯法將刑。澤一見，奇之曰："將材也。"會金人南侵，以五百騎授飛，使立功贖罪。飛大敗金人而還，陞飛為統制。

**同上書卷六十八，《臣職·安撫使》**

劇盜來降

宋岳飛，字鵬舉，知潭州兼荊湖安撫都總管，招劇盜曹成。成聞飛將至，驚曰："岳家軍來矣！"即分道而遁。飛至茶陵，招之不從，乃掩擊大破之，成遂來降。

**同上書卷七十，《臣職·總將帥上》**

豈敢言家

唐德宗加李晟諸道大元帥，晟家百口及神策軍士家屬俱在長安，朱泚皆善遇之。軍中有言及家者，晟泣曰："天子何在，敢言家乎？"又宋高宗欲為岳飛營第，飛辭曰："敵軍未滅，何以家為？"

**同上書卷七十一，《臣職·總將帥下》**

計間劉豫

金烏珠與劉豫合兵圍廬州，岳飛張岳字旗與精忠旗，一戰而潰，解廬州圍。飛知豫結尼堪而烏珠惡之，可以間而動也。會軍中得烏珠諜者，飛陽責之曰："汝非吾軍中人張斌耶，向遣汝至齊約誘致四太子，汝往不復来。吾繼遣人問齊，已許我今冬以會合寇江為名，致四太子于清河，汝所持書竟不至，何背我耶?”諜冀緩死即詭服，飛乃作蠟書言與豫同謀誅烏珠事，因謂諜曰：“吾今貸汝復遣至齊，問舉兵之期。”諜歸以書示烏珠，烏珠大驚，馳白其主，遂廢豫。按，自豫僭逆朝廷，以金故至名為大齊。

岳飛神算

宋紹興中，賊楊太敗官軍于鼎江，詔授岳飛清遠軍節度使，代王瓊討之。復命張浚視師潭州，飛已招降太黨黄佐將，欲討太。會朝議召浚還防秋，飛袖小圖示浚，浚欲俟来年議之，飛曰：“都督能少留八日可破賊。”浚曰：“何言之易?”飛曰：“王四廂以王師攻水寇則難，飛以水寇攻水寇則易。水戰我短彼長，以所短攻所長，是以難，若以敵將用敵兵，奪其手足之助，離其腹心之托，使孤立而以王師乘之，八日之内當俘諸酋。”浚許之。飛遂如鼎州，黄佐招楊欽来降，欽又說全琮、劉詵来降。飛詭罵欽，復遣去。是夜掩賊營，降其衆數萬。太負，固不服，方浮舟洞庭湖中，以輪激水，其行如飛，飛急擊之。太技窮，赴水死。果八日而捷書至潭，浚嘆曰：“岳侯神算也。”黄誠斬楊太首，挾鍾子儀、周倫詣浚降，湖湘悉平。初，太恃其險，官軍自陸襲，則入湖水，攻則登岸，因曰：“欲犯我者，除是飛来。”至是人以為讖云。

銜枚渡河

宋張俊、岳飛大敗李成於樓子莊，遂復筠州。成復以十萬衆夾河而營，楊沂中夜銜枚渡河，與俊夾攻，成又大敗。俊乘勝追至江州，成勢迫，絶江而去，因呼俊為“張鐵山”。

結髪從戎

吕東萊曰：“岳飛忠孝出于天性。自結髪從戎，凡歷數百戰，内平劇盜，外抗强敵。”

舞袖潰敵

宋牛臯，岳飛愛將也。建炎中，廬州守仇愈告急於飛，飛遣臯以二千騎赴之。臯舞袖徑前，賊疑有伏，遂奔潰。

**同上書卷八十七，《政事・屯田》**

屯田金陵

宋韓世忠田金陵，王之奇田兩淮，岳飛田岳州，吳玠屯田梁洋。

**同上書卷八十九，《政事·獄係附寃獄滯獄㘚獄》**

訟岳飛寃

宋秦檜矯詔，下飛與子雲大理獄。命中丞何鑄、大理卿周三畏鞫之，詰其反狀。飛裂裳以背示鑄，有舊涅“盡忠報國”四字，深入膚理。鑄察其寃，白檜曰：“强敵未滅，無故戮一大將，失士卒心，非社稷之長計。”檜語塞，乃改命諫議大夫万俟卨。飛坐係兩月，無可證者，或教卨以臺章所指淮西逗留事為言，卨喜白檜，簿録飛家，取所賜御札與往来道塗日月，皆可攷，乃收其御札，送官藏之，以滅其跡。卨又使于鵬、孫革等證飛逗留，命評事元龜年取行軍時日雜定之，傅會其獄。大理卿薛仁輔等皆言飛無辜，不聽。一日，檜手書小紙付獄，即報飛死矣。飛年三十九，子雲與張憲皆棄市，時紹興十一年十一月也。于鵬等從坐者六人，薛仁輔等皆被黜㑨衣，劉允升上書訟岳飛寃，下大理獄死。凡傅成其罪者，皆進秩。

**同上書卷一百一，《人品·忠臣》**

縱火自焚

宋徐應鑣，字巨翁，衢之江山人，咸淳末補太學生。帝㬎德祐二年，元巴延次師皋亭山，以帝與皇太后全氏及福王等皆北行，應鑣與其子鄉貢士曰琦、曰崧、女元娘誓不從。太學乃故岳飛第，有飛祠。應鑣具酒殽，祀飛祠，曰：“天不佑宋，社稷為墟，應鑣以死報國，誓不與諸生降元！”乃率子女入經德齋，登梯雲樓，積諸房書册四周，縱火自焚。一小僕見火起，至樓下穴牖視之，見鑣父子儼坐如塑，驚報諸僕，壞壁撲滅之，鑣得不死，與子女怏怏出户去。倉卒莫知所之，翌日得尸於祠前井中，皆僵立，瞪目如生。諸僕為具棺斂，殯於西湖金牛僧舍。

**同上書卷一百三，《人品·名士》**

時號四將

宋劉光世與張俊、韓世忠、岳飛時號中興四將。

**同上書卷一百十八，《性行·姦邪》**

媚檜改州

宋高宗紹興中，或言岳州乃岳飛駐軍之地，又與其姓同，乞改之，葢以媚秦檜也。岳州人謂飛駐軍乃鄂州，於我州何與而改之？

**同上書卷一百三十五，《謚法·制謚下》**

岳武穆

岳飛，字鵬舉，湯陰人。少負氣節，好《左氏春秋》、《孫吳兵法》，引弓百斤，善左右射。宋靖康初，金人南侵，二聖北狩。飛出應募為秉義郎，犯法將刑，宗澤一見奇之。會金人攻汜水，以五百騎授飛，使立功贖罪。飛大敗金人而還，陞為統制，其用兵能以少擊衆。建炎、紹興間，大小百餘戰，未嘗敗北。及入覲，上賜金絲戰袍，金帶衣甲等，又御書“精忠岳飛”四字，揭旗以授之。飛兵追烏珠至朱仙鎮，金人有捐燕以南之懼，大業已垂成矣。時秦檜方主和議，矯詔班師，竟為所害。官至少保，封武昌公，贈太師，謚武穆。追封鄂王子五人，雲左武大夫，隨飛征戰，屢立奇功，雷、霆俱閤祗候，霖敷文閣待制，震茶鹽監提舉，霖子珂知嘉興府。

……

韓忠武

韓世忠，字良臣，延安人。宋建炎初為統制，勇冠三軍，擒賊苗傅、劉正彦送行在斬之。帝手書“忠勇”二字，揭白旗以賜焉。公性戇直敢言，持軍嚴重，器仗規畫，精絶過人，掠陣斧克敵弓，以至狻猊之鍪，連鎖之甲，皆其遺法也。與劉光世、岳飛、張俊為中興四大將，封咸平王。後解兵罷政，臥家十年乃卒。孝宗隆興中，追封蘄王，謚忠武，子彦直、彦質、彦古皆以才見用。

……

何恭敏

何鑄，餘杭人，政和中進士，紹興中拜御史中丞。秦檜陷岳飛，命鑄鞫之。鑄白其寃，檜不悦，諷万俟卨使論鑄私岳飛，欲竄嶺表，帝不從。仕至資政殿學士，謚恭敏。

**同上書卷一百三十八，《人事·陰報》**

誤國之報

《夷堅志》：秦檜矯詔，逮岳飛父子下棘寺獄，遣万俟卨鍛鍊之，栲掠無全膚，終無服辭。一日，檜於東廂窗下畫灰密謀，其妻王夫人贊成之，曰：“擒虎易，放虎難。”飛遂死獄中。張憲、岳雲戮於市，流徙兩家妻帑，貲産皆没官。金人聞之，酌酒相賀，曰：“莫予毒也。”後檜挈家遊西湖，舟中得暴疾，昏悶之際，見一人披髮瞋目，厲聲責曰：“汝誤國害民，殺害忠良，我已訴於天矣，汝當受鐵杖於太祖皇帝殿下!”檜自此怏怏不懌以死。未幾，其子熺亦死。方士伏章見熺荷鐵枷，因問：“秦太師何在?”熺泣曰：“吾父見在酆都。”方士如其言以往，果見檜與万俟卨俱荷鐵枷，備受諸苦。檜囑方士曰：“可煩傳語夫人，東窗事發矣。”卨在鐵籠下，與檜爭辯殺岳飛事。至理宗朝，有考試官歸自荊湖，暴死旅舍，其僕未敢殮也。官復甦曰：“適為看陰間，趙宋斷秦檜為臣不忠，欺君誤國事，檜受鐵杖押往某處，受報矣。”吁！明責幽誅之報，如此可畏哉!

**同上書卷一百七十一，《宮室·第宅》**

岳飛宅

在杭州府治北，郡人即其地立廟祀之。廟有井，相傳飛被害時有女尚幼，挾銀瓶投井而死，故廟併祀焉。

**同上書卷一百七十二，《宮室·亭》**

疊翠

九江府城南有疊翠亭，以對廬山九疊，故名，宋岳飛建。

# 張萱

**撰：《疑耀》卷二，《施全》**

施全於岳武穆死後，欲刺秦賊而不得者。但全先嘗為秦客最狎，名在十客之列。今岳死而讎秦，豈忠義在人心，即恩私不能奪耶?

# 馮琦　馮瑗

**撰：《經濟類編》卷三，《帝王類三?興復四則（節錄）》**

宋高宗時，宗澤在襄陽，聞黃潛善復倡和議，上疏曰：“自金人再至，朝廷未嘗命一將，出一師，但聞姦邪之臣朝進一言以告和，暮入一說以乞盟，終至二聖北遷，宗社蒙恥。臣意陛下赫然震怒，大明黜陟，以再造王室。今即位四十日矣，未聞有大號令，但見刑部指揮云不得謄播赦文於河之東西、陝之蒲解，是褫天下忠義之氣而自絕其民也。臣雖駑怯，當躬冒矢石，為諸將先，得捐軀報國恩足矣。”帝覽其言而壯之，及開封尹闕，李綱言綏復舊都非澤不可，乃以為東京留守，知開封府。時敵騎留屯河上，金鼓之聲日夕相聞，而京城樓櫓盡廢，兵民雜居，盜賊縱横，人情洶洶。澤威望素著，既至，首捕誅舍賊者數人，下令曰為盜者贓無輕重，悉從軍法。由是盜賊屏息，因撫循軍民，備治樓櫓，屢出師以挫敵，上疏請帝還京師。俄有詔荆襄江淮悉狥巡幸，澤又上疏言開封物價、市肆漸同平時，將士、農民、商旅、士大夫之懷忠義者，莫不願陛下亟歸京師，以慰人心。其倡為異議者，不過如張邦昌輩，陰與金人為地爾。既而金人遣使，以使偽楚為名，至開封，澤拘其人，乞斬之，有詔延置别館。澤奏曰：“金人假使偽楚來覘虚實，臣愚乞斬之，以破其姦，而陛下惑於人言，優加禮遇，臣愚不敢奉詔以彰國弱。”帝乃手札諭澤，竟縱遣之。真定、懷衛間敵兵甚盛，方密脩戰具，為入攻之計。澤以為憂，乃渡河約諸將，共議事宜，以圖收復，而於京城四壁各置使，以領招集之兵，造戰車千二百乘。又據形勢立堅壁二十四所於城外，沿河鱗次為連珠砦，連結河東、河北山水砦忠義民兵，於是陜西、京東西諸路人馬咸願聽澤節制，澤又開五丈河，以通西北商旅。守禦之具既備，累表請帝還京，而帝用黄潛善計，决意幸東南不報。

秉義郎岳飛犯法將刑，澤一見，奇之曰：“將材也!”會金人攻汜水，以五百騎授飛，使立功贖罪。飛大敗金人而還，升飛為統制，而謂之曰：“爾智勇材藝，古良將不能過，然好野戰，非萬全計。”因授飛陣圖，飛曰：“陣而後戰，兵法之常。運用之妙，存乎一心。”澤是其言，飛由此知名。

**同上書卷二十一，《殺戮大臣 十二則附》**

宋秦檜必欲殺岳飛，乃與張俊謀，密誘飛部曲能告飛事者，優與重賞，卒無應者。俊聞飛嘗欲斬統制王貴，又嘗杖之，乃誘貴告飛。貴不肎，曰：“為大將，寧免以賞罰用人？苟以為怨，將不勝其怨。”俊因刦以私事，貴懼而從之。檜又聞飛統制王俊善告訐，號“鵰兒”，以姦貪屢為張憲所抑，使人諭之，王俊許諾。於是檜謀以張憲、王貴、王俊皆飛部將，使其徒自相攻發，因以及飛父子，庶帝不疑。

俊時在鎮江，乃自為狀付王俊，妄言“副都統制張憲謀據襄陽，還飛兵柄”，令告王貴，使貴執憲赴鎮江行樞密府。憲未至，俊預為獄以待之。屬吏王應求白俊，以為樞院無推勘法。俊不聽，親行鞫鍊，使憲自誣，謂得“飛子雲手書，命憲營還兵”計。憲被掠，無完膚，竟不伏。俊手自具獄成，告檜，械憲至臨安，下大理寺獄。

檜奏召飛父子證憲事，帝曰：“刑，所以止亂，勿妄追證，動搖人心。”檜矯詔，召飛父子。使者至飛第，飛笑曰：“皇天后土，可表此心。”遂與雲就獄。檜命中丞何鑄、大理卿周三畏鞫之。鑄引飛至庭，詰其反狀。飛裂裳，以背示鑄，有舊涅“盡忠報國”四大字，深入膚理。既而閱實，俱無驗，鑄察其冤，白檜。檜曰：“此上意也。”鑄曰：“鑄豈區區為岳飛者？强敵未滅，無故戮一大將，失士卒心，非社稷之長計。”檜語塞，乃改命諫議大夫万俟卨。

卨數與飛有怨，遂誣飛令于鵬、孫革致書張憲、王貴，令虛申探報，以動朝廷，雲與憲書，令措置使飛還軍，且云其書已焚。飛坐係兩月，無可證者。或教卨以臺章所指淮西逗留事為言，卨喜曰檜簿録飛家，取所賜御札與往來道塗日月，皆可攷，乃收其御札，送官藏之以滅跡。卨又使鵬、革等證飛受詔逗留，命評事元龜年取行軍時日，雜定之，傅會其獄。大理卿薛仁輔、寺丞李若樸、何彦猷皆言飛無辜。判宗正寺士㒟請以百口保飛無他，且曰：“中原未靖，禍及忠義，是忘二聖，不欲復中原也。”皆不聽。韓世忠心不平，詣檜詰其實。檜曰：“飛子雲與張憲書雖不明，其事莫須有。”世忠曰：“‘莫須有’三字，何以服天下也？”迨歲已暮，而飛獄不成。一日，檜手書小紙付獄，即報飛死矣，年三十九。雲與張憲皆棄市，于鵬等從坐者六人。籍飛家貲，徙之嶺南。於是薛仁輔、李若樸、何彦猷皆被黜，佈衣劉允升上書訟飛冤，下大理獄死。凡傅成其獄者，皆進秩。

洪皓在金，以蠟書奏：“金人所畏服者，惟飛，至以父呼之。及聞其死，諸酋酌酒相賀。”

飛事親孝，家無姬侍。吳玠素服飛，願與交，驩飾名姝遺之。飛曰：“主上宵旰，豈大將安樂時邪？”却不受。玠益敬服。

帝欲為飛營第，飛辭曰：“敵人未滅，何以家為。”

或謂：“天下何時太平？”飛曰：“文臣不愛錢，武臣不惜死，天下太平矣。”

卒有取民麻一縷以束芻者，立斬以徇。

卒夜宿，民開門願納，無敢入者。軍號“凍死不折屋，餓死不虜掠”。

卒有疾，飛躬為調藥。

諸將遠戍，飛遣妻問勞其家。

死事者，哭之而育其孤，或以子婚其女。

凡有頒犒，均給軍吏，秋毫不私。

善以少擊衆，嘗以八百人破羣盜王善等五十萬衆於南薰門，以八千人破曹成十萬衆於桂嶺。其戰烏珠於潁昌，則以背嵬八百，於朱仙鎮，則以五百，皆破其衆十餘萬。

凡有所舉，盡召諸統制與謀，謀定而後戰，故有勝無敗。

猝遇敵，不動，故敵為之語曰："撼山易，撼岳家軍難。"

張浚嘗問用兵之術，飛曰："仁、義、智、勇、嚴，闕一不可。"

飛好賢禮士，覽經史，雅歌投壺，恂恂如書生。每辭官，必曰："將士效力，飛何功之有?"然忠憤激烈，議論持正，不挫于人，卒以此得禍。

史臣曰："西漢而下，若韓、彭、絳、灌之為將，代不乏人。求其文武全器、仁智並施，如岳飛者，一代豈多見哉?而卒死于秦檜之手，蓋飛與檜勢不兩立。使飛得志，則金讎可復，宋恥可雪。檜得志，則飛有死而已。昔檀道濟曰'自壞汝萬里長城'，高宗忍自棄其中原，故忍殺飛。嗚呼!冤哉。"

**同上書卷五十九，《武功類五・弭盜二十九則》**

岳飛奉命討楊幺，所部皆西北人，不習水戰。飛曰："兵何常，顧用之何如耳。"乃先遣使招諭之。其黨黄佐曰："岳節使號令如山，若與戰，萬無生理，不如往降。節使誠信，必善遇我。"遂降。飛表授佐武義大夫，單騎按其部，拊佐背曰："子知逆順者，果能立功，封侯豈足道?欲復遣子歸湖中，視其可乘者擒之，可勸者招之，如何?"佐感泣，誓以死報。時張浚至潭州，席益疑飛玩寇，欲以聞，浚曰："岳侯，忠孝人也。兵有深機，胡可易言?"益慙而止。黄佐襲周倫砦，殺之。飛上其功，遷武功大夫。統制任士安不受王𤫉令，無功。飛鞭士安，使餌賊，曰："三日賊不平，斬汝。"士安宣言"岳太尉兵二十萬至矣"，賊見止士安軍，併力攻之。飛設伏，士安戰急，伏四起擊賊，賊走。會朝旨召張浚還防秋，飛袖小圖示浚，浚欲俟來年議之，飛曰："已有定畫，都督能少留八日，可破賊。"浚曰："何言之易?"飛曰："王四廂以王師攻水寇，則難；飛以水寇攻水寇，則易。水戰，我短彼長，以所短攻所長，是以難。若以敵將用敵兵，奪其手足之助，離其腹心之托，使孤立，而以王師乘之，八日之内，當俘諸酋。"浚許之，飛遂如鼎州。黄佐招楊欽來降，飛喜曰："楊欽驍悍，既降，敵腹心潰矣。"表授欽武義大夫，禮遇甚厚，乃復遣歸湖中。兩日，欽説全琮、劉詵來降。飛詭罵欽曰："賊不盡降，何來也?"杖之，復遣去。是夜，掩賊營，降賊衆數萬。太負，固不服，方浮舟湖中，以輪激水，其行如飛，旁置撞竿，官舟迎之輒碎。飛伐君山木，為巨筏，塞諸港汊。又以腐木亂草，浮上流而下，擇水淺處，遣善罵者挑之，且行且罵。賊怒，來追，則草木壅塞，舟輪礙不行。飛急擊之。賊奔港中，為筏所拒。官軍乘筏，張牛革以蔽矢石，舉巨木撞，其舟盡壞。太技窮，赴水死。飛入賊壘，餘酋驚曰："何神也？"俱請降，衆凡二十餘萬。飛親行諸砦，慰撫之，縱老弱歸田，籍少壯為軍。果八日而捷書至潭，浚嘆曰："岳侯神算也。"黄誠斬楊太首，挾鍾子儀、周倫詣浚降，湖湘悉平。

初，太恃其險，官軍自陸襲則入湖，水攻之則登岸，因曰："欲犯我者，除是飛來。"至是，人以其言為讖云。

**同上書卷六十二，《戰略 二四十則》**

張浚聞烏珠將至，檄召熙河劉錫、秦鳳孫偓、涇原劉錡、環慶趙哲四經署及吳玠之兵，合四十萬人、馬七萬匹，以錫為統帥，迎敵決戰。王彦諫曰："陝西兵將上下之情未通，若不利，則五路俱失，不若且屯利、閬、興、洋，以固根本。敵入境，則檄五路之兵來援，萬一不捷，未大失也。"浚不從。劉子羽亦力言未可，浚曰："吾寧不知此？顧東南事方急，不得不為是耳。"吳玠、郭浩皆曰："敵鋒方鋭，宜各守要害，須其弊而乘之。"亦不從。遂行，次於富平縣。劉錫會諸將議戰，玠曰："兵以利動。今地勢不利，未見其可。宜擇高阜據之，使不可勝。"諸將皆曰："我衆彼寡，又前阻葦澤，敵有騎不得施，何用他徙？"已而，羅索引兵驟至，輿柴囊土，籍淖平行，進薄諸營。錫等與之力戰。劉錡身率將士薄敵陳，殺獲頗多。勝負未分，而敵鐵騎直擊趙哲軍，他將不及援，哲因離所部。其將校望見塵起，遂驚遁，諸將皆潰。敵乘勝而進，關陝大震。浚時駐邠州督戰。既敗，退保泰州，召趙哲，斬之，而安置劉錫於合州，令諸將各還本路。上書待罪，高宗手詔慰勉之。自是關陝不可復，論者咎浚之輕師失律焉。

張俊聞李成將馬進在筠州，以豫章介江、筠之間，遂急趨之。既入城，喜曰："我已得洪，破賊決矣。"及進犯洪州，連營西山，俊斂兵，若無人者。居月餘，以大書牒索戰，俊以細書狀報之，進以俊為怯。俊牒知賊怠，乃議戰，岳飛曰："賊貪而不慮後，若以騎兵自上流絶生米渡，出其不意，破之必矣。"因請自為先鋒。俊大喜，乃令楊沂中絶生米渡，飛重鎧躍馬，潛出賊右，突其陣，所部從之。進大敗，走筠州。飛抵東城，進出城佈陣。飛設伏，以紅羅為幟，上刺"岳"字，選騎二百，隨幟而前。賊易其少，薄之，伏發，進大敗，走。飛使人呼曰："不從賊者坐，吾不汝殺。"坐而降者八萬人。俊與沂中復前後夾擊，賊大潰，進以餘卒奔南康。飛夜引至朱家山，又斬其將趙萬。成聞進敗，自引兵十餘萬衆。俊與飛遇成於樓子莊，大破之，遂復筠州。成復以十萬衆與俊夾河而營，沂中夜銜枚渡河，與俊夾攻。成又大敗，俊乘勝追至江州。成勢迫，絶江而去，因呼俊為“張鐵山”，遂復江州。已而，興國軍等處，群盜皆遁。

岳飛至郢，偽齊將京超，號“萬人敵”，乘城拒飛。飛鼓衆而登，超投崖死，飛復郢州，遂趨襄陽。李成迎戰，左臨襄江，飛笑曰：“步兵利險阻，騎兵利平曠。成左列騎江岸，右列步平地，雖衆十萬，何能為舉?”鞭指王貴，曰：“爾以長鎗步卒擊其騎兵。”指牛臯，曰：“爾以騎兵擊其步卒。”合戰，馬應鎗而斃，後騎皆擁入江，步卒死者無數，成夜遁。飛遂復襄陽。齊人收成餘衆，益兵駐新野。飛與别將王萬夾擊，大敗之。又使牛臯復徐州，王貴、張憲復唐、鄧州、信陽軍，襄、漢悉平。飛移屯德安，軍聲大振。捷聞，帝喜曰：“朕素聞飛行軍有紀律，未知其能破敵如此。”飛因奏：“金人所愛，唯女子金帛，志已驕惰。劉豫僭偽，人心終不忘宋，如以精兵二十萬，直擣中原，恢復故疆，誠易為力。襄陽、随、郢，地皆膏腴，苟行營田，其地甚厚。臣候糧足，即過江北勦敵。”時方重深入之舉，而營田之議自是興矣。

岳飛留大軍於潁昌，命諸將分道出戰，自以輕騎駐郾城，兵勢甚鋭。烏珠大懼，會諸帥，欲併力一戰。飛聞之，曰：“金人技窮矣。”乃日出挑戰，且罵之。烏珠怒，合龍虎大王、蓋天大王及韓常之兵，逼郾城。飛遣子雲領騎兵，直貫其陣，戒之曰：“不勝，先斬汝。”雲與金人戰數十合，金屍佈野。烏珠以拐子馬萬五千來，飛戒步卒以麻扎刀入陣，勿仰視，第斫馬足。拐子馬相連，一馬仆，二馬不能行。飛軍奮擊，遂大破之。烏珠大慟，曰：“自海上起兵，皆以此勝，今已矣。”因復益兵而前。飛自以四十騎突戰，敗之。烏珠憤甚，合師二十萬，次於臨潁。楊再興以三百騎遇之于小商橋，驟與之戰，殺二千人及萬戶撒八、千戶百人，再興死之。獲屍焚焉，得箭簇二升，飛痛惜之。張憲繼至，復戰。烏珠夜遁，追奔十五里，中原大震。飛謂子雲曰：“敵屢敗，必還攻潁昌，汝宜速援王貴。”既而，烏珠果至，貴將游奕、雲將背嵬戰于城西。雲以騎兵八百挺前決戰，步卒張左右翼繼之，殺烏珠壻夏金吾。飛又使梁興會太行忠義、兩河豪傑，敗金人於垣曲，又敗之於沁水，遂復懷、衛州，斷金人山東、河北之道，金人大恐。飛進軍朱仙鎮，距汴京四十里，與烏珠對壘而陣，遣背嵬騎五百奮擊，大破之。烏珠還汴，飛檄陵臺，令行視諸陵，葺治之。

兩河豪傑李通等率衆歸飛，由是金人動息、山川險要，飛皆得其實。中原盡、磁、相、澤、潞、晉、絳、汾、隰之境，皆期日興兵與官軍會，其所揭旗，以“岳”為號。父老百姓，爭挽車牽牛，載糗糧以饋義軍。頂盆焚香、迎候者，充滿道路。自燕以南，金人號令不行。烏珠欲僉軍以抗飛，河北無一人應者，乃嘆曰：“自我起北方以來，未有如今日之挫衄。”金將烏凌阿思謀素驍勇桀黠，亦不能制其下，但諭之曰：“毋輕動，待岳家軍來，即降。”金將王鎭、崔慶、李覬、崔虎、華旺等，皆率所部降飛。龍虎大王之將格辰等，亦密受飛旗榜，自其國來降。韓常亦欲以衆五萬内附，飛大喜，語其下曰：“直抵黄龍府，與諸君痛飲耳。”方指日渡河，而秦檜欲畫淮以北與金和，諷臺臣請班師。飛奏：“金人鋭氣沮喪，盡棄輜重，疾走渡河，而我豪傑向風，士卒用命，時不再來，機難輕失。”檜知飛志鋭不可回，乃先請張俊、楊沂中等歸，而後上言飛孤軍不可久留，乞連召還。飛一日奉十二金字牌，乃憤惋泣下，東面再拜曰：“十年之力，廢于一旦。”乃自郾城引兵還，民遮馬痛哭，訴曰：“我等迎官軍，金人皆知之。相公去，我輩無噍類矣。”飛亦悲泣，取詔示之，曰：“吾不得擅留。”哭聲震野。飛留五日，以待民徙。從而南者如市，飛亟奏以漢上六郡閒田處之。初，烏珠敗于朱仙，欲棄汴而去。有書生叩馬，曰：“太子毋走，岳少保且退。”烏珠曰：“岳少保以五百騎破五十萬，京城日夜望其來，何謂可守？”生曰：“自古未有權臣在内，而大將能立功於外者。岳少保且不免，況欲成功乎？”烏珠悟，遂留不去。及飛還，烏珠遣兵追之，不及，而河南新復府州皆復為金有。飛至鄂，力請解兵柄，不許。已而入覲，帝問之，飛拜謝而已。

韓世忠至揚州，使統制解元守承州，候金步卒，親提騎兵駐大儀，以當敵騎，伐木為柵，自斷歸路。會魏良臣使金過之，世忠撤炊爨給良臣。有詔移屯守江，良臣疾馳去。世忠度良臣已出境，即上馬令軍中，曰：“眂吾鞭所嚮。”於是移軍向大儀，勒五陣，設伏二十餘所，約聞鼓即起擊。良臣至金軍中，金前將軍納喇貝勒問官軍動息，具以所見對。貝勒大喜，即引兵至江口，距大儀五里，别將托小嘉擁鐵騎，過五陣東。世忠傳小麾鳴鼓，伏兵四起，旗色與金人旗雜出。金軍亂，官軍迭進。世忠令背嵬軍各持長斧，上揕人胷，下斫馬足。敵被甲，陷泥淖。世忠麾勁騎，四面蹂躪，人馬俱斃，遂擒托卜嘉等二百餘人。而世忠所遣董旼，亦擊敗金人於天長之鵶口橋。解元至承州北門，遇敵，設水軍夾河陣，一日十三戰，相拒未決。世忠遣成閔將騎士往援，復大戰，俘獲甚多。世忠復親追至淮，金人驚潰，相蹈藉溺死者甚衆。捷聞，羣臣入賀，高宗曰：“世忠忠勇，朕知其必能成功。”沈與求曰："自建炎以來，將士未嘗與金人迎敵一戰。今世忠連捷，厥功不細。"論者以此舉為中興武功第一。

世忠聞劉豫聚兵淮陽，即引軍渡淮，旁符離而北，至其城下，為賊所圍，奮戈潰圍而出，不遺一鏃。呼延通與金將葉赫貝勒搏戰，扼其吭而擒之，乘銳掩擊。金人敗去，遂進兵圍淮陽。賊約受圍一日，則舉一烽，至六烽俱舉，烏珠與劉猊皆引兵至。世忠求援於張俊，俊以世忠有見吞意，不從。世忠勒陣向敵，遣人語之曰："錦衣驄馬，立陣前者，韓相公也。"或危之，世忠曰："不如是，不足以致敵。"敵果至，殺其導戰二人，遂引去。世忠復還楚州，淮陽之民，從而歸者以萬計。世忠以前軍駐青龍鎮，中軍駐江灣，後軍駐海口，欲俟烏珠師還，擊之。及烏珠由秀趨平江，世忠事不就，遂移師鎮江以待之。金師至江上，世忠先以八千人屯焦山寺。烏珠欲濟江，乃遣使通問，且約戰期。世忠許之，因謂諸將曰："是間形勢，無如金山龍王廟者，敵必登之以覘我虛實。"乃遣蘇德將百人伏廟中，百人伏廟下岸側，戒之曰："聞江中鼓聲，則岸兵先入，廟兵繼出，以合擊之。"及敵至，果有五騎趨廟，廟兵先鼓而出，獲兩騎。其三騎則振策以馳，馳者一人，紅袍玉帶，既墜，復跳而免。詰諸獲者，則烏珠也。既而接戰江中，凡數十合，世忠妻梁氏親執桴鼓，敵終不得濟，俘獲甚衆，擄烏珠之壻龍虎大王。烏珠懼，請盡歸所掠以假道，世忠不許。復益以名馬，又不許，遂自鎮江泝流西上。烏珠循南岸，世忠循北岸，且戰且行。世忠艨艟大艦出金師前後數里，擊柝之聲達旦。將至黃天蕩，烏珠窘甚。或曰："老鸛河故道今雖湮塞，若鑿之，可通秦淮。"烏珠從之。一夕渠成，凡五十里，遂趨建康。岳飛以騎三百、步兵三千，邀擊于新城，大破之。烏珠乃復自龍灣出江中，趨淮西。會達蘭自濰州遣貝勒太一引兵來援，烏珠乃復引還，欲北渡。世忠與之相持于黃天蕩，太一軍海北，烏珠軍江南。世忠以海艦進泊金山下，豫以鐵綆貫大鉤授健者。明旦，敵舟譟而前，世忠分海舟為兩道，出其背，每縋一綆，則曳一舟沉之。烏珠窮蹙，求會語，祈請甚哀。世忠曰："還我兩宮，復我疆土，則可以相全。"烏珠語塞。又數日，求再會，而言不遜。世忠引弓欲射之，烏珠亟馳去，見海舟乘風，使蓬往來如飛，謂其下曰："南軍使船如使馬，奈何？"乃募人獻破海舟之策。於是閩人王姓者教其舟中載土，以平板鋪之，穴船板以櫂槳，俟風息則出，海舟無風不可動也，且以火箭射其篛篷，則不攻自破矣。烏珠然之，刑白馬以祭天。及天霽風止，烏珠以小舟出江。世忠絕流擊之，海舟無風不能動。烏珠令善射者乘輕舟，以火箭射之。烟焰蔽天，師遂大潰，焚溺死者，不可勝數。世忠僅以身免，奔還鎮江。金兵遂濟江，屯於六合縣。世忠以八千人，拒金十萬之衆，凡四十八日而敗，然金人自是亦不敢復渡江矣。

吳玠自富平之敗，收散卒，保和尚原，積粟、繕兵、列柵，為死守計。或謂玠："宜退屯漢中，扼蜀口，以安人心。"玠曰："我保此，敵決不敢越我而進，是所以保蜀也。"玠在原上，鳳翔民感其遺惠，相與夜輸芻粟助之。玠償以銀帛，民益喜，輸者益多。金人怒，伏兵渭河，邀殺之。且令保伍連坐，民冒禁如故。金將摩哩自鳳翔、烏嚕札哈自階城，出散關，約日會和尚原。烏嚕札哈先期至，陣北山索戰。玠命諸將堅守待之，更戰迭休。金人大敗，遁去。摩哩方攻箭筈關，玠復遣將擊敗之。兩軍終不得合。金人自起海角，狃於常勝，及與玠戰輒敗，憤甚，謀必取玠。于是烏珠會諸帥，兵十餘萬，造浮梁跨渭，自寶雞結連珠營，壘石為城，夾澗與官軍相距，進薄和尚原。玠與弟璘選勁弩，命諸將分番迭射，號"駐隊矢"，連發不絶，繁如雨注。敵稍卻，則以奇兵旁擊，絶其糧道。度其困，且走，設伏于神坌以待之。敵至，伏發，遂大亂。玠因縱兵夜擊，大敗之。烏珠中二流矢，僅以身免，亟鬋其鬚髯而遁。初，金人之至也，玠與璘以散卒數千駐原上，朝問隔絶，人無固志。有謀刼玠兄弟北降者，玠知之，召諸將，歃血盟，勉以忠義，皆感泣，願盡死力，故能成功。

金人長驅，趨洋、漢。劉子羽聞王彦敗，亟命田晟守饒風關，而遣人召吳玠入援。玠自河池，日夜馳三百里，至饒風，以黄柑遺敵曰："大軍遠來，聊用止渴。"薩里罕大驚，以杖擊地，曰："爾來何速邪?"遂悉力仰攻。一人先登，二人擁後，先者既死，後者代攻。玠軍弓弩亂發，大石摧壓，如是者六晝夜，死者山積。敵乃更募死士，由間道自祖溪關入，繞出玠後，乘高以闞。饒風諸軍不支，遂潰。敵入洋州，玠邀子羽去。子羽不可，而留玠同守定軍山。玠難之，遂退保興元之西縣。子羽亦焚興元，退保大安之三泉縣。薩里罕遂入興元，至金牛鎮，四川大震。子羽從兵不滿三百，與士卒取草芽木甲食之，遺玠書訣别。玠得書，未有行意。其愛將楊政大呼軍門曰："節使不可負劉待制，不然政輩亦舍節使去矣。"玠乃間道會子羽。子羽留玠共守三泉。玠曰："關外，蜀之門户，不可輕棄。"復徃守仙人關。子羽以潭毒山形斗拔，其上寬平有水，乃築壁壘。方成，而金人已至，距營十數里。子羽據胡牀坐壘口，諸將泣告曰："此非待制坐處。"子羽曰："子羽今日死於此。"敵尋亦引去。時張浚亦移守潼州，子羽遺書言"已在此，金人必不南"，浚乃止。金兵由斜谷北去，子羽謀邀之於武休，不及。薩里罕既田鳳翔，遣十人持書招子羽。子羽皆斬之，而縱其一還，曰："為我語敵，欲來即來，吾有死爾，何可招邪?”初，子羽聞有金兵，預徙梁、洋之積。及金人深入，餽餉不繼，殺馬及兩河所僉軍士以食，而子羽、玠復腹背要擊之，死傷十五六。疫癘且作，乃引衆還。子羽、玠因出師掩其後，金人墮溪澗死者，不可勝計，盡棄輜重而走，餘兵不能自拔者，悉降子羽，遂還興元。金人始謀本，謂：“玠在西邊，故涉險東來。不虞玠馳至，雖入三州，而得不償失。”

呉璘守和尚原，餽餉不繼。玠慮金人必復深入，且其地去蜀遠，乃命璘別營壘于仙人關右之地，名曰“殺金平”，移兵守之。至是烏珠、薩里罕、劉夔率步騎十萬破和尚原，進攻仙人關，自鐵山鑿崕開道，循嶺東下。玠以萬人守殺金平，以當其衝。璘自武階路入援，先以書抵玠，謂：“殺金平之地濶遠，前陣散漫，後陣阻隘，宜益修第二隘，示必死戰，然後可以必勝。”玠從之，急治第二隘。璘冒圍轉戰七晝夜，始得與玠會於仙人關。敵首攻玠營，玠擊走之。又以雲梯攻壘壁，楊政以撞竿碎其梯，以長矛刺之。諸將有請别擇地以守者，璘拔刀畫地，謂諸將曰：“死則死此，退者斬。”金軍分為二，烏珠陣於東，韓常陣於西。璘率鋭卒介其間，左繞右縈，随急而後戰。戰久，璘軍少憊，急屯第二隘。金主兵踵至，人被重鎧，鐵鉤相連，魚貫而上。璘以駐隊矢迭射，矢下如雨，死者層積，敵踐而登。薩里罕駐馬四視，曰：“吾得之矣。”翼日，命攻西北樓。姚仲登樓酣戰，樓傾，以帛為繩，挽之復正。金人用火攻樓，仲以酒缶撲滅之。玠急遣統領田晟以長刀大斧左右，擊明炬四山，震鼓動地。明日，大出兵。統領王喜、王武率鋭士，分紫、白旗入金營。金陣亂，奮擊。射韓常，中左目，金人始宵遁。玠遣統制官張彦刼横山砦，王俊伏河池，扼其歸路，又敗之。是役也，烏珠以下，皆携妻孥來。劉夔乃劉豫腹心，本謂蜀可圖，既不得逞，度玠終不可犯，乃還據鳳翔，授甲士田，為久留計，自是不妄動矣。

吴璘進兵，拔秦州，聞金統軍和珍與希卜蘇合兵五萬，屯劉家圈，請于胡世將擊之。世將問策安出，璘曰：“有新立壘陣法。每戰以長鎗居前，坐不得起。次取彊弓，次彊弩跪膝以俟，次神臂弓，約賊相搏，至步内則神臂先發，七十步彊弓並發。次陣如之，凡陣以拒馬為限，鐵鉤相連，俟其傷，則更代，代則以鼓為節，騎兩翼以蔽於前，陣成而騎退，謂之‘疊陣’。”世將善之。諸將竊議曰：“吾軍其殲於此乎。”璘曰：“此古束伍令也。軍法有之，諸君不識耳。得車戰餘意，無出於此。戰士心定，則能持滿。敵雖鋭，不能當也。”遂進次剡家灣。時胡盞、習不祝據險自固，前臨峻嶺，後控臘家城，謂璘必不敢輕犯。先一日，璘會諸將，問所以攻，姚仲曰：“戰于山上則勝。”璘然之，乃請戰，敵皆笑。半夜，璘遣姚仲、王彦銜枚渡河，陟峻嶺，截坡上，約二將上嶺，而後發火。二將至嶺，寂無人聲，軍已畢列，萬炬齊發。敵駭愕曰：“吾事敗矣。”希卜蘇善謀，和珍善戰，二酋異議。璘先以兵挑之，和珍果出鏖戰。璘以疊陣法更迭戰，輕裘駐馬，亟麾之士殊死鬭，金人大敗，降者萬人。和珍走保臘家城，璘圍而攻之。城垂破，朝廷方主和議，以驛書詔班師。時璘拔秦州，其勢方張，陝西、河東首領争來附，而楊政拔隴州，及破岐下諸屯，郭浩復華州，入陝州矣。詔至，璘即自臘家城引兵還河池，浩還延安，政還鞏，世將惟浩嘆而已。

璘遣姚仲取鞏，王彦屯商、虢、陝、華，惠逢取熙、河。或久攻不下，或既得復失，竟無成功。仲舍鞏，攻德順，踰四旬不克。璘以李師顔代之，遣子挺節制軍馬。挺與敵戰於瓦亭，大敗之，擒其千户耶律斜堅等百三十七人。金人懲其敗，悉兵趨德順。璘自將往督師，先壁於險，且治夾河戰地。璘至城下，守陣者聞，呼“相公來”，觀望咨嗟，矢不忍發。璘按行諸屯，斬不用命者。先以數百騎嘗敵，敵一鳴鼓，鋭士空壁躍出，突璘軍。璘軍得先治地，無不一當百。至暮，璘忽傳呼“某將戰不力”，人益奮搏。敵大敗，遁入壁。黎明，師再出，敵堅壁不動。會大風雪，金人拔營去，凡八日而克。璘入城市，不改肆，父老擁馬迎之。璘又遣嚴忠取環州，遂還河池。時姚仲等又復蘭、會、熙、鞏等州及永安軍。

圖克坦、喀齊喀將五千騎扼大散關，游騎攻黄牛堡。守將李彦堅告急，人情洶洶。制置使王剛中跨一馬，馳二百里，至吳璘營，起璘於帳中，責之曰：“大將與國，義同休戚。臨敵安得高枕而卧？”璘大驚，即馳至殺金平，駐軍青野原，益調内郡兵，分道而進，授以方略，以援黄牛。剛中又以蠟書抵張正彦濟師，西師大集。李彦堅以神臂弓射金師，郤之。璘遣别將彭青至寳雞渭河，夜劫橋頭寨，破之。又遣劉海復秦州，彭青復隴州，曹休復洮州。金師既退，剛中倍道馳還，謂其屬李燾曰：“將帥之功，吾何有焉？”燾嘆曰：“身督戰，而功成不居，過人遠矣。”

胡世將在河池，倉卒召諸將議。時吳璘、孫渥已在，楊政、田晟繼至。諸將請少退青野，以挫其鋒。渥言：“河池不可守。”璘厲聲折之，曰：“懦語沮軍，可斬也。”璘請以百口保破敵。世將壯之，指居所帳，曰：“世將誓死于此。”遂遣諸帥，分據渭南。尋詔世將詣屯蜀口，以璘同節制陝西諸路軍馬。時金人犯石壁砦，璘遣姚仲等破，走之。既而薩里罕使呼紐郎君以三千騎衝璘軍，璘使統制李師顔以驍騎擊、敗之。冦先于扶風築城，既敗，入城拒守。官軍攻拔其城，獲三將及女真百七十人。薩里罕怒甚，自戰百通坊。仲力戰，破之。薩里罕還鳳翔，由是金人不敢度隴，分屯之軍得全師而還。

劉錡赴東京，率所部王彦八字軍三萬七千及殿司卒三千，自臨安泝江絶淮至渦口。方食，忽暴風拔坐帳，錡曰："此賊兆也，主暴兵。"即下令兼程進。聞金人敗盟南下，錡與將佐舍舟陸行，先趨三百里，至順昌城中，諜報東京已降。知府陳規見錡，問計，錡曰："城中有糧，則能與君共守。"規曰："有米數萬斛。"錡曰："可矣。"乃與規議，歛兵入城，為守禦計。時八字軍以將駐于汴，皆携孥以行。至是，錡召諸將問計，諸將皆曰："金兵不可敵也，請以精鋭遮老稚，順流還江南。"錡曰："吾本赴官留司，今東京為金所陷，幸吾全軍至此，有城可守，奈何棄之？吾意决矣，敢言去者，斬。"乃鑿舟沉之，示無去意。寘家寺中積薪於門，戒守者曰："脱有不利，即焚吾家，毋辱敵手也。"分命諸將守諸門，明斥候，募土人為間探。於是軍士皆奮，男子備守戰，婦人礪刀劍，爭呼躍曰："平日人欺我八字軍，今日我當與國家破敵立功。"時守備一無可恃，錡於城上躬自督厲，取劉豫時所造癡車，以輪轅埋城上。又撤民户扉，周匝蔽之。城外有民居數千家，悉焚之。凡六日畢，而金兵已涉潁河，遂圍城。錡豫於城下設伏，擒敵將阿哈瑪特等二人，詰之，云："韓將軍營白沙窩，距城三十里。"錡夜遣千餘人擊之，連戰，殺敵頗衆。既而，金三路都統葛王烏禄以兵三萬與龍虎大王合而薄城，錡令開諸門，金人疑而不敢近。初，錡傅城築羊馬垣，穴垣為門。至是，與許清輩蔽垣為陣，金人縱矢，皆自垣端軼著於城，或止中垣上。錡用破敵弓，翼以神臂、彊弩，自城上或垣門射敵，無不中者。敵稍却，復以步兵邀擊。溺河死者，不可勝計，破其鐵騎數千。時順昌圍已四日，金兵益盛，乃移砦於李村。錡遣閻充募壯士五百，夜斫其營。是夕，天欲雨，電光四起，見辮髪者，輒殲之。金兵退十五里，錡復募百人往。或請銜枚，錡笑曰："無以枚也。"命折竹為詘，如市井兒以為戯者。人持一為號，直犯金營。電所燭，則奮擊，電止，則匿不動，敵衆大亂。百人者聞吹詘聲即聚，金人益不能測，終夜自戰，積屍盈野，退軍老婆灣。烏珠在汴，聞之，即索靴上馬，率十萬衆來援。錡會諸將問計，或言："今已屢捷，宜乘此勢，具舟全軍而歸。"規曰："朝廷養兵十五年，正為緩急之用。況已挫敵鋒，軍聲稍振。雖寡衆不敵，然有進無退。"錡曰："府公文人，猶誓死守，況汝曹邪？且敵營甚邇，而烏珠又來，吾軍一動，彼躡其後，則前功俱廢。使敵侵軼兩淮，震驚江浙，則平生報國之志，反成誤國之罪。"衆皆感動思奮，曰："惟太尉命！"騎募得曹成等二人，諭之曰："遣汝作間，事捷重賞。第如我言，敵必不殺汝。今置汝綽路騎中，汝遇敵，則佯墜馬，為敵所得。敵帥問我如何人，則曰：‘太平邊帥子，喜聲伎，朝廷以兩國講和，使守東京，圖逸樂耳。’”已而二人果遇敵，被執。烏珠問之，對如前。烏珠喜曰：“此城易破耳。”即置鵞車砲具不用，而械成等還錡。烏珠至城下，責諸將喪師，衆皆曰：“南朝用兵，非昔之比，元帥臨城自見。”錡遣耿訓約戰。烏珠怒曰：“劉錡何敢與我戰？以吾力破汝城，直用靴尖趯倒耳！”訓曰：“太尉非但請戰，且謂太子必不敢濟河，願獻浮橋五所，濟而大戰。”烏珠曰：“諾。”乃下令“明日，府治會食”。遲明，錡果為五浮橋于潁河上，且毒潁上流及草中，戒軍士“雖渴死，毋飲於河。飲者，夷其族”。敵用長勝軍嚴陣以待，諸酋各居一部。時大暑，敵遠來疲弊，晝夜不解甲，人馬饑渴，食水草者輒病，往往困乏。錡士氣閒暇，軍皆番休。方晨氣清涼，按兵不動。逮未、申時，敵力疲氣索，忽遣數百人出西門接戰。俄遣數千人出南門，戒令勿喊，但以鋭斧犯之。統制官趙樽、韓直身中數矢，戰不肯已。士殊死鬥，入其陣，刀斧亂下，敵大敗。是夕，大雨平地，水深尺餘。明日，烏珠拔營去。錡遣兵追之，死者數萬。方大戰時，烏珠被白袍，乘甲馬，以牙兵三千督戰。兵皆重鎧甲，號“鐵浮圖”，戴鐵兜鍪，周匝綴長簷，三人為伍，貫以韋索，每進一步，即用拒馬擁之，進一步，拒馬亦進，退不可却。官軍以鎗摽去兜鍪，大斧斷其臂，碎其首。敵又以鐵騎，分左右翼，號“拐子馬”。皆女真為之號“長勝軍”，專以攻堅，戰酣然，後用之，自用兵以來，所向無前。至是，亦為錡軍所殺。自辰至申，敵敗。錡以拒馬木障之，少休，城上鼓聲不絶，乃出飯羹，坐餉戰士如平時。敵披靡，不敢近。食已，徹拒馬木，深入斫敵，又大破之，棄屍斃馬，血肉枕籍，車旗器甲，積如山阜。烏珠平日所恃以為彊者，十損七八。至陳州，數諸將之罪，皆鞭之，遂還汴。既而，洪皓自金密奏：“順昌之捷，金人震恐喪魄。燕之重寶、珍器，悉徙而北，意欲捐燕以南，棄之。”故議者謂：“是時諸將恊心，分路追討，則烏珠可擒，汴京可復，而王師亟還，自失機會，良可惜也。”

劉錡自太平渡江，與張俊、楊沂中會。而廬州已陷，錡乃與關師古據東關之險，以遏敵，引兵出清溪，兩戰皆捷。烏珠以拓皐地坦平，利于用騎，因駐師。錡進兵，與烏珠夾石梁河而陣，河通巢湖，廣二丈。錡命曳薪壘橋，須臾而成，遣甲士數隊踰橋，卧槍而坐，遣人會合張俊、楊沂中之師。翌日，沂中及王德、田師中、張子蓋諸軍俱至，惟俊後期。錡與諸將分軍為三，並進渡河以擊之。師中欲俟俊至，德曰：“事當機會，復何待？”即與錡上馬，先迎敵，沂中繼之。烏珠以鐵騎十餘萬，分為兩隅，夾道而陣。德曰："賊右陣堅，我當先擊之。"麾軍渡河，首犯其鋒。一酋被甲躍馬而出，德引弓，一發斃之，乘勝大呼馳擊，諸軍鼓譟從之。金人以拐子馬兩翼之進，德率衆鏖戰。沂中曰："彼恃弓矢，吾有以屈之。"使萬人持長斧，如墻而進，敵遂大敗。德與錡等追之，又敗於東山。敵望見，驚曰："此順昌旗幟也。"即走保紫金山。是役也，失將士九百人，金人死者以萬計。既而烏珠復親率兵，逆戰於店步，沂中等又敗之，乘勝逐北，遂復廬州。

劉豫聞張浚會諸將于江上，榜其罪逆，將進兵討之，告急於金，請先出師南侵，而乞師救援。金主亶召諸將相議之，富勒呼曰："先帝所以立豫者，欲其開疆保境，我得安民息兵也。今豫進不能取，退不能守，兵連禍結，愈無休期，從其請則豫收其利，敗則我受其弊。況前年因豫出師，嘗不利于江上矣，奈何許之?"金主遂不許豫，而遣烏珠提兵黎陽以觀釁。于是豫僉鄉兵三十萬，分三道入寇。劉麟率中路兵，由壽春以犯合肥；劉猊率東路兵，由紫荆山出渦口，以犯定遠；孔彦舟率西路兵，由光州以犯六安。時張俊、楊沂中、韓世忠、岳飛、劉光世分屯諸州，而沿江上下無兵，趙鼎深以為憂，移書張浚，欲令俊與沂中同保合肥。浚以為然，乃遣沂中、張宗顔等分道禦之，且令沂中趨濠州，與張俊合，因謂沂中曰："上待統制厚，宜及時立功。"會邊報日急，張俊、劉光世皆張大敵勢以聞，浚以書戒二將曰："賊豫之兵，以逆犯順，若不勦除，何以立國？平日亦安，用養兵為哉？今日之事，有進戰，無退保。"及劉麟進逼合肥，趙鼎曰："今賊渡淮，當急遣張俊合光世之軍，盡掃淮南之寇，然後議去留。"高宗善之，然慮俊、光世不足任，因命岳飛盡以兵東下，而手劄付浚，令俊、光世、沂中等還保江。浚上言："若諸將渡江，則無淮南，而長江之險與賊共。有淮南之屯，正所以屏蔽大江。使賊得淮南，因糧就運，以為家計，江南其可保乎?今正當合兵掩擊，可保必勝。若一有退意，則大事去矣。且岳飛一動，襄漢有警，何可恃乎？願朝廷勿專制於中，使諸將有所觀望也。"帝手書報浚，曰："非卿識高慮遠，何以及此?"由是異議乃息。沂中兵至濠，光世已舍廬州，將趣采石，淮西大震。浚聞之，令吕祉馳往光世軍，諭之曰："有一人渡江，即斬以狥。"光世不得已，復還廬州，與沂中、俊等相應。劉猊軍至淮東，為韓世忠所沮，乃引趨定遠。劉麟從淮西係三浮橋而渡，次于濠、壽之問。張俊以兵拒之。猊率衆犯定遠，欲趣宣化，以冦建康。沂中以兵二千進禦，與猊前鋒遇于越家坊，敗之。猊恐孤軍深入，為王師所襲，乃欲趨合肥與麟合而後進，至藕塘，沂中復遇之。猊據山列陣，矢下如雨。沂中急擊之，使統制吳錫率勁卒五千突入其軍。猊衆潰亂，沂中縱大軍乘之，而自以精騎衝其脅，大呼曰："賊破矣!"賊衆錯愕駭視。張宗顔自泗來，乘背擊之。張俊大軍復與戰於李家灣，賊衆大敗，横屍滿野。猊以首抵謀主李愕，曰："適見髯將軍，鋭不可當，果楊殿前也。"即與數騎遁去。沂中躍馬叱之，餘衆皆怖而降。麟在順昌，聞猊敗，亦拔砦去。沂中及王德乘勢追麟，至南壽春而還。孔彦舟亦解光州圍而去。北方大恐，金人聞豫敗，來詰其狀，始有廢豫之意。

魏勝多智勇，應募為弓箭手，居山陽。及金人籍諸路民為兵，勝躍曰："此其時也。"聚義士三百，北渡淮，取漣水軍，宣佈朝廷德意，不殺一人。金知海州事高文富遣兵捕勝，勝迎擊，走之，追至城下，文富閉門固守。勝令城外多張旗幟，舉烟火為疑兵。又使人向諸城門諭以"金人棄信背盟，無名興兵"，及本朝寬大之意。城中人聞即開門，獨文富與其子安仁率牙兵拒之。勝殺安仁及州兵千餘，擒文富，民皆安堵如故。勝遣人諭朐山、懷仁、沭陽、東海諸縣，皆定之。乃蠲租税，釋罪囚，發倉廩，犒戰士，分忠義士為五軍，紀律明肅，部分如宿將。勝益募忠義，以圖收復，遠近聞之響應，旬日得兵數千。勝將董成率所部千餘人，直入沂州，殺金守將及軍士三千，餘衆悉降，得器甲數萬。金遣蒙恬鎮國以兵萬餘取海州，抵州北二十里新橋。勝率兵出迎之，設伏于隘障，以待衆殊死戰。伏發，敵大敗，殺鎮國，馘千人，降三百人，軍聲益振。山東之民，咸欲來附。勝傳檄招諭結集，以待王師之至。沂民壁蒼山者數十萬，金人圍之，久不下。砦首滕□［上曰下狄］告急於勝，勝提兵往救之，陣于山下。金人多伏兵，勝兵遇伏，皆赴砦。金人襲之，勝單騎而殿，以大刀奮擊。金人望見勝，知其為將也，以五百騎圍之數重。勝馳突四擊，金陣開復合，戰移時，身被數十鎗，冒刃出圍。金人追之，馬中矢踣，步而入砦，無敢當者。金人又急攻，絶其水。砦中食乾糒，殺牛馬飲血。勝默禱，而雨驟作。金人攻益急，周山為營。勝度其必復攻海州，因間出砦，趨城中。金人果解蒼山圍，自新橋抵城下，勝出戰，皆捷。金分兵四面攻之，勝募士登城以禦，矢石如雨者七日，金兵死傷多，遁去。

金主亮築臺江上，自被金甲登臺，殺黑馬以祭天，以一羊一豕投於江中，召瓌都等，謂之曰："舟楫已具，可以濟江矣。"富勒呼曰："臣觀宋舟甚大，我舟小而行遲，恐不可濟。"亮怒曰："爾昔從粱王，追趙構入海島，豈皆大舟邪?"誓明日渡江。晨炊玉麟堂，先濟者與黄金一兩。亮置黄旗、紅旗於岸上，以號令進止。時葉義問命虞允文往蕪湖迎李顯忠，交王權軍且犒師。允文至采石，權已去，顯忠未来，敵騎充斥，官軍三五星散，解鞍束甲，坐道旁，皆權敗兵也。允文謂坐待顯忠則誤國事，遂立召諸將，勉以忠義，曰："金帛、告命，皆在此，以待有功。"衆曰："今既有主，請死戰。"或謂允文曰："公受命犒師，不受命督戰。他人壞之，公受其咎邪?"允文叱之，曰："危及社稷，吾將安避?"乃命諸將列大陣不動，分戈船為五，其二並東西岸，其一駐中流，藏精兵待戰，其二藏小港，備不測。部分甫畢，敵已大呼。亮操小紅旗，麾數百艘，絶江而來。瞬息之間，抵南岸者七十艘，直薄官軍。軍小郤，允文入陣中，撫統制時俊之背，曰："汝膽略聞四方，立陣後則兒女子爾!"俊即揮雙刀出，士殊死戰。中流官軍以海鰌船衝敵舟，皆平沈。敵半死半戰，日暮未退。會有潰卒自光州至，允文授以旗鼓，從山後轉出。敵疑援兵至，始遁。允文又命勁弩尾擊追射，大敗之。金兵還和州，凡不死於江者，亮悉敲殺之。會報曹國公已即位于東京，改元大定，亮拊髀嘆曰："朕本欲平江南，改元大定，此非天乎?"因出其素所書取一戎衣天下大定改元事，以示羣臣，遂召諸將帥謀北還，且分兵渡江。李通曰："陛下親征，深入異境，無功而還。若衆散於前，敵乘於後，非萬全計。若留兵渡江，車駕北還，諸將亦將解體。今燕北諸軍近遼陽者，恐有異志，宜先發其渡江，歛舟焚之，絶其歸望。然後陛下北還，南北皆指日而定矣。"亮然之。允文知亮敗，明當復來。夜半，部分諸將分海舟縋上流，別遣盛新以舟師截金人於楊林河口。明旦，敵果至，因夾擊之，復大敗，焚其舟三百。敵遣僞詔來諭王權，似有宿約者，允文曰："此反間也。"乃復書言："權因退師，已寘憲典。新將李顯忠也，願快戰以決雌雄。"亮得書大怒，遂焚其龍虎舟，斬梁漢臣及造舟者二人，率其軍趨揚州，使符寳郎耶律滿達護神果軍扼淮渡，凡自軍中還至淮上，無都督府文字，皆殺之。

# 李日華

**撰：《六研齋筆記》二筆卷三**

嚴州烏石寺，在高山之上。有岳武穆王飛、張循王俊、劉太尉光世題名。劉不能書，令侍兒意真代書。張尧臣題詩云："諸老凋零極可哀，尚留名姓壓崔嵬。劉郎可是疎文墨，幾點胭脂涴緑苔。"偶有持中興四帥像來閲者，惟剩一韓蘄王世忠，而劉貌更修偉，且視諸公皆其後進，是以落落倨岸。其命侍女代書，未必不能書，直偃蹇耳。

# 黄道周

### 撰:《榕壇問業》卷一

盧君復最簡重嗜古，不苟言笑，最後離席，問:“士不通經學古，不足致用。宋儒講論，於斯道極為有功，然如當日經濟，視漢唐如何?漢治雜霸，唐治雜術，宋治積衰，日淪日廢。議論成功，亘然兩轍，毋亦德行。文章經濟，判然兩物，併成兩事歟?”

某曰:“今日最喜得賢此問，異日免被天下笑罵。宋家天下，自燕山來半是敵國。賴得元祐諸賢，清明潔治，末後衰頽，不比五代，自是氣運使然。向無諸賢，不知幾多豪傑臣遼臣夏，何況金元?且如狄武、岳武穆諸賢經許多危疑，從容問道，豈是河朔節度皮毛所及?陳同甫騁驟，天下作一，虞允文不成，但看張邦昌、劉豫，做不成天子，亦是周程諸公手末弩，千萬勿說德行文章不成政事，今日只管看得此物透與不透。如透者，宓羲、神農與今日天下了無分别;如不透者，呼韓稽首，屠耆接踵，猶是隋朝世界，天下未平也。某昏昧，諸賢高明，一一指示，勿使後人室裏猶有異同。”

### 同上書卷十三

洪尊光云:“財者，天地間至不平之物。古來帝王有患貧者，復有患富者。赧王有逃責之臺，始皇有渭南之宫，財自是天下不可少的。何以無財亦亡，多財亦亡?五衢衣弊，齊弱矣，桓公以沐枝買鹿而霸;朝歌鶴軒，衛敗矣，文公以訓農勸學而興。又似生財作用，不無異同者。杜祁公嘗言‘顯官作私計，即為致身之本。’岳武穆謂‘文臣不惜錢，便為太平之徵。’二語恰似，誰者當存乎?”

某云:“此則尊光自解，某所不識。”

# 陸世儀

### 撰，張伯行編:《思辨錄輯要》卷一，《小學類(節錄)》

射者，男子之所有事。故古者問射而不能，則辭以疾，以男子無不習射之禮也。今直以為鄙事矣，何怪乎？盜猖獗，卒無一人為國家分憂也。古者射以觀德，是於强有力之中又欲擇其德器，所謂殺人之中又有禮焉也。若尚力而不尚德，固非然。徒取志正體直，而射無濟於實用，亦用世者所不取。史稱岳武穆能左右射，少時讀之，不以為異。及長習射，乃知步射或可不必兼左右，至於騎射，則必不可不兼，盖敵自吾右来者，非左射不能中之也。周世宗與契丹戰，趙太祖謂張永德曰："公麾下士多能左射者，請乘高，出為左翼。"此其証也。

**同上書卷十七，《治平類（節錄）》**

四書五經中言兵處，如"教民七年，以不教民戰"，《易》之《師卦》，《書》之《步伐》，《詩》之《車攻》、《吉日》，以及聖賢、古今論矣。格言必有合於王者之道者，乃取法則法制，如《司馬法》、《李靖兵法》及《紀要新書》、《八陣發明》之類，術則智術，如《孫子兵法》，及古今史傳所紀攻戰之迹，令學兵者先知道，次學法，次論術，庶體用不殺而人才有造。戚少保制陣，深合古法，然常以五倍勝一倍，此用衆用弱之法也，正兵也；岳少保好野戰，無陣法，然能以背嵬破拐子，此用寡用強之法也，奇兵也。合二少保之長，可以言戰矣。

**同上書卷二十一，《治平類 禮（節錄）》**

凡古來節義名臣，如關侯、顔真卿、張廵、岳飛之屬，當在德行之列，小儒不知，二氏之桀者反得竊之以惑衆。在二氏，固為援儒入墨；在吾儒，未免推而遠之矣。

## 徐應秋

**撰：《玉芝堂談薈》卷五，《數有前定》**

唐開府儀同三司鄂國公尉遲敬德，宋少保鄂國公岳飛，明太子少保中書平章軍國重事鄂國公常遇春，三公皆封鄂國，皆驍勇善戰，又俱諡忠武。

# 王志慶

**撰：《古儷府》卷四，《政術部·恩赦（節選）》**

宋岳飛後昭雪謝表。青編塵乙夜之觀，白簡悟壬人之譖，誠既格於穹昊，福遂均於庶品。振憂矜寡，原眚宥裁。第五玉以褒封，善人是富；發三錢而慶賜，賤者不虚。天其居歆，人以呼舞。

# 徐𤇆

**撰：《徐氏筆精》卷四，《詩談·岳忠武詩》**

世傳岳忠武《滿江紅》詞，激烈悲壯，溢於言外。而忠武詩句有絶閒靜者，如《池州齊山翠微亭》云："經年塵土滿征衣，得得尋芳上翠微。好水好山看不足，馬蹄催趁月明歸。"又如"潭水寒生月，松風夜帶秋"，何必減唐人語。

**同上書卷五，《岳墓詩》**

古今題岳王墓者多矣，而佳者實未易得。元季韓古遺一篇，岳集未收，差有温李之調。詩云："妖星墜地芒角赤，劍龍悲吼國蕭瑟。中原王氣挽不回，將軍一死如毛擲。秦家小兒眞戲劇，播弄造化搖樞極。指讎為親奸且逆，隻手上遮天眼碧。九重茫茫隔天日，無由下燭臣愚直。臣愚萬死不足惜，國耻未湔猶憤激。古墳埋冤血空瀝，風雨年年土花蝕。我恐精忠埋不得，白日英魂土中泣。請將衰骨斲出荒苔痕，獻作吾王補天石。"

**同上書卷七，《錋鼎》**

嘉靖初，海虞王澄嘗獲一鼎，其識曰："維紹興丙寅三月己丑，太師秦公檜一德協濟，配兹乾坤，乃作錋鼎，賜家廟以奉時，祀子孫其永保。"是高宗所賜檜之所受者。澄鄙其事，乃即家山作萬松樓，祀岳武穆，而以鼎奉焉。【黄云："以秦鼎祀岳，恐岳未必饗也。"】

# 汪砢玉

## 撰：《珊瑚網》卷二十九，《書宋中興四將畫像後》

右宋中興四將，世稱“張、韓、劉、岳”。自王公、大人、士，下至牛童、馬走、妾婦、裨官之口，無不稱道其武勇忠義。君子恥沒世而無聞焉，寧不思景仰乎？然以其生平大節校之，則未免使人有慕有憾。自建炎初至紹興十二年，其戰陣之勇，英謀偉畧，功冠三軍。及其晚節末路：先是劉武僖罷兵為萬壽觀使，實紹興十二年六月也；至八月，岳鄂王亦為萬壽觀使，韓蘄王尋亦罷為醴泉觀使，繼而鄂王沒；至十二年十一月，張循王始以罪免充醴泉觀使。嗚呼！建炎、紹興之際，諸將竭忠，與金人力戰，十有餘年之間，幾復大業，卒為秦檜所困。使紹興二年，秦檜既免，榜其罪於朝堂，示不復用，自是而屏諸遠方，諸將戮力，恢復可圖矣。繼而再用檜，終以誤國，悲夫！然世稱四將齊名，不復論其優劣，得無憾焉？今以信史考之。蘄王性戆直，勇敢忠義。事關廟社，必流涕極言。嗜義輕財，與士卒同甘苦。深以和議為不然，抗疏極言檜誤國之罪。既罷，遂杜門以終。鄂王事親孝，家無姬侍。吳玠嘗飾名姝遺之，乃辭曰：“主上宵旰，豈大將安樂時耶？”却而不受。帝欲為之營第，辭曰：“金猶未滅，何以家為？”或問：“天下何時太平？”答曰：“文臣不愛錢，武臣不惜死，天下太平矣。”循王常問其用兵之術，答曰：“知、信、仁、勇、嚴，缺一不可。”其忠憤激烈，論議持正，卒以得禍。循王初贊檜，成和議約，盡罷諸將，獨以兵權歸己。及諸將已罷，和議已定，而居位無求去意。及江邈有言，乃求去。吁！循王握兵最早，屢立戰功。惜乎附檜，殺鄂王，為世所鄙薄矣。劉公在諸將為先進，然而律身不嚴，馭軍無法，不能事，方之韓、岳，不逮遠矣。嗚呼！世稱四將齊名，而優劣若此，不容不為之辨論。今指揮中齋蔡公得其畫像，慕其忠武，俾貞木識於右方。貞木窮鄉晚進，安敢輕議？謹攷事蹟，輒疏於後。中齋好賢禮士，博覽古今，其得是像，宜寶藏之。

洪武庚午八月，秋日，包山俞貞木敬書。

# 周嬰

**撰:《巵林》卷九**

史書佔畢曰:“世知仲尼文宣王，而蕭子良長孫稚亦皆文宣王也。延岑號武安王在壯繆前，劉嘉封漢中王在昭烈前，今但知玄德、雲長。劉仲謚魯哀公，朱建稱平原君皆在後，尤僻也。文宣見《路史餘》，並見兩《漢書》。又李光弼、岳飛俱謚武穆，岳與諸葛又俱謚忠武。”

……

《春明退朝録》曰:“樞密副使曹瑋、使相高懷德皆謚武穆，此固在李、岳間，若忠武之謚，何必岳、葛。魏司馬師，宋沈慶之、柳世隆、苻登、雍州刺史徐嵩，梁始興王憺，魏廣陽王琛、裴叔業，齊高昂、劉豐、破六韓常、劉貴、段韶，周王勵，唐尉遲敬德、郭子儀、李晟、渾瑊、韋皋，五代徐温，宋李繼隆、郭守文皆謚忠武，豈獨孔明、鵬舉乎?”

# 清

## 孫承澤

### 撰：《春明夢餘錄》卷二十，《帝王廟》

洪武元年祀三皇，用太牢，以勾芒、祝融、風后、力牧配。四年，今天下立三皇廟，歲春秋祭，已而祭於陵。是年，命禮官參考古帝王在中原安養人民者三十四君合祀之，擇名臣從祀。六年，上從禮官言，古帝王有父子祖孫合祀非禮，乃别立帝王廟，同堂異室祀。三皇五帝、禹、湯、文、武、漢高、光、唐高祖、太宗、宋太祖、元世祖，其守成賢君令所在有司祭於陵。七年，塑帝王衮冕坐像。上曰："伏羲神農，未有衣裳之制，勿加冕服。"二十年，以武成王從祀，去王號。二十一年，禮官擇歷代名臣始終全節者三十五人，請從祀。上曰："趙普負太祖，不忠，不可祀。元穆呼哩，安圖祖也，不可祀孫而去祖，可祀穆呼哩罷安圖，並巴延、阿珠勿祀。"又曰："漢陳平、馮異、宋潘美皆宜祀。"又曰："文王雖基周命，終守臣節。唐高祖有天下，本太宗也，可勿祀。祀於陵，增祀隋文帝。"是年，廟火改建於欽天山之陽，去隋文帝。又增帝王壇于大祀殿，以孟春從祀天地，惟仲秋祭於廟。嘉靖九年，罷南郊從祀，禮官請加南京廟春祭，上不從，令建廟京師，以歲仲春秋祭，罷南京廟祭。十年春，上祀之文華殿，是年廟成。殿中奉安太昊伏羲氏、炎帝神農氏、黄帝軒轅氏，東奉安帝金天氏、帝高陽氏、帝高辛氏、帝陶唐氏、帝有虞氏，西奉安夏禹王、商湯王、周武王，又東奉安漢高祖皇帝、漢光武皇帝，又西奉安唐太宗皇帝、宋太祖皇帝。東廡則風后、臯陶、龍伯益、傅説、召公奭、召穆公虎、張良、曹参為一壇；西廡則力牧夔、伯夷、伊尹、周公旦、太公望、方叔、蕭何、陳平為一壇；東之次則周勃、馮異、房元齡、李靖、李晟、潘美、岳飛、許遠為一壇；西之次則鄧禹、諸葛亮、杜如晦、郭子儀、曹彬、韓世忠、張浚、張廵為一壇從祀。是年，上親祭，修撰姚淶請罷元世祖，并從祀之臣穆呼哩等。凡歲仲春秋，太常寺題請遣大臣一員行禮四員分獻，凡子午卯酉之秋，上傳制遣樂舞生祭於陵，其年罷秋祭。

**同上書卷三十一，《戎政府》**

用兵之法，不測如陰陽，難知如鬼神，貴在臨期應變，難以一定而求。況敵騎趫捷，去來之間，如飄風驟雨，應敵之際，非勇無以挫其鋒，非智無以破其敵，必謀勇兼濟，可以成其功。岳飛有言："陣而後戰，兵家之常。運用之妙，存乎一心。"又曰："文官不愛錢，武官不惜死，天下太平矣。"

**同上書卷四十，《禮部二·正士習》**

崇禎十一年，黄道周糾楊嗣昌不守制疏。臣觀古今治績，其典章法度，雖受於先王，誼不敢改，至於事窮理極，亦時變通，以盡其神。惟綱常所係，為臣教忠，為子教孝，垂萬世憲，本於民彝，不可易也。禮三年之喪，君命不過其門，兵革鑿凶時出，戎右不施於士大夫。宋時武弁，如田況、岳飛，皆纍乞終制。

## 顧炎武

**撰《日知錄》卷九，《藩鎮（節錄）》**

宋代之患在於無藩鎮，岳飛說張所曰："國家都汴，恃河北以為固，苟馮據要衝，峙列重鎮，一城受圍，則諸城或撓或救，金人不敢窺河南，而京師根本之地固矣。"文天祥言本朝懲五季之亂，削除藩鎮，一時雖足以矯尾大之弊，然國以寖弱，故敵至一州則一州破，至一縣則一縣殘。今宜分竟内為四鎮，使其地大力衆，足以抗敵，約日齊奮，有進無退。彼備多力分，疲於奔命，而吾民之豪傑者，又伺間出於其中，則敵不難却也。嗚呼！世言唐亡於藩鎮，而中葉以降，其不遂并於吐蕃、囬紇滅於黄巢者，未必非藩鎮之力。宋至靖康而始立四道，金至興元而始建九公，不已晚乎。

**同上書卷十五，《武官丁憂》**

《晉書》言姚興下書，將帥遭大喪，非在疆埸險要之所皆聽奔赴，及期乃從王役。宋岳飛乞終母喪，以張憲攝軍事，步歸廬山。《元史》言成宗詔軍官除邊遠，出征其餘，遇祖父母父母喪，依民官例，立限奔赴。然則明制武官不丁憂，非一道同倫之義也。國史言洪武二十八年，蘭州衛指揮僉事徐遵等，以父及祖母病卒，奏乞扶柩歸葬鄉里，廷議勿許，上特可之。豈非求忠臣必於孝子之門者耶？

# 宮夢仁

**撰：《讀書紀數略》卷二十二**

中興四將【高宗時】

劉光世【鄜王】、張浚【循王】、韓世忠【蘄王】、岳飛【鄂王】。

章穎士四將傳

劉錡、岳飛、李顯忠、魏勝。

七王【中興將】

鄜王劉光世、蘄王韓世忠、鄂王岳飛、循王張浚、信王吴璘、涪王吴玠、和王楊沂中。

……

明帝王廟名臣三十七人：

風后，力牧，皐陶，夔，龍，伯夷，伯益，伊尹，傅説，周公，召公，太公，召虎，方叔，張良，蕭何，曹參，陳平，周勃，鄧禹，馮異，諸葛亮，房玄齡，杜如晦，李靖，李晟，郭子儀，曹彬，潘美，韓世忠，岳飛，張俊，木華黎，博爾忽，博爾木，赤老溫，伯顔。

# 王士禛

**撰：《池北偶談》卷七，《鄂州羅願》（擬題）**

宋鄂州知州羅願，以父汝楫為御史時，常附秦檜論岳武穆，不敢入武穆廟。一日，自念吾政善，姑往祀之，再拜，遂卒。鄂州廩廩，為乾道淳熙間名臣。其卒，朱子尤痛惜之，恨未見其止。鄂人感其德，為之圖像以祀。歐陽宜諸曰："願素行無愧於侯，其卒也未必侯所為意者。善惡之報，不於其身，則於其子孫。欒盈非為汏，而受欒黶之惡，以殺其身，亦理之或然者。"予謂羅公賢者，以其父之搆陷武穆，而又近於其廟，愧恨不敢入，五内切剝久矣。一旦瞻其遺像，大命遂傾。惜哉！小人之子孫。惟宜愚不肖耳。稍賢智，則其苦皆若鄂州，求死不得也。【按元鄭師山玉序《鄂州小集》，以為南渡後，文章有先秦、西漢之風者。新安二羅，大羅名頌，嘗知郢州，小羅名願，即鄂州也。字端良，號存齋，乾道二年進士，《爾雅翼》即其所著也。】

**同上書卷八，《王東皋》**

湯陰王東皋【伯勉】官文選郎中，清介有執持，為本朝吏部第一。嘗語同官尹瀾柱源進曰："宋岳忠武王，吾湯陰人也。王之言曰'文官不愛錢，武官不怕死'，吾生平服膺斯言，惟求無愧耳。"又曰："作吏部無他才能，只須守定'不愆不忘，率由舊章'八字。"

**同上書卷九，《秦檜復謚》**

宋寧宗嘉泰四年，追封岳飛為鄂王；開禧二年，追奪秦檜爵，謚謬醜。此天下萬世公議。然實韓侂胄欲用兵，而先有此舉也，乃邊釁既開，又誅侂胄以媚敵，遂復秦檜爵謚，則誖矣。

**同上書同卷，《李忠定公》**

《世史正綱》於李忠定公歿，書觀文殿大學士隴西公李綱卒，於張浚則不書。又引何彥澄家藏朱晦翁墨蹟一帖云："十年前率爾記張魏公行實，當時只據渠家文字草成，後見他書所記多不同，常以為恨。"揭傒斯云："宋之不能中興，由張浚之逐李綱、殺曲端、引秦檜、殺岳飛也。"《中興宋鑑》云："張魏公有不可解者二：力攻李忠定而寧與汪黄同朝，維揚之變，國危矣，曾微一言聲時相之咎，一不可曉也；力引奸檜使至得政，而寧與趙忠簡語不相下，二不可曉也。《中興大事記》云，使浚移其攻忠定之筆而攻汪黄，豈不快公議哉。浚徒以有子南軒，至今稱為正人，無識者至比之武侯，謬矣。江右鄧左之履中著張浚不當從祀，辨語載前卷中。"

**同上書卷二十三，《秦羅子孫》**

《說聽》載秦檜裔孫某宰湯陰，綽有政聲。每欲謁忠武祠，輒逡巡弗果。將及爪，謂同僚曰："少保雖與先世有惡，豈在後嗣耶？且吾守官，無愧神明，往謁何害！"遂為文祭之，拜不能起，嘔血數升而死。事在嘉靖初年，魏莊渠提學河南歸，為所親言之。此與宋御史羅汝楫子、鄂州知州願事全相類。汝楫附秦檜劾忠武。願即著《爾雅翼》以古文名，朱子稱為南渡第一者也。

**同上書同卷，《南宋國學》**

南宋國學，即岳忠武王故第。其土地祠在東南隅，神即忠武也，封號曰“正顯昭德孚忠英濟侯”，見《夢粱録》。又云景靈宫，即韓蘄王賜宅。

**同上書卷二十五，《岳陽改名》**

《宋史》：秦檜既殺岳忠武，以岳州與其姓同，改岳州為純州，岳陽軍為華陽軍。其忮刻穿鑿至此。

**撰：《分甘餘話》卷二**

韓蘄王、岳鄂王，皆有背嵬軍。范石湖云：“燕中謂酒瓶曰‘嵬’，其大將酒缾皆令親隨人負之，故號‘背嵬’。韓、岳取其名以名親軍爾。”

**同上書卷三**

余昔為禮部郎時，同官吳興沈郎中雲中令式、内江岳員外石齋貞以事閧於堂，諸君解之不可得。余後至，笑曰：“僕魯仲連先生鄉人也，欲吟一詩，為二君解紛可乎？”因吟曰：“長鎗大劍日紛紛，誰識毛錐亦策勳。今日東陽逢瘦沈，公然來撼岳家軍。”諸君皆一笑而罷。

……

余常謂古今冤獄，首漢淮陰，次則明傅穎公耳。康熙丙子，被命祭告西嶽，道出井陘，有詩云：“少日紛多慨，龍門太史書。刼殘秦復趙，齒冷耳兼餘。詎有無雙士，而師李左車。到頭鐘室恨，功狗竟何如？”又甲子，奉命祭告南海，過定遠，弔傅公云：“躍馬千山外，呼鷹百戰塲。平蕪何莽蒼俱上聲，雲氣忽飛揚。寂寂通侯里，沈沈大澤鄉。潁川湯沐盡，空羡夥頤王。”蓋陳涉亦産此地，故結句云然。昔人云秦少恩哉。吾於漢、明二祖亦云。若宋文帝之殺檀道濟，北齊高洋之殺斛律光，宋高宗之殺岳忠武，明世宗之殺夏言、曾銑，又各有斷案爰書也。

**撰：《居易錄》卷一**

江盈科進之某中咏張浚一絶句云：“禹聖安能蓋鯀凶，曲端冤與岳飛同。何人為立將軍廟，更把頑金鑄魏公。”予昔於慈仁寺市覩浚墨蹟，極劣。因題一詩跋其後云：“巴西白骨接符離，二十年中幾喪師。太息長城君自壞，軍中空卓曲端旗。”宋岳侍郎珂著《桯史》，述曲端本末甚詳。

**同上書卷十七**

崔文敏公《後渠漫記》云：“《宋史》濫矣，誤國之臣，亂真之儒，後猶有稱述之者，道其不明矣。夫王安石之變法，其弟安國諫之不從，乃哭於影堂曰：‘吾家必滅門。’蓋知其必亡宋也一；張浚出師，與高宗克日復中原，岳飛曰：‘相公睡語耶？’遂忌岳，陷之。高宗謂趙鼎曰：‘浚措置三年，竭民力耗國用，何嘗復尺寸之土？朕寧亡國不用此人。’浚又上疏言兵，高宗曰：‘浚用兵天下皆知之，富平、淮西兩敗矣。今又生事，乃下永州之命。’史氏皆咎其君之不用浚也，非實也。”

**同上書卷二十二**

予嘗疑晦菴議論多偏，讀《灼艾集》，益信其言，曰：“朱文公談道著書，百世宗之。愚觀其評論古今人品，誠有違公是而遠人情者。王安石引用姦邪，傾覆宗社，元惡大憝也，乃列之《名臣錄》，稱其道德文章。夫文章可也，焉有引用姦邪，而可名為道德耶？蘇文忠公文章、忠義，古今所共仰也，乃極詆之，謂‘得行其志，其禍甚於安石’。以安石之姦，則末減其已著之罪；以文忠之賢，則巧索其未形之瘢。不特此也。秦檜之姦，人皆欲食其肉者也，乃稱其有骨力；岳忠武之死，人盡為垂涕者也，乃譏之為横。漢儒董、賈之流，皆議其疵。匡衡之言頗純粹無疵，則云‘匡衡好懷挾’。其不成人之美例如此，以至諸葛忠武侯則名其為申、韓，陶靖節則譏其為莊、老，韓文公則文致其大顛往來之書，亹亹千言，必使之不為全人而後已。古人云：‘君子當於有過中求無過，不當於無過中求有過。’《朱子語錄》論人，皆於無過中求有過者也云云。”

**撰：《香祖筆記》卷一**

皇上前歲翠華南幸，命修岳飛之墓，賜題于謙之碑，誠以此二臣者忠貫日月，義壯山河，故特表而揚之，以風示天下。夫善在必彰者，則惡在所必癉。

**同上書卷十一**

古來武人能詩，如宋沈慶之：“微生遇多幸，得逢時運昌。朽老筋力盡，徒步還南岡。辭榮此聖世，何愧張子房。”梁曹景宗：“去時兒女悲，歸來笳鼓競。借問行路人，何如霍去病。"北齊斛律金："敕勒川，陰山下。天似穹廬蓋四野。天蒼蒼，野茫茫。風吹草低見牛羊。"高敖曹："壠種千口羊，泉連百壺酒。朝朝圍山獵，夜夜迎新婦。"唐王智興："三十年前老健兒，剛被郎官遣作詩。江南花柳從君詠，塞北煙霜獨我知。"宋曹翰："三十年前學六韜，英名常得預時髦。曾因國難披金甲，不為家貧賣寶刀。臂健尚嫌弓力軟，眼明猶識陣雲高。堂前昨夜秋風起，羞覩盤花舊戰袍。"岳鄂王飛："潭水寒生月，松風夜帶秋。"明郭定襄登："甘州城西黑水流，甘州城北邊雲愁。玉關人老貂裘敝，苦憶平生馬少游。"湯胤勣："苜蓿含花草露斑，奚奴攓攓出沙灣。塵飛大夏三千里，泥滿東風十二閑。直內銅符初上繳，征西鐵甲未東還。可憐絶代賢王手，少畫漁陽阿犖山。"戚武毅繼光："畫角聲傳草木哀，雲頭對起石門開。朔風邊酒不成醉，落葉歸鴉無數來。但使玄戈銷殺氣，未妨白髮老邊才。勒名峯上吾誰與，故李將軍舞劍臺。"右偶舉數篇，皆見英雄本色，有文士所不能道者。又如宋之劉涇、賀鑄、韓蘄王世忠，明之沐昂、俞大猷、李言恭、萬表、陳第輩，不可枚舉，孰謂兜鍪之流，衹解道"明月赤團團"也。唐高崇文"誰把鶻兒射鴈落，白毛空裹亂紛紛"，雖俚語，亦不凡，可竝謝胡撒鹽之句。

**同上書卷十二**

杭州臬署本宋岳忠武王宅，東偏有王祠。祠後又有一祠，竝祀文信國及元巴延，養濟院則祠嚴嵩為土地，皆不知起於何時。

# 李光地

**徐用錫、李清植輯：《榕村語錄》卷二十**

聖人說經綸大經是一段，"肫肫其仁"所發，實是從化育中出來的。聖人所言所行，都是為此。吾輩聞有人呼風喚雨卻不生景仰心，聞得忠臣孝子可師可法，便心悅誠服即此，便見得天地之心，亦是如此。左慈、周顛仙、冷謙，殺亦殺他不死，岳武穆被秦檜一殺便死，然今卻不羨慕左慈、周顛仙、冷謙，而景仰武穆。左慈果是手段大，何不除了曹操，別推個賢臣輔漢？顛仙亦不能除陳友諒，終須洪武動兵，可知此種毫無所用，就是畫一道符、誦幾句咒，拘得鬼來，亦只是未散呆魂。

問："咒何以能拘鬼？"

曰："朱子說得好，公既信佛，鬼即公輩，如何不信？今有一異狀之僧，便傾城往觀，施舍駢雜，這些人死了，如魂魄不散，自然還是如此。須知幽明人鬼一也。看得極平常，方是道理。高一邊的人說世無鬼，低一邊的人說是事皆鬼為政，聖人說道理，因拈'中庸'二字最妙。"

**同上書卷二十一**

《宋史》應重為之，三百餘年人物，實過前代，卻蕪蔓若此，豈不可惜？作史要有剪裁，我輩生在後代，便要依傍彼時人品學問之可信者，如《朱子語類》、文集、言行録，極是要緊書。某自幼聞得長老言，朱子說秦檜有中興之功，岳武穆强横，即任之果專，亦恐不能成功。及後讀朱子書，何嘗有此？此乃瓊山乖異之說也。朱子到淛東，即檄毁秦檜祠。門人問中興諸人有在岳侯上者否，朱子尋思有間，曰："次第無人。"如此痛惡推服，乃以瓊山之論加之，何妄誕至此。但是朱子有褒貶過，便當依他，只有張德遠卻要斟酌。魏延、楊儀，不過有才，武侯尚終身愛護，南渡人物以李忠定、岳武穆為最德，遠乃彈劾忠定，與武穆亦嘗有隙，卻是為何？班史有可為萬世法者，《史記》内不必改的，《漢書》即全用之。今如要傳濂溪、明道、伊川，豈能加於朱子？有不備者論贊中增之可耳。言行録成，朱子悔之曰："黄魯直孝行敦篤，惜未入。"然存此語，已與入同。

**同上書卷二十二**

武穆歸來時，風色已可見，入作樞密何如？且韜晦自全，如王沂公之於丁謂，徐文貞之于嚴嵩，忍耐以待其變。大抵君子欲攻小人，則小人之黨必固，不如且放鬆，其黨必自相攻擊，乃可相機而動。

古今兩大恨，秋風五丈原一也，金牌十二道二也，一天為之，一人為之。武侯正命猶可，武穆直枉死牢獄，且並其子戮于市曹。然至今，三尺童子莫不知尊武侯、武穆，亦莫不切齒秦檜。人心即是，天心可知，及身之事，乃氣數之雜耳。敝鄉蔡京子孫，都認作忠惠公子孫；吕惠卿子孫，俱不肯認惠卿為祖。有子孫而滅絶，然則天之性其可違乎？

門人問："中興將帥還有在岳侯上者否？"朱子凝神良久，曰："次第無人。"所貴于聖賢者，以其言可信，使人物事蹟千載下據以得其實耳。武穆死時，朱子已廿餘歲，豈有見聞不確者？丘瓊山說秦檜有存宋之功，武穆不死，亦未必能平金人。後人錯記，或指作朱子語，可笑之甚。

張德遠為宋齊愈劾去李忠定，齊愈何人也？乃首出張邦昌姓名，擁戴邦昌者。自是忠定終於不起，而宋祚遂終於臨安。後又不喜武穆，全是私意。雖朱子為作行狀，不敢謂非徇南軒情面也。問：“此亦可見南軒差處。父既官至將相，功罪須付之史官，與士大夫公論，何用粉飾表暴？”曰：“然程子於大中，朱子於韋齋，毫無溢美。大中當承平之世，不汲汲仕進，一見茂叔，即知為非常人，遣子從學，是何等人品？韋齋獨先排擊秦檜，是何等氣節？而其子不多稱焉。蓋如此，然後人信之。若裝點些無實之事，人便非笑。然則非自非笑，其父也一間耳。禹言四凶，舉其三，諱父惡也，道理不過如是而止。是非者，天下之公，非可以私情移也。”錫曰：“此事流弊甚遠，馴至於今。守身、誠身都不講，甚至供養俱不周。惟于親死之後，架空撰為志狀，或經營入鄉賢祠，便以為孝子尊親之至，以致學宫之内儈伍叢雜，賢者恥與為列。迺知道理一錯，其弊有不可言者。”先生曰：“然魏公後亦復薦忠定。魏公得罪，忠定亦救之。大抵魏公尚是正經人，但糊塗太甚耳。”

# 李光地　熊賜履 等

**纂：《御纂朱子全書》卷六十二**

問：“岳侯若做事，何如張、韓？”

曰：“張、韓所不及，却是他識道理了。”

又問：“岳侯以上者，當時有誰？”

曰：“次第無人。”

**同上書卷六十三**

過到温陵，回以所聞岳侯對高廟“天下未太平”之問，云：“文臣不愛錢，武臣不惜命，天下當太平。”告之先生之前，只笑云：“後来武官也愛錢。”【以上《語類》二十四條。】

# 張英　王士禎 等

**纂：《御定淵鑑類函》卷三十一，《地部九・泉・温泉・冰》**

泉二（節録）

《一統志》云："度軍泉在揚州府如臯治西，地名聖井欄。泉雖淺而不竭，擊其欄則大溢出。昔岳飛經略通泰，領兵過此，數千人飲之，泉亦如故，因名為度軍井。元淮南王聞其異，取欄置庭中。"

**同上書卷八十七，《設官部二十七·樞密院總載一（節錄）》**

《增文獻通考》曰："唐代宗永泰中，置内樞密使，始以宦者為之，初不置司局，但有屋三楹，貯文書而已。其職掌惟承受表奏，於内中進呈，若人主有所處分，則宣付中書門下施行而已。後僖、昭時，楊復恭等欲奪宰相權，乃於堂狀後帖黄指揮公事，此其始也。後梁革唐世宦官之弊，開平元年，改樞密院為崇政院，命敬翔為使，始更用士人，其備顧問，參謀議于中則有之，未始專行事於外也。唐莊宗同光元年，復以崇政院為樞密院，命宰臣郭崇韜兼使，又置院使一人，權侔宰相矣。晉天福中，以桑維翰知樞密院事。四年，廢樞密院。開運元年復置，以宰臣桑維翰兼使。周顯德六年，范質、王溥並參知樞密院事。宋朝，樞密院與中書對持文武二柄，號為二府院。在中書之北，印有東院、西院之文，而共為一院，但行東院印。建隆元年，以魏仁浦、吴興祚為樞密使，趙普為副使，周末闕副使，至是始置。太平興國四年，以石熙載為樞密直學士以簽書院事。直學士六人，備顧問應對，然未嘗盡除，簽書之名始此。淳化三年，以張遜知院事，温仲舒、寇準同知院事，同知院之名始此。治平中，以郭逵同簽書院事，同簽書之名始此。舊制樞密院有使則置副使，有知院則置同知，如置知院則當為副使者，皆改同知，若置使則同知復改為副使。熙寧元年，文彦博、吕公弼為使，韓絳、邵亢為副使，時陳升之三至樞府，神宗欲稍異其禮，乃以為知院，於是知院與使副並置矣。元豐改官制，議者欲廢密院歸兵部，神宗不從。然以密院聯職輔弼，非出使之名，乃定置知院、同知院二人，餘悉置職事，多所釐正，細務分隸六曹，專以兵機、軍政為職。而契丹國信民兵牧馬猶總領焉。中興初，有知院、同知院、簽樞、同簽樞，不置樞密使、副使。紹興七年，秦檜首復除樞使，王敏節副之。既而張、劉二將並除樞密使，岳飛副之。合典矣，近歲樞使其副止稱同知，蓋相承之誤。

**同上書卷九十二，《設官部三十二·大理卿四》**

言岳飛無罪

《山堂肆考》曰："宋秦檜矯詔下岳飛於大理獄，大理卿薛仁輔、寺丞李若樸、何彦猷皆言其無罪。"

**同上書卷一百一，《設官部四十一・將軍總載二》**

岳飛神算

《山堂肆考》曰："宋紹興中，賊楊幺敗官軍於鼎江。詔授岳飛清遠軍節度使討之，復命張浚視師潭州。飛已招降幺黨黄佐，將欲討幺，會朝議召浚還防秋。飛曰：'都督能少留，八日可破賊。'浚曰：'何言之易耶？'飛遂如鼎州，黄佐招楊欽來降，欽又說全忠、劉銑來降。飛詭罵欽，復遣去。是夜，掩賊營降其衆數萬，幺赴水死，果八日而捷書至潭。浚歎曰：'岳侯神算也。'"

**同上書卷一百七，《設官部四十七・都統一副都統統制附（節選）》**

建炎元年，置御營司，遂擢王淵為都統制，都統制名官自此始。大槩南渡置統制，一則兵興稱謂不一，諸路起兵有自稱統制者，州縣管押勤王兵者，亦有稱統制者，諸道都總管及諸司便宜差統制者。建炎初並罷，惟中都主兵朝廷差充統制者仍舊。紹興初，諸大將改為行營五護軍。四年，吳玠升宣撫副使，其弟為右護軍都統制。十一年，韓世忠、張浚、岳飛除樞密使副使，罷宣撫司，其統領將副，並改充御前，隸樞密院，各帶御前字入銜。其兵馬就令所部統制官節制，而都統皆以屯駐名冠軍額之上，獨川陝如故。恩數畧視，三衙權任在帥臣之右，官卑者稱副都統制，設屬有計議機宜幹辦公事準遣。

**同上書卷一百九，《設官部四十九・招討使一 副招討使附（節錄）》**

《玉海》曰："慶曆元年，詔陝西經畧招討使夏竦屯鄜州。熙寧八年，命趙卨為安南道經畧招討使。建炎四年，李成圍江州，以張俊為江南路招討使。紹興五年，岳飛為湖北襄陽招討使。十年，烏珠犯三京，以韓世忠、張俊、岳飛兼河南北招討使。三十一年，以陝西、河東命吳璘，京東、河北東路命劉錡，京西、河北西路命成閔為使，蓋遥領其地。十一月，又命吳拱、李顯忠。隆興元年，李顯忠為淮南、京畿、京東、河北招討使，邵宏淵副之。"

**同上書同卷，《設官部四十九・宣撫使一（節錄）》**

紹興三年，劉光世以使相宣撫淮南，武臣非執政而為之自此始。二年，李光發以端明殿學士為壽春等州宣撫使，文臣非執政而為之自此始。然自紹興至嘉泰，武臣止劉光世、韓世忠、張俊、岳飛、吳璘，從官止李光發、王伯似二人，蓋重之也。

**同上書卷一百二十四，《政術部三·辭官一》**

《經濟類編》曰："岳飛好賢禮士，覽經史，雅歌投壺，恂恂如書生。每辭官必曰：'將士効力，飛何功之有？'"

**同上書卷一百五十，《政術部二十九·寃獄三》**

訟岳飛寃

宋秦檜矯詔下飛與子雲大理獄，命中丞何鑄、大理卿周三畏鞫之。飛裂裳以背示，鑄有"盡忠報國"四字，鑄察其寃，白檜。檜語塞，乃改命諫議大夫万俟卨。飛坐係兩月，無可證者，或教卨以臺章所指淮西逗留事為言，又使于鵬、孫革等證飛逗留，命評事元龜年取行軍時日雜定之，傅會其獄。大理卿薛仁輔等皆言岳飛無辜，不聽。一日，檜手書小紙付獄，即報飛死矣。佈衣劉允升上書訟岳飛寃，下大理獄死。

**同上書卷一百七十一，《禮儀部十八·先代帝王名臣祠一》**

二十一年，定歷代名臣，從祀帝王廟，以宋趙普負太祖，約為不忠，不可從祀。元臣穆呼哩、於安圖為祖，不可以孫從祀而去其祖，可祀穆呼哩而罷安圖。既祀巴延，阿珠亦不必祀，於是擇始終全節。風后、力牧、臯陶、夔龍、伯夷、伯益、伊尹、傅說、周公旦、召公奭、太公望、召虎、方叔、張良、蕭何、曹參、陳平、周勃、鄧禹、馮異、諸葛亮、房玄齡、杜如晦、李晟、郭子儀、曹彬、潘美、韓世忠、岳飛、張浚、穆呼哩、博勒呼、博勒濟、齊拉袞、巴延三十五人從祀。

**同上書卷二百十一，《武功部六·征伐二》**

又曰："紹興中，岳飛奏：'臣願提兵進討，順天道，因人心，以曲直為老壯，以順逆為強弱，萬全之効可必。'"

**同上書卷二百十二，《武功部七·攻戰一》**

《宋史》曰："岳飛遷秉義郎，隸留守宗澤。澤大奇之曰：'爾勇智才藝，古良將不能過。然好野戰，非萬全計。'因授以陣圖。飛曰：'陣而後戰，兵法之常。運用之妙，存乎一心。'"

**同上書同卷，《武功部七・攻戰二》**

又曰："紹興初，偽齊遣李成挾金人入侵，帝命岳飛為之備。飛趨襄陽，成迎戰，左鄰襄江。飛笑曰：'步兵利險阻，騎兵利平曠。成左列騎江岸，右列步平地，雖衆十萬，何能為鞭。'指王貴曰：'爾以長槍步卒擊其騎兵。'指牛臯曰：'爾以騎兵擊其步卒合戰。'馬應槍而斃，後騎皆擁入江，步卒死者無數，成夜遁，復襄陽。"

**同上書卷二百十三，《武功部八・水戰二》**

《宋史・岳飛傳》曰："飛招捕楊幺，幺負固不服，方浮舟湖中，以輪激水，其行如飛，旁置撞竿，官舟迎之輒碎。飛伐君山木為巨筏，塞諸港汊，又以腐木亂草浮上流，而下擇水淺處遣善罵者挑之，且行且罵。賊怒來追，則草木擁積，舟輪礙不得行。賊奔港中，則為筏所拒。官軍乘筏，張牛革以蔽矢石，舉巨木撞，其舟盡壞。幺投水，牛臯擒斬之。"

**同上書卷二百十七，《武功部十二・軍刑二》**

《宋史・岳飛傳》曰："飛行軍嚴肅，卒有取民麻一縷以束芻者，立斬以狥。"

**同上書卷二百十九，《武功部十四・單車入賊一》**

《宋史・岳飛傳》曰："黄佐降岳飛，單騎按其部。拊佐背曰：'子知逆順者果能立功，封侯豈足道。欲復遣子至湖中，視其可乘者擒之，可勸者招之，如何？'佐感泣，誓以死報。"

**同上書卷二百二十，《武功部十五・受降一》**

又曰韓世忠既平范汝為，旋師永嘉，若將休息者，忽由處，信徑至豫章，連營江濵數十里，羣賊不虞其至，大驚。世忠因使董牧招曹成，成方為岳飛所廹，乃率衆降，得戰士八萬，遣詣行在。

**同上書卷二百二十一，《武功部十六・旋軍二》**

《宋史・岳飛傳》曰："飛方指日渡河，而秦檜欲畫淮以北棄之，風臺臣請班師。飛奏金人鋭氣沮喪，盡棄輜重，疾走渡河，豪傑向風，士卒用命，時不再来，機難輕失。檜知飛志鋭不可囘，乃先請張俊、楊沂中等歸，而後言飛孤軍，不可久留，乞令班師，一日奉十二金字牌。飛憤惋泣下，東向再拜曰：‘十年之力，廢於一旦！’飛班師，民遮馬慟哭，訴曰：‘我等戴香盆、運糧草，以迎官軍。金人悉知之相公去，我輩無噍類矣。’飛亦悲泣，取詔示之曰：‘吾不得擅留。’哭聲震野。飛留五日，以待其徙，從而南者如市，奏以漢上六郡閒田處之。

**同上書卷二百二十二，《武功部十七·救援一》**

又曰金齊合兵圍廬州，守臣仇愈嬰城固守，求援於岳飛。飛遣牛皋、徐慶援之。皋至，遥語金將曰：“牛皋在此，爾輩胡為見犯！”衆愕然，不戰而潰。

**同上書卷二百二十七，《武功部二十二·旌旗三》**

揭山東魏勝 書精忠岳飛

《宋史·魏勝傳》曰：“勝善用大刀，能左右射，旗揭曰‘山東魏勝’，金人望見即退走。勝為旗十数，書其姓名，密付諸將，遇鏖戰即揭之，金兵悉避走。”宋史岳飛傳曰：“飛入見高宗，帝手書‘精忠岳飛’字，製旗以賜之。”

**同上書卷二百六十六，《人部二十五·言語二》**

又曰宗澤授岳飛陣圖，飛曰：“陣而後戰，兵法之常。運用之妙，存乎一心。”澤是其言，飛由此知名。

**同上書卷二百六十九，人部二十八·忠二**

《宋史·岳飛傳》曰：“秦檜以飛終梗和議，力謀殺之。以諫議大夫万俟卨與飛有怨，諷卨劾飛，又諷中丞何鑄、侍御史羅汝楫交章彈論。檜志未伸，又諭張俊，令劫王貴，誘王俊誣告張憲謀還飛兵，檜遣使捕飛父子證張憲事。使者至，飛笑曰：‘皇天后土，可表此心！’初命何鑄鞫之，飛裂裳以背示鑄，有‘盡忠報國’四大字，深入膚理。”

《韓世忠傳》曰：“世忠性戇直，勇敢忠義，事關廟社，必流涕極言。時岳飛寃獄，舉朝無敢出一語，世忠獨能攖檜怒。”

**同上書卷二百七十三，《人部三十二·義二》**

《岳飛傳》曰：“飛學射於周同，盡其術，能左右射。同死，朔望設祭於其家，父義之曰：‘汝為國用，其徇節死義乎！’”

**同上書同卷，《人部三十二・義感二》**

《岳飛傳》曰：“飛除荆湖南北襄陽路招討使，太行山忠義社梁興等百餘人慕飛義，率衆来歸。”

**同上書卷二百七十六，《人部三十五・恭敬二》**

《岳飛傳》曰：“師至廬州，金兵望風遁。飛還兵於舒，以俟命。帝賜札，以飛小心恭謹，不專進退為得體。”

**同上書同卷，《人部三十五・智二》**

入智謀先見

《宋史・岳飛傳》曰：“張所問曰：‘汝能敵幾何？’飛曰：‘勇不足恃，用兵在先定謀，欒枝曳柴以敗荆，莫敖採樵以致絞，皆謀定也。’所矍然曰：‘君殆非行伍中人。’”

**同上書卷二百七十七，《人部三十六智・聰敏・智四》**

入智謀先見・岳侯神算

《宋岳飛傳》：飛移屯鄂，命招捕楊幺。張浚以都督軍事至潭，飛袖闗示浚，曰：“已有定畫。都督能少留，八日可破賊。”浚許之。果八日而賊平，浚歎曰：“岳侯神算也。”

**同上書卷二百八十一，《人部四十・正直二》**

《韓世忠傳》曰：“岳飛寃獄，舉朝無敢出一語，世忠獨攖檜怒，又抵誹和議，觸檜尤多。”

**同上書卷二百八十三，《人部四十二・勇二》**

岳飛傳曰：“飛生有神力，未冠挽弓三百斤，弩八石，學射於周同，盡其術，能左右射。”

**同上書卷二百八十四，《人部四十三・壯二》**

《岳飛傳》曰：“飛屢敗金兵，金將王鎮、崔慶及韓常等皆以衆内附。飛大喜，語其下曰：‘直抵黄龍府與諸君痛飲耳！’”

**同上書同卷，《器物部三·甕三》**

原坐岳飛 置胡廣

《宋史》云：“岳飛生未彌月，河決内黃，水暴至。母姚抱飛坐甕中，衝濤及岸得免，人異之。”

《世說》云：“胡廣本姓黃，五月五日生，父母惡之，乃置甕投於江湖，見瓮流下。人聞兒啼，取兒養之，遂位登三司。廣不持本親服，云：‘本親以我為死人，深譏之。’”

**同上書卷三百九，《人部六十八·施饋二》**

宋岳飛家無姬侍，吳玠遺名姝結驩。飛曰：“主上宵旰，豈大將安樂時耶?”

**同上書卷三百十二，《人部七十一·報讎》**

薛季宣《周將軍廟觀岳侯石像詩》：“萬死何如獄吏尊，威名蓋代古難存。二桃豈為功高賜，一舸不容身退論。幾為飲江思道濟，繆為圖像削王敦。沉碑千古蛟川恨，留與無窮客斷魂。”

**同上書卷三百四十五，《居處部六·宅舍二》**

又曰：“紹興三年，詔南班宗室新第，以睦親為名。”《山堂肆考》曰：“岳少保宅在杭州治北，郡人即其地立廟祀之。廟有井，相傳飛被害時，有女尚幼，挾銀缾投井而死，故廟並祀焉。”

**同上書卷四百三十三《獸部五·馬二》**

《綱目》曰：“岳武穆常入見，帝從容問曰：‘卿得良馬否?’答曰：‘臣有二馬，日啗芻豆數斗，飲泉一斛，然非精潔即不受。介而馳，初不甚疾，比行百里奮迅，自午至酉，猶可二百里，褫鞍甲而不息不汗。此其受大而不苟取，力裕而不求逞，致遠之材也。不幸相繼以死，今所乘者，日不過數升，而秣不擇粟，飲不擇泉，攬轡未安，踴躍前驅，甫百里，力竭汗喘，殆欲斃然。此其寡取易盈，好逞易窮，駑鈍之材也。’帝善其言。”

**同上書卷四百三十六，《獸部八·豕二》**

《夷堅志》曰：“岳飛門僧惠清言：‘岳微時居相臺，為市遊徼，有舒翁者善相術，嘗密謂之曰：“君乃豬精也，精靈在人間，必有異事。然豬之為物，未有善終，必為人屠宰。君如得志，宜早退步。”岳笑，不以為然。後秦檜下岳於大理獄，周三畏鞫之。遇夜，周往間行至鞫所，一夕，月微明，見古木下一物，似豕而角。周疑惑却步，此物徐行入獄旁小祠而隱。經數夕，復往，月甚明，又見前怪首上有片紙，書“發”字。’”

# 韓菼 等

### 編纂：《御定孝經衍義》卷八十二

岳飛為宣撫副使，置司襄陽。居母憂，降制起復，飛扶櫬還廬山，連表乞終喪，不許，累詔趣起，乃就軍。飛至孝，母初留河北，遣人求訪迎歸。母有痼疾，藥餌必親。母卒，水漿不入口者三日。

### 同上書卷八十九

或問岳飛天下何時太平？飛曰：“文臣不愛錢，武臣不惜死，天下太平矣。”張俊嘗問用兵之術，曰：“仁、智、信、勇、嚴，闕一不可。”飛好賢禮士，覽經史，雅歌投壺，恂恂如書生。

臣按：如飛者，豈特古之名將罕及？抑古之純臣也。讀書知義理者，亦求如是已矣。“文臣不愛錢，武臣不惜死”，蓋痛乎其言之。然武臣之莫肯盡死，大半始於文臣之愛錢，沮抑其氣，而啓其心，彼固積毒而亦有所輕於我也。故夫貪者，誠禍亂之根也，為人臣者能以此二言為戒，何憂太平之無時哉？

# 閻若璩

### 撰：《潛邱劄記》卷一

湯胤勣，字公讓，東甌襄武王曾孫也。有問古名將者，胤勣以張巡、岳飛為第一。其人曰：“岳將軍則聞命矣，張睢陽何如人？”胤勣瞋目曰：“子不觀其對令狐潮之語乎？卿未識人倫，焉知天道，自唐以下，誰有為此語者？”其所見如此。

**同上書卷三**

紀陟有言：“疆界雖遠，險要必争之地，不過數四。猶人六尺之軀，要害亦數處耳。大江之南，上流之要害，江陵、武昌、襄陽、九江是也。江水源於岷山，下夔峽，而抵荆楚，則江陵為之都會。嶓冢導漾，東流為漢，漢沔之上，則襄陽為之都會。”諸葛亮謂荆州北據漢沔，利盡南海，東連吳會，西通巴蜀，此用武之國也。沅湘諸水，合洞庭而輸之江，則武昌為之都會。豫章、西江與鄱陽之浸，匯於湓口，則九江為之都會。昔人言，天下之勢，秦蜀為首，東南為尾，中原為脊。周瑜語孫權曰：“據襄陽以蹙操，北方可圖也。”庾翼謂襄陽西接梁益，與關隴咫尺，北去河雒不盈千里，進可以掃蕩秦越，退可以保據上流。岳飛謂襄陽等六郡為恢復中原基本，此用荆襄以制中原之策也。孫氏奄有公安、江陵，都武昌、鄂州，江南已定，遂定都建業。江左以来，但有揚、荆、湘、江、梁、益、交、廣，荆、揚二州為天下根本。陸抗有言：“無江陵是無荆州也，無荆州是無吳也，江陵有急，當傾國争之。”是故江淮所恃以為藩籬者，江陵也；江陵所恃以為唇齒者，襄陽也。此用荆襄以固東南之策也。

# 張玉書　陳廷敬 等

**撰：《御定佩文韻府》卷五之二，《上平聲五微韻二·飛》**

岳飛

《宋史》：岳飛，字鵬舉，家貧力學，尤好《左氏春秋》、《孫子兵法》。生有神力，未冠挽弓三百斤，弩八石，學射于周同，盡其術，能左右射。同死，朔望設祭於其家，父義之曰：“汝為時用，其狥國死義乎！”死時年三十九，謚武穆，追封鄂王。托克托論曰：“西漢而下，若韓、彭、絳、灌之為將，代不乏人，求其文武全品，仁智竝施如宋岳飛者，一代豈多見哉？飛北伐軍至汴梁之朱仙鎮，有詔班師，飛自為表答詔，忠義之言，流出肺腑，真有諸葛孔明之風。”

**同上書卷十二之二，《上平聲十二文韻二·軍》**

花帽軍

【《宋史·李全傳》：金遣完顔霆為山東行省，黄檷為經歷官，將花帽軍

三千討之。】

背嵬軍

【《宋史・韓世忠傳》：背巍軍各持長斧，上揕人胸，下斫馬足。】

岳家軍

【《宋史・岳飛傳》：撼山易，撼岳家軍難。】

同上書卷二十六之七，《下平聲十一尤韻七・侯》

岳侯

【《宋史・岳飛傳》：張浚至潭，參政席益疑飛玩寇，欲以聞，浚曰："岳侯，忠孝人也。兵有深機，何可易言?"】

卞永譽

**撰：《清河書畫舫》卷五下，《五公手札》**

李忠定公真蹟

綱再拜，近被親筆詔書，以向條具邊防利害，特加褒諭。上恩隆厚，何以克當孤危之跡? 去國十年，間關險阻，無所不至，拳拳孤忠，今乃見察，苐深感泣。今錄詔書並謝表劄子去，恐欲知也。綱衰病日加，不復堪為世用，然使静而謀之，則有暇矣。近於所寓僧舍之側葺小圃，蒔花種藥，為經行游息之地，戲作《上梁文》及《圃中十二咏》，輒以拜呈，如得妙句，為林下之光。幸甚幸甚。綱再拜。

張忠獻公真跡

浚咨目頓首再拜。即日小雨作寒，伏惟機政之暇，鈞候起止萬福。區區已次丹陽，張期以今日相會岳，過太平，數日之間，事可決也。惟錢糧邈然，無捱户帖，州縣皆不敢催督，尚觀望改易耳，將如之何? 早夜思之任。今日責者誠難，内有輕舉之謗，外蒙聚斂之責，終不若前時，居廟堂偷安，少悔之為愈也。然則國家大計，又將如何? 況吾儕被上厚恩，且天下所責望乎。凡有可致力者，更冀默於内，切祝切祝。常州許筆甚佳，但毫極難得，已令計置餘。千萬為天下自愛，不宣。浚咨目頓首，再拜元鎮丞相老兄鈞座。

二十八日早謹空。

浚再拜。虔賊陸梁，出於州郡，養成端倪，漸以滋蔓。左右談笑措置，招撫勦除，愜當事會。朝廷倚重巨鎮，一聽規謀，切望頤指早為之所。庶民獲安居，為惠甚大。僭率，僭率，浚再拜。

呂忠穆公真跡

頤浩再拜，台眷均福。承奉郎、權富陽縣徐端義，乃舊同官之弟，前為富陽承諸司，嘗奉乞知本縣。薦諸使，屢更易辟不成，邑人頗安之，幸為拴薦案牘，再為奏乞，庶惠及百里也。頤浩再拜。

趙忠簡公真跡

鼎以罪名至重，不敢復當郡記。尋具奏陳，未賜俞允。區區之私，不免再陳悃愊。伏望鈞慈，曲垂贊助，俾遂所請，實荷終始之賜。鼎方在罪籍，不敢時以書至行闕。併幸憐察，右謹具呈，伏候鈞旨。

八月 日特進知泉州軍州事趙鼎劄子。

鼎欲卜居饒、信，已遣人料理。萬一不成，不免復於衢、婺或四明山間，尋一跧伏之所，杜門潛居，與人跡相絶。庶依餘庇，待盡山林，合具浼聞。伏幸矜照。

李莊簡公真跡

光再復伏。

自兵興，兩淮幾為棄地。朝廷雖欲漸謀經理，而兵食闕然，未易倉卒辦也。餘俟後訊詳具，伏乞照知。光再拜。

右宋李忠定公書一，張忠獻公書二，趙忠簡公劄子一、外小帖一，吕太保安老、李叅政泰發書各一，姑蘇沈啓南氏所藏也。吳太史原博攜至京師，余得而觀之。嗚呼！天下未有不用君子而治，不用小人而亂者。宋之衰，非無君子，而患於不能用。然其君子亦有過焉，蓋秦檜首惡，天下所由亂。賢如忠獻，實與薦之。泰發雖與持議，得禍至死，初不能無叅政之屈，此其所憾者。吕非純才，仇視諸賢，無足深論。忠定再罷，乃由忠獻。忠簡雖與忠獻合，而屢惑讒間，至悉變其所為。是所謂君子者，亦不能同心戮力，自貽矛盾之患，何怪乎國勢之不昌，小人之禍未殄也。晦庵謂："明大義，識事理，惟忠定兼之。"蓋雖張、趙，不能不各有長短，吕、李而下，其器可知也。然使其志論獲行，小大畢用，皆當有益於世。今觀其尺書寸札，皆國家天下事也。卒令厄塞困閼，齎志以没，國亡世改，而其辭獨存，哀哉！

成化庚子夏，五月乙巳，翰林侍講長沙李東陽跋。

宋至靖康，禍亂極矣，豈皆天命哉，亦必有人事也。蓋啓之者王，述之者蔡，而成之者童、秦，其事皆有本末可考。常以當時人品論之，雖小人之多，不能多於君子。然以當時人力較之，則君子之强，不能强於小人。此無他，國勢既卑，君心既怯，譬之下坂之車，挽之者難為力，推之者則易為功也。嗚呼！可勝恨哉。其人之為君子者，當以李忠定為首，張忠獻、趙忠簡次之，而李參政、吕太保輩又次之。之數公者，名愈高則位愈不固，故忠定擯斥特多而甚。夫耕者必有偶，佔者必以三，以力之協而謀之衆也。向使數公一日同坐於廟堂之上，得促膝以論國計，必能合羣策以禦外侮，其禍亂必不至於此極。而離坐之席未暖，又有人以參之甚者，撤其席而擠去之，乃直以廟堂為傳舍，邊徼為家室，其出没往來，不啻參商鴻燕。然徒使後世手迹數行，乃獨聚於一卷之間，人心之公，於是乎見。嗚呼！其可恨也。夫其可悲也夫！

成化十四年四月望日延陵吳寬謹書。

原博寅長以沈啓南所藏李忠定以下七帖示余。建炎以來，賢臣才士，大畧具此。而其扶顛持危之功，數人為多。然為權倖所沮，不能悉其力。讀其簡札，猶為負恨。誠使當時得一英主，挈國事而付之，豈至淪胥不振，委棄中土，遺後慮哉？昧於臨事，而哲於鑒古，蓋自昔已然。此辨賢察奸，為治之大經。而凡為人君者，必以窮理為先也。李、張之心，披肝瀝血，百世可見，趙之醇厚嚴密，足以持成守盈，皆卓乎賢士。吕雖豪曠，然辦事之臣，當時恨以為少耳。泰發之才未展，莫究其端倪，而其心即張、李之心。觀其廷折咸陽，一辭不假，豈愛一參政者哉？適睡起，見前輩遺墨，不覺躍然，遂書此。

成化庚子五月丙午日，崑山陸釴謹題。

右宋諸賢墨蹟七紙，皆高宗時執政也。嗚呼！宋之中葉，所賴以續國脉、抗强敵者，二三君子之力居多。李忠定相於建炎初，忠義才猷，卓然奮發，使當時專任之，則中原可保，而南渡之厄可免矣。張忠獻、趙忠簡相於紹興間，張之任事許國，趙之明理識機，皆足以成修内攘外之功，使當時終任之，則讎恥可雪，而亦豈至偏安一隅耶？然忠定見阻於汪、黄，一斥不復，而忠獻、忠簡見忌于奸檜，或死或竄，卒弗克伸其志而畢其力。念之，使人於悒。吕太保雖云顓恣，而幹濟練達，一時倚重。李參政雖昧于幾先，而守論不回，蹈禍以没，是皆未可深議也。嗚呼！自古國家未嘗無君子，而亦不能無小人。有君子而不能用，此世之所以衰亂也；用君子而使小人參之，以壞其成，決不能以興衰而撥亂，蓋自古而已然矣。吾獨于宋乎一慨哉？雖然，彼誤國權奸，遺臭簡册，見其姓名，尚欲唾去，而諸賢手書，片紙之存，後人讀之，凛乎起敬，君子小人之别，至於如此。顧當時之君，莫之能辨，亦獨何歟？

成化庚子七月望日，翰林院侍講海虞李傑謹題。

宋高宗南渡之初，其宰執之賢者曰李忠定公、曰趙忠簡公為最，曰張忠獻公亞之，曰吕忠穆公、曰李莊簡公又亞之。嘗考五公之平生，皆有志於復讐，皆不主於和議，而願以忠義徇其身者也。然而卒皆不得久居其位而遂其所志，豈直汪、黄、奸檜之徒計以使之？蓋亦其間自相疑忌，有以致之也。忠定、忠簡之去相位，實由忠獻之詆。忠穆之與莊簡又不相能，無怪乎讒間之口，浸淫反覆，得以肆於其間？加以高宗有偷安忍恥之心，無撥亂反正之才，顧惟憸謀之是用而忠勲之莫庸，宜其偏安一隅而不能光復舊物也。此卷第一札，忠定在湖廣時，詔問攻戰守備之方。公疏數千言奏之，上賜手詔褒美。公述表稱謝，故移書以告諸同志者，實紹興之五年也。第二、第三札，皆忠獻書。紹興四年，公視師江上，以僞齊挾金人入寇，詔諸將禦之，故公有此行。時忠簡在相位，公以此上邊報也。次論虔賊，公知其釁端，故勸彼主帥戮力以平之也。第四札乃忠穆任外之時，薦所知于當路者，莫究其的為紹興之幾年。第五、第六札，皆忠簡書。公落職，仍知泉州，在紹興之九年。時檜必欲置公死地，故公特將再疏乞骸骨，且謀終焉之計，冀在内相知者贊上，以成其志。後竟貶徙不常，死於湖州，不果於所圖。第七札則莊簡知宣州安撫管内日，上民情于當局者，亦莫究其為何年發也。嗚呼！後之展玩斯卷，有不嘅想當時而為之扼腕者，則不足與之商確今古矣。沈氏子孫尚慎藏之，勿輕以示人哉。

長洲陳頎。

姑蘇沈啓南先生博物好古，多得昔人墨蹟，而此卷其尤者。蓋宋高宗時，名執政李忠定、張忠獻、趙忠簡、李莊簡諸公手書，而吕頤浩亦附焉。先生珍襲甚謹，閒以示予請有識。夫諸公者之行事，具載諸史籍，而亦已品藻于先賢，無庸改議矣。獨忠獻之是非，至今猶齗齗然未已。予嘗反覆其平生，而權度於吾心。竊謂宋之不復中原者，蓋張忠獻之過，而得以偏安於江左者，亦忠獻之功也。何則？忠獻始焉附黄、汪以逐忠定，中焉引秦檜而疎忠簡，怒武穆而致亂淮西，信頤浩而不虞其為反局，遂致奸檜得以欺叛莊簡，而與之共定和議，終使彝倫斁壞，國勢削弱而中國竟淪于左衽，不可復振，此其罪也。然其討苗、傅、劉，誅范瓊，却麟、猊，以攘外寇，用玠、璘，以保全蜀，擇名將以除内盜，於是江左底定，國威稍稍振起，而金人南牧之心漸以衰息。是以秦檜承之，而坐收其效，此則其功，不可誣也。功與過不相揜，可也。而今之論者，乃專見其過，而昧其功。至謂朱子以南軒之故而行，實曲為之辭，是何言與？彼蓋徒見富平、淮西、符離之潰敗，而不原其忠勤之心故耳。此正學不明，而功利陷溺人心之為可懼也。夫亦嘗觀夫歷代帝王之廟乎，細數當世之名臣，而配享於其間者，乃僅得數人而忠獻與焉，此必高皇之神見，而所謂百世以俟聖人而不惑者也。嗚呼卓哉！昔朱子謂人之為君子、小人，尤見於文章事業間。今觀忠定、忠獻之書，而所謂愛君憂國，終不可得泯滅，擔當大事，竭力向前者，豈不於是而可見乎？若忠簡之拳拳於退老内地，莊簡之有心於國計而卒不獲遂，毋亦當局之時，容或有失。其幾與因併僭筆之，以俟知言者訂定云。

弘治辛亥秋七月望日，後學莆田林沂識。

敵愾効忠，放逐畧同，吁嗟乎！五公。

萬歷丙午春，後學張丑敬觀。真跡

李綱，字伯紀，號梁溪，邵武人。徙居無錫，官至尚書左僕射，謚忠定。工書法，《鳳墅續法帖》刻其書。士大夫家收得吕忠穆公頤浩《訓姪帖》云："予自寒苦起家，及宦，赴公盡瘁，不敢辭難，致仕將相。姪擢因祖先積慶，得此一命，須為門户，為孀母、二幼著意守官，如後：

一、勤廉為仕宦，勤則上位必見喜，廉則吏人自是差服；

一、事監司、知、通極恭，與同官極和；

一、慎言，不可輕發一語；

一、戲笑，不可容易玩狎；

一、勿飲酒；

一、不可令市買賣在務絓税未經税之物；

一、其他一一畏慎。

紹興三年正月初五日，上押付擢。

# 何焯　陳鶴年 等

**撰：《御定分類字錦》卷三十四，《將領第十七・岳侯神算》**

《宋史・岳飛傳》：除荊湖南北・襄陽路制置使、神武後軍都統制，命捉捕楊幺。飛先遣使招諭之，賊黨黄佐降飛，拊佐背曰："欲復遣子至湖中，視其可乘者，擒之，可勸者，招之。"佐感泣，誓以死報。時張浚以都督軍事至潭，會召還防秋，飛袖小圖示浚，曰："已有定畫，都督能小留，不八日可破賊。"浚曰："何言之易？"飛曰："王四廂以王師攻水寇，則難；飛以水寇攻水寇，則易。"浚許之。飛遂如鼎州。黄佐招楊欽來降，飛復遣湖中，欽説余端、劉詵等降。飛詭罵欽，曰："賊不盡降，何来也？"復令入湖。是夜，掩賊營，降其衆數萬。幺負固不服，方浮舟湖中，以輪激水，其行如飛。飛伐君山木，為巨筏，塞諸港汊。又以腐木亂草浮上流而下，擇水淺處，遣善罵者挑之，且行且罵。賊怒，来追，則草木壅積，舟輪礙不行。飛亟遣兵擊之。賊奔港中，為筏所拒。官軍乘筏，舉巨木撞，其舟盡壞。幺投水，牛皐擒斬之。飛入賊壘，餘酋驚曰："何神也?"俱降。飛親行諸砦，慰撫之。果八日而賊平，浚歎曰："岳侯神算也。"

# 吳士玉　吳襄 等

**撰：《御定子史精華》卷七十三，《將帥（節錄）》**

撼山易，撼岳家軍難。

《宋史·岳飛傳》："善以少擊衆。欲有所舉，盡召諸統制與謀，謀定而後戰，故有勝無敗。猝遇敵，不動，故敵為之語曰：'撼山易，撼岳家軍難。'"

# 徐文靖

**撰：《管城碩記》卷十九，《史類二（節錄）》**

陳白沙詩："秦傾武穆因張浚。"楊用修曰：張俊，附秦檜而傾岳忠武；張浚，廣漢人，嘗稱飛忠孝人也。浚為都督，俊為樞密，浚與俊豈可混為一人。今士大夫例以傾岳為浚之短，受誣千載。白沙自《語録》、《擊壤集》外，胸中全無古今，無怪其然。

按：宋史建炎元年，張浚劾李綱以私意殺侍從，不可居相位，且論其買馬招軍，擅易詔令十數事，黄潛善、汪伯彥等復力排綱，遂罷綱，提舉洞霄宫，此廣漢之張浚也。三年，苗傅、劉正彥作亂，張浚、吕頤浩會師勤王，張俊亦引所部八千人至平江，浚諭俊以將起兵問罪，俊泣拜。夏四月，以張浚知樞密院事。紹興四年三月，罷張浚為資政殿大學士，十一月復以張浚知樞密院事，視師鎮江。此樞密即廣漢之張浚，非張俊也。五年春正月，張浚還自鎮江，以張俊為江東宣撫使，帥師次於建康。二月以趙鼎、張浚為尚書、左右僕射兼知樞密院事，此亦廣漢之張浚，非張俊也。三月，張浚視師於潭州，岳飛受命討楊幺，席益疑飛玩寇，浚曰："岳飛，忠孝人也，兵有深機，胡可易言。"冬十月，浚還。六年二月，張浚會諸將於鎮江，命張俊進屯盱眙。六月，岳飛進屯襄陽，浚命飛以窺中原，且謂飛曰："此君素志也。”冬十月，劉麟、劉猊分道寇淮西，浚以書戒張俊、楊沂中曰：“賊豫之兵，以逆犯順，若不勦除，何以立國?”及猊敗，麟亦去，十二月，浚還。七年春正月，張浚改兼樞密使，以秦檜為樞密使。二月，以岳飛為湖北京西宣撫使，進拜太尉。飛少事浚，為裨將，一旦拔起，爵位與齊，浚深忌之。夏四月，詔飛詣都督議事，浚謂飛曰：“王德，淮西軍所服，浚欲以為都統，命吕祉以督府參謀領之，如何?”飛曰：“德與酈瓊素不相下，一旦握之在上，則必爭。吕尚書不習軍旅，恐不足服衆。”浚曰：“張俊、楊沂中何如?”飛曰：“張宣撫，飛之舊帥也，然其人暴而寡謀。沂中視德等耳，豈能御此軍哉?”浚怫然，曰：“浚固知非太尉不可也。”飛自知忤浚，即日乞解兵柄，終母喪服，步歸廬山。浚怒奏飛積慮在於併兵，奏牘求去，意在要君。此以樞密兼都督，亦廣漢之張浚，非張俊也。八月，浚罷都督府。十月，安置永州。十一年四月，以韓世忠、張俊為樞密使，此樞密乃宣撫張俊也。俊與飛同如楚州，以韓世忠屢抗論和議忤秦檜，欲與飛分背嵬軍，飛議不肯會世忠軍。史景著言二樞密若分世忠軍，恐致生事。檜捕著下大理，將以扇搖誣世忠。飛馳書告以檜意，世忠見帝自明，俊於是大憾飛。十月，下飛於大理寺獄，俊親行鞫鍊，時歲已暮，而飛獄不成。一日，檜手書小紙付獄，即報飛死矣。浚與俊先後並樞密使，不得以浚為都督、俊為樞密為別白也。

又按：飛既死，獄卒隗順負其屍，踰城至北山以葬。後朝廷購求葬處，隗之子以告。及啓棺，如生，乃以禮服斂焉。隗順，史失載，見《陳眉公集》。丘瓊山曰：“案元揭奚斯曰：‘宋南渡不能復振者，本於張浚抑李綱，殺曲端，引秦檜，殺岳飛父子，而終於賈似道之專、劉整之叛。’白沙詩‘秦傾武穆由張浚’，未為無所本也。”

……

《雙溪雜記》曰：“正統己巳之變，于謙以社稷為重，光輔中興，厥功非細，豈虞殺身之禍哉？程墩篁謂於公之受誣，為主於柄臣之心，和於言官之口，成於法吏之手。斯固公論也夫?”

按：《明史》景泰八年，帝病亟京師，競傳王文、于謙遣人齎金牌勑符取襄王世子，立為東宮。上皇復位，逮謙等下詔獄。据《于肅愍行實》曰：“石亨輩嗾言官劾謙等下獄，所司勘得金牌符勑見存，禁中别無顯跡。石亨等揚言雖無顯跡，其意則有法司承亨等風旨，乃以‘意欲’二字附會成獄。昔秦檜陷岳飛曰：‘飛子雲與張憲書雖不明，其事體莫須有。’‘莫須有’三字，‘意欲’二字，奸險之害正，何千古如一轍也。然則京師之競傳取襄王世子者，安知非亨等陰有以教之耶?”

## 潘永因

**編:《宋稗類鈔》卷二,《武備第四》**

曲端，字平甫，鎮戎軍人，知書善屬文，作字奇掉，長於兵畧，屢戰有聲。張浚宣撫川陝，以為都統制，知渭州，與吴玠皆有重名，陝西人為之語曰:“有文有武是曲大，有謀有勇是吴大。”婁室寇邠州日，端屢戰皆捷。至白店原，撒離喝乘高望師，懼而號泣，金人目之，為啼哭郎君，其為敵所畏如此。既而浚欲大舉，未測其意，先使張彬往覘之，端曰:“兵法先較彼已，今敵可勝，止婁宿孤軍。然將士輕鋭不減前日，我不過止合五路兵耳。然將士無以大異於前，兼敵之入冦，因糧於我，我常為客，彼常為主。今當反之，按兵據險，時出偏師，以擾其耕。彼不得耕，必將取糧於河東，是我為主，彼為客。不一二年間，必自困斃，可一舉而滅也。萬一輕舉，後憂。”方大彬以其言復命，浚不悦。端既與浚異趣，時王庶為宣撫司參謀，與端有隙，吴玠亦憾，端屢交譖之。浚入其說，於是徙端恭州，置獄，命其讐武臣康隨為提刑鞠治。端既赴逮，知必死，仰天長吁，指其所乘戰馬鐵象云:“天不欲復中原乎！惜哉!”泣數行下，左右皆泣。初至獄，即進械坐之，鐵籠熾火逼之，渴甚求飲，與之酒，九竅流血而死，年四十一，時建炎四年八月也。陝西軍士皆流涕悵恨，多叛去者。浚尋得罪詔，追復端職，制曰:“頃失意於權臣，卒下獄而譴死，恩莫追於三宥，人將贖以百身。”其後，金歸河南之月，又詔謚壯愍制曰:“屬委任之非人，致刑誅之横被。興言及此，流涕何追。”端為涇原都統日，有叔為偏將，戰敗誅之，既乃發喪，祭之以文，曰:“嗚呼！斬副將者，涇原都統制也。祭叔者，姪曲端也。尚饗。”一軍畏服其紀律極嚴，魏公嘗按視端軍，端執檛以軍禮見，傍無一人，公異之，謂欲點視。端以所部五軍籍進，公命點其一，則於庭開籠縱一鴿以往，而所點之軍隨至，張為愕然。既而欲盡觀，於是悉縱五鴿，則五軍頃刻而集，戈甲煥爍，旗幟精明，魏公雖面奬，而心實忌之。浚自興州移司閬州，端嘗作詩曰“不向關中圖事業，却來江上泛扁舟”，其重得罪以此。端在蜀日又詩云，“破碎江山不足論，何時重到渭南邨。一聲長嘯東風裏，多少未歸人斷魂”，亦可見其志也。而國史本傳乃曰:“曲端之死，時論或以為冤。然觀其狠愎自用，輕視其上，縱使得志，終亦難御，況動違節制未有功之可言乎?”此雖史臣委曲，為魏公庇，然失其實矣。信如所言，則秦檜之殺岳飛亦不為過，或又比之孔明斬馬謖，直筆之難也。惜哉！淳熙間，高廟配享，洪景盧舉此為魏公罪，迄不得侑食。

**同上書同卷，《吏治第三（節錄）》**

建炎中興，張、韓、劉、岳為將，人自為法，當時有張家軍、韓家軍之語。四帥之中，韓、岳兵尤精，常時於軍中角其勇健者，另為之籍，每旗頭押隊闕，於所籍中又角其勇力出衆者為之。將副有闕，則於諸隊旗頭押隊内取之。別置親隨軍，謂之背嵬，悉於四等人内角其優者補之。一入背嵬，諸軍統制而下，與之抗禮，犒賞異常，勇健無比。凡有堅敵，遣背嵬軍，無有不破者。燕北人呼酒瓶為嵬，大將之酒瓶，必令親信人負之，行道中見人有負罍者，則指曰此背嵬也。故諸帥用以名軍。嵬即罍，北人語訛，故云。

岳武穆征羣盜，過廬陵，託宿廛市質，明為主人汛掃門宇，洗滌盆盎而去。郡守供帳，餞別於郊，師行將絶，謁未得。通問大將軍何在，殿者對曰，已雜偏裨去矣。

**同上書卷四，《誅謫第七（節錄）》**

殺岳武穆，范同謀也。胡銓上封事，檜怒甚，問范如何處置，范曰：“只莫採，半年，他冷了。若重行遣謫，必成豎子之名。”檜甚畏范，後竟出之。

**同上書同卷，《讒險第八》**

秦檜妻王氏，素陰險，出其夫上。方岳飛獄具一日，檜獨居書室，食柑玩皮，以爪劃之，若有思者。王窺見，笑曰：“老漢何一無決耶？捉虎易，放虎難也。”檜掣然當心，付片紙入獄。是日，岳王薨棘寺。檜之秉軸，屏塞人言，蔽上耳目。凡一時獻言者，非誦檜功德，則訐人苛細，以中傷善類。稍涉忌諱，率噤而不發，僅論禁銷金鋪、翠鹿胎冠之類耳。晚年殘忌尤甚，數興大獄。又喜諛佞，不避嫌疑。張扶請檜乘金根車。及檜封益國公，又有乞置益國官屬。及議九錫者，檜聞之，坦然不駭。静江有秦城驛知府吕愿中，賦《秦城王氣詩》以媚檜，得召京秩。沈長卿芮煜共賦牡丹詩，有“寧令漢社稷，變作莽乾坤”之句，為鄰人所告，編置化州。趙令衿觀檜家廟，口誦“君子之澤，五世而斬”，為汪召錫所告，下獄死。至於開門受賂、富敵王家，外國珍奇，死猶踵闕。其子熺無日不煆酒，具治書畫，特其細故耳。

**同上書卷十二，《忠義第二十一》**

孝宗追復岳武穆官爵，收召其子孫，令給還原資。主者具當時沒入之數，止九千緡耳。其斃於獄也，實請具浴拉脇而殂。獄卒隗順負其屍，出葬於北山之滑。身故有一玉環，亦以殉，樹雙橘於上識焉。將死，囑其子曰："異時朝廷求而不獲，必懸官賞購之，汝始以告。棺上一鉛筩，有棘寺勒字，吾埋殯之符也。"後果訪其瘞不得，以一班職為賞。其子乃上告官，悉如所言，而屍色如生，尚可更斂禮服也。

岳少保既死獄，籍其家，僅金玉犀帶數條，及鎖鎧、兜鍪、南蠻銅弩、鑌刀、弓劍、鞍轡，佈絹三千餘匹，粟麥五千餘斛，錢十餘萬，書數千卷而已。視同時諸將，如某某等，莫不寶玩充堂寢，田園佔畿縣，享樂壽考，妻兒滿前，禍福頓懸，天道亦自有不可知者。飛墓在棲霞下，其子雲附焉，名人佳士多以詩弔之。天台陶九成詩云：

"精忠祠宇西湖上，再拜荒墳感昔游。
斷碣草深蒙𡇈［上畾下大］屭，空山日落叫鉤輈。
天移宋祚難恢復，帝幸燕雲困掠囚。
逆檜陰圖傾大業，思陵無意問神州。
偷安甫遂邦家志，飲痛甘忘父母讎。
信使北和憐屈膝，策文南駐忍含羞。
兩宮五國瞻征幟，丹詔班師下節樓。
萬里長城真自壞，中興武績遂云休。
嗚呼！竟死奸邪手，顛沛誰為社稷憂。
黯黯冤魂游狴犴，紛紛雨淚灑貔貅。
惟餘滿地萇弘血，不見中流祖逖舟。
氛□已塵金篋匣，冤旒終換鐵兜鍪。
姓名竹帛書千載，父子英雄土一邱。
老樹尚知朝禹穴，遺黎總解說王猷。
復田起廢憐僧寺，移□褒嘉賴省侯。
聖世即今崇祀典，佇看寵渥到松楸。"

武穆家《謝昭雪表》云"青編塵乙夜之觀，白簡悟壬人之譖"最工。武穆有《滿江紅》詞云：

"怒髮衝冠，憑欄處、瀟瀟雨歇。擡望眼、仰天長嘯，壯懷激烈。三十功名塵與土，八千里路雲和月。莫等閒，白了少年頭，空悲切。

靖康耻，猶未雪；臣子恨，何時滅。駕長車、踏破賀蘭山缺。壯志饑餐讎恨肉，笑談渴飲匈奴血。待從頭，收拾舊山河，朝天闕。”

紹興間，金人遣其秘書監劉陶來聘，因問岳飛以何罪而死。館伴者無以對，但曰：“意欲謀叛，為部將所告，以抵誅。”陶曰：“江南忠臣，善用兵者，止有岳飛。所至紀律甚嚴，秋毫無犯，所謂項羽有一范增而不能用，所以為我擒。如飛者，其亦江南之范增乎？”館伴者黙不能對。秦檜聞之，約束勿奏，俄以不職貶其人。

胡澹菴上書，乞斬秦檜。金人聞之，以千金求其書，三日得之。君臣失色，曰：“南朝有人。”蓋足以破其陰遣檜歸之謀也。乾道初，金使來，猶問胡銓今安在。張魏公曰：“秦太師專柄十九年，只成就得一胡邦衡。”秦檜秉權浸久，植黨締交，牢不及破。高皇首更大化，懲言路壅蔽之弊，召湯元樞鵬舉於外，執法殿中，繼遷侍御史。時有選人任盡言者，居下僚，好慷慨論事。聞其除亟，以啓賀之曰：“伏審光奉明綸，榮躋横榻。國朝更西都三府之制，故御史不除大夫；端公居南司五院之中，與獨坐迭為憲長。自昔雖稱於雄劇，比歲或乖於選掄。汙我霜臺，賴公雪耻。輒陳箢見，少助風聞。請言有宋之姦臣，無若亡秦之巨蠹。十九載輔國而專政，亘古無之；二百年列聖之貽謀，掃地盡矣。”

**同上書卷十四，《志尚第二十四（節選）》**

韓忠武以元樞就第，絶口不言兵，自號“清凉居士”。時乘小騾，放浪西湖泉石間。一日，至香林園，蘇仲虎尚書方宴客，王徑造之。賓主歡甚，盡醉而歸。明日，王餉以羊羔，且手書二詞遺之。《臨江仙》云：“冬日青山瀟灑，春來山暖花濃。少年衰老與花同。世間名利客，富貴與貧窮。榮華不是長生藥，清閒是不死門風。勸君識取主人翁。丹方只一味，盡在不言中。”《南鄉子》云：“人有幾何般？富貴榮華總是閒。自古英雄多是夢，為官，寶玉妻兒宿業纏。年事已衰殘，鬢髮蒼蒼骨髓乾。不道山林多好處，貪歡，只恐癡迷悞了賢。”王生長兵間，初不知書，晚歲忽若有悟，能作字及小詩詞，皆有見趣。信乎！非常之才也。

韓世忠嘗議買新淦縣官田。高宗聞之，御札特以賜世忠。其詞云：“卿遇敵必克，克且無擾。聞卿買新淦田，為子孫計。今舉以賜卿，旌卿之忠。”故其莊號“旌忠”。蓋當時諸將各以姓為軍號，如“張家軍”、“岳家軍”之類。朝廷頗疑其跋扈，聞其買田，蓋以為喜，故特賜之。世忠之買田，亦未必非蕭何之意也。“克且無擾”四字，可謂要言。如王全斌輩，非不克，奈擾何？信能行此四字，雖古名將，何以加諸？

**同上書卷二十，《詩話（節錄）》**

嚴州烏石寺在高山之上，有岳武穆飛、張循、王俊、劉太尉光世題名。劉不能書，令侍兒意真代書。姜堯章題詩曰：“諸老凋零極可哀，尚留名姓壓崔嵬。劉郎可是疎文墨，幾點燕支涴綠苔。”

**同上書卷二十二，《辭命第三十六（節錄）》**

岳武穆嘗入見，帝從容問曰：“卿得良馬不？”武穆答曰：“臣有二馬，日啖芻豆數斗，飲泉一斛，然非精潔即不受介。而馳初不甚疾，比行百里始奮迅，自午至酉，猶可二百里，褫鞍甲而不息不汗。此其受大而不苟取，力富而不求逞，致遠之材也，不幸相繼以死。今所乘者，日不過數升，而秣不擇粟，飲不擇泉。攬轡未安，踴躍疾驅，甫百里，力竭汗喘，殆欲斃然。此其寡取易盈，好逞易窮，駑鈍之材也。”帝稱善，曰：“卿今議論極進。”

**同上書卷二十四，《稱譽第四十》**

宋贈鄂王岳飛諡忠武。文曰：“李將軍口不出辭，聞者流涕；藺相如身雖已死，凛然猶生。”又曰：“易名之典雖行，議禮之言未一，始為忠愍之號，旋更武穆之稱。獲睹中興之舊章，灼知皇祖之本意，爰取危身奉上之實，仍采勘定禍亂之文。合此兩言，節其一惠。昔孔明之志興漢室，子儀之光復唐都，雖計効以或殊，在秉心而弗異，垂之典册，何嫌今古之同辭；賴及子孫，將與河山而並久。”然今天下岳祠皆稱武穆，此未定之諡，當稱忠武為宜。

**同上書卷二十七，《尤悔第四十四》**

高宗母顯仁韋太后，北歸至臨平，因問何不見大小眼。將軍或對曰：“岳飛死獄矣。”遂怒帝，欲出家，乃服道裝終身焉。當是金人畏飛，相傳其狀貌，故后習聞之耳，不知后北轅時飛尚未知名也。

**同上書卷二十九，《神鬼第四十九（節錄）》**

又岳侯死後，臨安西溪寨將軍子弟因請紫姑神，侯降焉，大書其名，衆已驚愕。請其花押，則宛如平日真跡也。復書一絶，云：“經畧中原二十秋，功多過少未全酬。丹心似石今誰辨，空自遊魂遍九州。”丞相秦聞而惡之，擒治其徒，流竄者數人，多有死者。

# 周召

**撰：《雙橋隨筆》卷一**

古之用兵者，如周瑜赤壁之焚，謝玄淝水之捷，韓世忠鎮江之戰，虞允文采石之功，皆能料敵出奇，以少擊衆，然而雖係人謀，亦有天幸焉。又未若岳武穆兵不滿萬，屢獲奇功。如以八百人破羣盜王善等五十萬衆於南薰門，以八千人破曹成十萬衆於桂嶺，其戰烏珠於潁昌，則以背嵬八百，於朱仙鎮則以五百，皆破其衆十餘萬。王善、曹成，猶云烏合之衆，摧之不難。烏珠兵精力鋭，所向無前，而一遇岳家軍，輙謂撼山猶易。用兵之善，誠未有如武穆者也。

武穆御兵，有取民麻一縷以束芻者，立斬以徇。卒夜宿，民開門願納，無敢入者。軍號凍死不拆屋，餓死不擄掠，其嚴如此。然在軍中，卒有疾，武穆親為調藥；諸將遠戍，武穆遣妻問勞其家；死事者，哭之而育其孤，或以子婚其女；凡有頒犒，均給軍吏，秋毫不取。蓋撫循其下，不異於家人婦子，故能得衆心；而法令所施，毫不忍犯，惟恩與威並行故也。今之為將者，平時不恤士卒，刻薄寡恩，驅之戰鬥，人無固志，則有縱之剽掠，以悦其心而已矣，孰肯出死力以赴敵而有不敢草菅民命之心哉？

# 厲鶚

**輯：《南宋院畫録》卷四，《宋劉松年中興四將畫像跋》**

右宋中興四將，世稱“張、韓、劉、岳”。自王公大人下，至牛童、馬走、妾婦、稗官之口，無不稱道其武勇忠義。君子恥沒世而無聞焉，寧不思景仰乎？然以其生平大節較之，則未免使人有慕有憾。自建炎初至紹興十二年，其戰陳之勇，英謀偉畧，功冠三軍。及其晚節末路，大有逕庭，識者惜焉。先是，劉武僖罷兵，為萬壽觀使，實紹興十二年六月也。至八月，岳鄂王亦為萬壽觀使，韓蘄王尋亦罷為醴泉觀使。繼而鄂王没。至十二年十一月，張循王始以罪免，充醴泉觀使。嗚呼！建炎、紹興之際，諸將竭忠，與金人力戰，十餘年之間，幾復大業，卒為秦檜所困。使紹興二年，秦檜既免，榜其罪於朝堂，示不復用，自是而屏之，遠方諸將戮力，恢復可圖矣。繼而再用秦檜，終以誤國，悲夫！然世稱四將齊名，不復論其優劣，得無憾焉？今以信史考之，蘄王性戇直，勇敢忠義。事關廟社，必流涕極言。嗜義輕財，與士卒同甘苦。深以和議為不然，抗疏極言檜誤國之罪。既罷，遂杜門以終。鄂王事親孝，家無姬侍。吳玠嘗飾名姝遺之，辭曰："主上宵旰，豈大將安樂時耶？"却而不受。帝欲為之營第，辭曰："中原未復，何以家為？"或問天下何時太平。答曰："文臣不愛錢，武臣不惜死，天下太平矣。"循王嘗問其用兵之術，答曰："智、仁、信、勇、嚴，缺一不可。"其忠憤激烈，論議持正，卒以得禍。循王初贊檜，成和議約，盡罷諸將，獨以兵權歸已。及諸將已罷，和議已定，而居位無求去意。及張邈有言，乃求去。吁！循王握兵早，屢立戰功，惜乎附檜，殺鄂王，為世所鄙薄矣。劉公在諸將為先進，然而立身不嚴，御軍無法，不能任事，方之韓、岳，不逮遠矣。嗚呼！世稱四將齊名，而優劣若此，不容不為之辨論。今指揮中齋蔡公得其畫像，慕其忠武，俾貞木識於左。方貞木窮鄉晚進，安敢輕議？謹考事蹟，輒疏於後。中齋好賢禮士，博覽古今，其得是像，宜寶藏之。

洪武庚午八月，秋日，包山俞貞木書。【《珊瑚網》】

按汪氏載《中興四將像跋》中，不記畫人姓名，作亡名氏。及考張青父《真蹟日録》，知係松年筆也。《真蹟日録》作於《清河書畫舫》之後，《書畫舫》近時傳抄頗多，獨是書在吾郡吳君尺凫繡谷亭中，乃青父手寫，予得借而編輯，誠厚幸也。

**同上書卷五，《陸深李嵩西湖圖跋》**

此卷購得之長安，當是西湖圖。第有蘇堤，而無岳墳，豈思陵時畫耶？或云李嵩手筆，然無題識可考。觀其粉金題額，非宋人不能書也。予夙有山水之好，頗留意錢唐之西湖。昨歲出持浙憲，輿舫往來，若為己有。既去，而未能忘之。今嘉靖戊戌臘日，邂逅此幅，恍如再到。時適有山陵扈從之行，表弟顧世安從旁贊賞，以為："人世，等鴻雪耳。正可卧遊神往，橐中自合貯湖山也。"余笑曰："吾老矣，不復能有登臨之興。儻遂歸休，得從二三子於江海之上，左右圖書，以樂餘年。"是卷也，寧非余鑑湖之一曲耶？聊記於此。【《陸儼山文集》】

**同上書同卷，《項承恩》**

項承恩，字寵叔，新安人。為杭州府學生，屢上不第，遂隱西湖岳墳。倣石田畫，蒼莽淋漓，直得子久家法。【《六研齋三筆》】

## 姚之駰

**撰：《元明事類鈔》卷十五，《人品門 一·言語·復道周》**

明紀編年，黃道周在獄，人謂必不可救。時周延儒承眷最深，多以微詞囬上意。一日，上言及岳飛事，延儒曰："飛自是名將，然史或多溢詞。即如黃道周之為人，傳之史册，不免曰其不用也，天下惜之。"上默然，即傳旨復官。

**同上書卷十六，《鼎立而三》**

《陳繼儒集》：御史楊公謁於忠肅公墓，嘆曰："浙中伍大夫、岳武穆與公，鼎立而三。"命廓公祠，遂成湖上偉觀。

**同上書卷三十六，《分骸檜》**

《湧幢小品》：弘治時，杭州同知馬偉取檜折榦為二，植武穆墓前，名"分骸檜"。

## 清高宗·弘曆

**撰：《御製日知薈說》卷三**

《六月》之詩，美周宣王北伐。先陳王用文武之吉甫以靖外，而終之以錫宴，則孝友之張仲在焉。若曰吉甫靖外之功，皆張仲之左右王室，相資以成云耳。

夫自古忠臣義士，効命疆埸之間，而功績不能上聞，措置不由己出，甚至功垂成而中輟，志未伸而亂随，大都受制中朝，動輙掣肘，國事以去，身命徒傾，此英賢所以負戟而長歎者也。且此居中掣肘者，豈必皆仇讐哉？直妬其功，成則己將不利，甚有受敵賄賂，戕害忠良而不惜，如秦檜之於岳飛，皆自私之心勝，故置國事於不問也。

夫張仲未嘗自言其居中運籌之功，詩所謂孝友，其實亦未可考。第以吉甫之成功，若是其速且易，則與王共處乎内，必無一忌刻吉甫者，相與公忠輔國，以期其有成也，詩曰："有馮、有翼、有孝、有德如張仲者，非其人哉。"

# 倪濤

**撰：《六藝之一錄》卷一百十一，《［篆額］西湖書院重修大成殿記（五行字徑三寸）》**

西湖書院，本故宋太學，其初岳武穆王飛之第也。歲丙子，學與社俱廢。至元三十年，以其左為浙西憲司治所，其右聖廟在焉。三十一年，東平徐公琰為肅政廉訪使，乃即殿宇之舊，改建書院，置山長員主之。先是，西湖鎖瀾橋北有三賢堂，祀唐杭州刺史白文公居易、宋和靖處士林分逋、知杭州事蘇文忠公軾，於是奉以來祠之。元統二年秋，大成殿東南角壞，葺之者不良於謀，因盡撤而治之，費浮而物窳，功未集而逋己。積泌來，承乏竭歲，入不足庚，養既弗贍，教於何有？翰林余公謙、國子助教陳公旅提舉江浙學事，盖深憂之。至元元年乙亥秋，魯郡胡公祖廣繇江西行省參知政事來為肅政廉訪使。凡工賈之未庚者，日訴於庭，乃詢於提舉。提舉白其狀，胡公矍然，以為己任。即檄真定萬户府鎮撫苻公倫，覈實其費，去其浮三之一。時浙東道宣慰使鐵木哥公來監憲司事，治書侍御史衛郡李公嘉賔參知江浙省事。胡公與之謀，俾儒司以浙右郡縣學書院羡財助之。憲司經歷程公文輝、知事徐公宗仁咸輔成之，憲司忽都海牙承贊唯力。於是，宿逋清而繕修之事備矣。乃扁三賢祠曰"尚德"，徐公祠曰"尚功"，列"志仁"、"集義"、"達道"、"明德"四齋，以居多士，立大小學以迪後進，闢"思敬齋"以為舍菜致齋之所。既成，士子言於泌曰："子之至，不幸承前人之弊，以弗寧于教養，幸兹底成，其可忘所自乎，宜紀諸石。"嗟乎！聖人之道，與天地同流，無適不在。學者來遊于湖上，心遡乎洙沂，鳶飛魚躍，各極其造，聖謨洋洋，固在是矣。若三賢所以得祀者，亦以其立朝風節，與隱居以求其志，皆有關于世教也。然則篤意於是役者，豈無所謂而然哉？於是乎書。

至元二年夏五月朔，山長陳泌記賔序。

前本院山長、承務郎、平江路吳縣尹陳恕可主奉。將仕郎、建德路總管府知事孔文學，教導黃彝，儒職張慶孫、張榮老、謝瑛，直學張處仁，儒人陳珪、陳永錫、范繼孫、陳垍孫、沈富仁、顧昌大、范儉孫、魏必明、殷弘毅、吳楨、盛明德等立石。【司吏吳元澤，刻者謝文炳。】

# 《四庫全書·集部》岳飛資料匯編

## 李綱

**撰:《梁谿集》卷六十五,《乞令福建等路宣撫司差撥兵將會合討捕曹成奏狀》**

右,臣據荆湖南路提刑司、桂陽監申:“曹成一項賊馬,約有可戰兵三萬餘人,别有佔巢打食人約六萬餘人,佔據道州半年有餘,於今年三月内已離道州,侵犯廣南賀州。”又據親衛大夫、建州觀察使、權知潭州、兼權湖南路安撫、都總管岳飛申:“已將帶所部軍馬統率吳全、韓京、吳錫等兵前去道州措置曹成。”

契勘臣蒙恩除荆湖、廣南路宣撫使,準尚書省劄子,備奉聖旨,逐路兵馬並聽節制。所有岳飛、吳全、韓京、吳錫等兵,見在本路,並合聽臣節制。除已劄下岳飛統率逐項軍馬疾速前去道、賀州以來措置招捕,及差使臣齎送朝廷降到敕榜、黄旗、金字牌等,付岳飛軍中,令相度事勢,如曹成有改過自新、聽伏招納之意,即差曉事文武官各一員,齎前件旗榜等前去說諭禍福,開示大信,特與招納。揀選精鋭强壯人,結成隊伍,分隸諸將,聽候使唤;不堪披帶、可以執役之人,刺填諸州厢軍;老弱病患及不願充軍之人,給與公據放散。内有係西北無業可歸之人,並分撥諸州居住,將係官荒廢、戶絶田土,量度給與耕種,務必得所。如不伏招納,依前作過,即會合廣西安撫司措置掩殺,亦已劄下廣西安撫司照應施行。竊緣曹成一項人馬,萬數浩瀚,岳飛等兵人數不敵,非得福建、江西、荆湖宣撫使司差兵將前去協力招捕。竊慮淹延,為二廣之患。緣賀州係廣南西路,伏望聖慈特降睿旨,下福建、江西、荆湖宣撫司,令不拘路分,差兵將前去會合招捕施行。

**同上書卷六十五,《乞不許諸處抽差韓京等軍馬奏狀》**

右,臣蒙恩除荆湖、廣南路宣撫使,準尚書省劄子節文:“二月八日,三省、樞密院同奉聖旨，逐路兵馬並聽節制。”契勘岳飛一項軍馬八千餘人，元在洪州駐劄，聽江西安撫大使節制，朝廷近差權潭州，見將帶本部軍馬在湖南道州措置曹成，依近降聖旨指揮，合聽臣節制。韓京一項軍馬一千餘人，元在衡州駐劄，吳錫一項軍馬一千五百餘人，元在郴州駐劄，並聽湖南安撫使司節制，見帶所部軍馬隨逐岳飛前去道州；吳全一項軍馬八百餘人，亦係自江西隨岳飛前去道州，並合聽臣節制。除已劄下逐官知委外，竊緣荆湖兩路係東南上流，目今盜賊頭項衆多，内曹成一項賊馬已侵犯廣南東、西路連、賀等州，非壓以重兵，勢難招捕。將來盜賊平定之後，亦須屯駐軍馬，控扼要害之地，庶幾強敵不敢窺覦。今來逐項軍馬，雖合聽臣節制，竊慮它司陳乞得旨，臨時難以佔留，有誤大計。伏望聖慈特降睿旨，不許諸處抽差，令臣得以專一拊循訓練，緩急之際可以倚仗，不致闕誤。

**同上書卷六十六，《具荆湖南、北路已見利害奏狀》（節選）**

一、荆湖之地綿數千里，南通二廣，西引四川，北控襄、漢，東接江、淮，自昔號為上流，諸葛亮謂之“用武之國”。今朝廷保有東南，制御西北，荆湖諸郡如鼎、澧、岳、鄂連荆南一帶，皆當屯宿重兵，倚為形勢，使四方之號令可通，襄、漢之聲援可接，乃有恢復中興之漸。今福建、江西、荆湖路宣撫使司之兵，將來平定盜賊之後，復還行在。臣晝一内依所降指揮踏逐，乞兵不滿萬人，若到本路，兼得岳飛、吳全、韓京、吳錫等兵，方能僅及二萬之數，分屯佈倈沿江要害去處，深慮不及。伏望聖慈許臣候到本路相度形勢，圖上方略，別行申請。

**同上書同卷，《乞令韓世忠相度入廣西招捕曹成奏狀》①**

今月二十七日，準尚書省劄子：“江南西路安撫大使李囬奏，繳到岳飛狀：‘准江南西路安撫大使司牒，三月二十二日，准樞密院三月四日劄子，奉聖旨，令岳飛到袁州，更切勘量賊勢，如賊兵衆，且於袁州駐劄，候宣撫司人馬到同共進兵；如曹成已受招安，起發赴行在，即與馬友會合，同共勦殺劉忠訖，續往潭州，無致稍失機會，卻致賊兵破壞二廣。飛一行軍馬已到衡州茶陵縣，不住承准郴、衡州、桂陽監等處關報，及飛亦差人體探得曹成已發人馬，取三月十九日起發，往全、永州，侵犯廣西界分，并前軍人馬往賀州路前去。其曹成中軍見在道州，未有的實起發月日，見不住放人四向虜

① 文又見史部《廣西通志》卷一百二。

掠，殺人放火。似此顯見曹成未肯便赴行在，意欲侵犯二廣作過。今準前項公牒，奉聖旨指揮。緣一行官兵已過袁州，地里稍遠。兼續於四月初三日，准荆湖東路提刑司關報，探得曹成賊馬已起離道州，前去廣西。飛除已差人體探仔細外，今已進發往郴州、桂陽監已來駐泊。如曹成不赴行在，及未入廣西，飛便行措置進兵掩殺；若曹成已入廣界，不審令飛一行軍馬如何施行？已具錄奏聞，伏望聖慈特降睿旨付飛，以憑遵依施行。'右，勘會近據岳飛申到前項事理，勘會曹成一行雖有五萬餘衆，其少壯之人止僅二三萬。四月二十六日，已奉聖旨，令岳飛更切探伺，如曹成委是不肯赴行在，已侵入廣南地分，即統率諸頭項軍馬取徑路併力追襲掩擊，務在從長措置，保護二廣，無致稍失事機，破壞廣南州縣。仍令廣南東、西路帥臣依已降指揮起發逐路洞丁、刀弩手、將兵、土軍、弓手、民兵，疾速躬親統率，前來界首與岳飛會合，併力夾擊。”並劄與孟庾、韓世忠及臣措置施行者。

右，臣近據廣南東路安撫使林適、轉運判官章傑申，探報曹成賊民已破賀州，侵犯廣州界分，佔據懷集縣，廣州事勢危急，乞發兵應援，臣已具奏聞。竊見韓世忠治軍嚴整，忠勇有謀，少見其比，乞令不拘路分統率大兵，前去廣東應援，措置招捕曹成，免致廣南兩路破壞州縣外。今準樞密院劄子：“備奉前項聖旨，令岳飛更切探伺，如曹成已侵入廣南地分，即統率諸頭項軍馬取徑路併力追襲掩擊，務在從長措置，保護二廣。”劄付孟庾、韓世忠及臣疾速措置。臣已關送福建、江西、荆湖宣撫使、副，及劄下岳飛恭依聖旨指揮施行訖。契勘曹成一項賊馬最為桀黠，外假聽從招納之名，内有包藏窺覦之意，佔據道州半年有餘，侵犯二廣。其衆號稱十萬，除老弱、脅從、婦女之外，可戰之兵猶有三萬餘人。既為大兵所逼，遂有乘虛深入二廣之計。廣西猶有洞丁、刀弩手、兵將之屬可以控遏；廣東兵力實為單弱，難以支梧，深慮州縣望風奔潰，為害不細。今雖已降指揮，令岳飛統率諸頭項人馬追襲掩擊，竊慮岳飛所率兵數不多，錢糧缺乏，未必能濟。非得韓世忠統率大兵前去措置應援，及將福建、江西、荆湖宣撫司剗刷到諸路錢糧通融應副，深恐未能早見招捕了當。兼契勘曹成本係荆湖盜賊，只緣大兵所逼，遂犯廣南，若拘以路分，謂目今作過不係荆湖地分，即是以鄰國為壑，恐非朝廷銷弭内患之意。臣今欲乞自朝廷降指揮，令世忠相度，如大兵目今已在湖南及筠、袁間，即由全、永入廣西路，自桂府順流以趨廣州，如大兵目今在虔、吉間，即由南安、南雄、英、韶路順流以趨廣州，可以遏賊之衝；令岳飛統率軍馬，由道、賀追襲其後。臣如蒙朝廷應副晝一内所踏逐兵，勾抽齊集，亦可以由虔、吉、英、韶，前去封、康、循、惠間，隨宜措置，禦賊奔进，與之協力進討，不數月間須見了當，卻由便路趨湖南措置，其餘盜賊不難平定。伏望聖慈特降睿旨，詳酌施行。

**同上書卷六十七，《再乞差使臣齎旗牓招撫曹成及論招捕盜賊奏狀》（節選）**

若招撫曹成已定，全得二廣，則荆湖兩路盜賊或招或捕，皆易為力。顧曹成桀黠，擁衆數萬，非世忠全軍聲勢之壯，未易使之聽從，臣前所謂當以經營曹成、救援廣州為急者，此也。臣前已遣人齎金字牌、黄旗、黄牓前去荆湖，委岳飛差人入曹成軍中招諭，計程不久當到。又慮道路或有阻塞，今據林遹前項申述，臣已逐急再遣人齎金字牌、黄旗、黄牓由廣東路前去招撫曹成。伏望聖慈詳酌前後奏請，早降睿旨施行。臣見起發建昌軍等處，聽候指揮。

**同上書同卷，《乞依近降指揮乞兵二萬人措置招捕曹成奏狀》**

准樞密院閏四月二十六日劄子："福建、江西、荆湖南、北路宣撫使司申，'契勘曹成佔據湖湘之久，已奉聖旨，發赴行在。近因岳飛倚本司大軍之勢，提兵壓境，遂致疑貳，遽令群黨南去。今收李囬書報，已犯連州，億度其計，決窺二廣。且軍興已來，郡邑多經殘破，二廣幸無兵火，深慮民物將被其害。伏望聖慈速賜睿旨，措置施行。'勘會宣撫司大兵未到湖南之時，曹成已是不伏招安，不肯前來赴行在，侵犯二廣，勢已猖獗，遂降指揮，令岳飛統率諸頭項人馬前去掩擊。又據探報，曹成賊馬已佔據賀州，侵犯昭、連州界作過。續降指揮，令岳飛依已降指揮，取徑路前去廣南，併力追襲，務要早得殄?，不致侵擾州縣。其合用錢糧，委逐路漕臣多方那融，協力應副，仍劄與宣撫司去訖。今來宣撫司人馬，約程已到湖南。閏四月二十四日，奉聖旨，令宣撫司勘量賊勢，如岳飛孤軍難以破賊，即疾速分撥人馬前去策應，務要剿除淨盡，保全二廣；仍劄與李某，疾速由廣東前去保護本路，及令宣撫司期約廣西許中，起發本路軍兵及洞丁等，併力會合掩殺去訖。"劄送臣依已降指揮，疾速施行。須至奏聞者。

右，臣契勘昨奉聖旨，令相度取道廣東之任，就令撫定廣東州縣。臣已遵依相度奏聞，未奉囬降指揮間，據廣東經略安撫使林遹申："曹成侵犯賀州及懷集縣。"已具陳述措置曹成招捕利害聞奏外，今准前項指揮，臣已恭依聖訓，起發前去廣東州軍，措置撫定。

緣臣見帶軍馬止有任仕安一項，計一千三百餘人，除火頭輜重外，結成隊伍，不滿千人。雖依朝廷近降畫一指揮，踏逐人兵，並未蒙差到，亦無近上可使將官，委是兵力單弱，使喚不行。其曹成賊馬，萬數浩瀚，設若不就招撫，為岳飛等逼逐，奔突二廣，廣西猶有洞丁、土兵、弓弩手等，可以防遏；廣東將兵孱弱，除廣州外，其餘州郡並無城壁可守，非得重兵，豈能挫遏賊鋒，保護兩路？況臣誤蒙聖恩，宣撫荆湖、廣南，委寄之重，深慮無以遠將明命，宣暢國威，使巨寇望風震服。萬一與賊相遇，勢當掩擊，亦須軍馬俵佈得著，方免疏虞。《兵法》："十則圍之，倍則戰。"今以千兵而當十萬之衆，是以一當百，雖古名將，能以少擊衆，亦難成功。況臣書生，不諳行陣，徒以嘗備位宰相，特蒙棄瑕錄用，使之撫定一方。今日職事，動係國體，與戰將偏師、僥倖一時之利者，自不同科。其所乞之兵，未敢全望依朝廷近降畫一指揮，滿二萬人數。時下且得萬餘人，分為五軍，粗成軍容，張大聲勢，鼓行而南。庶幾亦可指授將佐，乘機制變，施設方略，保全二廣，仰寬陛下南顧之憂。若只令臣以任仕安千餘衆，苟且將帶前去，竊恐虛受重責。

伏望聖慈矜察，特降睿旨，檢會臣依近降畫一累奏踏逐將兵，早賜指揮。更自朝廷差撥一軍整齊兵將，付臣使喚。臣見迤邐前去，聽候囬降指揮。

小貼子：臣契勘樞密院劄子内，備奉聖旨，令福建、江西、荆湖宣撫司斟酌賊勢，分撥人馬，策應岳飛。上項所差兵，合自南雄、英、韶前去廣州，稍可捍禦賊馬，保全廣東。乞降睿旨，令差撥隨逐臣前去，聽受節制。庶幾藉其兵力，諸事易為措置。如蒙聖旨允臣所請，乞用金字牌降下施行。

**同上書同卷，《乞差撥兵將前去廣東招捕曹成奏狀》（節選）**

今月二十五日，準樞密院五月二日劄子節文："廣西路經略使司申，'節次據統制官楊友等申：探報曹成賊馬約十萬餘衆，起離道州，攻破賀州，逼近昭州界分。本司除見整齪人馬，極力捍禦。況曹成數衆賊馬，嘯聚日久，勢力凶盛。本路人馬素來單弱，委實不敵，難以支梧。已累申牒宣撫使李某、廣東路安撫使岳飛去外，伏望朝廷體念二廣生靈之衆，速賜指揮，催督諸頭項人馬兼程前來，與本路兵將併力會合，早獲撲滅，免致賊徒殘破以南州縣。'"除已具奏聞外，候指揮小貼子稱："照會曹成作過累年，既就招安，旋復變亂者，前後凡七八次。昨自攸縣驅擄帥臣向子諲，佔據道州，挾使移文，稱'奉帥司指揮，移軍就糧'；及自牒廣東州郡，飾說移軍因依，詐出文牓，焚戢侵陵，其實搜源剔藪，無有遺類；備錄召赴行在詔書，申三路宣撫李觀文，而修立寨柵，濬治壕塹，為遷延之計。今賀州稍有常平米斛，賊既得食，姑且偷生。既變之後，或傳又有奏陳，必肆詭說。萬一朝廷愛惜生靈，許以自新，非有重兵彈壓驅逐，必亦未肯解散。伏望特降指揮，催督諸處大兵，速至會合。若果就招安，即令解甲，分散黨類；不然，則痛行掩殺，期於淨盡。庶幾凶徒知有畏憚。勘會已累降指揮，令岳飛統率諸頭項人馬前去廣南，併力追襲；其合用錢糧，委逐路漕臣多方那融應副。閏四月二十四日，又奉聖旨，令宣撫司勘量賊勢，如岳飛孤軍難以破賊，即疾速分撥人馬前去策應，務要勦除淨盡，保全二廣；仍劄與李某，疾速由廣東前去保護本路，及令宣撫司期約廣西許中，起發本路軍兵及洞丁等，併力會合掩殺去訖。令劄送荆湖、廣南路宣撫使李觀文依已降指揮，疾速由廣東前去保護本路。仍具已起發去處日時，申樞密院。須至奏聞者。”

**同上書卷六十八，《乞令韓世忠統率兵將前去廣東招捕曹成奏狀》**

準樞密院五月二日劄子：“樞密院奏，‘勘會據探報，曹成賊馬佔據賀州，侵犯昭、連州界作過。已降指揮，令岳飛取徑路前去廣南，併力追襲。近約程宣撫司人馬已到湖南。’閏四月二十四日，又降指揮，‘令宣撫司斟量賊勢，如岳飛孤軍難以破賊，即疾速分撥人馬，前去策應，務剿除淨盡，保全二廣。仍劄與李某，疾速由廣東前去保護本路，及令宣撫司期約廣西許中，起發本路軍兵、峒丁等，併力會合掩殺去訖。’續據宣撫司申明，‘廣南東、西係李某路分，未委合與不合措置。已劄下本司，自合不拘路分，依已降指揮，節制諸軍，量度賊勢，遣發軍馬，竭力措置外，三省、樞密院同奉聖旨，曹成係在湖南作過，走透入廣東西路，其本路宣撫司自合襲逐討殺，與李某協力同共措置。劄與李某、孟庾、韓世忠照會。’令劄送荆湖、廣南路宣撫使李觀文照會，仍依已降指揮，疾速由廣東前去保護本路。仍具已起發日時，申樞密院。須至奏聞者。”

右，臣契勘見遵奉聖旨，將帶任仕安所部軍馬前去之任，取道廣東，撫定州縣，已於五月六日起離福州，經過南劍州，見今已入邵武軍界。近據廣東經略安撫使林遹申：“曹成攻破賀州，侵犯廣東州縣，有願就招撫之意。”臣本司已差官齎朝廷降到敕榜、黃旗、金字牌等前去，委自帥、漕兩司相度事勢施行。緣賊情狡獪，屢服屢叛，不可信仗，非得重兵臨之，決難制御，已累具奏聞。乞降指揮，令福建、江西、荆湖宣撫使司分撥兵將，不拘路分，前去招捕。又累論奏，乞令韓世忠親統大兵，自南雄、英、韶前去廣州以來，與臣同共措置，庶幾可以保全兩路，未奉囬降指揮。今准樞密院劄子，備遞到前項聖旨指揮，與臣奏請之意，事體相合。仰見睿明照燭萬里之外，神心經畫，動合機會，天下不勝幸甚。除已備錄關送福建、江西、荆湖宣撫司，差撥兵將，同共措置施行外，勘會曹成賊馬萬數浩瀚，能戰之兵不下三萬人，係朝廷劄到之數。見今惟有岳飛一項軍馬約一萬餘人，前去襲逐，約度已到近地。今來福建、江西、荆湖宣撫司所差兵將，須得一二萬人，更會合許中諸頭項軍馬，方能與之力敵。又須得韓世忠親自統率前去，乃有決勝之理。竊慮福建、江西、荆湖宣撫司差撥兵將不多，及韓世忠非奉聖旨指揮，不敢躬親前去二廣。伏望聖慈檢會臣累奏事理，更賜詳酌，特降睿旨施行。

**同上書同卷，《乞差辛企宗等軍馬奏狀》**

今月二十九日，準樞密院劄子："勘會曹成侵犯廣南作過，其廣西見有許中躬親提兵，在本路界首把截。湖南孟庾、韓世忠、岳飛大兵襲逐追捕。惟廣南軍馬單弱，竊慮逼逐侵擾，事不可緩。五月十八日，奉聖旨，令李某依已降指揮，疾速往廣東，置司捍寇，候孟庾、韓世忠撫定群盜訖，前去潭州之任。"臣已依稟聖旨指揮，前去廣東措置保護。須至奏聞者。

右，臣契勘昨准尚書省劄子："勘會李某前任宰臣，已降指揮除荆湖、廣南路宣撫使、兼知潭州。其合申請畫一事件，若候條具到來，竊慮道路遼遠，卻致後時。四月七日，三省同奉聖旨，應干合行事件，並依吕頤浩昨任江東安撫大使日所得畫一指揮施行。"內一項"許踏逐差兵二萬人"，臣已遵依聖旨指揮施行，踏逐辛企宗、閻皋、朱師閔、郝晸、李山等逐頭項人兵，約計八千餘人，已具奏聞外。近又具奏，乞抽差劉洪道下顏孝恭一項人兵，及乞逐急於江西安撫大使下摘那數項軍馬應副，隨逐臣前去廣東，措置招捕曹成賊馬，保全二廣，並未奉回降指揮。今準御前金字牌遞到樞密院劄子，許撥還統領官馬準下兵七百餘人外，其餘所乞軍馬，並未蒙差撥。竊慮朝廷係與畫一事件一道即同降下，入尋常急遞，是致未曾被受。今得旨催促前去廣東捍禦曹成，只據目下所有人兵，共計二千七百餘人，委是兵力單弱，何以挫遏十餘萬衆賊馬之鋒？非得所乞軍馬齊集，實難虚受重責。契勘臣所乞兵馬，除朱師閔已回行在外，其餘辛企宗、閻皋、李山、郝晸、顏孝恭等兵，皆在江西建昌軍、虔、吉州。如蒙朝廷應副，用金字牌降下指揮，使臣得以因行勾抽，將帶前去廣東使喚，勒成部伍，軍容稍整。庶幾遠方知朝廷所以遣臣之意。曹成或可望風招納，事係國體，非臣敢私。伏望聖慈速降睿旨，檢會臣累奏踏逐乞兵因依，特賜矜允施行。臣見自邵武軍起發建昌軍、撫州以來，聽候指揮。

小貼子：契勘臣晝一內，元乞辛企宗下兵計四千人，近聞在路逃散，所存不多，緣企宗怯懦，不能用衆，致其下人兵多懷憤怨；閻皋下兵元約一千五百餘人，閻皋得罪，已為宣撫司分撥；李山下兵元約一千人，今聞只有六七百人，見在虔州，其李山係委棄邵武軍，擅走出江西界之人。上項三項軍馬，如蒙朝廷撥付臣使喚，並合別擇統制官將領前去。所有郝晸、顏孝恭等兵，皆衹及五六百人，聞亦見為宣撫司勾在吉州。緣逐項兵本非福建、江西、荆湖宣撫司元將帶之數，所以臣敢踏逐奏乞差撥，如蒙朝廷盡行應副，亦不過得三五千人。乞依前奏，於江西安撫大使下摘那，湊足元數。庶幾可濟目前之急。合具奏知。

臣契勘福建、江西、荆湖宣撫司，與臣本司名號既同，責任亦等，而兵力事體，夐然遼絶。臣目今所得兵，曾不及其一統制官之數。今來措置廣東賊馬，雖蒙已降指揮，令分撥兵將前去，緣非臣所部，終是難以使喚。遠方州縣見兩司事體不一，動有觀望，亦難號令。伏望聖慈特降睿旨，檢會臣踏逐元數，特行應副，使事有可為之理。臣敢不竭盡死節，以圖報稱。伏乞聖察。

**同上書同卷，《乞令韓世忠摘那軍馬量帶輕齎前去招捕曹成奏狀》（節選）**

今月二十九日，準樞密院劄子："荆湖、廣南路宣撫使李某奏，'契勘曹成一項賊馬，侵犯二廣，廣西猶有峒丁、刀弩手、兵將之屬，可以控遏；廣東兵力實為單弱，難於支梧。今雖已降指揮，令岳飛統率諸頭項人馬追襲掩擊，竊慮岳飛所率兵數不多，錢糧闕乏，未必能濟。非得韓世忠統率大兵前去措置應援，及將福建、江西荆湖宣撫司刬刷到諸路錢糧，通融應副，深恐未能早見招捕了當。今欲乞自朝廷降指揮，令韓世忠相度，如大兵目今已在湖南及筠、袁間，即由南安、南雄、英、韶等，順流以趨廣州，可以遏賊之衝；令岳飛統率軍馬，由道、賀追襲其後。臣如蒙朝廷應副晝一內所踏逐兵，勾抽齊集，亦可以由虔、吉、英、韶，前去封、康、循、惠間，隨宜措置，禦賊奔迸，與之協力進討，不數月間，須見了當。卻由便路趨湖南措置，其餘盜賊，不難平定。候敕旨。'今檢會樞密院奏，'勘會據探報，曹成賊馬佔據賀州，侵犯昭、連州界作過。已降指揮，令岳飛取徑路前去廣南，併力追襲。近約程宣撫司人馬已到湖南。'閏四月二十四日，又降指揮，'令宣撫司斟酌賊勢，如岳飛孤軍難以破賊，即疾速分撥人馬前去策應，務要剿除淨盡，保全二廣。仍劄與李某，疾速由廣東前去保護本路，及令宣撫司期約廣西許中，起發本路軍兵、洞丁等，併力會合掩殺去訖。'續據宣撫司申明，‘廣南東、西係李某路分，未委合與不合措置。已劄下本司，自合不拘路分，依已降指揮，節制諸軍，量度賊勢，遣發軍馬，竭力措置外，五月二日，三省、樞密院同奉聖旨，曹成係在湖南作過，走透入廣東西路，其本路宣撫司自合襲逐討殺，與李某協力同共措置。劄與李某、孟庾、韓世忠照會。又奉聖旨，令孟庾、韓世忠依已降指揮，火急追襲討殺，救護二廣，無令侵壞州縣。如遣發軍馬不能剋日殄滅大寇，即本司自合躬親前去，務要日近平定，旋逐具追殺次第聞奏。’仍劄催李某依累降處分，疾速往廣東置司捍寇。其兩司措置事宜，並須互相關報，無致牴牾。”臣已遵稟聖旨指揮，及關送孟庾、韓世忠照會施行。須至奏聞者。

**同上書同卷，《再乞差辛企宗等軍馬奏狀》（節選）**

右，臣契勘昨奉聖旨，令候孟庾、韓世宗措置荆湖南、北路盜賊了日，前去之任。今來兩路盜賊，除曹成一項賊馬為岳飛殺敗，並殘黨乞就宣撫司招安外，其餘盜賊劉忠、李宏、楊華、楊幺郎、雷進及鍾相殘黨等，萬數浩瀚，尚未曾措置討捕，聞欲秋涼方行進兵，及馬友下人兵，見在潭州，亦未曾措置差撥放散。今准前項聖旨，令孟庾、韓世忠疾速措置湖南交割與臣，發赴行在。竊慮逐項盜賊非日下措置可了，孟庾、韓世忠得赴行在指揮，逐急便行交割，將帶重兵起離前去。臣所得兵，止是任仕安一項軍馬二千七百餘人，近雖撥到辛企宗、閻皋下兵，緣逐軍已為孟庾、韓世宗分撥，及時暫抽差前去，見存數目不多。其近撥到韓京、吳錫、吳全等兵，今來又准樞密院劄子，撥隨岳飛往江州屯駐，委是勢力單弱，難以措置彈壓。竊慮盜賊窺覦，無所忌憚，依前猖獗，為兩路之患，虛負罪責，臨時難以申陳。伏望聖慈特降睿旨，更賜詳酌指揮施行。

**同上書同卷，《乞令岳飛且在潭州駐劄、仍乞撥還韓京等軍馬奏狀》**

準樞密院六月九日劄子：“準御前降下金字牌，‘樞密院奏，勘會已降指揮，令岳飛候平定曹成日，將帶本部軍馬前來行在，及韓京、吳錫、吳全軍馬，令岳飛交割與李某使喚。今來已破曹成，及已降指揮，令李某取徑路往潭州之任。’緣江州係緊切控扼，合屯重兵去處，奉聖旨，令岳飛將帶本部並韓京、吳錫、吳全軍馬，前來江州駐劄。仍疾速開具掩殺曹成賊馬有功官兵，保明開奏，當議推恩；及令李某勾抽程昌寓下杜湛所統八千餘人使喚。”劄送臣疾速施行，臣已恭依聖旨指揮施行外。須至奏聞者。

右，臣契勘荆湖兩路係東南上流之地，累年為盜賊侵擾，往往佔據州縣，不復知有朝廷。如馬友見在潭州，雖號稍知逆順之勢，不敢猖獗，然亦擅置官吏，分兵近郡，肆意誅求，民不聊生。蓋緣本路久闕帥臣，前後差除多不到任，全無重兵彈壓，故敢如此。近蒙朝廷差親衛大夫、建州觀察使岳飛權知潭州、兼本路安撫使、馬步軍都總管，將帶一行軍兵前來湖南，又緣追捕曹成，未曾到任。今來岳飛討殺曹成，將欲了當，又領前項聖旨指揮，令往江州駐劄。竊緣本路盜賊頭項衆多，如劉忠、李宏、楊華、楊幺郎、雷進及鍾相殘黨等，多者數萬，少者不下萬人。馬友見在長沙，兵數號稱十萬，其實亦須五七萬人，非得素有名望、威略顯著、近上武臣統率重兵，不能討捕彈壓放散。今來韓世忠兵既有聖旨指揮，前去建康府駐劄，其岳飛又令將帶軍馬往江州屯駐，即是本路名將重兵頓去，無有留者。竊慮盜賊窺見朝廷事勢，無所畏憚，依前放肆，為患不細。臣雖係前宰相，誤蒙恩除四路宣撫使、兼本路安撫使，緣所得兵數不多，無近上武臣為之副貳，難以彈壓。安知馬友不忌臣之來，如唐藩鎮，往往不納帥臣，或致戕害者多矣。況劉忠、李宏、楊華、雷進之徒，皆係劇賊，孟庾、韓世忠將帶重兵，自到荆湖，未曾措置。今來遽將職事交割與臣，何以善後？近奉樞密院劄子，"差到韓京、吳錫、吳全三項軍馬"，文字到司，纔兩日間，又准今來指揮，令隨逐岳飛前去。雖蒙撥到程昌寓下杜湛所統八千餘人，其人係隨逐昌寓自蔡州前來。鼎州亦係要害之地，見有盜賊，不可闕兵，亦難全行勾抽。其杜湛、彭筠本係荆湖北路軍馬，合聽臣節制，指擬防秋之數。若差那去韓京、吳錫、吳全等軍，卻分撥得杜湛、彭筠軍馬，於臣本路全無增益，有失指準。伏望聖慈體念荆湖重地，目今盜賊除曹成一項將欲了當外，其餘全未平定，須得近上武臣措置招捕，及將來防秋，不可闕兵。特降睿旨：令岳飛依元降指揮，依舊權知潭州，兼權本路安撫使，候臣到任，交割職事；令岳飛且於潭州駐劄，聽臣節制，一面措置分散馬友軍馬，及討捕劉忠、楊華、李宏、楊幺郎、雷進及鍾相殘黨等。庶幾韓世忠去後，收拾後段，不致闕人；及將韓京、吳錫、吳全等兵，依前降指揮，撥付臣使喚。庶幾將來防秋，不致闕事。臣仰荷聖恩，起於罪廢之餘，付以四路重寄，夙夜震悚，惟恐不能稱副之意。苟有愚見，不敢不盡陳述，干冒天聰，無任惶懼待罪之至。

小劄子：臣看詳樞密院劄子，備奉聖旨指揮，勾抽韓世忠兵前去建康府駐劄，及令岳飛將帶軍馬屯駐江州，與前後所降指揮頓然不同。竊慮係江北或有傳報之警，欲為防遏之計。臣竊謂建康府路已有都督呂頤浩一行軍馬，今來韓世忠又帶重兵前去，勢似偏重。岳飛前去江州，又復端閒，虛廢日月。臣愚欲乞令韓世忠分撥近上統制官，將兵萬人駐劄江州，廣張聲勢，以代岳飛。權留岳飛駐劄潭州，經畫兩路盜賊，不數月間，決可平定。萬一沿江或有警急，臣預行排辦舟船，自潭州至江州，順流不過數日可到。臣當躬率本司軍馬，與岳飛水陸並進，以為應援。兩不相妨，而於荆湖兩路為利甚大。措置群盜，可以永絶後患。臣謂策無出於此者，更望聖慈與二三大臣特賜詳酌，速降指揮施行。

臣竊觀自昔討捕盜賊，必得功績已著之人，盜賊畏威，自然望風奔潰，於討捕易為功力。今來岳飛破曹成十萬之衆，群盜皆已膽落，若使稍留本路，措畫招捕功倍。他日盜賊平定之後，荆湖自此可以料理。日為防秋之計，控扼上流，實係國體。如或失此機會，群盜猖獗，郡縣又復殘破，將來實難支梧。伏望聖慈特賜睿察施行。臣契勘馬友近與劉忠戰，為其所敗，見今力敵，收拾將士，欲再舉兵，必留岳飛本路駐劄，使率馬友以討劉忠，必能有功。劉忠既破之後，朝廷量加旌賞，馬友別與一處差遣，使離潭州，即荆湖可無後患。其餘群盜亦可漸次招捕平定，實為利便。伏望聖察。

**同上書卷六十九，《乞且於衡州駐劄、候福建等路宣撫司班師前去之任奏狀》（節選）**

其韓世忠、岳飛兩頭項重兵，並各抽囬建康府、江州屯駐。臣本司軍馬，全然不多，雖蒙撥到一兩項殘零人馬，悉是烏合，又無威望素著武臣總領。若便依今來聖旨指揮，徑赴潭州，使荆湖群盜窺見虛實，愈更偃蹇，一有侵侮，實損國威。當是時，臣雖捐軀，無補於事。目今荆湖兩路盜賊，除曹成一項殺敗，有就招撫之意，將欲了當外，其餘劉忠、李宏、楊華、雷進、楊幺郎、鍾相殘黨十數頭項，萬數浩瀚。若孟庾、韓世忠措置未了間，便行交割，岳飛又往江州，重兵名將，一旦俱去，即與前來“候孟庾、韓世忠撫定群盜訖，前去之任”聖旨指揮大段不同。今來孟庾、韓世忠措置荆湖盜賊，如或未了，速要班師赴行在，及往建康府駐劄，朝廷防秋事體尤重，若交割宣撫司職事，臣恭體聖意，不敢復有陳請外，只乞依臣前奏，存留岳飛一項軍馬，且在本路措置招捕盜賊，聽臣節制，不數月間，須見次第，將來沿江或有警急，自合發遣前去應援；所有福建等路宣撫司錢糧，並辟置州縣官等，若孟庾、韓世忠未起發間，合與臣本司通融應副，將來起發日，自合依前降指揮，交割與臣措置施行。臣今一面起發建昌軍南豐縣，由撫、吉州前去，相度若事勢别無阻礙，欲乞且於衡、永州駐泊，候孟庾、韓世忠班師囬軍，及朝廷降到指揮，許令岳飛存留本路，即往潭州置司。伏望聖慈特賜矜察，早降睿旨施行，使有遵守。

小貼子：契勘孟庾、韓世忠係福建、江西、荆湖南、北路宣撫使、副，專切措置荆湖兩路盜賊。今來劉忠等十數頭項，多在荆湖北路及兩路界首出没作過，並合措置撫定。近金字牌降到聖旨指揮，催促孟庾、韓世忠疾速措置湖南事宜，卻不該載荆湖南、北兩路。竊慮孟庾、韓世忠執此指揮，只據湖南時下撫定，即便交割與臣，致朝廷不見得湖北兩界首所有劇賊十數頭項未了，並與岳飛一項軍馬，盡行起發，則兩路更無重兵，決須誤事。伏乞檢照前後所降指揮，明賜處分施行。

**同上書同卷，《乞撥還韓京等及胡友等兩項軍馬奏狀·小貼子》**

臣契勘朝廷元降指揮，許依江東安撫大使例，差兵二萬人。緣荆湖兩路界分闊遠，非江東一路之比，其上件差兵二萬人，如足元數，猶恐倸佈控扼使喚不足。今來所乞存留岳飛一項軍馬於本路駐劄，係在二萬人數外，蓋欲藉其威名，措置盜賊，早見了當，及防秋已迫，緩急可以倚仗。朝廷如以所乞在二萬人數之外，即乞除臣今來所乞撥還韓京、吳錫、吳全及踏逐差胡友、毛佐人兵外，尚闕六千餘人，未行差撥。伏乞照會施行。

**同上書卷七十，《開具錢糧兵馬盜賊人數乞指揮施行奏狀》**

檢會臣自置司以來，節次被受朝省劄子，備奉聖旨，皆令取道廣東，撫定州縣，候孟庾、韓世忠措置盜賊了日，前去潭州之任。後來緣曹成賊馬侵犯二廣，續降指揮，令臣往廣東捍寇，保護一路。臣遵依聖旨，取便道發往廣東，行次建昌軍南豐縣。准御前金字牌降道樞密院劄子："樞密院奏，'勘會曹成已自桂陽監入江西，聽福建等路宣撫司招撫。其荆湖、廣南路宣撫使李某，依元降指揮，便可徑赴潭州新任。'奉聖旨，令李某將帶軍馬，取徑路往潭州之任，仍令孟庾、韓世忠疾速措置湖南事宜，交割與李某訖，發來赴行在。"臣亦已遵依聖旨，改路由撫、吉州前去之任，乞於衡、永州駐泊，已具奏聞外。竊詳前件指揮與前後所降指揮不同，必謂曹成已聽福建等路宣撫司招撫，赴軍前區處了當，其餘盜賊不難招捕，所以令孟庾、韓世忠疾速措置事宜，交割與臣訖，發赴行在，及令臣取徑路往潭州之任。臣今行次撫州，節次據探報，體問得曹成見與岳飛相持於全、邵間，徒黨散漫，桂陽、郴、永，皆被其害，即未曾赴福建等路宣撫司招撫。及承福建等路宣撫司關，"據探報，曹成賊馬近自廣東復田湖南，在全、邵州、武岡軍上下，岳飛見在衡州。又體問得馬友昨在潭州，雖擅行辟置官吏，擁衆自防，蠶食諸邑，然又受朝廷恩命，若以重兵臨之，決可招撫，全得其衆，分隸放散。”今聞馬友為李宏所圖，併其軍馬，多備舟船，般載見在錢穀，艤泊岸下。雖未見得的確因依，緣既有變動，與前日事體又復不同，其馬友徒衆不伏李宏招收者，依舊散為盜賊，劫掠諸縣，其餘仍舊團聚潭州。及據岳飛申，亦稱馬友為李宏所殺。又據探報，劉忠見據岳州、平江一帶，近復多聚舟船，屯泊君山，雖遣人至福建等路宣撫司軍前，願就招撫，決難保信；其餘楊華、雷進、楊幺郎、鍾相殘黨、彭鐵大、鄧裝等，皆在逐處作過如故；及別有數項盜賊，不得頭首姓名，藏泊洞庭湖等處，時到潭州城外出没抄掠。據前件探報事節，即是曹成賊馬初未曾招撫了當，及其餘盜賊頭項不一，萬數浩瀚，恐非旬月間所可措置。若朝廷且令孟庾、韓世忠在荆湖兩路措置盜賊，務令淨盡，其勢尚須數月，方可結絶。臣若發赴本路，於衡、永州駐泊，緣孟庾、韓世忠已自吉州往湖南路，亦分撥軍馬由衡、永州前去，錢糧闕乏，難以供贍。檢會昨降指揮，孟庾等申：“今來除李某宣撫荆湖，其本路軍旅錢糧措置事務等，顯有相妨。奉聖旨，福建等路宣撫司如到荆湖，應措置事務，合從本司施行，候將來本司班師回軍日，即合從李某措置。”緣有前項指揮，兩司難以同在一路，於措置盜賊及防秋等事，皆有相妨，臣合與不合依元降指揮，少候孟庾、韓世忠措置荆湖盜賊了當日，前去交割。萬一朝廷有防秋警急事宜，速欲得孟庾、韓世忠班師赴行在，及孟庾、韓世忠體朝廷之意，逐急將荆湖盜賊曹成、李宏、劉忠等逐項據寇，量行措置，便將職事交割與臣，緣臣見今軍馬單少，錢糧闕乏，兼防秋之期已迫，全然未有指準。昨具奏乞差撥九項軍馬及乞支撥錢糧，雖蒙朝廷摘那應副，後來他司佔留，及朝廷改差，並未曾拘收到一人一騎；雖蒙朝廷降下許撥錢糧，只是數目，未有可以指擬支撥去處。若非特降指揮，依臣近奏所乞，存留岳飛一項人兵，且在本路駐劄，措置群盜；及將朝廷已撥到軍馬，更不改差，及不許他司佔留，盡數撥還；並臣續踏逐到胡友、毛佐兩項人兵，特賜差撥，貼成元降指揮二萬之數，委是軍馬單少，不足以防秋，捍制盜賊。及檢會近降指揮，福建等路宣撫司將來班師日，應干錢糧、銀絹、祠部、官告等，除量度合用數外，盡數樁留，撥付本司。依臣近奏，乞更賜約束，不許別作名目佔破，及以羨餘為名，獻納朝廷，盡數充撥本司支用。如是餘剩數目不多，支用不足，若不於江西轉運司鄰近州郡支撥，應副目前支遣，委是錢糧闕乏，不足以贍養軍馬。竊緣招捕盜賊，控扼要害之地，分佈防秋，以軍馬為先，養贍軍馬，以錢糧為急。臣今將節次所准朝廷降到指揮，及乞差撥軍馬錢糧，朝廷已、未應副數目，及荆湖見今盜賊人數，逐一開具，聲說在後。伏望聖慈詳酌逐項事理，明降處施行。謹具下項：

一、本司節次被受尚書省、樞密院劄子降到聖旨指揮。

尚書省劄子："孟庾、韓世忠總率大兵，由袁、洪州前去湖南措置盜賊。今來荆湖、廣南路宣撫使李某前去之任，經由路分，理合照應。四月七日，奉聖旨，令李某將帶軍馬，相度由汀、道州，就令撫定經過州郡，前去之任。"

樞密院劄子："勘會曹成賊馬侵犯廣南作過，廣東兵馬單弱，竊慮逼逐侵擾，事不可緩。奉聖旨，令李某依已降指揮，疾速往廣東置司捍寇，候孟庾、韓世忠撫定群盜訖，前去潭州之任。"

樞密院劄子："孟庾等申，'本司係宣撫福建、江西、荆湖路，内荆湖路今來又除李某宣撫，本路軍旅錢糧、辟置官屬、措置事務、行移文字之類，顯見相妨。伏望朝廷詳酌施行。'勘會福建、江西、荆湖路宣撫司如到荆湖路，應措置事務，合從本司施行。候將來本司班師回軍日，即合從李某措置，自不相妨。奉聖旨，劄下逐司照會。"

樞密院劄子："勘會曹成已自桂陽監入江西，聽福建等路宣撫司招撫，其荆湖、廣南路宣撫使李某依元降指揮，便可徑赴潭州之任。奉聖旨，令李某將帶軍馬，取徑路便可赴潭州之任；仍令孟庾、韓世忠疾速措置湖南事宜，交割與李某訖，發來赴行在。"

契勘臣自置司以來，被受朝省劄子降到聖旨，並令由廣東前去之任。蓋緣福建、江西、荆湖宣撫司同在一路，諸事相妨，及朝廷方以重兵委孟庾、韓世忠措置荆湖盜賊，故每降指揮，必令臣候孟庾、韓世忠撫定盜賊了日，前去之任。今來近降指揮，以曹成已就招撫，令臣更不經由廣東，取徑路前去潭州之任。今據諸處關報，曹成見在全、邵等州，與岳飛相持，元未招撫了當；其餘盜賊劉忠、李宏、雷進、楊華、楊幺郎、鍾相殘黨、鄧裝、彭鐵大等，亦未曾招捕了絶。孟庾、韓世忠近方自吉州發遣軍馬，前去湖南措置，臣若徑往潭州之任，其兩司同在一路，委有妨礙。又聞潭州見有李宏、馬友之變，未見的確因依，非得重兵，難以彈壓。伏望聖慈詳酌事宜，令臣依累降指揮，且往廣東措置，或在虔、吉間，少候孟庾、韓世忠措置盜賊了當日，前去交割。伏望聖慈特降睿旨施行。

一、本司被受尚書省劄子：許依江東安撫大使吕頤浩晝一事件内一項，踏逐差兵二萬人，尋行踏逐、奏乞差撥及蒙朝廷應副人數：

辛企宗下人兵約四千餘人，閻皋下人兵約一千五百餘人，朱師閔下人兵約一千餘人，郝晸下人兵約七百餘人，李山下人兵約一千餘人。

準樞密院劄子："奉聖旨，朱師閔軍馬見在神武中軍使喚，郝晸人兵，已降指揮，差充孟庾親兵，李山見差出幹事外，辛企宗、閻皋舊管人兵，除已隨孟庾、韓世忠前去湖南外，其餘見隸企宗所管，並依所奏撥與李某使喚。”本司尋關送福建、江西、荆湖宣撫司，依聖旨指揮差撥，得回文，但稱已節次起發往荆湖南路，並不曾差到。竊緣臣昨係往廣東撫定州縣，故所降指揮，辛企宗下人兵，除已隨孟庾、韓世忠前去湖南外，其餘差撥與臣使喚，今來臣依近降指揮，取徑路往湖南潭州之任，所有辛企宗、閻皋下兵，合盡數撥赴本司，伏乞特賜指揮。

岳飛下人兵約一萬餘人，韓京下人兵約一千餘人，吳錫下人兵約一千餘人，吳全下人兵約七百餘人。

準樞密院劄子：“除岳飛已召赴行在外，韓京、吳錫、吳全下人兵，候隨逐岳飛討捕曹成了當日，撥付李某使喚。”尋劄付岳飛照會差撥，未有回報間，續准樞密院劄子：“奉聖旨，江州係緊切控扼、合屯重兵去處，令岳飛將帶本部並韓京、吳錫、吳全軍馬，前來江州駐劄。”本司近已具奏申明，荆湖盜賊招捕全未見次第，韓世忠、岳飛兩項重兵名將一旦盡去，竊慮群盜益無忌憚，勢必猖獗，乞令岳飛於本路駐劄，措置盜賊，及將韓京、吳錫、吳全軍馬，依舊撥還本司，充防秋使喚。伏乞特賜指揮。

張忠彦下人兵二千餘人，杜湛下人兵八千餘人。

准樞密院劄子：“許從本司勾抽使喚。”其張忠彦人兵，多係冗濫，朝廷見劄付臣，有痛行沙汰指揮。本司遣使臣往廣東及岳飛處相尋，未有回報，不知存在去處。杜湛下元係蔡州將兵，止係二千餘人，隨逐程昌寓前來鼎州，又招安到彭筠下五千餘人，已係本路指準防秋人數。兼鼎州見有盜賊，難以全行勾抽，目今湖南道路不通，差人前去勾抽未得。伏乞照會。

契勘本司陳乞九項人兵，蒙朝廷應副五項，及別差到杜湛、張忠彦兩項軍馬。內辛企宗、閻皋下人兵，係福建等路宣撫司佔留，未曾發遣；韓京、吳錫、吳全三項，係朝廷改差；其杜湛、張忠彦兩項，見行勾抽未得。所有元降晝一指揮，許差二萬人數，除任仕安一項軍馬二千七百餘人，見帶隨行外，其餘累次奏請，並未曾得一人一騎。目今湖南盜賊衆多，防秋已近，深慮有誤國事。伏望聖慈特降睿旨施行。

一、本司初置司日，蒙朝廷降到激賞錢銀，及依吕頤浩任江東安撫大使日歲計錢米都數，及本司陳乞於江西鄰近州郡支撥錢米，應副日下支用數目。

尚書省劄子：“於福建路轉運司支錢二萬貫，充沿路些小犒設支用。”見已支到，於降賜庫收掌支用。

尚書省劄子："於吉州搉貨務支銀一萬兩，錢一萬貫，充激賞支用。"累移文催貨務，但稱闕乏，至今並未曾支到。

尚書省劄子："降下申請畫一內一項，依江東安撫大使例，錢四十萬貫，米二十萬碩，充一歲支用。"緣本路州軍累經殘破，全然闕乏，雖已差官於廣南東、西路剗刷，緣道里窵遠，目下無以應副支遣。乞候依近降指揮，於孟庾處交割餘剩錢糧，如數目不多，支用不足，即乞許臣於江西轉運司及筠、袁、虔、吉州，先次撥米五萬碩、錢十萬貫，應副目下支用，庶幾臨時不致闕誤。伏乞特賜指揮。

尚書省劄子："本司奏乞令福建等路宣撫司候將來班師日，將餘剩錢糧，及以前朝廷降賜，及別路取撥到錢米、銀絹、度牒、官告等，並乞樁留，撥付本司，所貴就近應副。奉聖旨，令孟庾、韓世忠撫定荆湖南、北路盜賊班師日，量度合用數外，盡留與李某。劄送本司施行。"緣福建等路宣撫司已有指揮催促措置湖南事宜，交割與臣，發赴行在。竊慮班師在近，其上件餘剩錢米、銀絹、祠部、官告等，乞特降約束，令不得別作名目覘破，及以羨餘獻納朝廷，盡數撥付臣，充經理荆湖之資，應副軍期支遣。伏乞特降指揮。

契勘前項財用並是指準的確合用之數，除福建轉運司應副到錢二萬貫文外，所有其餘數目，若非朝廷特賜緊切指揮，深慮只成虛文，有誤指準。伏望聖慈特降睿旨，速賜施行。

一、本司據福建等路宣撫司及湖南、北路諸處申，探報荆湖南、北兩路見今盜賊人數，及作過去處。

曹成，約有十萬餘人。自道州侵犯賀州及封、連等州，為岳飛殺敗。見今分作數項，在全、邵州、武岡軍、道州、永州等處屯泊作過，即未曾就福建等路宣撫司招撫了當。

馬友，約有十萬餘人。元佔據潭州，分撥徒衆於外縣及衡州等處就糧。近為李宏殺并，目今徒黨為李宏招收者，依舊團聚潭州，及不伏招收之人，四散虜掠作過。

劉忠，約有三萬餘人。元在岳州、平江、潭州、瀏陽等處，據險出没作過。近聞福建等路宣撫司大兵到來，聚集舟船於岳州君山屯泊。訪聞曾遣人至福建等路宣撫司，願就招撫，緣本人自知罪大不赦，決難保信。

李宏，約有一萬餘人。元係馬友下統制官，引兵叛去，佔據岳州。近聞與潭州通判張掞合謀，殺戮馬友，併其軍馬，未見詣實因依，見在潭州。

楊華，約有一萬餘人。見在鼎州及潭州益陽縣界出没作過。

雷進，約有八千餘人。見在鼎、澧州及潭州界上出沒作過。

楊幺郎，約有五千餘人。見在潭州界上出沒作過。

鍾相殘黨，約有一萬餘人。見在鼎州、澧州界上出沒作過。

鄧裝，約有三千餘人。見在郴、連州界上出沒作過。

彭鐵大，約有數千人。見在桂陽縣界上出沒作過。

契勘前項劇賊十餘頭項，衆數十萬，皆是累年佔據湖南州縣作過之人；其餘不得名字，於洞庭青草湖藏泊，出沒作過；及諸處小盜，千百為群，不可勝數。今來福建等路宣撫司，承朝廷指揮催促措置，竊慮非旬月内所可了當。若便行交割與臣，非得岳飛一項軍馬於本路駐劄，同共措置，及臣累奏踏逐人兵，特降指揮，盡數差撥，湊足元降畫一指揮二萬之數，實難以招捕前項盜賊及措置防秋等事，深恐決致誤事。伏望聖慈檢會臣近奏，特降睿旨施行。

**同上書卷七十一，《再乞撥還韓京等軍馬奏狀》**

七月二十八日，準樞密院劄子："準樞密院七月七日劄子，'勘會已差撥兵馬，計二萬一千六百餘人，付李某使喚。'奉聖旨，依已降指揮，疾速星夜前去之任。"劄送臣疾速施行，臣已遵依聖旨指揮，自吉州兼程前去湖南之任外，須至奏聞者。

右，臣契勘昨蒙朝廷降下畫一，依江東安撫大使吕頤浩例，踏逐差兵二萬人，已差到任仕安下人兵共計二千七百餘人，辛企宗下人兵三千三百餘人，郝晸下人兵二千八十餘人，已上共計七千九百餘人外，準樞密院劄子，"撥到見在湖南屯駐韓京、吳錫、吳全三項軍馬"，方行勾抽取問、人數未到間，續準樞密院劄子，"令岳飛將帶韓京、吳錫、吳全等兵，前去江州駐劄。"卻令臣於程昌寓下勾抽杜湛人兵八千餘人，及勾抽張忠彦下人兵四千餘人使喚，已上通約計二萬餘人。緣杜湛人兵只係二千餘人，並近招收到彭筠兵五千餘人，通約計八千人。據程昌寓申："鼎、澧州見今有鍾相、楊華殘黨出沒作過，别無兵將可以捍禦，乞存留依舊使喚。"契勘鼎、澧州係湖北要害去處，上件杜湛等兵，難以全行勾抽，及張忠彦兵見在廣東、福建等路宣撫司及岳飛勾喚，並不前來。臣累行移文前去，亦不報應，見委廣東經略安撫使向子諲前去措置外，其杜湛、張忠彦下人兵，乞朝廷特賜豁除，或别承差使，不充二萬人之數；其韓京、吳錫、吳全等兵，已係先降指揮，撥隸臣本司，後來續降指揮，令隨岳飛前去江州駐劄。今來岳飛已蒙朝廷依舊存留湖南路駐劄，更不前去江州，其韓京、吳錫、吳全等兵，卻合隸臣本司。臣除已劄送逐人照會外，伏望聖慈特賜睿旨施行。

**同上書同卷，《乞下本路及諸路轉運司科敷錢米於田畝上均借奏狀》（節選）**

其間形勢，官戶、人吏，率皆不納；承行人吏又於合納人戶，公然取受，更不催納。其催納者，盡貧下戶。因緣抑勒，情弊百端，民不聊生。其逐年合納夏秋正稅，卻更不行催理，蓋緣受納正稅交收，皆有文曆，難以作弊。其科敷之數，以軍期急迫為辭，類皆不置赤曆，亦無收支文字可以稽考。又一路州縣官吏，多係權攝，與人吏通同作弊，侵漁搔擾，莫甚於此。且以今年計之，應副曹成及岳飛並福建宣撫人兵，已是三次科率，民力安得不困？臣見痛加止絶，出榜州縣，將前項科須未納人戶，並更不得催理；自今以往，一切科須並行住罷；如有軍期急闕，常賦不足，非奉臣本司指揮，不得擅行科率；卻令州縣依法於省限内催理正稅，其以前科敷之數，依去年明堂赦文，許於正稅内剋折。見體究作過實有情弊官吏，續具奏聞，乞重置典憲。伏望聖慈特降睿旨，以臣所陳行下本路及諸路轉運司，令應干科須並先會計合用之數，於逐州總計田畝上均敷，即不得虛抛大數，及於田畝上別行樁起錢糧之數。庶幾民戶漸次復業，得被朝廷實惠，天下幸甚。

**同上書卷七十二，《開具本司差到任仕安等兵馬人數、留韓京等軍馬奏狀》**

臣契勘七月二十九日，準樞密院七月二十二日劄子，"奉聖旨，令岳飛且在湖南等路措置追捕盜賊，候稍息日，別聽指揮。"續於八月初五日，准樞密院七月二十五日劄子，"岳飛依已降指揮，且留湖南等路措置盜賊，專聽李某節制。"臣已劄下岳飛，遵稟聖旨指揮，回軍前來本路駐劄。未到間，今據右武大夫、文州團練使、樞密院將領韓京申，得岳飛公文，"八月十一日，准八月五日樞密院劄子，'樞密院奏，勘會已降指揮，且留湖南等路措置盜賊。'今據岳飛奏，'曹成賊衆並已破滅，招收淨盡，湖南、二廣別無曹成潰賊，兼韓世忠大軍已到潭州，撫定李宏、馬友人兵，及已破劉忠大寨，所有岳飛合依先降指揮，前來江州駐劄'。右奉聖旨，令岳飛依先降指揮，立便起發，前來江州駐劄。申本司照會。"臣竊緣本路盜賊全未衰息，韓世忠雖破劉忠大寨，其劉忠見在岳、鄂間，據胡家寨，招集潰散軍馬，已及五千餘人；馬友潰散人兵見有數頭項，各數千人，在潭州、邵州界上等處作過。近據韓世忠下提舉一行事務董旼申："已接引到王方一項人兵三萬餘人；及曹成下人兵七萬餘人，見在辰、沅等州，有公文情願聽福建等路宣撫司招撫，昨晚起離辰、沅州，欲自邵州入衡州，前去江西路，追趕福建等路宣撫司公參。”緣董旼只帶親兵三千人，見在邵州，欲接引招撫曹成、王方十萬之衆，竊慮難以彈壓。其曹成素來狡獪，必謂福建等路宣撫司既已班師，岳飛人兵未到，臣所將兵人數不多，本路别無重兵，故以受董旼引接為辭，漸復南來，有窺伺湖南及二廣之意，萬一猖獗，委是難以支梧。兼楊幺下賊黨亦係數萬人，見據洞庭湖水寨，周圍一千餘里，見今出没於潭、鼎、邵州界首作過；其餘盜賊如鄧裝、彭鐵大、楊華、雷進、鍾相殘黨等，依舊佔據巢穴，侵犯州縣，未曾討捕。今來岳飛卻稱‘曹成賊衆已是破滅，招收淨盡，荆湖、二廣别無曹成潰散賊馬；李宏、馬友人兵及劉忠並各了當，合依先降指揮，前去江州駐劄’，委是故違詔令，不肯前來，欺罔朝廷，别取指揮。兼臣本司亦未曾被受前項聖旨指揮，竊慮既令聽臣節制，朝廷必須行下臣本司，體究岳飛所陳是與不是著實，方降處分。萬一詔令果是已改，不敢再三紊煩朝廷，只乞存留韓京、吳錫、吳全三項軍馬，依舊撥歸臣本司使唤。庶幾多方措置，彈壓目前曹成、劉忠、楊幺等十數巨寇，及為防秋之計。若更不蒙朝廷應副韓京等三項軍馬，委是見在兵數單弱，難以存立。伏望聖慈特降睿旨，檢會臣累奏乞，存留韓京、吳全、吳錫三項軍馬，速賜指揮施行。今開具臣本司見管人兵數目下項：

任仕安下元管二千七百餘人，一百餘人為福建等路宣撫司統領官段恩招誘前去，一百餘人在路逃亡死損，見在二千五百餘人；

辛企宗下元管四千餘人，九百餘人為參知政事孟庾帶充親兵前去，不曾撥還，四百餘人為福建等路宣撫司統領官段恩招誘前去，見在二千七百餘人；

郝晸下元管二千八十人，近據申報，只有一千六百餘人。

已上三項人兵，通計六千八百餘人。

小帖子：契勘韓京下兵約計一千五百餘人，吳錫下兵約計二千人，吳全下兵約計二千五百人，三項共計六千人，並臣本司見管人，通計一萬二千餘人。依元降指揮許踏逐兵數，尚闕八千餘人。如岳飛一項軍馬不可抽摘，即乞自朝廷别選近上兵官，帶所部軍馬，付臣本司使唤，充填上項人數，庶幾不致闕事。伏乞速賜施行。

契勘臣累具奏乞依元數添差人兵，累准樞密院劄子，撥程昌寓下杜湛人兵八千人及張忠彦下兵四千人，付臣本司使唤。竊緣杜湛人兵據知鼎州程昌寓申“見今鼎、澧州盜賊出没，杜湛人兵分佈控扼，不可摘那”；其張忠彦人兵，據廣東帥臣林遹、運判章傑申，“忠彦見在廣州，恣為不法”，雖已被受臣本司劄子，不肯發來公參，“乞差兵將前來彈壓起發”，緣臣本司見今兵將單弱，不可摘那，已具奏乞下江西安撫大使司，差撥兵將前去，押歸江西舊任。此兩項人兵，欲乞朝廷豁除，不在臣本司合得兵數之內。已累具奏聞，伏乞特降睿旨施行。

**同上書同卷，《奏知段恩招誘本司軍兵逃走奏狀》**

臣近準樞密院劄子，“樞密院奏，神武副軍都統制岳飛申，‘契勘飛近恭奉聖旨指揮，收捕曹成賊馬，屢獲大捷，分遣軍馬，自廣西追趕至廣東連州，並湖南界，往回數千里。今節次據本軍諸將申到，有逃走官兵四百七十八人下項。契勘使臣、效用、軍兵見此暑月，披帶衣甲，艱辛勞苦，怯戰輒敢棄甲，或將帶衣甲、鞍馬逃走之人，顯見所走人，其改易姓名，別投他軍。伏望朝廷重立賞格，遍行下神武諸軍並諸路帥臣，及逐頭項統兵官，根緝收捉，差人押赴飛軍前，對衆依軍法號令。所貴帶甲忠勇將士，不敢倣傚逃竄。’小帖子稱‘契勘本軍逃走官兵，往往輒投他處收留，若不嚴行約束，無以懲戒。伏望朝廷給降黃榜一道，付飛隨軍張掛，及乞止絶諸軍等不得誘引，擅使招收本軍官兵。’右奉聖旨，依所乞令樞密院給降敕牓，今檢會諸軍逃走，使臣依例立賞錢三百貫，效用、軍兵賞錢一百貫。”劄付臣疾速施行，臣已遵依施行外，契勘近來管兵將帥，招誘別軍人兵，投充本軍使喚，改換名字，難以稽考，紊亂軍政，莫此為甚。且如臣本司，昨蒙朝廷於福建等路宣撫司撥到辛企宗一項軍馬，於吉州駐劄，候臣到來，其吉州官吏，更不交與口食錢米半月餘日，致令典賣罄盡；又方支俵衣賜間撥付臣本司文字到來，更不支給衣絹，緣此軍兵皆以為兩司事體不同，致有逃亡，人數衆多。體問得係是福建等路宣撫司看管老小營寨統領官段恩，用銀絹錢暗行招誘。及捉到逃軍趙俊等供通狀，稱探問得統領官段恩，每名用例物錢五貫文省、銀一兩、絹一匹，招收別軍人兵，是致抛下器甲，逃走前去，圖請新軍例物入己使用，不期被收後，使臣捉獲。除已將趙俊等處斬，簽喉令衆外，尋劄下段恩，根問招收本司人兵因依，及關送韓世忠，令根究施行，皆不報應。今朝廷雖因岳飛申明逃亡投換之人，重立賞格，若不收坐擅行招收將領兵官，重加典憲，終是難以止絶。伏望聖慈特降睿旨，下福建等路安撫司，勾追統領官段恩，付之有司根治，特賜黜責，庶幾少有懲戒，仍乞朝廷詳酌立法施行。今具臣本司自吉州以來，為福建等路宣撫司看管老小營寨統領官段恩招收過人兵，共計五百一人。須至奏聞者。

**同上書同卷，《張忠彥不肯赴本司公參、乞依舊歸江西任奏狀》**

右，臣累准樞密院劄子，差撥張忠彥一項人兵四千餘人，付臣本司使喚。臣累劄下張忠彥，令起發前來赴臣本司公參，並無報應。今據廣東帥臣林遹、轉運判官章傑劄子節文，稱："契勘本路昨因凶賊鄧慶等作過，蒙朝廷差江南西路副鈐轄張忠彥一軍前來擒捕，其鄧慶等已係本路官兵收捕了當。准樞密院劄子，'立便統率軍馬囬歸本路，依已降指揮，聽宣撫司節制。'其張忠彥妄以申審為名，並不遵依朝廷起發。兼張忠彥昨在江南西路，前後蒙朝旨，令聽楊惟忠、張俊、李囘、岳飛節制，並不遵依。自到本路，承岳飛及福建等路宣撫使司勾喚，亦不肯前去。今據張忠彥公文，六月十九日申，'時准荊湖、廣南路宣撫司劄子，奉聖旨，令忠彥一行軍聽宣撫司節制。除已遵守施行外，乞應辦合用錢粮等。'雖有公文如此聲說，其實不肯前去，卻稱不曾被受朝廷指揮，見在廣州，招納亡命，郭中復、宋安國、宋舉正及袁潭等在其軍中，日夜謀議，恣為不法，愈見狂悖。竊恐別致生事，欲乞揀選將佐一兩員、精銳一二千人，遣來本路，催督押發施行。庶幾可以安靜一路。"小貼子稱："忠彥所為不法，視州縣官吏以為仇讎。今來所陳，若稍漏露，必致生變，害及一方。伏乞密切施行。忠彥每聲言欲自潮、恵入閩中，今來乞差兵將，令自循、惠前來，庶幾可以折其姦謀，亦乞照會。"臣契勘張忠彥前後被受朝旨令，聽諸處節制，並不受命，今來撥付本司使喚，亦是不肯前來，兼臣本司見今兵將單弱，難以抽摘前去彈壓。其張忠彥元係江西路副鈐轄，欲乞朝廷密切行下江西安撫大使司，差撥可以倚仗兵將，自循州、惠州前去，押發忠彥囬歸江西舊任，庶幾廣東可以無虞。伏望聖慈特降睿旨，詳酌施行。

**同上書卷七十五，《乞取益陽財賦還潭州奏狀》（節選）**

又緣湖南一路，累經殘破，民力困匱，在潭州諸縣尤甚，自經孔彥舟、馬友等屯泊日久，劫掠淨盡，至如湘陰一縣稅賦，幾無人戶可催輸納。通計諸縣，見存凋零人戶，稅賦不多，各係兵火，後來不住應副岳飛、韓世忠大軍，委是重困，緩急難更科須。所有本路軍馬見別具利害，申取朝廷指揮外，伏望聖慈詳酌前項事理，特降睿旨，將益陽縣財賦依舊充潭州支用。其鼎州錢粮，乞令廣西路那融應副施行，庶免誤事。

**同上書同卷，《討殺本路作過潰兵了當、見措置楊幺等賊奏狀》**

准紹興二年十月二十四日，樞密院劄子，“樞密院奏，‘訪聞廣東西、湖南路尚有盜賊餘黨，若不乘時措置收捕了當，竊慮日久滋長作過。’奉聖旨，令廣西湖南路帥臣、提刑疾速措置，遣發兵將，督責應干捕盜官會合討捕，須管日近淨盡，不得容縱滋長作過，仍逐旋具收捕次第申樞密院。”劄送臣疾速施行。臣今契勘先蒙聖恩，除荆湖、廣南路宣撫使、兼知潭州，臣依奉聖旨，統率大兵，前來措置經理招捕盜賊。自八月十一日入本路界，有馬友下潰兵首領步諒等二萬餘人，劫掠醴陵、衡山、攸縣等處，臣遂遣發統制官武顯大夫任仕安、左武大夫泰州刺史吳錫等，統率軍馬，直擣步諒等巢穴，已招降到步諒一行人兵，赴臣本司公參。又有馬友下潰兵首領安鎮、翟忠、王進、王俊等數頭項，於潭、衡、永、邵、郴等州管下作過，及劉忠下潰兵首領譚深、王順兩頭項，從江西路界侵犯本路瀏陽、攸縣地分，臣節次措置，遣發統制官吳錫部領軍馬討捕招收，内安鎮等四項，已討捕招收了當，節次奏聞并申樞密院去訖。今來臣本路管内，即無作過潰兵外，止是郴州管下土賊鄧裝、彭友接連江西、廣南界分出沒，及武岡軍管下傜賊接連湖北出沒未平。先已遣發統制官、武翼大夫、文州團練使韓京各率領軍馬，見措置掩捕外，鄰路江西界有馬友、李宏、劉忠潰兵，湖北界有土賊楊幺等，時復侵犯本路益陽、湘陰、醴陵、瀏陽、茶陵、攸縣管下。亦已遣發兵將及督責應干捕盜官把截捍禦，不管透漏外，謹具已措置討殺招收了當及見措置招捕盜賊如後，須至奏聞者。

一、已措置遣發軍馬掩殺，及招降過盜賊。

一、本路管内作過潰兵，並已掩殺招降了當。

一、馬友下潰兵首領步諒等二萬餘人，劫掠醴陵、衡山、攸縣，殺人放火。本司遣發統制官任仕安、吳錫率領軍馬，措置招捕，於九月十九日，在衡山縣管下吳集市，殺降到步諒等二萬餘人，並押赴本司公參。除被驅虜情願歸業人，各給公據，放令逐便外，揀選到強壯人兵六千餘人，見分隸諸軍使喚。

一、馬友下潰兵首領安鎮、翟忠等三千餘人，在衡、永、郴州管下，打劫殺人放火。本司遣發統領官陳照、湯尚之招捕，見陣殺死外，於十月初一日，招降到安鎮等二千六百九十五人，押赴本司公參。除被虜情願歸業人，各給與公據，放令逐便外，揀選到強壯人兵一千六十七人，見分隸諸軍使喚。

一、馬友下潰兵首領王進、王俊等五千餘人，在湘鄉縣管下，佔據七星寨，打劫殺人放火。本司遣發統制官吳錫，率領軍馬措置招捕，除王俊不肯受降，帶領賊兵開走外，於十月十一日，追襲到地名蔡塘，招到王進等三千餘人，押赴本司公參。除被驅虜情願歸業人，各給與公據，放令逐便外，揀選到一千五百一十八人，見分隸諸軍使喚。

一、馬友下潰兵首領王俊等一千餘人，不肯受降開走，劫掠安化、新化縣，逼近邵州，殺人放火。本司再遣發統制官吳錫，率領軍馬前去措置討捉。續據吳錫申，“於十一月初四日，在地名峰嶺關、高平寨，逢賊迎敵，殺死四百餘人，活捉到將官李贇一名，並老小六百餘人外，其餘殘黨四散逃遁。再行追趕至地名朱溪竹園交戰，殺死五百餘人，當陣殺降到強壯人兵三百餘人，奪到馬二十五匹，老小六百餘人，並收到王俊前後付身告劄、印紙曆子、請受券曆外，有王俊等三百餘人，四散奔走。再行追趕，先次招撫到提轄桑文等五十餘人外，王俊等復聚，欲取山口，并石限路，奔衝永州、全州界分。至十四日，到地名太白村下寨。三鼓以來，賊兵偷劫本軍所下寨柵，本寨知覺，掩殺至五鼓以來，其賊大敗，追趕至武岡軍與邵州接界，地名橫江，殺獲副統領榮貴并賊徒等，生擒到王俊。其賊勢窮力屈，乞就招降。”今招降到一行人兵七百餘人、馬一百餘匹、老小五十餘人外，別無走散人兵，委是盡淨。所有招降到人兵，除被虜情願歸業人，各給與公據，放令逐便外，揀選到強壯人兵六百三十四人，分隸諸軍使喚。

一、鄰路江西界作過潰兵，並已掩殺出本路界訖。

一、劉忠下潰兵首領譚深，在江西路界，未知的實人數，近侵犯潭州瀏陽縣管下作過。本司遣發統領官陳照、焦元部兵前去措置掩捕，於十二月初二日，到瀏陽縣地名樓下沙堆，逢賊譚深等一千餘人，迎敵殺敗，追襲至地名楓林，殺死賊徒五百餘人，生擒偽提轄仇青、將官王瓊、都教頭甯秀，徒伴三百餘人，匹收救被虜老小等，及奪到岳飛差人齎去御前招安金字牌一面、岳飛公牒一道、統制官姓毛人牓一道、黃旗一面。其賊並各追襲掩殺，出離本界訖。本司已將捉到賊首仇青等處斬訖。

一、李宏下潰兵首領王開山，名順，約三千餘人，在江西界，近侵犯潭州攸縣管下作過。本司遣發統領官郝晸、馬準部兵前去掩捕，於十二月初八日，襲逐賊人所向，到袁州萍鄉縣并地名雙塘，掩擊殺死，不計其數，生擒到次首領、五部統領孟進，并賊徒七十餘人，奪到旗三十餘面、槍四百餘條、鞍馬等，及收救到被虜老小四百餘人外，殘黨並各走散，復入江西路界。本司已將捉到賊首孟進等處斬訖。

一、見措置遣發軍馬，招捕盜賊下項：

一、本路

一、賊首彭鐵大，名友，係在郴州桂陽縣宜城鄉三單團作過。

一、賊首鄧裝，在郴州宜章縣管下，見佔據莽山劄寨。

一、傜人首領楊再興等，在武岡軍管下聚集萬衆，出沒不常，燒劫作過。

一、鄰路見有盜賊，與本路接界，見差兵將把截防托。

一、湖北路賊首楊幺，佔據鼎州龍陽、沅江縣管下地分，恃水乘船出沒，時復侵犯潭州、益陽、湘陰縣地分作過。

一、江西路界州縣，見有劉忠、李宏、馬友下潰兵首領張成及姓高、姓劉人數頭項，未見的實人數，時復侵犯潭州、瀏陽等縣作過。

右件如前，謹錄奏聞。

**同上書卷七十六，《乞降度牒撥還兩浙安撫大使司贍軍鹽錢奏狀》**

契勘本司近據左朝散郎、權通判潭州軍事劉鵬申："先準福建、江西、荆湖南、北路宣撫使司指揮，一行大軍犒設錢，計二十四萬貫文，令轉運司與本州同共出備。内本州已應副過錢一十九萬貫文外，有錢五萬貫文，係令轉運司應副。尋申轉運司乞行支撥，承轉運判官孫綬指揮，為大軍起發煎迫，措置不及，再三令鵬逐急就兩浙安撫大使劉光世差來回易使臣、承節郎李傑處，於贍軍回易鹽錢内，兑支錢二萬貫文，遂得應副大軍起發，不致闕事。除已撥還過錢三千貫文外，尚欠錢一萬七千貫文，不住據使臣李傑守等撥還，乞下轉運司撥還施行。"本司尋下轉運司撥還。去後據轉運司申："尋拖照得昨福建等路宣撫司大軍在潭州，除本司應副過金銀并徑撥錢應副支用外，今來别無錢物可以撥還，已牒潭州照會去訖。本司再行契勘潭州通判劉鵬先借上件錢，已是應副福建等路宣撫司大軍，起發支遣了當。今來不住催逼，申乞撥窠名錢貫，緣本司見應副安撫使司大軍錢糧，日逐合支數目不少，尚未足辦，委是闕乏，别無官錢可以撥還，申乞施行。"臣今契勘本路州縣，自建炎四年以來，數遭兵火，官司民戶，虜劫幾盡。潭州為孔彦舟、馬友所據，相繼福建等路宣撫司軍馬到州屯駐，措置盜賊，每月支費錢三十餘萬貫，米五萬碩，并犒設錢二十四萬貫，一月計支費錢粮近六十萬貫。又岳飛一軍，於本路支費，皆以軍期責認州縣，刻刷倉庫，科斂疲民，公私罄匱。自臣到任，潭州一行大兵，日用錢粮浩瀚，漕計闕乏，應副不足，委是無錢可以撥還前項借兑，應副福建等路宣撫司支費過兩浙安撫大使司贍軍囬易鹽錢一萬七千貫文。伏望聖慈詳酌，特降睿旨，從朝廷給降度牒，付兩浙安撫大使司，充還上件藉過贍軍囬易鹽錢施行。須至奏聞者。

**同上書卷七十七，《陳捍禦賊馬奏狀》**①

右，臣伏睹進奏院報："今月初二日，三省同奉聖旨，敵人窺伺承、楚，如别有警急，當親總六師，往臨大江。"臣子之情，中外同切憂憤。況臣世受國恩，嘗蒙眷奬，擢寘近司，雖以罪戾，退伏海濱，荷保全之大德，未嘗食息少忘朝廷安危休戚，實與國家同之，敢竭愚戇，以今日捍禦賊馬事勢，陳為三策以獻。庶幾千慮一得，仰裨廟算之萬一。伏望聖慈特垂省覽，赦其狂瞽，而取其區區之忠，臣不勝幸甚。

臣竊以偽齊劉豫以蛇豕之姿，扶金人虎狼之勢，僭竊名號，盜據舊都，踰五年矣，包藏禍心，久而未發。今者輒敢遣其孽子，率叛將，驅遺民，借助強敵，與之南牧，侵擾淮甸，睥睨江左。雖兵之衆寡，謀之淺深，難以遙度而預料，然吾之所以捍禦之策，不可不用其至。恭惟陛下天錫勇智，洞照事機，慨然出自英斷，將親總六師，以臨大江，則翠華所幸，保據形勝，號令諸將，使相應援，信賞必罰，將士樂從，貔貅之師，百倍其氣，敵之退屈，已在目中，睿謨克壯，其計得矣。然臣竊謂"解雜亂紛糾者不控拳，救鬥者不搏撠，批亢擣虛，形格勢禁，則自為解耳"，昔人用兵，多出於此。魏趙相攻，齊師救趙，田忌引兵以趨大梁，則魏兵釋趙而自救，齊師大破之於馬陵。兵家形勢，從古已然。今偽齊悉兵南下，其境内必虛，而岳飛新立功於襄漢，其威名已振，亦既班師屯于武昌，偽齊必不虞其再至也。陛下儻降明詔，遣岳飛以全軍間道疾趨襄陽，更摘湖南、北驍將鋭兵，為之繼援，命信臣總統，乘此機會，擣潁昌以臨畿甸，電發霆擊，出其不意，則偽齊必大震懼，呼還醜類，以自營救，王師追躡，必有可勝之理。此舉非惟牽制南牧之兵，亦有恢復中原之兆，此上策也。朝廷或以玆事體大，饋餉之費，調發之煩，倉卒未能辦集，則鑾輿駐蹕江上，勢須號召上流之兵，如岳飛、王𤫉及湖南、北諸將部曲，除留屯外，各摘精鋭軍馬，盡集官私舟船，逐路應副錢糧，命將統率，順流而下，旌旗金鼓，千里相望，以助聲勢，則敵人雖衆，豈敢南渡。仍詔韓世忠、劉光世帥其全師，進屯淮南要害之地，設奇邀擊，絶其糧道，賊必退遁，保全東南，徐議攻討，此中策也。萬有一借親征之名，為順動之計，委一二大將，捍敵於後，則臣恐車駕既遠，號令

① 文又見集部總集類《文章辨體彙選》卷一百六十七。

不行，諸將無應援協濟之謀，卒伍有潰散摽掠之勢，士氣既索，人心不固，控扼一失其守，賊得乘間深入，州縣望風奔潰，其為吾患，有不可勝言者矣，此最下策也。或謂臣曰：“往歲金人南渡，以退避得計，今胡為而不可?”臣應之曰：“不然。金人南渡，利在侵掠，既得子女玉帛，而時方暑，則勢必還師。朝廷因得收復殘破州縣，還定安集，漸成區宇。故在當時，為退避之計則可。今為是役者，偽齊也。使之渡江而南，必謀割據，得一縣則佔一縣，得一州則佔一州，得一路則佔一路，師不徒還，而姦民潰卒、見利忘義、幸災樂禍者，從而附之，聲勢鴟張，則將何以為善後之策哉。故在今日，為退避之計，則不可。況偽齊所驅脅而來，皆京東、西、關陝之民，非金人比，藉有寇騎，勢必不多，朝廷措置得宜，將士用命，則安知此賊非送死於我？昔苻堅以百萬之衆侵晉，而謝安以偏師破之，顧一時機會所以應之者如何耳。臣愚伏望聖慈特降臣章，與二三大臣熟議之。臣自經憂患以來，衰病交攻，志氣凋落，加有重腿之疾，步履艱難，方國家多事之秋，既不能執干戈以衛社稷，又不獲陪羈靮而捍牧圉，夙夜憂歎，孤負大恩，死不瞑目，徒有拳拳之誠，不能自已，故敢以芻蕘之說，上瀆天聰。《傳》曰：“狂夫之言，聖人擇焉。”願陛下無以人廢言，非特臣之幸也。干冒天威，臣無任。

**同上書卷八十一，《論襄陽形勝劄子》**

臣竊以當今天下形勝在襄陽，何以言之？四方地勢，正猶棋局：今車駕駐蹕於吳越，是置子於東南隅也；宣撫處置司聚兵於川陝，是置子於西北隅也；湖湘屯重兵以控制，是置子於西南隅也。吳越由湖湘以趨川陝，如行曲尺之上，相去萬有餘里，號令未易達，首尾不相應，一有緩急，何以為援?惟襄陽地接中原，西通川陝，東引吳越，如行於弓弦之上，地里省半，而又前臨京畿，密邇故都，後負歸峽，蔽障上流，遣大帥率師以鎮之，如置子於局心，真所謂“欲近四旁，莫如中央”者也。既逼僭偽巢穴，賊有忌憚，必不敢窺伺東南，將來王師大舉，收京東、西及陝西五路，又不敢出兵應援，則是以一路之兵，禁其四出，因利乘便，進取京師，乃扼其喉，拊其背，制其死命之策也。朝廷近拜岳飛為荊襄招討使，其計得矣。然駐軍岳、鄂，未聞前進，豈不以自兵火以來，襄陽焚毀尤甚，野無耕農，市無販商，城郭隳廢，邑屋蕩盡，而糧餉難於運漕故耶？臣觀自古有意於為國家立功名之人，如劉琨、祖逖之徒，未嘗不據形勝，廣招納，披荆榛，立官府，履艱險，攻苦淡，積日累月，葺理家計，然後能成功者。若欲坐待其自成，必無此理。願詔岳飛先遣將佐軍馬及幕府官，徑取襄陽，隨宜料理，修城壁，建邑屋，招納西北之民，措置營田，勸誘商賈之伍，懋通貨賄，稍稍就緒，然後徙大兵以居之。旁近諸郡，如金、房、隨、郢，見屬我者，可以撫綏；如陳、蔡、許、潁，見從彼者，可以攻取。不過年歲間，必有顯效。如謂屯兵聚糧，運漕為難，則漢江出襄陽城下，通於沔、鄂，漕運之利，未有如此之便者。當以兵護糧船，使彼不得抄掠，則吾事濟矣。今日天下形勝，臣愚以謂無出襄陽之右者。伏望聖慈特加睿察，早降指揮．無使緩不及事，天下幸甚。

**同上書卷八十二，《論江西軍馬劄子》**

臣契勘朝廷昨降江南西路安撫制置大使畫一指揮，差兵二萬人。紹興三年分有兵一萬八千人，後來節次撥隸都督府韓世忠、岳飛等軍；四年分有兵一萬五百人；五年二月內指揮，除存留丘贇一軍外，自餘軍馬，並撥付岳飛；今來本司所管丘贇軍馬，不滿二千人，馬百餘匹。竊見江西路分控扼上游，與淮南相接，道里不遠。昨見金人兵馬渡江，首犯洪、撫等州，李成、馬進等亦破江州，侵犯筠、洪，蓋緣兵力單弱，不能捍禦。朝廷灼見利害，因建大使，付以重兵，使任一路之責。累年朘削，存留僅及十分之一，又皆瘦弱之兵，緩急不可倚仗，萬一強敵侵陵江上，不知何以使之鎮撫要害之地。況今虔、吉盜賊累年出沒作過，為患數路，討蕩未平，非有可用軍馬，卒難殄滅。臣未敢乞依元降畫一指揮，差撥數足，若蒙朝廷先次差撥一半，使及萬人，庶使稍成軍制，可以倚仗。伏望聖慈特降睿旨，選差近上統制官，將帶所部軍馬，赴本路駐劄，聽臣節制，與丘贇軍馬通計人數。其餘乞許臣踏逐，申朝廷指差，庶幾訓練習服，軍聲稍振，可以鎮壓一路，折衝禦侮，少副陛下委任之意。

**同上書同卷，《論江西錢糧劄子》**

臣契勘本路安撫制置司元降畫一指揮，每歲支降錢四十萬貫，許取撥諸色上供經制等錢，并於苗米內取撥十五萬石應副養兵。近年以來，緣兵馬多撥隸都督府韓世忠、岳飛軍中，本路轉運司將上件支降錢米，除揞留應副丘贇一軍外，其餘並行拘收，不復支撥。今來丘贇一軍，每月用錢八千餘貫、米一千四百餘石，雖係轉運司拋下洪州認定應副，緣本州缺乏，自去年五月以後，至今年正月以前，已拖下五萬餘貫，委是贍兵不足。今來臣乞依朝廷元降畫一指揮，差兵二萬人數內，先差撥一半應副使喚，其錢米等亦乞於元降畫一指揮内，先須支撥一半應副支遣。伏望聖慈特降睿旨，如臣所請。庶幾本路軍馬不至削弱，錢糧不至缺乏，可以控制上流，圖尺寸之功，以副委任之意。

**同上書卷八十四，《論進兵劄子》**

臣近者伏蒙聖恩，許令入覲，特御内殿，三賜引對。疏遠之跡，得望穆穆清光於咫尺間，從容移時，仰聆玉音，俯竭愚悃，臣子之情，不勝欣幸。然進對之久，恐勞聖躬，加以言詞拙訥，敷奏迂疏，猶有未能盡其底蘊者，敢昧死以聞。

臣本書生，初不知兵，自靖康以來，竊見朝廷軍政不修，致有夷狄之禍，夙夜以思，欲振起中興之業，為自治自強之計，非兵不可。昔蘇軾當熙寧、元豐間，著論深戒用兵，使軾生於今日，則必以兵為先務，何則？所遇之時異也。然兵家多故，千緒萬端，有奇有正，變動無方，能讀其父書者，未必能施於行事，不讀古兵法者，未必不暗合孫、吳，顧所以用之者如何耳。臣嘗推原古人用兵之意，比較今日主兵者之失，大略有四。夫兵貴精不貴多，多而不精，反以為累，故昔之善用兵者，料簡至精，率能以少擊衆，如干將、鏌鋣，迎刃而斷，莫之敢攖，其與頑鐵，豈可同年而語哉。王邑百萬而破於光武之三千，苻堅百萬而敗於謝玄之偏師，用此道也。又況將兵如將將，多多益辦，唯韓信能之，自餘各有分量。今之諸將，貪多務得，見他人之兵，則垂涎以思并吞，初不自量。其智力果能節制運動，如身之使臂，臂之使指乎？否也。冗食既多，坐耗國用，疲劣弗簡，遇敵先奔。一大將連十數萬之衆，未聞有敢深入而建奇功者，此不務精而務多之故也。將貴謀不貴勇，勇而無謀，適為敗擒，故昔之善將兵者，或深謀於己，或廣謀於人。韓信背水而陣，示以大將旗鼓，使敵趨利，拔趙幟而奪其城，遂以破趙。將士皆莫能知，此深謀於己也；得李左車西向而師事之，遂傳檄而定燕、齊，此廣謀於人也。周亞夫亦然，其謀於己，則堅壁不戰，以困七國之師，志慮一定，雖梁孝王不能奪者是也；其謀於人，則聽趙涉遮說，走藍田，出武關，抵洛陽，直入武庫，擊鳴鼓而駭諸侯者是也。善將者，莫不如此。而今之大將，號為出群帥之右者，不過勇猛敢進，未聞長慮卻顧，虚心下士，以謀為先者，求其據形勢，中機會，料敵制勝，不戰而屈人之兵者，豈可得哉。此不務謀而務勇之過也。陣貴分合，合而不能分，分而不能合，皆非善置陣者。諸葛亮以石佈八陣圖於蜀江水中，晉大司馬温見之，曰："此常山蛇勢也。擊首則尾應，擊尾則首應，擊其中則首尾皆應，非能分能合，何以至此?”自金人憑陵以來，未聞諸將有與之對壘而戰者，率皆望風奔潰，間有略佈行陣，為其突騎所衡，一散而不復合，於古人置陣之意，豈不相遠哉。魚麗偃月，平鋭曲直，陣形雖殊，其欲能分合一也。合而不能分，則非所以適變；分而不能合，則潰而已矣。古之陣法，皆能制敵於部伍曲折之間，故諸葛亮以之擒縱孟獲，李光弼以之大破史思明，而今之陣法，徒為文具而不適用，此不務分合之過也。戰貴設伏，不設伏而直前，使敵無中斷邀擊之虞，皆非善戰者。北戎侵鄭，鄭公子突謀為三覆以待之，衷戎師，前後擊之，盡殪。昔之善戰者，未嘗不以設伏為先，山川林莽，薈蘙深密，皆可伏兵。或誘之以利而使前，或示之以怯而使逐薄於險阻之地，擊其首尾而不得相援，斷其腹心而不能相支，如猛虎陷於機阱之中，麕駭狼顧，鮮有不甚敗者。今之諸將，或有與敵相遇，惟務力爭，不求謀勝，雖小有所獲，未聞有能大殲醜類者，此戰不設伏之過也。是四者，今日諸將之失，願陛下明詔之，使知古人用兵之深意，則於折衝禦侮、致果殺敵之方，非小補也。

昔高祖駕御韓信、英、盧，如指蹤獵狗而得獸；光武駕御寇、鄧、耿、賈，所向無不成功。陛下十數年來，委任諸將，不愛高爵重祿以得其心，分以堅甲利兵以作其氣，駕御之術，固非愚臣之所能測識。然竊見朝廷近來措置恢復，有未盡善者五，有宜預備者三，有當善後者二。臣荷恩之深，嘗蒙聖慈特降親筆，有“宜因疾置，時告嘉猷”之語，苟有所見，其敢隱藏?請試為陛下詳言之。何謂有未盡善者五?夫興師十萬，日費千金，聚人必以財，理財必以義。以朝廷之威，擅天下之利勢，而欲措置財用，使養兵不乏，何施不可。善制國用者，有生財之道，有節用之法，有救弊之說，有覈實之政，有懋遷之術，有闔闢之權。審此六者，則雖養兵之多，何患乎財用之不足。而朝廷初不留意於此，唯取於民之為務，降官告，給度牒，賣戶帖，理積欠，折帛博糴，預借和買，名雖不同，其取於民一也。上戶竭產，不足以供買官資之敷配；下戶絶食，不足以應科斗升之誅求。物力耗屈，人心驚疑，如居風濤，洶洶靡定。夫民為邦本，本固邦寧，基址薄則棟宇有傾危之憂，水泉涸則魚鱉無生養之理，為父母而日削其子，飽腹心而自戕其肌，欲求久安，其可得乎?昔唐德宗急於用兵，而有除陌錢、税閒架之令，遂致奉天之變，今日誠不可不以為鑒，此未盡善者一也。夫“千里餽糧，士有飢色，樵蘇後爨，師不宿飽”，軍旅之興，糧餉為先。而去年自江以南，綿地數千里，適有旱災，粒米惟艱，穀價翔踊，飢民餓莩，相望于路。雖浙西號為豐稔，然以一路而供江湖數路之求，勢亦安能有餘?朝廷糴買數目雖多，亦必未能豐衍。王師一動，運漕飛輓，何以能給。議者謂當因糧於敵。臣竊以為不然，使敵人聚糧，或有敗北，焚蕩而去，必不使為我有。糧道不繼，為患甚大，若欲取於僞地之民，則官軍掠抄，甚於寇盜，有違弔伐之義。失民望而堅從賊之心，非計之得，此未盡善者二也。金人專以鐵騎勝中國，而吾之馬少，特以步兵當之，飄暴衝突，勢必不支，平時不務有可以制鐵騎之術，而亟欲興舉。夫工欲善其事，必先利其器，況於戰陣之際，國家安危所係，豈可忽哉？此未盡善者三也。夫用兵如奕棋，先能自固，乃能殺敵。根本之地，當以重制輕，乃能安全。臂指之勢，當以大用小，乃能運動。今朝廷與諸路之兵，悉付諸外，外重内輕，指大臂小，平居已不能運掉，則緩急將何以使之捍患而卻敵哉。兵猶博也，本多乃勝。善博者，徐出以待時，今乃罄所有，以事一擲，其可乎？此未盡善者四也。臣於陛辭日，竊聞麻制以韓世忠、岳飛為京東、京西路宣撫使，聖意可謂斷矣。然兵家之事，行詭道，鷙鳥之搏，必戢其翼，猛獸之攫，必匿其爪，藏殺機也。今者不得已而用兵，不知欲敵人之知乎，欲敵人之不知乎，欲敵人之為備乎，欲敵人之不為備乎。事固有先聲而後實者，然既有其實，乃可先其聲。昔韓信虜魏王，禽夏說，不旬朝破趙二十萬衆，誅成安君於泜水上，故能發一乘之使，奉咫尺之書，使燕、齊從風，而靡有其實故也。今吾軍初未嘗有其實，而遽以先聲臨之，其可乎？此未盡善者五也。何謂宜預備者三？中軍既行，宿衛單弱，肘腋之變，不可不虞，此行在不可不預備者一也。江南東、西、荆湖南、北，兵將盡行，屯戍鮮有，敵人或有乘間擣虚之作，則將何以待之？此上流不可不預備者二也。海道去京東不遠，乘風而來，一日千里，蘇、秀、明、越，全無水軍，則下流不可不預備者三也。何謂當善後者二？夫勝負兵家常勢，有勝必有負，勝之非難，持勝為難，而況於負哉？藉使王師克捷，能復京東、西地，則當屯以何兵，守以何將，金人來援，當何以待之。兩路之民，懷戴宋之心，有來蘇之望久矣，既得其地，而吾之力足以覆護之。此當善後者一也。萬一得其地而不能守，得其民而不能保，兩路生靈，虚就屠戮，而使兩河之民絶望於本朝，則恢復之功，難為力矣。昔宋武帝長驅以復關中，而卒不能有，惟其善後之策不先定故也。善奕者其置子之意，乃在於數十著之間，豈臨事而後慮哉。勝猶於此，則所以圖為善後之計者，宜何如哉。此當善後者二也。

陛下天縱英武，念二聖於漠北，出自睿斷，圖此武功，事勢既然，必不得已。臣願獻愚計，軍政既修，莫若小試，勒兵於山東。夫山東，天下之陸海也，賊豫賴之以為根本之地，與吾淮南壤土相接，河渠相通，士馬易行，糧餉易致。宜令韓世忠率師先臨，繼遣劉光世為之策應，張浚分兵以防江，岳飛重兵且屯襄陽，勿輕動，以牽制其師，使不得應援。募敢死將士，由海道以擣其腹心。擇要害之地，控扼以斷金人來援之路。京東郡縣，必有起而應者，撫綏料理，務盡其術，京東可保，乃可徐事京西，此今日之至計也。臣蒙陛下面諭，以十數年來訓鍊士卒，今方可用。臣退而詢之，士大夫咸以為然。區區愚慮，尚有可疑者，以謂吾之士卒初未嘗與大敵力戰，則欲保其臨敵用命，無奔潰之虞，猶未易也。金百鍊則為精金，卒百戰則為精卒，故臣欲試之山東者，使戰得一勝，則士氣百倍，乘破竹之勢，所向無前矣。惟陛下財幸。昔周宣中興，北伐則夷玁狁，南征則平淮夷，宜乎意氣勇鋭，飆舉電發。然《常武》之序曰："有常德以立武事，因以為戒然。"則知有此武功，未嘗不以誠一之德為主也。夫其進鋭者其退速，物理之自然。兵威方強，志慮太鋭，一有挫衄，遽自退屈，豈可謂之常德哉。高祖與項籍戰，其喪師跳身者屢矣，然卒以此勝，堅忍而有常故也。昔魏相之告宣帝曰："救亂誅暴，謂之義兵，兵義者王。敵加於己，不得已而起者，謂之應兵，兵應者勝。爭恨小故，不忍憤怒者，謂之忿兵，兵忿者敗。利人土地、貨寶者，謂之貪兵，兵貪者破。恃國家之大，矜民人之衆，欲見威於敵者，謂之驕兵，兵驕者滅。"相之論可謂切當。夫兵以義起，以應動，而不忿、不貪、不驕，是謂常德，此帝王之所當盡心也。伏惟陛下留神幸察。臣昨在靖康中與聞國論，當是時，豈不願和，但欲和得其是，則兩國生靈，皆賴其利。今日朝廷之議，臣雖不得而與，然聞之士大夫，亦頗得其梗概矣。臣素以治兵為然，豈不願戰，但亦欲戰得其是，則中興之業，自茲以始。夫天下士民，凡有知識者，孰不願陛下以戰則勝，以守則固，而早致中興之功，獨議和者不然，袖手旁觀，惟覬一有差失，以售其說。臣願陛下以持重用兵，以多算取勝，而無為議和者之所幸。天下不勝幸甚，取進止。

**同上書卷八十五，《乞差兵將討捕虔吉盜賊及存留李山彈壓奏狀·小貼子》**

契勘虔州管下依舊盜賊出没作過，本處只有岳飛下統制官李山軍兵一千餘人，在彼討捕。今準都督行府指揮，許令岳飛抽回。竊慮官兵起發之後，凶徒愈更嘯聚，與吉州群賊相應，猝難勦除。伏望聖慈特降睿旨，且存留李山在虔州彈壓措置，候朝廷別差到軍馬，即令起發前去。

**同上書同卷，乞將丘贇下存留洪州軍兵充親兵奏狀**

勘會本司舊管親兵兩軍，計八百餘人、馬七十餘匹。内一項軍兵三百餘人、馬五十餘匹，權撥隸統領官丘贇軍部轄，衮同教閱。並有一項統領官高道所管五百人、馬二十餘匹，於去年二月内，係岳飛權將帶前去湖南捉殺，後來事畢，更不曾發還本司。今來丘贇一軍，近奉聖旨指揮，撥付岳飛使喚，除見存留軍兵三百人在洪州外，自餘人馬并老小，盡數將帶前去。雖蒙都督行府指揮，令存留五百人，其二百人亦未曾差到，即目帥司並無親兵使喚。伏望聖慈詳酌，特降睿旨，只乞將上項丘贇下存留軍兵三百人，依舊還本司作親兵使喚，仍乞下岳飛發還逐人老小，前來洪州安泊。

**同上書卷八十六，《乞將贍給丘贇軍錢糧充申世景支遣奏狀》**

契勘近蒙朝廷差申世景一軍前來洪州駐劄，權聽本司節制使喚，所有合用錢糧，臣已一面牒漕司契勘將元養丘贇軍錢糧窠名應副，及具因依奏聞，乞下轉運司樁撥去訖。近又承漕司回文，行下洪州樁辦支給。今月初六日，續准尚書省劄子節文："為承都督行府關，欲將丘贇一軍合用錢糧内米，依數樁留充申世景支遣外，其合用錢數，令江西帥司依舊應副，津發前去岳飛軍前。三月二十二日，奉聖旨，依其申世景合用錢，令戶部科撥，申尚書省。"契勘申世景人馬已到洪州，見用贍給丘贇錢糧窠名，日旋收樁支給，尚自不足。所有本路諸州應諸色上供、經制、折帛、係省、不係省等錢，一切盡係漕司拘樁，指定科撥充岳飛大軍等支用除外，别無支使不盡窠名寬剩錢物。兼本司所賣鈔引内，除廣鹽鈔已住罷，及礬引出賣不行外，雖茶引稍有客人入納，節次准朝廷支降應副轉運、提點等司，即目猶有積壓下八萬餘貫未支。竊慮戶部不見得本路别無空閒名色錢物科撥，虚數行下，無可取撥，有誤軍食。伏望聖慈詳酌臣前奏及今狀事理，特降睿旨，只乞將元贍丘贇軍錢，充申世景支遣。其丘贇合用錢數，卻乞將元應副申世景錢從朝廷支降，徑發輕齎往岳飛軍前，庶幾不致防闕。

**同上書同卷，《乞催起岳飛軍馬劄子》**

臣訪聞岳飛已丁母憂。飛孝於其親，將來朝廷起復，辭免往來，必費日月，伏乞早降處分。兼諸路錢糧多起發往郢州交卸，勢須先屯重兵，及措置倉庫，安頓去處。又自漢、沔至郢州，千有餘里，與偽境相鄰，須有軍馬防護，糧道方可無虞。臣仰荷眷知，苟有所聞，不敢不奏。伏望聖慈特降睿旨，速賜施行。

**同上書卷八十七，《措置招軍畫一奏狀》**

準樞密院劄子："諸路軍事都督行府關、樞密院關内降付下，新江南西路安撫制置大使李某劄子奏，‘臣契勘朝廷昨降江南西路安撫制置大使畫一指揮，差兵二萬人。紹興三年分有兵一萬八千人，後來節次撥隸都督府韓世忠、岳飛等軍；四年分有兵一萬五百人；五年二月內指揮，除存留丘贇一軍外，自餘軍馬並撥付岳飛；今來本司所管丘贇軍馬，不滿二千人，馬一百餘匹，近又撥隨岳飛前去使喚。雖蒙朝廷卻差申世景軍馬於本路駐劄，纔千餘人、馬數十匹。竊見江西路分控扼上游，與淮南相接，道里不遠。昨來金人賊馬渡江，首犯洪、撫等州，李成、馬進等亦破江州，侵犯洪、筠，蓋緣兵力單弱，不能捍禦。朝廷灼見利害，因建大使，付以重兵，使任一路之責。累年朘削，存留僅及十分之一，又皆疲弱之兵，緩急不可倚仗，萬一強敵侵陵江上，不知何以使之鎮撫要害之地。況今虔、吉盜賊累年出没作過，為患數路，討蕩未平，非有可用軍馬，卒難殄滅。臣未敢乞依元降畫一指揮，差撥數足。若蒙朝廷先次差撥一半，使及萬人，庶使稍成軍制，可以倚仗。伏望聖慈特降睿旨，選差近上統制官，將帶所部軍馬，赴本路駐劄，聽臣節制，與申世景軍馬通計人數。其餘乞許臣踏逐，申朝廷抽差。庶幾訓練習服，軍聲稍振，可以鎮壓一路，折衝禦侮，少副陛下委任之意。’右關送諸路軍事都督行府。右，勘會大兵見今屯駐江淮應援，措置防捍，欲將本路見闕禁軍，令帥司措置招填闕額。除本路將兵自合全將專聽帥司差撥外，據本路不係將兵見管人，存留一半本處使喚，餘一半令大使司選差逐州軍兵官一員，别作一項訓練，遇春秋從帥司勾抽本司按閱。若遇緩急，合要人兵使喚，即行勾抽，與已差申世景官兵相兼使喚。如赴帥司按閱，及緩急差撥其軍兵，並依例分擘衆糧外，每日添支食錢五十文，候將來防秋日，即相度調發軍馬前去本路。已上所差禁軍，並係本路人額，其錢糧自合本路應副，合用軍器令帥司一面措置造作支用。如有合行事件，條具申取朝廷指揮，令關送樞密院指揮。右劄送本司依都督行府關到事理施行。”本司契勘昨置安撫制置大使，降到畫一指揮，差兵二萬人，係在本路係將、不係將兵之外。今來所乞二萬人，一半人數蒙朝廷降到都督行府指揮，候將來防秋日，調發前去，卻令措置招填本路係禁軍闕額，今依應開具闕額人數，並措置招填事件下項：

一、係將兵一十指揮，計五千一百人，已有三千九百三十三人，見闕一千一百六十七人：虔州八指揮，見管三千三百六人，見闕一千四十四人；吉州兩指揮，見管八百九十七人，見闕一百二十三人。已上將兵，承今來指揮，令帥司措置招填闕額，自合全將專聽帥司差撥使喚，欲乞令逐州並本將限一季據闕額招填。如招填不足，即從本司措置，量增例物招填訖，發付本將填闕。

一、不係將兵共二十一指揮，計七千五百四十一人，已有三千三百三十五人，見闕四千二百六人：洪州七指揮，見管六百一十七人，見闕二千三十三人；江州三指揮，見管四百六十四人，見闕五百三十三人；撫州兩指揮，見管七百四十一人，見闕一百七十九人；筠州一指揮，見管二百五人，見闕一百五人；袁州一指揮，見管三百一人，見闕九人；臨江兩指揮，見管三百五人，見闕三百六十二人；建昌軍兩指揮，見管二百六十八人，見闕三百九十九人；興國軍兩指揮，見管一百八十四人，見闕五百六人；南安軍一指揮，見管二百五十人，見闕六十人。已上不係將兵，承今來朝廷指揮，令帥司措置招填闕額，存留一半本處使喚，餘一半令本司別作一項訓練，勾抽使喚。欲乞令逐州限一季據闕額招填，如招填不足，即從本司措置，量增例物招填訖，發赴本軍填闕。

一、契勘本路自來招填禁軍，每名例物錢三貫文、絹一匹。今來物價高貴，竊慮無人肯就招填，今欲將諸州闕額人數，每名增錢一貫文，作四貫，又絹一匹。今紐計招填係將、不係將，共闕五千三百七十三人，合用錢絹下項：絹五千三百七十三匹，契勘轉運司見有本路上供絹一萬七千餘匹，於洪州軍資庫樁管，欲乞於數内截撥五千二百七十三匹，樁充前項招軍例物；支用錢二萬一千四百九十二貫文，契勘本路諸州各有總制司錢，與應副月樁大軍錢糧窠名不妨礙，欲乞通融一路，從本司取撥，充前項招軍例物支用。

一、契勘本路合招填闕額禁軍五千三百七十三人，今約合用錢糧下項。每一月合用：糧米六千八百七十七石六升；料錢一千五百六十八貫文；衣賜，春衣絹一萬七百四十六匹，紬八百四十匹，佈三千一百一匹二丈，隨衣錢七千二百一十一貫六百四十一文，冬衣絹一萬一千四百六十匹三丈，紬二千六百八十匹二丈，佈八百四十一匹，綿六萬五千一百九十一兩，隨衣錢五千九百九十五貫一百九十三文。一歲通計合用：糧米八萬二千五百二十四石七斗二升；料錢一萬八千八百一十六貫文；絹二萬二千二百六匹三丈，紬三千五百二十七匹二丈，佈三千九百四十二匹二丈，綿六萬五千一百九十一兩，隨衣錢一萬三千二百六貫八百三十四文。已上合用錢糧等，數目浩瀚。緣諸州所入財賦有限，並係轉運司括責扣撥，令認定月樁應副岳飛等大軍支遣除外，别無赢餘窠名錢物。今承朝廷指揮，招填闕額禁軍，並係本路人額，其錢糧自合本路應副。若非特降指揮本路漕司通融應副，即逐州既無可指擬贍養，必不能遵奉招填額足。欲乞候招到人數目，令轉運司據招填到人數應副。

一、契勘本路帥司以前自造到器甲，昨係本司統制官祁超等軍馬關藉披帶使用。其逐項官兵，節次抽摘赴都督府岳飛軍前，盡數將帶前去，見今闕乏。今承朝廷指揮，“合用軍器，令帥司一面措置造作使用。如有合行事件，具條申取朝廷指揮”，本司見開坐名件，行下諸州，令依應造作外，所有合用錢物，欲乞朝廷特降新法度牒二百道應副支用，候將來支絶日，再行申請。

**同上書同卷，《乞兵於舒、蘄、黄州駐劄奏狀》**

勘會淮西蘄、黄三州，昨奉聖旨，聽本司節制。其逐州係在江西大江之北，各與偽齊地分鄰接，正是緊要重地。先蒙朝廷除岳飛兼節制逐州，緩急有以捍禦。本司近為岳飛已奉聖旨，改授湖北、京西路宣撫副使，即上項三州並本路沿江興國軍、江州，並未有措置隄備。竊慮賊情不測，別生窺伺，遂具狀申朝廷，乞速降睿旨，措置施行。續准都督行府、樞密院劄子，“備奉聖旨，令岳飛依舊兼行節制蘄、黄三州。”本司照對除蘄、黄州係岳飛兼行節制外，所有舒州元係淮西宣撫使司地分，逐州即目並無軍馬防托。緣防秋在近，唯江西沿江一帶，接連舒、蘄、黄等州，全然未有兵備。今來岳飛大軍，將行起發往襄陽府，劉光世大軍，將行起發往廬州，即舒、蘄、黄州愈更空虛。若不預行措置，深慮外寇乘間侵軼，緩急無可支梧，所係利害非輕。欲望聖慈詳酌，特降睿旨，下岳飛分撥軍馬四千人，差近上統制官於蘄、黄兩州駐劄；劉光世分撥二千人，差近上統制官於舒州駐劄。將來防秋有警，並許聽臣節制使喚，庶幾臨時不致誤事。

小貼子：臣契勘黄州對江南岸，係鄂州武昌縣，接連江西興國軍界，正是本路控扼要害去處。其武昌係屬湖北地分，每遇防秋，蒙朝廷降指揮，專委湖北帥臣固守。欲乞朝廷更賜指揮，劄下湖北路帥司，預行措置武昌沿江一帶水陸備禦之計，庶幾緩急不失事機。

**同上書卷八十八，《乞差軍馬劄子》①**

臣竊見江西路環數千里，為郡十有一，為縣五十有三，控引荆、湖，襟帶吳、越，為上流重地；去淮南、京西道里不遠，平時商旅，由獨木渡江，自光、蔡以趨汴都，最為徑捷。當六朝時，九江、豫章皆為重鎮，屯兵選帥以臨之。今朝廷保據江左，審察形勢，知此地之要害，故與江東、荆湖皆置

① 文又見史部《江西通志》卷一百十五。

大使，付兵二萬，假以重權，錢糧優裕，贍養不闕，所以崇屏翰之勢，為長久之策也。近年以來，軍馬撥隸他將，錢米隨亦轉移。疆埸蕩然，無捍禦之備；倉廩枵然，無蓄積之資。而猶建置大帥，是有名而無實，其失本意遠矣。且以江東、荊湖論之，建康有張俊一軍，當塗有劉光世一軍，武昌有岳飛一軍，猶足以奮張軍聲，以為翰蔽。江西一路，獨無兵將，沿江上下千里之間，殊乏控扼，使敵人不來則已，如其果來，必乘間擣虛，則無如江西者矣。譬猶邪氣之傷人，必由間隙，盜賊之妄意，必出無備，豈可忽哉。臣昨者入對，嘗具劄子，乞元降畫一指揮軍馬錢糧之半。伏蒙聖慈察見本司有矜從之意，降付朝廷，至今未蒙應副。臣非不知方朝廷措置淮甸，恢復京東、西，未暇及此，然但知進前，不知備後，非策之得也。今沿江所屯數十萬衆，摘萬人以為一路根本，似未為多。臣昨自行在將帶到申世景一軍，纔千餘人，分遣討捕盜賊，已差出三分之二。見今諸郡竊發者，紛紛未已，正緣兵力單弱，不能鎮服所致，而欲使之捍禦大敵，豈不難哉。雖依近降指揮，招補闕額禁軍，然未經訓練，何可倚仗？非得正兵相兼使喚，決誤國事。又舒、蘄、黃三州實為江西屏蔽，見聽本司節制，亦無軍馬，內舒州隸劉光世，蘄、黃州隸岳飛。臣近已具奏聞，乞於劉光世軍中摘那二千人，屯駐舒州，於岳飛軍中摘那四千人，屯駐蘄、黃州，緩急聽臣節制，亦未奉指揮。伏望聖慈特降睿旨，下都督府，如臣前奏所乞，差吳錫等軍一萬人，充江西大使司軍馬，仍令劉光世、岳飛分兵，屯戍舒、蘄、黃州，與江西相為表裏。庶幾敵人不敢窺伺，一路生靈恃以無恐，不勝幸甚。臣以衰病，難當重寄，已具奏，乞依舊在外宮觀差遣，必冀矜從。然不敢以將去之故，不為國家深慮至計。伏望聖察。

**同上書同卷，《催差軍馬劄子》**

臣契勘近具劄子奏陳，乞差元所請本路軍馬一萬人，及於劉光世、岳飛軍中，摘那軍馬於舒、蘄、黃州駐劄，未奉回降指揮。近聞劉光世軍馬已起發往廬州，岳飛軍馬已起發往襄陽府。本路所乞軍馬，未蒙都督行府差到，沿江一帶，並無控扼。竊慮賊情狡獪，或有窺伺，乘間擣虛，無兵應援，深為可慮。兼契勘岳飛大軍移屯襄陽，所有錢粮，並係本路應副，經由蘄、黃等州，自沔、鄂以趨襄漢，實以本路為根本，以蘄、黃等州為咽喉之地。萬一本路為賊所擾，蘄、黃等州為賊佔據，無兵捍禦，即本根之地動摇，錢糧無自而取，咽喉之地阻塞，糧道無自而通，襄、漢之軍，坐見困乏，為害不細。若待臨時申請，決致誤事。所有前後累奏所乞軍馬，非獨止為本路之故。伏望聖慈特降睿旨，於都督行府見管軍馬中摘那差撥應副，及令劉光世、岳飛差兵前來舒、蘄、黄州駐劄施行。

**同上書卷八十九，《應詔條陳八事奏狀》（節選）**

臣伏睹近降詔書，以地震求言，雖芻蕘之微，亦得上達，況臣嘗備近司，荷恩隆厚，受知特深，苟有所見，其敢隱默？輒罄狂瞽，冒塵天聰。伏望聖慈特賜睿覽，謹條具奏聞。

一、臣竊聞諸道塗，車駕將有建康之幸。既降旨以趣營繕，又具例以敕百司，此誠甚勝之舉。然日俟一日，未聞下戒行之詔，豈猶有所疑而未決耶？夫建康在東南，為形勝之地，在今日為不可不駐蹕之所，臣嘗條具奏聞屢矣。天時、地利、人事，皆當捨臨安而幸建康。比者地震不在諸郡，而在臨安，不在他所，而在宫禁，此無他，天意欲陛下有所遷動，避危以趨吉而已。夫懷與安，實敗名。昔公子重耳安於齊，子犯謀醉而遣之，自齊適秦，秦伯納諸，晉遂成霸業。今陛下久駐蹕臨安，躊躇未還，無乃有安之之意耶？不然，天意何以丁寧告戒之若此。此天時之不可不幸建康者一也。臨安褊迫偏霸之地，非用武之國，又有海道不測之虞，曷若建康，襟帶江、湖，控引淮、浙，龍蟠虎踞，自古稱為帝王天子之宅。此地利之不可不幸建康者二也。諸將衆兵，已皆分屯淮、泗。陛下時乘六龍，躬率六師，進臨建康，則將士之氣，百倍其勇，號令賞罰，皆出睿斷，人人願戰，前無堅敵，與夫深居而遥制，豈可同日而語哉？此人事之不可不幸建康者三也。臣願陛下斷自宸衷，不貳不疑，投龜而決，早降詔旨，以慰士民之心，庶幾中興之運，不日可致。伏望留神幸察。

一、臣竊觀古之善治兵者，必多其將之員數，而少給之兵，所以為臂指聯屬、易相運動之術，漢光武之二十八將是也；又必重内輕外，以為強本弱枝、表裏相濟之術，唐府衛之兵是也。祖宗制，兵每將不過五千人，其不隸將者，每指揮不過五百人，有事則臨行陣，無事則歸營壘，此得所謂多將員而少給兵之法；盡屯天下重兵於京畿，足以制四方州郡之兵，又設禁旅，拱衛王室，此得所謂重内輕外之意。海内平定，幾二百年，靡有兵革，職此之故。今陛下震皇武以圖恢復之烈，盡以重兵分隸諸大將，多者至十數萬人，平居已不能運掉，而況於倉卒擾攘之際乎？宿衛單弱，初無正兵，緩急何以衛宸極而禦外侮？此臣之所以夙夜寒心者也。雖陛下恩信足以結之，威德足以服之，手撝指顧，莫不從令，然立國之道，當為長久之策，恐不應如此。臣愚伏願陛下當留聖意，偏裨中有可用者，親加識擢，漸付以兵，使自成頭項，以備緩急驅策；或收召舊人，或選擇將士，廣置禁旅，更番宿衛，使為天子正兵。考漢唐之舊制，遵祖宗之成憲，稍復前規，銷弭後患，以早致中興之功。天下不勝幸甚。

一、臣聞兵法“欲致人而不致於人”，此猶棋家之爭先法耳。故善棋者之置子，必能制於數路；善兵者之禦敵，必能禁其四出。今諸將大兵，列屯淮、泗，又以宰相督之，可謂重矣。敵人之勢，亦必聚其犬羊，以抗王師，則京西一帶必有力不暇及之處。願詔劉光世專事陳、蔡，岳飛專事唐、潁。使敵人分兵以拒我，則淮、泗之力紓；使不能分兵，則乘間擣虛，吾無遺策矣。今劉光世軍已進據合淝，而岳飛大軍尚留武昌未進，誠恐緩不及事，坐困錢糧，未見其可。伏望聖慈特降詔旨，督促其行。庶幾不失機會，今冬可無衝突之虞。願加睿察。

一、臣聞行師用衆，糧餉為先。雖有堅甲利兵，非粟無以戰；雖有高城深池，非粟無以守。有國家者，無三年之蓄曰不足，而況於月支日給，乃旋為之計乎。去歲旱災之廣，綿地數千里，穀斗有至千餘錢者。常賦損於減放，漕計困於轉輸，富平義倉匱於賑濟，公私枵然，皆無儲蓄。使今秋復繼之以水旱，其何以堪？所幸天道佑順，雨暘時若，遂成有年，江、浙、閩、廣，悉皆登豐。目今米價已減，將來穡事告成，粒米定須狼戾，此誠朝廷廣糴儲蓄之秋也。昔趙充國討先零，嘗謂：“塞下糴四十萬斛，賊豈敢動哉？”由是觀之，國以兵為命，兵以食為天，何可少緩。夫穀太賤則傷農，乘登豐之歲，以善價廣糴，官有儲蓄，而農不告病，是行一事而兩利也。朝廷近降糴本付轉運司，限數收糴，固為得策，然轉運司不過分降諸州，諸州不過分降諸縣，諸縣不過敷配人戶，強委之直而責其粟，則是有和糴之名，無和糴之實，非計之得也。臣愚伏望聖慈特降睿旨，令諸路州郡以轉運司所分糴本，專委官吏置場收糴。其初即以善價取之民間，量增分數，嚴立約束，使無邀阻糜費，則人戶商旅，自然樂輸，數百萬斛不難辦也。始時民間唯患交子恐難行用，今朝廷既改交子之法，以為關子，即與見錢無異，自可通行。唯官告、敕牒，須勸誘上戶，使之入納，亦乞令州縣以勸誘到見錢付之糴場，使之收糴。庶幾革近年科糴之弊，公私兩濟。天下不勝幸甚。

一、臣竊見朝廷近年以來，委辦州縣，或製造器用，或收買物色，期限太嚴，督責太峻；州縣官吏不敢申明，如期應命，但欲塞責，而不為長久之計，遂使公私皆受其弊，而卒無補於實用。如福建之創海舟，製造滅裂，尋即損壞，廣南之買耕牛，道里遼遠，率多斃踣，此皆所費不貲，無益於事，不可不察也。夫創造不精，曷若買舟之可久，遠致多斃，曷若厚價以招來，雖有所費，蓋不得已，如其不然，所傷實多。方朝廷用兵之際，財賦窘迫，豈可不計較愛惜，而耗蠹於無用之地哉。臣愚伏望聖慈特降睿旨，今後朝廷抛降製造、收買物色，或期限太迫，或土產非宜，並許州縣申陳利害，從長相度以聞，朝廷更加審察而施行之。庶幾公私兩便，無虛費而有實利。天下不勝幸甚。

一、臣竊見朝廷前此數年，專以退避為策，亦不責州郡以捍守，又降詔旨，許令保據山澤以自固。城壁守具，率皆不治，循習既久，往往以修城壁為生事，建議官吏，反受罪責。如連南夫以修泉州城，委官體究，裴廩以修衡州城，重加貶黜，州郡望風畏縮，無敢復議修城者。夫以偷惰苟且之習，而重之以朝廷威令，其誰敢復冒罪責而建長久之計乎？臣恐自此州郡城壁壕塹，頹毀湮塞，不復修矣。今與僭逆之寇，壤地相接，無數百里之遠，而沿江表裏數十州郡，朝廷所恃以為藩籬者，蕩無城池可恃以守，卒然賊馬驚近，邊摩封疆，不知何以禦之？此臣之所不能曉也。臣愚伏望聖慈特加睿察，令朝廷熟議，如捍禦之計，非城池不可，即乞降旨明告中外，以昨來罪責官吏，自緣搔擾，非以修城之故；應沿江州郡，候今冬農隙，許之漸次修築城池，建置樓櫓之類，朝廷特與應副。庶幾自保之計既備，進討之策可行。天下不勝幸甚。

一、臣竊睹近降指揮，禪林僧徒貧病不能貼納者，先以常住代支，續令拘收還納，自非出自聖慈曲加矜恤，何以及此？然臣竊謂僧徒中有財利者，多是律僧，營生與俗無異，雖重取之，何所不可？其禪林僧，真實學道之人，一鉼一鉢，隨時粥飯，往往無餘。今使之貼納，非惟貧病，無自而出，亦有害其學道之心。聖慈既加矜恤，許令常住代納，固已深慰物情。伏望特降指揮，委州縣體究，實係貧病無可貼納之人，令本寺常住代支，更不拘收還納。庶幾學道之流得以安心淨業，此亦仁政之一端也。伏乞睿察。

右件八事謹錄奏聞。伏候敕旨。

**同上書同卷，《乞降詔諸帥持重用兵劄子》**

臣近嘗具奏，論諸帥重兵盡屯淮上，寇、偽亦必聚其犬羊之衆以抗王師，則京西一帶必有力不暇及之處，宜詔岳飛進兵，可以得志。近據岳飛公文："分遣兵將，收復鎮汝軍、商、虢等州，殺獲甚衆，所得糧儲不貲。"頗如臣之所料。然臣竊謂大兵弔伐，當以招納為先，不在廣行殺戮；收復境土，當以保守為上，不在亟務攻取。願詔諸帥約束將士，使明知陛下之德意，則中原士民日徯王師之來，響應影從，大功易集。臣又聞寇、偽相與定謀，不爭城邑，縱我師，使深入而斷其歸路。使果出此，不可不戒。願詔諸帥以持重用兵，勿為利誘而墮其計中，則師出萬全。區區愚慮，庶有補於萬一。伏望聖慈特賜睿察。

**同上書卷九十，《乞撥那軍馬奏狀》**

右，臣近據舒、蘄、黄等州探報："偽齊淮河、北州郡，順昌府、陳、蔡等州，遂平、褒信等縣，皆有人馬駐劄。及八月二十二日，偽齊人馬侵犯德安府應山縣作過，戰敗官兵，殺死趙將。"又據興國軍申："京西宣撫司劄付黄州，八月二十六日，准都督行府劄子指揮，令管下黄州預先踏逐險固移治去處，緩急遷移保守，不管少有誤事。仍令密切施行，不得張皇，致人民驚擾。"又據轉運判官逄汝霖公文："今月二十四日，準金字牌降到御寶封下樞密院劄子，九月十九日，樞密院奏，勘會岳飛見提大兵於襄陽、岳、鄂一帶措置邊事，其本軍合用錢糧，係江西及朝廷應副，皆取道九江，方至鄂渚。日近據探報，寇、偽賊馬聚兵陳州、順昌府，意欲侵犯淮西。其江州最係緊切控扼去處，兼慮緩急，阻遏糧道，理宜措置。右奉聖旨，令岳飛摘那一項軍馬，疾速順流前來江州屯駐照應，措置控守；仍具所差統兵官職位、姓名、起發日時申樞密院；其合用糧料，委逄汝霖應副。"臣契勘近累具奏聞，本路當上流重地，沿江一帶要害去處，並無兵將控扼，深慮寇、偽窺伺間隙，衝突侵犯，乞自朝廷遣發本司合得軍馬，應副防秋分佈使喚。雖蒙關送都督行府，至今未曾差撥。今據前項逐州探報，及都督行府樞密院劄子，其探報賊馬事件，類皆符合，如臣平時所料。本路事宜委是緊急，雖有指揮令岳飛摘那一項軍馬，前來江州屯駐，緣岳飛大軍見在襄陽府，道路遙遠，未必能如期前來，及雖遣發，元無限定人數，勢須鮮少，有誤指準，若不別行措置，決致上誤國事。伏望聖慈矜念本路全無得力兵將可以控扼捍禦緩急，賊馬侵犯，必至疏虞，一路生靈，所係非細。臣以疏遠，孤寒寡援，虚當重任，萬一敗事，雖死不足以塞責。斷自宸衷，特降睿旨，令都督府日下摘那一項得力軍馬，差官管押，星夜前來應副使喚。會勘諸州及朝廷探報，寇、偽賊馬聚於陳、潁者三萬餘人，如或侵犯本路，沿江及諸處控扼，非萬五千人不可，除本路措置見管兵可得四千人外，尚闕萬一千人。又恐朝廷以淮、泗間見有邊事，雖遣兵馬，不能及此數目，致令分佈使喚不足。勘會福建路統制官李貴見部人兵在汀州駐劄，廣南東路統制官韓京見部人兵在循、梅州駐劄，皆與本路相鄰。李貴近殺敗劉大醉賊馬，韓京近殺敗劉宣賊馬，虔寇漸向衰息，不敢侵犯兩路。欲乞特降指揮，於李貴、韓京所部軍馬，逐急更各摘那一半，差近上得力將官部領，赴本司應副控扼使喚，候防秋罷日，各遣歸逐路屯劄去處。庶幾聲援稍振，竭盡愚慮，或可以效犬馬之力，備禦強敵，保全一路，以報聖恩萬分之一，死且不朽。如以臣今來陳請不合廟謨，即乞朝廷察臣不材，先次罷黜，無使虛受誤國之責，亦臣區區之至願也。謹瀝血誠，干冒天威，無任惶懼戰越之至。

貼黃：臣所乞摘那韓京、李貴一半兵將，如蒙聖慈矜允，即用金字牌遞角降付韓京、李貴軍中，並福建、廣東路帥司及本司照會。庶幾早得被受，不至後時。伏望聖察。

臣近據岳飛公文，稱："敵強兵少，錢糧不繼，已勾回幹事軍馬。"臣竊慮近降指揮，令岳飛摘那一項人兵，前來江州屯駐，照應防守，亦未必可以指準。伏乞聖察。

## 同上書同卷，《繳進蘄州探報劄子》

臣已具奏，方欲遣發間，據蘄州公文："準光州探報，'九月二十一日，有偽賊馬軍二百餘匹，於谷口渡已過淮南岸，及有馬、步軍接續過淮前來，不見數目。探聞係孔彥舟作先鋒，緣本人舊充蘄、黃州鎮撫事，竊慮窺伺蘄、黃一帶。申本司照會。'"臣契勘近據淮西諸州探報，寇、偽聚兵陳、蔡、順昌府，意欲窺伺淮西，今來蘄州探報，賊馬已渡淮前來。淮西一帶州軍，並皆已得朝廷指揮移治，更無限阻，直可徑到大江。本路沿江要害，合行控扼去處，並無兵可以分佈使喚，委是危急。伏望聖慈特降睿旨，日下差發得力成頭項軍馬，星夜前來應援，措置防扼，庶幾尚可支梧。若只倚仗已劄岳飛分撥兵將，決致誤事。所有蘄州探報公文真本，繳連在前，謹具進呈。取進止。

貼黃：臣契勘前件探報，雖已密行下江州、興國軍等處措置防扼，緣逐州亦是闕兵分佈使喚，深慮朝廷遣發兵將，並岳飛分撥軍馬未到間，賊馬徑渡江，前來江西作過。洪州兵既不多，城壁頹毀，方欲下手修治，全然未有次第，亦無樓櫓及防城器具等，委是難守。萬一倉卒，欲乞許本司隨宜措置，以待援師，更合取自朝廷指揮。伏乞聖察。

## 同上書卷九十一，《論擊賊劄子》

臣竊觀自古用兵者，相持既久，則非出奇不足以取勝，曹操、袁紹官渡之事是也。王師與寇、偽相持於淮、泗間，幾半年矣。前日岳飛之舉，我出奇也，惜乎以錢糧不繼，而勾回幹事軍馬，未能成功。今日賊馬渡淮，彼出奇也，若能設策破之，則奇反在我。臣願陛下速遣得力兵將，自淮南前來蘄、黄間，約岳飛兵相為犄角，以夾擊之，期於必勝，以復陳、蔡，則淮、泗之師亦自當解，大功可成。至於江南屯兵控扼，以捍奔衝，自是一段不可闕也。伏望聖慈特賜睿察。取進止。

**同上書同卷，《乞差發軍馬劄子》**

臣伏准御前金字牌降下樞密院今月十七日劄子，以臣乞除在外宫觀差遣，或許守本官致仕，備奉聖旨不允，令學士院降詔，仰荷聖恩，但深感涕。伏念臣材能無取，誤蒙睿奬，起於閑廢之中，付以方面之寄，夙夜黽勉，願效涓埃，以圖報遇之萬一。自到本路，適當旱暵闕乏之餘，金穀細碎，皆躬親料理，粗能支梧；應岳飛大軍錢糧，亦不敢闕乏；建置營房，修葺城壁，制造器甲，安集流移，招捕盜寇，皆稍就緒。惟是軍馬單弱，不足為一路防守之具，自非朝廷應副，則新招烏合之衆，何足倚仗？累具奏陳，未蒙差撥。近者邊報警急，賊馬渡淮，侵擾淮西州縣，沿江一帶要害去處，並無控扼，人情震恐。臣深慮倉卒之際，或有衝突，與其無兵捍禦，受失守之誅，曷若控告君父，為退休之計。情迫辭切，日虞譴訶。豈謂皇帝陛下察其精誠，憫其拙直，既賜以詔書，不容遽去，又諭以所乞兵馬，别作施行。雖父母之於子，恕其愚而拯其急，不是過也。今者王師大捷，賊兵遁逃，固足以紓目前之憂，為中外之慶。然月始初冬，解嚴之期尚遠，兵貴預備，黠敵之衆尚多，正當益虞大敵，愈修軍政，防患於不必防之地，持勝為不可勝之謀，用正為奇，濟虛以實，則江西一路，尤今日所當留意也。臣竊恐朝廷以既捷之後，便謂可以無虞，兵馬不必調發，間隙不必隄防，則非臣所敢知也。伏望聖慈速降睿旨，所遣本路軍馬，早賜施行；及臣所乞李貴、韓京一半兵將，特如所請。庶幾捍禦有備，可以輯寧一路，仰報大恩。衰病之軀，終冀矜從，得安閑散。干冒宸聰，無任惶懼戰越之至。

**同上書同卷，《乞令岳飛兵前來江州、仍許聽本司節制奏狀》**

契勘近據轉運判官逢汝霖公文："准樞密院九月二十六日劄子，樞密院奏，'勘會岳飛見提大兵於襄陽、岳、鄂一帶措置邊事，其本軍合用錢糧，係江西及朝廷應副，皆取道九江，方至鄂渚。日近據探報，寇、偽賊馬聚兵陳州、順昌府，意欲侵犯淮西。其江州最係緊切控扼去處，兼慮緩急阻遏糧道，已奉聖旨，令岳飛摘那一項軍馬，疾速順流前來江州屯駐照應，措置控守。其合用糧斛，委逢汝霖於樁管應副岳飛米内，取撥五萬石前去支用。'

右奉聖旨，令岳飛依已降指揮，疾速摘那前去本州屯駐，措置控守，仍具所差統兵官職位、姓名、起發日時申樞密院。申本司照會。”本司緣有孔彦舟賊馬攻圍光州探報，備坐前件聖旨指揮，牒湖北路宣撫司疾速差兵前來江州駐劄。續據湖北宣撫司簽廳公文，稱：“宣撫岳少保見為目疾在假，本司見調發官兵五千人，并車戰船前去蘄陽屯駐，請照會。”契勘蘄陽係江北岸，屬蘄州管内，去江州地里竄遠，其江州係江南岸，最為要害去處，沿江渡口並無軍馬控扼，緩急難以相照。伏望聖慈特降睿旨，下湖北路宣撫司，依元降聖旨指揮，别差一項軍馬，前來江州屯駐，與蘄陽軍馬照應，相為表裏；及乞朝廷檢會臣近奏，屯駐江州軍馬，許權聽本司節制。庶幾捍禦賊馬，可以保全一方，不致誤事。

小貼子：契勘今來賊馬侵犯淮西州軍，與江西止隔一水，沿江州郡，如洪州、江州、興國軍，最是要害去處，全無軍馬控扼，事屬危急。如今岳飛軍馬不來江州屯駐，及雖來江州屯駐，不許權聽本司節制，實恐無益於事。伏望聖察。

**同上書卷九十二，《乞降旨岳飛遵依聖旨差兵屯戍江州奏狀》**

契勘本司累具狀奏聞，乞差撥本路防冬軍馬，雖奉指揮許行差撥，至今未蒙差到；及近降指揮，令岳飛分一項軍馬屯駐江州，至今亦未到來，止是差到兵將於蘄陽駐劄，人數不多。竊緣偽齊賊馬比來侵犯淮西，雖為諸將殺敗，遁歸淮北，然賊情狡獪，防冬日月尚遠，沿江一帶合行控扼去處理宜隄備。今來不敢更望朝廷遣兵，只乞降旨岳飛，遵依元降聖旨，差撥軍馬於江州屯戍，與蘄陽水軍相應。庶本路緩急有所倚仗，不致誤事。

小貼子：契勘今月十二日，據蘄州申：“岳少保自江州復回鄂州，所有元差將官王瑩在蘄口屯泊一項水軍，並已帶回。”即是沿江一帶並無軍馬屯駐，緩急深慮誤事。伏望聖察，早降睿旨施行。

**同上書同卷，《乞遣兵策應岳飛奏狀》**

臣十一月十九日，據岳飛公文：“今月十二日，據統制官寇成等四狀申，稱‘自虢州獲捷之後，再撫存商、虢、西京長水、福昌、永寧、伊陽一帶百姓了當。於十月二十七日，探報蕃、偽賊馬侵犯鐵領關。其把隘鄉兵統領申，稱賊馬厚重，支吾不往。成等所統人馬不多，遂移寨前來横澗，設伏隄備。於二十九日，有馬軍千餘匹前來見陣，掩擊敗走，殺死賊兵百餘人，奪馬二十餘匹，内辨認得有蕃人三二十人。至三十日，有馬軍二千餘騎再來衝突，成等鼓率官兵向前，迎敵掩殺，賊徒退走，殺死數十人，活捉八人。內七人係蕃人，重傷，相繼皆死，問不得蕃人頭領姓名。一名係劉豫人高收通，說得蕃人有一萬五千餘人，馬有三千餘匹；劉豫有二萬餘人，馬有二千餘匹，依舊係僞王太尉、韓觀察、傅安撫、成大尹等統率。當時追趕間，其賊衆埋伏數路，分頭一佈前來。成等為見賊馬勢重，即時拽領軍馬，於朱陽五里川擇利下寨。伏乞使司火急星夜差發軍馬，前來救援。’同日，又據商州駐劄准備將賈彦十一月初一日申，‘番、僞賊馬一萬餘人，已犯商洛縣。’又據統制官王貴十一月初四日申，‘何家寨僞五大王聚集蕃、僞賊馬重厚，亦有在舊唐州下寨，侵犯襄陽界分。并鎮汝軍賊勢重厚，見侵犯鄧州界作過。貴雖已遵依使司差到幹辦於大夫備傳指揮，措置事宜，更乞疾速差發軍馬前來，同共掩擊。’並於十一月十一日，據統制官崔邦弼今月初六日申，‘賊馬侵犯信陽軍作過，遣發將官秦祐，於長臺鎮殺散賊馬，追趕至望明港大寨。為見賊馬衆多，卻拽領軍馬囬信陽軍下寨。伏乞使司疾速添差軍前來，同共掩殺。’飛契勘諸處申，賊馬分路前來侵犯，意欲決圖上流。飛雖目疾未安，不免將帶在寨軍馬，過江措置外，申本司照會。”臣契勘寇、僞併力侵犯襄、鄧、信陽軍等處，兵勢厚重，謀慮非淺。今來岳飛雖已前去措置掩擊，緣荆湖接連江西一帶，地里闊遠，竊慮孤軍緩急難以捍禦。伏望聖慈速降睿旨，令劉光世遣發軍馬，前來策應。及命重臣統大兵屯駐九江督戰。庶幾上流重地不致疏虞，再獲大捷，天聲益振，恢復之功，在此一舉。乞賜留神幸察。

**同上書同卷，《乞將戶帖錢分作二分隨秋税起催給賣奏狀》**

勘會本路見依奉朝廷指揮，措置出賣戶帖，內去年旱傷及四分以上州縣，依元降指揮，候今年起催秋税日給賣。臣契勘本路去年亢旱，比之他路尤甚，內洪、吉、筠、袁、江、撫州、興國、臨江軍，皆是災傷至重，有及七八分去處，鄉民大段貧困，其間有逃移之人，尚未盡能復業。雖今秋豐熟，緣春耕之時，正在闕食，穀價翔踴，人戶無本作田，所種不多，私債甚重，民力未至蘇醒。今來州縣見行起催，會之一路，數目浩瀚。又緣本路按月起發應副岳飛大軍錢，並係見錢，緣此民間難得見錢，號為錢荒；兼目今穀價頓減，若責令人戶依限併行送納，愈見困弊，深可矜憫。欲望聖慈特降睿旨，下本路都轉運司，許將去年旱傷及四分以上州縣未賣戶帖價錢，分作二年，隨秋税起催給賣；如人戶情願以米斛依本處市價抵頭折納者聽，更不收納加耗，湊作和糴之數起發。庶幾稍寬民力。

**同上書卷九十三,《乞沿淮漢修築城壘劄子》**

臣伏睹手詔，車駕將乘茲春律，駐蹕建康，此誠至當甚盛之舉也。臣昨奉詔書，條具邊防利害，嘗論駐蹕建康為措置之宜所當先者。然其說謂淮南有藩籬之固，則建康可都；宜命諸將移重兵於江北，料理營田，葺治城壘，則藩籬可成。今大將既已移屯矣，營田既已施行矣，楚、泗既已修築城壘矣，惟是沿淮如廬、壽，沿漢江如襄、鄧等處，尚未措畫。臣願陛下降詔劉光世、岳飛，乘士卒之暇，以漸修築，如韓世忠之於楚，張俊之於盱眙，楊沂中之於泗，使名城堅壘，綿亘相望，以張國勢，以讋敵心；又命朝廷選通知古今臣僚，按行淮、漢，深考古跡要害控扼之地，如濡須塢、牛渚圻之類，築壘屯兵，益務自固，使犬羊無侵突之虞，貔虎有蓄銳之利，以守則固，以戰則勝。此今日之上策也。夫守、戰一道也，能固守而後能進戰，是守者進之基也。譬如奕棋之家，凡欲勝人，先須自固。此言雖小，可以喻大。今陛下既已斷自淵衷，不貳不疑，駐蹕建康，以承天意矣。伏望聖慈益修戰守之備，以建中興之功。天下不勝幸甚。臣以衰病，見丐閒散，不勝臣子愛君憂國之誠，輒復自竭，冒昧以聞，或有可採，亦臣仰報聖恩之萬一也。干瀆天聽，臣無任惶懼戰越之至。

**同上書卷九十四,《乞差兵會合措置虔寇奏狀》①（節選）**

今月初二日，據李貴申："已將帶所部軍馬，前來虔、吉州界首會合捉殺。所有隨軍老小，乞於吉州屯泊。"本司已劄吉州踏逐官屋及寺院屯泊，並應副錢糧外，契勘虔賊累年出沒作過，正如溪洞猺人，不復知有王化，致令虔州一州財賦催理不行，傍近郡縣，皆被其毒，為害甚大。若朝廷必欲掃蕩巢穴，窮究根株，為一勞永逸之計，非壓以重兵，且招且捕，將招出頭首并桀黠徒黨押赴軍前使喚，使良民漸次歸業，未見其可。兼虔州南安軍見有廣南劉宣，湖南李才、古政、譚城、鄧宣、芳正等賊徒，各數千人，頭項不一，李貴軍馬人數不多，未可全然倚辦。竊見湖北、京西路宣撫使岳飛下軍將，多在鄂州屯駐，見於本路起發錢糧前去應副，若乘此邊境寧息、別無探報之時，選擇得力統制、統領官，摘那數千人，前來本路就糧，權聽本司節制，令與李貴及本路兵將會合措置，不數月間，決可平殄。將來盜賊既平之後，亦須且留李貴軍馬屯泊吉州，與本路兵將相為表裏彈壓，使殘黨不敢復

① 文又見史部《江西通志》卷一百十九。

出嘯聚作過，或有作過之人，即時討殺，此為得策。若目前討捕不遣重兵，只據見在兵將，竊緣賊火數多，官軍有限，勢力疲乏，別無策應，難以成功；若將來賊平之後，不別屯軍馬，但以虔賊付之本路將兵，軍力單弱，必待殘破州縣，屠害生靈，一方震擾，迺始申告朝廷遣兵應援，緩不及事，為患不細。兼虔、吉州殘破縣分，賊平之後，亦合體究著實蠲放稅租，使民戶得以安業。除已遣在朝奉郎、本司幹辦公事韓岊詣朝廷稟議外，伏望聖慈特降睿旨，令朝廷詳酌措置施行。

**同上書卷九十五，《乞就都督府遣發得力統制官部押三二千人前來使喚奏狀》**

據統制官李貴申："虔賊周十隆，節次差人前去說諭朝廷德意，許之自新，前來公參。其周十隆並不遵稟，及故違江西安撫制置大使司所立日限，反復並不從招撫出參。依近降指揮，合行討捕。兼准樞密院劄子，'若不聽從，即會合本路應干捕盜、官兵等，併力勦捕'外，竊緣周十隆所居巢穴，係在山谷深僻去處，徒黨衆多，據貴所管官兵，委是分佈不著。除已申虔州差發將兵外，申本司乞差兵前來會合，措置勦捕施行。"本司契勘所管申世景一軍，止及一千餘人，見今差出將官馬仙、王勝、孟通、統領官王彥等，前去討捕吉州賊尹寶、臨江軍賊李安淨、虔州虔化賊賴漏八、袁州石鐵牌、潘小叔等，已起發過一千二百餘人，委是無兵可以差撥。竊緣周十隆等係虔州劇寇，所養槍杖手三千餘人，謝小鬼二千餘人，其餘頭首如謝先、謝諶、張收、萬雲、田玉、盧超、張迪等，各係招安、已授官資、差充諸州措使、未曾赴任之人，每名所養槍杖手皆不下三二千人，從來並聽伏周十隆使喚。今來周十隆既不遵稟朝廷指揮公參，致令官軍進討，決須嘯聚徒黨，抗拒官兵。若官軍人數單弱，不能討捕，即其餘頭項首領，定須倣傚作過，為患不細。本司累具申呈，乞就便差撥岳宣撫下一項軍馬，前來同共措置，至今未奉回降指揮。今據統制官李貴前項申述，事勢迫急，伏乞特降指揮，早賜差撥，或只就都督府遣發得力統制官，部押三二千人，星夜前來應副使喚。不過一兩月間，決可擒捕周十隆、謝小鬼等，其餘首領亦可以重兵彈壓，使之出離巢穴，永絶後患。

**同上書同卷，《周十隆不從招撫，李貴進兵殺散，乞差岳飛下兵就糧討捕奏狀》**

准樞密院、都督府劄子："樞密院奏，'勘會昨降指揮，令李貴將帶全軍，前去招捕虔、吉盜賊。’其本軍已入江西界多日，並未見申到招捕火數、措置次第。今據江西安撫制置大使司申，‘虔賊周十隆等於今年正月内結集賊徒，在虔化等縣殺人放火作過，大段猖獗。’顯見本軍遷延玩寇，不為速行措置，致賊滋蔓。兼周十隆係累經招安授官，後來返復作過，理難容貸。三月十四日，奉聖旨，除賊首周十隆一名不赦外，其餘徒衆，許其自新。仰李貴統率官兵，疾速前去措置招捕，須管生擒周十隆，其擒獲人，依格推賞外，更支錢一千貫；招到徒黨，並特免罪，將脅從并老弱人放令歸業，留強壯人隨軍使喚。務要速得平殄，無致遷延，走逸滋長。劄付本司催促措置招捕施行。”右，勘會前項周十隆等賊徒，先准指揮令統制官李貴措置，先行招撫，如不聽從，即會合兵將、巡尉併力勦捕，本司遂不住催促李貴措置招捕。近據李貴申：“差人賫旗榜入寨招安，取到周十隆、錢響、謝小鬼等願受招安文狀。只是發遣到次首領鍾珉等三名赴官外，其正頭首周十隆、錢響、謝小鬼等未曾赴官公參。本軍雖出給公據五千道，差人送入賊寨，放散徒黨，亦止是據憑賊人具到人數給與公據，即不曾當官逐一揀放。”本司尋訪聞賊徒收領公據在寨，實未曾放散徒衆歸業，見今依前恃嶮不肯出參。本司再於三月二十八日，差使臣李俊等齎榜前去，入寨說諭頭首，再限三日出參。又劄下李貴：“如周十隆等依得本司所立日限，出官公參，即將徒黨逐一當官選揀，將正、次頭首并強壯桀黠人存留，並行解赴本司，其被虜脅從及不堪披帶人，給據放令歸業；如出違今來所立日限，遷延不出，即會合官兵，併力措置討捕。”今準前項聖旨指揮，除周十隆不赦外，其餘徒衆，許其自新等事理。本司契勘今來周十隆、錢響、謝小鬼等，本司已依元降指揮，再立日限，差人前去說諭出官公參，未到。若便遵依今降指揮施行，緣一行徒衆皆係久來附從周十隆作過之人，竊慮本人誘惑驅率，別致走透，殺害平民，卒難殄滅。欲乞候見得周十隆等如依得本司差人說諭，赴官公參，陳放徒伴了當，即候解發到本司日，依朝廷元降指揮，特與招撫；若依前不伏出首，即依今降聖旨指揮，周十隆不赦，行下統制官李貴等措置併力討捕施行，更合取自朝廷指揮。

小貼子：契勘本司累具奏聞，并申樞密院、都督府，乞就湖北、京西路宣撫使司差撥兵將，前來討捕虔賊，未奉回降指揮。今來朝廷灼見周十隆過惡，已降聖旨指揮不赦，勢必用兵討捕。竊緣虔州將兵係是土人，多與賊情相通，互相閃避，不肯用命。兼有其餘賊火，分擘前去捉殺，所差到李貴下軍馬人數不多，及本司官兵亦是單弱，難以分佈把截要害去處，使不致走透。深入巢穴，必可擒捕。今來只乞就岳飛下差撥三千人，前來本路就糧討賊，不過三兩月間，便可討蕩。又緣周十隆係虔州前後作過群賊所宗，若就擒捕，其他群賊，皆可措置平殄，既已降指揮不赦，而兵力不能勝之，卻致猖獗，則為害必大。伏望聖慈特賜詳酌，早降睿旨施行。契勘軍行糧食為先，若差他處軍馬前來討捕虔寇，即須又有錢糧之費，如蒙朝廷就近差撥岳飛下軍馬，即於本路就支錢糧，實為利便。亦乞聖察。

**同上書卷九十六，《準省劄催諸州軍起發大軍米奏狀》（節選）**

今據轉運副使逄汝霖、徐林公文："契勘本路上供額米係以秋苗樁辦，自經兵火之後，多有逃閣，及間有災傷年分，所催税賦，例皆不及舊額。其上供之數，逐年並蒙朝廷除豁，祇以實催米數起發。"照對上供米舊額一百二十六萬九千碩，會計紹興六年一路實催秋苗止有九十八萬三千三百五十九碩一斗六升。雖蒙減免上供一十六萬九千碩外，猶一十一萬六千石係是實催苗米外虛數，無所從出。並和糴米減免三萬外，收糴三十七萬石。緣虔、筠州見有盜賊，收糴未足，截日通已糴三十四萬三千五百九石六斗五升，及紬絹折納米五萬六千八百一十三石六斗九升三合。已上三色共實合發米一百三十八萬三千六百八十二石五斗三合。依准逐次所降指揮科撥，内二十萬石應副行營左護軍，四十萬石岳太尉，三十萬石張少保，十一萬七千一百四十三石七斗六升三合就支外，只有三十六萬四千八百七十二石一斗，係元撥付江州及改撥行營左護軍米，應付老小。

**同上書卷九十七，《乞屯兵江州防秋奏狀》**

臣竊聞思患豫防，與事來輒應者，利害相去甚遠。平時不思為豫防之計，及事至而應，豈不有誤國家之大計耶？目今偽齊之兵，為劉光世等敗於淮淝之上，其餘破亡殘黨，散走嘯聚，往來於淮西之間。蘄、黄兩州，既有岳飛等軍屯駐鄂渚，分佈策應。照得蘄、黄兩州與江州，實為對境。蘄、黄即江州之脅背，江州即江西之咽喉也。萬一敗亡之卒，批亢擣虛，延入内地，使不豫為之計，臨時緩急，調發於他郡，則受敵之際，旁需救援，豈不誤事哉。況蘄、黄等州，與江州煙火相望，通淮之路，大小十數，馬行不過三四日、步軍不過七八日便抵江面。若無屯駐軍馬防拓要害，受敵必速，池、鄂救援，非月餘不至，何益於事。臣竊謂淮西之舒、蘄與淮東之通、泰，事頗相類，京口無兵，則無以護通、泰；九江無兵，則無以援舒、蘄，舒、蘄不守則江西受敵矣。臣已依指揮，將江西等州兵將許臣勾抽使喚。照得江西盜賊已漸寧息，將逐州所屯駐兵勾抽一半起發，分佈控扼；所有一半，仍舊屯駐，討捕盜賊未至淨盡去處。其隸將兵，雖例前去差撥，竊慮逐州佔吝，不為發遣。兼蒙朝廷差到李貴、步諒人兵，皆在虔州措置盜賊，相去寫遠，緩急難以勾抽使喚。沿江一帶險要去處，并無人兵可以分佈防守。況車駕駐蹕建康，如江州等處，最為上流重地，又與去年防秋事體不同，理宜分屯大兵，以為控守。朝廷必已行下措置，本司並未曾被受指揮。伏望聖慈特降睿旨，早賜詳酌施行。

**同上書同卷，《乞將上供錢米應副李貴軍馬奏狀》（節選）**

目今據吉州申："錢糧闕乏，無可應副。"竊慮別致生事。臣契勘見今虔、吉間盜賊雖節次討捕，稍安巢穴，緣巨盜頭首，如周十隆、謝小鬼、劉宣、古才、尹寶等，並未曾捕獲，遞相結集，至秋冬之交，決須作過。若有錢糧贍養李貴一軍，存留本路彈壓，庶幾至時不致猖獗；若錢糧贍養不足，日有目前之憂，即將來盜賊，亦不暇恤。李貴在福建，與本路贍養之費惟均，而利害相萬。伏望聖慈特降睿旨，令朝廷更加詳酌，如李貴一軍別無錢糧應副贍養，即乞於岳飛軍中差撥三二千人，前來本路就用錢糧，彈壓討捕，其李貴軍馬，候岳飛下兵將到日，發回福建路駐劄。仍乞早降指揮施行。

**同上書卷九十八，《條具利害奏狀》（節選）**

契勘本路盜賊久未寧息，雖因民俗頑獷、好復仇怨所致，要在小民迫於衣食，易為凶徒之所結集。若使田畝之民衣食不乏，各有生理，凶惡之人不得誘為徒黨，安能一呼便至，千百為群，滋蔓猖獗？臣竊見本路催起上供稅賦、月樁錢及糴買數事，實有未便於民間者。本司已嘗具奏申陳，未奉回降指揮。若不別行措置，小民漸至失業，必致驅而為盜，遣兵討捕，卒無已時，致赤子之流離，情實可憫。臣嘗叨近輔，分典要藩，荷恩最深，欲報無所，苟有所見，不敢隱默。今條具如左，須至奏聞者：

一、契勘本路每月應副岳飛大軍月樁錢九萬餘貫，自來係以輕賫金銀相兼見錢起發。昨緣湖北隨軍運判劉延平移文，只今起發見錢，自役諸州不惟艱於應辦，其裝法縻費，亦不易出。自去年四月臣到任以來，催督至今，共起發過一百七十餘萬貫。本路錢寶，泄於他路，不復可還，民間闕乏，號為錢荒，以故穀賤傷農。民戶輸納夏稅、戶帖，應於名色，難得見錢，閭里愁歎，至有委棄田產逃移者。若不別行措置，將來愈見闕誤。本司昨準金字牌降到御封尚書省劄子，催起月樁錢，連到狀式，立限取會已、未起發輕賫窠名斤兩數目。以此見得諸路應副大軍，皆合用金銀相兼樁發，累曾具狀奏闕。

伏望聖慈特降睿旨，行下轉運司，許令諸州將所認月樁錢，計置輕賫與見錢相兼起發，仍照應在市價例，務令兩不相妨。庶幾可以樁辦，不至走泄錢寶，民間交易及輸納官中，不至闕乏，實為便便。

**同上書卷九十九，《論淮西軍變劄子》**

臣據舒、蘄、江、黃州探報："酈瓊叛逆，擁淮西全軍並都督行府、廬州官吏兵民等，盡歸偽齊，沿江州郡，人情惶駭。"此誠不測之變，朝廷措置失當，深可痛惜者也，臣請為陛下條陳之。

劉光世治軍，素無紀律，遇敵輒避，衆所共知，不為無罪。然其所部軍馬，皆陝西、西蕃部落、招降巨盜及簽軍、漢兒、勃海之流，最為龐雜烏合。光世御之以寬，頗得其心，平時不至散叛，已為不易。去冬賊騎侵犯淮西，光世初雖左次以避敵，終能返旆而成功。朝廷因而撫之，激厲士氣，亦足控制一面。乃輕從其請，罷兵柄而投閑散，將士觖望，遂生攜貳之志，此措置失當者一也。既罷光世帥權，即當豫選武臣之有威望知略者，以為之代，使將士悅服，人無閒言，則一軍安矣。乃遣吕祉以參謀總師，分守不正，不足以涖軍事，名望素輕，不足以厭衆心，號令賞罰亦必有不合其宜者，馴致變亂，豈無自而然哉。昔人有云："每一發兵，頭鬚為白。"此言用兵之難也。祉以書生，驟得官職，意謂功名可以唾手而取，輕當委寄，智小而謀大，力小而任重，坐使叛將得成其姦，此措置失當者二也。王德、酈瓊在光世軍中，皆號梟將。德以嚴猛失士心，瓊以姑息得衆情，平時已不相能，易帥之後，自當分置他軍，以絶間隙。乃使共事，以成忿爭，吕祉又不能駕御而調和之，宜其生變，此措置失當者三也。初，光世一軍，老小盡寓太平、宣城，將士進屯廬、壽，限以大江，足以係累其心，非小補也。自今夏經火災之後，乃悉徙居江北，以此悅衆，而不知有攜手同歸之虞，術亦疏矣，此措置失當者四也。王德擅離職守，奔歸行朝，正當權時之宜，歸罪於德，械係有司，遣使撫存軍中，喻以禍福，必有忠義奮發、安衆而解紛者。衆情既安，瓊必遁逃，借有從者，不過部曲耳。密諭鄰境諸帥，出兵遮截邀擊於要害之地，瓊必成擒。不務出此，而亟置宣撫制置使、副，臨以重兵，是趣之使去也。生靈遭屠戮，官吏被驅虜，數萬之衆，一朝失之，誰任其咎？此措置失當者五也。軍旅之事，機會之來，間不容髮，措置一失，禍患隨之，而況五乎。深可痛惜，試畢其說。

自艱難以來，所乏者兵，西北將士尤為難得。以百金募一卒，以萬金養一士，未足為多。十年之間，疾病損死，所餘幾何？今一旦而亡數萬之衆，棄撫育之恩，歸仇讎之境，此深可痛惜者一也。捨我歸彼，賊勢益張。朝為君臣，暮為仇敵。如李成、孔彦舟、關師古輩，我不能有，反為賊用，致死於我，可不悲乎！酈瓊將士，備知東南曲折，秋高馬肥，為之鄉道，以擾江淮，寧不可慮？此深可痛惜者二也。朝廷屯重兵於淮南，以為藩籬，仰此一軍控制。廬、壽盡卷而去，藩籬缺矣，何以補之？拆東補西，愈見疏闊，姦逆窺伺，強暴憑陵，喪威辱國，自取予侮，此深可痛惜者三也。近年議戰，士氣稍振，去冬累捷，國勢浸強，將定恢復之謀，漸成中興之業，而以措置失當之故，亡此全軍，使忠臣義士扼腕憤歎，此深可痛惜者四也。此端一啓，人各有心，後來將帥，何以號令？此深可痛惜者五也。

《書》曰："雖悔可追。"《語》曰："既往勿咎。"此雖措置失當，深可痛惜，然既往之事，不可復追，臣願陛下鑒前失以圖將來而已。所謂鑒前失以圖將來者，降罪己之詔，痛自追咎，以收人心，一也；謀善後之策，益務持重，以固國勢，二也；增宿衛之兵，以備不虞，三也；採耆哲之言而勿偏聽，四也；堅聖心之守而勿輕變，五也。遇變而懼，修省以應之，其説固多，然在今日，莫先於此五者。昔明皇幸蜀，中道將士有散叛之心，明皇下哀痛之詔，諭以誠意，衆志乃定。德宗遭奉天之變，所降詔令，武夫悍卒，聞皆感泣，卒復京師。故陸贄有言曰："動人以言，所感已淺，言又不切，人誰肯懷？"所謂降罪己之詔，痛自追咎，以收人心，在今日為不可後也。天方艱難，深閟成功之所，正如逆風行舟，用盡氣力，不離本處。兩年以來，經營恢復，蓋亦勤矣，然卒未能收尺寸之功。今一朝以措置失當之故，人心攜離，士氣凋喪，豈可不相時之宜，暫輟攻取之謀，且為固守之計，靜以待之。俟人心之既寧，士氣之復振，然後可以行師，順時而動，以訖天誅。所謂謀善後之策，益務持重，以固國勢，在今日為不可後也。天子所居上憲、乾象、紫微之宫，三光之廷，皆有藩垣，以拱衛宸極。行幸之所，尤宜嚴備，以待非常。今陛下巡幸省方，駐蹕建康，而禁衛單弱，朝廷初不留意。近聞楊沂中、劉錡皆以殿前中軍及侍衛馬軍司兵出戍淮甸，外重内輕，誠可寒心。肘腋倉卒，何以待之？明受之變，商鑒不遠。所謂增宿衛之兵，以備不虞，在今日為不可後也。昔秦穆公歸自崤，作書以自誓，其言曰："尚猶詢兹黄髮，則罔所愆。"又曰："如有一介臣，斷斷猗，無他技，其心休休焉，其如有容。人之彦聖，其心好之，不啻如自其口出，是能容之，以保我子孫黎民，亦職有利哉！"夫黄髮之臣，其經曆久，詢之則利害必審；

好善之臣，其忌嫉少，容之則薦進必多。方、召以元老壯猶而興周，房、杜以持衆美效之君而興唐，職此之由也。夫專任乃能成功，而偏聽亦能致亂，顧所以聽任者何如耳。漢、唐之初，以專任興；秦、隋之季，以偏聽亡。是以堯、舜之世，任賢勿貳，任欲專也，明目達聰，聽欲廣也。方今寇、偽鴟張，將士離散，天下危於累卵，陛下得不廣聰明，為扶顛持危長久之計乎。所謂採耆哲之言而勿偏聽，在今日為不可後也。自古創業中興，艱難之際，叛將不能無也。在高祖時，有若盧綰、陳豨；在光武時，有若彭寵、盧芳；在太宗時，有若輔公祏、王君廓；德宗奉天，李懷光叛之；肅宗靈武，康楚元、張嘉延叛之；晉遷江左，蘇峻、祖約叛之。惟能因時制變，旋即討定，故不足為患。今淮西一軍，數萬之衆，一旦叛去，固不為小變，若能應之於後，亦未足為吾害也。或謂敵人得吾叛將，因而用之，決須深入，建康去淮南不遠，勢恐難安。是不然，韓世忠兵屯淮東，張俊、楊沂中兵屯淮西，岳飛兵屯上流，不下數十萬人，又有長江天塹之際，若能撫綏將士，措置合宜，號令得所，賊馬豈敢深入？儻以一時之變而議退避，則車駕一動，大事去矣。所謂堅聖心之守而勿輕動，在今日為不可後也。

帷幄之謀，必有勝算。愚臣私憂過計，不識忌諱，激於忠憤，忘生觸死，冒進狂瞽。然臣聞天地之變，不足為災，人不盡言，國之大患。侍從者，獻納論思之官也；臺諫者，耳目腹心之寄也。今侍從、臺諫以言為職，類皆毛舉細故以塞責，所論不過簿書、資格，守、倅、令、丞除授之失當，至於國家大計，係社稷之安危，生靈之休戚者，初未聞有一言及之。陛下試察，如淮西之變，侍從、臺諫之臣，亦有見危納忠，為陛下言之者乎？大臣懷祿而不敢諫，小臣畏罪而不敢言，此最今日之可憂者。臣以惷愚，夙荷睿獎。每思竭盡以報大恩，第以人微跡疏，無階自致，遇事輒發，罪當萬死。伏望聖慈哀憐孤忠，留神聽覽，儻有補於萬分之一，雖死之日，猶生之年也。塵瀆天聰，臣無任惶懼待罪之至。

小貼子：臣續據探報，“酈瓊驅虜官吏、兵民老小凡二十餘萬人北去，兵部尚書、都督府參謀軍事吕祉並帥臣等，並為所執，統制官喬仲福、張景、劉光時等死之。”此豈小變，未聞朝廷别有處畫。臣以疏遠，初不敢論列，再三思之，當艱危之際，仰荷重恩，嘗蒙詔許令入告，若不盡言，實負陛下。然臣前件劄子指陳朝廷措置失當，憂憤所激，情迫言切，難以復處藩方，已别具奏聞，乞賜黜責，或檢會累奏，除一在外宫觀差遣，以安愚分。伏望睿察。臣近准都督府劄子，招收淮西囬易官兵，已差都承旨張宗元前去措置。臣竊以宗元之行，何異於吕祉？更望聖慈詳酌，淮西軍事只委制置使楊沂中為便。伏乞睿察。

**同上書卷一百，《奏陳利害劄子》（節選）**

臣近者不量淺短，輒冒萬死，條陳淮西叛將利害。仰瀆天聰，夙夜靡寧，以俟嚴譴。伏蒙聖慈既赦狂瞽，又降璽書，特有褒諭，感戴大恩，非臣糜捐所能報稱。然臣竊見都進奏院報，張浚罷相，以言章落職宮觀。淮西之變，浚實有罪，責罰之加，其誰曰不宜，但言者引漢武誅王恢事以為比，臣愚竊以為不然，試為陛下陳之……

今方強寇憑陵，僭逆窺伺，國勢未定，人心驚疑。若不注意治兵，以為自強之計，則何以安宗社，保生靈，固邊疆，禦外侮？徒以措置一失之故，遂欲盡棄前日之所為，歸罪始造兵謀者，臣恐智謀之士卷舌而不敢談兵，忠義之臣扼腕而無所發憤，將士解體而不用命，州郡望風而無堅城，陛下將誰與立國哉。且今日朝廷之勢固自若也，襟帶江、淮，保據荊、襄，連接川、峽，韓世忠、張俊、岳飛、吳玠之軍，分屯要害，不下數十萬人，兵未為弱。去冬敗劉麟、劉猊之徒甚衆，用兵未為不利。倘因淮西之變，益自懲創，審號令，明紀律。徙諸軍家屬於江南，以便粮餉；教戰艦水軍於沿江，以備不虞。姑輟進取之謀，且為固守之計，和協輯睦，靜以待之，使國勢漸定，人心漸安，士氣漸振，乃可徐議恢復。譬猶病人，調治向安，又為藥餌所誤，傷其正氣，豈可遽欲康強哉。不察此理，經變故而亟動摇，使外寇得以乘其間隙。譬猶弈棋，前著既差，後著復錯，是謂自敗，欲求勝敵，不可得也。臣頃年嘗因賊馬入寇淮甸，獻陳愚計，以謂“退避之說不可行於今，何哉？前之為寇者，金人也，利於虜掠，得所欲則還師；今之為寇者，偽齊也，利於土地，得一郡則守一郡，得一邑則守一邑。翠華退避之後，將士奔潰，賊勢鴟張，將安所定止哉”。誤蒙採擇，特降褒詔，今日之說，亦猶是也。伏望陛下堅聖心而勿動，修軍政以自強，無為趣時獻言者之所摇。古語曰：“臨大難而不懼，聖人之勇也。”惟陛下留神幸察。

夫張浚措置失當，誠有罪矣，然其區區徇國之心，有可矜者，願少寬假，以責來效。昔漢高祖用兵喪師，跳身者屢矣，然卒與成功者，皆舊臣也。借使每敗必逐，則張良、陳平之流，不勝其誅矣。臣前所論淮西事宜，指陳浚措置失當，非黨浚者；今此論奏，亦非為浚游說也。因言者引王恢造兵謀之喻，深恐退避講和之議復出，以眩惑聖聽，則大事去矣，宗社安危自此而分。故敢披露肝膽，冒昧有言，死有餘罪。臣以衰病，累請宮祠，未奉俞允。邇來犬馬之疾益深，將填溝壑，已別具奏，乞骸骨以歸山林，貪戀明時，何可言喻？愛君憂國之志，雖在畎畝，豈敢弭忘。伏望陛下哀而憐之。干冒天威，無任惶懼戰越之至。

小貼子：臣契勘朝廷所恃以禦敵者，將士也。新失淮西之軍，將士之心未定，正當靜以養之，頻降詔旨，慰勞撫諭，使明知陛下德意所在，庶幾士心復安。若先為退保之計，以示怯敵，臣恐諸軍將士解體，人人無固守之志，為盜之招。昔真宗皇帝澶淵之行未定，又欲南幸，召高瓊謀之。瓊對曰："南幸無不可者，但慮將士離散，不復可收。"遂定親征之謀。臣以謂正與今日之事相類。竊見近降指揮，應副廬、壽、盱眙等處米斛，並改撥赴建康府下卸，又差梁汝嘉知平江府。外議皆謂車駕將幸平江，平江與建康相去不遠，徒有退避怯敵之名。臣私憂過計，冒昧上聞，不勝皇懼。伏乞聖察。

臣近據岳飛公文："今月十九日，部率軍馬前去襄、漢。"臣契勘淮西兵將新叛之後，藩籬疏缺，並無控扼。朝廷近降指揮，令飛分兵屯駐江、池等州，事理正宜如此。今乃前去襄、漢，上流空虛，緩急何以應援。伏望聖慈詳酌，特降睿旨，令飛屯兵照應江、池及淮西一帶，候過防冬，措置襄漢未晚。伏乞睿察。

**同上書同卷，《奏陳車駕不宜輕動劄子》（節選）**

臣近因上疏論淮西事宜，嘗獻狂瞽，竊謂車駕不宜輕動，正當靜以鎮之；諸將重兵不宜抽回，正當分屯要害，益為自固之計。妄意及此，其說略而未詳。今聞朝廷以梁汝嘉知平江，創蓋營屋萬餘間，及召張俊、楊沂中全軍還駐建康，如此則是移蹕之謀，抽回軍馬之計，皆審如所聞，宗社安危，生靈休戚，係此一舉。敢冒萬死，為陛下詳陳之……

前日劉光世一軍，以措置失當之故，將士攜離，捨我歸敵，非細故矣。萬一因此翠華移蹕，將士召還，以致不可勝言之患，是措置之失，又非前日之比也。昔人有言："動不詳思，輒喜言誤，誤不可數也。"臣觀朝廷自建炎以來，每失機會，其誤多矣。譬猶奕者，前著雖差，後著猶可救也，若著著皆誤，何以取勝？傍觀者得不為之寒心？臣愚竊思所以為今日計，願陛下深體漢祖之用心，堅忍而勿輕變，非有大警急，姑少安之，丁寧訓戒三四大臣，益圖所以自固之策。遣張俊全軍進屯廬、壽，而存其家屬於建康，以便粮餉；命韓世忠兼保盱眙，而留楊沂中以衛行在；詔岳飛分兵江、池，以保上流。沿江有備，則國勢亦粗定矣。

前日創造車船戰艦，所費不貲，初不聞置軍教閱，將安用之？謂宜收拾於建康上流州縣，如太平、江、池等州，蕪湖、繁昌、湖口等縣擺泊；仍於江湖間，募習水善游者萬餘人，刺手背為水軍，差官統領，分隸教習。使金鼓旌旗，上連下接，以備緩急之用，則賊騎雖熾，亦豈敢遽窺江右哉。使今冬防守無虞，則人心自安，國勢亦固，可以徐圖善後之策。捨此不為，而但務退保，臣未見其可也。

**同上書同卷，《乞令湖北、京西宣撫司差兵控扼江州奏狀》**

九月二十四日，准樞密院九月十四日劄子節文："本司申，'契勘酈瓊、靳賽等率淮西兵將全軍反叛，驅擁官吏軍民，歸附偽齊。竊慮不測，前來沿江諸處作過，其江州委是要害去處，並無兵馬控扼。欲望朝廷檢會本司近奏事理，速降指揮，行下湖北、京西宣撫使司，差撥軍馬前來興國軍、江州駐劄，以備不虞。'右，檢會八月二十一日，奉聖旨，令岳飛差撥水軍三五千人，乘駕戰艦，委近上統制官統率，順流於蘄陽鎮擺泊，仍令差先鋒人船前往江州屯駐，照應控扼。近據岳飛奏，'緣淮甸即日別無探報，如稍警急，自當量其賊勢輕重，即時調發軍馬前往蘄陽或江州照應。'劄本司照會。"契勘本路係抵接淮西界分，去偽境不遠。近廬州酈瓊等反叛之後，日有探報以北事宜。緣今歲防秋事體，即與以前年份不同，其本路沿江一帶，及蘄、黃等州緊要控扼去處，並未有軍馬防捍。兼本司見管官兵人數不多，又緣諸州縣管下，有未獲盜賊殘黨，各已分差前去捉殺。所有江州等處合屯軍馬，若候有警，方遣前來，竊恐後時，卻致遲誤。欲望朝廷特賜詳酌，行下湖北、京西宣撫使司，先次遣發軍馬，前來江州一帶屯駐，預行措置控扼防拓，免致臨時誤事。

**同上書卷一百一，《條具防冬利害事件奏狀》（節選）**

然臣所管江西一路，實為上流，輔翼建康駐蹕之所，蔽障閩、廣，接連荊、湖。自江以北，控引淮西，去偽境不遠。豫章、九江、興國三郡，綿地千餘里，皆係要害去處。虔、吉、筠、袁等州，素産盜賊，蜂屯蟻聚，千百為群，不可勝計。而自近年以來，帥司所統軍馬，盡為諸將之所兼并。器甲錢粮，席卷一空，臣到任之初，蒙朝廷差到申世景一軍，纔千餘人。比因盜賊猖獗，又蒙指揮，添差李貴、步諒軍馬，人數亦是不多。仰賴朝廷威靈，兩年之間，招捕群寇，凡數十火，幾數萬人，逆者誅鋤，順者惠來，幸悉寧謐。惟是防冬，以捍大敵之具闕然未備，誠可寒心。近日探報，敵人增兵駐陳、蔡、潁昌、臨、汝諸郡，與舒、蘄、光、黃對境相望，間遣步騎渡淮作過，未有重兵可以捍禦。九江、興國沿江一帶，又無精卒為之控扼。新經酈瓊之變，藩籬疏缺，人心動揺，萬有一穴騎奔衝，有南牧之意，何以待之？今年防冬，非去年比，而本路空虛，軍馬單弱，與去年無異。如臣一介書生，蹤跡孤遠，豈敢虛任重責？積憂成疾，恐誤國事，屢此乞身，非得已也。今者既蒙聖恩，未忍棄捐，尚使待罪藩方，以備驅策。自非投誠控告君父，洞照幾微，審量事勢，摘那兵將，假以權宜，使得竭犬馬之力，圖尺寸之報，則何以仰副使令，庶無罪悔？敢陳愚懇，冒瀆天聰。伏望聖慈曲賜矜察，特從所請。所有防冬合行事件，謹畫一條具下項：

一、本路或為賊馬侵犯，理當隨宜措置，倉卒緩急之際，有難待奏報者。欲乞應防冬事件，特許臣以便宜施行訖奏聞……

一、本路江州最為重地，自昔六朝，皆屯大兵、擇名臣以居之，吳則陸遜，東晉則温嶠、陶侃，誠以控扼上流，不可與他郡比也。方今車駕駐驆建康，九江尤為要害。雖嘗降旨，令岳飛分兵屯泊，至今未聞有至者。夫兵貴合不貴分，此特兵家常勢。至於要害之地，當分兵控扼，使敵人不敢窺伺，所謂先人有奪人之心，豈可執哉。近年九江為馬進所據，朝廷遣大兵攻討，幾半年，僅能克之。今舒、蘄、光、黄並無捍蔽，使敵騎奔突，佔據九江，則江東、西必大震擾，其為患非淺淺也。伏望聖慈特降親筆，趣飛分兵，疾速依近降指揮，屯駐江、池，以固上流之勢，事不可緩。

一、東北流移之人，佈滿江西，其間多少壯可用者，無業可歸，迫於饑寒，類多失所。朝廷近降指揮，令招充闕額禁軍，誠為得策。然必令刺填洪州軍額，一隸軍籍，卒無脱期，非人情所樂，遂致無願就者。深慮轉徙溝壑，或流為盜賊，誠可矜憫。伏望聖慈特降睿旨，許令招民充義兵，只刺手背，日加訓練，聽本司使喚。所有錢粮，本司自行應副支給。候遇防冬，具人數申取朝廷指揮，實為利便……

一、江州舊屬江東，朝廷以與洪州相為表裏，割隸江西，誠為利便。惟南康軍、建昌縣間於江州、洪州之間，犬牙相錯，不屬本路。每遇防冬之際，措置斥堠，濟渡軍馬，難於號令，深屬不便。伏望聖慈特降睿旨，許令南康軍及建昌縣兼聽本司節制，庶幾不致缺誤。

右，謹件如前，謹錄奏聞，伏候敕旨。

貼黄：臣契勘建炎三年，突騎自武昌渡江，侵犯江西。當時但為退避之計，宫省既行，帥臣亦遁，兵民莫有統率之者，遂致洪州殘破，最為慘酷，撫、吉、筠、袁，皆被其害。紹興元年，李成、馬進佔據九江，自筠及洪，賊勢猖獗。朝廷命將帥統重兵以破之，賊馬遠遁，保全一路，以至今日。由是觀之，退避之與進討，其效可見。今本路自兵火之後，六七年間，涵養休息，漸復承平舊觀。萬一寇、偽乘間南牧，欲退避則不可，欲進討則無兵，不知朝廷使臣何以處之。委一路生靈及財賦根本之地，置而不恤，使寇、偽得以佔據，未見其可也。若謂賊未必來，及淮上有兵，如去冬之捷，雖來未必能南渡，皆出僥倖，僥倖豈可數哉。如臣畫一所陳，皆防冬所不可闕，及審度朝廷可以應副者，方敢冒昧以聞。伏望聖慈與三四大臣熟議，早降指揮。如朝廷以為不必遣兵，實難虛受重責，乞檢會臣累奏所乞，或先次黜責施行。伏望睿察。

臣契勘近據探報，壽春府、光州皆有賊馬渡淮，前來作過，稱係孔彥舟、王孤角等軍馬，委是警急。所乞兵將，伏望速降睿旨差撥，或旋次起發前來應副，分擘使喚。伏乞聖察。

**同上書卷一百三，《與右相條具事宜劄子》**

某竊以主上躬睿智神武之姿，有知人之明，所以待遇相公，仰成恢復之業者，信任之專，古所未有。相公蘊王佐之才，有不世出之略，被受眷知，願捐軀以徇國者，精忠之誠，遠追古人。憤強敵之憑陵，恥逆臣之僭竊。悼二聖鑾輿之未還，憫中原生靈之塗炭。深謀遠慮，圖此武功，此固十數年來天下士民之所傒望者也。然而適當旱暵之餘，財用匱乏，民力凋瘵。不取於民，則調度不足；取之過甚，則人心驚疑。正在斟酌損益之間，使軍不乏興，民不告病，乃為得策。輒殫淺短之慮，庶幾萬一之得，以裨廟算。伏望鈞慈特賜采擇。謹具下項：

一、某昨過衢州，竊見都督行府劄子，頒降官告，勸誘上戶進納。文臣司宣教郎至迪功郎，武臣自修武郎至承信郎，價直各有等差，計錢六十一萬貫。內宣教郎六萬貫，迪功郎一萬貫，其餘升降，各以萬五十貫為率。契勘自來進納，文臣止於判司薄尉，遇有功改官，即轉入右列，蓋所以清流品、重名器也。今以京朝官許之進納，恐失本意。又上戶之家，雖有物力，安能目前具六萬緡以買一官？若分科衆戶，則未知此官當使誰受。某謂不若以一宣教郎分為六迪功郎，做此以行，則上戶易出財，人情樂於入仕，州縣勸誘，不至費力，又無輕名器之患，就不得已之中，此為長策。仍於諸郡量減分數，庶幾不至竭澤，易於趁辦。伏望鈞慈更賜裁處。

一、某契勘本路人戶合納今年夏稅、和買物帛，朝廷元降指揮，立定分數，從第四等已下折納價銀，依自來條限起催，蓋優饒下戶，易於催納。今承都轉運司公文："準尚書省劄子，'勘會本路合發折帛錢，元責限三月椿足，欲督責兩漕臣拘催，日下並要起發盡絶。奉聖旨，依仍展十日。'" 若依所展日限，合至四月十日了足。今來正是蠶麥未熟，新陳不交之時，本路洪、吉、筠、袁、江、撫州、興國、臨江軍，皆係災傷至重。其第四等已下人戶，多是官中見行抄劄賑濟之人，難以預行催納。如州縣逐急於上戶催科，將來下戶卻合入納本色，顯是重困。除已申奏朝廷，乞將本路災傷州縣合起折帛錢，依條限催納，其餘州縣自依今來立限指揮。庶幾災傷下戶得被實惠，不致逃亡。更望鈞慈特賜照察。

一、某竊見諸路應副岳飛錢米，並津船至郢州交卸，勢須先有重兵屯駐，及修蓋倉庫，安頓去處。又自漢、沔至郢州，千有餘里，密邇僞境，須得軍馬防護糧道，乃可無虞。某竊以謂不若且於鄂州樁管，候將來大軍進發，沿漢、江有備，乃可旋次措置津船，實為得策。更望鈞慈特賜裁處。

一、某竊見自軍興以來，收於民者非一，降官告，給度牒，賣戶帖，理積欠，折帛博糴，預借和買，名色甚多。當此旱災之餘，民力已困。誠願朝廷講求理財之道，救弊覈實，開闔貿遷，使不斂於民而用度足，乃為長久之計。伏望鈞慈特賜垂念。

一、某近因入劄子，論兵家利害，妄意朝廷措置有未盡善者五，宜預備者三，當善後者二。議論迂疏，誠不足裨補廟謨之萬一，姑盡其拳拳之忠而已。輒錄副本拜呈，伏望鈞慈特賜詳覽。

**同上書同卷，《與宰相乞兵劄子》**

某已具狀申都督行府，本路虔、吉、袁州、建昌軍等處，近來盜賊頭項漸多，蓋緣軍馬單弱，不足鎮壓。如虔州元有李山一項軍馬，賊勢稍息。李山近為岳飛勾回，賊盜遂復猖獗，接連袁、吉一帶饑民嘯聚作過。本司雖遣發軍馬，人數不多，深慮賊勢滋蔓，為數州之患，將來難以殄滅。伏望鈞慈早賜指揮，於近便處先撥軍馬二三千人，赴本司相兼使喚。錢糧之類，令轉運司於上供錢内應副。庶幾盜賊可以措置，及前期訓練，以備將來防秋之用。不勝幸甚。

**同上書同卷，《與宰相乞王彦軍馬劄子》**

某契勘近嘗條陳本路防秋利害，乞差元所請本路軍馬一萬人，及於劉光世、岳飛軍中摘那軍馬，於舒、蘄、黄州駐劄，已具奏聞去訖。近聞劉光世軍馬已起發往廬州，岳飛軍馬已起發往襄陽府。本路所乞軍馬，未蒙都督行府差到。沿江一帶，並無控扼，切慮賊情狡獪，或有窺伺，乘間擣虚，無兵應援，深為可慮。兼契勘岳飛大軍移屯襄陽，所有錢糧，並係本路應副，經由蘄、黃等州，自沔、鄂以趣襄、漢，實以本路為根本，以蘄、黃等州為咽喉之地。萬一本路為賊所擾，蘄、黃等州為賊佔據，無兵捍禦，即根本之地騷動，錢糧無自而取，咽喉之地阻塞，糧道無自而通。襄、漢之軍坐見困乏，為害不細。若待臨時申請，決致誤事。前後累申所乞軍馬，非獨止為本路之故。近准都督行府劄子："已勾王彥軍馬赴行府，約七八月間可到，候到日差撥前去。"勘會王彥軍馬見在荊南府，未曾起發，將來到得都督行府，須在八九月間，卻行差撥前來，已是深冬，不惟往返虛費日月，兼又軍馬勞頓，後期失事。伏望朝廷特賜指揮，令王彥軍馬候將來過本路日，就便存留，聽本司節制，於沿江分佈防扼，及抽那往虔、吉等州討捕盜賊。庶幾不致闕誤。所有乞於劉光世、岳飛軍中差兵前來舒、蘄、黃州駐劄，亦乞早降指揮施行。

小貼子：契勘本司近准都督行府劄子，已巡按淮甸。所有合申請事件，申取朝廷指揮。今來所乞就便存留王彥軍馬，伏望鈞慈詳察，早降指揮。

**同上書卷一百四，《與李尚書措置畫一劄子》**

某竊觀六朝於上流重地，必擇名臣為之帥守，使自為家計，乃能鎮撫一方，屏翰王室，皆有實效，不事虛文，私竊慕之。故自到豫章以來，修築城池，為可守計，創置營房，使兵民不相雜處，繕治器甲，修造官府倉庫，措置財賦，蓄積金穀，團結軍伍，招捕盜賊，皆幸稍稍就緒。庶幾古人之萬一，少副朝廷委任之意。今具下項：

一、修築城池。

洪州城池，北面尤為闊遠，皆係荒閒田地，無人居止；又城外一帶，盡是漲沙，高與城齊，可以下瞰城中。若欲為可守之計，其勢不得不修治。因朝廷有蹙減指揮，具奏條陳利害，且乞給降空名告敕等，得旨給空名告敕五萬貫。自去年收買木植、燒變塼甓等，至今春興工，止是本州廂軍壯城及他州剗刷到兵卒，共五百餘人，漸次修築。至夏末秋初，方借寺觀莊夫，以助工役，日給錢米，月有犒設，皆大使司辦給，並不支用漕司經費。至十一月半畢工，為城七百二十丈，壕與城等；為樓櫓一百二十餘坐，計七百餘間；為城門十有一所，計三十餘間；器具、笓籬、砲座等，併舊城皆一新。未嘗調發民戶一夫，無顆粒分文斂於民者。用新塼百二十餘萬口，皆自置窯燒變，及令窯戶高價攬揆，皆有數，在工房可稽考也。泰發到豫章日，願一登新城按視，及登新、舊城，以望漲沙，方見裁減利害之不謬。

一、創置營房。

洪州自兵火之後，營房並無存者，廂、禁軍與民雜處，不可鈐束。兼得朝廷指揮，每歲防秋，許勾抽本路隸將、不隸將兵按閱使喚，亦無寺觀屋宇可以屯泊，不免建置營屋。大使司支錢，與諸州收買木植，及令諸司根括戶絶拋棄屋宇，折移改造，置營房三千餘間，並係瓦屋。除撥付本州廂、禁軍逐營外，造客軍營房一所五百餘間，見今屯泊諸州及步諒軍馬。使司工房及洪州工案，皆有圖籍具在，可稽考也。

一、繕治器甲。

大使司元降畫一撥兵二萬人，自近年以來，並撥付都督行府及岳飛下。去年春，乃無一人一騎留者，併與器甲軍須，一切席卷而去。某去歲到官，檢視甲仗庫，空空如也。因奏朝廷，乞降告敕，以漸製造。督責兩作院，嚴其課程，又分委諸州製造，逮今已積三千餘副。金鼓、旗幟、弓弩、刀槍之類，率皆新置。又以格式，造戰船、戰車、三勝弓、合彈弩等，皆有名色、數目在工房。願泰發因暇日試閱視之。

一、建置官府倉廩。

洪州素無吏舍，止以設廳前廊屋為之，難以檢察。因規度都廳之南，造使院三十間，以居群吏。卻以設廳前舊吏舍，分置甲仗、激賞、營田、儀從、添賜等庫。下馬門外，舊皆草屋，為造房廊數十間，收其直歸公使庫。州學舊未全備，為增修兩廊、齋舍等五十餘間。大豐倉自兵火後，全無屋宇，為造新廒八座，計四十餘間，以貯大使司並常平司米斛。前此並無教閱之所，為造新兵射廳及閱武堂。防城器具之類，不可無安頓去處，為造東南壁及西北壁防城庫兩所，共四十間。無館賓客之所，為置候參謀宅，以充行衙。見今賈路分居止，皆有數目在工房。

一、措置財賦。

洪州前此財賦所以匱乏者，非惟以年凶、民貧、用度廣之故，不治其源，使之然也。諸縣者，財賦之源，置而不問。每遇緩急窘迫之際，乃召縣令，使之甘認應副，豈非倒置乎？某自到任，將諸縣合納窠名錢，一切根刷見名色；將本縣合支用之數，分撥窠名存留應副外，自餘并諸司錢物，並令解州，次月五日前到，違限者治之。又每季因通判行縣，委之剗刷，以此源源而來不絶。官吏軍民請受，並按月排日支給。軍衣之類，亦前期樁辦不闕。月樁錢最為難辦，本州應副岳飛月六千餘緡，田邦直月一千二百餘緡，養申世景兵月九千餘緡，凡一萬六千餘緡，此皆的確不可闕者。今月樁庫常有二三萬緡見管，蓋緣中間力申朝廷理會，減免每月折帛錢三千餘貫，及撥到發運司二分錢，及朱墨勘合錢等，所以粗有贏餘。又每差使司囬易官載米斛前去湖北，囬易兑撥，應副岳飛軍中。既有利息，又省脚費，此不可不知也。某去歲初到官日，大寧倉米止有四石六斗，軍資庫錢止有二百餘貫，今錢貫米數頗多於前日，春衣錢亦已樁下二萬貫。幸取倉庫都曆及稟支曆，試閲視之。

一、積蓄金穀。

使司金穀，頗有積蓄，未嘗有毫髪斂取於民者，皆係措置囬易、均節用度、收拾失陷所致。近交割與權官，錢約計七十餘萬緡，米計八萬餘石，州縣之數，不在是也，亦嘗具數申奏朝廷。近聞有金字牌撥錢二十萬緡、銀二十萬兩、金三百兩，赴江州樁管，聽候朝廷指揮，取此猶可，若再取，即不堪命矣。所以積蓄得此錢米者，蓋緣每每力申明朝廷，若一切委隨，則掃地皆盡矣。於中米尤可惜，去歲初到，升百三十，秋得一稔，升十數文。寸積銖累，以及此數，若不妄散，以陳易新，可以常為洪州之根本，非細事也。洪州歲用米八萬餘石，而所得耗米，止及其半，何以支梧？此亦須有以處之，方欲申明。洪州聚三司官吏，數倍他州，而所得耗米絶少，何以能給？謂如安撫司、漕司官吏，自當責辦一路，宜於吉、撫等州耗米多處，約度應副，乃為長久之策。更在裁度也。

一、團結軍伍。

大使司初有兵二萬人，至去年春，尚有數千人，朝廷撥與岳飛，遂無一人一騎留者。某自行在乞得申世景軍，將帶前來，纔及千人。其後累乞兵於朝廷，止是關送都督行府，及乞兵於都督行府，報云“候有警急日遣發”，然竟無一人一騎來者。既而有淮上之捷，僥倖少安。自今年春，以盜賊紛擾之故，屢次申陳。蒙朝廷差到李貴、步諒軍馬各千餘人，今秋並勾赴本司教閲，以申世景將本軍為前軍，賈和仲將諸州起發隸將、不隸將兵為左軍，任仕安將洪州禁軍為中軍，李貴、步諒各將本部兵為右軍、後軍，共六千餘人，團結教閲，軍聲粗振。然其間如申世景、李貴、步諒之軍，多西北人，差可用；如本州及諸州兵，但可張聲勢耳。此五統制者，皆一時之選，更在有以駕馭激勸之也。

一、招捕盜賊。

本路盜賊，虔為最，吉、撫、筠、袁次之。去年到任之初，遠方人但聞遣一前宰相為大使，意謂統兵必多，往往戢服。其後虔守孫佑邀功生事，致虔寇已受招安者蜂起，幾破吉州。賴本司遣兵襲逐破之，復歸巢穴。然所遣不過數百人，群盜窺見鮮少，遞相斆學，紛紛不已，延及撫、吉、筠、袁，亦有竊發者。所幸將士用命，招捕一火了當，又措置一火，方漸衰息。至秋初，得張柔直來守虔州，相與商議措置，又得朝廷差李貴、步諒兩軍前來。渠魁如周十隆、謝小鬼等，悉就招撫，如劉宣、熊定、李安靜等，悉就擒捕。凡招捕過群盜六十餘火，其間每火有至數千人者，皆有人數、姓名在刑房，亦嘗開具申奏。今一路盜賊有名字者，悉已淨盡。大抵江西民俗獷悍，輕生喜亂，有仇殺之風。全在巡尉得人，於其微時，用心緝捕，無使滋蔓，則亦不能為大害也。要當使之服業田畝，而無科須之擾，迺為上策耳。

前件八事，謾以浼聞，亦舊令尹之政，必以告新令尹之意。幸冀照察。

**同上書卷一百五，《申省乞留四色錢數應副洪州起發岳少保大軍支用狀》**

據洪州申："據通判申，具准都轉運衙牒，準尚書省劄子，内奉聖旨指揮，專以主管自今年春季為始，將每日合收經制無額移用錢拘截別項樁管，聽候聖旨指揮，取撥糴買紹興六年分和糴米本錢，每月具收到數申。除已依准行下諸縣等處遵依施行外，申州及據申備據都酒務狀：'本務契勘除無移用錢窠名外，止有日逐收到一分經制司錢、六分無額上供錢、一分提刑司經制錢、經制司量添糟錢四項窠名，見今日逐解赴司法廳月樁庫交納，應副岳少保大軍支用，俱是春季内收到上項窠名錢數，並排日解遣去訖。今來所准上件指揮，撥充糴本錢，逐旬解赴通判衙交納樁管，聽候朝廷取撥。本務未審將前項日收經制司四項窠名錢數，依舊解納月樁庫，唯復依今來指揮，解赴通判衙樁，充糴本支用。申州乞施行，申本司乞施行。'"本司契勘洪州逐時所收前項四色窠名錢，係本州收樁，按月起發應副岳少保大軍支用。今來若行取撥逐色錢充糴本，所有合起月樁錢，本州委實別無合收名色官錢樁發，卻致有誤軍前指準支贍。欲望朝廷詳酌，特賜指揮，依舊存留上項四色錢數，令本州逐月收樁，起發應副岳少保大軍支用，免致闕誤。

**同上書同卷，《申省乞將修城造軍器度牒給降告敕狀》**

勘會洪州城壁自經兵火之後，本州闕乏，至今未曾修治，及城上合置備禦樓櫓戰棚、防守器具等事，一切並無。緣本州係一路帥府去處，城壁最為急務，不可廢弛。若不措置興修，及將闊遠去處裁減，不唯漸有摧倒，日後愈費工力，兼合用守禦人兵浩瀚，緩急必致誤事。本司除已一面委本州官檢計合裁減興修工料，及相度開具緊要受敵之處，欲隨宜建立戰棚敵樓、計備防守器具外，已具申奏朝廷，乞下所屬先次給降新法度牒二百道，變轉專充修城使用。及近準樞密院三月十三日劄子："仰依都督行府指揮，令本司措置，招填本路闕額禁軍，緩急調發使喚。其合用軍器，令帥司一面措置造作，如有合行事件，條具申取朝廷指揮。”本司尋條具合行事件數，内一項：“契勘帥司以前自造到軍器，昨係本司統制官祁超、丘贇等軍馬關藉披帶使用。其逐項軍兵，節次抽摘，赴都督府岳飛軍前，盡數將帶前去。本司器甲見今闕乏，今承朝廷指揮，合用軍器令帥司一面造作使用，如有合行事件，條具申取朝廷指揮。本司見開坐名件，行下諸州，令依應造作。所有合用錢物，亦已具狀，申朝廷特降新法度牒二百道應副支用，候將來支絶日，再行申請。”去後未奉囬降。今據洪州申：“備准四月二十六日都省劄子，具到和糴畫一，内一項‘看詳今來所乞，權住給降新製度牒，應副其他官司，專充糴本。’”四月二十七日，奉聖旨，依本司契勘所乞給降修城并打造軍器度牒，並係指準急要變轉支用，不可少闕。欲望朝廷特賜詳酌，如所乞前項度牒四百道，依近降指揮，合權住給降，即乞逐急紐折價錢，給降官告及助教敕牒，下本司應副轉變支用，所貴不致闕誤。

**同上書同卷，《申省乞告敕造軍器狀》**

契勘本司元降指揮，差撥軍馬二萬人，逐時造到器甲名件，數目浩瀚。後來軍馬旋次撥赴都督行府及岳少保下，並器甲將帶前去，本司並無見在軍器。近蒙朝廷及都督行府指揮，合用軍器令帥府一面置造支用，如有合行事件，條具申取朝廷指揮。本司除已將合置造器甲、弓弩名件數目，抛降下諸州軍置造外，累具狀申朝廷，乞支降新法度牒二百道應副支用，未蒙降到。如不合以新法度牒應副，即乞將官告並助教敕牒準折價數支降。庶幾可以趁時置造軍器，不致闕誤。

**同上書卷一百七，《申都督府乞差撥軍馬狀》**

勘會本司近為所管統領官丘贇人馬，已依奉聖旨，發遣權聽岳飛使喚。蒙朝廷撥到申世景軍馬，人數不多。近據吉州申：“永新縣等處有盜賊六頭項，計一千餘人，闕兵分頭措置。”已具因依奏聞，乞於近便處先摘那兵將二千人，付某相兼使喚，未奉囬降指揮。今來虔州界尚有未獲賊火不少，因統制官李山為岳飛勾囬，又復出没作過。續又據南安、建昌軍、袁州等處申：“見有凶徒結集嘯聚，劫掠村鄉，火數漸多。”須至申聞者。右，契勘本路虔、吉州平日素多盜賊，聞大軍到來討捕，便即遠遁，潛伏山谷；官兵纔退，又復出没。近蒙都督行府遣副總管康隨，及差岳飛下統制官李山，領兵收捕。雖節次承關報殺敗火數，未能剿除淨盡。李山軍馬既囬，又復猖獗。今來本路只有某帶到申世景一項軍馬，人數不多，除已分遣一半前去吉州捉殺外，自餘官兵見留洪州帥府彈壓。所有其他州、軍見作過盜賊，委是闕兵分頭前去措置討捕。旱歲饑民，易為嘯聚，若不乘早措置，漸致滋蔓，後來難以殄滅。伏望詳酌日下於近便處，先次摘那差撥兵將三二千人，付某相兼使喚。庶幾不致誤事。

**同上書同卷，《申督府、密院催差軍馬狀》**

准樞密院四月五日劄子節文："本司奏'吉州管下有凶賊郭少二等賊徒嘯聚作過，乞先次差撥兵將二千人前來相兼使喚，及乞存留岳飛下統制官李山軍兵在虔州彈壓措置'等事。奉聖旨，令都督行府相度應副，劄送本司照會。"須至申聞者。右，勘會本司見據提刑司、虔、吉州，南安、臨江軍等處申報："虔州界有曾六冠、曾大喉、黃鰍鑽、曾九、唐四、謝鬼七、周誠、梁玩、李洪、劉宣、吳添、廖一長、劉十二、譚十二等，吉州界曾太保、尹使者、郭少二、周花八、諶花三、易十二、羅大等，南安軍界何少七、吳守傳、李收等，臨江軍新淦縣管下有已受招安鄒烏八等賊徒結集，頭項人數不一，猖獗作過，乞兵討捕。"本司已委本路副總管康隨將帶存留丘贇下將官王彥官兵三百人前去，就節制東南第六將兵及巡尉，措置招捕虔、吉、南安軍管下盜賊，并分遣申世景下官兵二百人，前去臨江軍新淦縣，與本縣知縣、右奉議郎趙不華商議，同共捕捉鄒烏八等賊徒外，見存軍馬彈壓一路，數目尠少。其李山一項軍馬，又已抽囬赴岳飛軍前。緣今來作過盜賊頭項數多，委是闕兵分頭前去捉殺，竊慮諸處盜賊見得官軍單弱，結集滋長，卒難剿除。伏望鈞慈詳酌今來所陳事理，速賜指揮，於近便處摘那差撥兵將三二千人，付某相兼使喚，並支撥錢粮等。庶幾不致誤事。

**同上書同卷，《再申都府、密院催差軍馬狀》**

契勘本司先為吉州管下有凶賊郭少二等賊徒作過，遂具狀申奏朝廷，乞先次摘那差撥兵將二千人前來相兼使喚，及乞存留見在虔州駐劄岳飛下統制官李山軍馬，具在本州彈壓措置，候朝廷別差到軍馬，即令起發。去後續准樞密院四月五日劄子："奉聖旨，令都督行府相度應副本司。"尋契勘近又不住據提刑司申虔、吉州、南安、臨江軍等處："虔州界見有曾六冠、曾大喉、黃鰍鑽、曾九、唐四、謝鬼七、李洪、劉宣、吳添、廖一長、劉十二、譚十二等，吉州界曾太保、尹使者、郭少二、周花八、諶花三、易十二、羅大等，南安軍何少七、吳守傳、李收等，臨江軍新淦縣界有已受招安鄒烏八等賊徒結集，頭項人數不一，猖獗作過，乞兵討捕。” 本司已委本路副總管康隨將帶存留丘贇下將官王彦官兵三百人前去，就節制東南第六將兵及巡尉，措置招捕虔、吉州、南安軍管界盜賊，并分遣申世景下官兵二百人，前去臨江軍新淦縣，與本縣知縣趙不華商議，同共捉殺鄒烏八等賊徒外，見存軍馬，彈壓一路，數多匙少。其李山一項軍馬，又已抽回赴岳飛軍前。緣今來作過盜賊頭項數多，委是闕兵分頭前去捉殺，竊慮諸處盜賊見得軍馬單弱，結集滋長，卒難剿除。本司已於四月十九日，具狀申樞密院及都督行府，乞於近便處摘那差撥兵將三二千人前來相兼使喚，并支撥錢粮等，庶幾不致誤事。去後未奉回降指揮，須至再具申聞者。右申樞密院及都督行府，伏乞檢詳本司前申及今狀事理，速賜指揮施行。

**同上書同卷，《申督府、密院開具沿江州縣合控扼去處乞軍馬防守狀》**

契勘本路西接湖北，東連江東，北與淮南對境，去偽地不遠，沿江州縣渡口險隘去處，自來防秋，皆合行措置控扼。前此數年，本司蒙朝廷撥到兵二萬人，可以分佈使用，如江州、興國軍，皆屯重兵，武寧、分寧諸邑，亦有軍馬。近日，兵將盡皆撥隸都督行府及岳少保軍中，所存無二十分之一。今來秋氣已深，應合控扼去處，並無兵可以防守。雖朝廷遣兵屯戍淮上，可以保障，然預備不虞，兵家常理，亦本路近年舊例，不可頓闕。若沿江三州、軍有兵可守，緩急別無疏虞，則其餘州縣，皆可保全。所有防守雖合用兵數至多，今來止望朝廷依累降指揮，量行差撥五七千人，本司隨宜措置，庶幾不致闕事。今將沿江州縣渡口及險隘，合行屯兵控扼去處，畫圖貼說，繳申朝廷、都督行府，乞賜指揮差撥應副施行。今開具下項：

一、沿江合控扼州、軍：洪州、江州、興國軍；

一、沿江合控扼縣分：洪州武寧縣，洪州分寧縣，江州瑞昌、彭澤縣，江州湖口縣，興國軍通山縣，興國軍大冶縣；

一、合控扼險隘：武寧縣界狗狡口、瑞昌縣界泉口；

一、合控扼渡口：李家渡、馬家渡、富池口、洪雪洲、磁湖。

右謹具申樞密院、都督行府，伏候指揮。

**同上書卷一百十五，《與吕相公第二書別幅》（節選）**

伏蒙朝廷頒降相公昨任江東安撫大使日陳乞畫一指揮，許令遵用。竊觀其間論請兵及乞差武臣總管措置控扼等事，可謂周盡事情，已比類條具陳請外，更有小節未備去處，亦已條畫申明。惟是荆湖兩路，疆界闊遠，接連襄、漢、四川，襟帶江、淮、二廣，為東南上流。目今盜賊蜂屯蟻結，見數者二十餘萬，非得重兵，豈易招捕？福建、江西、荊湖宣撫司，將來討定盜賊之後，須還行朝。本路分兵屯駐，防托要害之地，以備強敵，非得兵五七萬人，安能足用？今依畫一內申請，纔得二萬之數，又須旋行踏逐，閑廢之久，亦莫知兵將姓名、數目、所在，姑以耳目所及者陳乞，止有八千餘人。惟岳飛及吳錫、韓京、吳全數項軍馬，見在湖南，依近降指揮，合聽某節制，亦乞撥充前項數目。聞岳飛者，忠勇持軍，頗有紀律，輒具奏，乞依畫一陳請，差充本路副都總管。敢望鈞慈特賜敷奏，俾從所請，不勝幸甚。其將來扼控合用兵數尚闕，容到本路續條具申稟次。

某向者上狀，輒以荊、湘置兩宣撫，事體相妨，仰瀆鈞聽。伏蒙垂諭，兩司不相節制。區區之慮，正不在此。昔唐兵圍相州，郭子儀、李光弼皆在其間，而九節度之師所以皆潰者，蓋以節度不專之故。今宣撫兩司同在一路招捕賊盜，支用錢糧，辟置官吏，號令軍將，無緣一一相合，朝廷何以責成？某已具奏，乞許罷免，或明降處分，將兩司職事區分。庶幾有所遵守，不知朝廷之意以為何如。伏望鈞慈早降指揮施行。重蒙垂諭，且往二廣撫定諸州，以俟孟、韓回師。上荷軫念，然事欲求成，必先正名，名不正而欲濟之事不可得也。今兩司皆是宣撫，而兵將多寡，事體重輕，甚相殊絶，深恐將來虚受其責。更望照察，有以處之，不勝幸甚。皇恐皇恐。

承都、省劄子，備奉聖旨，令相度由汀道之任，已依稟相度具奏。朝廷如欲令速到本任，措置本路職事，莫如自江西虔、吉以趨衡、潭。如必欲令取道二廣，路極迂遠，三倍於江西，又方暑月，瘴癘正作，而英、韶、循、惠間皆有寇盜，其勢非得重兵，不可以行，須就建康、虔、吉等處，俟候陳乞踏逐諸項軍馬齊集，乃可前進。又曹成一項賊馬，已犯連、賀，二廣兵弱，亦須重兵，乃可措置招捕。兵力不足，未見其可。伏望鈞慈特賜亮察，早降指揮，使可遵稟施行。

兵行以財裕為先。蒙朝廷專委荊湖漕臣為應副，而漕臣兩員並不知任，已於畫一中具奏。踏逐到朝奉郎王淮可以倚仗，乞差充湖南轉運判官。又知鼎州程昌寓任内，招捕盜賊，循拊兵民，頗有勞績，近已罷任。深慮別差官未必能如昌寓，欲乞且存留在任。伏望朝廷特從所乞，不勝幸甚。

比者上狀人還，特辱寵賜教答，誨諭周悉，眷勞有加，感刻之情，無以為諭。不審大旆已未起離行闕，將來駐師何地？如聞少留建康，諒惟措畫經略，已有成算。某竊不自揆，嘗以“料理淮南以為藩籬，蓄鋭待時”之策獻于左右，更望深留鈞意，不勝幸甚。

**同上書同卷，《與吕相公第三書別幅》（節選）**

某憂患之餘，衰病日加，本不敢當數路重寄。咫尺天威，臨以使命，不容退避。仰恃相公當軸，照亮有素，黽勉就職，已於二十四日開司，擇五月六日啓行，種種旋行辦集，殊覺費力。任仕安兵千餘人，逐急分作三軍，軍數百人，不成部伍。平時使將帶之任，固無不可，今荆湖、二廣盜賊如林，非得重兵，何以鎮服？又蒙指揮，取道廣東，撫定諸州。今曹成一項賊馬，已破連、賀，侵番禺，其衆十餘萬，除老弱婦女外，少壯能戰者不下三萬人。提千餘卒，豈能使之畏威懷德，肯就約束？切望相公垂念，檢會某畫一近奏，依江東安撫大使已得指揮，所踏逐兵早賜差撥。如其間已有估破者，乞自朝廷別差一項近上統制官自成一軍者，付某使喚。不勝幸甚。

得廣東報："曹成軍馬已至賀州，佔據懷集縣，係廣州屬邑，不數日可至番禺。"林帥以統兵界首捍禦為名，不在城中，誰與固守，勢殊可慮。得密院近降指揮："曹成如犯廣南，令岳飛追襲掩擊。"深慮勢力不敵，未能決勝，非得韓少師率兵一行，恐難制其死命。緣廣東非福建、江西、荆湖宣撫司路分，乞自朝廷降指揮，令不拘路分前去招捕，庶幾有濟。某如蒙朝廷差撥人兵齊集，亦可自英、韶前去，以遏其衝，與韓聲援相接。但兩司不相節制，須得指揮，令同共措置為善。《申都省狀》論之甚詳，伏幸加察。

《申都省狀》五件，恐相公已起離行在，別錄一本致左右。伏望特以一言奏上，庶幾淵衷取信，朝廷一一應副施行。非特某蒙被大賜而已，幸冀照察。

**同上書同卷，《與吕相公第四書別幅》（節選）**[①]

某力疾上道，已次南劍。閑廢之久，乍總戎律，殊非所宜，加以創置一司，種種旋行辦集，尤覺費力。以綿薄而當委任之重，夙夜震懼，不遑寧處。數日來鬚髮皆白，精爽皆耗，乃知憂患之餘，所傷已多，不可勉強。如此荷照知之厚，不審蒙矜念否？近具畫一申請兵粮之類，至今未奉朝廷囬降指揮，引領望之，以日為歲。日被密院劄子，令處置諸處盜賊，亦得荆湖、廣南州郡文移，乞發援兵。本司目今得任仕安兵總千餘人，無可分撥，不過行移劄牒，備禮而已。當職任而無實以稱之，良自愧怍。敢望相公特留鈞念，無推挽之於前，而使之顛沛於後。幸甚幸甚。

---

① 文又見集部總集類《粵西詩載·粵西文載》卷五十四。

密院劄子：有旨令某徑詣廣東，保護本路。已依稟邐迤前去。然曹成賊馬侵犯廣東，近在數程之間，而某置司之初，總兵上道，其去廣東，遠在數十程之外。使賊果猖獗，安能有及。又所將帶任仕安兵，除輜重火頭外，結成隊伍，不滿千人，縱使奔趨到彼，疲乏甚矣，以千兵當十萬之衆，其何以戰？非得朝廷應副前奏所踏逐兵，稍成軍容，勢決未可輕動。如蒙敷奏，俯從所請，遣韓侯行，使與某同共措置，即由南雄、英、韶徑趨番禺，循、海、潮、惠一帶，勢便安枕，可以責辦軍賦，會合岳飛、許中之兵，三道掩擊，決有可勝之理。策無出於此者，幸相公垂念。

近得廣東林帥報："曹成賊馬既破賀州，遂犯封、連，亦聞有就招撫之意。"雖賊情狡獪，不可信仗，然因而撫之，使果能改過自新，夫復何求。倘或疑貳，俟廣東有備，因而圖之，亦未為晚。昨日奉密院劄子，令孟、韓二帥分撥軍馬，應援岳飛，會合廣西許中兵夾擊，期於净盡，擊之是也。第恐廣東未有備，賊逼重兵，必乘虛以犯番禺。林帥既以提兵防托為名，不復城守，深慮失番禺，則其餘州郡望風奔潰為害，有不可勝言者。今日之策，非得韓侯親提兵以臨之，未見所以挫遏賊鋒、保全二廣之計。某已具奏，乞韓侯不拘路分前去，與分撥軍馬意已相合，但遣他將，不若韓侯自往之萬全，必待他日二廣殘破而後遣，則無及矣。僭易，惶恐惶恐。

相公都督中外委任之重，眷倚隆矣。然議者猶謂王導、謝安昔居此職，初不去朝，蓋艱難之時，斡旋機柄，進退人材，規模遠略，以圖恢復，皆當處中以制外，擇任將帥，如腹心之使股肱，乃為得計。區區前書，所以言相公不可一日去上左右者，正為此也。其詳更托李参議道鄙意，幸望鈞察。僭易，悚息悚息。

朝廷初議，欲以廣南財賦經理荆湖，所以使某由廣南之任者，欲令與孟參連避而已。今則不然，荆湖巨寇反在二廣，某之此行，又令保護，與廣東元降指揮殊為不同，非得重兵，其何以濟？正猶疾病，証候既變，則所以治療之者，亦不可執。伏望相公特為以此意敷奏，如蒙朝廷應副，使可圖尺寸之效，雖觸隆暑，冒煙瘴，以赴一方之急，所不敢辭也。伏幸留念。

**同上書同卷，《與呂相公第五書別幅》**

不審大旆今次何地，果於何所置司？傳報不一，皆未敢以為信然。顧惟長江表裏，遠暨荆湖，盡屬部封，防秋已迫，當使號令絡繹於路，得以遵稟約束，預為隄防，以免疏虞。且知大府次舍所寓，緩急有所控訴，莫大之幸。方今強敵未衰，僭竊密邇，日有窺伺東南之意。明斥堠，廣耳目，多遣間諜，以知其情，最為急務。至於警急之報，亦宜密切行下諸路，俾得先事為備。伏望鈞慈特賜鑒念。

某總師已次建昌南豐，本欲取便道贛上，為廣東之行。忽被受金字牌降到指揮，以曹成已就招撫，令徑往長沙之任，及催促孟、韓二帥措置事宜交割與某訖，發赴行在。韓侯一行軍馬，就建康駐劄，岳飛亦有屯駐九江指揮，事體與日前措置頓然不同，莫知所謂，豈江北之有警故耶？孟、韓久駐廬陵，以時暑之故，未曾措置盜賊。獨曹成一項，為岳飛所破，餘黨有就宣司招撫之意，未知今復如何。其餘劉忠、李宏、楊華、雷進、楊幺、鍾相殘黨，皆負固自若。馬友之徒，亦未曾放散。今名將重兵，一旦盡去，以二十餘萬盜賊交割與本司，使以所得數千烏合之衆當之，其敗事必矣。輒具奏及申使司，乞存留岳飛於潭州駐泊，聽某節制，使率馬友以討劉忠，決須成功，自餘群盜皆可以次招捕。雖二大帥班師，未有害也。不然，實難以虛受重責。亦具申稟，敢望鈞慈留念。幸甚幸甚。

**同上書同卷，《與吕相公第六書别幅》**

昨孫宣幹行，并續差使臣兩具竿牘，候問記室，必獲呈浼。道途擾擾，且苦痁疾，不果以時佈起居狀，第勤瞻詠。近見邸報，伏承有賜環之命。及得金字牌降到七月二十五日樞密院劄子，伏見簽押。竊審已還廊廟，處中制外，深得晉朝王、謝總統之意，天下幸甚。某蒙眷最厚，方懼迂疏，不勝閫外之寄，以速官謗。聞命欣躍，實倍常情。敢冀照察。

不審北報復如何？士夫見召韓侯之遽，物情頗擾，然安知其非以虛聲擾我，正當定以應之耳。錢塘固非乘輿久駐之所，然在今日，未有能勝之者，何者？江左形勝之地在建康，然非料理淮南藩籬已固，則建康未可都。其次莫如長沙，有重湖之險，有沃野之饒，襟帶江、淮，控引川、廣，接連襄、漢，異時恢復中原，必自此始。然累年為盜賊佔據，州縣殘破，民力凋弊，非假以歲月，拊循整葺，未易就緒。目前便於漕運，以養重兵，捨錢塘何適？福建、川、廣，皆為無策，非計之得也。駐驊之地，最第一義，必定於無事之時，有警急然後圖之，則無及矣。某竊不自揆，嘗草具其說，欲獻於上，以裨廟堂之末議，又恐僭易，未敢妄發。如蒙鈞慈許其申陳，續當編次繕寫以進。皇恐皇恐。

伏蒙朝廷存留岳飛一軍於本路屯駐，且令聽某節制。仰荷鈞念，豈勝銘佩。本路盜賊馬友、李宏雖已殺捕，而其徒黨猶存；曹成、劉忠雖已破敗，而其酋首尚存；至於楊幺、楊華、雷進、鄧裝、鍾相殘黨，出没作過，殘破郡縣，皆自若也。岳飛一軍，終恐不能久留本路，而其所得軍纔及七千餘人，除輜重、人從、疾患、孱弱者，其堪出戰不過數千人，何以鎮壓兩路，且為防秋之計。惟韓京、吳錫、吳全三項軍馬，共數千人，元在湖南，已得旨撥隸本司；續有指揮，令隨岳飛往江州屯泊，卻令本司勾抽程昌寓下杜湛人兵使喚。今昌寓再任鼎州，不可闕兵，杜湛等自不可勾抽；而岳飛復留本路，則韓京等三項兵馬，卻合撥還本司。已具奏申明，敢望鈞慈速賜行下。所以必整會於今日者，恐岳飛朝廷將來別有差使，又欲挾之以行，臨時艱於陳請也。喋喋，不勝皇恐。

昨蒙朝廷許依相公在江東日畫一指揮，踏逐差兵二萬人數，内踏逐辛企宗軍馬，但欲得其兵，非欲得企宗也。近已交割到二千餘人外，尚有一千餘人精鋭軍馬，為福建等路宣撫司擇揀勾抽，將帶往湖南路。本司已得旨，令數盡撥還，累累關送，皆不報，不知何謂？候班師日，依舊佔吝不遣，不免再須干告朝廷。蓋不得此千餘精鋭人兵，其餘皆揀退孱弱者，無所用之人。又有馬百餘匹，本司諸軍全然無馬，此尤不可輟者。先具稟知，幸賜鈞察。企宗以病丐罷，欲乞宮觀，或尋醫退亦佳矣。已具奏聞，敢望速賜施行。幸甚。

荆湖兩路，連年為盜賊殘破，公私匱乏。福建等路宣撫司屯兵月餘日，費錢三十萬貫、米五萬碩。公帑既空，悉取於民。近又科犒設錢二十萬貫，皆出於潭之諸邑，而諸郡所取，又不在此數，大抵不下百萬，民不聊生。某到任之後，並未有分文顆粒可以贍養軍馬。民間既難，復取州縣，又無見存。雖已遣官往二廣刬刷，道里迂遠，豈能濟目前之急？累具奏祈告朝廷，乞於江西鄰郡撥米五萬石、錢十萬貫應副急闕，至今未蒙囬降指揮。令再具奏，乞就袁州撥米，順流良便，及其榷貨物、轉運司撥錢應副，庶幾不致闕誤矣；仍乞以上件錢米，充歲賜之數。敢望都督相公以兩路為念，特賜矜從。不勝幸甚。

近於建康府會到都督相公昨任江東安撫大使日畫一指揮數，内兩項合行申陳。一項係朝廷應副全裝甲一千副，又給祠部五百道，變轉下諸州製造。本司人兵全闕器甲，只乞依例給降祠部應副製造。一項係於歲賜錢内撥錢十萬貫充囬易。本司所得歲賜錢米，通計一歲用度，所闕尚多，犒設將士之類，若非囬易，決難應副。乞依例撥錢十萬貫充囬易。各具奏聞，敢望鈞慈特賜敷陳，期於必從。不勝幸甚。此等事若非都督相公熟於兵間，豈能洞見利害。無似遂得依傍至計，以免曠失，感服何窮。伏冀照察。朝廷所恃兩司者，初無彼此，而州縣諸司，種種觀望，妄生分别，殊可笑怪。謂如辛企宗一軍撥過本司，則吉州更不批支錢粮，方支衣絹，間差撥文字到，則更不支給。昔人謂：“廩賜不均，其何以戰?”小人之志，衣食而已，厚薄如此，安得不為之動心? 坐此亡去者數百人，皆為他軍以錢絹招誘。軍政之壞，未有甚於此時，朝廷所當留意也。某見所統兵，並未曾支請春冬衣，赤露藍縷，無可裝著，天氣尚寒，深屬不便。累具奏，乞於吉州封樁上供絹内，撥賜二萬匹應副支給。伏望矜從，不勝幸甚。喋喋，干冒，皇恐無地。

輒具短啓叙謝，且致區區之懇，意在卒章。伏乞特賜鈞覽，矜憫衰病憂患之餘，難以復當軍旅之事。奏疏將來到日，曲加敷陳，必冀從允，不勝幸甚。然某竊慕古人一日必葺之義，在本司一日，亦須扶病措置，不敢弛懈，伏幸照察。

**同上書卷一百十六，《與吕相公第七書别幅【衡州】》**

某少留衡陽，候委官葺理諸軍營房，更數日間，即如長沙，本路事一面於此措置。但州縣官吏類皆權攝，民户困於科須，盜賊仍舊猖獗，兵將單弱，錢粮空匱，殊未知所以料理之說。藉使目前極力擘畫，粗可支梧，萬一將來北方有警，强敵分頭入寇，不知使之何以捍禦。中夜思之，不寒而慄。非敢愛身，惟懼無以仰稱朝廷委任之意。今幸都督、僕射相公還歸廊廟，處中制外，洞見萬里之情，輒敢逐一申陳。伏望鈞慈特賜矜察，不勝幸甚。

某再啓：本路州縣官，類皆權攝，往往有出於孔彦舟、馬友之手者，因緣科斂，與公吏通同為姦，皆去其籍，不可究治。夏秋正税，卻更不行催納，正税則有簿曆拘收，難以作弊。科斂以軍期急迫為辭，無籍可考；又於田畝上大樁數目，不復會計合用之數；形勢公吏之家，例皆不納；所納皆貧下户，催及數分，則又住罷；其餘皆暗賣取受，公然入己。民力重困，逃亡倒户者，不可勝計。某入境之初，首罷科斂，嚴加約束；將紹興元年以前未納正税，與折敷配；今年正税，卻令依限催理。庶幾官吏可以察治，民漸復業。伏幸鈞察。

近蒙朝廷差撥岳飛一軍存留本路，措置盜賊，專聽某節制。方幸有可倚仗，忽聞以岳飛奏報：“本路群盜已是靜盡，卻有指揮依舊屯駐九江”，殊失所望。本路盜賊馬友、李宏雖已殺捕，其徒黨依舊散漫作過；曹成、劉忠雖已潰散，其酋首依舊擁衆自若。近據探報，劉忠在岳州境上，據胡家寨，招集餘黨及亡命，已五千餘人。董旼以福建等路宣撫司為名，招收接引。曹成、王方自辰、沅州前來，稱十餘萬人，借使虚張人數，亦須數萬，而董旼欲以三百親兵彈壓，恐無此理。深慮賊情狡獪，復有窺伺湖南、二廣之意，所以深欲得飛且來，了此一事。並其餘楊幺之徒，人數亦自不少，措置一兩月，稍見次第，則移屯九江未晚。今乃聽其憚行欺罔之辭，不復覈實，前命方行，後命已改，諸將欲自便者，其誰不然？某恐自此號令不行於將帥矣。僭易及此，皇恐皇恐。

岳飛一軍，本司累具申奏，祈告朝廷，方蒙矜從。今以飛片紙虚辭，即行改命，竊恐朝廷所以待大帥與武將者，輕重不倫，為有識者之所窺測。若且下本司體究著實，然後降旨，似為得體。幸望洞察。今飛若果已別降指揮，不敢再三煩紊朝廷，只乞依舊撥還韓京、吳全二項軍馬，庶幾目前且可支吾，不然，決難自立。兼韓京、吳全等以飛強奪其人馬有隙，皆不願從之，抑使往，即復為盜無疑，有《乞囬避狀》，備錄申密院，並望鈞慈。本司見管兵二千餘人，得韓京等軍，可及萬人，比元數闕少尚多。敢冀垂念，得差近上兵官，如王瓔之類一軍前來，莫大之幸。皇恐皇恐。

本路州縣，連年遭盜賊殘破蹂踐之後，又應辦大兵錢糧，官司空匱，悉科取於民間，姦吏乘時裒斂，民力重困，又別無生財足用之道。惟是前奏，乞依江東安撫大使例，撥錢囬易。及今奏乞於榷貨務依廣東鈔鹽例，入納鈔面錢，般運廣西鹽赴本路出賣。一使民不食貴鹽，二可抑私販，三收其贏餘，可以養兵不取於民而用度足，皆於朝廷惠而不費，又於鹽法並無妨礙。伏望相公力賜主張，不勝幸甚。

本司人兵，今年春冬衣賜，並未曾支請，赤露襤褸如丐者。然天氣漸寒，深恐逃散者多。本路軍衣素仰湖北，今不復有，無可擘畫去處。累具申奏，乞降指揮，於吉州封樁絹内，支二萬匹應副支遣。敢望鈞慈速賜施行，不勝幸甚。廣西撥馬及許全委官收買一事，並乞垂念。

已作此書，未遣人間，使臣自行在還，伏被教賜，仰荷眷與之厚。竊審鈞候一成康復，下情感慰之至。伏蒙垂諭，存留岳飛本路，出自鈞意，非都督、特進相公練達邊事，洞見機會，何以及此。今既復爾，必有深不以為然者，決難復囬。若得撥還韓京、吳錫、吳全等軍馬，貼助單弱之勢，尚可支吾目前，不然，何以能立功？望相公力賜施行，不勝幸甚。荆湖雖遠，然手足之與腹心，同為一體，豈可遂置度外哉。凡申陳事件，具劄子拜陳，敢冀留念。

**同上書同卷，《與吕相公第八書別幅【潭州】》**

某留衡陽兩旬，彈壓曹成，自徑路趨江西，幸已出境。錢粮之類，皆本司趲那應副，斂不及民。適馬友下潰兵二萬餘人，自江西復入本路，連破瀏陽、醴陵、衡山諸縣，遣人招撫，不肯聽伏，焚掠四出，人情惶駭。某自衡陽移師衡山，與其寨栅相去三十餘里。夜遣兵將渡江，晨扣巢穴，賊衆初猶抗拒，既知勢力不敵，遂束手自歸。除放散老弱外，得強壯者六千餘人，分隸諸將。尚有三千餘人遠去打虜未還。然盡得其老小，已分兵招捕，勢須聽從。入境之初，一舉幸勝，皆鈞庇所及。湘鄉、安化間有一項五千餘人，亦馬友之衆。瀏陽有一項二千餘人，乃韓世忠下統制官解元管押去李宏、劉忠之黨，至岳陽潰散，復此作過。當次第遣兵措置，將士功狀，旦夕奏請，望賜鈞念，庶幾可以使人。先此佈懇，惶恐惶恐。

本路盜賊，除馬友、李宏下潰散人兵外，土賊有楊幺、雷進、鄧裝、彭友等數項。内楊幺最為劇寇，擁衆數萬，佔據重湖，綿亘千里，為鼎、澧、潭、岳數州之患，憑恃險阻、舟楫之利，出没作過，官軍罕得其便；又以妖説惑衆，愚民樂從，其勢滋長。雖已遣使臣齎敕牓、黄旗招之，決未肯聽從。近得榜文數道，詞語不遜尤甚，非用兵討蕩，其患未已。議者謂冬深春初，水涸之時，正可進討，須得水軍擣其寨栅，逼令遵陸，官軍乃有決勝之理。水軍吴全元隸本司，近隨岳飛往江西，見今端閑，未有使喚去處。敢望鈞慈特降指揮，令吴全留老小於江西，統率人兵赴本司使唤，候討蕩楊幺了畢，卻往江西未晚。機會不可失，願賜裁處。幸甚幸甚。

潭州累年為盜賊所據，有權通判張掞與孔彦舟、馬友交通，挾賊之勢，恣為不法；權長沙令使臣林之問等為之牙爪，科率錢米，多入其家，公然置買田宅，書填官告，出賣入己，贓汙狼藉以鉅萬計，莫敢誰何。本路權攝官乘時據攘，雖皆有情弊，然此兩人為之冠，捨而不治，何以懲姦？已行按發，付之有司，俟獄具，即以奏聞。其人猾甚，且復多金，深慮有為之地者。伏望特進相公特賜照察，候案上取旨，重與行遣。庶幾為姦贓吏之戒，不勝幸甚。冒昧，惶恐。

潭州自為金人焚蕩之後，孔彦舟、馬友、李宏相繼佔據，殘破尤甚，官府、廨舍、倉庫、營房，率皆無有，城壁摧毁，樓櫓一空，皆須旋行葺治。錢糧闕乏，目前養兵猶懼不給，民力困弊，又難科須，而城壁、營房、倉庫、廨舍，皆不可緩者。輒具奏聞，乞降祠部紫衣師號變轉修造。假以時月，庶幾漸見次第。敢望鈞慈特賜應副，莫大之幸。

鼎州程昌寓累年捍禦盜賊，頗為宣力，近見邸報，方為朝廷所知。然窘急已甚，誠難支吾，本司已逐急趲那三萬緡，濟其闕乏，此外非力所及。敢望自朝廷特與應副，幸甚。澧、辰、沅、靖州去鄂渚極遠，道途又為楊幺梗塞，不通。如蒙指揮，令提舉兵馬盜賊公事，聽其就近節制，責以平賊，實為便利，併乞鈞察。

某憂患之餘，與世寡合，不當復出。徒荷相公照知之厚，推挽之力，黽勉來此。以衰病迂愚之資，當數路兵力之寄，決難勝任。第以乍到，未敢遽然有請，止俟過防秋，盜賊稍息，即丐閑散，以從素志。素蒙亮察，敢佈腹心，伏幸矜念。

本路錢糧匱乏，全仰漕臣措置應副。侯懋去此幾年。黄敦書猶未至，聞以母老丐宫祠，已得請，尚未見報。孟參政昨在本路，差左朝散郎、新提舉廣西左右兩江洞公事趙志之權，其人實有心計，通於財賦。敢望鈞慈特賜陶鑄，替黄敦書改差闕，已差下范潩，卻令改替志之，庶幾仗其材力，可以倚辦，協濟國事，不勝幸甚。伏幸垂念。干冒，惶恐。

**同上書卷一百十七，《與秦相公第二書別幅》**

某茲者以憂患衰病，不敢當荆、廣委寄之重，輒具辭免，仰煩敷陳。蒙恩遣中使降賜敦遣，不容遜避，豈勝惶懼。迫於天威，不敢不受命，力疾就道，已開司，擇日起發。第傷弓之餘，懲羹吹齏，動輒畏縮，寧復有意氣，可當方面之任。加以見病腰脚，步履艱難，不任兵事。已再具奏聞，乞檢會前奏，特許罷免。更望鈞慈再為將上，俾從所欲，莫大之幸。仰恃眷情，疊有干瀆，下情悚惕之至。伏冀矜察。

伏蒙朝廷頒降吕丞相昨任江東安撫大使陳乞畫一指揮，許令依用。已遵稟條具申請外，有未盡事件，别具畫一申明。伏望詳酌，早降指揮。内一項依例許踏逐軍兵二萬人。契勘荆湖目今盜賊見數者二十餘萬，上流疆界闊遠，分兵屯駐要害，隄防強敵，通四川、襄、漢聲援，豈二萬兵所能倀佈。重以某閒廢之久，不知朝廷兵將姓名、人數、屯泊去處，旋據目前所知踏逐，纔有八千餘人。近得湖南關報，乃知岳飛、吳全、韓京、吳錫數項軍馬，近及萬人，見在湖外，依近降指揮，並合聽某節制。已具奏，乞岳飛充本路副都總管，其逐項所部兵，不許他司抽差。如朝廷撥此數項充二萬人之數，亦可時下使唤。已别具劄目，陳述乞差之意。伏望相公取旨，特從所乞，如有已撥屬福建、江西、荆湖宣撫司兵，亦乞依今來所乞撥付本司，不勝幸甚。昔王翦伐荆，非六十萬不可。今欲平定荆湖，保據形勢，為長久之策，得兵二萬，實為不多。又係依江東許用之例，非創行申請，敢望照察。幸甚。

某前書略道兩宣撫不可同在一路之意，未蒙照察。吕丞相書中第言“得旨，許不相節制”，殊不知正以此為患也。《易》於《師》之《六三》

言："師或輿尸，凶。"又於《六五》言："長子帥師，弟子輿尸，貞凶。"輿，衆也；尸，主也。《六二》："在師中，吉"。所謂"長子帥師"，《六三》又以"弟子衆主，其凶宜矣"，而使之者在《六五》，故《象》以"使不當"言之。兵家之忌，最在衆主而節制不一。唐九節度之師，所以皆潰於相州者，正坐此故。當時李、郭皆在其間，猶不免此，況其餘哉？某已具奏，並申都、省，論兩司同在一路相妨利害頗詳。伏望相公特賜採覽，取旨別降處分，使有所遵守，不勝幸甚。某竊原朝廷之意，使某取道二廣者，正欲使兩司相避之故。然古人必先正名，名不正則言不順，言不順則事不成。今荊湖盜賊之多，欲宣撫司招捕，早見就緒，非先正名專任而責成功，未見其可。伏願深留鈞慮於此，非獨某之幸也。僭易，惶恐無地。

近被旨令："相度由汀道之任，因令撫定廣東州軍"。比元降指揮，增"相度"二字，仰荷朝廷圓融之意，不勝感激。由汀道以趨長沙，比之自江西以往，路遠三倍；又方暑月，瘴癘正作，恐非將帶軍馬之時，其便否則固不待言而知。朝廷必欲令撫定二廣，亦不憚此。然英、韶、循、惠間，盜賊出没甚衆，曹成一項幾十萬人，四月初已犯連、賀等州。二廣兵力素弱，吴相昨所聚兵，如峒丁之類，又聞已皆放散。某今所得任仕安兵，纔千餘人，安能有濟？如蒙朝廷盡行應副所踏逐到諸項兵，得以統率過嶺，會合二廣之兵，控扼其衝，節制岳飛等兵，襲逐其後，庶曹成或有可以招捕之理。不然，兵不足恃，未見其可。某非遇事辭難者，但事求可濟而已。伏望相公特賜加察。

見報吕丞相新除，不審此行之意何謂？某嘗於吕相書中具道"未可輕舉，宜料理淮南，自為家計，蓄鋭待時"之意，不謂乃塵鈞覽，過承寵諭，第深愧感。睿主聖德日躋，眷倚方隆，恢復中興之業，皆在良弼。更望益茂遠猷，以副中外之望。

某再拜。伏蒙朝廷指揮，本路漕臣專切應副錢糧。近據湖南吕祉及諸州申："一路州縣，緣累年盜賊殘破之後，無有全者，錢糧種種缺乏。漕臣兩員：孫綅避賊，不在本路；侯懋與黄敦書對移，敦書以母老聞乞宫祠。目今本路並無漕臣。"某於晝一申請内，乞差朝奉郎王淮，曾任湖南漕屬，頗知一路財計所在。伏望朝廷特賜陶鑄，庶幾可以倚辦。知鼎州程昌寓在任二年，討定盜賊，安集歸業之民，頗見宣力，近罷，報赴行在。深慮别差官未必通知首尾，卻致誤事。伏望朝廷特賜指揮，令昌寓依舊在任，已具奏並申尚書省。敢冀鈞察。

某再拜。某雖力疾就道，具奏辭免恩命，深恐伺侯指揮，凡百後時，已一面申請事件，辟置官屬之類，所由請事，皆竭愚者之慮。竊望朝廷詳察，矜從應副。辟置官屬，惟梁澤民、鄒柄、黃鍰為舊僚：澤民諳練事務；柄直諒，有其先人之風；鍰好學，有吏材，故敢復行辟置。伏望鈞察。

某再拜。伏蒙垂諭，於福建運司及吉州榷貨務共撥銀錢等。仰荷垂念，得此方可起發，了結目前支費。至將來歲計，全然未有準擬。荆湖兩路，連年盜賊殘破，既無財用，今又福建、江西、荆湖宣撫司先到本路，縱有些小，見在當已一空。廣南兩路，自來薄瘠匱乏，今又盜賊之警，調度百出，自難支梧，豈復有餘可以通融應副。吳相昨任廣西宣撫使日，開司未久，遽罷刬刷，所得既已不多，今又經隔時月，當已無有。雖已差官前去刬刷，勢難指擬，勢須干告朝廷，更於江西鄰近州軍及轉運司、榷貨務等處，應副米斛錢銀。已具奏，並申都、省。伏望鈞慈特賜指揮，不勝幸甚。

某再拜。朝廷元降指揮，令任仕安將帶所部軍馬，隨逐前去之任。仕安部下元係統領官三人，共有兵二千八百餘人。福建路安撫司已於降指揮之後，卻將統領官陳照、馬準下兵別作一項，申請存留福建。朝廷不見得上項事，因已依所乞。今仕安所部止有一千三百餘人，全然不成部伍，分撥使用不行。雖已踏逐依所降畫一奏差，又皆在遠，卒難齊集。今福建路已得申世景兵二千餘人，已具奏，乞行撥還。伏望早賜指揮施行。昔封常清出師，軍容不整，為燕人所窺，遂堅從賊之心。今某蒙恩除四路宣撫使，出師之初，止有千人，不成部伍，安知盜賊無窺伺者。竊望鈞察，幸甚。

某悚息再拜。新參舊與之往來甚厚，去歲同到福唐，乃不復相聞，疑以建炎初會稽盡放和預買絹，嘗降兩官之故。今作書啓，以謝不敏，未知能釋然否？恐相公所欲知，故以浼聽。幸照察。

**同上書同卷，《與秦相公第三書別幅》**

某開司之初，種種旋行辦集，殊為費力。惟是兵將尤為單少，權將任仕安下見管軍馬分為三軍，每軍纔數百人。前此朝廷建置宣撫司，未嘗如是。蓋任仕安下兵本辛企宗統制官一項軍馬，今又以摘其半於福建，是朝廷置一四路宣撫使，反不及辛企宗下一統制官。平時無事，使之將帶之任，固無不可。今荆湖、二廣群寇聚萃數十萬人。只如曹成一項，除老弱婦女外，可戰兵已三萬人。不知提此千餘兵，取道廣東，果能為朝廷宣威而招撫之否？與此名，必責之以實，深恐虛受天下之責，又復顛躋，輒敢佈露。近於畫一奏狀内乞兵，伏望鈞慈逐一應副。不勝幸甚。

近具奏，乞依朝廷降到江東安撫大使司畫一，内一項許旋行踏逐差兵二萬人，已旋踏逐數項。奏取指揮内辛企宗下兵四千餘人，訪聞皆已撥散，所存無幾，深慮有失指準。緣某閑廢之久，不知目今兵將姓名、數目及屯泊去處，伏望朝廷特與差撥，或蒙取旨，差近上統制官，如王瓆之類，整齊一軍應副使喚，庶不誤事。某憂患之餘，本不敢受委寄之重，徒以上荷聖恩，不容避免。相公當軸，必蒙照亮。又所降畫一指揮，許踏逐添差人兵，故敢黽勉就職，少圖報效。更望鈞慈矜察，幸甚。

某自二月初蒙除授，中間辭免，頗費時月，遠方皆已聞命，如湖北、湖南、廣東州郡，往往有書問及公文到來。獨潭州正是置司之所，略無文移。雖已令取索接人，及應干須知事件，亦無報應。蓋緣馬友見擁十餘萬衆，屯泊湘潭，其意未必不忌某之來。如唐藩鎮跋扈，遣人代帥，往往不納者多矣。朝廷縱使由便道之任，非得重兵，亦何以鎮壓，使不敢妄作。況其餘群盜，如劉忠、劉超、李宏、楊華、雷進之徒，佈滿境内，非兵何以討捕？朝廷目前借以兵力，使可施設，年歲間措置就緒，自可歸還。正猶小商貸本於大商，兩受其利。此事願相公深留鈞慮。幸甚。

連得廣東關報，曹成已破連、賀，進迫番禺，帥臣提兵出捍，恐但為避寇之計，誰可固守？極可憂慮。朝廷雖已降指揮，令岳飛入廣東界追襲，深慮衆寡不敵，未能制其死命，非得韓世忠率大兵攔截應援，決不能保護二廣。今韓兵已到荆湖，若拘路分，其肯前進？宜自朝廷降指揮，諭以“曹成本是荆湖盜賊，大兵所迫，遂犯廣東，令不拘路分，取便道進兵招捕，防遏其衝，如能保護二廣州縣不至殘破，招捕了當，待以不次之賞”，決須有濟。某如蒙應副所踏逐兵將之類，亦可自英、韶進，與之聲援相接。但兩司不相節制，須降指揮，令事宜相關，同共措置乃可。軍期報應，以速為善。已具奏，乞於内侍省投進文字，及用金字牌降付朝廷指揮，並乞鈞察。

昨蒙垂諭，以二廣經理荆湖，此固朝廷置司之意。今二廣自有寇盜，應副軍興，已告缺乏，與前日事體不同。更望鈞慈詳酌，如某前奏，乞以江西鄰近州縣應副錢糧，不如此決不能濟。所以韓侯乞為廣東之行者，非獨藉其兵力，亦以福建、江西、荆湖宣撫司劃刷錢糧有餘，可以通融應副之故。若止仰二廣，恐致缺誤。並望鈞慈。某愚拙有素，每有所見，於申奏之間，不敢不盡事情，敢冀恕亮。

**同上書同卷，《與秦相公第四書别幅【五月二十二日，劍南州】》**

某力疾總師上道，已次劍浦，諸事草創，種種費力。加以閑廢之久，習成疏嬾，牽強應接，尤非所宜。憂畏之餘，思慮萬端，連夕不瞑，數日鬚髮頓白，遂成衰翁，乃知古人“每一發兵，鬢頭為白”之語，端不虚也。朝廷艱難之秋，儻得效尺寸，以報聖主特達非常之遇，雖隕首捐軀，甚所欣願。第恐綿薄，終無以仰副湔洗委任之意，夙夜震懼，不知所為。尚望相公洞察愚悃，始終贊成，無推挽之於前，而使之顛沛於後，非獨某之私幸也。惶恐惶恐。

某申陳畫一及累具章奏，乞軍馬錢糧等事，至今未奉囬降指揮。日逐被受朝廷劄子，令措置荆湖、廣南盜賊，及諸路日有文字至本府，稱“為盜賊所擾，乞發兵應援”。河北諸路又以“錢糧缺乏，日虞變故”為言，不免坐視歎息，行移劄牒，為文具以塞白而已。何則？所得任仕安兵千餘人，除輜重、水頭外，結成隊伍，不滿千人。兵既不足以分撥，支降到錢數目不多，經由州縣，類多殘破，往往缺乏。日慮兵食之不繼，財又不足以賑贍，徒有宣撫之名而無其實，將何以修舉職事，仰稱任使，俯慰人望，此某之所震懼而靡遑也。伏望矜察。

某近得廣帥林遹咨目及公文，具道曹成犯廣東界，有聽就招納自新之意。雖賊情狡獪，未可信仗，然廣東虛弱，無兵可以制遏其衝，深慮岳飛逼之，乘間蹂踐，其害不細，輒遣官齎近降敕牓、黄旗、金字牌及本司榜文，前去廣東帥司，委林遹相度事勢，差官同往招撫。權事之宜，不得不然。牓文并林遹咨目，謹錄白拜呈，幸望鈞悉。如受招撫之後，又復疑貳，俟本司軍馬已至廣東，會合岳飛及廣西帥司，三道夾擊，決有可勝之理。今未有備，而遽欲逼逐，其害甚大，願相公特留鈞慮。

某已遣官屬旗牓等招撫曹成。昨日被受密院劄子，委福建、江西、荆湖宣撫司分撥人馬，策應岳飛，及令某徑趨廣東，保護本路。分撥人馬之意，與某近奏“令韓世忠不拘路分，前去措置”之策頗同。但遣他將，不若韓之親往為萬全耳。令某徑往保護廣東，朝廷之意固善，但恐不曾垂慮其兵力不足也。夫以兩司之名同，而本司所得兵，不及福建、江西、荆湖宣撫司一統制官，欲使提千餘兵，捍十萬之寇，保全兩路，其何以能濟？願相公有以處之，使稍可施為，無巧婦無麵之歎。雖觸隆暑，冒煙瘴，以副一方之急，所不敢辭也。惶恐惶恐。

某昨依朝廷降到許用吕丞相任江東安撫大使畫一，内一項踏逐差兵二萬人也，踏逐辛企宗、閻皋等兵，未奉指揮。今聞此兩項人皆已為韓侯分撥前去，雖蒙朝廷應副，恐亦難以指準。目前别無可以踏逐去處，唯劉洪道見將待崔邦弼、顔孝恭两項人馬，見在建昌軍，以湖北乏糧，未曾起發。已具奏，乞撥顔孝恭下兵付本司使喚，庶幾就近可以勾抽。兼湖北人兵自合聽某節制，伏望特與應副。凡朝廷行下聖旨指揮付某軍中，乞並用金字牌，事勢急迫，庶幾早得辦集，前已具奏，併乞垂念。

番禺為廣東都會，多富商大賈、蕃客之家，號為富庶，在朝廷則市舶香鹽所在，利盡南海，故為盜賊垂涎之地。今欲保護廣東，必先保護番禺。帥臣林遹以統兵界首防托為名，不復為城守計，某私竊憂之。今朝廷指揮孟參、韓侯分撥軍馬應援，當自南雄、英韶以趨番禺，則循、惠、梅、潮一帶州縣，便有奠枕之勢，可以責辦軍賦。如隨岳飛之後以往，則勢益偏重，下流必受其害。願相公審度，續降指揮，能令韓侯一行，大善；不然，令以所撥軍馬隨逐某前去，聽稟節制，亦因得藉其軍容，諸事易為措置。已具奏，並申樞密院。幸望痛察。

昨者朝廷遣使討蕩范汝為群寇，甌、閩遂安，自此懲創，當無復敢有犯上作亂者，廟略遠矣。議者謂建民有殺子之風，此乃其報。而某獨以謂慈孝忠順，本是一法，無父子之恩，而欲責之以君臣之義，難矣。作銘一首，庶幾知者稍革其弊，輒以碑刻一本計四軸，馳納左右。文辭蕪纇，取其意焉，可也。伏幸照察。

**同上書卷一百十八，《與秦相公第七書別幅【六月十七日，南豐發】》**

某師行已次南豐，欲取便道，如贛上，以趨廣東。忽得金字牌降下指揮，令取徑路赴長沙新任。大暑中得免瘴鄉之行，早到本路措置防秋，莫大之幸。然荊湖南路盜賊，如劉忠、李宏、楊華、雷進之流，大者十餘，小者未易悉數。孟、韓二帥以重兵來臨，久駐廬陵，皆未曾料理。獨曹成一項，為岳飛所破，餘黨有就降意，將欲了當，其餘皆自若也。今二帥遽有班師之期，而岳飛亦有屯駐九江指揮，是朝廷所以踰年命將遣兵、經營湖外者，一旦盡去，深慮群盜乘間猖獗，不可復支。輒具奏，乞留岳飛且於長沙駐劄，收拾後段。奏疏論之頗詳，利害甚明。伏望鈞慈深留思慮，特為敷奏，俯從所請，不勝幸甚。比者使臣自行在還，伏蒙頒降到敕劄畫一等種種，仰煩朝廷應副，不勝悚懼。第所乞五項人兵，惟得辛企宗、閻皋兩項，又有除隨逐孟、韓二帥外，只據見管人數差撥指揮。近據辛企宗申："閻皋下人兵，盡數已為韓帥分撥，隸諸軍下。企宗人兵，止是時暫差那前去，不曾分撥。"今企宗見隨逐二帥前去湖南，欲乞更不勾抽閻皋下人兵外，其企宗下時暫差出人兵，乞盡數撥還，庶幾稍成軍伍。兼韓京、吳錫、吳全三項人兵，已蒙撥付本司，今又改與岳飛，殊失指準。雖蒙撥到杜湛一項，已係見在湖北路軍馬，合聽節制指準防秋之數，輒具奏陳。伏望鈞慈矜念荊湖最係重地，分佈控扼，全藉重兵。目今盜賊衆多，措置招捕，非兵不可，特依所乞，將逐項人兵依舊撥還。干冒，惶恐之至。

某昨蒙朝廷降到畫一指揮，許依吕相舊例，差兵二萬人，依稟踏逐，蓋為一路防秋、措置盜賊之計，非欲盡令隨逐為廣東之行也。其後曹成侵犯連、賀，得旨，令前去捍寇，保護本路，則非得重兵不可。故累具申奏，及以尺牘干溷鈞聽。今所降指揮，既與前日俟孟、韓二帥措置盜賊平定日之任不同，而防秋之期已迫，所得辛企宗、張忠彥等兵又各不多，其間冗濫，尤須揀汰，則是二萬之數，所缺甚衆。除乞撥還韓京、吳錫、吳全外，竊見楊惟忠下有兵八九千人，胡友、毛佐兩項軍馬約三千餘人，見在袁、虔州駐劄，惟忠既已物故，未有撥隸去處。伏望鈞慈撥此兩項充二萬之數。俟諸頭項齊集，續具少剩申陳，庶幾有可指準，不勝幸甚。喋喋干浼，惶懼無地。

某昨蒙朝廷令由二廣之任，所以不敢憚遠者，亦欲身到兩路，那移財賦，為經理【闕】行雖遣屬官，終非親臨之比。加以道路遼遠，文移動費時月，倉卒豈能應用？此正所謂“遠水不足以救近焚”也。所以前奏乞就江西鄰郡應副錢糧，正恐目前缺乏，預為之計。今蒙朝廷許令福建等路宣撫司，候班師日，量留用度外，其餘錢糧之類，盡撥付本司，須俟見所撥到之數已未足用，續具申陳。孟參政頗靳於財，深恐佔吝，有誤支準，欲乞以本司所奏行下，更賜指揮施行，不勝幸甚。

某所奏，乞權留岳飛於長沙駐劄，了當荆湖群盜一事，夙夜思慮，策無出於此者。更望相公與參政、樞密二公，取某申奏所陳事理，熟復慮之。如蒙特賜採納，曲垂矜從，某猶可以待罪閫外，庶幾尺寸之效，以報上恩。不然，名將重兵盡去，而以十數頭項劇寇付一書生，使以未嘗拊循烏合之兵以抗豺虎，其敗事必矣。願先以疲懦竄謫，無令虛負誤國之罪，他時無以自明，不勝幸甚。某見自南豐由徑路趨贛上，聽侯指揮，伏乞矜察。情迫辭切，恃炤知之有素也。惶恐惶恐。

**同上書同卷，《與秦相公第八書別副》**

某近次南豐，欲取便道以如廣東，忽被指揮，徑赴長沙新任，遂改途。由此以福建等路宣撫司，見往荆湖，兩司同處一路，事體相妨。又有旨催促孟、韓疾速措置湖南事宜交割訖，發赴行在，韓世忠兵屯建康，岳飛兵屯九江，與朝廷前此經畫之意、荆湖目今事宜，全然不同。具奏疏論列，未奉回降。今又被受密院劄子，有“令韓世忠一面遣發軍馬往建康”之文，益以惶惑。雖竊意朝廷有江北警急之報，預為隄備，不得已而如此，然亦須斟量事勢，使先後遲速可觀，不為姦雄之所窺測，乃為得體。今號令忽遽，首尾衡決，遣師命將，不責成功，追之使還，不虞後患，某未見其可也。孟、韓二帥自福建討捕范汝為之後，移師江湖，踰半年矣，值此時暑，未曾進兵。群盜猖獗如故，劉忠聚舟船以屯君山，李宏殺馬友以據長沙，曹成雖為岳飛所破，分為十數頭項，勢益散漫，毒流於全、邵、道、永、武岡之間，初未宣司招撫。其餘楊華、雷進、楊幺郎、鍾相殘黨之流，據巢穴出没，作過自若也。夫以二帥提重兵來臨之久，所費不貲，曾未能破一屯，撫定一黨，籍手以報，而遽已召還。自曆年之所經營者，一旦盡廢，何以震讋群寇，使之畏威，敉寧遐方，慰生靈之望哉？二帥之還，勢固不可止，謂宜存留威望已著之將，紀律素明之兵，彈壓招捕，收拾後段，使不至甚狼狽，猶未為失策。今併與岳飛一軍徙屯他路，則某區區愚見，不知所以善後矣。已具奏，乞留飛且於本路駐劄，措置盜賊，將來沿江有警，自可順流應援，一舉而兩得，未奉俞音。今再因金字牌遞角附奏，論之頗詳，心之精微，盡於此矣。伏望相公特為敷奏，必從所請，非獨荆湖兩路之幸也。某憂患之餘，不當復為世用，徒以上恩未報，荷相公推挽之力，黽勉就職，用忘疾憊。今茲陳請，所係甚大，儻蒙矜允，雖力小任重，已不自量，猶可竭盡淺短，待罪閫外，庶幾尺寸之效。不然，便當乞骸骨以歸山林，雖竄責所不敢辭，誠恐有誤國事，其敢為身計哉。辱眷炤之厚，輒敢盡佈其腹心。伏幸鑒念。

某嘗謂賈生有言："守禦捍牧之臣，誠死城郭封疆。"其所以死者，豈徒然哉。必告所以守禦捍牧之計於上，言聽計從事；不成，則以死繼之；告而不從，有去而已。今人不然，初既輕受，當告不以告，告而不從，又不能去，敵至，則為遯計，此近世之大弊也。國家不日引，不月長，而疆埸日蹙，坐此之故。某前幅所陳，願相公勿以為過。第以朝廷所以遣孟、韓二帥者，軍馬如何，財用如何，事體如何，較之本司，灼然可見。今一旦委去，而以數十萬盜賊付之本司，使以數千烏合之兵當之，安能有濟。正當以實告于朝廷之時，竊望鈞慈特賜矜察，悉如所請，莫大之幸。

昨得報，潭州積糧數萬碩、錢萬貫，意謂可以就用。近聞馬友為李宏所殺，盡以錢糧裝船艤岸，城内公私劫掠一空。其餘州郡，皆以屯兵及為曹成下散漫卒伍蹂踐，類皆匱乏。將來到本路，目下便缺支遣。雖遣屬官往二廣剗刷，卒未能就手，其勢非得江西州郡逐急應副，決見狼狽。已具奏，乞依孟、韓得取撥鄰路錢物指揮，庶幾可濟。伏望鈞慈詳酌施行。馬友者，於群盜頗有知順逆之意，遂為李宏所圖，長沙遭此，又難料理。未知孟、韓既到，何以處之？時間雖當牢籠，將來須當辨直。若以言語及慘酷為罪，自有朝廷及宣撫司在，何至擅誅也。此理曉然，更望鈞慮處置，當則姦雄自服，所以消患於冥冥者多矣。僭易，死罪。舍弟三人：仲不事事，常慕馬少游之為人，如某者，正其所惆笑也；叔方委以家事；季往浙東親迎，皆不果來，故虚合辟親屬差遣。蒙詢問，故詳及之。如蒙公朝，使某有祁奚之舉。此三人者，皆國士也。伏恐鈞悉。

**同上書同卷，《與秦相公第九書別副》（節選）**

昨日因金字牌遞角囬，於申省状皮筒内嘗附手詢，必已徹鈞聽，恐道路或有阻節，再令小兒書寫拜呈。書中所懇存留岳飛一事，辭情激切，非敢有所要也。誠恐孟、韓班師之後，群寇蟻結蜂屯，收拾不了，無以副上委任之意，且為相公推挽之辱，故敢力佈悃愊。使荆湖南路盜賊悉已平定，王師凱旋，猶當留重兵鎮壓，矧十餘頭項劇寇，未嘗招捕得一項了當。二帥握兵在近，李宏已敢殺馬友以掠長沙，如劉忠、曹成之徒，决未可以理義說。非藉飛威名已著，與之協力措置，後段定須狼狽。此係朝廷利害，非特某及本路而已。竊望相公詳觀事之本末而熟慮之，機會間不容髮，正謂此爾。惶恐惶恐。

某前奏，乞令韓侯分兵屯九江，而輟岳飛駐師湖外，深懼僭易，冒昧有陳。近得韓侯報，其意亦以建康為非便，願宣力於江西，以素與彭城不相能，恐緩急不相應援，及都督府、安撫大使之兵萃於彼，艱於粮食之故，頗與區區愚見相合。彭城屯鎮江，都督屯建康，皆重兵也。如韓侯屯九江，岳飛屯長沙，控扼上流之地，似為得策。又荆湖因得飛兵，措置群盜，以絶後患，緩急沿江有警，使上下連接，勢力頗均。更望相公有以處之。此朝廷大事，苟有所見，不敢不以告。幸冀矜察。

某昨具奏，乞於江西諸郡支撥錢米應副，蒙朝廷劄下畫一，内許截撥荆湖、廣南錢米都數，及許令福建路宣撫司班師日，將餘剩錢米等撥付本司指揮。又蒙誨諭，不勝感戢。荆湖錢米匱乏甚矣，得漕司申："目今應副宣司及岳飛大兵批請，皆是於民間科須。又長沙新有李宏之變，公私劫掠一空，更無分支顆粒可以指準。"廣南雖遣屬官前去剗刷，道里遼遠，水路不通，非半年間，措置未能就手。纔到本路，目前便見缺乏，宣司餘剩之數，亦難全仰。已再具奏，乞於江西漕司及筠、袁、虔、吉等，且應副米五萬碩、錢十萬貫，以濟目前之缺；及乞依孟參所得截撥鄰路錢米指揮，不如此，雖許應副，亦未必得。觀劉洪道得米萬五千碩，至煩朝廷差官監督，則可知臨時缺乏，旋行申請，則無及矣。惶恐惶恐。

有自湖南來者，聞孟、韓至潭州，已差李宏充副總管，與元係馬友下兩項人兵，只令自行揀擇放散，餘悉依舊存留。雖傳言未必可信，然恐決有此理。既得催督班師，召赴行在，指揮怱怱措置，不顧貽患於後，自宜如此。如偏裨殺一副總管，以言語微罪加之，便得副總管，深恐此風不可長，而姦雄有以窺伺，願相公留鈞意於此一事。如聞馬友者，頗知逆順之勢，有意自新，不復為非，其徒不樂如此，嘗以語言動之，友不從，故李宏得以乘間與其徒相結而戕友。不然，其謀亦豈遽能成哉。如蒙朝廷許留岳飛軍馬，尚可彈壓及隨宜措置。不然，未論其他，存留徒黨之衆，何以贍給，變故卒未定也。幸望鈞察。

伏蒙垂諭，以向子諲代林遹帥廣。子諲作帥，雖未可責備，然賢於遹遠矣。廣西更望留念擇人。今帥府號為東南全盛者，獨桂、廣及福唐耳。方全盛時，輕於畀付，及殘壞後，方欲料理，其難易豈止百倍哉。程昌寓蒙朝廷許令再任。昌□在鼎州，毀譽之者相半，想不無過舉。然兩年間，傾側擾攘，能破劇賊而保一州，人情安之，因任誠為得策。但其人申請有難應副者，某俟到任，當鐫諭之。蒙誨滎陽乃江西所薦，此固其一流人。方建炎初，行遣受偽命者，江西不在吳莫之下。今朝廷頗是前日行遣，分判白黑，獨江西尚在大帥之列。議者謂相公以鄉里之故，頗優容之。殆不然，正恐不詳知建炎初事耳。

伏蒙朝廷應副辛企宗及郝晸軍馬，仰荷垂念。杜湛下八千人，初無此數，近又有指揮，依舊聽程昌寓使喚。兼鼎州最係要害去處，恐難以全行勾抽。張中彥四千人，最無紀律，烏合冗濫，見不知存在去處。此兩項佔萬二千人，竊望朝廷豁除，勿充二萬之數，別聽差撥使喚。所乞韓京、吳錫、吳全三項人兵，不惟已蒙撥付本司，兼據呂祉申："韓京人兵隨逐岳飛，至道、賀間，飛利其甲馬，皆擇精壯者，分隸將下，而聽其自便"，此近年諸將習成之態也。京緣此悒悒抱病，以餘卒數百人留茶陵，不復在飛部下。吳錫人兵，亦多散去者。吳全則原係水軍，正可施於重湖。若依舊撥還本司，非特藉其兵力，亦可以全此三將，仍得盡數撥還指揮為幸。其餘踏逐胡友、毛佐下三千人，更在裁酌施行。

**同上書同卷，《與秦相公第十書別幅》**

荆湖之盜，蜂屯蟻結，王旅來臨，正如以杖撩之，散漫螫毒，正當徐徐收拾，掃除令盡，以絶後艱。今二大帥班師之遽，措置諸事，不免草草，決須遺患將來，非得名將重兵存留鎮壓，何以善後。所乞岳飛於本路駐劄，及撥還韓京、吳錫、吳全等軍，屈指計日以俟報，乃寂然不聞俞音，豈朝廷多事，不暇卹此？將思慮顛錯，謀畫弗臧，言輕不足以取信而然耶？竊自循省，慚汗愧縮，若無所容，便欲自劾待罪，又恐近乎激訐，失大臣體，正《易》所謂“羝羊觸藩，不能退，不能遂”者。夙夜震怍，靡遑寧處。伏望相公矜察，檢會累奏事理，特賜詳酌施行。不勝幸甚。

杜湛軍馬本自蔡州隨程昌寓來，今昌寓既蒙朝廷許令再任，杜湛決難勾抽。兼鼎州實係要害之地，與長沙為屏蔽，兵豈可摘？張中彦者，聞見在番禺，韓世忠、岳飛皆嘗呼之不來，本司屢檄令前來公參，至今無一字之報，勢已反側，恐難以寸紙號令矣。前奏已乞豁除此兩項，別聽朝廷差使。見今所得兵，惟任仕安、辛企宗、郝晸共約七千餘人。企宗下見撥在宣撫司，及郝晸軍馬，孟、韓尚佔吝未遣，戛戛乎其難如此，乃知秦應副王翦六十萬，使伐荆為不易也。竊望相公委曲應副，如元降指揮之數，使某可以勉收尺寸之效，仰報上恩，不為推挽者羞，莫大之幸。韓京申狀、吳錫蠟書納上，更望察其情而審處之。惶恐惶恐。

得湖南漕司報：“福建等路宣撫司軍馬屯泊本路，已認定月費錢三十萬貫、米五萬碩。州縣殘破之後，罄竭刬刷，尚未足備。而長沙近遭李宏之變，公私錢糧劫掠一空，所般載舟船，雖盡為官兵拘截，然其間所有，必無再入官帑之理。”是長沙表裏皆悉罄匱，某將來到任，瞻眷軍馬，措置事宜，全然未有分文顆粒可以指準。累具奏，乞朝廷於江西路支撥米五萬碩、錢十萬貫應副目前急缺。伏望鈞慈體察，非得此，決致誤事。特降指揮，專委江西漕韓球應副，不勝幸甚。

二廣聞以曹成侵犯調發之故，一丁至有出七八千者，民不聊生，觀此豈復更有赢餘？雖已遣官刬刷，正恐如割肉鷺股，而遠水不足以救近焚也。劉洪道猶蒙朝廷應副，如某哀祈如此，相公其忍不置念乎？某建炎初，嘗以十議陳說，又嘗取漢高、光、唐太宗行事編年，撮其要節，目為《漢唐三帝紀要錄》，作序冠篇首以進，並《議巡幸劄子》，皆恐相公不曾見，輒敢錄致几格，如蒙機政之暇，略賜觀覽，以見當時議論大概。不勝幸甚。

聞福建等路宣撫司差屬官趙康直管押銀十萬兩以羡餘獻，今月十四日已離吉州。朝廷既有指揮，令候班師日，量度用度，其餘盡數撥付本司，則羡餘自不當獻。伏望相公特垂鈞念，候到特賜指揮，以信號令，天下之幸，非獨本司及荆湖南路之幸也。僭易僭易。

妻弟張燾，蒙陶鎔記注之選，非相公以人材為意，汲引寒畯，何以得此？第深感服。顧彦成《整會恩澤劄子》，前書忘記，今謹納上，幸望垂念。

**同上書同卷，《與秦相公第十一書別幅【吉州】》**

某累具奏，乞存留岳飛一軍駐劄本路，招捕餘寇，良愧冒昧。昨日金字牌降到密院劄子，得旨如所請，仰荷朝廷應副，豈勝感幸。如飛年齒方壯，治軍嚴肅，能立奇功，近來之所少得。然正當且使在人下，有以調御服習之，使知禮義名節，異時決為中興名將；若使便當一面，驕心易生，適所以壞之，近以權安撫之，故亦頗有過舉。吕憲書中能道其詳，俟續納呈。今既存留本路，自合聽某節制，更得朝廷明降指揮，庶幾易為驅策。幸望鈞察。

本司蒙朝廷應副到兵任仕安、辛企宗、郝晸三項，通約計八千人，尚缺萬二千人。蒙指揮，令勾抽杜湛、張中彦下兵以足其數。契勘程昌寓下杜湛、彭筠兩項計八千人，今昌□再任，鼎、澧見有盜賊，係要害控扼去處，別無人兵，杜湛等軍馬決難以勾抽差撥。張中彦見在廣州，孟、韓、岳飛皆追之不來，本司文移亦不報應，桀驁如此，急之恐必生變，已委向帥，令措置經營之；兼其下皆烏合泛濫，不中使喚。乞朝廷豁除此兩項之數，幸甚。韓京、吳錫、吳全已蒙撥隸本司，近降指揮，令隨岳飛屯駐九江，今飛既留本路，此三項兵卻合歸還，已劄逐人照會及具奏申明。幸望垂念。

某所以累具申奏，乞撥還韓京、吳錫、吳全等兵者，非敢固有執佔，實皆有說。此三項兵將久駐湖外，頗能立功，如韓京之破胡元奭，吳錫之破李冬至，皆為一方之人之所信服。吳全本係水軍，本路重湖奥深，盜賊多藏泊其間，出没作過，如楊幺之徒是也，所以曠誅積稔者，正以無水軍之故。此三人者，各因其材而用之，必有可觀。又緣岳飛強分韓京之兵，利其甲馬，多不安之，所分之兵，皆已潰去。如撥還本司，貼見在數，成萬餘人，訓練拊循，庶幾可以鎮壓一方。兼岳飛一軍存留本路，其他亦未敢別有陳請，幸望鈞察。飛元將萬二千人，今又得曹成潰兵萬餘，数目已多。將兵猶將將，各有分限，多多益辦者，唯韓信為能。今將兵過其量者多矣，恐朝廷不可不裁處也。

適得湖南報："韓帥已破劉忠砦柵，忠已逸去。"又一未了當，曹成也。朝廷指揮既峻，二帥必便班師。本路公私，蕭然一空，今又添屯岳飛軍馬，錢糧全未有可指準。所乞于江西鄰路應副錢十萬貫、米五萬碩，蓋欲接濟目下缺乏，不爾必致誤事。敢望矜念，非不知朝廷多事，勢不得已。惶恐惶恐。

累蒙垂諭，孟、韓班師日，所餘盡以付本司，仰荷留念。然私竊計之，恐決無霑丐後人之理。今詢問得見有銀十五萬兩在吉州，委官椿管收糴，及有虔、撫州刷到錢米，亦在吉州。已具狀，申樞密院，乞降指揮，盡數截付本司。敢望速賜施行，不勝幸甚。事出急迫，殊可憫笑也、

**同上書同卷，《與秦相公第十二書別幅》（節選）**

某今月十一日已次荆湖界首，交割本路安撫使職事，一行軍馬幸無他虞，皆出庥庇。第以沿路疾病之故，及州縣應副夫力，多累日而後集，師行不無稽滯，豈勝惶懼。入境之初，詢問民瘼，耆老皆云："累年以來，既為盜賊之所蹂踐，又為科需之所騷擾。州縣官吏，類皆權攝，假借盜威，侵漁百端，以故良民多未復業，田疇亦皆荒廢。今朝廷遣兵破賊，願少休息，以就生理。"聞之怛然傷心。昔人以兵火之餘，比之瘡痍者，正欲勿擾，則凋瘵之民將自安耳。此事非通才實德、愛民體國者，未易能辦。如某叨冒，深懼終無以副委任之意，夙夜震恐，不遑寧處。更望有以教督之，不勝幸甚。

伏蒙朝廷特輟岳飛一軍於本路屯駐，且令專聽某節制，仰荷鈞念，與荆湖之民同受大賜。今馬友、李宏雖殺捕，而黨與數萬猶散漫於江湖間；曹成、劉忠雖破潰，而酋首擁衆侵犯州縣，猶自若；其餘楊幺、楊華、雷進、鍾相殘黨，作過如故，近復攻陷澧州。深慮岳飛終不能久留本路，某所得兵纔七千餘人，除輜重、人從、孱弱、疾患之外，可出戰之兵，不過數千人。杜湛人兵，程昌寓果力爭，以為不可勾抽，理勢宜然。將來未定群盜，欲討捕則闕兵，將欲招納則乏錢糧，何以使之鎮服一方，收拾後段，以副朝廷所以責任之意。所乞韓京、吳錫、吳全等軍，及於江西支撥錢糧應副急闕，奏疏及尺牘中論之已詳。敢望少留鈞念，不勝幸甚。岳兵已衆，不及此時撥還韓京等軍，他時別有差使，又欲將帶以行，則申陳無及矣。惶恐惶恐。

不審北報比復何如？士夫見召韓侯之遽，人情頗擾，第恐彼聞都督之建，不能無疑，故亦以虛聲應我，未必真敢深入。然彼以其虛，我所以待之者，可不以其實哉？區區愚慮，以謂朝廷所得探報，皆當密付逐路帥臣，使為之備；且降指揮，令賊入某路，則某路為之應援。陝西五路，所以能抗夏人者，正以此策，而中國比年為夷狄、盜賊之所破壞，正以不相應援之故。如人左手有所螫蠚，而右手不救，可乎？今江淮四大帥，劉光世與李光固不相能，而建炎初，某嘗行遣李囬，至今其憾不釋，緩急之際，責其應援，難矣。由此觀之，置帥使之如手足，又在朝廷所以審處之也。

駐蹕之地，宜定於無事之時，倉卒遷徙，非計之得。東南形勢，惟建康、長沙。建康，料理淮南藩籬之固，然後可都；長沙，兵火之餘，非假以

歲月，未易就緒，必欲恢復中原，必自此路始。某草具其說，未敢遽獻，如蒙聽其妄發，願與蒭蕘同盡其愚。惶恐惶恐。

比到廬陵，交割辛企宗兵，不滿三千人，其間多冗濫者，勢須汰去。又以吉州官吏并漕司不支錢糧，幾半月，逃亡者數百人，皆為韓軍以錢絹招收。軍政之壞極矣，朝廷所當留意措置也。此外有吕直、李守恭精鋭人兵千餘，皆節次為福建等路宣撫司勾抽，今隨在湖南。近降指揮，許盡數撥還，累次關送，皆不報。如班師日，尚猶佔吝，又須干煩朝廷。不得此，則雖得前兵，無益也。企宗者以疾丐罷去，非惟怯懦難使，兼以嘗為制置使，故頡頑未易屈折，不若聽其退為佳。已備錄其狀，乞宫祠或尋醫，敢望速賜施行。任仕安向在福建，殺葉徹，捍退范汝為賊衆十數萬人，保全南劍，及下四州，以俟宣司之來，實立奇功。今來隨逐來荆湖彈壓，一行軍兵尤為整肅，輒具奏聞，乞與一閤門宣贊舍人，以激勸之。如蒙陶鑄，不勝幸甚。

某本司元降指揮，並依吕丞相昨任江東安撫大使日體例。近於建康府會到吕丞相晝一，内兩項合行申陳。一項係朝廷應副全装甲三千副，又給祠部五百道，令自行装造。今乞依例，只給祠部，以諸軍甲冑絶少，器械亦多損壞，勢須下本路製造，以備使用。一項保於支到歲額錢内，撥錢十萬貫充囬易。本路殘破之甚，所得歲額錢米，養兵尚缺歲計之半，若非囬易，即犒設諸項支費，皆無從出。今乞依例，撥歲額十萬貫囬易，庶幾不至時有紊煩朝廷。此皆惠而不費者，敢煩鈞慈速賜施行。累具奏，乞於吉州封樁絹内支二萬匹，充一行軍兵春冬衣賜。天寒將至，赤露藍縷，無以卒歲，誠可矜憫，坐此逃入韓侯軍中頗多。若不得衣，恐更別有散失，竊望垂念。某每所陳乞，皆不敢多為之數，並係不可闕者，方敢干告朝廷。惶恐惶恐。

**同上書同卷，《與秦相公第十三書别幅【衡州】》**

荆湖凋弊之甚，蓋緣連年為群盜佔據蹂踐，應副官軍錢糧，悉出科率。州縣官員，類皆權攝，與公吏通同作過，應科須錢糧，皆無簿曆可以稽考；於田畝上大樁數目，除催納外，其餘不催納者，盡是暗賣取受，以故民力重困；而夏秋正税，卻不催理，事皆倒置。某入境之初，詢究民間疾苦，無大於此，已將科須一切罷免。建炎四年、紹興元年分正税，將應干科須與剋折外，餘數并今年正税，並合舉催，以充贍養官兵之費。第民戶逃徙，田疇荒蕪，又值秋旱，成熟去處不多，全藉州縣官得人，庶幾勞來安集，漸使復業。已一面依所得指揮，遴選辟置外，深慮部中先有授下人，為見料理稍成次第，卻來赴任，致辟置官不安心職事。已具申奏，乞辟置官已到任去處，先授下者到，更不放上欲與别辟一般差遣。伏望鈞慈照察施行，不勝幸甚。

近蒙朝廷存留岳飛一軍本路措置盜賊，仰荷特達應副。猶未勾囬間，忽聞續有指揮，以飛奏陳“本路盜賊，並已靜盡”，依舊令江州屯駐，殊失所望。目今曹成、劉忠見擁衆如故，馬友、李宏徒黨散漫作過，楊幺、雷進、鄧装、鍾相殘黨佔據窠穴，出没自若，謂之“靜盡”，可乎？飛憚於囬軍，輙敢欺罔朝廷，理須行下本司體究著實，乃為得體。今遽已改命，使武夫悍卒謂朝廷可欺以自便，帥臣不能制其進退，恐非計之得也。如岳飛果已别降指揮，不敢再三煩紊朝廷，只乞撥還韓京、吳錫、吳全三項軍馬，庶幾貼助見管單弱之兵，可以支梧目前，不然，决難以自立。京、錫等《乞囬避岳飛状》，備録申樞密院，併乞照察。

比見朝廷行下，因福建等路宣撫司奏而奬諭李宏。若欲權濟一時之事，則可以謂正當如此，則恐所以聽察者過矣。馬友、李宏均為盜賊，友據潭州，率斂苛酷，不為無罪，然已受朝廷真命，為副總管，宏擅誅殺，可乎？宏既誅友，劫掠公私財物，悉用船装載岸下，適宣撫司兵到，故不得遯去，謂“激於忠義”，可乎？見今馬友徒衆不受招撫，皆挾此以為言。某竊謂非執李宏以正典刑，不足以服群盜之心。輙具奏聞，願相公試思之。今日紊亂軍政，莫甚於招誘投换。近過吉州，輙為韓世忠下看管營寨統領官段恩用利物招收去五百餘人。雖近因岳飛申明朝廷，立到賞格，恐不能禁止，當坐所招收官，庶幾有所懲戒，並望炤察。

昨蒙降旨，令福建等路宣撫司，將勾抽去辛企宗下人兵，盡數撥還本司，及令班師日，將餘剩財物盡數撥付本司，荷朝廷之意厚矣。累關孟參政勾抽去吕直、李守恭等九百餘人、馬一百三十餘匹，並不曾撥還一人一騎。班師之日，捆載而歸，並不曾撥到分文顆粒。第虚煩詔令，枉費文移而已，良用慚怍。某與孟富文不為不厚，前此在福唐亦甚款，乃不知其臨利害如此。亦聞對賓客言，以某陳請之故，頗不能平。深恐從容造膝，又有翟公異之作。敢望相公敷奏之間，先為及此，庶幾不能上惑聖聰，莫大之幸。傷弓之禽，何所不慮，願賜矜察。

伏蒙垂諭，張士襄已如鈞旨，某有合得恩，欲與舍弟文林郎緯陶鑄一監嶽廟差遣。敢望留念，惶恐惶恐。

**同上書卷一百十九，《與權樞密第二書》**

某頓首，拜啓樞密端明台席：比兩拜書並咨目，必已呈浼。暑氣正隆，不審邇來動靜何似？伏惟神明協相，鈞候萬福。某總師已次南豐，本欲取徑路以趣廣東，適被受金字牌降下指揮，令赴長沙置司，又須改途。惟是荆湖盜賊之熾，孟、韓二帥有旨趣令交割班師，深懼綿薄，無以為善後之策，仰副委任，夙夜震悚，未知所濟。惟遠賴輝庇，有以照矚之耳。正阻參承，敢冀為天下自重。

朝廷遣韓、孟二帥統重兵以臨湖湘，聞以暑月之故，未曾進兵措置盜賊。惟曹成一項，為岳飛所破，有就招撫之意，未知今復如何。自餘劉忠、李宏、楊華、雷進、楊幺郎、鍾相殘黨，凡十餘頭項劇賊，負固自若。馬友見以十萬衆，蠶食長沙，亦未放散。今孟、韓得旨，催促結絶交割訖赴行在，深慮此逐項巨寇，非旬月所可措置，其勢決須留遣後人，非得重兵及名望已著近上武臣存留本路，措置招捕，安能有濟？輒具奏，乞留岳飛就潭州駐劄，并乞撥還韓京等三項軍馬，踏逐到楊惟忠下統領官胡友、毛佐人兵，乞撥充元降畫一二萬之數。凡五狀，具申密院。别副錄事目拜呈。敢望垂念，特與應副，不勝幸甚。

别幅：今具奏聞及申樞密院事件下項：一狀為已遵依聖旨，取徑赴潭州置司，緣荆湖盜賊未曾措置平定，孟庾、韓世忠恐得召赴行在指揮，便行交割，乞更賜詳酌指揮事；一狀乞存留岳飛且於潭州駐劄，措置盜賊，及撥還韓京等軍馬事；一狀乞指揮孟庾、韓世忠，撥還時暫差出辛企宗下人兵事；一狀踏逐到楊惟忠下統領官胡友、毛佐人兵，乞撥付本司使喚事；一狀乞指揮福建等路宣撫司，遵依近降聖旨指揮，候班師日，除度量合用財物外，將其餘錢糧銀絹等，盡數撥付本司，不得别作名目佔破事。右具呈，某再拜。

**同上書同卷，《與權樞密第三書》**

使臣自行在還，伏蒙寵賜翰墨，勞問有加，益仞眷予之渥，不勝感佩。竊聞朝廷以北報有警，頗飭邊備，樽俎折衝，當有成算。第區區之意，以謂端的探報，宜密付沿江諸帥，使預為隄防，且嚴行告戒，入某路則某路為之援，庶幾併力合勢，可以有功。如使坐視不救，非計之得也。恃炤僭易，悚息悚息。

荆湖連年為群盜蹂踐，州縣悉皆殘破，官吏類多權攝，民户困於科須，田疇荒蕪，財力空匱，殊未知所以為拊循料理之術。自非朝廷寬其銜勒，洞照悃幅，凡所陳請，一一矜從，則何以使之自試，而收尺寸之效？輒有十數事，皆目前急務，申奏取旨，敢望鈞慈特賜一言之贊，兩路受賜，非淺淺也。輒以事目具劄子拜呈，幸冀垂念。

近蒙朝廷差岳飛在本路措置盜賊，被受劄子，未旬日間，已别有指揮。

如止坐飛奏而改命，恐武夫不復可號令矣。本路盜賊，初未衰息，馬友、李宏雖殺捕，其徒黨散漫作過；曹成、劉忠雖潰敗，其酋首擁衆自若；楊幺、鄧裝、楊華、鍾相殘黨，據巢穴出没如故。飛乃以為“靜盡”，可乎？朝廷不加體究，遽從其言，非計之得也。既已如此，不復敢再有請，但乞存留吳錫、吳全、韓京三軍，共五千餘人，庶幾可以支梧目前，不然，決難自立。敢望鈞慈特賜矜從，速與行下。幸甚。

**同上書同卷，《與翟參政書》（節選）**

某初得旨，由廣東之任，以孟參先至荆湖，兩司不可同在一路之故，非有他也。繼以曹成猖獗，乃有保護二廣，置司捍寇指揮。觸隆暑，戴星而行，已次南豐。忽奉金字牌降旨，令徑赴長沙新任，且趣孟、韓二帥班師，韓兵屯建康，岳飛兵屯九江，事變如此，豈江北之有警耶？荆湖劇寇十餘項，衆數十萬，獨曹成為飛所破，殘黨有就招撫之意，餘皆未曾措置，負固自若。今重兵名將一旦盡去，不知何以為善後之策。某輒具奏，乞留岳飛駐劄長沙，率馬友以討劉忠，以次招捕餘盜。萬一沿江警急，順流應援，未為後時。岳飛留，則二帥可還；二帥還，某乃可到任，交割措置。事勢不得不爾，奏疏論之頗詳。望參政試取閱視，更與右揆熟議，速降指揮。幸甚幸甚。

伏蒙垂諭，種種悉如所請應副，仰荷眷念。今日之事，惟兵將錢糧為急。晝一内丐兵五項，獨得辛企宗一項兵。企宗謬懦無取，祇藉其兵頗精鋭。近聞兵之良者，皆為韓侯取去，殊失所望。數日前被受密院劄子，撥到韓京、吳全、吳錫三項軍馬，不旋踵復差與岳飛，雖蒙卻撥杜湛下人兵填補，緣湛已係湖北聽節制之兵，初無所益，此朝四暮三之說也。已具奏，乞撥還逐項，及再行踏逐楊惟忠下兩項軍馬，敢望垂念。本路錢糧固已缺乏，幸朝廷許令福建等路宣撫司，以餘剩之數，盡撥應副，更俟撥到，見得已未足用，續具申稟次。四支所以能運動，全在腹心。閫外之事，朝廷留意乃可。庶幾尺寸之效，惟公念之。惶恐惶恐。

伏蒙寵答長牋，詞旨高古，數十年來，殆無此作，欽玩無斁，不能釋手。第褒予過當，豈迂陋之所敢當？佩服眷意，不勝慚感，謹叙謝萬一，仰恃知炤。此書更不敢具外啓，伏幸恕察。

**同上書同卷，《與程給事第一書》（節選）**

某觸熱戴星而行，已次南豐，本欲取便道趣贛上，以如番禺。適被金字牌指揮，徑赴長沙置司，得免提兵遠涉瘴鄉，良以為幸。第孟、韓二帥殊未曾措置荆湖盜賊，獨岳飛能破曹成。猶未了當，已有催促班師指揮。韓屯建康，岳屯九江，事體一變且遽，何也？豈江北之有警耶？正阻承晤，切冀為國自重。湖外盜賊，如劉忠、李宏、楊華、雷進、楊幺郎、鍾相殘黨等十餘頭項，見數者二十餘萬人，小者不可勝數。馬友以十萬衆，蠶食長沙，雖不甚猖獗，亦擅置官吏，肆為誅求，民不聊生。孟、韓二帥提重兵，久駐廬陵，皆未曾措置。獨岳飛能以偏師破曹成十萬之衆，殘黨有願就招撫之意，未知今復如何。孟、韓遽趣，交割班師，岳飛亦以所部徙屯他路，是朝廷所以遣名將重兵經營兩路者，一旦盡去，令一書生獨當豺虎。兵既單少，又無近上威名久著武臣與之共事，何以能濟群盜？竊見事勢如此，又復蜂起，其害未艾。竊恐諸公思之未熟也。但以委任孟、韓，及遣某由廣東之任，初意與今來所降指揮觀之，事理豈不甚明？為今之計，非留岳飛在本路，決無可為之理。奏疏論之甚詳，輒錄副本去，幸留意詳閱。見右揆為力懇之，能用此言，非惟疏拙可以待罪閫外，數路實受其賜，於國體所係匪輕。不然，願掛冠神虎，乞骸骨以歸山林，雖譴責所不敢辭也。千萬照察。

朝廷曲留如此，莫且少安時艱，願且隐忍，以濟國事。去冬群賢彙進，善類相慶，今屈指所存無幾矣。江北近耗如何？忽得韓、岳屯兵江上之報，初甚駭之，徐思尚令疾速措置荆湖事宜交割，及韓侯有入覲指揮，卻似差緩，必是有警，預為之防也。大抵比年多隨事支梧，初無先定規畫，有事則遑遽，事過則慢弛，習成此風，欲無倉卒之憂得乎？沛國萬壽之召，出朝廷意否？此公偽楚懿親，其操術足以感移心意，豈宜在此地耶？當明受之際，既無大節可稱，又降指揮，召偽楚戚屬，其禮意之厚，雖起伊、吕，不過如此，不知此何意耶？若以謂尊崇邦昌親屬，強敵便須休兵，竊恐必無此理，不然，其意安在？恐右揆初不知此一段事，願以白之。其所降指揮，求於官司可得也。僭易僭易。

**同上書同卷，《與程給事第二書》**

近遣使臣至行在，嘗奉状，當已呈浼。秋暑異常，伏惟台候多福。區區已次臨川，朝夕自廬陵以如衡、永。第孟、韓見在湖南，終恐相妨，已具奏申明矣。長沙馬友為李宏所圖，公私劫掠一空，益難料理，皆措置稽緩所致也。荆湖群盜，猖獗自若，未知所以綏靖之方，有可以見教，幸不鄙外。餘惟為國自厚，前對光寵。近降指揮，令孟、韓疾速措置湖南事宜，交割與本司訖，發赴行在。昨日又得金字牌降到指揮，令韓侯一面遣發軍馬，往建康駐劄，是否復候措置了當，即班師回軍？朝廷遣二帥提重兵自福建移師江湖，踰半年，初未曾措置了得一事。曹成為岳飛殺敗，徒黨猶八九萬，散漫於全、邵、道、永、武岡之間，未就招撫，李宏殺馬友以據長沙，劉忠聚舟船以屯君山，其餘十數頭項劇賊，皆負固恃衆，出没作過自若。以重兵臨之，次第招捕，非半年未能就緒，而二帥以趣召之故，欲以旬日定之，有此理否？儻江北有警，欲韓侯兵屯駐建康，以為隄備，亦須且留岳飛一軍在本路措置，收拾後段，庶幾不甚狼狽。今乃併飛軍徙屯他路，號令怱遽，首尾不相照如此，寧朝廷未之思乎？第追思元遣孟、韓宣撫江西、荆湖之意，及自到荆湖，已奏措置了當若干盜賊，見今所存若干。及本司元被受指揮，皆令候孟庾、韓世忠措置盜賊了當日之任，今乃遽交割數十萬盜賊，以數千烏合之兵，使招捕之，果能有濟否？事節便自可見。若從所請，留岳飛軍，某尚敢承當；不然，願先以罪去，猶愈於將來誤國事也。願公特為見右丞相，力道此懇，今日之事，必求可濟，非敢有所要也。某前奏謂韓侯之兵宜分屯九江，得其書，亦以為建康非其所便，願在江西宣力。鎮江劉、建康吕皆重兵也，江西以韓，湖南以岳，正得分佈控扼之策。更願與廟堂熟計之，幸甚幸甚。【奏檢錄去，恐欲知本末也。】

**同上書同卷，《與程給事第三書》**

近累上狀，當一一呈浼。伏被六月中書賜，竊審動靜勝常，感慰亡諭。秋暑未闌，邇來台候復何似？某已次臨江，適苦瘧痢，少留數日調治。會馬友下潰兵數千人破筠之新昌、上高，去此衹數十里，郡人震恐。已遣使臣齎旗牓往招撫之，如肯聽從，須少待其來料理之。不然，即遂徑趨廬陵，俟朝廷回降，乃如衡、湘間。北行種種窒礙，蓋是除授草草，不慮始、不要終之故。今荆湖群盜雲擾，餘波溢於鄰路，大費收拾，而孟、韓二帥遽欲班師，重兵名將，一旦盡去，何以善後？馬友、李宏、曹成之徒，自已散漫，而劉忠者，以願就招撫款宣司，陰為窺伺，誘降招納曹成徒衆萬餘人，勢益鴟張。如韓侯不利此一項，遽引兵以如建康，即荆湖之患未艾，其餘支節徒黨之屬，又不論也。累具奏，乞存留岳飛，且於本路謹守，及撥還韓京、吴錫、吴全等兵，且就鄰路江西應副錢糧，以濟目前之缺，屈指計日以俟報，而朝廷漠然，如不聞，不知何故？豈遂置荆湖於度外，而區區謀慮，一無足取耶？某賦分數奇，動多齟齬，每願終老山林，不復與世故。而今者誤蒙諸公推挽，牽強至此，疾病交攻，心勦形瘵，自度卒不能以勝任。願上乞骸之章，以全晚節，行剡奏矣。夫魚肉具，然後可以責庖者之精粗；材石集，然後可以責匠氏之巧拙。今物料悉不應副，而欲使之虛受重責可乎？但以元降指揮，令候孟、韓措置盜賊了當日之任，與今來事勢觀之，不待深考而可見，幸為特見秦丞相備言之。《易》所謂“羝羊觸藩，不能退，不能遂”者，正今日之事也。餘惟為國自重。

**同上書同卷，《與程給事第四書》**

比入湖南境，遣人至行在，嘗拜狀，必已呈達。使臣還，辱書賜，殊荷鄭重之意。秋高氣清，伏惟瑣闥多暇，台候康福。區區少留衡陽，先遣葺治諸軍營房，非晚即如長沙。始到本路，百事坌集，如治亂絲，已不勝其疲勩矣。目前尚可極力支梧，秋冬之交，萬一邊報有警，兵力單弱，錢糧空匱，不知何以為策？中夜思之，不寒而慄。未有承晤之期，敢冀為時自厚。謹上狀承動靜，不宣。

本路積弊，在於科須，官吏通同為姦，皆去其籍，不可稽考，民以重困。入境之初，首先罷之，卻令州縣催理正稅，以給養兵之費。目前雖覺費力，料理就緒，他時卻須見效。有數事不免干朝廷降指揮，如撥歲額錢回易，運廣西鹽以足民食而抑私販，取其贏餘養軍，皆惠而不費者。幸借一言，使早降指揮，庶幾可以趁時措置。其餘如乞就廣西撥馬，吉州撥衣絹，皆決不可缺者，亦幸留念。岳飛聞已別降指揮，章奏累上，僅得之；而飛一奏即免，行事至於此，夫復何言。但得依舊撥還韓京、吳錫、吳全三項軍馬，庶幾目前粗可支梧，不然，勢決難立。聞諸公似以此方為遠而當緩，殊不知心腹手足，同為一體，豈可遂置度外哉。《易》所謂“羝羊觸藩，不能退，不能遂”者，正今日事也。

承諭天下形勢在荆南，恐未為確論。今日至要處，乃在襄陽，控引川、陝，襟帶江、淮，下臨舊都，連年棄置，不復料理，失此則中原不復可圖矣。雖然，能立能步，然後可以趨走。今日國體猶未能立，而欲趨走可乎？近有旨令孟參以勾抽去兵盡數撥還本司，以班師日餘剩財物盡數撥付本司，意則厚矣。兵未嘗撥還一人一騎，財物未嘗撥到分文顆粒，虛煩詔令，徒切自愧。奏狀檢輒納呈，恐欲備見本末。區區既已到湖外，似非避事，但得一兩月間，別無警急之報，措置數處盜賊就緒，便可塞責，丐歸山林。如伯禹，方當為朝廷判白黑、明是非，使公議有所主盟，求去之堅，非士大夫所望於左右也。勉旃勉旃。

### 同上書卷一百二十，《與張柔直左司書》

某頓首，啓柔直左司郎中執事：昨者，閩部少款緒言，殊慰景仰。違奉忽復累月，行役倥偬，不果通問，竊計善達行朝久矣。見報承有宰屬之除，甚副士論，秋暑未闌，比日動靜何似？伏惟台候多福。區區行次南豐，被旨徑赴長沙，遂此改途至清江。適瘧痢大作，梗羸劣，殆不能支。調治稍安，當自廬陵以趣衡、湘，未有承晤之期，第深馳向。敢冀為國自厚，前膺禁近之拜。

某再拜。區區憂患之餘，衰病日加，豈復可當閫外之寄。上恩不容遜避，黽勉力疾就道，觸隆暑，戴星而行，遂成瘧痢。加以思慮縈心，夙夜震悚，髭髪頓白，非復長樂時矣。朝廷初令取道廣東，候孟、韓撫定盜賊了日之任。今乃遽趣二帥班師，岳飛一軍亦徙屯九江。荆湖群盜，如曹成、劉忠等，擁衆如故；馬友之黨，散漫於衡、湘間，亦有溢入於江西者；其餘土賊楊幺、雷進、鄧裝輩，出没作過自若。而名將重兵，一旦盡去，欲使本司以數千烏合之衆當之，何以能濟。累具奏，乞存留岳飛一軍，且於本路駐劄，及撥還已隸本司韓京、吳錫、吳全軍馬，於江西鄰郡支撥錢糧應副急闕，皆未得報。今再具奏，輒錄奏檢去一觀，幸為見右相力言之，得速降指揮。幸甚幸甚。

眷集計，時得安問，北耗邇來如何？趣召二帥并岳飛徙屯，必是有警急之報，然安知非以虛聲擾我？能定然後能應，正當斟酌之耳。如岳飛於荆湖駐劄，自於防秋初不相妨，萬一沿江有警，順流應援，未晚也。此侯威望已著，庶幾措置群盜，易為功力，區區言之屢矣，殊不蒙以為然。深恐大兵一去，不可復回，曹成與劉忠復窺湖湘，即一路生靈，將復塗炭，二廣又將震擾，雖料理，噬臍何及？切冀深照此理而力懇之。荆湖應副孟、韓之師，月費錢三十萬緡、米五萬碩，公帑既竭，斂之於民，又已匱矣。長沙復遭李宏之變，官府民戶，劫掠一空，將來到任，贍養軍馬，措置事務，未有分文顆粒可以指擬。雖以遣官往二廣剗刷，遠水安能救近焚哉。所乞十萬緡、五萬碩，殊為不多，但欲接濟目前急闕，並幸垂念也。

### 同上書卷一百二十一，《與吕安老龍圖書【九月二十二日】》（節選）

某再拜。承垂諭荆襄事勢，并以所上奏檢見示，皆中今日事機，不知能如所議否。大抵江、浙、川、陝，各在一隅，猶之棋局，須於腹心置子，乃可相及。不然，道里懸絶，緩急何以應援？腹心要害之地，襄、漢是也。

晉、宋以來，皆為重鎮，久合措置，今已後時。數日前，得岳侯書，已還師岳、鄂，不知新復之地，以何人守之，祇付之數偏裨，果足恃否？廟堂必自有處，山林無由知曲折，又迂闊之慮，每切自笑，而竟不能改步以與世合，亦不解事之一端也。因來誨，輒謾及之。

某悚息。承需車船式樣，今納去，傳畢卻告示下。戰車圖樣，偶尋未見，後便當馳上。次來諭，恐車船重大不可用。是不然，此乃嗣曹王皋所製，見於本傳，非鼎人所能為也。頃嘗試之，運動輕駛，施於大江重湖，以破長風巨浪，乃其所宜，要須教閱習熟乃可用。今有小船輕楫，而付之不能操舟之人，雖尋常之沸，其覆舟必矣，況以巨艦出没江湖間哉？前日翟、吳之衄，正以此故，非舟之罪也。然此船正可為水軍之家，計每一船須以海鰍之類數十隻副之，正猶鹿角輕車之副武剛，乃可以戰。幸詳思之。某再拜。

見奏檢，以楊幺厠金人、偽齊之末，何至是耶。前此朝廷以曹成、馬友輩擁衆各十數萬擾湖、湘間，殊不以此賊為意。某到湖南，始具事實及榜檄不遜之語列上。既已招捕群盗，方措置間，而宣司罷。其後得旨，節制湖北進討，即治戰艦水軍，散出榜文厚賞，以致其頭首十數人，餘悉許其自歸。及自相殺併間，其黨與頗有攜散之意。未幾罷去，專遣使而有速成功之心，故有前日之衄。賊勢益張，大抵此曹據重湖之險，其徒皆舟人、漁子，便於操舟，非官軍之利。速進則無功，久屯則師老而財匱，惟擇帥而任之，用趙充國取先零術，此必勝之策也。因來諭，輒及之，未知然否？

**同上書卷一百二十二，《與趙相公第四書》（節選）**

違去鈞範，忽踰兩旬，嚮仰之誠，未嘗少置。途中嘗具咨目，干瀆鈞聽，計獲呈徹。某已於二十日到界首，交割職事訖。綿力薄材，當此艱阨之際，大懼無以仰副朝廷委任之意。既荷鈞慈力賜推挽，更冀有以終始其賜，不勝幸甚。區區懇悃，謹具别紙，伏冀垂亮。

江西去歲旱災次於湖南，而南昌視一路為甚，流移至多，道路相望，田畝有至今未耕墾者，綿亘阡陌。詢之父老，以謂前此未嘗有也。中下戶往往乏食，牛具多已不存，種麥亦甚稀少，未知向去何以接濟。雖蒙朝廷許撥饒州上供米一萬碩，本路遣人船般取，得回報云："已支遣盡。"撫州建昌軍萬四千碩，比到亦只存數千碩。勸誘上戶，數亦不多。此去秋成尚遠，賑濟殊為缺乏。已具奏，乞於浙西、江東朝廷有米斛處支撥三萬碩，本路自差人船般取，仍得嚴戒諸郡應副，庶幾不失指準，莫大之幸。伏望垂念。

某近蒙朝廷委以營田，敢不悉心以圖報效。本路諸色拋荒田土至多，已委州縣，盡令劄刷。但創建之初，非寬降錢本，使得招召佃戶、置買牛具、贍養耕種之人，何以能趁時營辦，以為永久之利。伏望朝廷特降錢本十萬貫文付本司措置。俟將來就緒日，計算本息，以本歸朝廷，以息充本路支費，庶幾有營田之實，而非特文具而已。已具奏，並申尚書省外，敢望鈞慈早賜指揮施行，不勝幸甚。取會到洪州月支錢米六千餘貫石，倉庫空然，米僅有數碩，錢僅有數百貫。某到任之初，茫然不知所措。自非朝廷委漕司應副三兩個月，容某旋行措置，向後財計決致疏虞。某不足惜，深恐誤事，仰累相公推挽之德。切望鈞慈特為敷奏，早降指揮，不勝幸甚。漕司見有總制司錢物可以應副，與樁岳飛錢糧，自不相妨，敢冀垂念。干瀆，惶恐之至。

**同上書同卷，《與趙相公第五書【四月六日】》**

某已次豫章，交割職事，仰託庇輝，規模具在，得以遵守，良深感服。第此方當旱暵之餘，種種缺乏，殊非前日之比。願言有以誨督之，使免於罪戾，莫大之幸。無緣躬受約束，但有瞻跂。

本路唯臨川、建昌去歲薄熟，今春耕種，亦漸成次敘。贛上雖稔，然頗為盜賊所擾，民頑多不輸納。自餘諸郡率皆旱災，下戶種藝無本，田萊多荒。而豫章倉庫空匱尤可駭，贍養官吏軍兵，錢糧既無指準，而賑濟斛斗又復缺乏，深慮將來有誤歲計。近被親筆詔書，令勸諭停蓄之家，減價出糶。既已奉行，又措置勸民入納，專欲以賑濟給下戶之無本者，但恐所得，莫能遍及。已具狀奏及申朝廷，乞降錢米以濟目前之急，必蒙矜允。今再開項條具，仰干鈞聽。敢望垂念，不勝幸甚。

虔寇尚未靜盡，昨得李山一軍屯駐，頗能破賊，徒黨稍稍潛伏。近李山既為岳飛勾回，餘孽無所忌憚，遂復出没。而又袁、吉、臨江、建昌之間，飢民往往竊發，千百為群，今已十五六項，深慮凶歲易為嘯聚，滋蔓難圖。申世景一軍僅千人，自遣一半往虔、吉間，自餘無兵可以措置。累具奏，乞就近差撥三二千人應副使喚，未奉指揮。敢望鈞慈早賜差撥，以慰一方顒望之意，不勝幸甚。

**同上書同卷，《與趙相公第七書》**

少懇仰干鈞聽，漕司督催本州積欠錢米，皆是某未到任已前拖欠之數。本州缺乏之甚，近者干告朝廷，令漕司應副，方能粗了目前支費，豈復更有錢米，以還舊欠。已具事因奏聞及申朝廷，乞降指揮，銷破蠲免。自某到任以後，督責諸縣收簇樁辦，決不敢復有稽違。伏望鈞慈特賜矜念，早與行下，不勝幸甚。

夏已踰半，防秋之期甚近，而本路全無軍馬，所以捍禦之策，茫然未知所措，日深悚惕。雖蒙都督行府有許遣兵之文，亦未蒙津遣前來，深慮緩急決至誤事。

契勘舒、蘄、黃三州，係聽本司節制，實為江西蔽障之地。舒州係劉光世地分，蘄、黃州係岳飛地分，並不曾屯駐軍馬。欲乞朝廷特降指揮，令光世分兵二千駐劄舒州，岳飛分兵四千駐劄蘄、黃兩州，皆聽本司節度，庶幾將來二大將移屯合淝、襄陽，本路不至為敵人之所窺伺。已具狀奏聞及申朝廷，敢望鈞慈特賜矜允，一路生靈，不勝幸甚。

**同上書卷一百二十三，《與趙相公第十四書【閏十月二日】》**

朝廷累年經營恢復之計，漸有氣象，而以措置一失當之故，淮西之軍盡歸偽境，國勢稍弱。上心感悟，召還元弼，復畀魁柄。政猶羸瘵之人，非得活國之手，厥疾弗瘳。然理人心之所同，然號令施設，犂然有當於人心，則不約而自服，轉弱為強，以啓中興之運，有不難也。相公留意，天下幸甚。

某以非才，誤蒙朝廷委寄一路。自今春以來，援疾求去，至于七八。近復上章，遂乞掛冠，實緣衰病，非敢飾辭。上恩隆厚，未忍弃捐，屢降詔旨，不從所請，敢不力疾黽勉，以圖報萬一。然本路實為上流重地，當寇、偽乘間窺伺之秋，軍馬單弱，無以控扼，萬一有賊馬衝突，何以待之？輒具防冬事件，仰干朝廷，其間乞兵一事，尤為最急。如蒙摘那可用兵將五千人，與見管者相兼使喚，某雖不武，願當一面，不能即繼之以死報上恩。兵將無有，雖留某於此，無益也，願先罷黜，實不敢虚受重責。伏望鈞慈特賜矜察，惶恐無地。

議者多謂朝廷以張俊屯淮西，以岳飛保上流，則江西乃為内地；又謂萬一賊馬渡江，力不敵，即退保以避之。是皆不然。岳飛雖有保上流之名，而無其實，去歲所遣蘄陽水軍纔數百人，安能控扼？今歲猶未至也。張俊雖進屯淮西，而舒、蘄、江、黃，未聞有重兵以為捍蔽，江西最為虛處，豈得不預為之備？退避之說，不可施於今日。如豫章、九江不能固守而事退避，則撫、吉、筠、袁諸郡，皆將為賊佔據，豈可復得也？如朝廷必欲固守，則願假某以所乞之兵。如置一路於度外，則夫人而可為帥，似不必堅留於此。非不知朝廷新失淮西之軍，兵將缺乏，然摘那於當用去處，有不可已者。某頃在湖南，吳錫為統制官，頗諳使喚，如得差撥，不勝幸甚。不然，即別得一項軍馬亦可，敢望鈞慈曲賜應副。情迫辭切，惶恐無地。

本路盜賊，招捕略盡。近日贛上又擒獲殺散所謂劉宣、劉花等者，虔賊自此當少衰矣。唯袁之萍鄉、吉之永新與湖南接界，尚有數火，人數亦不甚多，已遣屬官前去措置督捕，會合兩路軍馬討殺，庶幾靜盡，得免曠弛，實自鈞庇所及。前此本司招捕盜賊逐火了當，本房簽書官及人吏皆隨功狀，蒙朝廷推恩，自某到任，並未曾申陳。今類聚招捕盜賊火數，干告朝廷，乞量與推賞，庶幾有以激勸。伏望鈞慈幸察。

本司累申朝廷，乞降指揮，催促岳飛分兵屯駐九江，至今未有到者。近日光州等處探報，賊馬漸有渡淮作過者，諸縣頗遭虜劫。蘄、黄一帶，並無障蔽，如九江重地，豈可缺兵？往年馬進佔據，用兵攻討，半歲迺克。今不早為之備，一旦殘破，以圖剋復，豈不勞費？如岳飛之兵果不可分，即乞朝廷別差一項軍馬屯駐防托。在今日，守臣尤宜得人，謂當權時之宜，選差有名望武臣為守，使之措畫。竊見承宣使劉錫沈鷙有謀，諳練軍政，儻蒙朝廷驅策，必有可觀，非特一路之幸。敢望鈞慈特賜照察。

**同上書卷一百二十四，《與張相公第一書》**

某衰病無堪，誤蒙鈞慈力賜推挽，俾當帥守之任，自顧闕然，何以仰副朝廷委寄之意？感愧之情，無以為喻。比已交割職事，仰托大庇，庶幾免於罪戾，辱眷素厚，更望有以覆護之，不勝幸甚。

江西當去歲旱暵之餘，種種凋弊，到任之初，錢糧尤為缺乏。支給官吏、軍兵體料錢米，月計六千餘貫碩，養申世景一軍，久依此數之外，而倉庫枵然，並無儲蓄，急缺之甚，自非朝廷行府輟那應副，次難支梧，必致生事。輒具狀申稟，敢望鈞慈特賜矜察，推其贏餘，以濟難窘，少紓目前之急。非特某之幸，實一路之幸也。干瀆，不勝惶恐。

本路當控扼之衝，實為上流重寄，自來屯駐重兵，支降錢糧，色色寬裕。近年分撥軍馬，付之他將，轉移錢糧，為之一空，緩急之際，何以支梧？伏蒙朝廷以所乞軍馬缺送都督行府，至今未奉指揮。兼虔州殘黨向存，近岳飛勾回李山一軍，復肆猖獗。加以凶歲，饑民易為嘯聚，袁、吉、建昌之間，復有竊發者頗多。申世景軍馬止千餘人，分佈招捕不足，深慮勢漸滋蔓，將來難以撲滅。已具狀申稟，乞先次輟那三二千人應副使喚。伏望鈞慈深加照察，早賜施行。顒望之情，以日為歲，不勝干懇之至。

昨陛對日得旨，措置賑濟，務令實惠及民。近又祗奉親筆詔書，令勸誘上戶，減價出糶，見遵稟聖旨施行。緣下戶乏本耕鑿，已漸失時，升合之濟，未能有補。已一面措置勸誘上戶，入納錢米，以助賑貸，使下戶有本種田，將來秋成可望，方可不誤歲計。容措置就緒，續拜聞次。幸冀鈞照。

**同上書同卷，《與張相公第三書》**

竊審鈞旆嘗渡江犒師，至承、楚間，伏計已遂還轅。方此隆暑，跋履衝涉，不無勞止。防秋在邇，措畫捍禦，益勤神用。更冀保養粹和，定而後應，茂建中興之基，天下不勝幸甚。

某承乏豫章，行且兩月，遠託鈞庇，幸免曠敗，種種料理，不敢憚煩，粗已就緒。唯是錢糧缺乏，適當新陳不交之時，極為費力。又防秋之期不遠，茫然未知所措，日以悚惕。蒙許遣兵，仰荷垂念。贛上盜賊紛紛，雖未懲創，得乘此間暇時，措置討捕，誠為得策。將來沿江或有警急，而本路腹心之中，亦非細故也。更望早賜指揮差撥，幸甚。

累具狀申行府，乞於劉光世、岳飛軍中差兵將屯舒、蘄、黃，不唯此地不可缺兵，本路藉其蔽障，而三郡乃其所部，輟那軍馬，似未為過。敢望鈞慈特賜行下，一路幸甚。本路昨蒙朝廷於饒州支米萬碩，守臣佔吝，不肯應副。已累申朝廷，乞就沿江有米州軍支撥，至今未奉明降指揮。今再具狀申行府，方此急缺之際，得此萬斛，庶幾少蘇。敢望指揮，行下江東都轉運司支撥應副，幸甚。疊疊，干冒朝廷，但有惶恐。

被受行府劄子，委令招填本路缺額禁軍，見已遵依施行。緣本司全缺材武使臣，可以部轄訓練，欲依將兵法，辟置部隊將等。具狀申稟，敢望鈞慈特為早賜指揮行下。幸甚。

**同上書同卷，《與張相公第四書》**

某悚息再拜。某衰病無堪，誤蒙上恩，付以一路之寄，實自相公愛憐推挽所致。銘佩之情，無以自喻，黽勉於此，亦既累月。適當旱暵之餘，措置料理，升合分文，收支均節，莫匪躬親。久蒙朝廷應副，粗能支梧。日前於預為防秋之計，則茫然未有指準，素多思慮，日夕憂惕，遂覺心氣不寧，宿疾間作，深恐曠缺，復致人言，以貽朝廷羞。今幸賑濟就緒，雨暘調適，有豐年之望，於此時求去，似無嫌避。已奏聞，乞依舊宫觀差遣。敢望鈞慈特為敷奏，使得養痾山林，保全晚節，則終始之賜，莫大之幸也。恃照與之厚，輒敢及此。惶恐惶恐。

某再拜啓。累以本路合差軍馬上干鈞聽，兩被行府劄子，見議遣兵，仰荷垂念。今去秋不遠，深慮必待有警急而後遣，決致緩不及事。江西重地，屯正兵萬人，既不為多；舒、黃、蘄三州，就劉、岳軍中分兵駐泊，事勢又順。敢望特加鈞慮，早賜差撥，一路幸甚。有《條陳利害奏劄》，謹錄副本納呈，伏幸省覽。某以多病，情況不堪，決為去計，猶敢以此浼聞，誠以一路利害，實係國家休戚，不敢以將去而默默也。萬乞照察。

某再拜啓。某昨者既以狂瞽之言，仰瀆天聰，又以副本塵浼鈞聽，過蒙采納，褒予之厚，益深愧懼。昔秦穆公還自崤而作《秦誓》，諸侯之事耳，聖人取以繼三代王言之後，誠以其言合於道也。相公好善受言，無愧古人，求於近世，數十年來，蓋未之有。此某之所以私竊仰服，至於喜而不寐也。近嘗復以迂疏之論，裨補萬一，方此震悚，被來教，知必照察其精誠，其心乃安。更望相公持以不倦，以屈群策，則功業光大，輔成中興，何難之有。僭易及此，實賴深眷，惶恐無地。

某再拜。伏蒙紙尾垂諭，徐為後圖，鈞誨及此，策慮盡善，夫復何道。以愚意料之，今歲敵必南牧，定戒前日之無功，改動其轍，則吾之所以應之者，亦豈可守株？岳侯移屯襄陽，則上流一帶，盡無軍馬控扼，緩急何以相應援？此相公之所當深慮也。本司乞兵，數日一申，非敢煎迫，實以事勢已急，不得不如此。果蒙頤指，日下調發到此，已是七月間。兵須拊循而後可用，不拊循而用之，雖韓信亦須背水出奇，非常道也。如得吳錫輩素嘗使喚者，尤為幸甚，切望留念。吉州戰船沉江中已半年餘，損壞已甚，有狀申稟，乞付本司拆造防江，庶猶可用，亦望指揮。惶恐惶恐。

某惶恐。伏蒙鈞慈特有頒貺衣著、茶藥多品，禮意勤腆，在於菲陋，何以克當，第深悚感。既不敢固辭，又無以致答。惟當時以藥石之言，仰報盛德耳。昔孔明下教曰："諸君第勤攻吾短，庶幾蜀可治而中原可復。"願相公無忘孔明之志，則所以永安宗社，而大庇生靈者，必有在矣。惶恐惶恐。

某惶恐。某竊見交子之法，初若可行，其後官私皆受其弊，而卒於不可行。與其至於不可行而後改，曷若未行而罷之為愈也。崇、觀間蓋嘗行之矣，然未幾改法，則是不可行之明驗也。某輒具劄子，論其利害，敢私佈於左右。相公以天下為任，而眷倚之重，言無不從，願以一言告上，及未行而罷之，則生靈蒙福，何可勝計。切望垂念。

**同上書同卷，《與張相公第五書【十八日】》**

竊聞諸大將近已渡江，分戍淮上，岳侯已趨襄陽，臂指之勢既成，首尾之應必至，敵雖未戰，勝負之計已決矣。方今國家之安危，係於相公；相公之勛業，係於此舉。所願奠而後發，無欲速，無見小利，量敵而後進，慮勝而後會，則敵在目中，恢復之功不難致也。某素荷照知，不勝祈懇之至。

劉光世移軍合淝，岳飛進屯襄陽，去江益遠，全無控扼，緩急何以應援？某累具申稟，乞差撥軍馬，非獨以本路乏兵之故。如襄陽一軍，財賦仰給本路，糧道經由蘄、黄、沔、鄂，乃咽喉之地，如使賊兵窺伺，乘虛驚擾，無兵將以捍之，則一路財賦何由得？糧道阻塞，大軍坐困，其所係非細故也。願相公深思愚言，勿吝遣兵，使某得以竭盡區區，少助萬一，莫大之幸。今再具劄子，塵瀆鈞聽，幸望加察。

**同上書同卷，《與張相公第六書【七月六日】》**

近者專人上狀，伏計獲塵聽覽。六月初所遣人還，特蒙貶損誨翰，所以慰勞有加，佩服眷情，亡以為喻。竊審鈞旆北渡，總制群帥，已臨盱眙。雖祖逖濟江，誓掃清中原；裴度視師，志不與賊俱生。方之精忠，未足多道。更望料敵制勝，以謀為先，克建大功，以副睿主委任恢復之意，天下幸甚。軍事方興，願言總大略、省細故，保養粹和，與國同休，益受多祉。區區傾頌。

某承乏豫章，忽忽三月，偶未曠失，實自輝庇所及。早稻既稔之後，公私少寬，措置財用支梧目前，亦不至缺乏。但秋氣已至，防守之具闕然，人情不安，反以見尤，所以頻有申稟，誠非獲已。今蒙劄命，欲遣王彦一軍，非荷垂念一路，何以及此，豈勝銘佩。近亦深慮諸大帥已移屯淮上，恐行府未必有兵可分，惟此一軍方順流而來，似可截撥，以副急缺。嘗因疾置，冒昧有請，度今猶未到也。先承鈞慮之及，感服之深，何可言喻。然必待到行府，然後差撥，誠恐往還虛負日月，且軍馬有跋涉之勞，到此後期，或致失事。今再具狀申陳，伏望鈞慈詳酌，止令就便赴本司，分擘防秋及討捕盜賊使唤，事定即發還麾下，或別有措置，亦未晚也。惶恐惶恐。

王彦者，聞頗忠勇，善馭下，但中間緣錢糧缺乏，部曲有開散者。如蒙鈞慈許存留於此，責以來效，必肯竭力，以防捍一方。然昨屯駐荆南，係四川財賦贍養，今本路州縣財賦以應副岳侯大軍，已為窘迫，須得指揮轉運司以係省、不係省、上供等錢米椿簇應副，乃可不致缺乏。亦具申稟，敢乞垂念。

本州以去歲旱暵之後，倉無顆粒之儲，今雖遵依前降指揮，受納早米，然所得升合之耗，僅足月支官兵糧食，更無贏餘以備防秋緩急用度。近嘗申稟，乞許本司隨苗帶糴，庶幾少有儲蓄，以待不虞，敢望鈞慈詳酌行下。今歲之稔，倍於常年，乘此機會，不可失也。如待將來乏絶，旋行措置，即已為兼并之家所蓄，不得已而科敷，即所擾多矣。伏幸裁察。

別紙蒙下詢，非相公虛己廣謀，何以及此。大抵兵家臨機制勝，難以預料，以弱為強，轉危為安，止在俛仰之間。昔謝元破苻堅百萬之衆，只緣苻融之卻陣；周瑜赤壁之勝，只緣風便，可以縱火。此豈可預料哉。要之，臨敵慎重，行師以律者，其本也；見機而作，應變無方者，其機也。不貪近功，以圖大利，必勝之舉也，願相公思之。近世治兵有可恨者，設將太少，與兵太多。設將少，則難制服；與兵多，則難運掉。必欲用兵，無不如志，要當反此，恐須不免上煩料理。

**同上書同卷，《與張相公第七書【二十一日】》**

伏承垂諭諸師進屯措畫大略一二，不勝歎仰。士風不振，勇者孤進，惰者偷安，莫相應援，遂使巨寇積稔逋誅，而恢復之功未建者，職此之由。某前疏所論，正為此設也。今者號令既行，臂指之勢既順，則捍禦侵軼，乘機決勝，亡不可者，非相公威德足以服之，未易致此。然蜂蠆有毒，盜賊多智，更望臨敵慎重，於不必備處，過為之防。不勝幸甚。

伏蒙寵諭，遣發軍馬，仰荷鈞念。某累具申稟，本路不可無兵，利害事理之極，諒蒙照察。近具劄子，論岳飛移軍襄陽，財用糧餉仰給本路，使秋高江上有警，無兵捍禦則州縣騷動，何所取財？糧道梗塞，何由可達？一軍坐困，此行府所當憂也，利害尤大。前劄恐未達鈞覽，今再錄呈。又恐鈞慮謂江東兩軍既行，事體相若。此大不然，江東去僞境遠，前有大兵蔽障，而又去朝廷行府近，緩急聲援可及；本路去僞境近，江南、北並無兵控扼，而又去朝廷行府遠，此不可不察也。惶恐惶恐。

本路比來雨暘以時，早稻既獲，其收數倍常年，米價頓減，人情少蘇。但以秋期在近，方朝廷用兵之時，控扼絕無軍馬，不免惶惑。又前此數年，類屯重兵，今獨無有，士大夫往往以此見責，實無以答之。虔、吉間盜賊紛紛日滋，所由此故。敢望鈞慈特賜矜察，於所乞軍馬中先次差撥數千人，及秋初至此，以安人心，以弭物議。或諸師下未可差師，乞於麾下摘那，不勝幸甚。前所陳乞於劉、岳軍中差兵，屯駐舒、蘄、黄州，事理似順，併望垂念。

某近以賑濟勸糶就緒，衰病日甚，不敢當一路重寄。已具奏聞，乞依舊在外宮祠，未奉指揮。然不敢以欲去之故，苟簡滅裂，在此一日，則料理一日之事。如招填卒伍、教習訓練、制造器甲、修建營房、措置錢糧之類，皆漸成次第，仰託大庇，庶免曠責。惟是士風未靖，奔競苟得，尤覺過於往時，辟缺不足以副其求，供須不足以滿其意，則往往造為謗讟，以務中傷，此尤非患難之餘所可堪者。如蒙鈞慈矜照，借以一言之重，使得脫此憂惱，復自遂於山林之間，實荷始終之賜。悚息悚息。

**同上書卷一百二十五，《與張相公第十書【九月九日】》**

某累以本路軍馬上干鈞聽，被受劄命書賜，每蒙許以遣發，豈勝感激。然傒望之切，歲云暮矣，尚未有至者。辱近教，乃承諭以俟有警急乃遣，第深惘然。相公總重兵以臨大敵，方事之棘，固難於分人。然某亦荷甄陶，付以一路重寄，無兵無將，何以為防捍之計？緩急有警而望遣援，其能及乎？更望垂念所以處己處人者，兩盡其宜，不勝幸甚。謹具稟目，並遣屬官羅薦可詣行府諮稟。伏幸鈞察。

某前乞軍馬萬人，今豈敢望此？但得朝廷量行差撥本司，隨宜措置足矣。喋喋，干冒。亦非謂得此兵，便可倚仗，以捍強敵，但欲王靈所及，人心自安，盜賊自弭，風聲所暨，或銷患於冥冥，非荷相公知照，何敢及此。昨被行府劄命，欲先次遣兵討蕩虔寇，今州郡預備錢糧，尋即行下。聞作過者頗戢斂，今既閱時，殊無事實，又復紛紛，動以千百為群，至敢窺伺州縣。如吉州近日告獲虔賊數十人，皆散在民間，欲為內應，幸而彰露，使稍有虞，豈不貽朝廷憂哉。荷相公期待之厚，豈忍使愁坐於此，朝夕惴惴，若無所措，事迫情切，不覺叨叨，死罪死罪。

某衰病無堪，仰荷上恩委寄之重，黽勉自效，不敢少暇。邇來措置錢糧、製造器甲、修建營房、嘗治城壁，漸嚮就緒，所乏者軍馬耳。如蒙相公少分麾下數千人，使某得以為朝廷保守一方，討捕虔、吉間寇盜，一變舊習，復有承平氣象，亦不虛度歲月。然後幅巾柴車，返于故棲，區區之願足矣，幸望鈞察。所遣羅薦可佳士，頃在高郵，立節甚著，學問行義，皆有過人者，願與之進，不勝幸甚幸甚。

別幅蒙誨諭，非荷相公愛念，何以及此。今大將重兵列屯淮、泗，敵人必亦嘯聚，有以待我。王師欲亟進，則恐勝負之勢，或未可知；欲相與持久，則又有師老財費、錢糧匱乏之憂。此宜相公夙夜之所軫慮也。

岳飛捷音係路，此可喜，亦可懼。頗聞驕偽之謀，欲捐州縣，以深入誘我。今所遇之敵，皆中土之民，非勁騎也，王師既到，宜其望風奔潰。若為利誘，恐或墮其計中，不可不察。大抵今日進兵當以招撫為先，得地當以保據為上，則中原漸有恢復之理，僭偽漸有逼逐之勢。若如平時，入生界得地不守，惟以掃蕩為事，重失故民之心，恐非策之得者。幸望垂念，惶恐惶恐。

### 同上書同卷，《與張相公第十一書》

某悚息再拜。某已作書，方欲遣發，適得蘄州報，賊馬渡淮而南，以孔彥舟為前鋒，步騎相繼，莫知其數。朝廷必已聞其詳。

淮西諸州，既得指揮移治，則江北全無捍蔽，江南要害去處，又無兵將控扼，危急之甚，束手無可措畫。萬一使遂渡江，豫章城壁方欲下手修治，殊未有次第，欲去不可，不知相公將何以教之？竊料賊兵止是簽軍，朝廷如遣精鋭軍馬，自淮南合岳侯之兵，角舟夾擊，必可取勝。而防江之兵，又自是一段，不可闕也。兩劄謹錄呈，出奇之說，似或可取，願相公深思之。醫家療病，常患實實而虛虛。今日之事，亦有此失。某嘗以防患故當在不必防處，拜稟正欲救此，如於實處設疑，虛處設實以待之，則其勝必矣。蒙眷照，僭易，惶恐之至。某悚息再拜。

### 同上書同卷，《與張相公第十二書【十月二十四日】》

近者人還，特蒙教賜，仰荷慰藉之厚。累佈問記室，當盡達鈞覽。竊審入覲朝廷，從容啓沃，復為視師之行，霜露戒寒，計亦勞止。瞻望黃閣，無由少承誨言，嚮風悁跂之至。

伏領行府捷報，竊承王師大勝賊騎於淮、淝之上，指蹤諸將，盡出宏規。此與謝安遣偏師，以破苻堅之衆，亦何以異？既與中外共慶，尤切歎仰。然重兵為後，黠敵常態，驟勝而驕，兵家所忌。願相公深思預防持勝之道，有以待之，則前日之捷，足以摧其鋒，後日之勝，足以落其膽，中興之勢成矣。更冀於不必防處，曲加提備，以江西一路空虛為念，深所望於左右也。仰恃愛念，冒昧及此。惶恐無地。

某近者再上章丐閑，實以難任重責之故，蒙恩不允，益深震懼，素荷眷憐，必亮此心，不以喋喋欲去為罪也。或者謂某蒙相公知炤之厚，推挽使處上流重地，許兵屢矣，而卒莫之遣，似非真相知者。是大不然，相公以恢復天下為心，某以保守一路為意，所職不同，各行其志，是乃所以為相知也。然我師既勝之後，突騎再來，必變動其術。醫家欲虛所實而實所虛，實處可以設疑，虛處必為隄備。江西虛矣，願相公深所實之，此非謀自為也，切幸無忽。

一路將兵，聽帥司節制，此祖宗法也；全將兵許本司勾抽使喚，此近日朝廷行下聖旨指揮也。本路將兵，盡在虔、吉，以有賊盜殘黨之故，不欲盡起，止令團結一半，以應警急之須。虔守孫佑輒佔吝不遣，如此則何以帥為？可謂失職矣。謹具申稟，敢望特賜行下，不勝幸甚。得虞憲剳目，贛上盗賊衰息，謹錄拜呈。縱有些小，所存一半將兵，自足彈壓措置，並望鈞照。

近承朝廷指揮，岳飛分兵屯駐九江，至今尚猶未到。昨日得報，止遣水軍屯蘄陽。要領九江有兵，與之相照應，乃為得策。更望剳下，促其調發，甚幸。某所乞韓京、李貴兵將之半，切望垂念，得此則粗可以為聲勢。昨已得指揮，聽本路都統節制使喚，以討虔寇，則藉其力，為數月防冬之備，於理似順，伏幸留念。搜尋至此，亦可謂窮急矣，想蒙憫笑也。惶恐惶恐。

**同上書同卷，《與張相公第十四書【十二月七日】》**

比見朝廷行下諸將捷音，前此所未嘗有也。指蹤之力，實自廟謨，中外共慶。行岳帥報，寇、偽相兼侵犯襄、鄧、信陽，兵勢重厚，意欲窺圖上流，所謀不淺。緣荊湖接連江西一帶，地里闊遠，別無軍馬屯駐，深慮岳帥孤軍難以獨力支梧，欲望朝廷遣發策應之師，庶幾可以捍禦，決收奇功。已具申稟，伏望鈞慈特賜詳察，不勝幸甚。

某略以本路乏防冬之兵，仰干鈞聽，重蒙下諭，良深愧戢。今日淮西既捷，得以少安，實賴鈞庇。第襄漢之寇，復爾侵擾，本路終以空虛之故，不能自保。岳侯屯駐九江、蘄陽，軍馬悉已將帶前去。沿江千里，略無控扼，夙夜不遑，更望鈞慈特賜垂念，非獨某之幸也。

竊聞淮西之捷，實緣鈞旆親屆當塗，號令督戰所致。古人用兵，投機之會，間不容髪，良切欽歎。今者敵兵侵擾上流，雖岳帥勇鋭，深慮孤軍難以獨抗不測之虜，所係不細。相公以身任天下安危，如不憚數千里之遠，一臨九江、武昌，大其聲援，將士用命，決有成功之理。四海之望，實在此舉，幸望深留鈞念。

自昔窺覦東南，未有不從上流者。今敵人以重兵侵犯襄、漢，其勢恐非淮西之比，包藏禍心，必有所在，願相公深慮之。如劉光世之兵，非得相公統大兵以督帥，又得楊沂中為之策應，豈能既退而復進，變敗而為成？岳飛孤軍獨當荊湖，又與江淮接境，並無軍馬捍賊，實皆上流重地，勢須摘那諸將應援，相為掎角，乃可倚仗。如蒙鈞旆親臨，一號令，尤善之善者也。為宗社計，諒惟不憚跋涉之勞？區區愚慮出此，幸望鈞察。惶恐無地。

某昨被受親筆手詔二道，謹募勒上石，輒以裝軸碑本拜納左右，幸賜鈞覽。

**同上書同卷，《與張相公第十五書【十二月十八日】》**

伏審介圭入覲，已遠行朝，雖吉甫之歸，周邦咸喜，無以過也。佇聽策勛，膺受多祉。續馳慶次，諸將屢捷。賊馬退遁，邊境寧謐，誠宗社之休，生靈之福，非相公以身任天下之重，冒不測之險，以報上恩，疇克如此。不知且固吾圉為復，遂行進討之策，此二者正當審處。區區愚見，謂偽齊既屈，必且祈哀於金人。驕強之衆，雖未必來，然自此正恐有勞鈞慮耳。

近得岳帥報，以偏師屢敗敵人，然置蔡不取，已遂斂兵，豈有深意耶？本謂虜、偽相兼窺伺上流，勢須煩鈞旆一到，督諸將掎角應援，可成大功。今既如此，願且當軸處中，以觀機會，徐為後圖。今日之事，惟當自治，待時而奮，根本壯而枝葉不足慮也。切望留念，惶恐惶恐。

某承乏於此，忽見歲暮，初以防冬軍馬缺乏為憂，今賴王師之捷，遂免疏虞，一方寧謐，實自鈞庇所致，豈不知幸。第衰病相仍，憂慮過當，髭髮盡白，非復昔年侍坐之時，深願退處閑散，漸為歸老之計，止候春初解嚴，即力申前請。敢望鈞念，深所望於門下也。

少意仰瀆鈞聽，本路雖得一稔，然去歲旱暵之甚，民力未蘇，起催戶貼錢，萬數浩瀚，頗以為苦；又月樁錢運赴湖北，遂覺錢荒。如蒙朝廷令作兩限催理，及許折納斛斗，庶幾少寬民力。用關子和糴，若支請無阻，誠為利便。本司近就洪州兑二萬緡回易，正合所降法意，乃為建康榷貨務阻難，恐非所以取信於遠方。皆具狀申稟，敢望鈞慈早賜指揮行下，不勝幸甚。

**同上書同卷，《與張相公第十六書【十二月十八日】》**

自淮上王師屢捷之後，邊境寧謐，惟襄漢間尚有出没，岳帥累挫其鋒，防冬遂可無虞，實自相公以身任天下之重，略不世出之所致。顧如某者，濫當一路之寄，亦賴庇輝，得免曠敗，其為感服，豈易具陳。輒有已見二事，具劄子奏聞，副本謹錄上呈，或可施用，幸望採覽，不勝惶恐。

本司當邊報警急之際，依准行府指揮，勾抽虔州一半將兵，欲就沿江控扼使喚。守臣孫佑妄以盜賊為名，佔吝不遣，雖蒙朝廷再降指揮，並不依應。今來諸路大兵捍退賊馬，沿江平寧，本司目前不須前件將兵，已劄下虔州，權免起發。深慮本路諸州自此解體，不復遵稟本司節制，緩急難以調發。已具奏聞及送袁州取勘外，敢望鈞慈特賜詳察。兼契勘本路將兵，舊有指揮，分上、下半年，更戍洪州。緣中間罷帥司，及虔州撥隸湖北路，遂盡數遣還。近年雖復舊制，緣有朝廷差到大使司兵三萬人，不復申請。今具狀申稟，伏乞早賜指揮施行，不勝幸甚。

伏蒙委置建康木植，已累行下虔、袁等州計置應副，得逐州報，悉皆推托。緣本路出產木植，止此數州，雖已再行催促，更望朝廷行下，庶幾不敢弛慢。如虔守孫佑，凡係本司依例合責辦諸州事件，並不應副，非獨佔吝將兵而已。如某方欲引退，豈敢復與之校，但帥司事體，恐自此廢，更望鈞慈曲賜詳察。

某夏初抵豫章，忽見歲杪，緣一念之故，措置諸事，稍稍就緒。今茲防冬，仰賴庇庥，又得無虞，寧不知幸。第衰病日加，頓覺心力不逮前時，止候開春，即伸前請，干告朝廷，求就閑散。已嘗佈露腹心，敢望鈞慈豫擇代者，使得便脱，此莫大之幸。李光端明如未召還，亦當處之方面，以之代某，必有可觀。仰恃眷憐，輒敢及此，惶恐無地。

**同上書卷一百二十六，《與張相公第二十二書【三月二十八日】》**

本路自今春以來，雨暘以時，農事方興，佈種甚廣，又有豐年之象，此誠燮理之功，導迎和氣所致。天道助順，正宜益修人事以應之。願言蚤建中興恢復之勛，以副四海生靈之望，天下幸甚幸甚。

虔寇周十隆等，雖已受招安，不肯赴官司公參，亦未放散徒黨。本司已專遣使臣齎牓前去曉諭，示以朝廷恩信，使隨李統制徑赴本司，當與保奏。以其狀詞有“虔守無故討殺”，及“前後招安，官多失信”之語，不免如此，萬一更不聽從，即須遵依近降指揮，會合討捕。但賊徒衆多，官軍尠少，難以分佈，斷其走路，所以未易擒討。近具申陳，乞摘那岳飛下兵將，前來就糧討賊，實為利便。更望鈞慈早賜詳酌行下，不勝幸甚幸甚。

虔守孫佑執固不通，既無龔遂安之之術，又無虞詡討殺之功，聽信一二僚屬之説，掩捕周十隆等，致令聚集猖獗，殘破數縣，所傷多矣。今虔州租賦，益難催科，倉庫匱乏，朝廷挽降，盡為虛文。若更年歲間如此，群盜無所忌憚，為患益多。某前書僭易浼聞，乞别與佑一郡，而擇有智略、寬猛得中，如張角者，付以郡事，必有可觀。更望相公博加詢訪，為千里生靈之計，莫大之幸。仰恃知炤之厚，敢私佈之，伏幸鈞察。

**同上書同卷，《與張相公第二十五書【七月十一日】》**

袁州萍鄉賊石鐵牌、鍾牛皮等六人並已招降揀放外，得頭首十人，徒黨堪披帶四十餘人，今遣元殺敗及招降將官馬仙管押赴都督府，伏幸鈞察。此十數頭首皆係桀黠，久在江西、湖南兩界首作過，殺傷官兵甚衆，累受招安，輒復嘯聚，今次多方措置，始能得之。敢望鈞旨，令所隸軍中嚴加覺察，稍有違犯，即隨宜處置，庶幾不至逃還，復為良民州縣之害。一路幸甚幸甚，切乞垂念。

吉州永豐賊李安淨者，去秋招安至本司，一夕遁去，嘯聚作過，出没於崇仁、新淦、豐城數縣界首，巡尉不能制，中間本司遣兵殺敗，不曾獲其魁首，又復結集猖獗。近遣屬官程圭率諸頭項兵將，四面遮羅，深入討捕，期於必取，凡兩月餘日，生擒安淨，及斬獲以次徒黨，去此大害。撫、吉、筠、袁群盜有名字者，並已招捕了當，實賴朝廷威德所及，獲免曠弛，豈勝感懼。更望鈞慈有以誨督之，幸甚幸甚。

昨蒙朝廷差到申世景一軍，自至本司，訓練彈壓，備見究心，内外無事，頗賴其力。每遣兵捕賊，能以方略授所遣將士，出必有功。將官馬仙者，累次差出討捕群盜，今春追襲謝小鬼、尹實等，斬五百餘級，近又破袁賊六頭項，悉招降其首領，實為雋功。敢望鈞慈將上本司奏狀，優與旌賞，先次推恩，以為將士之勸，不勝幸甚。馬仙今部押賊首赴都督府，如蒙召問曲折，尤幸。僭易，惶恐。

秋氣已深，本路防冬之計全無準擬。如聞朝廷委岳侯以九江控扼，岳之意謂兵不可分，未肯差撥。欲合不欲分，此固兵家常理。至於控扼要害之地，使不為敵人窺伺，此又使可後哉。九江為江南上流，去偽境不遠；蘄、黄、光州，並無蔽障，使敵潛師以來，而旋求援於七百里之武昌，其何能及？頃年馬進據九江，朝廷出大兵，半年乃始克捷，豈可不慮？使九江或有疏虞，即江東、西震動，其患有不可勝言者，願相公留念。某多病，久不以狂瞽之言上瀆鈞聽，第切惶恐。

**同上書卷一百二十七，《與李泰發端明第一書》**

某頓首。自聞賢者得請去朝，與士夫同深惋惜，然不任天下之責，而放懷雲海之上，其自為計則得矣。第未知果能恝然忘情於世乎？否也。天方艱難，使正人端士乍進乍退，徒有出入之勞，何補於事？然精忠之極，乃身在外，乃心罔不在王室，願毋忘此念，苟有所見，展盡以聞，深所望於左右也。無緣面談，但深悁跂。

某再拜。區區承乏豫章，踰半年矣。當旱荒匱乏之後，一切躬自料理。今本司蓄粟數萬斛，積鏹數十萬緡，州縣所有，又不在是也，修營房三千餘間，見裁減修治城壁，種種稍就緒，但所乏者軍馬耳。搜裒一路係將、不係將兵近五千餘人，數日前闢廣場大閲，器甲旌旗皆一新，觀者謂前此未之有，然皆烏合新募之衆，何足倚仗？姑可以張聲勢耳。請兵於朝，不知次數，廟謨方謂屯重兵於淮、淝、襄、漢，此方為内地，兵不必遣。此大不然，兵家乘間，正如賊風之中人，避堅攻脆，聲東擊西，於不必防處，政須著力。今王師佈置疏闊，初無相應援之理，淮西既無屏蔽，沿江千餘里要害之地，又無兵可以控扼，措置如此，豈不殆哉？近遣屬官赴行朝稟議，未得指揮間，探報賊馬果渡淮而南，攻圍光州，勢漸危急。已再具奏告上，如朝廷不遣兵，即丐掛冠而歸，豈所欲哉？不得已爾。今朝廷措置用度，乃取財，非理財也；行師動衆，乃致寇，非禦寇也。大兵屯戍之久，欲進則勝負未決，欲相持則有師老財費之患，未審廟謨何以處此？今劉光世退保和州，岳飛抽田幹事軍馬間，探者謂："突騎大集於京東、西。"豈非今春命兩宣撫，有以致之邪？世故可慮者非一，不獨江右而已。某處於此，與泰發慮於海濱無事之鄉，其憂天下一也，將何以教之？兩次奏檢，並與諸公書謾錄呈，得勿他示為幸。

**同上書同卷，《與吕安老第四書》**

某頓首，啓安老侍郎諮議台席：近累上狀，想無不達。辱近書，審從右相至行闕，復先還龜山，跋履當不無少勞也。秋氣已高，比來伏惟台候多福。某承乏粗遣，措置諸事，稍稍就緒，所乏者軍馬耳。自初陳請，即蒙行府許差，累劄見議遣兵，書辭尤為鄭重，然至今未有至者，豈遂食言耶？付以一路之寄，而當此之時，無將無兵，使之捍禦，以備不虞，何以任責？初謂安老既到，借一言之重，可以決得，辱來教乃知不然，且謂意見如此，世間事豈可以意見為之？禪林所謂"檐板"，但見一邊事耳。今遣本司屬官羅薦可詣行在，奉表起居及詣樞密院、都督行府，稟議奏檢，並與諸公稟目副本錄去，幸詳覽，可以見其曲折。昨上疏丐閑，未蒙矜允，以訓辭有"邊吏戒嚴，商秋俯及"之語，又聞車駕順動，未敢再請。今所陳乞，若量差得數千人，使有本領，一面隨宜措置，粗可支梧，亦豈敢堅為去就？萬一又不遣發，即須力求去，難任此責也。大兵既屯邊境，此方今冬亦有可以苟安之理，但出於僥倖，非至計也。但知論成，不知慮敗，但知向前，不知顧後，今日之患，正在於此。蒙見教以忍，甚荷愛念，然不與之衣，而使之忍寒，不與之食，而使之忍饑，不與之兵，而使之忍一路之憂責，可乎？他人尚可，如某虚任一路之責，決不可者，幸試為思之。羅薦可節操極佳，到行府諸事，煩照矚，亦嘗於右相書中薦之，第恐右相止留行朝，渠不到龜山，即合遣人達此書，不得拜見。向寒，切冀為國自重。

某再拜。承喻貴聚還建安，甚善，骨肉既安居，可以一心軍事矣。近來事會如何？大將重兵列屯淮、泗，欲亟進則恐彼亦有以待我，勝負之勢難必，欲持久則有師老財費，緩急又著先手，所以處此，殊未易也。岳侯屢捷，亦可喜，亦可懼。可喜者，前此未有；可懼者，恐敵有謀，或墮其誘我計中。有一劄子至上前，略論此事，謾錄呈，亦於右相書中力陳論之。今日之事，不容差失，謀議之職，願精以思慮也。去人甚的事宜，望詳報為幸。此方雖豐歲，而盜賊紛紛不已，蓋狃於故態，及軍馬單弱，不足鎮服之故。近於袁、吉間措置招捉王權數火，今又生擒所謂黃顛叔等，自此當稍寧帖。但贛上殊未靖耳，動以數千為群，官軍分俵不著，如得量差撥到，不用於江上，則用於虔、吉間，平治一方，革其舊習，亦是一事。近得旨，令相度措置，已具奏矣，副本納呈，恐欲知也。旦夕遣使臣管押，招出頭首廖一長等去，續拜書次。今日欲治虔寇，無如以重兵臨之，盡招出頭首，及揀強壯桀黠者赴軍前，分隸使喚，立功者重賞，作過者必誅，逃亡者許人人得以捕斬，最為得策，奏狀中論之甚詳。前後已解去數十人，今所解者，皆嘗統數千衆，屢次作過。恐右相留行朝簽廳，想一面可施行也。

**同上書同卷，《與吕安老第七書【三月二十八日】》**

某再拜啓。伏審光奉制書，峻登八坐，諒惟驩慶。去冬卻敵之功，今春移蹕之策，協濟居多，疇庸良渥，甚副士論。願言蚤膺柄任，助成恢復之烈，深所望於左右也。某黽勉於此，涓埃無補，近兩上章丐閑，薦蒙詔答，未從所乞，實以衰病侵尋，不敢尸素非晚，再申前懇，終冀矜允。有可以見教，不鄙外。幸甚幸甚。

某再拜。虔寇去歲少定，孫守既無龔遂安之之術，又無虞詡討殺之功，輕信妄發，致群盜反側，嘯聚蜂起，殘破數縣，延及廬陵。本司遣兵掩擊，屢捷，方少衰息。今雖已受招安，尚習故態，未肯公參。及放散徒黨，為患未艾，勢須討殺，得一兩頭項，則餘者易定。昨在湖南招捕群寇，不甚費力，有本領故也。已懇朝廷於岳帥處摘那數千人就糧於此，以治虔賊，甚為利便，未知肯見聽否？要須得一好守臣，有智略而寬猛得中者，付以此郡，則功效易見，再三思之，如張柔直，正可任者。若別與佑一郡，而以柔直處此，賢於用兵遠矣。亦嘗薦於右相，更望以一言助成。千里生靈，所係不細也，千萬留意。

近得吳民瞻書，貴聚已還行朝，今家何地？必時通安問也。台旆想已不成來九江，萬一果來，幸前期示報。張柔直適被召去鼎，故敢薦之，為一方計，非敢有所愛恤也。幸察。

**同上書卷一百二十八，《與陳國佐司諫第二書【十月初二日】》**

某咨目，再拜國佐司諫臺席：近人還辱教答，慰勞有加，殊佩鄭重之意。初冬薄寒，伏維臺候多福。區區承乏豫章，蒙免粗遣。邇來探報紛紛，皆謂寇、偽聚兵陳、潁間，意欲窺伺淮西、江右。適得蘄州移文，賊馬已渡淮而南，步騎相繼，勢頗猖獗。淮西諸州，朝廷既許移治，則自江而北，全無屏翰，殊可憂慮。某昨到行朝，即乞本司合得軍馬錢糧之半，以備防守，前後申陳，莫知次數，竟不蒙差撥。議者多謂重兵屯淮、淝、襄、漢，則此方為內地，故兵不必遣。某竊以為不然，兵行詭道，正如賊風之中人，必乘間隙，所當防者，乃在不必防處，屢以此說獻於諸公，不蒙採覽，今乃果如所料。江西兵將單弱之甚，沿江要害去處，並無兵可以控扼。朝廷雖近降指揮，令岳飛摘那一項軍馬來屯九江，然飛方駐軍襄陽，相去遼遠，何時可到？自非朝廷遣兵，為本路防守之具，别擇驍將銳兵，與岳飛相夾擊渡淮賊馬，則邪氣深入之患，未易言也。輒錄請兵奏狀劄子副本拜呈，進對從容間，能為一言否？此國事也，所係甚大，願深思之。王師與賊相持之久，有師老財費之患。廟謨處此，當有成策，然嫠不卹緯之憂，日以深矣。年來衰病，日思退休，當此繁劇，尤不能堪，又不知能僥倖防冬，無疏虞否也？責之使守，而不與其守之之具，或有曠敗，咎將誰歸，中夜以思，不寒而慄。欲復為洞霄散吏，安於山林，豈可得也？邇來進對，啓沃必多，傳報之章，深慰士論。人主之要，止在知人，治亂安危，無不在方寸間。願反覆及此，所補非淺淺也。無緣面談，但有馳跂。敢冀以時自重，前膺禁近之拜。謹奉咨目，不宣。

**同上書同卷，《與岳少保第一書》**

某咨目，再拜宣撫少保麾下：伏審已獲呈浼，中夏溽暑，不審邇來動靜何似？伏惟哀慕之餘，孝履支福。竊承有旨起復，再降指揮，不許復有陳請。宣撫少保以天性過人，孝思罔極，銜哀抱恤，猶未祗受，雖士論歎仰，而某深竊疑之，何則？君、親之分，一也，孝於親，忠於君，勢難兩全。古人執親之喪，而有墨以即戎、絰而從政者，不敢以私害公也。上眷倚之隆，以方面之重，奪情視事，國有常制，豈可稽留明命，以私恩而廢公義哉。誠願幡然而起，總戎就道，建不世之勛，助成中興之業，上以副委任之意，下以慰士夫之望，方所以為達孝也。辱照知之後，敢佈腹心，幸冀恕察。無緣承晤，但有馳跂。敢冀為國自重，茂對光寵。

**同上書同卷，《與岳少保第二書【十月初二日】》**

某咨目，再拜宣撫少保麾下：自聞大旆進討，不果通記室之問，第深馳仰。遞中辱書貺，殊佩鄭重之意。初冬薄寒，伏惟總戎多暇，台候萬福。屢承移文，垂示捷音，十餘年來，所未曾有，良用欣快。伊、雒、商、虢間，不見漢官威儀久矣。王靈乍及，所以撫循之者，無所不至，想見人情之歡悅也。繼聞駐軍襄、鄧，其所摹畫，想益宏遠。朝廷遣使臣降賜輕齎者，絡繹於道，本路漕司亦竭力辦集錢糧，轉達郢、鄂，比來想不至匱乏。所願上體眷注，乘此機會，早建不世之勛，輔成中興之業，深所望於左右也。累日來探報紛紛，皆謂寇、偽聚兵陳、潁，有窺伺淮西、江右之意。聞朝廷已劄下使司，擇那一項軍馬，順流前來九江措置防守，必已頣旨遣發。本路以朝廷不曾撥到兵將，沿江要害去處並無控扼，方以為憂，今得依庇，為幸多矣。更冀選擇精鋭，早與調發，辱照素厚，想不待喋喋也。適間又得蘄春報，賊馬已渡淮而南，其意非淺，願遣諸將邀擊之，可以成功。少保大軍所臨，無不摧滅者，此寇乃送死耳。然蜂蠆有毒，亦不可忽，幸冀留意。正阻披承，千萬為國自重，前對光寵。

**同上書同卷，《與岳少保第三書》**

某咨目，再拜宣撫少保麾下：近專遣使臣奉狀，諒獲塵浼。天氣益冷，伏惟總戎多裕，神所聽勞，臺候萬福。前書嘗以朝廷探報，寇、偽於陳、潁間聚兵三萬人，有窺伺淮西、江右之意，得旨於使司分撥一項軍馬前來江州屯駐，拜懇早賜差撥，未奉來報。近據蘄、黃州探報，賊馬已渡淮，攻圍光州，今已半月餘日，人数厚重。萬一光州失守，即定犯蘄、黃，沿江一帶，如興國、九江，皆是要害去處，並無兵將控扼。勢已危迫，日夕顒望使司遣兵前來屯九江。敢冀垂念，選擇精鋭軍馬，得萬人左右，可以分佈沿江控扼，保全一路，實受大賜。素辱知照，必蒙應副也。聞使司軍馬屯駐武昌者尚多，如得就便差撥，順流前來，釋此憂懸，良深感戢，仍先得公文，示及所差將佐、使臣、軍兵等姓名、人数為幸。昨蒙諭，欲還武昌，近殊不聞動靜，必是且為屯駐襄陽之計。艱難危急之秋，切望益勵壯猷，仰寬主上西顧之憂。或有近日探報，得併錄示為望。正阻參承，敢冀為國自厚，前對褒寵。謹奉咨目佈執事。不宣。

### 同上書同卷，《與岳少保第四書【十月十六日】》

某再啓：近者有旨就少保軍中撥一項軍馬屯駐九江，措置控守。適當賊騎侵擾光州，已嘗關報使司，必蒙差撥。今賊騎雖退，未測所向，正須隄防，敢煩頤旨，選差精鋭兵將，早與調發，以副一路士民之望，不勝幸甚。

某再啓：竊承目疾為梗，邇來計已痊復。戎事方興，朝廷以荆、襄大計仰成少保，願言益勵壯猷，早建大勛，為中興功臣之首，誠所望於左右也。辱照，輒爾及此，悚息。

某悚息。方作書，欲遣人間，得轉運司公文關報，使司已遣發官兵五千人併車戰舡等前來蘄陽屯駐。方本路闕兵控扼之時，乃蒙調發軍馬，隔江照應，豈勝感戢。但九江最為本路要害去處，與舒、蘄對境，沿流一帶並無防守，皆係使司錢糧經由之地，不可無兵以備不虞，如得更遣發三五千人屯駐九江，庶幾一路可賴以保全，受賜非淺也。荷照之厚，必蒙應副。干浼，悚息。

### 同上書卷一百二十九，《與張龍圖第七書【十月二十七日】》（節選）

防捍之計，盡心力而為之，不能即繼之以死，何避之有。處心不定，而欲濟大事，難矣哉！已條具利害，悉陳于朝，乞遣張俊赴鎮淮西，催促岳飛保據江、池，摘那一項軍馬來此應副使喚，敵人未必敢遽渡江，萬一有南牧之意，亦可隨機犄角掩擊，豈可遽自退屈哉。本路要害之地，政在興國、九江、豫章，能守此則腹内諸州皆可奠枕，不能守此，率皆望風奔潰，雖欲避敵，將焉往哉，願柔直細思之。韓海所部五百人，煩早遣至，欲趁閏月中旬大閲，庶幾稍張聲勢。教閲之後，如諸郡盜賊有竊發者，自當遣兵討捕，初未嘗吝惜也。境内就招群盜，且撫定之，有不悛者，過防冬後，痛與料理，亦未為晚，千萬亮察。兩疏錄呈，德遠遂有零陵之行，或傳又再有命，未審然否？一時不廣謀議，遂至如此，可惜可惜。前日得使臣等狀，方以為訝，疑其必以無禮之故，蒙諭信然。已令隨韓海前來，俟到此，當治之。兩狀謾錄去，亦恐欲知也。末緣會晤，千萬以道自愛。奉啓，不宣。

### 同上書同卷，《與張龍圖第八書【閏十月二十三日】》

某咨目，再拜柔直知府龍圖使座：薦辱手誨，殊荷眷情。竊審履茲凝寒，台候多福為慰。張大閑者，聞已受招安，不知果否？得此一項了卻，本路盜賊悉已平定，唯萍鄉、永新與茶陵、攸縣兩路界首，尚有殘黨，已遣韓海、邵宗兩項軍馬，會合湖南兵將夾攻，並遣屬官一員前去措置，庶幾靜盡，可以報朝廷矣。北方探報，邇來稍靜，萬一無事，何幸如之。使突騎有渡江者，得朝廷益兵数千，與岳侯相為表裏，僕雖不武，亦可自當一面，何遽為退避計哉。來書謂小諒而非大忠，未為通論。昔安史之亂，朔部風從，唯魯公以平原一郡糾集以捍大敵，功雖不終，亦足以表暴後世，豈可謂今無其人？若必欲在廟堂，而後可為劉琨、祖逖之徒，皆當束手矣。見所與韓撫幹書，謂宜務實而勿務虛。僕平生所為，皆圖實效，不事虛文。如近日勾集諸將大閱，正欲訓練拊循，以待一日之用，非止為虛聲而已，願勿置疑其間也。邇來諸事稍稍就緒，正欲省細故，惜日力，以與將士周旋。僥倖防冬亡虞，即再申前懇，幅巾柴車，以返故廬，此外無足道者。承親庭已到治所，想深慰雅懷，無緣少奉緒言，但有馳仰。千萬為時自厚，前迓光寵。謹奉咨目，不宣。

**同上書同卷，《與薛直老寶文書》**

某拜啓直老參謀寶文使座：人還被書賜，竊審履茲秋杪，婉畫多暇，台候萬福，感慰兼懷。承諭分屯九江，殊荷留念。近得太尉書，亦道此意，但欲候有警急，乃始遣兵，深恐後時。九江於今為上流重地，秋氣之高，又近有酈瓊淮西之變，豈得不過為備？沿江要害去處，並無一人一騎可以控扼，乞兵於朝，第云已委使司防捍。若必待警急乃遣，賊情狡獪，萬一乘間擣虛，為其所先，探報往返，動須旬日，安得無噬臍之悔？今淮西新變之後，重以沿江無兵，人心憂疑。如蒙使司輟那五七千人，先屯九江，以絶敵人之窺伺，以安人心之動揺，使某得賴餘庇，何幸如之。平時荷太尉相照，正有賴於今日。望因會次為致區區之懇，不敢数奉書也。公文納上，幸冀亮察。末緣承晤，切冀為國自重。謹奉啓，不宣。

**同上書，《行狀下》（節選）**

紹興二年二月八日，除觀文殿學士，充荊湖廣南路宣撫使，兼知潭州。公以憂患之餘，衰病日加，不敢祗受，具奏辭免，且致書宰執，力陳所以不敢當之意。四月七日，内侍於蓋傳宣撫問，敦遣令視上道乃還。公迫不得已，祗受告命。密院差任仕安兵三千人，以二十四日，假福州貢院開司。五月六日啓行，有旨就孟庚、韓世忠下，撥統制辛企宗、郝晸兩軍，及令見在湖南岳飛、韓京、吳錫、吳全等軍，聽受節制。初，荊湖自庚戌春為金人蹂踐，土賊如鍾相、雷進、楊華、鄧裝、李冬至等，各擁數萬之衆，殘破州縣，保據巢穴。東北流移之人，相率渡江，州縣不能制御。孔彥舟據潭州，後為馬友所逐，李宏據岳州，劉忠寨於江、湖兩界，出沒數路，而曹成兵犯郴、衡、永、道以及二廣。湖南安撫使向子諲為曹成虜置軍中，民不聊生。韓世忠元留統制官董旼招曹成，成雖受招，而焚掠如故。公是時總師由廬陵入本路界，聞曹成將自邵入衡，以趨江西，而董旼所帶親兵纔數百人，勢不足以彈壓，即駐泊衡陽，先遣使臣齎榜約束，令放散驅掠老幼，及嚴戢其徒，不得作過。曹成至邵，以公狀申，稱“放散三萬餘人，尚有四萬。”至衡，率頭守百餘赴本司公參。公召與語，且以善言慰撫之，戒以所至不得搔擾，俟出境寧肅，當為保奏。成感泣聽命，一路遂以無事。曹成既出境，長沙報馬友之黨頭首步諒等，其衆二萬餘人，自筠、袁還，犯本路，焚掠醴陵、攸縣、衡山，屯泊於魚集市，放兵四出，人情震動。公乃留統制官韓京屯茶陵，統領陳照屯安人，統領湯尚之及將官白德屯衡州，以備賊。公乃親率大軍趨衡山。有獻策者謂：“自衡山至魚集市三十餘里，隔湘江及茶陵江，凡兩涉水，不若自白沙濟師，即一涉水。白沙在衡州，來路去衡山三十里，去賊壘亦三十餘里，賊無斥堠，必不虞官軍之來，可以得志。”公從其言，乃約衡州備舟楫於白沙岸下。駐衡山之次日，遣統制官任仕安、吳錫、王俊率將佐軍馬還，自白沙連夜渡江，凌晨叩賊壘。賊衆初不之覺，倉卒出拒，見官軍遍滿山谷，戈甲旗幟鮮明，知勢不敵，乃降。盡得其輜重、兵仗、老小等，並釋器甲，押赴本司公參。先是，賊遣四千餘人出掠，欲犯衡、郴諸郡，為陳照、湯尚之等所遏。公遣使臣齎榜諭以步諒等，已降老小盡在本司存恤，宜早自歸，亦令步諒遣人同往招之。出掠之衆悉還聽命，凡得首領、統制、統領官十餘人，將佐五十餘人，使臣五百餘人。其衆萬有九千餘人應江、湖間驅虜人，並疾病老弱者，並給公據放散。擇強壯精鋭，得七千餘人，分隸諸將。既練汰放散訖，即令精強者每五百人為一部，擺拽於湘江灘磧中，公御中軍帳，具軍容，乘高以臨之，諭以“爾等皆朝廷赤子，失業至此，良可矜憫。今既歸降，並令與舊軍相雜團結，祇刺手背。應新軍所得財物輜重，預行約束，並不得毫髮侵動。本司自以三萬緡及所獲牛畜等犒賞”。以故人情安帖，自衡山趨長沙，道中無散逸者。其後措置招降，並皆倣此。入長沙，交割潭州職事。時湖南頻年為盜賊所據，州縣官類多權攝，乘時為姦。公於視事日，枷項巨猾付獄，得入己贓，凡三萬六千緡，具案上之，其餘州縣權攝官，以漸易置，為民所訴訟者，乃按治之，於是望風引退者甚衆，贓吏稍戢矣。方入境之初，趨見長老，問民所疾苦，皆謂：“所苦者，無甚於盜賊與科須。”公既措置招捕群盜，而科須之弊，一縣至有十萬緡者。公即移檄州縣，盡罷科率，非奉使司旨揮而擅科率者，以軍法從事，應日前科須之物，並以正賦率折。又荆、湘間民戶輸納稅米，率四碩始了納一碩，百姓貧困。仍檄漕司行下州縣，除官耗外，不許轉增加升合，以故流移歸業，民皆樂輸。是冬，長沙頗稔，得稅米四十餘萬碩，軍儲遂以足用。方李宏之殺馬友也，王進、王俊以五千餘人遁去，據七星寨，在湘鄉、寧鄉、安化三縣之間，日肆焚掠，一方為之騷然。公抵長沙之次日，命郝晸出師，次七星寨。進以衆三千約降，俊以二千餘人犯安化，及破邵州、新化，以逼邵陽。公遣吳錫以其麾下由徑路趨邵陽，以討王俊。錫率所部倍道兼程，自潭五日而至邵。王俊之衆去邵纔數十里而錫兵至，適雪作，錫乘其不備，縱兵掩擊，殺千餘人，生擒俊，餘衆悉降。自是湖南境内，潰兵為盜者悉平，民漸安居。唯江西接境，間有出沒，如劉超、張成等，多者數千人，少者亦不下千數，遂檄江西會合夾擊，且招且捕，節次悉降。揀汰放散外，得精壯又數千人。郴州土賊鄧裝、彭鐵大、攸縣土賊王順等，分遣韓京等討殺，以故境内悉平。獨湖北楊幺者，鍾相餘黨，以左道惑民，據洞庭重湖之險，北達荆南公安，西及鼎、澧，東至岳陽，南抵長沙之湘陰、益陽，周環千里，出沒作過，有衆數萬。於是旋創戰艦，命統領官李進屯湘陰，為準屯益陽以備之，吳錫屯橋口，破其數寨，幺不敢犯。先是，長沙遭兵火，官府之屬，尺椽無有，市井蕭然。公留衡陽日，先遣官造州宅、便廳、門廡、堂屋之類；既入城，始及甲杖庫、州官廨舍、兩獄、倉庫等，又造營房六千餘間。民稍歸業，易草舍以瓦屋，城市始就緒。帥府制度，日以備具。時有統制官張忠彥者，緣討捕駐軍廣州，脅制州縣，供億以萬計，一路為之震擾，屢欲為辦，撥隸孟庾、韓世忠、岳飛，並不稟命。至是撥隸公麾下，遣使臣召之，不報。忠彥意樂為郡，公因檄令權知岳陽。忠彥果來，即械送所司。取旨諸路帥臣帶宣撫者並罷，公止帶湖南路安撫使。公嘗建議以謂："荆湖之地，綿數千里，南過二廣，北控襄漢，東接江淮，自昔號為上流，諸葛亮謂之'用武之國'。今朝廷保有東南，制御西北，荆湖諸郡，如鼎、澧、岳、鄂、連荆南一帶，皆當屯宿重兵，倚為形勢，使西川之號令可通，襄漢之聲援可接，乃有恢復中原之漸。"蓋公之志氣，其素所蓄積也。丐祠得請，乃以節次招降到潰兵盜賊人數，及見管軍馬數，自打造戰船，教習水戰，次第並見在金銀錢物，與江西、廣南未支撥到錢米之數，逐一具奏即行。

二年四月得旨，令省記編類建炎元年三月以後《時政記》。公乃以昨任宰相日，得聖語及所行政事、賞行、黜陟之大略，著《建炎時政記》以進，有旨宣付史館。是冬，偽齊入寇，侵犯淮甸，邸報既傳，中外憂憤。公具奏以今日捍禦戎馬事勢，陳為三策以獻，其大略曰："今偽齊悉兵南下，其境內必虛，儻命信臣乘此機會，擣穎昌，以臨畿甸，電發霆擊，出其不意，則偽齊必大震懼，呼還醜類，以自營救，王師追躡，必有可勝之理。非惟牽制南牧之兵，亦有恢復中原之兆，此上策也。朝廷或以茲事體大，則鑾輿駐蹕江上，勢須號召上流之兵順流而下，旌旗金鼓，千里相望，以助聲勢，則敵人雖衆，豈敢南渡。仍詔大將帥其全師，進屯淮南要害之地，設奇邀擊，絶其糧道，賊必退遁，保全東南，徐議攻討，此中策也。萬一有借親征之名，為順動之計，委一二大將捍敵於後，則臣恐車駕既遠，號令不行，賊得乘間深入，州縣望風奔潰，其為吾患，有不可勝言者矣，此最下策也。往歲金人南渡，利在侵掠，既得子女玉帛，而時方暑，則勢必還師。今偽齊使之渡江而南，必謀割據，將何以為善後之計哉？故今日為退避之計則不可。朝廷措置得宜，將士用命，則安知此賊非送死於我？顧一時機會，所以應之者如何耳。望降臣章，與二三大臣熟議之。"有旨以公所陳皆今日之急務也，已付三省、樞密院施行，降詔獎諭，有"卿忠貫神明，慮先蓍蔡，料敵於千里之外，制勝於三策"之語。公既以三策奏陳，時又報韓世忠統全軍於淮楚間迎擊賊兵，連獲勝捷。有旨令遣臺臣督劉光臣、張俊縱兵渡河應援。車駕已發，進臨江上，撫勞諸軍。公又條奏："宜備有四：曰生兵，曰海道，曰上流，曰四川。"至於保據淮南、調和諸將、增置禁衛、廣備糧食、措置戰艦水軍及措置楊幺，凡十事，以獻廟堂……

是時，朝廷鋭意大舉，既遣相臣張浚視師川、陝、荆、襄，又降制命，以韓世忠、岳飛為京東、京西路宣撫使。上嘗面諭公以"十數年來，訓練士卒，今方可用"。公既陛辭以行，因極論所以進兵者，具劄子以奏，大略謂："今日主兵者之失，大略有四：兵貴精不貴多，多而不精，反以為累；陣貴分合，合而不能分，分而不能合，皆非善置陣者。是四者，今日諸將之失，願陛下明詔之，使知古人用兵之深意，非小補也。朝廷近來措置恢復，有未盡善者五，有宜預備者三，有當善後者二。何謂有未盡善者五？善制國用者，有生財之道，有節用之法，有救弊之説，有覈實之政，有懋遷之術，有闔闢之權。審此六者，則雖養兵之多，何患乎財用之不足？而朝廷初不留意於此，唯務降官告，給度牒，賣戶帖，理積欠。折帛、博糴、預借、和買，名雖不同，其取於民一也，此未盡善者一也。議者謂當因糧於敵，臣以為敵人聚糧，或有敗北，焚蕩而去，必不使為我有。若欲取於偽地之民，則官軍抄掠，甚於寇盜，有違弔伐之義，失民望而堅從賊之心，非計之得，此未盡善者二也。金人專以鐵騎勝中國，而吾平時不務有可以制鐵騎之術，此未盡善者三也。今朝廷與諸路之兵，悉付諸將，外重内輕，緩急何以使之捍患而卻敵哉，此未盡善者四也。臣於陛辭日，竊聞麻制以韓世忠、岳飛為京東、京西路宣撫使，聖意可謂斷矣。然兵家之事行詭道，今吾軍初未嘗有其實，而遽以先聲臨之，其可乎？此未盡善者五也。何謂宜預備者三？中軍既行，宿衛單弱，肘腋之變，不可不虞，此行在不可不預備者一也。江東東、西，荆湖南、北，兵將盡行屯戍，鮮少敵人，或有乘間擣虛之作，則將何以待之？此上流不可不預備者二也。海道去京東不遠，乘風而來，一日千里，蘇、秀、明、越，全無水軍，則下流不可不預備者三也。何謂當善後者二？使王師克捷，能復京東、西地，則當屯以何兵，守以何將，金人來援，當何以待之？兩路之民，懷戴宋之心堅甚，萬有一得其地而不能守，得其民而不能保，兩路生靈，虛就屠戮，而使兩河之民絶望於本朝，則恢復之功難為力矣。勝猶如此，則所以圖為善敗之計者，宜如何哉！此當善後者二也。”二十三日，至撫州金谿界，交割本路安撫制置大使職事。是時，朝廷以本路旱災，饑民闕食，御筆詔書令帥守監司多方勸誘積米之家，以其食用之餘，盡數出糶，濟此流殍數月之苦。公即條具畫一措置事件具奏，又延見父老，詢問疾苦，乞將災傷路分第三等以下人戶四年積欠特與蠲免，又奏乞旋賜本錢十萬貫，以為營田之本，有旨並依。洪州月支官兵米五十餘碩、料錢六千餘貫，諸縣及泛支在外，而見在米止四碩、餘錢只五百餘貫。公具奏急闕，得旨令都轉運司應副一月。朝廷以財用闕乏，建議欲推行交子之法。公因致書時宰，以謂“交子之法，初若可行，其後官司，皆受其弊，而卒至於不可行”。朝廷遂改為關子。先是，降詔以六月乙巳地震求直言，公應奏，陳八事。時虔、吉盜賊為患數路，有旨令公與連南夫、張致遠相度申樞密院。公以謂：“虔寇巢穴多在江西、福建、廣東三路界首，置立寨栅，為三窟之計，一處有兵，則散往他處，官軍既退，則又復團聚。中間遣發軍馬，不能窮討，正以節制不一之故。若節制歸一，使其不能散逸，且捕且招，威令既行，則窮寇别無他策，必須自歸。然後結以恩信，使之改過自新，將為賊首、徒黨、桀黠之人盡赴軍前使用，以除後患，此最策之上者。乞與江西路置都統制一員，節制三路軍馬，以招捕虔賊。至於盜賊衰息之後，又須縣令得人，勞心撫字，使作過桀黠之人既去，良民得以復業，安於田畝，乃可以化盜區復為樂土。然虔之諸縣多是煙瘴之地，盜賊出沒不常，朝廷初無賞格，士大夫之有材者多不願就，又難強之使行。欲望朝廷優立賞格，將來辟置知縣，到任半年，盜賊消除，良民復業，選人特與改官，京朝官與轉行一官，候任滿日，各再轉一官。其賊平定之後，量與蠲免租稅，以前欠負並免催科。庶幾官吏盡心，民庶安業，復有承平之象。”得旨並依。初，洪州城池遭金人殘破之後，城壁摧毀，壕塹堙塞，兼地步闊遠，緩急難以防守。嘗有旨令逐路帥司督責州郡點檢城壁，若城大難以因舊，即隨宜減蹙。公恭依指揮，相度裁減，畫圖貼說，繳申尚書省，並乞修城。用度既省，處畫有序，不擾而辨，城高池深，民有所依。是年，王師與敵偽相持於淮、泗幾半年。公具奏，以謂：“自古用兵，相持既久，則非出奇，不足以取勝。願速遣得力兵將，自淮南前來蘄、黄間，約岳飛兵以為犄角，以夾擊之，大功可成。”既而王師屢捷，劉光世、張俊、楊沂中大破偽齊戎馬於淮淝之上，斬馘擒捕甚衆，殘黨遁歸淮北。公又奏陳利害，大略以謂：“切見間探所報，偽齊乞兵於敵人，頭項頗多，未聞有渡淮西南者。其侵犯淮、淝及光山、六安等處作過，只有李成、孔彦舟叛將簽軍，深慮賊情狡猾，匿重兵於後，而以簽軍來嘗我師。若一勝之後，兵驕墮，則為患有不可勝言者。伏望降詔諸將，益務淬礪，以待大敵，仍命朝廷按圖，以視諸路，某路固實，當設疑以款賊兵；某路空虛，當增兵以禦侵掠。使江、淮之間，表裏相資，首尾相應。”有旨以公奏陳防秋利害，切中事機，降詔奬諭。公再陳己見劄子：“願降哀痛之詔，憫將士罹兵革之苦。凡死於戰陳，先加封爵，厚給賻贈，收卹其家，死者褒則生者勸矣。然後明詔統師，審定功狀，俟防冬解嚴，慶賜併行，其誰曰不然。”

……及車駕將幸建康，公具劄子，乞益修戰守之具，沿淮、漢修築城壘。二月，報徽宗皇帝升遐，寧德皇后上仙。公既奉慰表，又具劄子，乞推廣孝思，益修軍政。二十七日，車駕進發，巡幸建康。三月，公遣本司幹辦公事韓岊，奉表起居。又具劄子，論建中興之功，大概曰：“願陛下益廣聖志，擴而充之，與神為謀，日新其德，勿以去冬驟勝而自怠，勿以目前粗定而自安。凡可以致中興之治者，無不為；凡可以害中興之功者，無不去。有所規畫措置，必以天下為度，必以施於長久、可傳於後世為法，則中興不難致矣。夫中興之於用兵，止是一事，要以修政事，信賞罰，明是非，別邪正，招徠人材，鼓作士氣，愛惜民力，順導衆心為先。數者既備，則士奮於朝，農安於野，穀粟充盈，財用不匱，將帥輯睦，士卒樂戰，用兵其有不勝者哉。”繼進《論舉直言極諫之士》、《乞不必遠召將帥》二劄子。四月十六日，有旨以公“典藩踰年，民安盜息，寬朕憂顧，宜有褒嘉，可特轉左金紫光祿大夫”。六月，上遣中使傳宣撫問，賜夏藥兼銀合茶藥。先是，虔寇以守臣失於撫循，致已受招安人蜂起為盜，雖官軍屢捷，賊黨甚衆。公致書宰相，以張角材術正可任此，所以薦之者甚力。其後朝廷果命爨自鼎移守虔州，招安說諭，並令放散徒黨，赴州公參，與免罪犯。八月，諸路大旱，江、湖、淮、浙，被害甚廣。公具劄子，乞益修政事以救今日之弊，大略以謂："前年江、湖、閩、浙嘗苦大旱，殍路相望。陛下軫慮之深，親灑宸翰，勸誘賑濟。其所存活，不知其幾千萬人。至誠動天，報以休應，曰雨而雨，曰暘而暘，歲大豐穰，民以安樂。自經一稔之後，上下恬嬉，不復勤恤民隱，朝廷百色誅求，上供不以實數而以虛額和糴，不以本錢而以關子。絲蠶未生，已督供輸；禾穀未秀，已催裝發。州縣困於轉輸，文移急於星火。官吏愁歎，閭里怨咨，感動天心，旱災復作。然則陛下欲銷弭災異，導迎吉祥，不必他求，但如前日之用心，自然感召和氣，休應立臻，繼旱暵復為豐年矣。夫今日之患，欲民力寬，則軍食闕矣；欲軍儲裕，則民財匱矣。二者如鐵炭之低昂，此首重則彼尾輕，非有術以權之，使斂不及民而軍食足，不可得而均也。惟陛下留神邦本，天下幸甚。"及探報酈瓊叛逆，擁淮西全軍並都督行府、廬州官吏兵民等，盡歸偽齊。公具奏指陳朝廷措置失當者五，深可痛惜者五，及鑒前失以圖將來者五，凡十有五事，且言："天地之變，不足為災；人不盡言，國之大患。侍從者，獻納論思之官也；臺諫者，耳目心腹之寄也。今侍從、臺諫以言為職，類皆毛舉細故以塞責，所論不過薄書、資格、守倅、令承除授之失當，至於國家大計，係社稷之安危、生靈之休戚者，初未嘗聞有一言及之。陛下試察，如淮西之變，侍從、臺諫之臣，亦有見危納忠，為陛下言之者乎？大臣懷祿而不敢諫，小臣畏罪而不敢言，此最今日之可憂者。"仍具奏以論列淮西叛將事宜，其言指陳朝廷措置失當，但欲納忠於國，情迫言切，必有牴牾，難以復當帥守之寄。乞降旨黜責，或除一外任宮觀。九月，又具奏乞外祠，且以到任以來，賑濟饑民、招填軍額、建置營房、修築城池、繕治器甲、增修官府、創蓋倉庫、催發錢糧、招捕盜賊，並逐一躬親措置處畫事件，釐為六狀繳奏。有旨以公奏陳淮西事宜，切中事機，降詔奬諭。時張浚既罷相，外議皆謂車駕將幸平江。公以謂平江去建康不遠，徒有退避之名，而言者引漢武誅王恢事以為比非是，乃復奏陳利害，大略曰："臣切見張浚罷相，言者引漢武誅王恢事以為比，臣恐智謀之士卷舌而不談兵，忠義之士扼腕而無所發憤，將士解體而不用命，州郡望風而無堅城，陛下將誰與立國哉。伏望陛下堅聖心而勿動，修軍政以自強，無為趣將獻言者之所搖動。古語曰：'臨大難而不懼，聖人之勇也。'夫張浚措置失當，誠有罪矣，然其區區徇國之心，有可矜者，願少寬假，以責來效。"又具奏乞宮祠。十月，被詔書不允，準告以明堂赦恩，加食邑五百戶，食實封三百戶。時建康移蹕之謀既審，公具奏陳車駕不宜輕動利害，大略曰："臣聞自昔用兵以成大業者，必先固人心，作士氣，據地利而不肯先退，盡人事而不肯先屈。是以楚、漢相距於滎陽、成皋間，高祖雖屢敗，不退尺寸之地；既割鴻溝，羽引而東，遂有垓下之亡。曹操、袁紹戰於官渡，操雖兵弱糧乏，荀彧止其退師，既焚紹輜重，紹引而歸，遂喪河北。由是觀之，今日之事，豈可因一叛將之故，望風怯敵，遽自退屈。果出此謀，六飛回馭之後，人情動搖，莫有固志，士氣銷縮，莫有鬥心。我退彼進，使戎馬南渡，得一邑則守一邑，得一州則守一州，得一路則守一路，亂臣賊子，黠吏姦氓，從而附之，虎踞鴟張，雖欲如前日返駕還轅，復立朝廷於荆棘瓦礫之中，不可得也。借使戎騎衝突，不得已權宜避之，猶為有說。今幸疆埸未有警急之報，兵將無不利之失，朝廷止可懲往事，修軍政，審號令，明賞刑，益務固守，而遽為此擾擾，棄前功，蹈後患，以自趨於禍敗，豈不重可惜哉。臣故曰：車駕不宜輕動，靜以鎮之者也。"又具防冬畫一事件奏請，方欲俟報措置間，而以論列淮西言及臺諫，遂犯臺諫之怒，竟以言者之故，檢會累乞宮觀奏章，提舉臨安府洞霄宮。時未有代者，懲靖康之故，且以本司積蓄財穀之數申奏。既而除端明殿學士李光為代，公貽書，具言所以措置之意。

八年正月，還次長樂。是冬，以王倫使事具劄子奏陳，大略曰："臣竊見朝廷遣王倫使金國，奉迎梓宮，往返屢矣。今倫之歸，與敵使偕，乃以江南詔諭為名，不著國號，而曰'江南'，不云通問，而曰'詔諭'，此何禮也。臣請試為陛下言之。金人毀宗社，逼二聖，而陛下應天順人，光復舊業，自我視彼，則仇讎也，自彼視我，則腹心之疾也，豈復有可和之理。然而朝廷遣使通問，冠蓋相望於道，卑詞厚幣，無所愛惜者，正以二聖在其域中，為親屈己，不得已而然，猶有說也。至去年春，兩宮凶問既至，遣使以迎梓宮，亟往遄返，初不得其要約。今倫使事，初以奉迎梓宮為指，而敵使之來，乃以江南詔諭為名，循名責實，已自乖戾，則其所以罔朝廷而生後患者，不待詰而可知。臣在遠方，不足以知其曲折，然以愚意料之，敵此名以遣使，其邀求大略有五：必降詔書，欲陛下屈體降禮以聽受，一也；必有赦文，欲朝廷宣佈頒示郡縣，二也；必立約束，欲陛下奉藩稱臣，稟其號令，三也；必求歲賂，廣其數目，使我坐困，四也；必求割地，以江為界，淮南、荆、襄、四川，盡欲得之，五也。此五者，朝廷從其一，則大事去矣。金人變詐不測，貪婪無厭，縱使聽其詔令，奉藩稱臣，其志猶未已也，必繼有號召，或使親迎梓宮，或使單車入覲，或使移易將相，或改革政事，或竭取賦稅，或朘削土宇。從之則無有紀極，一不從則前功盡廢，反為兵端。以謂權時之宜，聽其邀求，可以無後悔者，非愚則誣也。使國家之勢單弱，果不足以自振，不得已而為此，固亦無可奈何。今土宇之廣，猶半天下，臣民之心，戴宋不忘，與有識者謀之，尚足以有為，豈可忘祖宗之大業、生靈之屬望，弗慮弗圖，遽自屈服，祈哀乞憐，冀延旦暮之命哉。臣願陛下特留聖意，且勿輕許，深詔群臣，講明利害，可以久長之策，擇其善者而從之。"疏奏雖與衆論不合，上不以為忤，嘗降玉音，謂宰執曰："大臣當如此矣。"

……紹興二十六年六月，右奉議郎、通判洪州軍州主管學事、賜緋魚袋弟綸狀。

## 張守

**撰：《毘陵集》卷七，《論措置虔賊劄子》**

臣伏見朝廷連年發遣兵將討蕩虔賊，宜其稍有懲艾，漸安隴畝，近乃復有鍾十四與郭四閑等嘯聚於瑞金、會昌之間，往來福州、廣東境上，江西、福建帥司各已遣兵措置。竊緣虔州諸邑之民素名凶悍，小有嫌怨，便相讎敵，加以兵火之後，流離失業，民心易摇。其間雖有善良，既被侵迫，無以自存，勢不得已，因而從之，遂致闔境之内，鮮有良民。而又虔之為郡，介於閩、廣、江西三路之間，地形險阻，山林深密。賊知官兵之至，則雲散鳥没，無由追襲；官兵一退，則又復嘯聚，故得遷延歲月。而汀、梅諸郡，歲被侵擾，三路備禦，未有休息之期。今若必欲勦除淨盡，則不惟淹久，老師費財，亦恐其間濫及無辜，有傷仁政；若因循不治，又恐久益滋蔓，愈見難圖。臣愚欲乞密下江西帥司，乘岳飛未回朝廷，及大兵見在三路界首，凡盜賊所在，如可討捕，則合兵併力蕩平，如或四散藏伏，勢難追捕；及緣失業嘯聚、非其本意者，並許從宜招收；仍將應干境内曾為頭領人，補以名目，遣隨大軍使喚，【契勘昨來韓世忠宣撫福建，應招安到盜賊首領，並隨軍前去，故一路至今安貼。】然後朝廷責委守臣，還定安集，凡便民利物之事皆許條具施行。庶幾一二年間，稍易其俗，則三路之民得以安業，上副陛下綏惠遠方之意。

**同上書同卷，《措置江西善後劄子·小帖子》（節選）**

紹興八年九月二十七日，樞密院劄子節文："奉聖旨，數内江西今將紹興九年分本路十一州軍合起歲額上供軍器下項物料，徑赴轉運司交納，發赴岳飛軍自造軍器。鐵甲葉六十九萬九千四百三十八片，牛角六千三百三十四隻，生黃牛皮九千一百八十三張，牛筋四千一十斤一十二兩，生羊皮一萬八千三百九十二張、三十一尺三寸五分，箭笴一十八萬四千七百九十四隻，翎毛五十一萬二千九百八十二堵，各長四寸八分，條鐵七千六百九十四斤一十三兩一錢二分。"

**同上書同卷，《乞屯兵江州劄子》**

臣今月二十九日酉時，據江州申："承以北官司次第關報，五月十三日，有金人軍馬入東京。契勘本州係江西一帶衝要門戶，兼對江舒、蘄州並無人馬防拓。竊恐有緊急探報，無以支吾，申乞差撥軍馬，前來本州駐劄。"臣伏見金人觸熱行師，乘我不備，駐軍京師，其意之所屬，未易測知，要當過為隄防。臣契勘行朝所恃以為蕃翰者，韓世忠、張俊、岳飛三大將之兵。世忠駐淮東，俊駐建康，飛駐武昌，其勢必不可輕動。惟是淮西雖係張俊宣撫地分，朝廷不過令分兵廬州守禦，竊恐未必能控扼敵路，保其不能南也。萬一敵騎透漏渡淮，由光、黃、舒、蘄入江州，取饒、信、衢州，而趨行闕，如入無人之境，其勢甚易。臣頃見防秋之際，當令岳飛分兵萬人屯江州。若自鄂州順流而下，不過數日，聲援相接，長江之險，可保無虞。伏望聖慈詳酌，早賜施行。取進止。

# 汪藻

**撰：《浮溪集》卷一，《行在越州條具時政》（節選）[①]**

外之可以裁損者，軍中之冒請；內之可以裁損者，禁中之汎取。何謂軍中之冒請？朝廷不得已而取民之財，當一銖、一縷、一粒以養戰士。今一軍之中，非戰士者率三居其二。有詭名而請者，一人而挾數人之名是也。有以使臣之名而請者，一使臣之俸實兼十人戰士之費，而行伍中使臣大半，是養兵十萬而止獲萬兵之用也。有借補官資而請者，異時借補，猶須申稟朝廷，謂之真命，今則一軍之出，四方游手者無不竄名軍中，既得主帥借補，便悉支行祿廩，與命官一同，無有限極。訪聞岳飛軍中，如此類者幾數百人，州

① 又見別集類《浮溪文粹》卷五。

縣懼于憑陵，莫敢訶詰，其盜支之物，至不可勝計，不惟是而已。

**同上書卷二，《論僑寓州郡劄子》**

臣聞自東晉以來，累朝皆治金陵。當時中原為五姓所據，于江南、北僑立州郡，納其流亡之人，故江都謂之南兖州，則兖州之人所居也，京口謂之南徐州，則徐州之人所居也，以至南豫州、南司州亦然。比金人入寇，多驅兩河人民，列之行陣，號為“簽軍”。彼以數百年祖宗涵養之恩，一旦與我為敵者，豈其本心哉！特妻子父兄為其劫質，以死脅之，出於不得已而然耳，固未嘗一日忘宋也。今年建康、鎮江為韓世忠、岳飛所招遁歸者，無慮萬人，其情可見。臣愚以為莫若因此時，用六朝僑寓法，分浙西諸縣，悉以兩河州郡名之。假如金壇權謂之南相州，許相州之人皆就金壇而居，其他類此。無事之時，多印文牓，先行散佈，使皆明知國家優恤之意，俟其入寇，徐以旗幟招之。彼既知所居，各有定處，粗成井邑，父兄、骨肉、親戚、故舊皆在，其有無足以相通，禍患足以相救，與鄉居無異，亦何為而不居乎哉？況浙西州縣昨經焚劫之後，人遭殺戮，戶絶必多，如令有司籍定田產頃數，以待僑寓之人，計口而給，與土人雜耕，撫存老幼，係累其心。俟稍安居，料其丁壯，教以戰陣，皆精兵也，必爭先用命，永無潰散。與夫從彼驅擄，反為我敵者，其利害豈止相萬哉。取進止。

# 李光

**撰：《莊簡集》卷十，《乞令漕臣應副岳飛錢糧等狀》**

臣契勘本州自軍興以來，偶免殘破，前後過軍，萬數浩瀚，皆臣竭力應副，不敢毫髮仰干朝廷。今來巨師古、劉晏、岳飛大兵屯泊境上，應副錢糧，需索犒設，臣不敢辭避。竊緣官軍與戚賊相持，雖已出境，緣建平溧水縣、廣德軍諸處並無官吏人民，臣不免出界應副。臣見差官三員，在廣德界上及岳飛軍前專切運糧，委是費力，其本路漕臣亦合移檄傍近州縣，同共那移應副錢糧及犒設金銀等。況建康府已收復了畢，自合前來管幹職事。望聖慈憫察，本州係是小郡，前後被害非一，速賜行下本路漕臣，應副岳飛一項人兵。【六月二十日，奉旨，岳飛一行軍兵已降指揮，聽張俊節制，所有合用錢糧自合張俊下隨軍轉運應副，仰隨軍轉運副使劉蒙疾速支撥應副，不得少有闕誤。】

**同上書卷十四，《與程伯□書》**

日來時時得浙西諸友書，諸友極有意向進，若乘此時，移蹕建鄴，亦是機會。近見詔書，乃用孟庾申請回臨安，此恐小人探伺而為之也。廬與江、陽、桂、廣皆已除帥，但惜似矩遠去耳。魏矼、馬承家皆以章罷，必知之。張柔直、林少伊皆引赦叙，此似封雍齒，顧如老友，負天下公望，能久間耶？傳潘書問往來不絶。江元壽已除司農，廖用中正赴行在。今日為腹心之患者，獨一王居正。蓋起初受知於宗尹，宗尹黨稍稍在當路耳。右揆經理疆埸事，往來淮、浙。四大將並在鎮江，岳侯來日至矣。李伯紀請入覲，已允，旦夕亦至，此公進退，前無古人，然其區區為國之心，則可恕矣。江西、湖南大饑，朝廷餽餉且不繼，何能賑給窮乏？事事可憂，雖促膝握手，未易言之。子賤已丁憂，然上極喜其為人，以告就賜，且賻以五百緡，宜何以報之。仲暉率一二日相見，故人可以語心者，惟此郎爾。民俗有大利病，願時以見告。崔發見尋窠闕，子駿數言之，上意未解。今子駿去，僕獨任其責，昨日又言之左相矣。某承乏又已七八月，衰頹倦遊，非復往日，思自放於田里，如痿人之不忘起也，但國勢方艱，時事如許，未忍求去。然行藏出處，大節所系，月末且申前請，或幸全璧而歸，庶保晚節耳。

# 赵鼎

**撰：《忠正德文集》卷一，《乞支降岳飛軍馬錢糧狀》**

臣今月二十六日，準樞密院劄子，三省、樞密院同奉聖旨，除臣江南安撫制置大使，按《宋史》，鼎除江東安撫大使係紹興二年十月。岳飛除本路沿江制置使，所以防秋合行事件，令同共商議，疾速措置，條具聞奏。臣除已遵奉施行，及候岳飛到日，別行條具外，契勘本路江州、興國、南康軍並係沿江控扼，合屯軍馬去處，其岳飛一軍，月支錢一十二萬三千餘貫，米一萬四千五百餘石，數目浩大。近蒙朝廷差撥岳飛軍兵一萬人，往江州駐劄。岳飛止差五千餘人前去，未敢盡數起發。蓋緣去年本軍在彼屯泊之日，錢糧闕乏，轉運司應副不繼，有誤指準，致本軍殺馬、剪髮，賣鬻妻子，博易米斛，幾致生事。今來措置防秋，盡發軍馬沿江把守，兵衆費廣，理合預行樁辦，不可少有欠闕。臣見將岳飛一軍逐月所用糧食，催督轉運司接運本路米斛起發外，唯是全闕見錢支遣，若不控告朝廷給降應副，將來定致闕絶，有誤軍事。欲望聖慈體念本路闕乏，特降睿旨，支賜錢四十萬貫，準折金銀降下，以充本軍三月之用；或將吉州榷貨務見今入納錢物，截日盡數就便支撥，候過防秋日住罷。庶免臨時往復奏請，有誤國事。

**同上書同卷，《乞下湖北帥司隄備賊馬狀》**

臣昨據本路制置使岳飛申："諸處探報，李成、劉麟會合金人，有直趨蘄、黃渡江之計。"臣以本路正當衝要，控扼江浙，實係行朝利害，不敢隱默，節次具奏，庶幾中外預得為備，不至倉猝失措。自十一月二十日以後，探報少緩，而臣不即以聞者，以敵情不測，萬一所傳不審，有失隄防，或致衝突之患。當料其有，不料其無；勿恃其不來，恃吾有以待之也。今李成尚留漢上，雖未聞追襲之耗，而經營襄、鄧，用意不淺。蓋輕兵追襲，為患速而小；佔據上流，為患緩而大。計朝廷已有措置，非臣愚慮所及。緣上流既失，即自漢陽而下，沿江諸郡皆順流可至之地，不可一日弛備，非特防秋而已。臣已奏稟，乞支降錢物，打造戰船。不唯本路合行計置，竊恐沿江諸路亦當如此。兼聞光州、順昌府各儲糧十數萬，今則未見動息，觀其意向，必有所用。臣除不住移文制置使岳飛及本司所遣兵馬，遠佈耳目，益嚴防守，并召募硬探，直往襄陽以來，伺察敵情外，所有漢陽、沌口，係漢江下流，湖北帥司所隸，更望聖慈特降睿旨，嚴切戒約，過為隄備，庶免意外不虞之患。

**同上書同卷，《乞下湖北帥司防托武昌等處狀》**

臣契勘已依準聖旨，措置沿江防秋事務，緣昨來金人自黃州張家渡渡江，由湖北路鄂州武昌縣上岸，方入興國軍大冶縣界，取山路以犯江西。臣今相度，如今路興國軍大冶、通山等處，見候岳飛到，擺佈防托外，有武昌縣，尤為上流要害之地，與大冶縣相去不遠，欲乞朝廷指揮湖北路帥臣速行措置，選發將兵於武昌縣等處分佈屯守。不測有警，庶幾兩路張大聲援，迭為犄角之勢，共濟國事。伏望聖慈特降睿旨，詳察施行。

**同上書卷二，《知洪州乞支降錢米狀》**

【按：鼎移江西安撫大使，知洪州，在紹興三年三月。】

臣契勘江西比年以來，自張俊、韓世忠相繼提領大兵招捕盜賊，及目今屯駐岳飛二萬三千餘人，供億浩大，竭一路財力，僅能應副。蓋緣本路一十州軍皆屢經兵火，百姓未盡歸業，財賦所入比舊十分纔及二三，而官用所出比舊數幾十倍，積靡以至今日。承此末流之弊，財用愈窘，民力愈困，支梧不行。本司合用錢米，從來全仰漕司依數支移；又不足，則不免干紊朝廷，乞支降錢物，接濟補助。臣今初到任，首以養兵理財為急務，點檢得見在米只支得四月，一月以後，未有指準。所有今年春衣，並無一錢一匹俵散。兼蘄、黃等州逐月不住申乞錢糧，無可那融。其按月按旬合支見錢，唯仰洪州日逐酒稅課利，所收亦是不多。去納稅月分尚遠，委是不能繼續支遣。若不仰干天聽，竊慮緩急措手不及，欲望聖慈許於歲額錢米外，特賜睿旨，支降錢三十萬貫，於吉州榷貨務支撥見錢，及本路上供米内，截撥米五萬石，付本司贍給官兵，以救目下新陳未接、數月之急，及緩急差發將兵出入支用，庶幾不誤國事。臣已奏乞宫觀差遣，然既到官，因見事勢如此，不敢隱默。兼恐後來帥臣，愈更費力。伏望聖慈特賜矜察。

貼黄：契勘朝廷數頒詔令，務在寬卹民力，不許州縣科率騷擾。臣昨閑居山野間，具見此患，今待罪守臣，斷不敢經賦之外毫髪横斂，若不開具闕乏，伸告陛下，即本司錢糧無所從出。伏望聖慈出自宸斷，特依臣所乞行下，庶幾不敗事，以陷罪辜。惟陛下矜察，臣不勝萬幸。臣昨任建康，過闕陛辭。蒙陛下聖諭，候到江東，應有伸陳事理，當一一應副。然江東所管軍馬不多，可以随宜措置，除支降到銀三萬兩外，更不敢紊煩聖聽。今來江西窘乏，既非江東之比，而所管軍馬約及三倍有餘，歲額錢米，不惟取撥不足，設使依數應副到司，亦自支遣不給。兼今來正當不相接濟、急闕之際，若不蒙朝廷特賜支降，則臣之孤蹤，決不能自保。臣雖已乞宫觀，竊恐未離任間，别生事變。重煩聖慮，惟陛下哀憐之。臣無任瀝血，祈懇之至。

**同上書同卷，《乞下鄰路防托虔寇》**

【按《宋史》：紹興三年三月，詔岳飛捕虔賊。六月，飛自虔州班師。此下三篇，當是四月擒斬彭友等後所上。】

臣契勘虔、吉之民，素號頑狡，平日不事生產，至秋冬收成之後，即結集徒黨，出没侵掠。累年以來，朝廷方事外寇，未暇掃除，由是患害日滋，根株益固。上勞聖慮，遣發王師。今雖破蕩巢穴，使之著業。而渠魁間有竄逸者，雖苟目下少安，冬春之間，不能保其無事。臣只候岳飛班師，即分那人馬，逐處彈壓。竊慮積習未悛，再有嘯聚，定須侵擾鄰路州軍。伏望聖慈特降睿旨，下福建、廣南相接本路虔、吉州、南安軍界，添屯人馬，聲援相應，使凶惡之黨知所至有兵，不敢妄動。加以歲月，漸革凶殘之氣，化為良善之民，使安田畝，永絶後患。

**同上書同卷，《措置防秋事宜》**

【按《宋史》：紹興三年九月，以鼎為江西安撫制置大使；是年八月，詔岳飛赴行在，留精兵萬人戍江州。時車駕駐臨安。此下三篇，以文義考之，當即此時所上。】

臣契勘即日防秋是時。臣雖夙夜惕勵，思所以廣為隄備，第念事勢相形，利害安危，固有緩急輕重，儻非先事建明，遠瀆聖聽，恐一旦措手無及。恭惟清蹕見駐臨安，二浙、閩中為近輔，江東、淮甸為要藩，自行朝達鎮江、建康，屯宿重兵，無慮十萬。距京師約三千里，非不深且遠，可恃以安。然江西一路，北際陳、蔡、廬、壽，西連潭、衡、荆、襄，比他路邊面最為闊遠。偽齊見遣兵將，力守光州，為備數年，頗聞農種漸廣。自汴由陳、蔡至光，纔三百里，復與蘄、黄接界，亦粗有糧可因。偽齊萬一會合金人，再來南侵，當數路並進，而鎮江、建康既已有備，必由光州直擣蘄、黄，旬日便到江上。擄船造栰，乘間南渡，聲摇江、湖，人心摧於傷弓，當鳥驚魚散，支梧不暇，將見行朝亦不得奠枕，則建康、鎮江雖屯重兵，固已無益於事矣。況己酉冬，敵騎已嘗出武昌岸，徑趨興國，緣山疾馳，數日薄洪州城下。按己酉係建炎三年，是年十月，金人自黄州濟江，由大冶縣趨洪州，見《宋史・本紀》。前車之戒未遠，則江西今日利害安危，豈不重且急乎？臣計本司見管軍馬共一萬六千餘，皆是招收烏合之衆，除輜重、火頭等外，可使出戰，僅及萬人，才足以屯防近裏州縣，隄備盜賊，豈堪前當大敵。近奉聖旨，留岳飛全軍，先分萬兵駐九江，士馬精勁，似可倚仗。臣愚見尚有二患：邊面闊而偽境近，則師不可不益；師旅增而贍給廣，則財不可不聚。謂如江州、興國軍西抵岳、鄂，皆據大江上游，曲折千里，控扼要害，受敵處多。自湓浦以上，江漸狹隘，至霜降水落，則一箭可及，一葦可航，非若下流深闊多阻，未易侵越也。今計岳飛兵數二萬一千有餘，除火頭、輜重、守寨、疾病人外，實得戰士一萬五千人。忽有警急，迎敵保城，臨時應機，猶恐分佈不給。兼岳、鄂人馬無多，安能使犄角應援。臣欲乞朝廷更摘那數頭項堪任出入將兵，時暫付臣相兼使用。又本路州縣屢經兵火殘毁，繼以連歲討賊，大兵往來，民力凋弊，官用空虚。今既留岳飛全軍，復丐益師，則軍儲愈窘。若止仰漕計，必致闕誤。臣欲乞朝廷廣行支降錢物，及就撥本路應千諸司上供錢帛，並榷貨務見在及日後收樁之數，並行付臣斡旋，相兼支遣。仍乞選户部官一員前來，與漕臣協議應副。庶幾兵勢稍強，財用粗足，可以待敵，且免臨時擾攘失措之患。臣才識庸暗，所見止此。伏望聖慈察其勢迫計窮，早賜睿旨，詳酌施行。

**同上書同卷，《乞於岳、鄂屯駐岳飛人馬狀》**

臣勘會神武副軍都統制岳飛全軍人馬先奉聖旨，起發赴行在，續蒙存留在本路虔、吉州，平蕩賊火。臣契勘湖北岳、鄂州係在大江之南，與江州、洪州、興國軍地相連接，最是沿江上流，控扼淮甸、京西，實為荊湖、川、陝喉襟要害之所。今來防秋在近，鄂、岳之間，理合預作措置防備，不可無重兵捍禦。其鄂州雖有帥臣，屯兵數少，及本路見管軍馬計一萬餘人，頭項不一，其間大半是招收烏合之人，以至器甲，大段未備。萬一有警，深慮難以支梧。臣今相度，欲乞將岳飛軍馬，候討捕虔、吉賊火了日，特降指揮，令往鄂、岳州屯駐，所有合用錢糧，專委湖北及鄰路漕臣分認應副。如蒙俞允，不惟江西藉其聲援，可保無虞，而湖南、兩廣、江東、兩浙亦獲安妥，及江路通快舟船往來，悉無阻碍。欲望聖慈詳酌，特降睿旨施行。

**同上書同卷，《奏乞節制岳飛狀》**

臣契勘神武副軍都統制岳飛，先奉聖旨於本路駐劄，彈壓盜賊，係聽本司節制；續奉朝旨，赴行在；未起發間，再奉聖旨，令李回協和岳飛，敦遣措置虔州管下盜賊。今來本軍招捕虔賊了當，蒙朝廷分屯江州防秋。欲望特降睿旨，許依舊聽本司節制，所貴緩急集事。如蒙聖慈特賜允許，即乞作朝廷措置行下。

**同上書同卷，《乞曲赦虔寇》**

臣訪聞虔州自從衛軍民交變以來，凡十縣之間，失業之民，率聚為寇。雖聖恩寬厚，貸其脅從，亦既累年，而猶家藏兵器，未嘗輸官。州縣既不能止絶，又且聽訟理獄，往往許以追證舊事，閭里騷然，各懷反側，則是朝廷已赦之罪，官吏猶得治之，使德澤阻於佈宣，人情積於忿怨。一旦姦心不能自懲，則投兵剸刃，勢有必然者，因而聚衆阻險，無由自新。昨遣岳飛再已平定，而前日怨仇之訟，紛紛猶未已也。臣區區愚見，欲望聖慈依昨來建州平范汝為體例，特降曲赦，或止降詔書，貸其往咎，及應干優卹等事，並檢舉施行，如此則人獲安業，盜賊潛消矣。【按《宋史》，紹興四年七月，曲赦虔州。】

### 同上書卷三，《乞賜岳飛親筆》

臣今日得岳飛書，已定十月十九日出師。臣竊惟大軍一舉，所係非輕，臣願陛下以收復境土、拯救生靈為念，誠心默禱，克享成功。仍乞親筆賜飛，勉以“盡忠體國”之義，使之激勵將士，共立功名。臣已累具奏，陳乞在外宫觀，然備位大臣，不敢以中外為間，並幸睿察。

### 同上書卷七，《建炎筆錄》（節選）

建炎三年己酉歲閏八月，車駕在建康……十六日，天寧觀辭太廟神御。是日有詔，以二十六日幸浙西，留右僕射充鎮守建康，劉光世屯太平州，韓世忠屯鎮江，王□屯常州，並聽充節制。是時劉、韓各提重兵，畏充嚴峻，論說紛紛。已而光世移屯江州，世忠移江陰、常州境上，由是充所統者，王□及其舊部曲陳淬、岳飛數頭項而已。

### 同上書卷八，《丙辰筆錄》（節選）

紹興六年丙辰歲，九月初一日，車駕發臨安。是日，先詣上天竺燒香，為二聖祈福。執政從官扈從，建國乘馬行於輦後。回幸下天竺進膳，宰執賜素食。駕至靈隱北山，雲起雷震，微雨作，少頃即止。薄晚，還城登舟，泊城外北郭税亭下。迫暮，雷電大作。是日，駕過中竺。有卒執黃旗道左，即岳侯卻敵虢州、寄治盧氏縣捷奏也。至上竺，黃旗進入。岳遣將王貴、郝政、董先引兵破之，獲糧十五萬斛。

初二日，發北郭亭，晚泊臨平鎮，奏事舟中，方論奏岳飛之捷。上顧謂右揆浚曰：“岳捷固可喜，但淮上諸將各據要害，雖為必守之計，然兵家不慮勝，唯慮敗耳。萬一小有蹉跌，不知後段如何?”復顧某曰：“卿等更熟慮。”某等奉命而退。是日，微雨終日，夜大風。雨止北風，舟行稍緩……

初五日，發皂林店，晚泊秀州，奏事河亭，因及岳飛兩捷俘獲之物。上曰：“兵家不無緣飾，此不足道。卿等因通書飛幕屬，叩問子細。非為核實，有吝賞典，但欲知事宜形勢、措畫之方耳。”浚奏曰：“飛之措置甚大，今既至伊、洛間，如河陽、太行一帶山寨，必有通耗者。自梁青之來，常有往來之人，其意甚堅確。青，懷、衛間人，嘗聚衆依太行，數出擾磁、相間。金人頗患之，今年春，併兵力攻。青以精騎數百突出，渡河，由襄、漢來歸岳侯。兩河人呼為梁小哥。”某奏曰：“河東山寨如韋詮忠輩，今雖屈力就招，然未嘗下山，隊伍、器甲如舊，據險自保，耕種自如，唯不出兵耳。金人亦無如之何，但羈縻之而已。一旦王師渡河，此曹必為我用。”上曰：“斯民不忘祖宗恩德如此，吾料之，非金人所能有。”某等同奏曰：“願陛下進德修業，孜孜經營，此念常如今日，臣等願竭駑鈍，裨佐萬一。”進呈周秘奏狀，以解潛、劉錡各引無旗號舟船入禁圍，且妄申朝廷，去御舟五十里遠。得旨，潛、錡各罰銅八斤。德遠、仲古過舟中小飲，得洙輩書，報初四日已發舟出門，將往德清也……

初七日，登平望。是日，岳飛捷奏至，遣偏將收復商州，且乞催已差知商州邵隆速來之任。隆，解之安邑人。敵犯河、解，隆與其兄糾率鄉民，屢與敵戰。兄為敵獲，大罵而死。隆收殘衆，轉戰入蜀，隸吳玠麾下，數立功，且遣人赴闕，陳奏“商州要害之地，不可不力取，得商則可以經營關中”。尋命知商州，俾與金守郭浩經營收復，今則岳飛先得之矣。

……初十日，詣天寧寺，開啓行香。得收復順州捷奏。順州，昔之伊陽縣也。縣有弓手翟興，勇於捕寇。弟進尤為驍鋭，邑人號為“小翟”，以獲寇補官，後任熙河將。會熙帥劉法出兵總安城，深入敵境，為人所誤，置寨不得地。敵自四山下逼，日且暮，舉軍潰亂，失法所在。諸將逃死不暇，而進獨策馬大呼，衝犯敵圍，來往再三，求法不獲。時法已墮崖死矣，進由是知名。靖康初，金人犯伊、洛，進時為京西將，河南尹王襄遠遁，進以洛兵保伊陽自固。洛之士民避難者，多依之。進死，兄興代之，兄弟相繼累歲，一方寇盜為之屏息，固護陵寢，為有功焉。劉豫僭逆，數遣兵攻之，興介處一隅，與朝廷隔絶，寡援糧乏，退保太和鎮。興死，其子琮代之，數遣人間道告於朝廷，求兵糧為助，而地遠不能及也。琮勢益弱，遂以餘衆歸襄陽，依李横，由是伊陽、太和一帶險要，盡棄之敵境矣。岳飛至襄陽，遣將王貴，直擣盧氏，據之。乃分兵西取商州，東由欒川縣，西碧潭太和鎮，以取伊陽也。伊陽去洛才百餘里。是日，韓世忠入門，晚赴内殿入見……

十二日，後殿常朝。自上即位以來，止御後殿，更不行前殿之禮，以二聖未還，意有所避也。留身奏：“世忠之來，計當奏陳邊事方略。”上曰：“世忠無他語，但云欲與宰執議定，乞與宰執同對，卿與更子細詰問如何也。”某曰：“世忠之意，不欲張俊築城，便欲令向前，勾引金人近前，我得地利，合軍一擊，便見得失。今日得城，明日得縣，無益也。竊恐勞役之久，別有事生耳。臣之愚見，若初議遣俊等渡江，徑之淮北，或攻宿，或取徐，得則進，否則退歸，出入不常，使敵罔測，是亦一策，不如止屯淮上。初云築山寨，亦復不知修城工役如此之大。臣深恐城未及就，敵已有動息，欲守則無地可歸，欲戰則不保必勝。臣已嘗與張浚等商量，若只築一小堡，可屯萬人，選精鋭守之，劫寨、腰截、斷糧道等，皆可為之。大軍依舊坐據長江之險，敵既不能遽渡，則不無回顧之慮，如此似為穩當。”上以為然，乃曰：“浚意如何?”某曰：“浚初有商量之意，徐徐議論。但以岳飛牽制於後，敵若抽兵稍迴，山東空缺，則世忠必再為淮、徐之舉，敵且自救不暇，安能窺吾淮甸?使俊築一堅城池，屯軍淮上，臨宿、亳。敵且疲於奔命，此恢復之端也。浚此策甚善，但臣之所慮，今冬防托數月之事，俟來春更築一堡，不失為此計耳。自古用兵，變化不同，初無定論，然先議守而後論戰，乃保萬全也。”上然之。是晚，同右揆、西樞謁韓世忠，就其後圃，置酒七行。世忠之圃，即章子厚園池，昔蘇子美之滄浪亭也。子厚在相位日營葺，所費不貲，罷相即遷責，未嘗安享。洎放還，寄居嚴之烏龍山寺。子弟輩悉遣歸鄉，幹置生事。死之日，無一人在側，群妾方分爭金帛，停尸數日，無人顧藉，鼠食其一指，衢僧法空親見之。坐間，右揆屢叩世忠進取方略，世忠終不盡言，但云“與相公屢言之”，而其意不過欲令張俊先為一著，渠欲乘隙而動，即易為功也，但恐俊等揣知其意，不肯合謀耳。金字遞備，坐探報檄岳飛明遠斥堠，擇利進退。以世忠言，近探者自河北回，言龍虎軍由李固渡過河，凡渡四晝夜，精兵三萬餘人，内分騎兵一萬之京西，以應岳飛也。

十三日，進呈已降指揮，依四年例，燕犒諸軍將佐。檢正張宗元上殿，遣詣建康、太平，撫勞劉光世、張俊兩軍老小，仍將在寨人點檢整頓，結成隊伍。晚得岳飛收復西京長水縣捷報，仍云已收兵復回鄂州，以糧不繼也。

十七日，進呈岳飛乞終制。某等先議定，奏稟以飛累有陳請，亦屢降指揮，而其請不已，欲上親筆批回劄子。上曰：“惟宰執有此禮，他人不可。卿等可作書，但云‘得旨封回’可也。”退而右揆以書封去。是日，劉光世奏敵添兵戍陳、蔡間，而劉豫亦於潁昌積穀甚富，恐有侵犯之意。密院刻擇官申中和言：“太白已過，左執法以陰晦不見。”先是，佔星者言“九月初三夜，太白由黄道微高，入太微垣，犯右執法”。

**同上書同卷，《丁巳筆録》(節選)**

紹興七年丁巳歲，十月初……二十五日，謝大禮加恩，不奏事，退答衢州諸書。先是，士大夫相知者，責余作相踰月，未見有所施設。余答之云：“今日之事，有如至虚極弱久病之人再有所傷，元氣大耗，自非緩緩温養之，必致顛覆。方此危迫之際，唯有安靖不生事，坐以鎮之。若欲大作措置，煥然一新，此起死之術也，非老拙所能。且張德遠非不欲有為，而其效如此，不量力之過，亦足為戒矣。”一日，上曰：“令張俊盡以舟師分佈控扼，然後引兵渡江。”余曰：“淮西寂然無事，不須劳攘，但外間議論便謂朝廷棄卻淮西。以兵家舉措言之，一軍潰散，卻補一軍，分明是怕他。卻當一向勿顧，不發一兵，看彼如何？未必敢動。”上以為然。是月，董弅徽猷待制知嚴州。先是，弅任中書舍人。余罷政之十餘日，諫官陳公輔論二程之學，恐惑亂天下。於是，下詔曉諭董權禮侍，錄黄下部吏，欲鏤板。董曰：“少俟他無所云也。”郎官黄次山白臺諫謂弅沮格詔令，侍御史周秘彈之。弅以殿撰出知衢州，其後給事中胡世將舉次山自代，朝廷遂進擬修注。上曰：“非告訐董弅者邪？此風不可長，可與在外差遣。當國意甚沮，由是善類稍安。”次山遂除湖南提刑，弅至是始除次對。一日，奏稟“來春去留之計，請陛下更留聖慮。將來囬蹕之後，中外便謂朝廷無復恢復之意”。上曰：“張浚措置三年，窮竭民力，殫耗國用，何嘗得尺寸之地，而壞卻許多事功。此等議論，不足卹也。”余又曰：“昨日進呈劉麟以酈瓊書送岳飛，瓊書云：‘昨在合淝，已聞大齊政事修明，奉法向公，人民安業。今既到此，目自見之，投身效命，合得其所。’賊為夸大之言，不無緣飾。然聞刑法極嚴整，人亦畏憚，官吏上下，委無毫髪之擾。”上曰：“也是嗔他如此不得。”余乃曰：“陛下承二百年太平之後，州縣玩習，相師成風，吏強官弱，民無赴訴。若非嚴加刑法，無由整肅。又念祖宗以來，純以仁恕待天下，所以享國長久。欲絶復興，雖朝廷法令時有更張，至於祖宗仁恕之心，則列聖相承，未嘗少變。此乃陛下之家法也，必不肯如彼所為，加酷於天下。為今日計，欲富國，唯有屯田；欲息民，唯有擇郡守。縣令衆多，不能擇監司，則力有所不能及。唯守臣得人，則民自受賜。”上深以為然。一日，泛論時事，因及《國史》，上曰：“前日觀朱墨本，内用朱勾去者也，是大冗。”余奏曰：“朱勾者，最係美事，皆蔡卞輩不喜之語。亦以其不學，故不知去取耳。且如《吳奎傳》載上神宗疏曰：‘臣願陛下為堯舜主，不願陛下為唐德宗猜忌之主。’卞等簽則云：‘所引狂悖，今刪去。’臣謂載之乃見神宗之聖，蓋主聖，然後臣直也。使唐魏徵、王珪輩傳中，不載當時獻替之言，則後世亦安知太宗為納諫之君？”上深以為然。余又進曰：“使一部盡作諛詞，此豈美事？古謂之不諱之朝者，蓋屢聞直聲，必甚盛故也。帝王一代之典，是非褒貶，非子孫所敢為者。所以使後代人君，常懷儆懼之心，不敢為非也，此孔子作《春秋》之意也。姦人常以《春秋》為魯諱者，大惡諱，小惡必謹而書之，不隱也。所載吳奎之疏，皆讜言正論，人所難堪者，神宗能容之，是乃盛德事，謂之大惡，可乎？何諱之有。”上曰：“卿所論甚正，非他人可及也。”余又進曰：“臣去國半年餘，今者再見清光，竊觀聖意稍異於前日。”上曰：“不得不然。尋常造膝之言，每以孝悌之説相摇撼，其實紹述之謀也。又同事者和之，一詞朝夕浸淫，罔覺也。如程頤之學，每貶斥之，以為不可用。”余曰：“秦檜莫為陛下説些正論。”上曰：“並無一言。自卿去國，在庭之臣，不減其舊者，唯朱震一人而已。”余又曰：“臣觀為此謀者，不過持中論以眩惑聖聽，以謂不可太分别，當兼收並用，庶幾得人之路廣大無遺。臣竊以為不然，取人之路雖廣，使君子、小人並進，亦何為治？與其多得小人，不若少得君子之為愈也。大抵持中論者，便是沮遏善類之術，分别善惡，唯恐不嚴，稍似寬容，則乘間透漏，落其姦計，使君子不容措足矣。君子之於小人，常存恕心；小人之於君子，不少恕也。自古及今，君子常屏棄，小人常得志，以此故也。”上又以為然。

**同上書卷九，《辯誣筆録》（節選）**

余叨塵踰分，績效無聞，固足以招致人言，重干典憲，而又學術迂僻，與衆背馳。其辯宣仁之冤誣，正裕陵之配享，無慊於心，無負於社稷，無愧於天地神明。而兩家之黨，佈滿中外，怨讟四起，叢於一身矣。銷骨鑠金，何所不至？度其勢力，將寘之必死，則凡今日流離之極，而尚延殘喘者，皆君父委曲庇護之賜也。有此僥倖，尚復何言。然前後論列，踰數十章，其間寧無傳播失實、風聞文飾之誤？是不得不辯。其他細故，無足深較，謹擇其尤者作辯誣……

一、某謫潮陽，岳飛自岳、鄂以金五萬貫贐行，某受之不辭，交結叛將，識者為之寒心。辯曰：“自渡江，諸大將與廟堂諸公並相往還，禮數唯遇生日，以功德疏、星香為壽而已。岳飛後進，並生日禮數亦復不講。某謫潮陽，庚申七月初一日指揮也。初六日，得明州公文，繳到刑部牒，即日上道。時岳飛在鄂州，相去二千餘里，何由通問。至當年十二月間，得飛一書，謝轉官而已。來人云：因過福州張丞相處下書。蓋自福州至潮，由循海入江西，乃其歸路。某以通封公狀謝之，未嘗答一字。次年正月間，又得一書，亦自福州經過，賀年節書也。某以謂既不答書，不必開看，亦以通封公狀謝之，并來書復付來人齎去，不曾開拆也。書且不留，何由有金五萬貫。以五萬貫之金，須用兩人擎擔，必不輕付，須有管押之人。今岳飛既死，無由考證，然天地鬼神，實鑒臨之。又邸報坐到岳飛案款，在酉年春末，罷兵柄、入樞府之後；飛發書來潮陽，在申年冬末，時猶總兵鎮上流也，謂之交結叛將，可乎？況來書未嘗啓封，復還之邪。且諸將總兵在外，每因職事咨稟，廟堂諸公必有書答之。飛最遠，書辭最勤，已前有書往還者，皆謂之交結叛將，可乎？此不待辯而可明者，以事體頗重，不得不一言也。”……

一、資善堂汲引親黨。乙卯春，資善既建，同列留身奏事，退謂某曰："適得旨，專令相公擇資善堂官一員。"言才出口，某曰："今士人中，學識淵源、人物藴藉、可以為師範，無如范沖者。"此言應口即答，未嘗出於思慮。當時止為得旨擇人，若謂有他意，則皇天后土，實鑒臨之。退亦思之，恐涉嫌謗。又念古人内舉不避親之義，於是言於上，自信弗疑，不慮後患，此則某之罪也。命下，范沖力辭，且言"獨員終日在内，恐涉嫌謗"，遂又進擬朱震，二人更直，舉朝内外，皆以為得人。後因臺諫諸人奏事，上盛談二人之賢，諸人奏曰："天生資善官，二人無與比者。"翌日，上以臺諫之言語執政，顧某喜動天顔。某亦以此自喜，不知為今日之患也。然又有一事最為切害，跡狀靄昧，無以自明。此所以摧心飲血、負屈銜冤、抱恨無窮、死且不忘也。某丁巳秋再相，適岳飛入朝奏事。翌日，上曰："飛昨日奏，乞立皇子。此事非飛所宜與。"某奏曰："飛不循分守，乃至於此。"退召飛隨軍運使薛弼，諭之曰："大將總兵在外，豈可干與朝廷大事，寧不避嫌。飛武人，不知為此，殆幕中村秀才教之。公歸語幕中，毋令作此態，非保全功名終始之理。"弼深以為然，曰："當子細諭飛，且語幕中諸人也。"若謂某結飛，使之為此，寧肯使人諭止之。前譖者謂某汲引親黨，僥倖他日；後譖者謂某結飛，欲以兵脅朝廷。嗚呼！讒人之言，一何酷邪！此自古人君惡聞之者，殺身滅族之禍也。尚賴君父慈憐，得保首領，非其幸歟！萬一再見天日，當瀝膽披肝，一訴始末，然後退就鼎鑊，無憾矣。嗚呼！皇天后土，實臨鑒之。

## 紹興間鼎　澧謡

### 清厲鶚撰：《宋詩紀事》卷一百

若要除我，除是飛來。【《古今風謡》：鼎、澧間大盗夏誠、劉衡、楊幺據洞庭湖，有謡云云，後為岳飛所擒。】

# 程克俊

## ［明］程敏政編：《新安文獻志》卷二，《獎諭武勝、定國軍節度使、湖北、京西宣撫使岳飛郾城勝捷，仍降犒賞詔》

敕："岳飛自金師入境，今十五年。我師臨陣，何啻百萬，曾未聞遠以孤軍，當兹強敵，抗方興並集之衆，於平原曠野之中，如今日之用命者也。蓋卿忠義貫於神明，威惠孚於士卒，暨爾在行之旅，咸懷克敵之心，陷陣摧堅，計不反顧。鏖鬥屢合，敵人敗衄。念兹鋒鏑之交，重有傷夷之苦。俾爾至此，時予之辜。惟兵氣之克揚，而吾軍之方振，尚效功名之志，亟聞奏凱之期，載想忠勤，彌深嘉嘆。降關子錢二十萬貫，犒賞戰士，故兹獎諭，想宜知悉。"

## 同上書同卷，《賜少保、樞密副使岳飛乞敘立參知政事王次翁之下不允批答》

敕岳飛："得卿奏'近蒙恩除樞密副使，令參知政事王次翁敘位在臣之下。契勘參知政事敘位，舊例在樞密副使之上。臣雖謬忝孤卿，豈得遽紊班列。欲望聖慈令臣只依舊例，敘位在參知政事之下，庶使邦儀不易，愚分可安'，具悉。卿蚤建殊勛，顯登亞保。雖贊西樞之務，實聯左棘之班。肆同列之有陳，請會朝而居下。朕嘉其自抑，蓋有能遜之風；俾爾在前，且昭右武之意。情文俱得，禮法無嫌。胡為守謙未安，厥服勉體睠意。勿復有言，所請宜不允。"

# 劉才邵

## 撰：《檆溪居士集》卷一，《次韻陳久道秋雨書事二首》

尋常秋色高，風力未遽惡。應緣殺氣盛，慘淡連沙漠。【原注：傳聞諸將併力北征。】林枯日向疏，溪斷水初落。閒雲亦何心，釀雨添寂寞。賴有金蘭契，新詩慰蕭索。盛意難虛辱，終愧筆鋒弱。元知鸞鶴音，異彼藩籬雀。欲泛東籬英，聊慶西疇穫。區區戀闕心，對酒翻不樂。天禍有時悔，妖氛會清廓。【案：史稱高宗即位，才邵以親老歸侍，閒居十年。詩中有云

“區區戀闕心。”當為歸養時所作。又第四句原注云“傳聞諸將併力北征。”疑即指建炎四年，岳飛、韓世忠等屢敗金師而言，附識於此。】

**同上書卷四，《馬耆年等轉官制》**

【案，《宋史全文》、《續通鑑》：紹興十二年十一月，程克俊請興學校，乃命禮部討論取旨。十三年春正月，詔以岳飛宅為國子監。制云：“興崇學校，以育人材。參稽舊章，立為成法。考訂緒正，蓋有司存。”則馬耆年等乃禮部官屬也。】

敕：“朕興崇學校，以育人材。稽參舊章，立為成法。考訂緒正，蓋有司存。爾等祇事恪勤，備宣勞勩，奏篇來上，宜有褒遷，務稱所蒙，益思自勵。”可。

**同上書卷六，《賜田師中辭免恩命不允詔》**

【案，《文獻通考》：張俊以岳飛賜死，遂薦其將田師中掌飛兵。詔以師中為御前都統制，駐鄂州。《宋史·張俊傳》載俊屢敗金師，師中皆與有勞。紹興十一年，俊拜樞密，納所統兵，議賞宿、亳功，師中與王德等六人首受上賞。其加恩食邑，當即在鄂時也。惜史無傳，無從得其始末，姑附識以備考。】

敕：“師中省所奏辭免加食邑食實封恩命事具悉。朕肅舉精禋，用嚴大報。升煙展事，奠玉薦誠。格眷佑於神靈，肆博施於祭澤。惟是出綸之寵，宜先分閫之良。茲率舊章，丕昭至意。既頒成命，難徇謙辭。往其欽承，茂對休渥。所請宜不允，故茲詔示，想宜知悉。夏熱，卿比平安好，遣書，指不多及。”

**同上書同卷，《賜周三畏辭真除刑部侍郎恩命詔》**

【案，《宋史全文》、《續通鑑》載，紹興十一年，三畏為大理卿，與万俟卨等同鞫岳飛之獄。其擢刑部侍郎，當即在岳氏獄成之後歟？附識以備考。】

敕：“三畏省所奏辭免落權字恩命事具悉。朕若稽大猷，惟刑之恤。秋官之貳，實難其人。以卿練達平反，見於已試。式符公論，滿歲為真。成命已行，謙辭難徇。宜體眷意，其即欽承。所請宜不允，故茲詔示，想宜知悉。”

# 張嵲

**撰:《紫微集》卷十二,《王良存、朱芾為隨岳飛應辦錢糧有勞,效各轉一官,内王良存除直徽猷閣,朱芾為係參謀官,措置殺敵馬有勞制》**

敕:"具官某。古人嘗怪持文墨議論者,與戰功同賞,而不知行軍用師之道,必賴政事謀獲之助,然後能有濟也。爾等或董將輸於漕輓,師不乏興,或參機略於中權,慮無遺策。並與其佐,皆讎有功。並寵秩於階資,用褒優於績效。益思勵勉,無廢前勞。"

**同上書同卷,《鞏湶、岳飛申,契勘掩殺金人,收復州縣,累獲勝捷,今將隨軍轉運使官屬應副錢糧官欲轉兩官,奉旨並依制》**

敕:"向遣大帥出修封疆,饋餉不乏,爾寔有司焉。可無恩獎,以報勞勤。祇服官榮,益茂乃職"可。

**同上書卷十三,《柴斌係武功大夫、忠州團練使、新知辰州,特改差知唐州。岳飛奏斌遷延不赴,特降三官制》**

敕:"夫平居無事時,工為好言以眩衆,一旦有警,則畏懦無趨事之意,此鼠黠之尤者也,斌之謂矣。褫官三列,薄示創懲。毋狃爾為,更干重劾。"

**同上書卷十七,《楊興,為岳飛奏:部領官兵數十人,於淮寧府沿河與金人鐵騎數百騎鬥敵,自辰時至申時,殺敵退走,殺死金兵數人,傷中數多,其楊興雖左臂中六箭入骨,猶堅力向前,並不退卻,委是出力。轉武翼郎、兼閤門宣贊舍人制》**

淮寧之役,爾與寇确。短兵既接而方奮,金鏃次骨而不言。既懷徇國之心,寧復旋踵之計。有士如此,敵何足虞。原致汝之夷傷,諒由予之不德。載觀獻狀,良所歎咨。雖嘉衛社之忠,重軫納隍之愧。其峻陟於武爵,用昭示於恩光。往其欽承,益思蹈厲。

**同上書卷十九,《王處仁,為岳飛申:自紹興七年承受本司往來軍期機速文字,到今別無稽滯,伏乞指揮,依一般進奏官邢子文、蘇公亮體例,先次**

**補授合得出職名目，依舊在院祗應。奉聖旨，補承節郎制》**

敕："爾為邸吏，隸大將幕府積年矣。羽書往來，道路無壅，俾登武列，用勸勤勞。是為異恩，益殫爾力。"可。

**同上書同卷，《楊再興、王蘭、高林、羅彥等為與番兵接戰，陣歿，各贈五官制》**

捐軀徇義者，臣子之極忠；隱卒崇終者，國家之盛典。其敷錫於名命，以風視於邇遐。具官某拔由閭伍之中，奮迹戎行之右，秉懷壯烈，挺志沈雄。比隨票姚之師，深入强敵之境。方幸金吾之擊鄅，屢以勝聞；復悲國子之歸元，遂推閔典。俾進階於横列，用追賁於營魂。豈徒章死事之褒，亦以為在列之勸。惟其英爽，尚識哀榮。

**同上書同卷，《楊再興、高林、王蘭、羅彥、姚侑、李德，為岳飛奏，已蒙贈五官，今乞贈七官，恩澤六資，姚侑、李德各贈六官，恩澤依舊，羅彥依舊制》**

敕："朕閔死事之臣，既加追賁慮，未盡於隱恤，肆申錫於命書。具官某，捐軀百戰之餘，殞命鋒刃之下，原其積志，悼痛不忘。深陋齊人尚稽涿聚之賞，遠師漢武更字羽林之孤。俾再刻於密章，示極隆於閔策。精爽未泯，尚服哀榮。"可。

**同上書卷二十五，《為張俊乞賞繳奏狀》**

臣聞無功而賞之謂濫，濫則賞不足以有勸。若夫當罰而賞，則其弊又有不可勝言者矣。臣竊見今年夏敵人攻順昌之時，陛下屢降宸翰，使俊援劉錡。俊但奏起發，初無引道之意，朝廷於是遣雷仲、王德援順昌。俊苛留不遣，逮敵人既退，然後徐徐渡江，全軍而出，僅能取已降之宿、亳，又不能經理，復不俟命而擅退師，使岳飛軍孤，敵人復振，此俊之罪也。國人莫不深咎俊，以為在所必罰。陛下寬假，一切不問，於俊甚厚。在俊當皇恐，以圖後效，上報國恩，下塞人言。今乃敢公肆欺謾，上功求賞，何其不愧於人，不畏於天如此也。按俊所申功狀言："臣領兵照應劉錡，敵人聞臣兵渡江，即便引去。"其誕謾之跡，固又不攻自破。然俊既言敵人引去矣，而不知今所與戰者果何人耶。臣竊聞向者敵人之來，分為數部，如烏珠、韓將軍、龍虎大王三路都統，此敵人之大隊也。今所與戰，既無主名，則是宿、亳城中小小頭項耳，此何足言而上功。至於四萬餘人，何其所用者衆，所當者寡也。以衆勝寡，尚不足言，況未嘗勝，以何求賞。蓋自古用兵以來，但聞賞功，不聞賞戰。國家平時養兵，遇敵而戰，固其所也。戰而有功，則當得賞，戰而無功，何賞之為？假使俊以宿、亳藉口為己功，而宿州之降因董秦，而亳州之下也以劉超，朝廷既已行賞矣，而俊豈當更復求賞耶。計所得之城與所賞之衆，固不足以償費矣。況二城又不旋踵而失之，臣未見其可賞也。若曰俊雖有罪，而士卒實有功賞，不可以不行。臣以為士卒亦無功也，按俊所上有功之士，踰四萬人。向使人人用命，兩人殺敵一級，猶足以得二萬級，不知俊軍所得幾級耶。今若錄其下城之功，則既以復失，錄其獲級之功，則初無係獲，以時冒賞，臣不識也。臣竊觀俊所以為其軍冒賞者，蓋欲假朝廷之恵，以媚於下耳，何則？初，敵人之入也，俊軍士卒人有奮心，俊一切沮抑之，使不得言戰，至有感憤自殺者。既而他軍皆有功獲賞，而俊軍獨無有，俊以是慚其下，故為之求賞。將使士卒知馮已之力，雖無功，而亦可獲賞也。啓徼幸之路，解戰士之體，無甚於此。故臣不得不論其本末，以干聰聽。伏望睿慈將推賞指揮特賜寢罷，仍乞以臣章劄付張俊，庶使俊知陛下以恩行賞，群臣以公議力爭。如是則陛下之仁恩曲全，有司之職業不廢，兩誼俱得。惟陛下斷而行之，天下幸甚。

**同上書同卷，《為王德、田師中除正任承宣使繳奏狀》**

臣聞爵祿者，帝王所以厲世而磨鈍也。苟其功應賞，則雖加以列地之封，執珪之爵，不為過；若其無功焉，則雖一顰笑之遇，一襦袴之薄，不可以濫予也。夫無功而賞猶不可，況於應罰而可加賞乎？此臣之所以不得而嘿也。臣竊聞前者王德從大軍至宿、亳之日，正岳飛與敵人鏖兵於京西之時也。成師以出，僅能收復兩郡，乃擅退軍，遂使岳飛軍孤，敵勢猖獗，議者莫不歸咎。至今國言未已，而乃遽上功狀於朝，受賞如此之厚，臣所謂應罰而反賞者，此也。又況其得宿州也，本以馬秦舉城自歸，朝廷既授秦以遙郡觀察使，并賜緡錢第宅矣。其得亳州也，主將先已推其功於宋超，既授超以遙郡防禦使，比失亳而復奪之矣。焉可更以宿、亳藉口，用為王德等功耶？藉曰取二州，德等不為無助。今所存又止一州，而授正任承宣、防禦，橫行者九人，其他遙郡者又六人，一何功薄而賞厚也。如此，不惟人得而詆議，兼恐使實有功之士，懷憤懣不平之歎。臣愚伏望睿斷，明降詔旨，詰王德等以擅退師之罪，姑聽以收復宿州之功，自除其已降轉官指揮寢罷不行，庶幾少合公議。所有詞頭，臣未敢命詞行下，繳連在前，謹錄奏聞。伏候敕旨。

# 王洋

**撰《東牟集》卷九,《論楚州事劄》(節錄)**

某竊見今日朝廷所恃方鎮,以江北為重。在江北諸鎮中,楚州、承州最為緊急。承州今聞已被敵人侵據,獨楚州截然中居,強立者兩年矣。某謂楚人稍習山川形勢利便、人材能否。今試具數事,恐可施用。謹具畫一如後:……

一、楚州東有鹽城,南有寶應,西有淮陰,北有漣水。漣水限在淮北,淮陰即當泗州之衝,此兩處各為敵馬蹂踐,不復更有征賦。惟鹽城、寶應兩邑,今年曾下種處,稍有稻麥。趙立都兩邑稅賦,凡得數萬,可支半年軍食,百姓所食不與也。今寶應路與承州鄰,勢必梗絶,獨鹽城一路可通泰州、興化。今欲稍給楚州糧食,必自通、泰往,乞以糧食轉至通州,即令岳飛據所交到數,卻自泰州撥還楚州,令楚州之兵自從下河津般。孤城久飢,得通糧道,必自向前,縱有散失分數,亦自歸恩朝廷矣。若通、泰不肯那移,必得朝廷所降之粟自到楚州,即成迂遠,恐誤兵食。

# 王之道

**撰:《相山集》卷二十一,選將戍合肥劄子**

契勘合肥西北距淮二百四十里,東南距江亦二百四十里,在今最為控扼敵人要害之地,然而城大兵弱,不能獨守。今年春,偽齊來寇,偶朝廷所遣岳節使兵至敵,與寇會,賊駭不意,遂却;不然,合肥之民與河、梁等,無噍類矣。茲亦幸而成功,非孫武所謂"以近待遠,以佚待勞,以飽待饑",其勝固前定也。何謂以近待遠?兵法曰:"百里而趨利者,蹶上將;五十里而趨利者,軍半至。"倍日並行,此孫臏所以敗龐涓也。何謂以佚待勞?兵法曰:"先處戰地而待敵者佚,後處戰地而趨敵者勞。"投石超距,此王翦所以殺項燕也。何謂以飽待饑?兵法曰:"千里饋糧,士有饑色;樵蘇後爨,師不宿飽。"齕木煮紙,此張巡所以陷睢陽也。今以淮西安撫而戍兵江東,一旦境上有變,往五百里,來五百里,而中有大江之阻,其勢非旬日不能赴援,而城已破、賊已遁矣。竊觀去冬逮今,宣撫司遣兵過江,概不下二十次，少者五六百人，多者三四千人，初無聞於折衝厭難，而一往一來，徒困我師，徒敝我民，徒壞我州縣，其害有不可勝言者。比聞宣撫劉太傅至合肥之明日，有詔趣歸，而器甲糧餉之舟將次合肥而返，被溺者十之三四。焦湖南北數百里，凋瘵之民，當此耕𪎊，驅之於風濤萬死一生之地，俾令救其所失而償其所捐，深可矜憫。伏望僕射相公以伊、傅為心，恥一夫之不被。如宣武劉太傅，國之重臣，不可輕動。即乞於諸將中選其武勇有謀者，俾統兵屯戍合肥，使得古人所以待遠、待勞、待饑之道，然後責以成功，庶幾乎其可也。

# 沈與求

**撰：《龜谿集》卷五，《賜岳飛詔》**

比得張浚奏，知湖湘之寇悉已肅清，紓朕顧憂，良用欣愜。非卿威名冠世，忠略濟時，先聲所臨，人自信服，則何以平積年嘯聚之黨於旬朝指顧之間。不煩誅夷，坐獲嘉靖，使朕恩威兼暢，厥功茂焉。腹心之患既除，進取之圖可議。緬思規畫，嘉歎不忘。然恐招撫之初，人懷反側，更宜綏輯，以安衆情。措置得宜，彼自馴擾，必與卿計之熟矣。或有陳請，可具奏來。

# 王庭珪

**撰：《盧溪文集》卷二十一，《送周解元赴岳侯軍二絶句》**

將軍欲辦斬樓蘭，子欲從之路匪艱。十萬奇才并劍客，會看談笑定天山。

書生投筆未封侯，拔劍聊為萬里遊。燕頷果能飛食肉，要令豹尾出兜鍪。

**同上書卷四十七，《故左奉直大夫、直秘閣向（子輿）公行狀》（節錄）**

十年春，赴湖北，先聲入境，時姦吏望風解印綬者數十人。湖北營田，舊以抑配，百姓人不聊生，有破産不能償者，日號訴於馬前。公為詢，究其便利可行者，使遵守之，罷一切抑配者，遠近鼓舞。時岳飛以兩鎮節度使兼營田大使，無敢忤其意者。至是，飛亦喜，以為當然。公按部所至，立大榜於前，云："久負抑屈，州縣不理者，立其下。"於是積年無告之冤咸得伸雪。會總領曽慥與薛弼素不悅於公，慥以職事誣奏，而弼方為左司，表裏附會。公遂放罷，乃具奏陳，而都司再行批擬，又特落職。復歸衡嶽之下，與侍郎胡公寅、諫院韓公璜為方外之遊，不復有仕進意。

## 綦崇禮

**撰：《北海集》卷十三，《賜神武副軍都統制岳飛辭免恩命不允詔》**

敕："岳飛省所奏辭免恩命事具悉。朕以九江之會襟帶武昌，控引秋浦，上下千里，佔江表形勝之地，宿師遣戍。向已屬卿增壯軍容，爰加使號，蓋圖乃績，顧匪朕私。矧殄寇之功，馭軍之略，表見於時，為後來名將。江湖之間，尤所欣賴。兒童識其姓字，草木聞其威聲。則夫進秩任就一道，豈特為卿褒寵，亦以慰彼民之望，其尚何辭，所請宜不允。故茲詔示，想宜知悉。"

**同上書卷二十九，《固守利害奏狀》**

伏審張浚一軍，士卒最為簡練，器甲最為整飭，猶可毆而用之。韓世忠驍勇無前，蓋嘗抗敵於江上，今復屢勝群盜，度其果敢，亦必不肯辭難。其下如岳飛，皆可賴以為助。第不知士卒果能齊力一心，無所畏避，以當金人之鋒否？舍是三將，則其餘無足倚者。

## 孫覿

**撰：《鴻慶居士集》卷三十六，《宋故特進觀文殿大學士、河南郡開國公、致仕贈少師万俟（卨）公墓誌銘》（節錄）**

（万俟卨）又言："諸大將起於行伍，知利不知義，畏死不畏法。高官大職，子女玉帛，已極其富貴之欲，盍示以逗遛之罰，敗亡之誅，不用命之戮，使之懼。"劉光世建請舒、蘄等五州為一司，選置將吏，宿兵其中，為藩籬之衛。公言："光世五州以為根，將乃斥旁近地自廣，以襲唐季藩鎮潛悖之逆。"岳飛議棄兩淮地，專守大江以南。公言："飛提重兵十餘萬，無横草之勞，但言棄南淮以動朝廷，此不臣之漸。"

# 歐陽澈

### 撰：《歐陽修撰集》卷七，《跋宋朝奉郎、祕閣修撰誥詞》

右，追贈朝奉郎、祕閣修撰歐陽公誥詞一通。

方金人入境，國步斯艱，高宗駐蹕錢塘，復其舊物。敵以和誤國，公三上萬言書，至“欲以身投北敵救國”之語。時黄潛善用事，忌公直，遂加害。高宗悔誤，故有是命，賜田十頃。嗟夫！方風塵澒洞，世亂忠臣，何代無之，而權臣擅命，皆不得其死。高宗悔悟，追贈賜田，而文忠功業久而益振，忠臣義士，有光於地下矣。予在翰林，公之十世孫齊修書文淵閣，出以見示，益嘆公之不幸，而喜孝陵有不遠之復也。永樂五年，龍集丁亥，秋七月下澣，翰林學士、奉政大夫、兼修國史括蒼王景譔。

余閲《宋史》，至黄潛善密啓殺陳東、歐陽澈之事，未嘗不太息流涕，深為高宗惜也。今觀贈東澈告辭，有“八年於兹，一食三嘆，不能自已”之言，則知東、澈之死，非高宗本意，實汪、黄所為也。至以飾非拒諫，自咎商辛之不如，其悔悟之深，亦非遂過者可及也。嗚呼！東、澈雖誣死，至今猶有榮耀；汪、黄雖苟生，人到於今，誅之不已。故雖以東、澈之死，豈易汪、黄之生哉。古人有言：“生有輕於鴻毛，死有重於泰山。”其斯之謂歟？大明史官胡儼書。

宋高宗殺言事之臣陳東、歐陽澈，蓋為黄潛善、汪伯彦所蔽。其後高宗悔之，下罪己之詔，贈東、澈官，禄其子孫。人能知過，則無過矣，高宗不亦賢乎哉？嗚呼！高宗固賢矣。至於李綱、宗澤不能用，皆惑於汪、黄之譖，而其終甚至於殺岳飛，則又為秦檜所制，故論者謂：“高宗可為中興，而不能恢復中原者，為奸邪所誤。”不亦信然？誠可慨歎也已。澈之十世孫齊以澈贈官誥命示英，請識其後。齊，字士莊，今為廣西按察司知事。澈之有後，人皆嘉之，彼汪、黄輩，曾足齒及云。宣德四年秋，臨川王英識。

宋高宗殺陳東、歐陽澈，後方追悔，贈二人者以官。此歐陽澈告辭，觀其引咎自責，有恨不已之意。雖於事無及，而於任情飾過、肆為暴戾、略無悔悟之心者，相去遠矣。後之覽者，又烏得不為一慨乎？宣德戊申秋，永豐曾棨識。

# 胡閎休

**[明] 程敏政編:《新安文獻志》卷四十,《代岳制使飛移河南郡縣討劉豫檄》**

契勘劉豫竊據汴都,僭稱偽號。舊蒙任使,累忝臺臣。是宜圖報國家,執節效死,乃敢背棄君父,無忝而行。以祖宗涵養之恩,翻為仇怨;昧臣子忠貞之義,甘作渠魁。紫色餘分,擬亂正統。想其面目,何以臨人。方且妄圖襄漢之行,欲窺川蜀之路。專犯不韙,自速誅夷。我聖朝厄運已銷,中興在即。天時既順,人意悉諧。所在皆賈勇之夫,思共快不平之忿。今王師已盡壓淮泗,東過海沂。驛騎交馳,羽檄疊至。故我得兼收南陽智謀之士,提大河忠孝之人,仗義以行,乘時而動。金洋之兵出其西,荆湖之師繼其後。雖同心一德,足以吞彼圉之梟群;然三令五申,豈忍殘吾宋之赤子。爾應陷没州縣官吏兵民等,元非本意,諒皆脅從,屈於賊威,歸逃無路。我今奉辭伐罪,拯溺蘇枯,惟務輯安,秋毫無犯。儻能開門納款,肉袒迎降,或願倒戈以前驅,或列壺漿而在道,自應悉仍舊章,不改職業,盡除苛政,咸用漢條。如或執迷不悟,甘為叛人,嗾跖犬以吠堯,詈獵師而哭虎,議當躬行天罰,迅掃凶頑,禍並宗親,辱及父祖,挂今日之逆黨,遺千載之惡名。順逆二途,蚤宜擇處。兵戈既逼,雖悔何追。謹連黄榜在前,各令知悉。【紹興六年二月日○按,胡制機閎休在岳王幕下最久,凡表奏軍書,多出閎休。此檄與《金陀粹編》所載小異。】

# 毛國英

**[清] 厲鶚撰:《宋詩紀事》卷四十三,《投岳侯》**

鐵鎖沈沈截碧江,風旗獵獵駐危檣。禹門縱使高千尺,放過蛟龍也不妨。【《娛書堂詩話》:毛國英,澤民之從子也,以詩自鳴。嘗經岳侯駐兵之地,江禁方嚴。國英投詩云云。侯曰:“詩人也。”委舟以渡之。】

# 吕本中

**撰：《東萊詩集》卷十，《聞岳侯破賀州賊次韓端卿韻》**

旌旗摩日甲生光，俘馘黄巾第幾【缺】。滅賊未須佔鬥蟻，拓疆行且見神狼。燕然刻石功昭漢，太華題詩事後唐。從此兒童傳姓氏，風流何止繼韓康。

# 胡銓

**撰：《澹菴文集》卷五，《祭張魏公（浚）文》（節錄）**

時維紹興，改元之始。有盜在夏，曰楊幺子。群偷相梃，號百萬人。湖北搶攘，比屋紅巾。憂見天顔，岳飛授鉞。公出視師，纔三彀月。一鼓賊平，妖氛廓清。凱旋建康，握砥迓衡。辨賢不肖，黑白大分。群小抵巇，飛語上聞。當宁致疑，蓄怒未發。

**［元］方回編：《瀛奎律髓》卷四十三，《次李參政送行韻答黃舜楊》**

打成大錯一毫差，萬里去尋留子嗟。微管閒思齊仲父，賜奴長價漢渾邪。道窮憐我空憂國，句好知君定作家。便欲相攜趁帆飽，要觀子美賦靈槎。

齊仲父、漢渾邪，此澹菴心事也，不以秦檜講和為然，流離顛沛，之死不變。今秦氏安在，而澹菴之忠肝義膽萬古不朽也。識此詩以見張魏公之貶，岳武穆之死，趙、李、胡三公海外之竄，南渡之業所以不復再振，而至於厭厭無氣、愈弱愈下者，誰實為之。此非常之痛，無窮之悲，不但為二三君子悵然也。

# 胡寅

**撰：《斐然集》卷十五，《繳戶部乞拘收湖南應副岳飛錢糧》**

准中書門下省送到錄黄一道，尚書省送到戶部狀："吳錫軍馬已差往池州駐劄，其湖南安撫司舊支錢糧數目，已改撥應副岳飛支使，所是湖南安撫司每月見應副岳飛錢數。若本軍起離本路，即據每月合用錢數。令湖南轉運司拘收令項樁管，聽候朝廷指揮，不得擅行支用。奉聖旨，依戶部勘當到事理施行，令臣書行者。

臣契勘湖南累年屯駐軍馬，並係朝廷指揮，令轉運司撥支上供錢斛應副，尚猶不足，則帥臣不免多方措置，僅能給遣。昨來岳飛一軍入境，支費浩瀚，遂至均科田畝錢，竭一路民力，不足充三月之用。所幸水寇已平，大軍移駐。然本路重斂之後，加以大旱，民間困急，坐待溝壑。所以都督行司減放租稅，多方存恤，猶懼無以善後，豈可將岳飛每月合用錢數，便令湖南漕司令項樁管，將安使從出哉？若謂已將吳錫一軍之費改撥應副岳飛，只合明言候岳飛移軍日，即據吳錫元來每月合用錢數，令湖南安撫司拘收，不當海言岳飛所用錢數也。漕司以應辦為職，若遂黽勉奉承，重有科斂，以候朝廷支遣，百姓狼顧，孰保其生。得財失民，亦將安用？欲乞別降指揮，下湖南轉運使，取問每月應副岳飛錢數支用是何窠名，或是上供錢斛，自合撥正；若緣軍期，一時賦斂，即合蠲除，難為立額拘收。庶幾盜平之後，旱歲之餘，民力少蘇，邦本以固。所有錄黄，臣未敢書行。

**同上書同卷，《再論朱勝非》（節錄）**

盧宗訓者，以盧益累薦，堂吏之族也。其人污穢苟賤，不為士人所齒，得淮西提舉，為臺章言罷。勝非必欲主持之，遂送與岳飛，使辟為官屬，意藉外兵權，脅制衆口，使不敢言。飛大鄙宗訓之為人，不得已受之，俾權德安府，果以贓盜自敗。

**同上書卷十七，《寄張德遠》**

竊承大府久次長沙，以重兵厚賞脅降水賊，遂通兩湖之道，絶外連之株，悉意防秋，無所牽制，國勢幸甚。此本郡縣之任，一將之功，昔者失計耳，不足為相公道也。然既降之後，若給還牛具，與之田土，得良守令拊循之，免三年租賦，庶不復為賊。而鼎守輩非愷悌之人也，其間可為兵者，習熟江湖便利，宜因其舟楫，自作一軍，付之別將。然近世鮮有肯強本制末之勢，而徇情憚衆，從而封養疽癰者，則有之矣。願相公及此事會，改易郡守監司。若皆如張角、柴武，則非特人無議論，必有綏輯之功也。昨見程千秋，乞不以有無諸般拘碍，辟差縣令一次。所謂諸般拘碍者，詐官負犯，不敢赴銓者也。而使之為民父母，某意不謂然，即嘗奏乞令下千秋，慎選及是者。左相曰："無人願就處，不如是，誰肯往？且督府已行矣，關照而已。"事遂寢。夫以人所不願往，尤宜加意，而使有拘碍、不可授任之人而委之，某以是疑相公欲平賊之速，而忽于使民，不為平賊之本也。民叛與兵叛不同。如虔賊，向來岳飛非不討殺，亦有"已見凈盡"之言，終不能絶，尚跨四路出沒，何也？州縣非其人，歸業不可，寧為寇耳。水寇本緣政煩賦重，加以任人速之，一日兩郡響應，所欲殺者五等人，以官吏為最，獨免執耒之夫，其心可見矣。一叛之後，梗塞數路，首尾六年，塗炭良民，失陷歲入，及行師用兵之費，不知幾何。若州縣自初一一得人，豈其至此？已往不可及，來者猶可追，願相公加意而圖之。

自古英豪治殘破之後，未有不減州縣及官吏、文書者。靖州久合，仍舊為渠陽砦，前已具聞。鹽、香、常平，悉當權廢。諸司事兼委一漕、一憲，不啻足矣。縣止須一令、一尉，官省則事省而費寡，民可安居矣。今天下之所共患者，外雖有讎敵叛臣，内則有握重兵、難馭之將帥，謀臣策士思所以善後之計，未有得也。昨來吕相國以私怒減降親衛之兵，迄今不復，日以稀少，而勁卒、利器、良馬，盡歸諸大將，名為"神武軍"。其實恩威不出于天朝，誣上行私，自植形勢。其智術不施之於敵仇而施之於朝廷，虚增軍數，以取糧帛，詐為北討，以規器甲，求無不得，言無不聽。自副貳而下，遍置私人。軍屯所臨，盡奪公家之利。令之不受，禁之不止。功小而賞大，有賞而無罰。政使國有宿儲，民有餘力，歲無水旱之變，坐贍大費，將何能久以是為安乎？而況加之以師旅，因之以饑饉，仰食一不足，禦寇一不勝，非倒戈向内，則曳甲北走。不然，散為盜耳，必至之理也。所幸尚有諸小校分統之兵，可以自朝廷指蹤。今聞祁超一軍，又為岳飛所併，而任士安、吳錫、郝晸、王宗等，飛盡欲得之。飛本忠義自立，初不若是，有所效而為之也。昨來王瓔討賊無狀，其軍併之韓世忠。夫主將不善，易之可也，何乃與其衆而分之？祁、任之事，則又甚于此矣。以是計之，水賊之勝兵與其戰艦，未必全歸朝廷，而其牛畜未必散之耕種也。自建炎初載，黄相國用招安之策，流毒九年，盡變祖宗軍政，使天子無自將之兵，天下岌岌。相公不有更制，二患仍在，則無惡乎議者之紛紛也。昨蒙教賜，似以軍、民為二道，厚于軍而薄于民，欲棄五穀養生之具，而日進鴆酒烏喙。竊惟精忠遠識，四海仰望，固非愚者所能窺測。而舍己用善，以勤攻闕失，為平定之方，則相公有意于孔明之烈。某辱知最舊，敢不以董幼宰、徐元直自處，每事十反，期于有補乎？

**同上書同卷，《寄趙相》**

自承白麻播敷，登位次輔，以直道繼庸邪之後，以宏才當蠹壞之時，天下聳然，慶明主之英斷，知中興之有日。賊臣不道，挾敵稱兵，原其胎禍，非朝夕之故。相公戡此大難，必有成畫，而得諸道路，有可疑者。自詔書既下，聲罪致討，不知革輅，今次何都？以君避臣，古人所辱。或傳宮省已邁泉南，而祠曹、告牒之下閩廣者，數又甚富。審有此計，非萊公奉章聖親征之策矣。兵交之時，自治尤急，賞罰號令，必有以收人心、回天意者。而功罪是非，一切含糊，未得別白。至于去留除授，兵馬應援，命令不一，衆聽不孚。凡此數端，恐非保邦制勝之術也。頃者廷議燕安江沱，但欲南趨，不圖北向。荆、襄要地，僅若荒餘。自岳飛奉揚天威，稟受指蹤，而援師不繼，復輕召還。即今重兵，盡聚江、浙，上流空迥，全無保障。李成、孔彦舟等諳知洪、潭利便，若或六飛遷幸兩越，則敵必留兵屯守吳、楚。諸路財賦粟帛，朝廷不得而用之。豈聞舉國避寇，輿轎柁舟，煙瘴谿谷，百越之外，而能再興王業者乎？荆南飢卒，不滿數千；鼎、岳二州，方困水賊。德安最為要害，緣曾妄改守臣，今雖再委陳規，深恐已失事會。武昌名為帥府，實則僅能自存。惟長沙捍江湖之衝，為二廣之蔽，關公所為取湘西，杜預所為通零、桂，而孔明所為利盡南海者，比於諸處，差為完實。而所恃者，吳錫一軍六七千人耳。錫至湘中四年，屢立戰功，御衆有律，人已信服，全楚所賴。比聞羽檄追赴江西，雖帥司有請借留，深恐未聽。錫之不可離湖南，猶往年柴斌之不可去荆門，趙宗印之不可去郢西，近日陳規之不可去德安也。用人如用馬，因其服習，其功十倍。鄭之小駟，至晉而敗；故廉頗在趙，莫與為敵，及為楚將，不復有功，正此類耳。明主不泄邇，大臣慮四方。孫皓之季，慮不及遠，徹南郡之備，專意下流，於是杜預、王濬一舉取之。若必欲移吳錫，是棄三湘八桂之地矣，切乞廟堂留念。所願者相公啓沃主上，深發獨智，克奮神武，如光武昆陽之事，以三千破賊莽六十萬，豈云衆寡不敵；相公集衆思，廣忠益，去自賢之意，求所受教者，虛心而用之，如謝太傅淝水之績，以一謝玄卻苻堅九十萬，豈云強弱不侔。再安宋朝，永保天命，君臣俱顯，不亦美與？某待次山間，無緣曳裾東閣，終日正言，而心之精微又非筆削所能敷叙。然愚者千慮，大抵如前。又於侍讀張公亦有咨稟，仰惟宏度，必賜開納。革輅徂征，扈從勤止。敢請精調寢餗，上副倚毗。

**同上書卷十八，《寄張相》（節錄）**

吳錫一軍，自成次第，前年討曹成，嘗暫隸岳飛。壯士健馬，精兵堅甲，頗見選取，故其心不樂為飛用。今若俾聽飛節制，不獨無功而已。某昨論平賊利害，似可施行，望一閱之。湖南憲馬居中、湖北監軍董補之以言章汰去，無不稱快。衡守裴廩，視民如禽獸，已罷。新守尚用之，宣和間監司之下材也。有向子忞者，才刃如干將，持身如冰蘗，累作郡守，皆有聲績，頃緣取怒吕相，無罪而罷。若使守衡，則一郡之事，旬月便舉矣。向子忞者，為一路太守之最，然諸司惡之，而百姓不惡也。揣度事勢，邢儔、趙子巖必按劾以窘之。朝廷若主張得定，則一郡受賜；如不然，則子忞以疾惡，数遭口語，不若遂其所欲，與宫祠。卻令范寅秩守衡，亦可了一郡爾。吕安老與子巖是親，頗右之。子忞又與吕丞相不周旋，亦難為也。切乞鈞念，便為更易。不爾，定致紛紛。卻欲主張，亦無益矣。

# 鄭剛中

**撰：《北山集》卷一，《定謀齊力疏》（節錄）①**

（鄭剛中）又為宰相言曰："邊事平日不敢輒論，今日亦不得不論。數日傳聞，敵嘗以數十騎踰淮，繼以數百騎，今則寨合肥之北。傳者信，則朝廷須極力料理，不可緩也。且雷仲輩退壽春而南，是欲據淮受敵也。敵濟渡，而吾虛其南岸，非縱敵乎？縱敵合肥之北，則長、淮已為平地，廬州豈能守？長江舟楫之區，彼更得之，勢難遏矣。或謂敵鋒不可觸，稍延之深入，然後依江擊之，可以得志。某謂今日之事，當論成否。敵臨江，而吾將帥信能合力擊之，善固無以加，否則他時大江之南，猶今日長、淮之南也。長、淮之南不能戰，而必曰江南可戰，愚之所不喻也。且力戰於淮之南，而敵猶未已，則長江之戰自可圖也。今必欲不援淮南，而須其至江，此何理哉。今日之計，張俊渡江，與劉錡合軍而進，為上策。若俊未渡，分精兵萬人，暫聽劉錡使換，仍督錡進保廬州，此為中策。若謾遣一軍，以援劉錡為

---

① 《北山集》原分初集十二卷，中集八卷，後集十卷。初、中集皆剛中自編，後集乃其子良嗣所編。康熙乙亥曹定遠改其舊貌，連綴三十篇，是為今本。故文中前一段為剛中奏疏，後一段"先君"之言為良嗣記述，後篇亦然。

名，顧望而進，節制不一，定無成功，仍更須督岳飛下上流之師，詔世忠分精兵之騎，更為掎角，乃為盡善。”韓世忠、張俊、岳飛各以宣撫使久握兵于外，上一日命為樞臣，而收其權。

（鄭良嗣記）先君為宰相言曰：“竊見降制除三宣撫為樞密副使，以其兵歸樞密院，合朝廷中外之勢，通諸帥彼我之心。凡前日天下以為憂、以為難者，一旦變為平易安強之道，廟堂之上，聲色如故，三大帥惟恐奉上兵籍之不允，一何盛也。雖然，利害得失，常對倚而不廢。遇事更變，則激發而復起。就其利，不忘其害；見其得，愈憂其失，而後可以大有為。伏願相公周思熟計，益善其後，其試以所見，條列於左。方沿邊州縣，倚兵為安。比自淮甸蹂踐之後，人情往往憂危，大帥又捨之而去。給罷之初，傳聞或失實，遠地何知，一家狼顧，餘皆相和而驚矣。俾知本末，不可無告喻之文。三宣撫之兵，紀律不同，平日分而用之，各安其所主，他日合而用之，固有以更屯易帥為便者，亦有顧恩念舊而不能忘者。安慰人心，當有混一之道。三宣撫所分之地，平日有警，便各任責。今既只是統制將官在外，有如塵高敵厚，使誰糾合而前，必待飛檄告急，然後朝廷遣發，晚矣。豫為期約，當有應卒之策。宣撫司諸將首領，盡是收拾散亡與殺降劇賊。其間悍狠虐下、頑鈍嗜財、蕩淫縱慾者，色色皆有，平時畏大帥不得逞，一旦釋去，其陵損士卒、交相貨利、藏匿子女之弊，豈得無之。彈壓整齊，當有畫一之政。君子可以義勸，小人可以利誘。前日諸帥恐其下有見利而逸者，故或質其文書、屬其妻子，以係累其心。今一旦去其統帥，敵人朝暮伺之，垂釣設餌，寧無貪啗之人。然則察視防閑，當有杜絕之計。宣撫司教閱之法，最號嚴肅，垂賞示勸，人人精進。今既分立頭項，其淬礪思奮、立功自拔者，必多有之，至荒廢燕安、苟且自便者，安得無也。訓練作成，當有勸沮之術。諸軍錢糧專係總領司應辦，宣司按月勘請；所有器甲盡係朝廷頒降，宣司量事分給。今宣司既罷，合漸就法制，使無冒請之弊；立為準程，使無損闕之患。傳曰：‘平亂責武臣。’相公以道佐人主，提綱振領，而收其成功。軍旅之事宜，盡以責右府經畫曲折，一一使之思慮。相公酌其可否，裁其議論，付之使行。他日進退攻守，彼皆不得以為言矣。”

**同上書同卷，《除銀絹疏》（節錄）**

（鄭剛中）奏曰：“除銀絹係自來聖恩霑惠出使之人，臣不敢辭。所有職名，臣實不敢祇受。緣臣今年五月，由禮部侍郎進直西清，叨承密旨，半歲之內，無補涓埃，日侍軒墀，方切憂懼。今雖躬稟戒飭，奉將德意，欲佈之坤維，未勤況瘁之夫，已被陞華之命，隆恩雖逮，私義豈安？臣亦不敢過為辭免，止乞聖慈俯察愚誠，暫留誤寵。俟臣使事歸報，不以亡狀累司敗，申行今日之命可也。臣無任惶懼，激切懇祈之至。”不允。

（鄭良嗣記）是行也，上以西南去朝廷遠，征戍良苦，特勞勉之。又適因岳飛死，盧江、鄂諸軍有所未喻，因慰撫焉。乃若省民俗，察吏姦，覽困窮屈抑之詞，按綱馬驛程之弊，亦上所丁寧者。先君即日就道，一二佈宣，悉如上旨。過襄陽。

（鄭剛中）奏曰：“臣契勘襄陽府城池深固，三面阻水，一面依山，新作山寨，並已畢備。今係統制李道、梁興等戍守，上下安帖，不煩聖慮。”

（鄭良嗣記）朝廷再與金人約和，就委先君見北官，分畫地界。先君以十二年正月抵河池，與宣撫胡公世將會。聞敵揭示陝西，將取鐵山，且預差守將，薦以甲馬臨關，稱欲交地。人情駭懼，謂“無鐵山，則無蜀矣”。先君以事當從長，榜於通衢，仍牒北官云：“當司被旨商議，難以便行交割。”得報如約，衆乃定。一日，北官烏林贊謨尚書、孟浩郎中及境，先君出關迎之，而士庶遮道者數百人，車馬不得進。乃集其父老豪傑而問故，皆曰：“宣諭從長之榜，殆欺我耶？今不延之入關，而以身受制，是必如其所欲而後已也。”先君曰：“某慮之熟矣。彼能制我，我無以制彼也。延之入關，使坐于吾家而不去，將何以處之？當是時也，關門閉則啓釁，開則任其人之往來，禍不可測，是必如其所欲而後已也。故吾以謂彼入則使者安而國事危，我出則不過使者一死耳，後豈無繼耶？”遂出，見贊謨、浩於白馬關外之百家村以分畫。贊謨曰：“甚處是陝西舊界？”先君曰：“自黄河以南，皆陝西舊界也。”贊謨笑曰：“自鐵山以西，至階、成、岷、鳳、秦，皆是，今當盡割還。”先君曰：“朝廷尚恐大國更有所與，不謂反有所取。”贊謨曰：“奈何是舊界。”先君曰：“若論舊界，朝廷郡縣在上國者多矣。”贊謨曰：“與岷、階兩州，須割成、鳳、秦。”先君曰：“某愚陋，不善思慮，不知上國講和之意，為休兵息民耶？為土地耶？為休兵息民，何苦較量土地；若為土地，似非講和本意。建上國基業，必不因尺寸凋殘之區可以增高也。”贊謨顧浩曰：“不奈何，更與成州。若秦、鳳兩州須要，此是國王說定底事。”先君曰：“若已說定，尚書何故不取階、成、岷公文，又何以稱從長商議。見得此事只在尚書，願更斟酌。”贊謨曰：“且問賢只，如四川有箇仙人關，又要散關，又要和尚原，應是關隘都要佔，卻是甚意思？”先君曰：“此是朝廷土地，豈可謂之‘佔’？今上國講和之後，將關隘須要見奪，卻是甚意思？”贊謨曰：“都承只要裏面討便宜。”先君曰：“人各事其主，豈不為本朝討便宜。若論實情，上國於江南土地，恨不盡取而有之。今所不取者，非是留作人情，力不足也。本朝自白溝以南，皆祖宗土地，旦旦有恢復之心。今所未復者，亦不是忘了，勢未可也。但既講和，日前事皆當不論。"贊謨曰："為是講和，卻須著還。"先君曰："譬如兩家仇怨，各欲吞併財產。一旦解仇釋怨，結為親家，聘幣交歡之後，反臨門而強取其財，曰：'汝為親家矣，當以所有歸我，切不可爭。'如是可乎？如秦川等處，以兵力尚不能取，講和之後，乃欲取之，是亦親家取財之義。"贊謨笑曰："都承亦不可說道上國無所還。且如國王年裏大兵已至淮南，淮南多少州縣，講和後，一時退還江南了。"先君曰："尚書卻是論行兵，不是論疆界也。兵鋒到處，豈有便是自家州縣。且如往時，岳飛兵至鄭州，韓世忠兵入山東，不成許多州縣皆是朝廷退還上國也。"贊謨曰："休如此說，都承何似且承當卻。"先君曰："尚書說'且'字不是，今日和議，質諸天地鬼神，主上欲子子孫孫世守之，何'且'之有？"浩曰："此言極是。"贊謨曰："休，休。寶雞縣界，直至大散，看都承面，更與鳳州，截散關為界。"先君曰："若商量到極處，某豈敢固執，只得申朝廷，但尚書須為朝廷思量，教他行得。江南府庫單貧，尚書所知。此後歲幣，盡是百姓膏血，須教天下出得歡喜。若土地更割去，關隘又取卻，軍民怨怒，亦非大國講和本意。"贊謨以手畫案，曰："此外是沒商量。"先君曰："且俟具奏取旨。"贊謨曰："都承所得少便申，今得多，何用申？"先君曰："尚書便以河南見還，亦不敢受。須候朝廷指揮。"二人相顧笑。先君出圖示之，問："商州如何？"浩曰："國王已有指揮，要割且俟作公文去。"各退歸次。良久，令人傳語，送到牒一紙。牒首曰："今與江南之使議定下項：第一項，永興軍路東南至唐、鄧，西至秦、鳳，南至山南不係永興軍路州縣。"牒後云："已差閤門祗候李某日下交割。"先君再往見之，將與言而牒已無所付，迺顧左右，俾設案，置其上而指示之曰："早來商議，並須取旨。初非定議也，當須先改定字。"又問："永興軍路一項是甚處？"浩曰是："商州。"先君曰："何不明言商州，兼四至亦須指定，不宜包裹。"又問："最後一項祐州是甚處？"贊謨曰："便是岷州。以'岷'字是國諱，故改為祐。"先君曰："但減去字畫，亦須明言祐州即係岷州。"贊謨曰："也得。"先君曰："具奏取旨，須待回報。"贊謨曰："江南已說定，都承不肯交割，如何？"先君曰："前日，為見來文有'交割'二字，即牒貴司先理會，此來只是商議，貴司回牒云'即無便交割之理'，回文具在。今乃不然，何也？"贊謨曰："若不交割，定是不便。"先君曰："使者但能遵守朝廷指揮。若專輒，卻是不便。"贊謨曰：“國王必怒。”先君曰：“國王亦須聰明，豈有使者不遵稟所受指揮，而擅以土地與人?”贊謨曰：“若未交割，且便退和尚原兵。既是講和，又卻聚許多軍馬，要做甚?”先君曰：“若不係所割之地，如何管得屯兵？若是合行交割，早得指揮，兵自晚退矣。”贊謨曰：“都承又不交割，又不退兵耶?”先君曰：“使者非主兵之官，當問宣撫司，且如淮陽軍與淮東對岸，不知上國因何聚許多軍馬？今雖講和，尚書能一面移文，使淮陽退軍否?”浩曰：“尚書何如且如令都承申去。”贊謨曰：“某卻如何得囬。”遂置公文袖中。先君曰：“急遞公文只一月，願尚書少待之。”贊謨曰：“不交割，且自去。”既而又曰：“某今夜不去，都承甚處宿?”先君曰：“尚書宿此，某亦宿此。”少頃，贊謨起曰：“某有氊帳在前面，可同往帳中飲耶，更商量此事。”先君曰：“日已曛黑，有商量俟來日。”揖而上馬，命作樂以送之。俟其去久，徐引而歸，彼亦無所措也，先君即上疏云。

## 汪應辰

**撰：《文定集》卷十六，《答毛季中》（節錄）**

許子理後曾通書否？此間蓋闊焉，不相聞。但聞其至湖南，首劾帥司數事，使人增氣，然竟不行也，因便至辰州。一問季文如何？井養原亦有一書，同往宣城。官況大不佳，俸不足用差出，每月止一二日在家。又職事有非人力所堪辦者，如曠三十里許，無人家，而責以捕盜之類是也。岳侯比赴棘寺，又傳已出，不詳所以。再遣使介至金國，邊鄙其遂少安乎？

## 鄭興裔

**撰：《鄭忠肅奏議遺集》卷上，《揚州到任謝表》**

合州故墟，未報三年之政；廣陵名壤，仍叨五馬之榮。甫離任於廬江，旋鎮臨於淮海。臣興裔誠惶誠恐，稽首頓首。伏念臣學慚製錦，志實傾葵。匪躬自期，矢直道而事主；吾鼎可愛，不詭隨以徇時。遭遇聖明，揚曆中外。昔由與祠，起守淮西。屬水旱之頻，仍囬天無力；加凶饑之洊，告濟世誠殷。濬河渠，而水利始通；發廩庾，而流民以集。臣力務竭，既盡瘁於經營；主眷彌隆，遂移守於上郡。念茲維揚重地，實為邊疆要衝；枕江背淮，都會廣於襟帶。四會五達，佳麗萃於東南，董相之名高矣；安、玄二子，亦負奇功，劉、晏之利溥哉。吉甫諸公，尤稱濟美。暨我本朝二百餘年，歐陽、韓、范為文治之首稱，岳飛、世忠亦武功之巨擘。以臣剖符茲土，奚以克嗣前徽？茲蓋伏遇皇帝陛下，化極文明，恩漸動植。如天之覆，遠則彌周；如日之中，幽無不燭。謂好言利病者，有區區憂國之心；謂不事權貴者，非汲汲謀身之輩。渙頒休命，易帥大邦。【《周益公集》載："淳熙十五年二月，皇帝御筆'揚州闕帥，鄭興裔似堪其任，密具奏來'。臣必大圁奏：'臣伏準御批，鄭興裔堪任揚帥。臣觀其人，累歷監司，於職事不為苟且，誠如聖諭，伏乞睿照施行。'"】臣誓竭駑駘，勤宣德意。俾上有裨於軍國，而下可抒夫民瘼。至於事鞭撲以立威，飾厨傳以干譽，非明時之所尚，亦私義之不為。臣愚無任激切屏營之至，謹奉表陳謝以聞。

# 程宏圖

[明] **程敏政編：《新安文獻志》卷四，《請罷和議、決意用兵疏》**

臣聞主憂臣辱，主辱臣死，臣子之至情也。臣等蒙被教育之久，當今日國家危疑之際，正宜捐軀效命，詎敢默默而無所獻。臣聞之近日北使之來，桀驁不遜，喧傳金主之命，姑以"還天眷，減歲幣"為辭，乃欲增割淮、漢地界，邀取將相大臣。道路傳聞，中外憤怨。且淮、漢，國之要害也，求淮、漢，則是欲撤吾之藩籬；將相，國之倚重也，需將相，則是欲奪吾之腹心。使吾藩籬既失，腹心既去，天眷雖還，歲幣雖減，其能國乎？是決不可從之請也。

夫北方謀我，固非一日。今重兵壓境，而使人乃有此請，知我之難應，而冀其必不從也。不從而釁生，釁生而兵舉，變在朝夕，灼然無可疑者。是猶賊在戶外，而索物於主人不得，必無空返之理。物既決不可與，則主人必有以應之，可也。今日之事，國家之所以應之者，其先務有四焉：一曰留使者，以款北人之謀；一曰下詔書，以感南北之士；一曰先舉事，以決進取之策；一曰用人望，以激忠義之心。

夫所謂留使者，以款北人之謀，蓋彼憑陵之計為甚久，而供取之具為甚備，決意離舊都，冒長塗，親董重兵，壓我境土。乃遣使者，要以難從之請，非真請也，啓釁之端，俟使者一報耳。且聞所遣二使，皆國主之肺腑，平日所親信者，未必非其主謀之人。前日殿上之對，軍民士夫，恨不闞其口而奪之氣。臣等願朝廷姑善留之，為之辭曰："前日所請，皆汝等口語，初非國書所載，吾將遣使以實汝言。"非獨使其未知所請之可否，吾且得以措置為前進之策，亦可以挫彼之鋭，而示吾之未弱也。此而不留，恐我之所為備者，彼皆得以知之。其謀一泄，則北使臣今日回彼界，北兵明日入我境，必矣。

夫謂下詔書，以感南北之士者，蓋舉天下之大事，必先有以作天下之氣。國家自和議既行之後，為故相秦檜沮天下忠臣義士之氣，三十餘年矣。一旦思所以得其戮力，必有以感動於其心而奮起之，可也。故哀痛之詔，不可不亟下。聖詔一下，南北之民，當感激流涕，爭為之奮事，豈有難舉者哉。然詔不可徒下也，首當正秦檜之罪，復無辜之冤，以舒天下不平之心，而振其敢為之氣。且秦檜所以失吾南民之心者，自趙鼎以不任和議，而竄逐海外，身滅而家亡，則學士大夫忠憤之氣沮矣；自岳飛以決意用兵，而誣致大逆，身戮而族誅，則三軍將士忠憤之氣沮矣；至於長告訐之風，起羅織之獄，一言及時事者，不問其是非，必致死所，使天下不知有陛下，而欲人呼己為聖臣，則天下匹夫匹婦忠憤之氣由此而掃地矣。秦檜之所以失吾中原之心者，士大夫一時陷於北庭，而家屬在吾國者，兩國已和，檜既不能官其後，庇其宗族，以結其心，而徒使之怨艾以報我，乃返徇北人之請，而悉還之，彼又何所戀哉？且其遣時，如赴死所，悲號之聲，徹於道路。甚者，宇文虛中有舉事之謀，計策已就，乃以諭檜。檜意忌其功在己上，既匿上聞，私遣首者告之北國，遂致宇文族誅，使中原忠義南鄉吞聲，感憤絶望於我。今者要當令有司正秦檜之罪，追奪其官爵，而籍其家財，追贈宇文之爵，而為之立祠，雪趙鼎、岳飛之冤，然後詔書朝下而暮赴，必矣。又當重為檄文，聲言哀切，令中書刊板，告詔四方。擇有深謀密計、效死之士，授以檄文，副之空名告牒，令潛入中原，開諭招誘思我君德之人，約其徒黨，仗義而起，期以日月，為吾之應；擇端慤服衆、守義之士，授以檄文，副以空名告牒，令遊江浙、淮、漢，招集土豪鄉兵與販私盜竊之徒，俾啓其忠義，用命而起，期以日月，為吾之援。陛下然後下親征之詔，移蹕建康，命將帥勉勵軍士，應敵所臨，盡命死戰，是其氣固足以吞勍敵矣。蓋内有吾南民義兵之援，外有吾中原反間之應，使敵人進不敢前，退不敢後，則祖宗境土，可傳檄而定也。

夫所謂先舉事，以決進取之計者，臣等非不審事幾，妄勸陛下輕易動兵，以開未必然之釁也。使敗盟生釁之端未露，舉國長驅之勢未逼，則吾之動也固未可輕。今其重兵已臨汝、潁，而其先驅已至邊境，此其意欲何為者？使不先發，則屯汝、洛者，直窺襄陽，羅邊境者，突至淮、泗。襄陽失利，則可以控蜀，且有順流東下之勢。兩淮失守，則唇亡齒寒，江非所恃。環海而東，又有不可以不早計者。海之南北，延袤萬里，攻備之所，不知其幾。使敵至而我備之，則備多而力分。使我先之，則彼不能無東顧之憂，而江淮之勢可以少緩。朝廷今日若尚猶豫，欲前而不敢前。臣恐要衝之地為敵人所先，而我失其勢矣。我失其勢，則用命之人將無所措。惟能先敵而動，則天下皆謂國有人焉。故雖驅而赴之萬死之地，人知有恃而無恐矣。又況四方姦雄之徒，凡師旅之際，未嘗無鼠竊狗盜之心。吾又示弱而不決，則彼將伺隙而動，大而竊據，小而嘯聚，有必至之患。儻從臣等為先發之謀，示恢復之意，則非徒可以坐消此患，而為此流者，又將起而為我之助。所謂以敵禦敵，一舉而兩得之也。

夫所謂用人望，以激忠義之臣者，雖不可遍舉，如張浚、張燾、胡銓、辛次膺，皆其人也，且浚尤天下所屬望者。夫天下所屬望者，而朝廷尚未用之，臣知之矣。是非以輕躁之故而懲之邪？五路之失，驍將之誅，此固浚少年輕躁之過。然久在行陣，熟知險阻，敵人之情，素所諳究，而又罷廢二十餘年，想其少年之心，必能深思而痛懲之矣。崤函之敗，非不可懲，而孟明再用，卒霸秦國，夫豈可以一失而遽棄之哉？側聞浚於秦檜初死之時，亦嘗上書言兵事矣。陛下何不試召而問之何以應敵，何以制勝、何以為善後之策。使其言無可取，黜之未晚也。如或可用，何苦拂天下之心，而不用之哉？或者疑之，謂："其罷廢之久，必有忿怨不平之恨。"此尤不然。臣嘗以天下之望，而考浚之心焉。且天下之望，不徒歸也。是必有愛君憂國之心，而天下亦必以是心望之。況一浚未足道也，而天下之忠義實視之以為進退。陛下試思之，浚一用而忠義激，浚一廢而忠義頹，其利害孰輕孰重，願陛下不以浚而用浚，以天下忠義而用浚，可也。至如胡銓，以直言得罪於秦檜，不死於檜手，亦天意有所待也。陛下若能付以臺諫之任，是必知無不言。雖當多事之時，可無姦邪之慮。使其一日立朝，則說陛下為苟安之計、操兩可之論者，與詆忠直而慢事功者，皆屏息而不敢為矣。如張燾、辛次膺，則陛下固嘗親任之矣，處之廟堂之上，皆可定國本、斷國論、作天下之英才，此而委之，可勝惜哉。嗚呼！今日之事，勢已急矣。然臣等又恐朝廷之上，猶以強弱不敵為憂，財用不足為慮。以臣觀之，為是說者，是皆無謀以沮謀者也。蓋兵之強弱，不以多寡，曲直所在，勝負係焉。國家自講和之後，聘問所往，不為不謹，玉帛所遣，不為不厚。今者北使請命，方欲刈吾藩籬之地，取吾腹心之臣，不知吾何負於彼，而敢有是哉？中外聞者，扼腕思奮。今日之事，直在我矣。持直而往，士氣百倍。束甲渡淮，南北嚮應。彼將索然自失，雖有百萬之師，無所用矣。臣等因知強弱之勢不足憂也。國家自休兵以來，故相秦檜務飾太平，以著己功。凡百司庶府，莫不畢備。南北艱虞，豈無可以減罷者？且以學校事言之，養士之額，員以千數，公私一試，費以萬計，官吏廩禄，歲又不知其幾。苟從一時之宜，權省罷之，未為乏事。然此特臣等所知者耳，其他冗費，豈無百倍於斯？願俾有司枚舉條具，凡非係軍民之急者，不以大小，一切罷去，則民不加斂，調發有餘。臣等因知財用之乏不足慮也。親征之舉，陛下何憚而不為？雖然，臣等固知陛下必為矣，前日和親之議，陛下豈得已哉？徒以梓宫未還，太后未返，又恐北方肆其兵力，致吾淵聖皇帝不安，故勉為此舉。想陛下二十年間，念七朝之陵寢，思兩河之人民，朝夕於懷，不能暫置，陛下豈不欲奮神武之威，以雪父兄之恥？第長慮卻顧，未敢輕發。今者陛下於父母兄弟之間，生無所累，死有餘怨。以前日愛親之心，發為復讎之舉，則何攻而不取，何戰而不勝哉？漢高帝以義帝之故，三軍縞素，猶足以起義氣而取天下。況我國家雪先帝積年之憤，其視高帝，尤易為也。今觀北使，卻我歲幣，邀我兩淮，其辭氣很戾，與向者殊，此必有所恃而然也。臣恐憑陵之患，直旦暮耳。此而不決，則欻然驟至。雖欲禦之，已噬臍矣。臣等願陛下行之以果，守之以堅。首留北使，亟下哀痛之詔，促發渡淮之兵，速召人望，以慰天下之心。中外嚮應，士氣激昂，中興之功，指日可冀。然臣竊有私憂過計者，不得不為陛下言之。大抵北人之情，變詐百出。吾與之和，彼則以我為弱，取我無厭，直欲坐困吾國，一舉而有之。我欲與戰，彼則慮我有謀，緩而不進，以挫吾鋭，逮其師老財竭，又將變矣。北人之情，或和或變，或緩或速，安其所欲豈直歲幣而已哉。靖康之禍，使者交馳，而兵已扣城矣。覆車之轍，可不為鑒。臣等激於事勢之逼，誠恐朝廷或墮其計。異時倉卒，雖悔何追。故不避斧鉞之誅，仰干天聽。願陛下以臣之策，謀及二三大臣，苟以為決意行之，誠天下蒼生之幸。

【《鄱陽名臣事略》曰：“宏圖，紹興末，以太學生上書，言進取大計。詔以其書刊入《中興新語》。淳熙中，北使來庭，語及之，詔宣索以進。”】

# 朱熹

## 撰:《晦庵集》卷二十一,《史館擬上政府劄子》

熹等竊聞高宗皇帝駐蹕紹興時，有小官婁寅亮上書，以皇嗣未生，乞選宗室子入侍禁中。是時高宗年未三十一，聞其言，欣然開納，即以寅亮為監察御史。其後宰相趙鼎、張浚等遂建大議，至尊壽皇聖帝由此入資善堂，封建國公。然猶未正皇嗣之名，仍有配嫡之慮，議者憂之。又後數年，乃有張燾之疏，見於其家所述行狀。最後因范如圭進其所集《昭陵儲議》，且請高宗斷以公道，毋貳毋疑，其言尤切。一日，高宗遂詔宰相陳康伯定策，以壽皇為皇子，進封建王，遂自儲宮正位宸極。其事見於《日曆》，本末詳備。熹等竊惟堯父舜子傳受之美，遠邁前世，冠絕古今。雖由天命，非出人謀，然而一二忠賢，抗言悟主，其功亦不可以不錄。又聞故將岳飛亦嘗有請，故殿中侍御史張戒私記其事，而它臣僚亦有嘗獻言者，但無文字可以稽考。欲望朝廷特賜開陳，廣行搜訪，加褒顯，以見聖朝崇德報功之意。

婁寅亮、張燾、趙鼎文字抄錄見到，其范如圭有子念德，見知平江府長洲縣，張戒家在建昌軍居住，欲乞行下兩處取索。其張戒亦係紹興名臣，有奏議、文集、雜記等書，凡數十卷，並乞指揮建昌軍抄錄申送，付下實錄院參照修纂。

## 同上書卷三十八,《答李季章【壁】》

兩書縷縷，皆有飄然遠引之意，不審果以何日決此計耶？熹懇祠得請，深荷上恩。既還舊官，無復可辭之誼。孤危之跡雖未可保，然姑無愧於吾心可也。承問及先人紹興中文字，遺稿中劄子第三篇，疑即此奏，豫章所刊集中有之，今以納呈，已加籖貼於其上矣。筆削之際，儻得附見，十萬幸甚。諸公爭和議，時先人與胡德輝、范伯達諸公同入文字，皆史院同寮也。當時此一宗議論不知有無登載。魏元履所集《戊午讜議》一書甚詳，亦嘗見之否耶？如館中未有得行下建寧，抄錄上送，亦一事也。慶遠計程已到零陵久矣，又聞其自處泰然，亦不易也，但未知便得一向安坐否耳。前年與陳君舉商量，拈出孝宗入繼大統一事，當時議臣如婁寅亮、趙、張二相、岳侯、范伯達、陳魯公，皆未有褒錄，恐可更詢訪當時曾有議論之人，并與拈出也。

## 同上書卷九十五上、下，《少師、保信軍節度使、魏國公、致仕贈太保張公（浚）行狀》[①]（節錄）

公諱浚，字德遠……公知寇既釋川陝之患，必將復萃師東南，不敢以得罪遠去而不言。且是時朝廷已盛講和好之議，乃具奏曰："臣竊觀此番情狀，專以和議誤我，亦云久矣。彼勢蹙，即言和；勢盛，即復肆。前後一轍，請姑以近事明之。紹興三年秋，尼瑪哈有親入蜀之意，先遣王倫還朝，且致勤懇，蓋懼朝廷大兵乘彼虛隙。又其為劉豫之計，至委曲周悉也。自後九月，伊都作難，前謀遂寢。至十二月，伊都之難稍息，則復大集番漢之衆，徑造梁、洋。是時朝廷已遣潘致堯出使矣。次年二月，敵困饒風，進退未皇。先是，朝廷開都督府，議遣韓世忠直抵泗上。敵實畏之，於四月遣致堯還。其辭婉順，欲邀大臣共議，此非無所忌憚而然也。梁、洋之兵，未能出境，至五月而後得歸，已狼狽矣。而世忠大兵尋復輟行，敵之氣力固已復蘇，而叛豫之心亦云舒緩。所以前日使人之來，求請不一，故為難從之事也。竊惟敵軍傾我社稷，壞我陵寢，迫我二帝，驅我宗室、百官，自謂怨隙至深。其朝夕謀我者，不遺餘力矣。況劉豫介然處於其中，勢不兩立，必求援於敵，藉使暫和，心實未已。數年之內，指摘他故，豈無用兵之辭？而我將士率多中原之人，謂和議既定，不復進取，將解體思歸矣。若謂今日不得已而與之通使，為陛下之權，敵亦固能用權也。願陛下蚤夜深思，益為備具。處將士家屬於積粟至安之地，使出為戰守者無返顧奔散之憂；精擇奇才以撫川陝之師，使積年戍邊者無懈惰懷望之意。江、淮、川、陝，互為牽制。斥遠和議，用定大業。臣奉使川陝，竊見主兵官除吳玠、王彦、關師古，累經拔擢，備見可任外，其餘人才尚衆，謹開具如左：吳璘、楊政可統大兵，田晟可總一路，王宗尹、王喜、王彦可為統制。"後皆有聲，時服公知人。公即日赴福州，從者皆去，肩輿才兩人。既至閩門，以書史自娱。是歲九月，劉豫之子麟果引敵大兵，由数路入境，騰言侮慢，上下恟懼。上思公前言之驗，罷宰相朱勝非，而参知政事趙鼎亦建請車駕幸平江。召公任事，遂以資政殿學士提舉萬壽觀兼侍讀。召不許辭免，日下起發。手書賜公曰："卿去國累月，未嘗弭忘。考言詢事，簡在朕心。想卿志在王室，益紓籌策，毋庸固辭，便可就道。夙夜造朝，嘉謀嘉猷。佇公入告，金書疾置，絡繹於道。"公即日行，中途條具戰守之宜甚悉，且乞先遣岳飛渡江入淮

① 此行狀分上下兩篇，載九十五、九十六卷，今合為一篇。文又見史部《名臣碑傳琬琰之集（中）》卷五十五，題《張忠獻公浚行狀》。

西，張聲勢以牽制敵大兵在淮東者。以十一月十四日入見，玉音撫勞，加於疇昔。即日復除公知樞密院事。公奏曰："人道所先，惟忠與孝。一虧於己，覆載不容。自昔懷姦欺君，妬賢賣國，當時閭巷細民，莫不深怨嫉憤，恨不食其肉者。至若一心事上，守正盡忠，雖天下後世，皆知企慕稱歎，思見其人焉。蓋理義人心之所同，故好惡不期而自定。臣以區區淺薄之質，幼被家訓，粗知義方。平居立身，以此自負。偶緣遭遇，寖獲使令。陛下任之太專，待之過厚，而有怨於臣者攻毀之備至，有求於臣者責望之或深。上賴聖智，保全微蹤。臣奉使無狀，豈不自知。至於加臣於大惡之名，陷臣於不義之地，隳臣子百世之節，貽孀親萬里之憂，言之嗚咽，痛憤無已。今陛下察其情偽，保庇孤忠，許以入侍，旋擢樞筦，在臣毀首碎身，無以論報。然而公議之所劾，訓詞之所戒，傳之天下，副在史官，臣復何顏，敢玷近列?"上親書詔曰："張浚愛君憂國，出于誠心。頃屬多艱，首倡大義。固有功於王室，仍雅志於中原。謂關中据天下之上游，未有舍此而能興起者，乘彼百勝之後，慨然請行。究所施為，無愧人臣之義；論其成敗，是亦兵家之常。矧權重一方，愛憎易致；遠在千里，疑似難明。然則道路怨謗之言，與夫臺諫風聞之誤，蓋無足怪。比復詔浚，置之宥密。而觀浚恐懼怵惕，如不自安，尚慮中外或有所未察歟?夫使盡忠竭節之臣，懷明哲保身之戒，朕甚愧焉。可令學士院降詔，出榜朝堂。"

……公既受命，即日赴江上視師。時大酋烏珠擁兵十萬于維揚，朝廷先遣魏良臣、王繪奉使軍前。還，夜與公逮於中途。公問以寇事及大酋問答。良臣、繪謂敵有長平之衆，且喻良臣等，"當以建州以南，王爾家為小國"，索銀絹犒軍，其數十萬，又約韓世忠剋日過江決戰。公密奏："使人為敵恐怵，朝廷切不可以其言而動，及不須令更往軍前。恐我之虚實，反為彼得。"上然之。公遂疾驅臨江，召大帥韓世忠、劉光世、張俊與議，且勞其軍。將士見公來，勇氣十倍。既部分諸將，遂留鎮江節度之。令韓世忠移書烏珠，為言："張樞密已在鎮江。"初，敵諜報公得罪遠貶，故悉力來攻。至是，烏珠問世忠所遣麾下王愈："吾聞張樞密貶嶺外，何得已在此?"愈出公所下文書。烏珠見公書押，色動，即強言"約日當戰"。公再遣愈以世忠書往，問戰期。愈囬一日，而敵宵遁。士馬乏食，狼狽死者相屬。遣諸將追擊，所俘獲甚衆。上遣内侍趣公赴行在所。五年二月十二日，宣制除公宣奉大夫、尚書右僕射、同中書門下平章事，兼知樞密院事、都督諸路軍馬，而趙鼎除左僕射。先是，公在川陜，念上繼嗣未立，以紹興元年八月十五日，上奏曰："臣荷陛下恩德之厚，事有干於宗廟社稷大計，臣知而不言，誰敢為陛下言者？惟陛下察其用心，貸以萬死。臣恭惟陛下自即位以來，念兩宫倚托之重，夙夜憂勤，不近聲色，不事玩好。是宜天地感格，祖宗垂佑，受福無窮，決致中興。臣之區區，亦冀依日月之末光，獲保終年，少效補報。臣竊見西漢之制，人君即位，首建儲嗣，所以固基本，屬人心。臣願陛下時詔大臣，講明故事，仍先擇宗室之賢，優禮厚養，以為藩屏。”至是，入謝復陳：“宗社大計，莫先儲嗣。雖陛下聖德昭格，春秋方盛，必生聖子。惟所以係天下之心，不可不早定議。”上首肯，久之，乃云：“宫中見養二人，長者藝祖之後，年九歲，不久當令就學。”公出見趙鼎都堂，相與仰歎聖德久之。自是與鼎益相勉厲，同志協謀，以為為治之要，必以正本澄源為先務，誠能陳善閉邪，使人君無過舉，則國勢尊安，小大懷畏。是以進見之際，於塞倖門、抑近習，尤諄切致意焉。嘗奏曰：“王者以百姓為心，修德立政，惟務治其在我，則大邦畏其力，小邦懷其德。天下捨我，將安歸哉？固不僥倖于近績也。仰惟陛下躬不世之資，當行王者之事，以大有為。正心以正朝廷，正朝廷以正百官，正百官以正萬民。國勢既隆，強敵自服，天下自歸。”因書王樸《平邊策》以獻。上嘉納焉。

……上還臨安，公留相府。未閲月，復出江上勞軍。至鎮江，召韓世忠，親喻上旨，使舉軍前屯楚州，以撼山東。世忠欣然受命，即日舉軍渡江。公至建康，撫張俊軍；至太平州，撫劉光世軍。軍士無不踴躍思奮。時巨寇楊幺據洞庭重湖，朝廷屢命將討之，不克。公念：“建康，東南都會，而洞庭實據上流。今寇日滋，壅遏漕運，格塞形勢，為腹心害。不先去之，無以立國。然寇阻重湖，春夏則耕耘，秋冬水落則收糧於湖寨，載老小于泊中，而盡驅其衆，四出為暴。前日，朝廷反謂夏多水潦，屢以冬用師，故寇得併力，而我不得志。今乘其怠，盛夏討之，彼衆既散，一旦合之，固已疲於奔命，又不得守其田畝，禾稼蹂踐，則有秋冬絶食之憂，黨與必携，可招來也。雖已命岳飛往，而兵將未必諭此意。或退兵殺戮，則失勝算、傷國體。”遂具奏請行，上許焉。公在道，念國家任事、不顧身者，常遇禍，而畏避祟虚譽者，常獲福，以為國之大患。奏曰：“今未有疾於此，正在膏肓。庸醫畏縮，方且戒以勿吐勿下，姑進參苓而安養之。雖終至于必死，主人猶以為愛己也。乃若良醫，進剖胸洗腸之術，旁觀駭愕，指以為狂。至其疾良已，尚不免於輕試之謗。自古掠美附衆者，得譽常多，而骨鯁當權者，負謗常重。澶淵之役，寇準決策親征，功存社稷。事定之後，姦臣乃謂其輕棄萬乘。今合天下之力，以誅天下之不義。雖湯武復生，亦必出此。而顧乃為恐懼顧慮之計，何由而事功可集哉？”蓋公所以自任者，始終如此，故每因事為上言之。行至醴陵，獄犴數百人，盡楊幺遣為間探者，帥席益傳自遠縣囚之。公召問，盡釋其縛，給以文書，俾分示諸寨，曰：“爾今既不得保田畝，秋冬必乏食，且餧死矣。不若早降，即赦爾死。”數百人驩呼而往。五月十一日，至潭州。於是賊寨首領黄誠、周倫先請受約束。然誠等屢嘗殺招安使，命猶自疑不安。公遣岳飛分兵屯鼎、澧、益陽，壓以兵勢。其黨大恐，相繼約日來降。丁壯至五十萬，老弱不下二十萬，公一切以誠信撫之。六月，湖寇盡平。乃更易郡縣姦贓吏，宣佈寬恩。上手書賜公曰：“覽奏，知湖寇已平。非卿孜孜憂國，不憚勤勞，誰能寬朕憂？顧奏到之日，中外歡賀。萬口一詞，謂上流既定，而川、陜、荆、襄，形勢接連，事力增倍，天其以中興之功付之卿乎？”於是公奏：“遣岳飛之軍屯荆、襄，圖中原。”遂率官屬吏兵，泛洞庭而下。時重湖連年舟楫不通，公舟始行，風日清夷，父老歎息，以為變殘賊呻吟之區為和氣也。始公定議，令韓世忠屯承、楚，於高郵作家計。及公出征，而廷議中變。公復請去，上悟，優詔，從公初計。公既兩發儲嗣之議，至是，聞建資善堂，皇子出就傅，喜不自勝，以為當以擇師傅為先。遂具奏，薦起居郎朱震、秘閣修撰范冲可任訓導之選。公雖在外，常以内治為憂。每有見，輒入奏。其一謂：“自昔人君命相，與之講論天下大計，次第而施行之，故日積月累，成功可必。譬之營室，先度基址，次定規模，付諸匠者，以責其實。一有不合，安可輕委。自建炎以來，陛下選用大臣，未知責以何事，而大臣進說於陛下，未知何以奉詔。臣但見一相之入，引進親舊，報讎復怨，以行其私意而已。欲望國家之治安，其可得乎？”其二謂：“祖宗置臺諫，本慮夫軍民之利害，人才之善惡，官吏之能否，廟堂不能盡見而周知，臺諫得以風聞而論列不幸。大臣不得其人，則臺諫力爭明辨以去之耳。今乃不然，陰肆揣摩，公為反覆。或伺候人主之意，或密結大臣之私，捃摭細故，以示其公。人主不可以不察也。”其三謂：“祖宗時，郎曹之選，非累歷親民不以授。自臺閣而為守貳者，十嘗七八，蓋使之更歷世故，諳曉民情，養成其才，以備任使。今則不然，事口記者，可至言官；弄文采者，皆陞館職。日進月遷，驟竊要位。一居京局，視州縣為冗官，故有為大臣而不知民情之休戚、財用之盈虚、軍政之始末者，有為侍從而不知州縣所宜施行者，況責以任天下大計哉？”上嘉納焉。公自岳、鄂轉淮西、東，諸將大議防秋之宜。直至承、楚，偽境震動。

……上嘗召公獨對便殿，問所宜為。公退奏曰：“臣竊惟二帝皇族，遠處沙漠，憂憤無聊，與夫輕侮受辱，可想而見也，尚忍言之哉？臣嘗屈指計之如此者，蓋三千晝夜矣。虎狼用意，實欲摧折而消磨之也。雖然，此尚以陛下總師於南耳，異時或一有差跌，其禍可勝言乎？今事雖有可為之幾理，未有先勝之道。蓋兵家之事，不在交鋒授戰，然後勝負可分，要在得天下之心，則士氣百倍，寇叛歸服。雖然，是豈可以聲音笑貌為哉？心念之間，一毫有差，四海共知。今使天下之人皆曰：‘吾君孝弟之心，須臾不忘，寢食之間，父兄在念。’當思共為陛下雪此讎矣。皆曰：‘吾君之朝，君子在位，小人屏去。侍御僕從，罔非正人。譖說不行，邪言不入。市井之談不聞，道義之益日至。’則内外安心，各服其職，而有才智者悉思盡其力矣。皆曰：‘吾君棄珠玉，絶弄好，輕犬馬，賤刀劍。金帛之賞，不以予幸，惟以予功。’則上下知勸矣。以至吾君言動舉措，俱合禮法，至誠不倦，上格于天，則望教化之可行矣。如是則將帥之心日以壯，士卒之心日以奮，天下百姓之心日以歸。忠義奮生，豪傑用命，中興之兆也。聞陛下之盛德，知中國之理直，則氣折志喪。小大雖異，戰必不力，衆必不同，則陛下何為而不可成乎？或有不然，疑似之說毫髮著見，天下之人，口不敢言而心敢怒，異日事乖勢去，禍亂立作，如覆水之不可救也。蓋隙見於此，則心生於彼，不易之道。自古為君之難，非特今日也。一言之失，一行之非，或失色於人，或失禮於人，或一小人在側，便足以致禍致難，起戎起兵。前日明受之變，大逆之徒，陳兵闕下，旁引他辭，其監不遠也。為人上者，其可不兢畏戒懼耶？”其警戒深切如此，上皆嘉納，且命公以所見聞，置策來上。公承命，條列以進，號《中興備覽》，凡四十一篇，立國之本、用兵行師之道、君子小人之情狀、駕馭將帥之方、均節財用之宜、聽言之要、待近習之道，以至既往之得失、郡縣之利病，莫不備具。上深嘉歎，置之坐隅。六年正月，上謂公曰：“朕每以事幾難明，專意清思，咸達旦不寐。”公奏曰：“陛下以多難之際，兩宮幽處，一有差失，存亡所系，慮之誠是也。然臣嘗聞之，聽雜則易惑，多畏則易移。以易惑之心，行易移之事，終歸于無成而已。是以自昔君人者修己正心，惟使仰不愧於天，俯不怍於人，持剛健之志，洪果毅之實，為所當為，曾不它恤。陛下聰明睿知，灼知古今，苟大義所在，斷以力行，夫何往而不濟乎？臣願萬幾之暇，保養天和，澄靜心氣。庶幾利害紛來，不至疑惑，以福天下，以建中興。”公以敵勢未衰，而叛臣劉豫復據中原，為謀叵測，不敢皇寧處于朝，奏請親行邊塞，部分諸將，以觀機會。上許焉，即張榜聲豫僭逆之罪，以是月中旬啓行。公謂：“楚、漢交兵之際，漢駐兵殽、澠間，則楚不敢越境而西。蓋大軍在前，雖有他岐捷徑，敵人畏我之議其後，不敢踰越而深入也。故太原未陷，則尼雅滿之兵不復濟河，亦以此耳。論者多以前後空闕，敵出他道為憂，曾不議其糧食所自來，師徒所自歸，不然必環數千里之地，盡以兵守之，然後為可安乎？”既以此告於上，又以此言於同列，惟上深以公言為然。至江上，會諸帥議事。命韓世忠據承、楚以圖淮陽；命劉光世屯合淝以招北軍；命張俊練兵建康，進屯盱眙；命楊沂中領精兵為後翼佐俊；命岳飛進屯襄陽，以窺中原。形勢既立，國威大振。上遣使賜公御書《裴度傳》，以示至意。公于諸將中尤稱韓世忠之忠勇、岳飛之沉鷙，可倚以大事。世忠在楚州時，入偽地。江北頗聚兵，世忠渡淮擊破之，直引兵至淮揚而還，士氣百倍。上手書賜公曰：“世忠既捷，整軍還屯，進退合宜，中外忻悦。每患世忠發憤直前，奮身不顧。今乃審擇利便，不失事機，亦卿指授之方。卿宜明審虛實，徐為後圖。或遣岳飛，一窺陳、蔡，使敵支吾不暇，以逸待勞。”時飛母死，扶護葬廬山。公乞御筆，敦趣其行。飛奉詔歸屯。公身在輔相，雖督軍在外，朝廷有大差除，不容不預議。而孟庾除知樞密院及高世則除節度使，皆不知始末，具奏以為“如此則臣不當在相位”。上親筆喻指焉。公以東南形勢莫重建康，實為中興根本。且人主居此，則北望中原，常懷憤惕，不敢自暇自逸。臨安僻居一隅，内則易生安肆，外則不足以號召遠近係中原之心。奏請車駕以秋冬臨建康，撫三軍，以圖恢復。公又渡江，遍撫淮上諸屯。屬方盛暑，公不憚勞，人人感悦。時防秋不遠，公以方略諭諸帥，大抵先圖自守，以致其師，而乘幾擊之。六月，制加公食邑、食實封。時公所遣人自燕山田，知徽宗皇帝不豫。又聞欽宗皇帝所貽金人書，奏曰：“臣近得此信，不勝臣子痛切憤激之情。仰惟陛下處天子之尊，遭父兄之變，聖懷惻怛，勤切於中，固不止坐薪嘗膽也。臣願陛下至誠剛健，勉強有為，成敗利害，在所不恤。彼藉姑息之論，納小忠之說者，為一己妻孥計耳。使天有志於中興，陛下奮然，決為躬冒矢石，事無不濟；使天無意乎中興，陛下雖過為計慮，以圖一身之安，曾何補于事乎？但當盡其在我一聽天命而已。況夫孝弟可以格天，仁厚可以得民，推此心行之，臣見其福，不見其禍也。”七月，有詔促公入覲。八月，至行在。時張俊軍已進屯盱眙，三帥鼎立，而岳飛遣兵入偽地，直至蔡州，焚其積聚，時有俘獲。公力陳建康之行為不可緩，朝論同者極鮮，惟上斷然不疑。車駕以九月一日進發，逮至平江，公又請先往江上。諜報叛賊劉豫及其姪猊挾敵來寇，公奏敵疲於奔命，決不能悉大衆復來，此必皆豫兵。公既行，而邊議不一。大將張俊、劉光世皆張大賊勢，爭請益兵。自趙鼎而下，莫不恟懼，至欲移盱眙之屯，退合淝之師，召岳飛盡以兵東下。公獨以為不然，以書戒俊、光世曰：“賊豫之兵，以逆犯順，若不盡勦，何以立國？平日亦安，用養兵為？今日之事，有進擊，無退保。”時楊沂中為張俊軍統制，公令沂中往屯濠、梁，且使謂之曰：“上待統制厚，宜及時立大功，取節鉞。或有差跌，某不敢私。”諸將悚懼聽命。公至江上，知來為寇者，實劉麟兄弟。豫封麟淮西王，兵凡六萬人。寇已渡淮南，涉壽春，逼合淝。公調度既已定矣，而張俊請益兵之書日上，劉光世亦欲引兵退保。劉豫又令鄉兵易偽服于河南諸州，十百為群，由是間者皆言“處處有敵騎”。趙鼎及簽書樞密院事折彥質惑之，移書抵公，至七八，堅欲飛兵速下。又擬條畫項目，乞上親書付公，大略：“欲俊、光世、沂中等退師善還，為保江之計，不必守前議。”公奏：“俊等渡江，則無淮南，而長江之險與敵共矣。淮南之屯，正所以屏蔽大江。向若叛賊得據淮西，因糧就運，以為家計，江南其可保乎？陛下其能復遣諸將渡江擊賊乎？淮西之寇，正當合兵掩擊，令士氣益振，可保必勝。若一有退意，則大事去矣。又岳飛一動，則襄漢有警，復何所制？願陛下勿專制於中，使諸將不敢觀望。”上手書報公曰：“朕近以邊防所疑事，咨問於卿。今覽卿奏，措置方略，審料敵情，條理明甚，俾朕釋然，無復憂顧。非卿識慮高遠，出人意表，何以臻此。”是時，内則廟堂，外則諸將，人人畏怯，務為退避自全之計。雖公遠策之忠，始終不貳，然握兵在外，間隙易生。向非主上見幾之明，不惑群議，則諸將必引而南，大勢傾矣。及奉此詔，異議乃息，而諸將亦始為固守計。既而賊大張聲勢于淮東，阻韓世忠承、楚之兵，不敢進。楊沂中亦以十月四日抵濠州。公聞光世已舍廬州而南，淮西人情洶動。星夜疾馳至采石，遣諭光世之衆曰：“有一人渡江，即斬以徇。”光世聞公來采石，大恐，即復駐軍，與沂中接連相應。劉猊分麟兵之半，來攻沂中。是月十日，沂中大破猊于藕塘，降殺無遺。猊僅以身免，麟拔寨遁走，擄獲甚衆，得糧舟四百餘艘。於是公奏：“車駕宜乘時早幸江上。”上賜手書曰：“賊豫阻兵，梟雛犯順。夾淮而陣，侵壽及濠。卿奬率師徒，分佈要害。臨敵益壯，仗義直前。箕張翼舒，風馳電掃。遂使凶渠宵遁，同惡自焚，覩草木以成兵，委溝壑而不顧。昔周瑜赤壁之舉，談笑而成；謝安淝上之師，指揮而定。得賢之效，與古何殊？寤寐忠勤，不忘嘉歎。”公奏曰：“逆雛遠遁，尚稽授首之期；金人方強，未見息戈之日。臣之罪大，何所逃刑？願陛下念十年留滯之非，歎雙馭還歸之晚。儻為民而勞己，當有神以相身。無使自謀擇利之言，得惑至高無私之聽。”又上奏：“以賊臣邇者輒入邊塞，今雖勝捷，而渠魁遁去。殺戮雖衆，亦吾赤子。致彼操戈而輕犯，由臣武備之弗嚴。願賜顯黜，以允公議。”上深嘉歎焉。有旨，“都督府随行官吏軍兵，諸色人等，備見勤勞，可令張某等第保奏。”公奏：“馳驅盡瘁，職所當然。賞或濫加，士將解體。乞上保奏戰功，庶可旌勸軍士。”又遣内侍賜公古端石硯、筆墨、刀劍、犀甲，且召公還。及至平江，随班朝見。上曰：“卻賊之功，盡出右相之力。”於是趙鼎惶懼乞去。方公未至平江時，鼎等已議回蹕臨安。公入見之次日，具奏曰：“昨日獲聞聖訓，惟是車駕進止一事，利害至大。蓋天下之事，不唱則不起，不為則不成。今四海之心，孰不思戀王室？寇叛相結，脅之以威。雖有智勇，無由展竭。三歲之間，賴陛下一再進撫，士氣從之而稍振，民心因之而稍固。正當示之以形勢，庶幾乎激忠起懦，而三四大帥者，亦不敢懷偷安苟且之心。夫天下者，陛下之天下也。陛下不自致力，以為之先，臣懼被堅執鋭、履危犯險者，皆有解體之意。今日之事，存亡安危，所自以分。六飛儻還，則有識解體，内外離心。日復一日，終以削弱。異時復欲下巡幸詔書，誰能深信而不疑者，何哉？彼知朝廷姑以此為避地之計，實無意於圖回天下故也。論者不過曰：‘萬一秋冬有警，車駕難於遠避。’夫軍旅同心，將士用命，扼淮而戰，破敵有餘。況陛下親臨大江，氣當百倍。苟士不效力，人有離心，陛下雖過自為計，將容足於何地乎？又不過曰：‘當秋而進，士有戰心。及春而還，絶彼窺伺。’為此論者，特可紓一時之急，應倉卒之警。使年年為之，人皆習熟，謂我不競，當有怨望，難乎其立國矣。又不過曰：‘敵佔上流，順舟而下，變故不測。’夫襄漢，我所有也，敵舟何自而來？使強敵事力有餘，果然凌犯，水陸偕進，自上而濟。陛下雖深處臨安，亦能以安乎？矧惟陛下負四海之重責，有為而未成，天下猶矜怜而歸心於陛下，不為而坐待其盡，其為禍可勝言耶？要須剛大志氣，恢廓度量，以拯救天下為心，仰不愧於天，俯不怍於人。度事而為，審時而動，先謀自治，利而誘之，致而破之，何難而不可濟？今臣侍陛下以旋歸，在臣之謀，無所任責，臣亦得計矣；而為陛下國家計，則為不忠。是以披心腹、露肝膽，反覆一二言之。惟陛下詳教而曲諭焉，庶幾君臣之間，得盡其道，不貽萬世之悔。”上翻然，從公計。十二月，趙鼎出知紹興府，專委任公。公謂：“親民之官，治道所急。而比年以來，内重外輕，祖宗之法盡廢。流落於外者，終身不獲用；經營於内者，積歲得美官。又官於朝者，不歷民事，利害不明，詔令之行，職事之舉，豈能中理？民多被其害。”遂條具以聞，“郡守、監司有治狀，任滿除郎。郎曹資淺，未經民事之人，秩滿除監司、郡守。令中書省、御史臺籍記姓名，回日較其治效，優加擢用。治民無聞者，與閒慢差遣。館職未曆民事者，除通判、郡守，殿最如前。仍乞降詔。”又以災異，奏復賢良方正科。上皆從之。七年正月，上以公去冬卻敵之功，制除特進。公懇辭再四。先是，十二月以祿令成書，加金紫光祿大夫。公辭不得，即求回授兄滉。至是，上謂公曰："卿每有遷除，辭之甚力，恐於君臣之義有未安也。"公乃奉命。

公與趙鼎當國。時議徽宗在沙漠，當遣信通問，遂遣問安使何蘚等行。是年正月二十五日，蘚歸，報徽宗皇帝、寧德皇后相繼上仙。上號慟擗踊，哀不自勝。公奏："天子之孝，與士庶不同，必也仰思所以承宗廟、奉社稷者。今梓宫未返，天下塗炭，至讎深耻，亘古所無。陛下揮涕而起，斂髮而趨，一怒以安天下之民，臣猶以為晚也。"數日後，求奏事，深陳國家禍難，涕泣不能興，因乞降詔諭中外。上命公具草以進，親書付外，其詞曰："朕以不敏不明，托於士民之上，勉求治道，思濟多艱。而上帝降罰，禍延于我有家。天地崩裂，諱問遠至。嗚呼！朕負終身之戚，懷無窮之恨。凡我臣庶，尚忍聞之乎？今朕所賴，以宏濟大業，在兵與民。惟爾小大文武之臣，早夜孜孜思所以治兵卹民，輔朕不逮。皇天后土，實照臨之。無或自暇，不卹朕憂。"又以公請命，諸大將率三軍發哀成服，中外感動。公退，又具奏待罪曰："仰惟陛下時遇艱難，身當險阻，圖回事業，寢食不遑。所以思慕兩宫憂勞，百姓未嘗一日忘也。臣之至愚，獲遭任用，在諸臣先。每因從容，語及北狩事，聖情惻怛，淚必數行。臣感慨自期，願殲深讎。十年之間，親養闕然。爰及妻孥，莫之私顧。其意亦欲遂陛下孝養之志，拯生民塗炭之難，則臣之事親保家，庶幾得矣。昊天不弔，禍變忽生，使陛下抱無窮之痛，積罔極之思，哀復何言，罪將誰執。載念昔者陝、蜀之行，陛下丁寧告戒，且曰：'我有大隙於金，刷此至耻。'惟臣是屬，而臣終黡成功，使彼無憚。況以沙漠之墟，食飲憂慮，兩宫處此，違豫固宜。今日之禍，端自臣致。尚叨近輔，實愧心顔。伏願明賜罷黜，亟正典刑。仰以慰上皇在天之靈，俯以息四海怨怒之氣。"上降詔，起公視事。公再上疏待罪，不獲請。車駕以二十七日發平江，三月十一日至建康。時公總領中外之政，會車駕巡幸，又值國卹，幾事叢委。公以一身任之，至誠惻怛，上下感動，人情賴公以安。每對，必深言讎耻之大，反復再三。上未嘗不改容流涕。上方厲精克己，務自損節，戒飭宫庭，内侍等無敢少有越度者。事無巨細，必以咨公。賜諸將詔旨，往往命公擬進，未嘗易一字。四方有災異，公必以聞，祥瑞則皆抑不奏。知果州宇文彬、通判龐信孺進嘉禾九穗，並鐫秩放罷，而四方皆知朝廷好惡所在矣。四月，公行淮西，撫喻諸屯。築廬州城，治東西關，且申防秋備。自公來東南，太夫人留蜀。及再入政府，遣人迎侍太夫人安于蜀。未即出，上為降旨，召公兄滉俾迎侍而來，又遣内侍胡宗回往喻意。五月，始達建康，而公亦自淮西歸。上疊遣中使勞問太夫人，賜予稠疊。公戴星而出，經處國事，至暮入侍色養，委曲奉承。中外觀感歆慕，傳相告語，以為美談。自公與趙鼎在相位，以招來賢才為急務，從列要津，多一時之望，百執事奔走效職，不敢自營，人號為“小元祐”。而公尤未嘗以恩澤私親戚。仲兄滉，上知其賢，累欲加以異恩，公輒辭。及賜進士第，後省官繳駁，公非惟不加忤，且奏不當以臣故沮後省公議。外舅宇文時中，政和中為郎，出守大藩，舊以寓直，萬里召赴，僅進職知湖州。舅氏計有功，久在幕府，得直徽猷閣。公止乞就祕閣，人服其公。以人主當務講學，以為修身致治之本，薦河南門人尹焞宜在講筵。有旨，趣赴闕。會旱災，且自太夫人以次，闔門悉卧病。公因力求去，至再四，不得。方車駕在平江，時公歸自江上，奏劉光世握兵數萬，無復紀律，沈酣酒色，不卹國事，語以恢復，意氣怫然，宜賜罷斥，用警將帥。上然之，罷光世而以其兵盡屬督府。公命參謀兵部尚書吕祉往廬州節制。公又自往勞之，人情協附，上下帖然。而樞密使秦檜、知樞密院事沈與求意以握兵為督府之嫌，奏乞置武帥。臺諫觀望，繼有請。乃以王德為都統制，即軍中取酈瓊副之。公歸，以為不然，奏論之。而瓊等亦與德有舊怨，與其下八人列狀訴御史臺，乃命張俊為宣撫使，楊沂中、劉錡為制置判官以撫之。此軍自聞王德為帥，往往懷疑，而酈瓊遂陰有異志，唱摇其間。八月八日，瓊等舉軍叛，執吕祉以行，欲渡淮歸劉豫。祉不肯渡，詈瓊等，碎齒折首以死。公遂引咎，力求去位。上不得留，因問可代者。公辭不對。上曰：“秦檜何如?”公曰：“近與共事，始知其暗。”上曰：“然，則用趙鼎。”遂令公擬批召鼎。既出，檜謂公必薦己，就閤子與公語良久。上遣人促進所擬文字。檜始錯愕而出，後反謂鼎：“上召公，而張丞相遲留。”至上使人促，始進入。檜之交諜類此。公本以檜靖康中建議立趙氏，不畏死，有力量，可與天下事，而一時仁賢，薦檜尤力，公遂推引。既同朝，始覺其顧望包藏，故臨行因上問及之。先是，公遣人賫手榜，入偽地，云：“劉豫本以書生被遇太上皇帝，曾居言路。主上嗣極，擢守鄉郡。當山東之要衝，任濟南之委寄。眷禮殊厚，責望至深。俄聞率衆以請降，旋乃失身而據位。諒亦迫於畏死，姑務偷生。如能誘致金人，使之疲弊。精兵健馬，漸次消磨。玆誠報國之良圖，亦爾為臣之後效。更須愛惜民力，勿使傷殘。儻或永懷異心，自致顯戮。豈惟皇天后土，有所不容；抑恐義士忠臣，終懷憤疾。”金人用事者見此榜，已疑豫。八月，豫聞王師欲北向，遣韓元英告於金，謂：“南寇張某總領烏合之兵，或逼宿、亳，或窺陳、蔡，或出襄陽，增修器甲，趣辦軍裝，其志不小。先起制人，後起制於人。欲乞兵同舉。”金得此報，謂豫真欲困己，益疑之。會瓊等叛去，公復多遣間散，持蠟書，故遺之，大抵謂："豫已相結約，故遣瓊等降。"而豫又乞兵於金。十月，金副元帥烏珠徑領兵來廢豫。惜其機會之來，公已去位矣。

……是歲，秦檜已得政，始決屈己和戎之議。九年正月，詔書至永。公伏讀恐懼，寢食不安。移書參知政事孫近，大略曰："魯仲連不尊秦為帝，且云：'連寧有蹈東海而死。'蓋知帝秦之禍，遲發而大。況我至讎深隙，乃欲修好，而幸目前少安乎？異時歲幣求增而不已，使命絡繹以來臨，以至更立妃后、變置大臣，起罷兵之議，建入覲之謀，皆或有之矣。某是以復讀詔書，不覺戰汗。幸公深思，密以啓沃。"又聞故人李光自洪州召入政府，復以此意移書抵之。懷不自已，又具劄子以奏曰："恭睹詔書之頒，再三伏讀，通夕不寐。今日事之虛實，姑未論。藉令敵人有故，上下分離，天屬盡歸，河南遂復，我必德其厚賜，謹守信誓。將來人情益解，士氣漸消，彼或内變既平，指瑕造隙，肆無厭之欲，發難從之請，其將何詞以對？顧事理可憂，有甚于此者。陛下焦心勞慮，積意兵政，精誠感格，將士漸孚。一旦北面事仇，聽其號令。遊談之士，取功於一時；忠勛之臣，置身於無用。小大將帥，孰不解體？陛下且欲經理河南而有之，臣知其無與赴功而共守者矣。今從約之遽，肆赦之速，用世儒之常說，答猾敵之詭秘，措置失緒，不勝寒心。願陛下思宗社之計，圖恢復之實，逼之以大勢，庶乎國家可得而立。臣罪戾之餘，一意養親，深不欲論天下事。顧惟利害，至大至重，不忍緘默，以負陛下之知。惟陛下留意。"二月，以大霈復宣奉大夫，提舉臨安府洞霄宫，任便居住。公復具劄子曰："竊惟今日事勢，處古今之至難。一言以斷之，在陛下勉強圖事而已。陛下進而有為，則其權在我，且順天下之心，間雖齟齬，終有莫大之福；陛下退而不為，則其權在敵，且佛天下之心，今雖幸安，後將有莫大之憂。夫在彼者，情不可保；在我者，心不可失。外徇敵國，内罹實害，智者所不為也。仰惟聖慈深計審慮，茂圖大業，永福元元。"又自作《謝表》云："敢不專精道學，黽勉身修，求以事親。方謹晨昏之養，庶幾報國，敢忘藥石之規。"視此，則公許國之忠，為何如哉？居旬日，又具劄子曰："自陛下回駐臨安，甫閱歲時。聖心之所經營，朝論之所商確，專意和議。庶幾休息，莫不幸其將成矣。臣嘗不寐以思，屈指而計。金人與我，讎釁之深，設心措意，果欲存吾之國乎？抑願其委靡而遂亡也。臣意其力弱未暇，姑借和以怠我之心；勢盛有餘，將求故以乘吾之隙。理既甚明，事又易見。然則紛紛異議，可端拱而決矣。料金上策，還梓宫，復母后，輿地來歸，不失前約，結歡篤好，以怠我師。遲之數年，兵無戰意。然後遣一介之使，持意外之詔。假如變置大臣、更立妃后，將何以塞請？金出中策，則必重邀，求責徽禮，失約爽信，近在期年。中原之地，將有所付，如梁武之立北魏王顥者，尚庶幾於前。金出下策，怒而興師，直臨江表，勢似可愕，而天下之亂，或從此而定矣。”是月，復資政殿大學士，知福州兼福建路安撫大使。公以太夫人念鄉，不欲東去，力辭至再三。四月，公奏前論講和事，未蒙開納。又具劄子曰：“竊惟陛下建炎初載，嘗曆大艱，天意至深，益彰聖德。前事不忘，後事之鑑。伏願亟收人心，務振士氣，權勢專制，操縱自我。外之醜敵曷發敢侮之謀，内之群帥益堅盡節之志。天下國家，我所自定。宋之社稷，永永無窮。夫理有近利，亦有深憂。有天下者當審機會，度人情，斷大義，持柄握權，不以與敵。腐儒寡能，遠見事至，而悔將何及焉？況夫今日事機，尚可因權適變，速于救藥。惟望聖慈斷以無疑，則天下幸甚。”八月，聞金遣使來，以詔諭為名，則又具奏曰：“臣近者累輸瞽說，仰瀆聖明。誠以憂君過慮，不能自息。竊惟天下之事，有置必有廢，有與必有奪。金以詔諭為名，持廢置與奪之大柄。且其蓄謀起慮，欲以沮人心，奪士氣，而坐傾吾國。臣之所憂，不但目前也。劉先主曰：‘濟大事以人心為本。’此存亡之大計，願陛下考臣前後所奏，留神毋忽焉。”福州之命既累辭不獲，公念時事多虞，惟在近或可以補報萬一，遂受命而東。九月，至閩中。閩素號健訟難治，公謂：“人心一也，正由臨民者先有逆詐億不信之心，是以不能感格。”入境，一切諭以義理，飭守令誠意民事，令鄉里長老知書者率勸後生及強悍者，無為鄉黨羞。民皆感仰。每出，觀者至升屋登木，如堵墻。十年正月，上遣中使撫問。公附奏謝，且曰：“願陛下全養精神，剛大志氣，惟果惟斷，見幾見微。察強弱於言辭之際，轉禍福於談笑之間，無使噬臍，為天下笑。”時金中變盟約，復取河南。公奏曰：“臣竊念自群下決田鑾之議，國勢不振。事機之會，失者再三。向使金出上策，還梓宫，歸兩殿，供須一無所請，宗族隨而盡南，則我德金必深，和議不拔，人心懈怠，國勢寖微。異時釁端卒發，何以支持？臣知天下非陛下之有矣。今幸上天警悟，敵懷反復，士氣尚可作，人心尚可回。願因權制變，轉禍為福，用天下之英才，據天下之要勢，奪敵之心，振我之氣，措置一定，大勛可集。臣又有臆見。當燕山親復，朝廷恃郭藥師為固，一旦醜敵敗盟，藥師先叛，何則？賣國無耻之人，本無他長，難與共事。願陛下每以為鑑，制御於早，無忽。”繼聞淮上有警，連以邊計奏知，又條畫海道舟舡利害。上嘉公之忠，遣中使奬諭。公時大治海舟，至千艘，為直指山東之計，以俟朝命。在郡，細大之務，必躬必親，人人感悦，和氣薰然，訟事清簡，山海之寇，招捕無餘。間引秀士，與之講論，閩人化之。十一年三月，劉錡大破烏珠於順昌。錡本晚出，公一見關、陝，奇之，即付以事任。錡亦感慨自立。公歸，薦之上，謂："錡才識，諸將莫及。而一時輩流，嫉其才能出己右，百計沮遏。"公既平湖寇，即薦知岳州。已而召赴行在，左右扶持，付以王彥軍，且擢為騎帥。至是，竟以所部成大功。方欲進兵乘敵虛，而檜召錡還矣。錡還朝，上見之，首曰："張某可謂知人。"檜遣郎官蓋諒來諷公，使附其議，當即引公為樞密使。公答檜書，曆言和不可成，敵不可縱，且面為諒言。諒歸，檜怒。時幕將等歸自金，朝廷復遣劉光遠等奉使，而公亦力請祠奉親矣。

……武夫健將言公者，咨嗟太息；至小兒婦女，亦知天下有張都督也。金人憚公尤甚。歲時使至金邦，其主必問公安在。方約和時，誓書有"不得輒更易大臣"之語，蓋懼公復用云。至是，秦檜寵位既極，老病日侵，鄙夫患失之心，無所不至，無君之跡，顯然著見。意欲先剪除海內賢士大夫，然後肆其所為，尤憚公為正論宗主，使己不得安。欲亟加害，命臺臣王珉、徐嘉輩有所弹劾，語必及公。至彈知洪州張宗元文，始謂公國賊，必欲殺之。有張柄者，嘗奏請令檜乘金根車，其死黨也，即擢知潭州。汪召錫者，娶檜兄女，嘗告訐趙令衿，遣為湖南提舉官，俾共圖公。又使張常先治張宗元獄，株連及公。以為未足，又捕趙鼎子汾下大理獄，備極慘酷，考掠無全膚，令自誣與公及李光、胡寅等謀大逆。凡一時賢士，五十三人，檜所惡者，皆與獄上。會檜病篤，不能書判以死，時紹興二十有五年也。上始復親庶務，先勒檜子熺致仕，盡斥群凶。

……乾道三年十月日，左迪功郎、特差監潭州南嶽廟朱熹狀。

**同上書，卷九十九，《除秦檜祠移文》**

竊見故相秦檜歸自金庭，久專國柄。內忍事讎之恥，外張震主之威。以恣睢戮善良，銷沮人心忠義剛直之氣；以喜怒為進退，崇獎天下佞諛偷惰之風。究其設心，何止誤國。岳侯既死於棘寺，魏公復竄於嶺隅。連逮趙汾之獄，蓋將掩衆正而盡誅；徘徊漢鼎之旁，已聞圖九錫而來獻。天不誅檜，誰其弱秦？今中外之有識，猶皆憤惋而不平；而朝廷於其家，亦且擯絶而不用。況永嘉號禮義之地，學校實風化之源。尚使有祠，無乃未講。雖捐田以示濡沫，恐出市恩；然設像以厠英賢，何以為訓。

# 周必大

**撰，周綸編：《文忠集》卷二十八，《忠義李君傳【乾道八年】》（節錄）**

李君，字彥和，名靚……聞大將軍岳飛銜命平虔寇，即挺身從之。會奔母喪，不竟其功，釋服走淮南，以策干張丞相。

**同上書卷三十五，《朝散郎致仕郭公彌約墓表》（節錄）**

惟公才甚高，學甚勤，志甚大，惜命之不副。方少時讀書，為文已卓然不群，意富貴可唾手取。既齟齬，無以自發，則畫兵機數十策，往說岳將軍。將軍奇之，奏以官。曆三任，咸有績可紀。已而，歎曰："徒勞耳。"掛衣冠而去……公諱彌約，字景聞。【集部，別集類，南宋建炎至德祐，文忠集，卷三十五。】

**同上書卷五十，《跋梁仲謨尚書奏稿》**

紹興初，高宗駐蹕臨安，外禦強敵，內綏疲民。六宮百司，事務紛至；版曹帥漕，鮮能稱職。惟縉雲梁公仲謨迭處三者，治繁以簡，轉難為易，士大夫往往比漢趙張、唐晏巽而已。今觀奏稿近二十紙，當敵來求成，公數奏其情多詐："昔與遼人戰爭，議和至十有二，卒墮其計，今豈可不審?"旋詔遣歸朝遼人北還，公引宣和、靖康覆轍，及近遣趙榮、王威，彼皆用之，願為龜鑑。時論方倚張俊，抑劉錡，公乞令俊分兵進屯廬、壽，錡駐鎮江，以備江陰、許浦、福山，仍戒韓世忠臨敵持重，至有"二府不為諸將所服，檢發英斷，毋失機會"之語。又乞召楊沂中速還，為行在不測之衛。又言秦丞相檜用【闕】原樓炤謀，以川陝付胡世將，乞選知兵者助之。其他如"淮西不可棄，捷報多失實"，"岳飛宜以樞臣總師江、漢"，"劉錡既帥荊南，當留部曲為之爪牙"，至於諸路水災，浙東經界擾民，纖悉具奏，不特此也。十五年四月，彗出東方，秦自草赦文云："永惟再造之邦，當有惟新之政。宜除舊弊，用表中興。"方且矯誣遷就。而公乃論"政事失當，左右前後不思所以答天心者。盍依故事，降詔求言。"此雖間兩社，任言責，議論未必敢爾，而公不以典郡廢論，了思獻納之義，忘寢與食，鬚髮為白。然後知高宗欲大用公，蓋察其愛國憂國，密裨廟算，非專以才術過人也。惜乎！命有所制，不能展盡底蘊。肆其諸子，或以文采，或以治行，自昭於世。《傳》謂："臧文仲有後於魯。"宜哉！

嘉泰壬戌九月，戶部郎官、總領淮浙軍馬錢糧季珌以示，周某敬題其後。

**同上書卷六十九，《寶文閣學士、通奉大夫、贈少師梁公【汝嘉】神道碑【嘉泰三年】》（節錄）**

上嘗密以千文號付公，有所見，勿拘遠近，實封直達。公感激恩遇，知無不言，前後條上便宜，如"分命諸將，控扼要害"；"收陝西戍兵，以固全蜀"；"論歸正人不當遣"，至謂"大臣措畫失宜，為諸將所輕，願出宸斷，毋失事機"；"胡世將雖專任川、陝，宜擇人副之"；又乞"分大軍為三，一據地利，一往來策應，一留視營寨，使敵常為客，我常為主"。又奏"用張俊、韓世忠、岳飛於西府，劉錡守荊南，皆奪其兵，無復進取之計"。

**同上書卷七十四，《朝奉郎袁州孫使君【逢辰】墓誌銘【嘉泰二年】》（節錄）**

兵銓役禁軍興力役，以媚守帥，許援親兵及水軍例增食錢。吏摘牒尾如熟事，請君書押，君執不可。守怒曰："此例也。"君曰："親兵乃岳飛舊人，有糧無衣，故乘除如此。水軍則以隆祐太后避地於茲，驟聞敵至，賴其力，得上贛，特許優給。自是闕者勿補，今僅存二十輩耳。若無故創支，禁卒歲十萬緡，力固不足，且非州家所可擅也。"守不能奪，兵官嗾諸卒訴庭下，君徐以理曉之，拜謝而去。

**同上書卷七十七，《龍洲居士嚴君【致堯】墓碣【庆元三年】》（節錄）**

嚴君致堯，字正之，吉州太和縣人……紹興三年，群盜充斥虔、吉間，多至三百餘火，江西安撫大使李回以聞。時岳武穆公飛為神武副軍都統制，授鉞專征，道出廬陵，士卒托宿廛市，黎明為主人汛掃門宇、洗滌釜盎而去。太守供張郊餞，師行將絶，謁未及，通問殿後者："大將軍何在？"笑曰："已雜偏裨去矣。"其嚴肅如此。所過獨搜訪奇士，諏計策。至太和，君叩轅門，一見語合，許以從行。初龍泉賊帥彭友、李動天等十人尤強暴，號"十大王"，盤【闕】四年，攻破八縣。至是，次第就縛，兩郡以寧，奏凱而還。其後定鼎、澧，安襄、漢，取唐、鄧，復郢、隨，全合肥，君皆在焉，屢委以事。積代版授七階，方向宛、洛，擣趙、魏，而金人求成，武穆公罷兵柄、獲罪矣。君恨無以白杜郵之冤，歸而放浪山水間，聚書教子，自號“龍洲居士”。

**同上書卷九十五，《七月十三日聖旨，“故岳飛起自行伍，不踰數年，位至將相，而能事上以忠，御衆有法，屢立功效，不自矜誇，餘烈遺風，至今不泯。去冬出戍鄂渚之衆，師行不擾，動有紀律，道路之人歸功於飛。飛雖坐事以沒，而太上皇帝念之不忘。今可仰承聖意，與追復原官，以禮改葬，訪求其後，特與錄用》**

敕：“仁皇在位，親明利用之勛；神祖御邦，首祭狄青之象。蓋念舊者不忘於拔拭，而勸功者當急於褒崇。朕祗稟睿謨，眷懷宿將，茲仰承於素志，肆盡洗於丹書。故前少保、武勝、定國軍節度使、武昌郡開國公、食邑六千一百戶、食實封二千六百戶岳飛，拔自偏裨，驟當方面，智略不專於古法，沉雄殆得於天資。事上以忠，至無嫌於辰告；行師有律，幾不犯於秋毫。外摧孔熾之邊兵，內剪方張之劇盜。名之難揜，衆所共聞。會中原方議於櫜弓，而當路力成于投杼，坐急絳侯之係，莫然內史之灰。逮更化之云初，示褒忠之有漸。思其姓氏，既仍節制于岳陽；念爾子孫，人復孤惸於嶺表。欲盡還其寵數，乃下屬於眇躬。是用峻升孤棘之班，疊畀齋壇之組。近畿禮葬，少酬魏闕之心；故邑追封，更慰轅門之望。不獨發幽光於既往，庶幾鼓義氣於方來。嗟夫！聞李牧之為人，殆將撫髀；闕西平而未錄，敢緩旌賢。如其有知，可以無憾。”可。

**同上書卷九十六，《岳飛孫甫、申、經、緯、紀、綱並特與補承信郎【十月八日】》**

敕：“某人等，善善及其子孫，《春秋》之誼也。乃祖既信眉於地下矣，其可使汝曹尚與編氓齒乎？各命以官，勉圖報國。”可。

**同上書同卷，《故岳飛妻李氏特與復楚國夫人》**

敕：“榮悴有時而不同，忠邪既久而自判。昔飛以篆車綈冕，備大將之多儀；而李以文駟雕軒，正小君之顯號。繄強宗之鼎盛，何奇禍之驟興。逮茲天定之時，宜爾邦誣之辨。具封某氏柔潔以為質，儉勤而自修。處安榮，不聞驕妒之愆；居患難，不改幽閑之操。闔門遠徙，閱歲屢遷。眷厚前朝，既下生還之命；志伸今日，載加甄敘之榮。錫以土田，為其湯沐。子孫並仕，顧惟晚感以何憂；門戶再興，尚識大恩之所自。”可。

**同上書同卷，《男雲追復左武大夫、忠州防禦使》**

敕："漢李將軍耻對刀筆之吏，寧就死焉，未幾，子敢亦罹非命。良將數奇，自古固然，朕未嘗不撫卷而興嗟也。故具官某慷慨忠勇，頗有父風，困于讒誣，不究勛績。茲懷遺烈，盡復故官。朕既白杜郵之冤，爾或知輔氏之報。"可。

**同上書同卷，《男雷追復忠訓郎、閤門祇候》**

敕："具官某，前世流人多矣，亦有父子兄弟死則追褒，生則寵秩，如今日者乎？國家雨露之恩，與天通矣。靈如未泯，知享斯榮。"可。

**同上書同卷，《霖復右承事郎與合入差遣，震、靄並與補保義郎》**

敕："具官某，爾父有戰勝攻取之勛，而無奇龐福艾之相，故忠足以結聖主之眷，而智不能辨權臣之誣。抑鬱九泉，侵尋七閏。茲興懷于鼙鼓，肆加寵於子孫。復以文階，震、靄用命以官榮。續其世祿。朕於爾家，可謂注意矣！爾之一門，何以報我哉？"可。

**同上書同卷，《雲妻鞏氏與復恭人》**

敕："某氏，昔者大臣逞憾，誣衊舊勛，微太上皇帝全度矜容，則岳氏一門無噍類矣。爾流離嶺海，險阻備嘗，上奉君姑，下撫幼稚，以至如今，非天有以相之耶？其詔攸司，還畀溫恭之號。生爾者太上，恤爾者朕躬。爾其念兩朝之厚恩，勉二子以忠報，庶幾他日尚有餘榮。"可。

**同上書卷一百四十三，《論劉洪道贈官【淳熙七年正月二十三日】》（節錄）**

紹興十一年，秦檜欲誅岳飛，以洪道嘗與共事，諷言者彈擊累數百言，皆指飛也。身沒之後，子孫流落不振，未經牽復。

**同上書卷一百六十四，《龍飛錄》（節錄）**

紹興三十二年，歲在壬午，六月朔丙寅……丙辰，臨安訪求岳飛墳，在錢塘門外，當時私號"賈宜人墳"，今將一品禮葬之。

**同上書卷一百六十七，《泛舟遊山錄》（節錄）**

乾道丁亥……四月……乙未，早過湖狀鎮，跨溪有橋，號"侍郎橋"，或曰“謂陸希聲”，而《圖志》頗疑其稱呼不相應也。飯於金沙寺，登頤山，訪講易臺，酌潛虬泉，皆希聲遺跡也。寺有岳飛己酉歲留題刻石，詞甚壯。遊李福墳庵，即李顯忠斬之者。

**同上書卷一百六十八，《泛舟遊山錄二》（節錄）**

乾道丁亥……七月……乙丑，吳迪功州相訪。其父寺丞君，不主岳飛獄者。

**同上書卷一百六十九，《泛舟遊山錄三》（節錄）**

戊午早，同道徹下羅漢岩，上微雪山，半乃為雨矣。由石門澗出官路，稍前即岳家市。岳飛葬母於此，故為市……其西石磴三百級。【岳飛母折拗墳。】……晉朝三杉。【為岳飛取去。】

**同上書卷一百七十三，《思陵錄下》（節錄）**

淳熙十五年，戊申三月……癸丑，微雨而陰，穀雨節故也，晚而霽。禮官先請群臣非侍從及執事者來日並免立班，先詣城外伺候，奉辭太上靈駕，蓋略倣在京乾元門立班故事爾。侍從集議高廟配享四人，宜如明詔批依。初，洪邁當太上升遐，即鈎致上語，退即宣言于外。十一日，即得依奏之筆，省中行文書前兩日方遍至侍從處。邁又草其議，衆人簽名而已。衆論頗洶洶。又聞章森上書，乞用張浚、岳飛，楊萬里乞用浚，不報。

# 陳傅良

**撰：《止齋集》卷十九，《赴桂陽軍擬奏事劄子·第三》**

臣聞熙豐、崇觀以來，用事者紛更祖宗之舊，以致邊兵之禍，今天下皆追咎之矣。至於重斂，不唯奉行，不以為過，又從而附益之者，何也？昔者以妄費，今以養官與兵故也。方今經費，兵居十八，官居十二。官未暇言也，敢言養兵。國初，州郡無禁兵也，著在令甲。自騎射至牢城，凡名額二百二十三，總為本城而已。所謂禁兵者，皆三司之卒，分屯而更戍，今之屯駐、駐泊之名，而鈐轄、都監、監押之官所部領也。三邊之兵，間因事宜升為禁軍者，則所謂四十四處禁軍是已，是為就糧。自元昊叛而西北有“保毅”，王倫叛而東南有“宣毅”，於是列郡稍置禁軍，至“威果”，既云多矣，然亦無過大郡要害之處。熙寧按天下廂軍之籍五十萬人而不知戰，於是教閱之法起。其後以廂軍團併為額，則今之兩浙“崇節”、福建“保節”之類是；以教閱之兵，因別為額而隸之將下，則今之兩浙“雄節”、福建“廣節”之類是已。【闕十字。】方戍法之行也，三司禁旅，轉徙於四方，而州郡廂軍，大抵以供百役。蓋勞之則易使，散之則易養，此藝祖神謀也。自州郡各有禁軍，而三司之卒不出，不出則常坐食於京師，常坐食於京師則必盡天下之利，歸之公上，利盡歸於公上，而州郡之益兵已多，則其勢必巧取陰奪而後足，於是養兵始為大患。若今屯所諸軍，亦何異本城哉？特以三總領饋之，而不節制於長吏為差異耳。要之，所謂“韓家軍”者，今為京口人矣；“劉家軍”者，今為建康、池陽人矣；“岳家軍”者，今為鄂渚、江陵人矣。向之數經行陣，以功得官，往往揀汰，冗食於廟祠、添差之類。比所招刺，例多下等，久不離營，兒女滋息，稍食鮮薄，類苦飢露，當此勞辱，最易撫摩。臣愚以為此可以漸復祖宗舊制之機，殆天授陛下也。誠有為國家任是責者，稍使不仰食於縣官，以省月樁，則經總制之名亦可以次第改正。恭惟陛下不愛爵祿，以待天下之士。大官重權，可謂尊寵，至於養兵，則國家被重斂之名而不得辭。臣享其佚，上任其怨，臣竊不取也。

**同上書卷二十四，《奏乞褒錄傅察、宗澤、婁寅亮子孫劄子》**

竊睹近者贈岳霖煥章閣待制與張某一子官，仰見公朝旌念舊臣，苟有勞烈，即錄其子孫，承襲重爵，以此勸士。天下知尊君親上之報不薄，而徇國者衆矣，幸甚！臣嘗論本朝聖聖相承，每遇大事，則有先見特立之臣，奮不顧身，為國建事。臣不暇遠論，姑述宣和以來三朝所睹：在徽宗時，則有傅察以死事為節義之功之首；高宗中興時，則有宗澤以留行為翊戴之功之首；壽皇入繼大統時，則有婁寅亮以建儲為定策之功之首。然而傅察贈典雖甚優渥，宗澤致仕亦頗通貴，而兩家子孫未蒙旌異，棄善錄瑕，令人於邑。至於寅亮，初以上虞縣丞敢建大議，高宗嘉納，擢為御史。其後時議不同，竟死小官，澤不及後，遂以乏祀。若以至和、嘉祐故事言之，宜在褒崇之典。一切勿問，臣恐傷忠厚之風，塞敢言之路。上無以發明高宗至公之心，下無以對揚壽皇善繼之美。欲望聖慈以所以褒賞岳飛子孫之意，推及三家，以廣恩惠，以勸忠力。

**同上書卷四十七，《胡少賓墓誌銘》（節錄）**

少賓，諱序，姓胡氏。胡氏繇婺徙温，至荆湖制置司幹辦公事君諱褒、通判滁州君諱袞、宗正少卿君諱襄兄弟始著。累贈其考諱觀國中散大夫，妣趙氏恭人滁州君，周氏安人無子，以幹辦君之子為後，是為少賓也。少賓娶薛氏，故起居舍人徽言之女。世所稱“薛士龍”者，其妻弟也。年四十有九，以淳熙五年後六月丁未卒於官所，十有一月辛未歸葬於永嘉縣吹臺鄉梅嶼山先兆之側。子男五人，宗、宇、守、寅、定，女四人。曩余問學於薛士龍氏，往往見少賓……余頃聞滁州君初讀書天慶觀，故相秦公在永嘉，聞其名，出不意，杖策來覘之。君方讀《孟子》，書不為輟也。秦因誦《宋勾踐》一章，以感諷君。君訖其去如初，旦日且不還謁。秦公再相，有以君為薦者，曰：“是固以三顧望人者耶?”滁州竟官不達死。幹辦君以佈衣從大將岳飛定群盜，僅得官以死。少卿稍貴，亦坐言者謂尚胡寅、趙鼎之學，擯十餘年不用。少賓志益壯，連調官，丁內外艱，不赴。晚監湖酒，名字纔出，未幾死矣。胡氏父子蓋如是。宗來乞銘，其可無辭叙哀之乎?宗盡得外氏書，率諸弟力學，或者在茲耶?銘曰：璞也，而或以為珉似也，而或以為真，徒以屈伸，云誰不泯。吁嗟乎！少賓。

**同上書卷五十一，《右奉議郎、新權發遣常州、借紫薛公行狀》[①]（節錄）**

曾祖庠，皇不仕；祖強立，皇任江寧府觀察推官，累贈左光祿大夫；父徽言，皇任起居舍人。公諱季宣，字士龍，姓薛氏。其先世家河東，後徙福之長溪廉村，至唐補闕令之後，又自廉村徙永嘉，而光祿公始顯。四子，司封郎中嘉言、敷文閣待制弼及舍人，皆第進士，昌言為婺州通判。舍人從胡文定先生學，以丞相趙公鼎薦仕於朝。秦公檜相，定和議。舍人廷爭移晷，中寒疾以卒。母胡氏安人，後十三日亦卒。公六歲而孤，撫於待制。伯父長任以官，公從待制宦游四方，尚及見故老，聞建炎、紹興初將相大臣趙、張、韓、岳諸公事，有當世志而樂道其人……為鄂州武昌令，故太尉劉公錡鎮鄂渚。公論：“武昌形勢直淮、蔡，今見戶三千五百，弓級纔五十人，土軍十有九人，宜早為備。”因陳屯田、分戍、保伍，以寬民力之策。會有旨營田，一卒二十畝，縣官盡征之。公告鄂守宋似孫曰：“是非漢屯田之謂[②]。漢兵，民也，使之就[③]田，豈曰不可?今非惰游不從軍，彼不素知田家事，驅之緣畝，必不樂。曩時王彥營田湖外，遣二十將，潰者十有八，而況盡征

① 文又見薛季宣《浪語集》卷三十五，題《宋右奉議郎改差常州借紫薛公行狀》。

② 謂，《浪語集》作會。

③ 就，《浪語集》作屯。

之乎？且齊民在野，環營以軍，殆必爭利。”成閔益戍夏口，公曰：“宜戍武昌。”備申蔣故樞密使。汪公澈宣諭江淮。公上書言：“自權臣執國柄，士氣索然。趙、張之放，莫敢尚德；岳飛之死，莫敢趨功。今卒有意外之虞，誰其禦之?”因論邊事甚悉，及營田宜亟罷。歲餘，敵犯襄陽而還兵圍蔣[①]甚急，汪公問策安出。公白：“以蔡要害，得蔡則蔣[②]圍自解。”成閔克蔡，蔣[③]兵果遁。於是敵東道軍[④]傅合肥，王權退次柘皋，李顯忠亦不利，卻，成閔東為援。公又白：“蔡不可失，若乘勝拔潁昌，道陳、汝，直趨大梁，則廬兵不戰可屈。捨蔡援廬，是棄投機之會，為連雞之棲，淮、沔虛矣。”又曰：“敵空國來寇，苻秦故計也。今我不可復戰，惟當畫江固守，而以奇兵遮擊脊尾。阻前顧後，勢且自沮，輿尸一決，其禍必大。”初，公試邑，年甚少，方天下無事，豫陳邊備，諸公唯唯未遑也。居無何，邊吏倉卒，興發騷然，柴桑遷孔子宫、避戍將，嘉魚壞學宫、繕壁壘，江湖間稍騖於武事矣。公顧以和糴賤傷農，三白郡“解印綬去”為奏，罷糴乃已。比寇至，蘄、黄以南列邑，無寧居，守令竊議内徙，宦江湖者歸孥相望於道。公迺誼死守不去，與民期曰：“吾家即汝家。一旦有急，吾與若偕死敵。”民亦自矜奮。三分其衆，更壁縣下。二總首帥輕舟守安樂口、白鹿磯，且乞師於汪公，得甲三百，樓船十艘，氣聲張甚。渡江來歸者數千家，江西恃以無恐。諸公繇是翕然稱慕，交章繼薦。汪公虛幕府官以待。比其入也，欲以公朝行在所。轉運判官王逖劾罷信陽守，檄攝軍事。既解，縣爭欲辟留。滿考改官，公並辭不受。

其後營田，二十卒田二頃，歲得穀六百石，廩錢乃七十三萬，米一百八十石。闊遠或數百里，一壯馬負二石穀，從以騎士詣大軍。其費視民間買穀價相若，士苦之，往往道棄穀去。又壅民之水利而掩其善田，州縣莫敢如何，營田終廢。金亮既斃，明年，蔡果不守，尋復議和。朝廷於此亦棄唐、鄧，封略止於沔南矣，蓋一如公言……調夔州司理參軍。居五年，用樞密使王公炎薦召。公懇求之官，不報。於是上在位七年矣，入對，進三說：“一，審政本，躬細務，觀鞍馬。以權為經，本末倒置。況動煩宸衷，國論靡定，權移近密，衮職日輕，降人侍從之虞，毬獵固寵之術，意有所偏，患

① 蔣，《浪語集》作光。
② 蔣，《浪語集》作光。
③ 蔣，《浪語集》作光。
④ 軍，《浪語集》闕。

生不察。願陛下以靜養恬，略小圖大，遴三公之選，責以進人才、張紀綱、延端直之士，與之講問學、求治道。歸有司之常務，屏馳騁之細娛。沉潛待時，安往不濟。其二，冗官冗兵，周官惟六，漢別九卿。自東都有尚書六部，唐置內諸司使，增員浸多，有職蓋寡。諸路帥臣，在古州牧。國朝以來，置轉運使、副、判官、提點刑獄、提舉常平茶鹽、總領、市舶、坑冶、茶馬諸司。屯駐之軍，又別置都統制。牧伯之任，分為五六，而州之知、通，縣之令、佐，不相統臨，各行其意。臣之所謂冗官，此也。唐方鎮之兵，今廂軍是；周世宗及太祖皇帝增置禁旅，今禁衛與諸州禁軍是；神宗皇帝立將兵之法，今帥藩係將禁軍是；太上皇帝收諸將麾下，作三衙、御前諸軍，今大軍是。四者之外，復有弓手、土軍、役兵。今為大軍勝戰，將兵而下廢為隸役，臣之所謂冗兵此也。茍得其道，更張不驚。顧陛下處之何如，毋憚難也。其三，虛税。武昌絶戶屋租，屋亡而租在；德安岳飛牛租，牛亡而租在；永嘉海溢濱虜之田，田亡而租在。凡此宜悉蠲除，以惠貧下。”當是時，上志在中原，王公炎方數進見，語合，驟登用，薦公甚力。

# 倪樸

**撰，［明］毛鳳韶編：《倪石陵書》，《擬上高宗皇帝書》[①]（節錄）**

國家自偃兵以來，陰陽不和。居高者，苦亢旱；處下者，怨水澇。螟蟲大作，陰害嘉穀。而今歲尤甚，當春陽發生之時，而凍雪連月，淫雨不止，蠶麥所收，百無一二。今又加之以大旱，州縣決滯，獄放逋租，上下祈禱，靡神不舉，而絶無響應，民心憂懼，不知所為。夫今欲舉大事，而天意若此，其可危矣哉。臣伏觀陛下無暴刑虐政以動民之怨，無窮兵黷武以傷民之和。及刻心削志，不為侈靡，不樂遊翫，不興宮室，不營苑囿，言斯聽，謀斯從，利則興之，害則除之，寬大之詔，無時不下，其所為皆善矣。而天意若是者，必有怨怒之氣積於下、奸於上者。故陰陽乖繆，而雨暘為之不順。臣聞故將岳飛忠義無比，志清宇宙，一旦為權臣所害，天下痛其冤，至今大小猶云云也。夫孝婦之冤不伸，猶曆年為之不雨，況忠臣義士，勛烈炳天地，精忠貫日月，無尺寸之封，而反受大戮，其怨怒之氣，豈不充積於天地之間哉。是宜曆二十餘年，陰陽謬戾，而災變不息也。臣又聞前相張浚，陛

① 文又見史部《敬鄉錄》卷六。

下佐命勛臣，雖一時兵挫地失，而志在滅敵。陛下不念秦伯用孟明之事，聽妨功害能之說而痛怒之，終身錮而不用，使天下之心失其所望。夫勛舊忠義之士，天下之所共望也。臣晚生，固不知浚之為人也。然卜之心，則知浚之為人矣。今浚雖未用，而天下已期之，是人心之所共望者。斯人也，人心之所歸，天心之所係也。陛下違其望，而逆其心，是逆天之心矣。逆天之心，而望陰陽之和，是卻行而求前也。且陛下所為無不善，當大有為之時，天之心當陰相而默助之。今乃反若是之甚者，蓋天意若曰："吾將祐而助之，而反逆吾之意，吾其可不出災異以警之乎？"此天所以示其眷顧之意，而陛下不悟也。不然，災異之來，何自而起乎？臣願復故將岳飛之封爵，錄其子孫，以伸其冤枉之氣；詔復張浚，以副天下之望。則天時自順，雨暘自若，強敵可得而滅矣，此順天之說也。天下安，注意相；天下危，注意將。今天下之勢，不為安矣。

## 樓鑰

### 撰：《攻媿集》卷九十三，《純誠厚德元老之碑》（節錄）

【奉敕撰，標題一作《太師、保寧軍節度使、致仕魏國公、謚文惠、追封會稽郡王史公神道碑》。據篇中"親灑宸翰"云云，則此為當日原題。】

……公諱浩，字直翁……公既相，益思所以報上者，首言前宰相趙鼎、參政李光之無罪，大將岳飛之久冤，宜復其官爵，錄其子孫，凡坐廢者，次第昭雪，悉從之。

### 同上書卷九十五，《簽書樞密院事、贈資政殿大學士、謚節愍王公神道碑》（節錄）

公諱倫，字正道……九年春，真除端明殿學士，簽書樞密院事，賜進士出身，充迎護梓宮、奉還兩宮、交割地界使，兼東京留守。公既交河南，寬恤疲民，大發倉庾，以賑窮乏。烏珠留數百人，取僞齊留貲，名落後司。公聞其紛擾，盡逐之，民始安堵。烏珠一親信人見公，若欲有言。公屏人問之，遂言烏珠有害達蘭之意。公厚遣之，即密奏，乞令張俊守東京，韓世忠守南京，岳飛守西京，吳玠守長安，張浚建督府，盡護諸將，以備不虞。上以示大臣，持不行，連促北去。六月渡河，北至會寧府，聞向之主和者盡為烏珠所屠，事皆變矣。既見金主，令耶律紹文作宣勘官，傳言問公："還知元帥達蘭等罪否?”答以不知。又問:“交了許多疆界,而略不及歲幣,卻欲一一如請,只知有元帥,不知有北朝耶?”公曰:“前日蕭哲等齎書至本朝,許割河南,歸梓宮、太母、淵聖,天下皆以金國不忘海上之盟,庶幾與民休息。行人則往來通兩朝之好耳,豈有他哉?”是日,風雪寒苦,詰難數十反,公忠憤激烈,辭氣不少沮,見者為之喪膽。歸館,又遣紹文就驛受辭,公對如初度,必不得歸通。夕密語副藍公佐曰:“前過汴都,已知事變,亟奏上矣。知閣若歸,乞檢前奏,急命諸將分守所歸侵疆,無令輕失中原。敵至今日,已如強弩之末。烏珠不達時變,貪而無親,將自取斃。往囬幽燕,父老談道本朝,未始不泣下,咸知君明臣良,必大恢復,忍死以待太平。金之貴臣,往往輸誠相結,衆叛親離久矣。他日若來請和,當盡復土疆,則可與議。”又去年,嘗稟宰執,乞不發歸正人,切無苟且,以失後圖。自是四旬無所聞,十一月庚辰,紹文至驛,傳言問公:“向拘雲中,本無還期。曾不知恩,反貳我君臣。今遣副歸以待。”待報將分驛,與公佐酌別,云:“區區悉已前白。”無一語及其私。留河間六年,金以公為平鑾三路轉運使。公力拒之,驅迫日甚。公曰:“君命無貳,臣之節也。貳而苟官爵,倫實恥之。”又脅以威,且曰:“受命則生,不受則死。”公乃振衣冠,南望行闕,再拜稽首,厲聲言曰:“先臣文正公旦勛業炳。臣為國將命,猥被拘留,復以僞命見逼,敢愛一死,上孤國恩,以辱君命。”於是大慟,斥罵使者,聽其絞死,實十四年七月戊午也。是日,秋宇澄霽,忽陰雲晦冥,風雹雨雪,咫尺不相睹。城郭内外,地皆震裂,數日不已。河間人懼甚,急立公祠,家繪公像以奉之。明年,公之訃始聞,天子震悼,特輟視朝,報其家,贈左通議大夫,賜銀絹各千,敕就平江府安葬,仍令有司應辦,享年六十有一。

**同上書卷九十八,《龍圖閣待制趙公神道碑》(節錄)**

公字叔達……公世明禮學,用贊其長,輪對奏乞,辨雪岳少保飛之冤,錄功定謚,優卹其家,以激厲將士。又乞募人耕江、淮、荆、襄荒田,不税不役,家出一兵,如四川義士。進《恢復機密十論》,俾邊帥招中原之人,用奇以擣燕山。又進《制狄權鑑》,取《書》、《傳》制狄之說,參考曆代事蹟,總歸條例為十六門,四十卷。又《富強要策》十卷,專論屯田頻年,雖嘗留意,而未及前代者。其說有三利害:未盡爵賞,未重委任,未專三書。既進送給、舍看詳,咸云學問淵源,議論詳確。八年冬,遷太府寺丞,再對,極論文具之弊,願詔大臣崇尚實用。

# 袁說友

**撰：《東塘集》卷十一，《進講故事》（節錄）**

臣嘗讀曾鞏《本朝政要策》，其言曰：“太祖皇帝之制將也，隆之以恩，厚之以誠，富之以財，小其名而崇其勢，略其細而求其大，久其官而責其成。”至於論“富之以財”，則曰：“西北邊軍市之租，多賜諸將，不問出入，往往賞賚又輒以千萬。李漢超守關南，屬州錢七萬貫，悉以給與，又加賜賚。漢超猶私販榷，規避商算。有以事聞者，即詔漢超私物所在，悉免關征，故邊將皆養士足以得死力，用間足以得敵情，以居則安，以動則勝，此可謂富之以財矣。”鞏之言豈無所據而云哉？蓋英主之御將也，誠知將帥武夫，不可以文法拘，不可以廉隅律。苟不有以優其貨財，使之上足而下裕，則彼將自營之不暇，而何暇恤吾士耶？彼為士卒，上不見恤於國，下不蒙恤於將，欲其無饑寒，胡可得也，安敢望其死國哉。然則太祖之所以優諸將，實使之推有餘以優吾士也。建隆、開寶成效，可見於此。國家養兵，自御前以及沿江屯戍，亡慮數百萬。其廩而給於官者，月以計之，人為粟二升有半，人金七十有七，而月糧之數，僅三斗耳。彼其人有父母妻子之養，疾病、婚姻、喪死之費，皆於是乎取，則宜其窮餓，怨嘆而不已。雖然，其所給皆舊制也，而何以特困於今日哉。臣嘗訊之軍卒之故老，則以謂：“向者縣官廩而給之，雖甚微，而諸大將所以優之者，則猶厚也。”如韓世忠、岳飛、劉錡之所部，金帛賚及徒伍，米粟厭足於與卒，中雖變更，而後來所得猶擅酒酤之利，回易之息，皆歲以萬計利入。若此，則士之藝且精者，諸將且有以賞之也；士之貧且悴者，諸將且有以賙之也。厥後酒酤罷，回易廢，凡軍中一毫以上之利，往往搜括殆盡，而將帥無復利權，乃又責之以小廉曲謹，束之以矩寸規尺，隄防議論之甚備，上不能以自裕，下亦不能以仰給。士於是時，始僅守其升合之粟，百什之金，而囂然有旦暮之迫矣。又日使其父母妻子奔走閭井，逐口腹之急，殆同丐殍，而其身亦負薪織屨，轉移末作，且不自給。彼其平居無事，困饑寒，慮妻子，出怨言，方觖然有不平之意，一旦有事，其能捐軀盡力於上乎？此臣所以日夜深思，動心而懼者也。此無他，惟其軍無餘利則諸將貧，諸將貧則六軍之士皆貧，必先有以優其將，將優能豫附士，士附則令之死國而不難，此必至之理也。且漢文帝豈真不能用頗、牧哉？使帝知李牧盡有軍市之租，賞賜饗士，皆決於外而不中覆，則知所以優將矣。今也魏尚以軍市租盡給士卒，而帝乃以一言之不相應，文吏以法繩之，則是未知優將之說也。由此言之，帝之不能用頗、牧，豈誣言哉？惟我太祖任將之法，遠過八代之所以優諸將者，欲上下相通，將士均裕，故能兵威所加，前無堅敵。今上天悔禍，敵方困於北人之擾，中國固未暇問，而所以先上策為有備者，要當急為之圖也。然則捨任將之策，而何策哉？臣願上法太祖皇帝御將之方，如李牧饗士制勝之效，出馮唐一言之戒，下御今日士卒之道，特出睿斷，如酒酤，如囬易，如營運之類，盡復異時寬大之制，令諸軍得斡旋，自行施置，關梁弗征，州縣弗禁。諸將得專其利，則可以賞士卒，蓄廪粟，繕器械。毋束以文法，毋拘以常制，毋責以小廉。諸將稍富，軍用稍寬，下得以優數犒賚，以求裕吾士。蓋必先優吾將，而後可以優吾士也。惟陛下實圖之。

# 楊簡

**撰：《慈湖遺書》卷十六，《家記十·論兵》（節錄）**

岳飛用兵，有勝而無敗。聞其欲有所舉也，必盡召諸統制官，環坐飲食之，而與之謀。先謀夫敵之所以敗我者，至於六七。備謀詳慮，竭智共攻，而終於無敗也，乃行。故飛每戰無敗。【見《訓語》】

# 袁燮

**撰：《絜齋集》卷二，《輪對熙寧三年太白晝見劄子》**

神宗熙寧三年九月二十五日，司天監言："太白晝見，距九年冬，數出晝見。"佔者以為主兵，而河湟、湖南、安南用兵，茲其應也。

臣聞夜則見，晝則伏，不敢與太陽敵，星之常也。當伏而見，與日爭明，失其常矣。故其佔主兵，兵戈將動於下，則金星先變於上。吁！可畏哉。我神宗皇帝憤北方之強，故先從事於西戎，所以斷匈奴臂也。於是乎，復洮、岷，克梅山，降木征，而南則有交州之役。兵連而不解，金星晝見之應，昭然不誣。自陛下踐阼以來，星變屢矣，而太白之失常，未有如今歲之甚者。蓋自五月二十一日以迄於今，涉曆五旬，晴必晝見，前代之所無有，史策之所不載。有識之士深為國憂之。陛下誠心畏天，每遇水旱，減膳徹樂，憂形於色，引咎責躬，齋潔致禱，凛乎有淵冰之懼。今而星變異常，其佔主兵，乃疆埸將擾，事變方殷之兆也。而九重之上，晏然自若，不以為憂，何哉？董仲舒有言："國家將有失道之敗，而天乃先出災異，以譴告之。不知自省，又出怪異以警懼之，尚不知變而傷敗，乃至以此見天心之仁，愛人君而欲止其亂也。"金星晝見之久，可謂怪異矣。此乃天心仁，愛陛下，欲出此大異，以警懼之也。而陛下曾不以為虞，迨夫傷敗之至，雖悔其可追乎？臣仰觀乾象，俯察人事，竊料今日之勢，雖欲幸其無變，而不可得。夫既不能無變，而吾之將帥則庸懦，師徒則畏怯，財用則匱乏，藩籬則疏漏，其果可以應敵乎？將擁兵于外，而專事交結，多方掊剋，以充苞苴。軍人愁苦無聊，而主將恬不加恤，名曰教閲，未始頒賞，無以激厲，誰復振作。以不教之卒而使之戰鬥，則有望風遁逃而已，此今日之大弊也。自古名將守邊，其財皆得自用，以勵士卒，則人人慕賞，爭自奮於功名；以遣間諜，則冒死不顧，密窺敵之動息。太祖之任邊將，得此道矣。中興之初，岳飛、韓世忠之流，皆有不可勝用之材，此所以能擒敵而制勝也。今之任將，毋乃與此異乎？城壁之經營，固所當務也，而板築並興，則恐力有不及。不若擇其至急者，先之合數城之力，以築一城，則無患乎不堅；合數城之兵，以守一城，則無患乎不足。他日或有遺力，則又築其次急者。至於公論，皆以為可緩者，則姑已之。昔者漢惠帝之三年春，發長安六百里内男女十四萬六千人城長安。六月，發諸侯王列侯徒隸二萬人城長安。五年，發長安六百里内男女十四萬五千人城長安。九月，長安城成。夫以漢家全盛之時，築一城易事爾。而三年之間，三興大役，始克為之。今邊方單弱如是，而乃欲於一二年之内，辦集兹事，其可得乎？力既不及，飾辭罔上，勢所必至，其可恃以為固乎？臣所謂藩籬疏漏者，此也。陛下誠能因此星變，慨然發憤，大修武備。將帥也，師徒也，財用也，藩籬也，皆大變於前日，則可以待不虞矣。不然，固未知其所終也。臣不勝憂國愛君之心，惟聖主察之。

**同上書同卷，《輪對紹興十一年高宗料敵劄子》**

紹興十有一年，二月丙子，上謂大臣曰："中外議論紛然，以金逼江為憂，殊不知今日之勢，與建炎不同。建炎之間，我兵皆退保江南，杜充書生，遣偏將輕與金戰，故敵得乘間猖獗。今韓世忠屯淮東，劉錡屯淮西，岳飛屯上流，張俊方自建康進兵前渡。金窺江，則我兵皆乘其後。今雖虚鎮江一路，以檄呼其渡江，亦不敢來。"後卒為上所料。

臣聞英主之興，所以能折服強敵，尊崇國勢者，惟其經營處置得其要而已。捕鱣鮪者，必以網罟；捕虎豹者，必以陷阱。設之於此，而使鱣鮪虎豹墮其術中，則足以制其死命矣。高宗之制勁敵，用此術也。金人既陷壽春，乘勝進兵，衆人皆以為憂，而高宗曾無懼色，豈姑以是安衆心哉。蓋先事經營，多方佈置，至嚴至密。敵或迫江，則王師皆尾其後。彼雖凶強，豈敢輕舉妄動，而送死於我哉。高宗之制敵，可謂得其要矣。今日金運既衰，蒙古方盛，聞已提兵渡大河，圍陳、蔡，攻潼關。金人之勢益蹙，其亡指日可待，則是朝廷所當熟慮者，非金人，乃蒙古也。方興之勢，精鋭無敵，豈可不豫為之備？誠得中興諸將，分佈於江淮、襄漢之間，委之閫外，聽其所為。或衝其胸，或擣其脊，或擊其左右，使敵人躊躇四顧，而不知所出，則吾可以必勝矣。雖然，良將未易得也。採之於公論，公論之推，必人材之傑然者也，紀律必嚴，教閲必精，方略必審，威聲必震，而何患乎大功之不集哉？竊聞今之邊防，疏略未備，守禦諸將，多不得人，而蒙古之勢，駸駸將逼，甚可懼也。經營佈置能如高宗，則亦可以如高宗之不懼矣。惟聖主亟圖之。

**同上書卷七，《論戰》**

《司馬法》曰："天下雖安，忘戰必危。"此言國家之武備，不可一日弛。雖積安極治之世，不可忘戰，況危機交迫之時乎？竊料今日之勢，必至於戰。戰非美事也，不戰而屈人兵，豈不甚善？然觀時度勢，雖欲僥倖無戰，而不可得，何者？敵失其都，假息河南，豪猾並起者，必又從而蹙之，師一渡河，汴京鼎沸，浸淫不已，而侵軼之害，近在目前，能無戰乎？往者紹興講和，不過金人一國，和好既通，無復餘事。今蒙古既衆，金人據有之地，必將四分五裂，與我為鄰，部落不一，必有崛強喜功不我親睦者，能無戰乎？往者金人盛強，朝廷姑息，勉強和好。今金師屢敗，亡無日矣，而敢偃然自大，邀我聘使，索我歲幣。若遽許之，姦雄窺覘，謂吾衰弱已甚，故雖垂亡之寇，奉之惟謹，有鄙我心，輕來伐我，能無戰乎？金人，我之深仇，而敢駐汴京者，謂我不能復讎，可以無南顧之憂也。遽與通和，必墮其計。若不欲遽絶之，姑告之曰："俟復還燕薊，交騁如故。"委曲遷延，遲以歲月，殘寇必亡。萬一未亡，謂吾無信，致釁於我，斯與之戰，乘其衰弱，克之易耳。大抵為國家者，固不宜好戰，亦不可憚戰。晉之渡江，國非不弱，而未嘗肯與敵和。石勒來聘，輒焚其幣；祖逖出鎮，而河南復為晉土；苻秦南牧，一戰而卻之。蓋強敵在前，晉人朝思夕慮，求勝敵之策，所以克保其國。我朝中興之初，數與敵戰，良將輩出，王師屢捷。岳飛、韓世忠、劉琦、吴玠之徒，勛烈表表於紹興間，非秦檜沮之，復故疆，刷國耻，端可必矣。今廟堂之上，圖畫邊備，如恐不及，必不以戰為憚，而後人才共奮，何患其無成功哉？

**同上書卷九，《鎮江都統司題名記》（節録）**

京口自晉世為東南重鎮，王、蘇之變，繄丹陽是賴，卒安晉室。國朝南渡之後，尤所倚重，故握勁兵者，皆一時宿將，自蘄忠武王始。蘄王勛名同鄂武穆，至今天下稱為“韓岳”，忠勇可知矣。

# 薛季宣

**撰，[宋] 薛旦編：《浪語集》卷七，《周將軍廟觀岳侯石像二首》**

【侯祠初毁，道士不忍壞侯像，沈荆溪中，因得不壞。】

萬死何知獄吏尊，威名蓋代古難存。【侯初下大理獄，吏執筆請辭。大書其紙尾，而脅之曰：“汝觀今世烏有大臣係獄而生者，趣具成案，吾為汝書。”】二桃豈以功高賜，一舸不容身退論。幾見飲江思道濟，繆為圖像削王敦。沈碑千古蛟川恨，留與無窮客斷魂。

軍聲良苦聽南風，説禮敦詩也不容。鬥蝗達聰良是病，戰蝸流血可同宗。親疏間入聯鑣話，真假言從躡足封。趣詔河陽長已矣，隆中悲切起人龍。

**同上書卷十六，《召對劄子三》**

臣前任鄂州武昌縣之管催苗税，有常平司絶户屋租錢並省司逃户屋租錢二項科名，通數不為甚多，皆是建炎以前兵火逃絶人户屋宇客户租佃所出。今屋已隳，舊租仍在。臣屬軍事方興，未遑申明蠲免。今雖受代，心竊恨之。臣又嘗部夫運糧至德安府界，見諸縣人户患苦出納前宣撫使岳飛在日牛租，其端由蓋與屋租無異。【口奏：德安租牛，蓋岳飛撫定群盜所得。若諸將則固掩為己有，飛以民間之牛，故租與之。當時實受其利，此亦可知飛忠廉可尚。然事久未嘗無弊，今飛已死，牛亦無存，而民猶出舊租，其為害可知矣。】比來待闕温州，適當海溢之變，田地之落江者，州縣雖為蠲税，然或未盡知也。問諸田里，則曰：“從前江河側近，淹没之地，租税例多不免，今所在皆有之。”臣以武昌屋租計之，雖貧民，受弊者衆，而為國家財計無幾。朝廷患不知爾；如知之，寧靳此一錢粒米之費，而忍強民以出無業之租哉？願降詔旨，凡天下郡縣有無產租稅，如武昌屋租、德安牛租、溫州淹沒田租之類者，並令人戶自陳勘驗，不以久近多寡，悉除之。省部監司削其利名，州縣印榜曉示，如官司不為除落，許其越訴。用省無名之賦，以寬小民，以惠貧下，不勝幸甚。

**同上書卷十九，《上宣諭論淮西事宜十·五》(節錄)**

一、曩者用兵之際，州縣財賦尚餘昇平之舊，而三軍之士類皆有復私讎、返故鄉之念，較今之國勢，幾數倍矣。而轉戰十年，不能成功者，無它，以朝廷御將之術未盡其道耳。方諸將略有折馘之勛，則驕悍之氣，已傲視其上，以邀莫大之賞，而朝廷唯恐不滿其意也。至於敗軍失守，則置而不問。有罪則闊略，行賞則從重。故張、韓之輩卒不能復中原尺寸之土，而遂享三公之封。獨一岳飛，頗有志於功名，然進退之機，或戾中旨，卒罹其禍。今之諸將，見張、韓之貴，雖輕致敗衄，而益無所憚，懲岳飛之禍，若事當機會，亦不敢專，此當今之大患也。

**同上書卷二十，《上成馬帥論屯軍》**

某讀《吳志》，至漢居許而吳都鄂，傳於魏則徙金陵，得孫氏之所為廢興，從而知仲謀之本志。武昌，古鄂縣也。其地四達，襟帶江、淮、許、蔡、申、陳，相望五百里而近。絶江以北，莫捷此途，襲以輕兵，信宿可至，以斯謀許，誠無難矣。漢祚移而鼎國分，武昌密邇於魏鄙。建業之徙，端在於斯。今之江南舊為吳地，以錢塘為都邑，則衢、信、洪、撫為之衝。鄉來金人南牧之兵，掩自武昌南渡，雖鄂州兵十三萬，聞而躡之，已不能及。自縣之西，有馬橋湖四十里，武昌有變，救之實難。北望黃州，去淮纔四百里。淮流可涉，絶無關津。毀拆黃民之居，以為牌筏，順流而下，不勞舟楫而通。今議不此之虞，徒益兵於江夏。江夏背山阻水，漢陽以北，背陂湖以進則難，無往而可。萬一金人渡漢，由間道以襲豫章，不數日而下江西，因進軍以傾衢、信，吾軍悉在其後，寧不為都邑慮乎？江夏之屯，乃岳飛所以制湖賊，西臨襄、漢，阻水實多，進退江、淮，以全制敵之後，取道神速，遠不逮於武昌。吳、蜀之衝，固已無急於此。東晉之世，陶侃都督江南，其治在於武昌，足以明其險要。某官按行邊徼，在所當言。某備數長官，不敢不告，僭越之罪，死不敢逃，留軍以屯，惟太尉命。

**同上書同卷，《上宣諭汪中丞書》（節錄）**

某聞強國以人，作人以氣，士氣振而衆材用。君子樂得其道，小人樂得其利。雄傑狙詐，皆得而用，則其國家靡不振。不然，反是明哲保身而已。所與為國，非小人而誰哉？自非上知之人，安有不化。理亂之判，由此而決。國家承祖宗積累之厚，教化之美，涵養士氣，作成人才。嘉祐、元祐之間，名士輩出，一時之盛，可以追配唐、虞，漢、唐以還，未足倫擬。黨錮之過，賢知放逐，趨時之事，媕婀相競，二宮播越，職此之由。紹興始元，皇上恢祖宗之略，士氣稍奮，江東以興。權臣柄朝，妒賢醜正。岳侯之死，世絶功名之望；趙、張之放，人莫敢有賢德。四方士氣，至於今索然。今日朝廷，視祖宗為何似？是知士氣振者，國必盛，士氣索則人心亦從而衰，其誰為之？在時政之所行已爾。今天下文武之士，知氣節者誰歟？

**同上書同卷，《論屯戍》**

某伏睹朝廷經制邊防，使成馬軍益戍夏口，單見寡聞，深所未喻。採之巷議，為有二説。或謂敵謀沔、鄂，欲以為田開府助；或云有失衆之將，且使并將之軍。夫代將則免之，何至興動師旅？敵圖沔、鄂，鄂軍不足用邪？質之人情，皆不足聽。井蛙之見，猶不以增戍為然。夫夏口之兵，岳侯所用以奮擊於中原者，猶是人也，何不伸於今日。況兩軍不相統一，設罅生其間，一卻一前，何以待敵。夏口古雖控扼，然已緩於武昌，武昌乃吳建都，而王敦、陶侃、温嶠、庾亮之所為督府者。其地襟帶江、沔，依阻湖山，左控廬、淝，右連襄、漢，陳、許、蔣、蔡倚其後，洪、撫、衢、信當其前，南北二途，有如繩直，自淮徂浙，不能二十餘舍。敵人南牧，嘗出此以襲豫章。千里江淮，信宿而至，鄂雖有衆，不復可追。前事之不忘，後事之元龜也。武昌、夏口，尚有一湖之限。黄州南渡，斯須而至。武昌渡黄之廬，奚假舟楫，縱吾軍躡其後擊，適致敵人於死地。質今驗古，要害甚明。夏口南臨大山，三方阻水。漢陽以北，限隔陂湖，達於應城，凡數百里。信陽之北，始際邊隅，可以自安，難以應變。其西雖有漢口，窮冬涸而不通。沙口出於陽羅，實為江漢之會。陽羅在黄西數十里，舊為榷場捷徑。蔡之新息，道分為二，而南黄與陽羅正當其會。亂江而渡，武昌居兩道之衝。宿兵武昌，艤舟樊港，放求古跡，分軍江北而屯之。以守則堅，以攻則速，以觀夏口，端若井中，釋此不圖，未知其可。某官周通今古於此。

### 同上書卷二十二，《與汪參政明遠論岳侯恩數》

某聞燕王市駿馬之骨，賢者歸之；勾踐揖怒蝗之臂，士為必死。是皆推誠異類，猶感切於人心；施諸功臣，焉有不格？恭惟皇上即位之始，首雪岳飛之冤。天下知與不知，無不稱慶。逮今數月，宜人人有報效之心；求諸軍情，乃反有紛紛之論。此議者過也。日者樊建以晉武帝知鄧艾之冤而不能直，知其得諸葛亮而不能臣，推恩於飛，寧不類是？使飛果反，朝廷不當昭雪；為之昭雪，是非真反。苟非真反，則亞保之禮不當有廢。國家縱不能歸其賵贈，追加封爵，猶當反其田宅，畀之恩數，親降黼座，臨奠其喪，會其子孫，以禮歸葬，使人知為子孫之利，則為善者猶有所勸。今獨不然，惟復其封而已。改葬之禮，非復典彝；官其諸孫，僅同卒伍。今夫庶官之死，延賞猶世其家；而獨於飛，偏有所靳，以求人心之感，不亦難哉。德壽中興之成，不過張俊、韓世忠、劉光世、秦檜四人而已。四人之終，禮有異數，今其子孫，或位孤卿。飛之功勤不已，加於四子，斃於非命。自乎既往，追之來者，乃至於斯，人之多言，亦可畏也。昔魏佛狸飲馬瓜步，宋文帝臨江而歎，以為“檀道濟不死，虜不至是”，曾不能追錄其後，識者有以卜其世祚之修短。金兵南侵，金人自為“岳飛不死，大金滅矣”之語，然則所以激勸士伍者，安可不厚？仰惟都督參政相公以道事君，以誠體國，明飛不反，公議攸歸，恩禮不加，想當未愜於鈞重。建言宸極，在乎謦欬之間，使優孟不至笑人，則人知鄉善之利矣。某飄生晚進，不知政體。伏念先子薦飛為將，伯父參其軍府，今日之事，不忍不為一言。顧飛已死，何有遊說？徒為國家惜此舉措不厭人心。管仲所謂“知善而不能賞之”，與郭公之亡何異，是則雪飛之冤，而取衆怒，不若不為之為愈也。行府信能終始茲事，史策當不負。人人之歸本朝，又安知不在茲舉也？況今行營將士，往往故飛部曲，求其死力，莫此為善。惟鈞慈闊略鄙夫之妄，決而行之，不勝至幸。

### 同上書卷三十三，《先大夫行狀》①

君諱徽言，字德老，世為永嘉人。曾祖元禮，祖庠，皆不仕。

【季宣謹按，朝散郎鄒極撰我曾祖墓誌曰：“其先世家河東，漢平元始間，有曰丕者渡江，寓毗陵。後有辟地福唐長谿者，又徙永嘉，君其裔也。”《墓誌》叙述先世，其闕略與譜牒同。而伯父待制行狀云：“唐令之補

---

① 此為薛季宣為乃父薛徽言所撰箋行狀，箋語以【】標注。

闕後也，至公五世矣。"譜稱："補闕後居長谿之廉村，於永嘉房為伯祖。"以相參驗，似不衹五世。】

父強立，少登科。禮部侍郎鄒浩嘗以學官薦之，曆州縣，所至有聲，清正恬退，終金陵幕官。

【先祖字成翁，曆吳縣主簿、中都、宜黃二縣令、江寧光祿。為人短小精悍，襮和裹剛，宰劇有聲，奉法不阿其上，號"石蓮長官"。恬澹工詩，有《舊居》一篇，"花木蕭疏一徑深，門前綠柳更森森一作'成陰'。旁人錯比陶潛宅，澹泊仍無愛酒心。"娶陳氏，鄂州使君詵之女，封永嘉郡太夫人。夫人，四明大族。初婚，奩具華靡，察光祿有不豫色，而問之故。光祿曰："我，孺子家。觀卿調度，非若吾家婦者。"夫人曰："有是哉。"其歸，遂能降志節約，居貧若素，閨門肅睦，非親無識面者。而鄉人傳以為法，訓責其女婦，必曰："汝非薛七嫂乎？"七，光祿公輩行也。

從祖兄居實嘗與季宣言，光祿宰宜黃時，有小人不獲於母，去而遠遊者。已而母經死，比鄰聞之稱冤。呼子，聲不知。傷子之不在，共證其子實殺之。光祿閱母枕中，得縣人稱貸券帖，獨疑其冤，陽按其子，使人陰以縊母領巾夜擲債家戶下，微伺於旁。債家晨起然香，見巾識之，唾曰："冤家何以至此？"執問，即渠殺母，遠近歎服，稱"神明"。】

君，其季也。少孤，警穎。先令人即世，時方在襁褓。比成童，先中奉捐館舍。

【中奉，令及先君葬時，祖妣官封。】

獨與諸兄講學，識慮已過人。既長，能自立。力學刻苦，窮晝夜弗懈，遂博通經。

【先君從文定胡公安國學，有《上胡侍讀咨目》三通，在《遺編別錄》第一卷。】

再舉，登建炎二年進士第，解褐，授南劍州司法參軍事。車駕幸永康，君以書謁中司趙公，詆一時用事者。趙公大稱賞，以國士期也。

【時吕相頤浩柄國，趙相鼎為中丞。君以書謁趙相。立讀，即卷而懷之曰："公以諫臣望鼎，何辭焉？"於是促席歡語，如舊相識。趙相語及太上光堯壽聖皇帝好學，雖在戎馬，嘗讀《資治通鑑》。君曰："《書》曰：'知之非艱，行之惟艱。'誠能見古今成敗而力行之，天下大幸。"趙相愕曰："久矣，鼎之不聞是言也。"既而趙相彈劾吕相之欲臣敵、立御營使、責諫臣事，得太上褒語。趙相謝曰："三者非臣所及，溫士薛某為臣言之明白。"繳上其書，見《遺編》第二卷。】

俄移蹕會稽，趙遷樞相，力薦君。蒙召，對以“強志勤政，君子小人”，為言頗合，旨改左承奉郎，充樞密院計議官。

【西府舊無計議，有幹辦官。朝廷將用先君，以幹辦冗名，非所以處天下士，遂易名。計議設官，自君始。渡江之初，邊障不立。君請建立方鎮，以固籬落。當時採納，置鎮撫使于淮甸、荊襄間，疆埸始有籓籬之限，而江左之勢成矣。後併兩淮，分鎮置宣撫使。復請併上游以一其制置鎮，並上游置帥。《強志勤政》及《論君子小人無》劄，並見《遺編》第三卷。】

踰年，前用事者復當國。君以一誠正待之，雖銜恨次骨，欲中傷之，終弗能也。紹興二年，議遣使，君以選權監察御史宣諭湖南。

【吕相復入，怨君之嘗議己也，未有以發。禁省須紙錢四千浮費，君執奏獲可，因上遣行。君視明州湖田，反命，有詔選忠信不欺士，循問風俗，遂復以君充選，實欲去之。

性明爽，雖筮仕未久，而疏通若素宦，飽於吏練者。既臨遣，敦奏詳明。

時宣諭五使皆給親札御寶之曆，使按舉必書，又以太宗銘石之戒遍賜郡邑。將發，君上《薛宣撫縣故事》，“視縣劇易，易置令長，郡縣政事有失於詿誤而未正於法者，財用有出於聚斂而未見於用者，刑獄有過於平允而陷於深重者，御史未至，並許自陳改正，惡心不悛，雖寘死地，可勿衈”。奏可。《御寶曆序》在《遺編》第五卷，跋尾語尤鯁切，在第九卷；《撫縣劄子》在第三卷。】

入境，佈宣德意，揭示教條，檢覈吏姦，無不契事機、當人心者。

【《約束榜牒》在《遺編》第五卷。】

奏本路不便於民者十事，乞委憲司覺察違戾。

【十事：一曰戶口逃亡，不為開落；二曰產去稅存，貧民受弊；三曰秋苗受納，巧取多門；四曰高估官產，吏私其利；五曰人戶避役，親在其居；六曰鄉村聚徒，教習律令；七曰差役愆期，科派保正；八曰公吏溢額，作過多端；九曰人戶陳狀，科補助錢；十曰開剝死牛，邀求百出。《印榜奏事》在《遺編》第七卷。且請岳飛綏定湖南及鄰境，給韓京營田，免全州隸廣西節制，乞選岳守，與潭、鼎腹背制幺賊。

江西、湖南接壤，盜賊出沒其間，兩路追討之兵，不相犄角，以盜出界為盡己職，故盜得視兩界緩急，往來以騁。君奏岳飛御軍嚴肅，請以兩路盜賊併委之。江賊彭鐵大就君請降，岳掩其懈，擊之大獲。君悅，表其功狀。岳軍得以展其智力，諸將所鄉鼓行，盜用此戢。時金州屬湖南、廣西二路，潭州益陽縣割入鼎州，君奏罷之。《選岳守事》見《討楊幺語》中，《乞委岳侯兩路盜賊》、《給韓京營田奏》在《遺編》第六卷，《岳侯破彭鐵大事》、《論全州奏》在第八卷，《益陽奏》在第九卷。】

論“郴、道、永、桂陽丁米，均敷見存一丁至石，餘者並帶糴”之弊。【丁米前例，口賦四斗，均敷以承平丁帳，科於亂後。君既蠲其敷數，遂奏計口之賦，貧富一等，富者寬裕，貧者重困，均之田畝，則又偏苦上戶，謂宜履畝分口算之半以就均，一寬貧下。帶糴之米，湖南一路舊有之名，糴而未嘗給錢，多或兼倍正賦。州縣受納，必先糴而後租。民不供命，但能充糴而已。常賦之入，至一縣，歲不迨三分者。良民偏受其弊，實無補於縣官。君初難遽除之，周詢其詳，始班其禁。又有和糴、夫米，並受納米樣、斗斛紐耗、倉例、把算、抬斛、斗面、銷鈔之米、水程、裝綱、縻費、脚乘、修籠、夫米價錢、戶帖，及牛倒死買醋錢、均敷黃麴麴引錢、綢軽夏稅貼納錢、陳狀補助錢等，其他名數尚不一。君奏州縣受納收耗，與當遠而近輸者，得收脚錢如條例，餘一切罷之，憲司糾違禁者。《丁米奏》在《遺編》第七卷，《帶糴奏》、《約束榜》在八卷。《放丁米》、《罷受納、增收水脚錢榜》在第九卷。】

時田荒糴貴，命州縣量城市遠鄉道里、朝暮可及者，自近及遠，區處賑糶，由是糴價頓平，濟惠甚溥，咸戴上賜，不以遐遺也。且請存留漕司上供錢，賑濟郴、道、桂陽三州，罷營繕等費。

【諸州大飢，在兵荒之後，田萊不闢，米價翔踴。而二廣帥司閉糴，且禁耕牛出境，一牛值錢百千。且漕臣李弼孺初起上供帥司，下潭、全、永、州，計置材植，繕成府，民不勝困。君留上供錢斛不遣，截支米二萬石，裨常平義倉支濟，及以封樁經制司銀三千兩分畀州縣，仍借諸司錢糴廣西米賑給，通那省米借貸。聽四等下戶十人為甲，州為給據，自置撥米，州軍支請牒止。遏糴遏牛，營繕約飭，諸縣括荒閒田畝，勸課富家開墾，曉民生，放種本收息，官為催理。又命上戶糶米，接濟給曆，稽其多寡，高者免役，次者免罪，糴平田墾，人不覺飢。《論遏糴遏牛》、《請撥上供賑糶奏》在《遺編》第六卷，《勸課奏》在第七卷，《存留上供支米賑濟》、《自刻三奏生放種本榜》在第八卷，《罷帥司營繕奏》、《諭民糶米榜》在第九卷。】

薦本路憲呂祉、郴守趙不群、全倅劉延年、前衡倅趙伯牛、統制官吳錫等，朝廷皆召用。

【呂祉為憲，其治在衡州。曹成寇迫州城，祉毅然獨立，指揮諸將防守，寇不能犯。他盜胡元奭等數千人所在出沒，祉遣韓京討平之。為政激揚清濁，豪吏不敢為姦。趙不群初宰章邱，抗金人數萬之衆。其守郴也，曹成起攸縣、安仁間，執安撫使向子諲，徑薄城下，郡人驚走殆盡。不群率兵迎戰，賊不敢前。成後再至，圍城，不群拒守六晝夜，出奇應變，竟卻之。歲旱，以馬料賦民播種，身率僚吏減奉，以濟貧民，又省冗費犒軍，因繕城壘。民不知役，樓壁屹然。君之支截上供，繇不群發之也。劉延年，元祐名臣放之從子，居鄉以孝友聞，遭世艱難，携家族四十口轉徙江湖，與共甘苦。敏於政，善應，卒權興國軍。賊帥李勝擁徒數千，稱迎奉神。御拏舟，直抵其壘，居於延年而去。初靖康中，有旨召對，未赴。既更世，故不復自言。趙伯牛通判衡州，當孔彦舟變，伯牛使人開諭，一郡免於焚爇。從平胡元奭，再拒曹成有功。又道倅鄭安恭，元祐大臣雍之子。紹興初，曹成據州百餘日，殺掠慘酷，十室九虚。安恭攝郡能勞，徠安輯之。明年，猺人大出。安恭率衆討捕，偪逐山谷。賊窮請命，至言乏食，非其本心。安恭戮當敵一人，餘無所問。諸峒稍知畏服。祁陽令張登，治最一路，繼諸積弊政之後，兵火之餘。登安集流離，首與民約，如是而催科，如是而差役，善良者處以是道，強猾者治以是法。民始疑而易之，三月而信之，五月而安之。曹成受降而來，一邑震恐。登從容措畫，不擾而濟。大兵之後，四政渾殺。登刻意窮究，推割分明，吏畏其強，民懷其惠。提刑司檢法官文浩，先知寧遠縣，有循良稱。安撫司統制官韓京，樸忠善戰，破郴賊李冬。至虔賊鍾超、胡元奭等，兵皆數萬；如孔彦舟餘黨及永興土寇王蓋天、游寇賀潮等，亦皆不減數千人。君初議營田，京率先請茶陵、安仁二縣荒田耕種。吳錫，號“吳夜叉”，威名甚著。猺人楊再興反，攻圍武岡軍，出沒八年，為錫所破，窮追數百里，焚其廬落甚衆。君錄奏其事，皆功見一時者。《薦吕祉章》在《遺編》第六卷，韓京、趙不群、文浩、鄭安恭章在第七卷，劉延年、趙伯牛章在第九卷，惟《吳錫奏》，家亡其稿。按使事錄奏狀，以千文為號，不應遺落，必還朝所上章也。其破楊再興事，見第八卷。《請委岳飛綏定盜賊奏》中又有《薦黎明事》別見。

初抵茶陵縣，慮囚有以平人為劫盜者，片言折之，審知官吏冒賞之冤，立下吏痛治，為直之，人稱神明。初，縣人高大被劫戕死。其夕，李方陳一家亦被盜。巡尉捕未獲，高大家人疑賀大、譚世績等實殺高大，縣尉何夔收辭所連，逮上縣，併以陳一李方事，鞫之鍛煉成獄。賀大知不免，以陳九、張七雅有猜恨，枝辭入之。世績等具以蹤跡自明，獄司不為追。會君閱成案，洞見其冤，移獄安仁，遂直其事，活無辜九人。至安仁，慮七三殺人獄，以痕傷在左，款辭左右及前後異詞為斷。二奏在《遺編》第六卷。】

論漕臣措置州縣日納移用等錢苛斂，且縱吏門下姦贓，請繩治。又按發知桂陽及永、召三守、常寧令等不法，祁陽令等妄殺，按贓吏之尤者械送獄。

【湖南賦役繁重，民有嫁老母、不舉子，以規析戶、免進丁者。轉運判官王淮賦錢移用孫諸州日納緡錢，二十縣以大小，輸錢十五千至十千。又潭、衡二州，日出旗望酒錢二十千，實未嘗得酒。州縣斂於民下，自米麴銀紙，下至鬻豆腐者，皆不免科掠。郡縣去國既遠，又當積亂之後，守宰貪縱，遂成風俗。郡守和璟，其尤者，群下有“五毒三諂”之目。衡陽令王括、邵陽謝微、祁陽褚積，皆專恣昏墨，民不堪命，號曰“三陽”。括先以贓敗死，微與積有“謝一褚二“之稱。微及茶陵令譚知柔先有召命，君留不遣，按治其姦，皆無所貰。平陽尉靳成贓露亡去，因荷項屬吏。知寧遠縣張雍，懦不勝任。東安令李威遠，前坐罷，軟對移。清湘令譚觀光、耒陽丞李煒，咸剛勁有守，曉習吏治。君請以觀光易雍，煒易威遠，仍不理遺闕。《論王淮及權運判趙志之并按和璟、武岡權尉李端愨、巡檢劉清奏》在遺編第九卷，《靳成、譚知柔及監稅沈銓、常寧監稅王載、平陽權令李發並桂陽簽判權監陳如塤對移奏》在第七卷，《永守黃陞、推官俞梅等，並謝微、褚積及其主簿嚴徹、常寧令阮冠、衡陽尉楊祖堯、高攄奏》在第八卷，《衡州錄》、《參詹勉奏》在第六卷，《換縣章》在第九卷。】

以論潭帥非其人，又其間發摘稍多，行之且峻，不無忤權貴意。既還，權發遣興國軍，而他使皆進擢，識者為不平。

【前此，李相綱為湖南大使，軍民頗服其威信。李以言罷，折樞密彥質代之。帥司正兵纔七千人，招降之軍乃二萬衆。或傳將欲起赴行在，人情惴恐。君奏：“綱至數月，稍著成效，至於彥質，事未可知。夫以未可知之事而易已試之效，臣切惜之。”是時帥司軍費不支，漕司艱於出納，漸致猜阻。君請漕司濟其軍用。楊幺僭皇太子，憑藉湖水為亂。群盜散處山谷，土寇、游寇更出侵掠，如尹花八、張成、蕭尚十、蕭小四、田行者、陳道、王盈、鄧裝、彭鐵大、賀聰、賀佐、李詢、賀全、劉仕才之屬，強者數萬，弱者三二千人。君過江西，知岳侯忠略可任，奏請藉以討賊，必可肅清湖外。朝廷方督帥司以幺賊事，君奏：“賊中乏食，必因漲水侵肆。已與帥臣彥質定議，屯兵要津，使其進不得掠，退無所給。一兩月間，其勢必窮。然後鼎州攻其前，本軍制其後，計窮而來，不戰而屈，此上策也。使賊不離平原，官軍四合，其平已久，正以波濤浩渺，水勢已漲，賊軍輕利，飄去猋來，初無定止。官舟不葺，又無水軍，較彼己之短長，計時勢之利害，私憂過計，顧毋欲速。且請精擇岳守，量事應副，以張潭、鼎犄角，水勢已落，可以必取。”又奏：“比發本路荆南兵援鼎州，師次城下，不給之糧，各引而歸，實無所補。止付岳飛以賊，可保成功。”朝廷已遣王𤫉之師，君知𤫉不知舟楫間事，歸對，密請委𤫉荆、襄備禦。又奏：“賊軍舟楫便利，善長鈎，貫泅没，與之從事於波濤間，恐非官軍之便。”𤫉軍竟以水戰，困於搭鈎，致敗。卒用岳侯陸道取之，他盜亦平，悉如君策。君之行也，上諭君訪山林不仕賢者。長沙黎民，字才翁，以孝友信義著稱。其學問有淵源，自胡文定公，諸公咸所推重。嘗從御史張昕學，遭亂，託明以母。及陷於賊間，闞入賊取之。嘗過郢州，李允文以京西提刑至郢。明即還曰：“郢多招安之寇，允文凶惡，其來必與為亂，變在目中矣。”後一月而難作。君歸，奏曰：“惟此可以充賦。”君去而明卒，事不果行。吕相既思有以中君，君行未復，即以空劄誚君移陳如塡為專擅。君歸，又以其論帥臣軍旅為誕，且以“小臣不當薦舉將相”言之上。前時和璟所親為戶部侍郎，懟君請給軍用、支截上供為不體國愛費，君用此出。吕相意猶未愜，召君與諫官唐揮婦兄同見，明告君曰：“朝廷本欲相留，上令與公州郡。”已而唐諫果以質請表狀彈擊。上不直之不報，旋命都司計最五使手曆，即課君殿削焉。後張相浚督軍湖南，聞君將命，有體興國朱上，尋復召還。《論易帥章》在《遺編》第六卷，《論帥漕支費》及《楊幺事宜》在第九卷，《請命岳侯討賊奏》在第八卷，《論王𤫉》、《楊幺》二劄在第三卷，《薦黎明奏劄》在《遺編別錄》第一卷。《遺編》自六卷至九卷，皆湖南使事，號《使事錄疏》，其大者于此。又有《使囬奏劄》，在《遺編》並《別錄》奏議中。惟被命申請畫一，蓋五使合奏已施行者，詳於榜牒、奏事、御寶、手曆，但抄寫奏狀語，故不錄。】

亡何，以比部郎官召。後敵騎次淮右，車駕幸建康，扈從以行。方倉卒進發，先駐蹕平江。及春，還臨安。一時事宜，人情敵勢，知無不言，譽望彌著。

【平江、建康奏議劄目，並在《遺編》第三、四卷、《別錄》第一卷。】

改兵部，又改吏部。左選，遷右司，改左司、檢正中書、門下諸房文字，遷起居舍人。首以申嚴、歐陽修、王贄所請，令賜對，臣寮少留殿門，候記注官出，面錄聖語。及親奉德音，事干教化，禮樂刑政，為世典法者，並備錄關報記注官。士論美之。

【君之為都司也，刑寺奏讞：“父有夜盜子財，子不知而殺之者。當以‘夜入人家’，登時殺之，勿論。”君謂：“人子弒父，寧論曲直。且父子法不別籍，何謂人家？子富父貧，得非供養有闕，抵以不孝之罪。”識者然之。在後省也，論舊都省無杖，省吏有罪，大付棘寺，次不過罰，直人情，難傅重議，是三赤法終不行於省吏也，小人何所忌憚。始置杖都省，以詰小過。奸吏少戢，而省吏側目思報矣。《論記注奏劄》在《遺編》第三卷，《議刑置杖奏・亡》。】

金使至，許還徽宗梓宫及母后、河南地。時無故請和，且無邀索。有識詾詾，深以為慮。朝士皆知不可，而無以拒之。君位螭坳，朝夕憂慮，直前面奏。及侍從同對，辨論尤切，因感疾。時方正旦，猶欲力疾侍立，家人苦諫，始在告。

【趙相凡三入，君皆勸以事功難就，唐姚崇要説明皇十事可以為法。趙不能用。秦相檜知平江，過闕，望趙留己而無留之意。君間見曰：“公已許秦過闕，秦自意留，使之遂行，將恐觖望而以妒嫉生怨矣。”趙顧不知君意所在，大不悦曰：“秦居公里，於公厚乎？”由是稍疏君，而秦、趙之隙成矣。初，趙相群公議所以待敵，謂莫急於自治用和，戰為適時之宜，未始持必戰之説也。請和使至，敵情既不可測，秦相復入，揣上皇有厭兵意，始決計和。群公慮患將深，遂皆抗議不屈，辯説紛起。君獨不深論，已而至上前，忠諫懇切。上垂涕曰：“朕屈意和，老母計爾。”君陳帝王之孝，至援漢高祖栝羹之説。又與秦相廷爭移晷，遂中寒疾以歸。舊事，左右史奏事直前，無所關白。自同時潘中書良貴叱向子諲議和，後人無相繼者。雖直前名存，奏事必先通奏，與請對從官等矣。議和奏議，今多亡佚，所存畫一亦亡。其首在《遺編》第三卷，《議王倫使事》、《白堂》二劄，在第四卷。其論梓宫事曰《萬里梓宫真僞孰辨》。以姚崇勸趙相稾目在《别錄》第一卷。疾寢革，語猶不忘國事。】

以紹興九年正月壬辰卒，享年四十七歲。上聞之，為悼惜，有旨贈帛百匹，與遺表恩澤。

【故事，左右史卒，官其家二人。渡江後，未有卒於位者。省吏以君置杖舊憾，且迎合時相，以省記沮格之侍從，有以中朝左右史姓名為言，相復設辭拒解。左右史不得致仕恩澤，自茲始也。】

娶胡氏，累封安人。賢淑和鳴，侍湯藥尤謹，遂染疾，後君十三日亦卒。君仕雖晚，而早達鋭意功名。君相眷注方渥，人皆指日待其遷也，而竟止此，莫不傷惜之，為流涕云。生子男二人，長季隨，次季宣；女四人。越明年，九月十九日，葬郡城西太平山之原。君天性忠鯁，獻替甚多。

【君前後奏陳，多係體要。他人所難言者，在君為不足道。書奏存者，

已在《遺編》並《別錄》中。】

今皇帝即阼初，君以佈衣上書言時政，曰國勢、曰邊防、曰刑賞、曰巡幸、曰財用、曰官吏，凡六事。

【京城之圍，大元帥起河北，中原道梗，行者莫敢北鄉。君仗策干元帥府，行不告家。會太上皇即位南京，更以書奏，在《遺編》第一卷。】

既仕於朝，首請擇賢宗室，立為皇嗣。

【太上皇春秋富，群臣未有啓擇後議者。君首陳大計，以為："太子，天下本；本不立，則榦易摇。前代計不早定，致禍亂者，不勝數。而立子以公，為法後世者，莫如仁宗皇帝。今社稷綴旒，萬萬曩日。陛下仁聖，遠追先烈，宗社大計，安知不已定於淵衷，須請而行耳。臣是以不顧死亡，申此愚直。願陛下斷自聖意，無惑群言，以幸天下。"太上虛納。上虞丞婁寅亮繼之，其封事言："太祖舍子立弟，有天下者，陛下一人而已。自崇寧諛臣進説，推濮王子孫以為近屬，餘皆謂之同姓，遂致昌陵之後，寂寥無聞。祀豐于，仰違天監；太祖墓上，莫肯顧歆。此二聖所以未有囬鑾之日，中原所以未有息肩之期也。願法章聖仁祖，於陛下子行中，遴簡太祖諸孫，視秩親王，使牧九州。他日皇子誕生，退就藩服，不過添一節度使耳。"太上感悅，賜寅亮對。敷奏剴切，太略以謂："本朝傳國十世，大統三絶。太祖有命，而太宗享之。天意人心，未必不為是也。"語愜上意，面賜褒答，曰："太祖舍其子而與其弟，朕之所師法也。"擢監察御史，立後之議始定。無幾，事又中寢。君因星變上書論國本，曰："側聞小臣婁寅亮建言，乞擇宗室之子，育之後宫，以待皇嗣之降。陛下不謀不卜，即日召對，所以寵錄之甚厚。繼有旨，召子清、子英、子唐入侍，此命一出，萬口稱慶，謂即施行矣。而子清、子英一見而止，子唐未聞促召。士衆失望，不曉所以。若謂姿非英物，不足以備拊育，則子唐者，不應不與之進。若以所閱之子已足充選，則二子不應遣還。切料小人無深謀遠慮，獨不能堪目前之情，熒惑陛下已成之志，則'春秋鼎盛、子孫千億'之語，必陳於前。願陛下上念祖宗基業之重，鑒仁祖充意之法，無徇宦官、女子之情。且仁祖末年，天下寧謐，人心安固，設有非常，孰敢異論。今日之事，其勢云何，此有識所以寒心，不知所出也。"已而上意遂決。書別見奏劄，在《遺編》第三卷。】

勸大臣和協濟功，乞宰相不親細務。又摭陸宣公奏議可酌取以救時者，如"减兵之冗食，蠲法之撓人，省官之不急，去物之無用，罷事之非要"五事。

【白堂二劄見《遺編》第四卷，《五事書》在第二卷。】

紹興元年，詔以星變闕失，乃上書言所當深憂者三，曰國本未立、曰佞倖未去、國論未定。且曰："憂其所不足憂，而忘其所當深憂，此又大可憂者也。"其言皆切中時宜。

【當時連上二書。其第二書專諫營繕，並見《遺編》第一卷。營繕當時未見其害，後果甚云。】

初聞徽宗諱，主上銜恤哀痛。時議軍國事，遽欲遵用以日易月除喪。君建議終制，成上之美，識者韙之。

【《論國服劄子》，《遺編》第四卷。】

開府岳帥方以議論不合，棄軍請終喪廬山。君遺書，為陳大義勸諭。岳幡然感動，即日莅軍。其他建白彌縫，有補於時，多此類。

兄弼與君尤友善。時帥荆南，方召用力，丐外得請，安撫虔南，圖以過家，為畢窀穸，以盡其誼，似非偶然者。

【諱待制，伯父也。張端明闡為行狀，其文多闕略。伯父行事，鄉人喜言之，不無奇偉過實。摭其大而不誣者附左，其事書行狀中而未詳者，互見之，裨其闕。

伯父磊落，多權智，尚氣節，不修小，謹曲廉。人所甚難，談笑處之，沛如也。自始為士，鄉先生如忠簡許公景衡、劉給事安上、劉舍人安節等名一時忠敬士，皆許以帥才將略。年十六，試補郡學，即居其元。同諸生貢京師，附花石綱舟。沂、汴舟中，楊梅盛熟，綱吏擷餉諸生。伯父獨收所棄腐梅，並核以瓦缶儲之，同舟莫知何謂。抵京，有司以失梅罪綱吏，吏藉缶中所儲證壞，獲免，始皆服其遠見。教授杭州沈侍郎晦，先以微累被斥。伯父為之湔祓延譽，遂立天下重名。代還，以余相元中薦對，為徽廟言："太祖使人召趙普，見其讀書，問知《論語》，大驚。普曰：'《論語》，夫子之言，皆足為天下法。有一言而人終身不能行者，況全書乎？'太祖曰：'其一言謂何？'普曰：'節用而愛人。'徽宗亦曰："治國之道無他，節用愛人而已。"斧座即起。遂復去，為滄州教官。年飢，發學糧賑糶。州將以為非制止之，伯父曰："有如荐飢，糴不能補。某當坐之。"來歲大稔，償其舊而復贏筦庫左藏。方中人強横，既投劾致事，竟流王道之僕，後無敢譁者。辟親征使參謀。都人群起，擊殺内侍，侵及士夫。將校輒以姦細名之。將相環視，不知所為。伯父前曰："是不難辨。"下令殺内侍者賜帛。首亂者出執，斬數人而定。圍中裨畫甚衆，京城迄賴以保全。提舉輦運不克，赴主管明道宮。居鄉莆門，巡檢發土豪陳大指之姦。大指逃入於海，州將懼為亂。伯父曰："處以巡檢之地，則受制矣。"從之，大指果出，徙家郡下，而患遂銷，除湖南轉運判官。楊幺方熾，詔張相都督、岳侯為制置使討之。賊便水戰，樓船如“大德勝”、“小德勝”、“望三州”等，高過十丈，其多不可計。二公亦作大艦當之。伯父知舟楫非我所長，不敢明告，因燕白曰：“適觀兒戲摸魚而得一理。”呼吏立取盆魚於前，損益盆水示之，水寬則縱轡去，而魚不可執也。岳侯睨旁微笑，自此不復言水戰矣。會天旱湖涸，陰以厚募招取賊州。寇至，則強弩據水當之，不與接刃。大造巨筏，斷賊江路。又於上游亂投芻稿，賊舟挾輪，不可復運。酋豪勢屈，多降。岳以步騎直擣其營。賊軍因以潰敗。王彥久不應召。伯父直徽猷閣，主管荆南歸、峽州、荆門、公安軍經略安撫。代之，督府問計將安出，所從兵衛幾何。伯父曰：“彥軍皆中原金房精兵，劓其面曰‘盡忠報國，誓殺金人’，固難與為亂。朝廷必欲彥，非某書生所及。但欲代彥，則湖南送吏足矣。”徊翔似不欲行者。久之，乃進。迎吏不至，殊不為止。入境，彥遣親兵七千人迎候。伯父即日罷遣湖南親兵。湖南將請間，欲有所陳。伯父大聲謝曰：“已知盛意，不過欲相送至荆南耳。久苦將士，亦欲到任，禮犒津遣。然某既帥荆渚，親兵皆吾腹心之衛，又實腹心於內，則非所以待之。”荆南親兵聞之，無不大悦。其將本為彥伺伯父者，反以情告，且曰：“王太尉未有去意，公當襲而代之。”伯父曰：“吾以身任，太尉亦忠，安有是理。”竟馳入如其計。彥晨起未出，諸將列坐賓次，瞥見新帥入府，羅謁於庭。彥乃大驚，遽出交政，起其衆赴督府。軍人不樂，謀因大閲乘旱以變。伯父先期臨閲，竭帑犒賜。時雨亦降，亂心遂息。彥以伯父告無他志，還朝，得帥侍衛步軍。於班列間望見先君，以為伯父，嘆曰：“薛直老又在此矣，何歸之神？”知為先君，謝曰：“彥非賢兄保全，安有今日？”參謀京西、湖北。有王缺子者【忘其名】，故楊幺賊中殿帥。岳侯用為水軍統制，乘岳行邊為亂，部勒已定。其母使僮告之，伯父密諭諸將為邂逅，入王舟中索飲。伯父馳至江步，呼曰：“行府適有軍事，盍相從議之。”諸將強王登舟，即共縛之付吏，一軍震讋，無敢動。他日岳還自邊，列將賀舍人者白其婦與僧亂。岳即便座按其事，辭連一寺僧，無非諸將家也。岳引伯父視其牘，曰：“飛出營中，至此略不問，則飛負諸將。欲如柳公綽故事，盡納諸江，復不忍，奈何？”伯父曰：“發婦私者，但一賀將，衆何與？安知非讕辭分謗，小人之情邪？”岳意不解。伯父曰：“此曹類因亂離偶合，不以正者有之。今暴其私，人情念家者怨，恥過者忿，而公自謂無負，不摇三軍之衆乎？”岳曰：“請密之。”旋使夫人内集，視所污衊，類老矣。即已賀婦獄決，賀即日恚死。岳謝伯父曰：“微君一言，幾得罪於諸公。”岳公丁母憂去，張憲以提舉一行事務領軍。憲病在告中，張侍郎宗元除書至。軍士藉藉曰："朝廷使張侍郎代公，公不復還矣。張太尉以此辭疾，諸將往往或效之。"伯父諭憲強出臨軍。憲勒諸軍各安營部，偶語者斬，訴群校曰："我公心腹間事，參謀獨知之。欲知其詳，問之可也。"伯父因某請問，謂曰："張侍郎來由，公之請，汝輩豈不聞乎？公解軍幾何時？汝輩敗壞軍法如此，公聞之且不樂。今朝廷已遣敕使，強公起復，張侍郎非久留者。"群校還白，憲曰："吾為汝言參謀知公心腹間事，果然。"軍中遂安。岳侯聞，亦大服。會先君移書誚岳，岳不自安，乃起。岳之詣闕，已具衣冠入對。伯父疏一機事，教岳敷奏。岳意未之，伯父曰："姑持以行，不問則已。"及見，不暇他語，上先及之。他日，請與伯父偕入奏事。岳出手疏，以儲貳為言，衝風吹，紙動搖，岳聲戰悼，讀不能句。上睎伯父，色動。岳退，伯父進曰："臣來，在道常怪岳飛習寫細書。窮詰端倪，乃作此奏。雖其子弟，無知者。臣常規以大將不當預國家事，飛謂臣子一體，不當形跡。是顧欲臣同對，明臣獨與聞之。"上色定，曰："朕固疑飛之欲卿對也。微卿之言，將不之察。"改龍圖閣，經撫湖北。王俊除撫州鈐轄，不行。被命同提刑万俟卨圖之。万俟相不能致。伯父許俊不遣，旋委三州，自擇所便授之。俊得州來謝，猶從卒士二百人。伯父伏甲見之，執諸座上，叱其從卒，皆坐伏兵，毆之皆出，收其積粟，贍軍荆、鼎二郡。後十五歲，季宣辟荆州時，用之始竭。初，俊已僇，伯父奏："同万俟卨受命圖俊，事貴歸一。故臣得自誅之，由卨之始謀。"万俟謂伯父自有其功，其初不能自望聞奏之上，乃大感服。後万俟卨治岳侯獄，不以一辭見累。伯父論中原形勢，常以關中為諸夏首，荆州為吳、蜀之脊，皆天下形勝之地。其守荆南，即繕樓堞，治器械，具儲峙，奏論："孫吳謹守上游形勢，故曹操不能勝；陳氏不以上游形勢為國，故為楊堅所取。陛下駐蹕東南，尺土未復，置形勢於度外，謹守江淮，以固東南之圉。臣愚，所未悟也。荆南西援巴蜀，東控吳會，南通永廣，北接襄漢，進可以取，退可以守，上游之形勢也。異時指麾，號令中原，以圖恢復，莫此為便。與夫出則建康，入則吳、粵，其勢相萬也。臣之在治，披荆藿，招集流散，務農贏糧，以望幸久矣。惟陛下實重圖之。"不納。金人歸河南地，朝廷將謀安定關陝。加秘閣修撰，充都轉運使，召為左司郎官。初，秦相罷居永嘉，人鮮知其才者。伯父曰："吾觀秦論當世之務，多未聞於人者。此其不可揜，殆為時用，必矣。"與之出處，相得歡甚。將對，秦以戶部闕侍郎，諭伯父以財利，言曰："此官可得也。"伯父不欲以風旨言利進，不用其語。秦相稍不樂，因見《論許忠簡公行事》，伯父亟稱其賢，言："許位侍從時，上嘗盛怒汪、黃二相，目許許，如一語迎合，彼可取而代也。”秦笑，吃吃不能已。伯父出，又笑而歸。始有疏斥伯父意矣。湖北提刑向子忞，伯父湖南所按吏也。其在湖北，與伯父交論於朝。秦罷子忞，伯父因亦丐外，主管虔州營内安撫。初，岳侯以列將拔起。時張俊、韓世忠等，已皆建立功效，至大官，内不能平。伯父勸岳屈己下之，書凡三十七通，俱不之答。岳破幺賊，遣大將俘獻樓船各一，卒徒戰守之具畢備，韓始大説定交，而張忌之益甚。岳名日盛，幕中之輕脱者教岳勿苦降下，於是始隙。張謂伯父實主岳府謀議，百計傾岳，欲并中伯父。樞府簡取虔卒，張以不應等格，急責其使。使即讕言：“虔帥佔留精卒不簡。”伯父因被劾罷。岳侯事起，張求伯父在虔通書尺簿，有遺岳侯書處，指為反跡。秦相徐擿其下文曰：“此復有遺秦相書。”伯父用免。而張憲、岳雲之獄，止以交關書問，並憲謀進退為反具云。踰年，伯父繇主管玉隆觀，再知虔州。蕃將程師囬桀黠，不受制。伯父按教奇兵，或坐或立，心知有異，傳令皆坐，不坐者斬，以統領官張涓所部，遂按軍法斬之。師囬吐舌大驚，始稟畏為用。詔歸燕人於北，師囬有親從數百人，憚不欲行。伯父善諭師囬：“公從卒衆，多不可庇。誠能遂遣，此屬朝廷必多。公庇不遣矣。”師囬即日承命。朝促師囬就道，亦俛首告行。虔界江嶺，其守長兼提舉南雄州南安軍甲兵盜賊。前提刑劉昉攝事治，尚寬恕多，盜多貰活之，賊中號“我爺佛”。與官軍格，則曰：“‘我爺佛’終不見殺，汝何為者。”為暴益甚。伯父再至，討積年名賊俞三、古五官、朱關索、吳錦等，皆獲之，無所寬貸。賊徒加以“剝皮”之號，遁入他境，三州遂安。伯父終更，因罷虔州安撫，進集英殿修撰，安撫福建。閩部八郡山賊，自建炎後盤踞巖險，劇寇管天下、伍黑龍、卓和尚、何白旗、丘崇、廖七嫂、滿山紅之屬，數十百部，部數千至數十百人。泉、漳、汀、南劍、邵武界，咸被其毒。鄉民多築山砦自保，甚則殘敗縣邑，州門晝閉。賊知伯父在虔威略，甚恐，或欲徂擊邵武、建昌道上。客勸伯父改途辟之，不應。迎卒已至，號令送兵還娖隊伍，揚金鼓旗幟，分道並進，為若數千人。行者聲言新帥以虔兵全將至矣。群盜屏蹟，無敢近路。鈐轄李貴討管天下失利，貴為賊所生得。伯父知將兵不可用，而朝廷相次遣將張淵、富選、成閔、劉寶措置福建盜賊，不受帥司節度，且半年一代，州縣困於將迎。伯父創立奇兵，其初數百，未幾數千人，以為殿前司左翼軍。拔石城大姓陳敏於指使中，不數年為統制，充措置盜賊。敏弟犯令，伯父斬之而敏不怨。事既專一，軍費大省。群盜或招或獲，而境内晏清矣。前此，戍兵不聽號令，秦相靳於軍賞，伯父臨以恩信，故事無不集。伯父初計欲降賊，取盜自贖，拔功多者為將，以厲其餘。朝廷每聞賊降，必取以去。伯父於其降也，先激使之。比去，皆有勞績。盜賊稍定，伯父下令山砦勿葺，銷其固險之態。民無寇患，山砦亦空。在鎮四年，平豪賊百七十部。汀賊李谷，故郡豪右。其兄子遐奴反，主谷為重，三日至三萬人。伯父批諸將所上變書，互送諸部，不再旬而谷敗，雖幕府不知也。海寇陳小三列艦六十犯境。伯父遣水軍統領鄭廣以三百人擊之，期三日破賊。廣請益兵，不許。居三日，賊舟阻風江浦。廣帆舟斷浦口，不血刃取之，盡虜其軍，魚貫束之以獻。廣歸，問曰："廣軍以一擊什，不自謂勝。公料功在三日，何也?"伯父曰："第從吾令，毋問何以知之。"提刑吳序賓妒伯父之能，數以功狀不實愬於秦相。有告土豪葉勝反者，秦以付吳。吳見伯父，問計且請兵。曰："朝廷以勝屬公，某何與發兵唯命? 但恐師興而勝不可得耳。"吳不知為計，遂辭之，改命帥司。伯父處勝，兵職擊於軍已，乃召之。辭以母疾，不至。伯父遣醫勞問，且止其行。他日，勝來，執斬纛下。伯父每平強寇，戮魁領罷，遣枝黨，一無所問，懷服遷善。誅李谷也，吳憲疑賊首輩，欲生之。伯父曰："吾豈樂戕人命者，察此等非良善，舍之將復亂耳。"竟不得已而貰，後多獲之滿山紅中。上功初不見錄。蜀士鍾鼎客於張淵統領邵宏淵家。宏淵質直喜功，淵惡不用。宏淵常對諸將面折之，淵以宿忿杖宏淵百，斥入士伍。鼎上書秦相，為辯曲直。秦怒，創聽讀之名，放之福州，實赦原所不追。鼎白，求其所親於於福縣。伯父聽之，鼎復走行在所上書。有旨劾福州官吏。伯父自劾："某實寬鼎，官屬何罪?"秦相不說，例降一官。趙相女嫁福州，女僕被笞，即自經死。或欲罪文中，當路意伯父按驗明白之。方事之初，伯母劉氏諫曰："奈何按問趙相女子家事。"伯父曰："我不傳以丈法，適教我者又將中我，豈不反為趙氏累乎?"或造安撫使印，為人轉資。吏薄其議，伯父判牘尾曰："師以印為權，軍以資為賞，盜竊權賞，將何所不至乎?"斬之以徇。經略廣東也，秦相語執政曰："薛直老治福建，水陸以清。廣東盜賊未平，更付此者。"韓京戍循、梅州，彈壓盜賊。秦相意京難制，檄伯父取之。京謁見南雄州，伯父即席諭京丐罷，送出嶺，遣將馳入其戍，代之。京初討賊閩廣界中，與麾下諸將爭功有隙，至是賴伯父免死，始大服其雅量。僧宗果得罪秦相，褫服加巾，竄嶺表，道出南海，某從之者數百人。或欲以危法加之，用茹菜事魔告之。伯父曰："得非僧宗果者，皆佛之徒爾。"告者慚沮，不敢復言。伯父在閩，得目疾內障，至廣加劇，使人讀狀乃判，覆誦如流。獄吏與囚為姦，縱抱成案，宵逸未之覺。伯父夜中傳鑰，呼巡捕。吏直抵某處墻下，搏之下，謂："有神，無敢欺者。"累章請祠，不許。有醫夏侯裴為金針抉，目明瞭如故。盜賊告定，始錄前後功，加待制云。伯父居官，鄉人有所欲見者，皆有以答其意，終始無倦色。先君既以伯父而葬，所以收卹其孤者，尤盡恩致，其詳別見之。至今鄉中論謀略氣誼，咸推伯父為稱首。】

將葬，季隨哀錄遺稿，請狀其生行實。將求立言之君子，為之表志，以示不朽云。兄左朝請郎、知台州軍州事嘉言狀。

【諱司封，伯父也。性忠厚，行修整，好古學。再舉，發貢。後母黨蔣璿宰長溪，以其貧召之，為辦路賫。伯父謝曰："京師雖數千里遠，然罄所有，亦足以供往來費。"入李相幕。李救太原，次懷州不進。伯父諫之，不聽，遂棄其師。江陰圭田通，奉錢月百萬。伯父罷，取不如令者，捐減居半。紹興八年，有詔以亢旱，許中外實封言事。伯父以嘗召對不稱罷，不敢強聒，擬杜牧罪言，作《聽言論》。初知溫州，蘇起重伯父節行，就問政理，亟延伯父讌席。伯父因蘇來會，辭曰："某何為者，而府晏必與，無乃為盛德累乎？"蘇瞿然，曉曰："以書還我，然自今毋我外，有可提誨，願聞之。"當時相與，乃如此。餘在待制伯父所為行狀中。】

初光祿大夫在貧約中，收嫁族人孤女。諸父行誼，皆有祖父風烈。司封常謂："孝衰於妻子，而人多厚妻族，悖厚本宗。"每用其至兄弟四人，相友愛如手足。待制、司封最先達遇之官，必合兄弟之舍，與從昆弟之遺孤，以行從父兄故言。卒司封收錄其子伯震，教撫終身。待制長，育從弟與言，既為納室，又擇名士林松伯高，以其妹歸之。伯高終於南陽丞，復迎嫠，嫁於葉氏。先君下世將仕，先兄又卒。待制念季宣及諸姊孤露，迎歸，為嫁叔姊。迨季宣長，遂任以官，為之築室求婚。然後引郊賚恩，得任子以通判。伯父未仕，舍其子而官之。黃氏從母，遭亂貧窶。諸父迎居鄉里，以便賙贍，事之如祖母。然通判伯父諱昌言，字韙明，潛曜不喜，矜持溫然，厚德君子也。待婺倅，不赴，奉祠卒。以司封父之清修，通判之和厚，待制之英偉，先君之方正，性德異操，而雍睦無間，為甚難，足為兄弟法矣。上為祖宗名義，行業如此，以季宣之勿克負荷，家法淪替，遺風泯絕，會將流遁，鬼蜮言之，有靦顏面。大懼年祀寖遠，故老凋喪，一旦溘先朝露，而我先人之烈，亡軼無傳，以重忝祖責。敬以見聞，仰箋先君遺行，祖父、伯父行事之遺落者，因并見之瑣碎，不書為大者之存也。既將上之史官，而不肖者亦永有以自監。子思上記夫子，而不失其意。雖不敏，願學焉。誣國史以增飾私門之令猷，季宣豈敢？孤季宣謹泣血，箋《先大夫右史公行狀》如上。

# 楊萬里

## 撰:《誠齋集》卷十九,《題曹仲本出示譙國公〈迎請太后圖〉,自"肅天仗"以下,皆紀畫也》①

德壽宫前春晝長,宫内花開宫外香。太皇頤神玉霄上,都人久不瞻清光。今晨忽見肅天仗,翠華黄屋從天降。一聲清蹕萬人看,天街冰銷②樓雪殘。北來又有一紅繖,八鸞三騑金轂端。輦中似是瑤池母,鳳舄③霞裳剪雲霧。太皇望見天顔開,萬國春風百花舞。乃是慈寧太母④回鑾⑤圖,母子如初千古無。朔雲邊雪旗脚濕,御柳宫梅寒影疏。向來慈寧隔沙漠,倩雁傳書雁難託。迎還騩馭彼何人,魏武子孫曹將軍。將軍元是一縫掖,忽攘兩臂挽五石。長揖單于⑥如小兒,奉歸慈輦如折枝。功蓋天下只戲劇,笑隨赤松蠟雙屐。飄然南山之南北山⑦北。君不見,岳飛功成不抽身,卻遣秦家丞相嗔。

## 同上書卷六十二,《上壽皇論天變地震書》⑧(節錄)

臣謹按國史,本朝宣和五年十月,京師地震,未幾,有尼瑪哈寇汴京之役。紹興三年八月,行在所地震,未幾,有金人寇淮甸之役。宣和遇災,而恬不知懼,我是以有靖康之禍;光堯遭變,而詔求直言,我是以有韓世忠、劉光世之捷。此近事之驗也,不必遠稽之上古也。今或曰:"天變不足畏,地震不足畏。"陛下胡不引宣和、紹興之事而觀之乎?臣所謂言有事於無事之時者七也。

自頻年以來,兩浙最近則先旱,江淮則又旱,湖廣則又旱,一方有旱,則民之流徙者相續,道殣者相枕。常平之積,名存而實亡;入粟之令,上行而下不應。静而無事,上未知所以振之救之;動而有事,將何仰以為資耶?

---

① 詩又見《宋詩鈔》卷七十五《朝天集鈔》、《御定歷代題畫詩類》卷一百十七。
② 銷,《御定歷代題畫詩類》作"消"。
③ 舄,《誠齋集》作寫。鳳舄,意仙女或後妃花鞋,從《宋詩鈔》、《御定歷代題畫詩類》。
④ 太母,《御定歷代題畫詩類》作"太后"。
⑤ 鑾,《宋詩鈔》、《御定歷代題畫詩類》作"鸞"。
⑥ 單于,《宋詩鈔》作"邊廷"。
⑦《宋詩鈔》、《御定歷代題畫詩類》此處有"之"字。
⑧ 文又見《文章辨體彙選》卷八十三,題"地震上書"。

昔者漢之伐匈奴，必實塞下之粟；伐先零，必糴湟中之穀。今也倉廩府庫，非徒無餘也，且不足也。而或者以為無足慮，臣所謂言有事於無事之時者八也。

古者足國裕民，惟食與貨。所謂貨者，今之錢幣是也。今之所謂錢者，富商巨賈、近習閹官、權貴將相，皆盈室以藏之，列屋以居之，積而不洩，滯而不流。至於百姓三軍之用，則惟破楮券爾。一旦緩急，破楮券可用乎？當是之時，萬一如唐涇原之師，因怒糲食，蹴而覆之，出不遜語，遂起朱泚之亂，可不為寒心哉？臣之大憂，實在於此。而或者曰："楮券可以富國。"臣所謂言有事於無事之時者九也。

臣聞善為備者，備兵不若備糧，備糧不若備人。古者立國，必有可畏，非畏其國也，畏其人也。故苻堅欲圖晉，而王猛以為不可，謂謝安、桓冲，江左之望，是存晉者二人而已矣。異時名相，如趙鼎、張浚，名將如岳飛、韓世忠，此金人所憚也。近時劉珙可用則蚤死，張栻可用則沮死。萬一有緩急，不知可以督諸軍者何人，可以當一面者何人，而金人之所素憚者，又何人耶。而或者謂："今日文武之才，皆有其人，人之有才，用而後見。"臣聞之《記》曰："苟有車，必見其式；苟有言，必聞其聲。"今曰有其人，而未聞某人如古之名相，某人如古之名將，是有車而無式，有言而無聲也。且夫用而後見，非臨之以大安危，試之以大勝負，則莫見其用也。平居無以知其人之能否，必待大安危、大勝負而後見焉。見其成事，幸矣；萬一見其敗事，悔何及耶？昔者謝元之北禦苻堅，而郄超知其必勝；桓温之西伐李勢，而劉惔知其必取。蓋元於履屐之間，無不當其任；温於蒱博，不必得則不為。二子於平居無事之日，蓋必有以察其小，而後信其大也，豈必待用而後見哉？而今之說者曰："文武之才，皆有其人。人之有才，用而後見。"臣所謂言有事於無事之時者十也。

**同上書卷一百十六，《張魏公（浚）傳》（節錄）**

張浚，字德遠，漢之綿竹人，唐宰相九齡弟九皋之後。祖紘，嘗舉茂材異等。父咸，舉進士，復擢賢良方正異等。浚四歲而孤，母計守志鞠養。雖幼，行直視端，儼如成人，識者知為遠器。甫冠，入太學中。政和八年，進士第，調山南府士曹參軍、恭州司錄。

靖康改元，召除太常寺主簿。張邦昌僭竊，浚逃太學。中泊，聞高宗皇帝即位南京，星馳赴焉。除樞密院編修，官虞部員外郎，擢殿中侍御史，遷侍御史。嘗一日因奏事少間，高宗曰："朕於直言，容受不諱。近有河北武臣上書，詆毀朕躬，亦不加罪。”浚請宣佈中外，以勸言者。時乘輿在維揚，久之，中外竊議，以為上將安居焉者。浚言：“中原，天下之根本。願下明詔，令葺東京、關、陝、襄、鄧，以待巡幸。”大拂宰相意。請補外，除集英殿修撰，知興元府。未行，擢禮部侍郎。高宗召之，諭曰：“卿知無不言，言無不盡。朕將有為政，如欲一飛冲天而無羽翼。卿為朕留。”浚頓首泣謝，除御營使司參贊軍事。浚念敵騎必至，而廟堂不為備，力言之於宰相。黃潛善、汪伯彥皆笑不答。三年春，敵果犯維揚，而乘輿渡江，行幸錢塘。留朱勝非晉門御敵，以浚同節制平江府秀州、江陰軍軍馬。已而勝非召赴行在，浚獨留。時潰兵數萬，所至焚剽。浚散金帛招集。事甫定，會三月五日，苗傅、劉正彥作亂，脅立皇子，奉隆祐皇太后垂簾，同聽政。高宗乃退處睿聖宫，改元明受。赦至平江，浚命守臣湯東野秘不宣。傅等以檄來，浚慟哭，召東野及提點刑獄趙哲，謀起兵討賊。時傅等以張俊為秦鳳路總管，將萬人自中途還。浚念昔高宗遇俊厚，而俊純，實可謀大事，握手泣語之。故俊亦哭，浚曰：“浚起兵問罪。”俊喜，再拜，因遍犒其師。吕頤浩在建康，劉光世在鎮江，浚以書約其兵來。會傅、正彥等脅朝廷召浚詣行在所，浚奏：“張俊軍驟還，宜少留，慰撫之。”因命俊分精甲二千扼吴江。即上疏請復辟，仍以奏草報諸路。又令蜀人馮轓持書往諭傅等。俄除浚禮部尚書，命將所部人馬詣行在所。浚復言不可離平江狀。會韓世忠舟師抵常熟，張俊喜曰：“世忠來，事濟矣。”亟以白浚，以書招之。世忠至，相對痛哭。世忠曰：“願與張俊身任之。”因大犒俊、世忠將士。浚呼諸將校至前，抗聲問曰：“今日之舉，孰逆孰順?”衆皆曰：“賊逆我順。”浚又曰：“若浚此事逆天悖人，可取浚頭歸苗傅等。不然，一有退縮，悉以軍法從事。”衆莫不感憤。浚令世忠奏以兵歸闕，而密戒其急至秀，據糧道，以伺軍至。浚又恐賊急，邀逼乘輿入海，遣官屬募海舟皆集。傅等遣大兵駐臨平。浚為蠟帛書，募人持付臨安守臣康允之等，俾勿驚動乘輿。韓世忠至嘉禾，稱病不進，日造攻具。傅、正彥等大懼，亟除俊、世忠節度使，謫浚黃州團練副使，郴州安置。俊、世忠皆拒不受。二十四日，吕頤浩、劉光世踵至。二十七日，乃傳檄中外。浚率諸將，相繼以行。傅等聞師且至，憂恐不知所出。馮轓以浚意說宰相朱勝非，牽百官請復辟。四月二日，浚至嘉禾，奉復辟手詔。三日，進次臨平。傅、正彥逆黨屯距，不得前。世忠等搏戰，大破之。傅、正彥脱身遁。是夕，除浚知樞密院事。翌旦，浚與頤浩等入見，伏地涕泣待罪。高宗乃再三問勞曰：“曩在睿聖，兩宫隔絶。一日，朕方啜羹，小黃門忽傳我太母之命，言不得已，貶卿郴州。朕不覺羹覆於手，今其跡尚存，念卿被謫，此事誰任?”留浚，引入後殿。過宫庭，謂曰：“皇太后知卿忠義，欲識卿面，適垂簾見卿。”過庭矣，解所服玉帶以賜。傅、正彦既敗，走閩中，浚命世忠以精兵躡之，並獲於建安。檻以獻，與其黨皆伏誅。時乘輿方經理東南，顧關陝之重，未有所付。浚亦以中興之功，當自關陝始，慨然請行。詔以浚為川陝宣撫處置使，命以便宜黜陟。將御營平寇將軍范瓊擁衆，自豫章來朝。浚疏其通敵從偽之罪。吕頤浩請留浚，委以誅瓊而後行。在道，屢上言於高宗，“願體乾之剛，以大有為。謹左右之微，而杜其隙。聽言之道，在親君子而遠小人，責大臣以身任國事。”高宗皆手書嘉納焉。先是，高宗嘗問浚大計。浚請身任陝蜀之事，置幕府於秦川，别屬一大臣與韓世忠鎮淮東，令吕頤浩扈蹕來武昌，從以張俊、劉光世，與秦川相首尾。議既定，浚行，未及武昌，而頤浩變初議。浚以十月抵興元，時敵已陷鄜、延。驍將羅索貝勒引大兵渡渭，犯永興。諸帥莫肯相援。浚至甫旬日，即行關陝，問風俗，斥奸贓，搜豪傑。諸帥聽命，諜告敵將寇東南。浚即命諸將整軍向敵，使羅索不得下。已而敵果入寇渡江。

四年二月，浚治兵入衛。未至襄漢，遇德音，知敵北歸，乃復還。請幸關陝，為定都大計。是月，敵益兵，欲必取環、慶。浚率諸將極力捍禦，敵勢屢挫。時聞烏珠獨在淮西，浚懼其復擾東南，謀為牽制之舉。浚之始行也，高宗命浚三年而後用師。至是，詔浚以時進討。浚遂合五路之師，以復永興。敵大恐，急調大帥烏珠等由京西來援。九月，大戰於富平。涇原帥劉錡身率將士薄敵陣，殺獲頗衆。會環慶帥趙哲擅離所部，哲軍將校望見塵起，驚遁。諸軍亦退。浚斬哲以徇，退保興州。命吴玠聚涇原兵於鳳翔和尚原，守大散關，以斷賊路；命關師古等聚熙河兵於岷州、大潭；命孫渥、賈世方等守階、成、鳳，以固蜀口。敵輕兵至，輒敗。浚上疏待罪，高宗手書慰勉焉。

紹興元年五月，敵將烏嚕親統大兵，來攻和尚原。吴玠乘險擊之，連戰三日，敵大敗走。八月，烏珠復合兵來寇。九月，親攻和尚原。吴玠及其弟璘邀擊，復大破之。烏珠僅以身免，祝鬚鬟而遁。制加通奉大夫，尋拜檢校少保、定國軍節度使，賜手書，遣中使宣旨。浚遣兄滉及屬官奏事行在所，高宗深喜，恩意有加。浚在關陝三年，以新集之軍，當方張之敵，早夜訓輯。以劉子羽為上賓，子羽忠義，有才略。任趙開為都轉運使，開善理財，治茶、鹽、酒法，方用兵調度百出，而民不加賦。擢吴玠為大將，守鳳翔。玠每戰輒勝。先是，將軍曲端逐其帥王庶而奪之印，又不受節制。富平之役，其腹心張忠彦等降敵，端與知之。浚送端獄，論死。西北遺民聞浚威德，歸附日衆。於是全蜀按堵，且以形勢牽制東南，江淮亦賴以安。然浚承制黜陟，悉本至公。雖鄉黨親舊，無一毫假借。於是士大夫有求於幕府而不得者，謗浚殺趙哲、曲端為無辜，而任劉子羽、吳玠、趙開為非，是朝廷疑之。

三年春，遣王似副浚。會金大帥薩里罕及劉豫叛黨聚大兵數萬衆入寇，破金州，奪饒風嶺。先是，浚命劉子羽為興元帥。至是，子羽約吳玠同守三泉，守禦甚固。敵至金牛，知三泉有備，又聞子羽遣鋭師襲己，懼而引退。王師掩擊其後，斬馘及墮溪谷死，以數千計。浚聞王似來，求解兵柄。吕頤浩、朱勝非不悦浚，日毁之，詔浚赴行在所。浚力丐外補，高宗弗之許。

四年二月，浚至。御史中丞辛炳率同列劾浚，誣以危語。六月，以本官提舉臨安府洞霄宫，居福州。浚知敵既無西顧憂，必併力窺東南，而朝廷已議講解，乃極言其狀。是歲九月，劉豫之子麐果引金大兵，由數路入寇。高宗乃思浚前言之驗，策免宰相朱勝非，而參知政事趙鼎請幸平江。及召浚以資政殿學士，提舉萬壽觀兼侍讀。召既入見，復除知樞密院事。我高宗親書降詔，辯浚前誣，仍榜朝堂。浚既受命，即日赴江上視師。時烏珠擁兵十萬於維揚，浚遂疾驅臨江，召大將韓世忠、張俊、劉光世與議，且勞其軍，留鎮江節度之。烏珠聞浚至，一夕遁去。高宗遣中使趣浚赴行在所。

五年二月，除宣奉大夫、尚書右僕射、同中書門下平章事，兼知樞密院事，都督諸路軍馬，而趙鼎除左僕射。浚與鼎同志輔治，務在塞倖門、抑近習，以正原本，書王樸《平邊策》以獻之。高宗還臨安，浚留相府。未閱月，復出江上勞軍。至鎮江，召韓世忠，諭以上旨，使舉軍前屯楚州，以撼山東。世忠即日渡江。巨寇楊幺據洞庭叛，朝廷屢命將攻之，不克。浚自請以盛夏乘其怠討之。行至醴陵，釋邑囚數百人，乃楊幺遣為諜者。給以文書，俾分示諸砦，諭以早降，皆驩呼而往。五月，至潭，遣岳飛分兵屯鼎、澧、益陽。賊魁相繼請降，衆二十餘萬，浚一以誠信撫之。七月，湖寇盡平。遂奏遣岳飛之軍屯荆襄，以圖中原。自鄂岳轉淮東，會諸將，大議防秋之宜。會高宗遣中使賜書促歸，制除浚金紫光禄大夫。浚力辭不拜，請以其恩封其母。十月，至行在所。高宗勞問之，曰："卿暑行甚勞，然湖湘群盜既就招撫，以成朕不殺之仁，卿之功也。"親書《周易·否泰卦》以賜。浚言："自古小人之陷君子，必以朋黨為言。夫君子引其類而進，志在於天下國家而已。其道同，故其趨向亦同，何朋黨之有焉？小人則不然，更相推引，本圖利禄而已。或故為小異，以彌縫其事，或表裏相符，以信實其言。人主於此，何所決擇哉？原其用心而已。臣嘗考《泰》之初九，'拔茅茹，以其彙征’，而象以為志在天下國家，非以為身故也；《否》之初六，‘拔茅茹，以其彙貞’，而象以為志在君，則君子連類而退。蓋將以力行善道，而未始忘憂國愛君之心焉。觀二爻之義而考其心，則朋黨之論可以不攻而自破矣。臣又觀否、泰之理，起於人君一心之微，而利害及於天下。方其一念之正，浸而為陽，泰自是而起矣；一念之不正，浸而為陰，否自是而起矣。陛下能日新其德，正心於上，臣知其可以致泰矣。異時天道悔禍，幸而康寧，願陛下常思其否焉。”又言：“今日之事，雖有可為之幾，而其理未有先勝之道。蓋不在於交鋒接戰之際，而在得天下之心，是豈可以聲音笑貌為哉？心念之間，一毫有差，四海共知。今使天下之人皆曰：‘吾君孝悌之心，寢食不忘父兄。’則當思其為陛下雪仇恥矣；皆曰：‘吾君之朝，君子在位，小人併去，侍御僕從，罔非正人。’則有才智者，悉思盡其力矣；皆曰：‘吾君棄珠玉，絶玩好，賞不予幸，而惟以予功。’則上下知勸矣。以至吾君，言動舉措，俱合禮法，至誠不倦，上格於天，則望教化之可行矣。如是，則將帥之心日以壯，士卒之心日以奮，天下百姓之心日以歸。敵國聞陛下之盛德，知中國之理直氣壯則志喪。陛下何為而不成乎？不然，疑似之心，毫髮著見，隙見於此，則心生於彼。天下之人，口不敢言而心敢怒。異日事乖勢去，禍亂立作，以致禍致難，起戎起兵。前日明受之變，大逆之徒，陳兵闕下，旁有他辭，其監不遠也。為人上者，其可不兢畏戒懼耶？”又言：“聽雜則易惑，多畏則易移。以易惑之心，行易移之事，終歸於無成而已。是以自昔人君修己正心，惟使仰不愧於天，俯不怍於人，持剛健之志，洪果毅之姿，為所當為，曾不他卹。陛下聰明睿知，灼知古今，苟大義所在，斷以力行，夫何往而不濟乎？臣願萬幾之暇，保養天和，澄靜心氣。庶幾利害紛來，不至疑惑，以禍天下。”召對便殿，問所宜為。浚既面奏，復條例以進，號《中興備覽》，凡四十有一篇。高宗嘉歎，置之坐隅。浚以敵勢未衰，而叛臣劉豫復據中原，請親行邊塞，部分諸將。

六年正月，至江上，榜豫僭逆之罪。命韓世忠據承、楚，以圖淮揚；命劉光世屯合肥，以招北軍；張俊練兵建康，進屯盱眙；命楊沂中領精兵為後翼，以佐俊命；岳飛進襄陽，以窺中原。時高宗遣使賜御書《裴度傳》，浚奏請乘輿以秋冬幸建康。浚復渡江，遍撫淮上諸戍。七月，詔促浚入覲。八月，至行在所。時張俊軍已進屯盱眙，岳飛遣兵入偽地，至蔡州。浚復力趣建康之行。知乘輿九月朔進發，浚先往江上。劉豫及其姪猊挾金來寇，浚以書戒劉光世，令進擊。又令楊沂中往屯濠、梁。劉麐渡淮南，涉壽春，逼合肥。張俊請益兵，劉光世欲引兵退保。趙鼎及僉書樞密院事折彥質移書抵俊，欲召岳飛兵速東下。又乞請高宗親書付浚，欲俊、光世、沂中等退師，為保江之計。浚奏："俊等渡江，則無淮南，而長江之險與敵共矣。淮南之屯，正所以屏蔽大江。向若叛賊得據淮西，江南其可保乎？又岳飛一動，則襄漢有警，復何所制耶？"高宗手書"聽浚"。楊沂中以十月抵濠州。浚聞劉光世舍廬州而南，疾馳至采石，令光世之衆，"渡江者斬"。光世聞浚來，大恐，即復駐軍，與沂中接連。劉猊分麐兵之半來攻，沂中大破猊於藕塘。猊僅以身免，麐拔柵而遁去。高宗遣内侍賜浚端硯、筆墨、刀劍、犀甲，且召浚還。至平江，班見，高宗謂曰："卻賊之功，盡出卿力。"時鼎等已議回蹕臨安，浚奏："天下之事，不倡則不起。三歲之間，陛下一再進撫，士氣百倍。今六飛一還，人心解體矣。"高宗幡然，從浚計。十二月，趙鼎出知紹興府，浚獨輔相。以親民之官，治道所急，而比歲内重外輕，遂條具郡守、監司、省郎、館閣出入迭補之法。又以災異，奏復賢良方正科，皆從之。

七年正月，以去冬卻敵之功，制除特進。浚懇辭。先是祿令成書，加金紫光祿大夫。浚辭不獲，即求流貶兄滉。至是，高宗乃謂浚曰："卿每有遷除，辭之甚力，恐於君臣之義未安。"浚乃奉詔。

問安使何蘚歸報："我徽宗皇帝與寧德皇后，俱上仙。"高宗號慟擗踊，哀不自勝。浚奏："天子之孝，與士庶人不同，必思所以承宗廟、奉社稷者。今梓宮未返，天下塗炭。願陛下揮涕而起，一怒而安天下之民。乞降詔諭中内。"高宗命浚草以進，其辭哀切。又請命諸大將率三軍發哀成服，中外感動矣。乘輿發平江，至建康，幾事叢委，浚獨身任之，人情賴浚以安。每見，必深言仇恥之大，至反復再三。高宗未嘗不改容流涕。惟時高宗方厲精克己，戒飭宫庭，内侍無敢越度，事無巨細，必以咨浚。賜諸將詔旨，往往命浚草之。四方災異，浚必以聞，祥瑞皆抑不奏。劉光世在淮西，軍無紀律，浚奏其狀，高宗遂罷光世，而以其兵屬督府，浚命參謀軍事、兵部尚書吕祉往廬州節制。浚又自往勞之。人情初無他，而密院以握兵為督府之嫌，奏乞置武帥。乃以王德為都統制，即軍中取酈瓊副之。浚歸奏其不然，瓊亦與德有宿怨。自列於御史臺，乃更命張俊為宣撫使，楊沂中、劉錡為制置判官以撫之。未至，瓊等舉軍叛，執殺吕祉，以歸劉豫。浚引咎，求去位，以觀文殿大學士提舉江州太平興國宫。先是，浚遣人持手榜，入偽地間豫。會瓊等叛去，浚復遣間持蠟書遺之，大抵謂豫已相結約，故遣瓊等降金疑豫，遂廢之。臺諫交章詆浚。旋落職，以朝奉大夫、秘書少監分司西京，居永州。於是，趙鼎復相，而乘輿自建康還臨安。

九年二月，以赦復宣奉大夫，提舉臨安府洞霄宫，除資政殿大學士，起知福州，兼福建路安撫大使。時秦檜得政，始決和戎之議。金遣使來，以詔諭為名。浚前後五上疏爭之。十年正月，高宗特遣中使撫問。時敵敗盟，復取河南。浚奏願因權以制變。繼聞淮上有警，連以邊計奏知。又條畫海道舟楫利害，甚賅悉。高宗嘉浚之忠，遣中使獎諭。浚大治海舟，至千艘，為直指山東之計，以俟朝命。在郡，細務必親，訟清事簡，山海之寇，招捕無餘。間引秀士，與之講學，閩人化之。十一年十一月，除檢校少傅、崇信軍節度使，充萬壽觀使，免奉朝請。十二年，我太母鑾輅來歸，制封浚和國公。十六年，彗出西方。浚上疏，力論時事。浚又以天中節，手書《尚書·無逸篇》以進為賀。秦檜大怒，令臺諫交章論浚，以特進提舉江州太平興國宫，居連州。

二十年九月，徙永州。浚去國，至是已二十年。退然自修，若無能者，而天下士無賢不肖，莫不傾心。武夫健將言浚者，必咨嗟太息。至小兒婦女，亦知"天下有張都督"也。每使至金，金主必問浚安在。先是，金載書有"毋易大臣"之語，蓋憚浚復用也。於是，檜令臺臣王珉、徐嘉每彈事，必及浚，至謂浚為國賊，欲必殺之。又令張柄知潭州，吕錫為湖南提舉，以圖浚。又令張常先為江西轉運判官，治張宗元獄，株連及浚。又捕趙鼎子汾，下大理獄，令自誣與浚及李光、胡寅等謀大逆。一時賢士，檜所惡者，凡五十三人，皆與焉。會檜死，而高宗始親庶務，復浚觀文殿大學士，判洪州。浚時喪母，將歸葬。浚念天下事二十年為和議所移，邊備蕩弛，且聞完顔亮簒立，勢已驕悍。浚憂之，自以大臣義同休戚，不敢以居喪歸蜀。會星變，詔求直言。浚慮敵數年間，其決生隙用兵，而吾方信敵，蕩然莫備，乃復言："願法湯武事葛事狄之心，用勾踐事吴之謀，以和為權，鑒石晉之事契丹，以和致敗。"大臣沈該、万俟卨、湯思退見之大怒，以為敵初未有釁，而浚所奏乃若禍在年歲者，或笑以為狂。臺諫湯鵬舉、凌哲論浚歸蜀，恐摇動遠方，詔復居永州，服除落職，以本官奉祠。庚辰秋冬，朝廷聞金有異志，中外表疏請還浚相位者不絶。

集部，别集類，南宋建炎至德祐，誠齋集，卷一百十六

**同上書卷一百二十二，《羅元亨墓表》（節錄）**

元亨，諱上行……始，元亨丞武岡軍武岡縣。時大寇楊幺窟穴洞庭，狠然有窺湖南意。朝廷命大將岳飛討焉，元亨以飛檄督饟於諸郡。至全州，通判范寅秩挟家閥，心輕士大夫，元亨屢撼不動，一日往哀懇之。范盛氣大

罵，曰："公少年不曉事，錢糧不可得也。"元亨抗言責之，曰："寇在心腹，王師遠來，不宿飽，公忍坐視邪？臣子之義，當如是邪？"范怒且愧，其坐人即發帑廩以應，然用是銜元亨。

## 陸游

**撰，［宋］陸虡編：《劍南詩稿》卷二十五，《夜讀范至能〈攬轡錄〉，言"中原父老見使者多揮涕"，感其事，作絶句》**[①]

公卿有黨排宗澤，帷幄無人用岳飛。遺老不應知此恨，亦逢漢[②]節解沾衣。[③]

**撰：《渭南文集》卷三十八，《朝奉大夫、直祕閣張公墓誌銘》（節錄）**

公諱瑄，字子律，寧州真寧縣人。其先為邠寧望族，世以學行著，或居邠、或居寧。居邠之後，故吏部侍郎兼侍讀舜民，為元祐名臣；居寧者則公之大父，太中大夫也。諱居，擢元祐六年進士第。元符三年，徽宗皇帝嗣位，下詔求言。太中時為黔州彭水令，上疏切直，出數百人上。而數百人者得其副，亦歎，以為不可及。會蔡京入相，取奏疏次第之，置奸黨上等，特降官銜替，永不許改官，數年，遂卒於沈廢。後以子仕登朝，累贈至今官。實生朝請大夫、通判永州事諱遹，則公之考也，亦累贈至中奉大夫。中奉遭亂南渡，從大將岳少保飛，為之屬。身先將士，屢與金人鏖戰，走其名王大將。策功進官，方慨然以功名自許。會朝廷與金和，中奉去幕府，調知岳州巴陵縣，有異政。久之，佐永州以歿。識者謂用不究其才，後當有興者。

**同上書卷四十五，《入蜀記》（節錄）**

四日，游天慶觀，李太白詩所謂"潯陽紫極宮"也。蘇、黄詩刻，皆不復存。太白詩有一石，亦近時俗書。見觀主李守智，問玉芝，亦不能盒。觀皆古屋，初不更兵燼，而遺跡掃地。獨太清殿老君像，乃唐人所塑，特為

---

① 詩又見《宋詩鈔》卷六十五《劍南詩鈔》、《宋元詩會》卷三十九、《御選唐宋詩醇》卷四十五，《宋元詩會》題作"夜讀范至能《攬轡錄》"。

② 漢，《宋元詩會》作"蘇"。

③ 《御選唐宋詩醇》後記"南渡之不振，實由於此。扼腕而言，自成高調"。

奇古。真人、女真、仙官、力士、童子各二軀。又有唐明皇帝金銅像，衣冠如道士，而氣宇粹穆，有五十年安享太平富貴氣象。李守智者，滁州來安人。自言家故富饒，遇亂，棄家為道人。大將岳飛以度牒與之，始為道士，至今畫岳氏父子事之。史志道招飲於發運廨中，登高望亭，望廬山，天氣澄霽，諸峰盡見。

**同上書卷四十六，《入蜀記》（節錄）**

十三日，至富池昭勇廟，以壺酒特豕，謁昭毅武惠遺愛靈顯王神。神，吴大帝時折衝將軍甘興霸也。興霸嘗為西陵太守，故廟食於此。開寶中，既平江南，增江淮神祠，封爵，始封褒國公。宣和中，進爵為王。建炎中，大盜張遇號"一窩蜂"，擁兵過廟下，相率卜珓，一珓騰空中不下，一珓躍出戶外，群盜惶恐引去。未幾，遂敗。大將劉光世以聞，復詔加封岳飛為宣撫使，大葺祠宇，江上神祠皆不及也。門起大樓，曰"卷雪"，有釘洲正對廟。故廟雖附大江，而可泊舟。釘洲者，以鋭下得名。神妃封順祐夫人，神二子封紹威、紹靈侯，神女封柔懿夫人，皆有像。而後殿復有王與妃像偶，坐祭享之盛，以夜繼日。廟祝歲輸官錢千二百緡，則神之靈可知也。舟人云："若精虔致禱，則神能分風，以應往來之舟。"廡下有關雲長像。雲長不應祀於興霸之廟者，豈各所事，神靈共食，皆可以無愧邪。徹奠，自祠後步至旌教寺。寺為酒務及酒官廨，像設斂置一屋，盡逐去僧輩，亦事之已甚者。富池，蓋隸興國軍。

# 趙雄

**［明］錢穀編：《吴都文粹續集》卷三十八，《韓忠武王世忠中興佐命定國元勛之碑》①**

上纘阼之十五年，威行德孚，丕冒海隅，出日罔不畏服，罔不願為臣妾。上益勵精行健，冀大有為。聞鼓鼙而思勛臣，于昕夕不忘。乃二月甲午，制曰："韓世忠感會風雲，功冠諸將，可特賜謚忠武。"蓋太師韓蘄王之薨之葬，至是已二十有六年。而褒崇益光，遂與漢丞相亮、唐汾陽王子儀同謚，宸奎内出，不由有司，中外偉之。時王子彦古方居蘄國夫人憂，聞詔

① 文又見史部《三朝北盟會編》卷二百十七、《名臣碑傳琬琰之集·上》卷十三。

感泣繼血，即拜疏謝，又拜疏請曰："艸土臣彦古謹昧死言，臣之先臣世忠發身戎行，逮事徽宗、欽宗，皆著顯效，暨委質太上皇帝。自大元帥霸府，洪濟于中興始終，實備大任。仰憑宗社威靈，與太上皇帝廟謨神算，摧�敵如拉朽，芟劇盜如刈菅。大戰數十，小戰數百。豐功盛烈，光照古今。不幸早棄明時，亦既積年。陛下憫念勛勞，固嘗爵以真王，錫之美謚，獨墓道之石無名與文，惟陛下哀矜，究此光寵，豈獨諸孤顯耀，抑先臣有知，猶當效結草之忠。"天子曰："嗚呼！惟乃父世忠自建炎中興，實資佐命，式定王國。時惟元勛，予其可忘。"乃親御翰墨大書，曰："中興佐命定國元勛之碑"。翌日，朝諸將於凌虛閣，特詔彦古戎服入見，面賜御書，俾冠於碑首，顧謂諸將曰："世忠有大功於帝室，今彦古亦克有志，世其家，予惟寵嘉之，是用錫此豐碑，諸卿勉哉。"諸將感激奮躍，益知國家之不負臣下也，忠孝之不可以不盡也，功名之不可以不力也，皆趨下再拜。彦古亦再拜，泣而出。既又詔禮部尚書臣雄，曰："汝其銘世忠之碑。"臣雄以謂聖主褒崇元臣，茲事體大，顧末學弗稱，且祖諱與王名謚適同，尋上書懇辭。上遽批出，略曰："君前臣名，臨文不諱，不許辭免。"臣雄於是惶恐奉詔，謹拜手稽首，上《故太師蘄忠武王遺事》曰：

王諱世忠，字良佐，姓韓氏。韓氏本古列國，後為秦所併，子孫自韓原渡河，散居延安，以國為姓。故王世為延安人。曾祖諱則，居鄉以義俠聞。家故饒財，賑貧藥病，多所全活。既沒，有異人指其所葬地曰："代代當生公侯。"後以王貴，贈太師、楚國公。曾祖妣郝氏，吴國夫人。祖諱廣，考諱慶，皆贈太師，秦、陳二國公。祖妣高氏，妣賀氏，冀、楚二國夫人。楚國生五丈夫子，王其季也。始震之夕，有光芒出屋間。鄉鄰以為火，各具綆缾馳救，至則聞王生，皆異焉。就襁褓輒流瞬，瞬則目光如電，楚國洊驚而心奇之。少長，風骨偉岸，尚氣節，能屈西邊諸豪。里中惡少年皆俛首，不敢出氣，則爭為之服役。或負債不償者，王輒為償。負者後聞，亟持所償愧謝。里俗為之一變。有冤，抑不以謁郡縣而謁諸王，咸得其平。由是名聞關陝。嘗過米脂寨姻家會飲，日已夕而關閉，王怒，以臂拉門，關鍵應手而斷。旦視之，其木蓋兩拱餘，關吏駭服。

年未冠，以勇敢應募鄉州，挽強弓一百觔。嘗乘悍馬，手舞鐵槊，奔馳二郎山峭壁間。觀者膽裂，同列無一人敢繼者。軍府校藝，獨用鐵胎弓，所向雖金石皆洞貫。其騎射絶人類此。時崇寧四年也，屬四方多事。王每聞邊警至，輒上馬，或不伺鞍而奮。喜與交遊痛飲，資用通有無，或不持一錢，相從謁酒肆貰酒，期於戰獲，鬻級以償。王出，必多獲，由是同列皆饒給。

銀州之役，將從党萬以行。父母素鍾愛，不許。王固請於陳公曰：“大丈夫當建功業，取公侯，豈宜齪齪自守?”陳公奇其志，乃聽去。軍甫至而城閉，王直排扉入，斬主將，擲首陴外，三軍乘之，大克。繼而夏人以重兵來寇，次蒿平嶺。王與党萬悉精鋭鏖戰。賊解去，而突騎忽出間道擣我營。將士驚愕，王獨部敢死士殊死鬥。賊少卻，王為殿，見一騎士甚武，揮槍而前，問俘者為誰，曰：“十軍監軍駙馬郎君烏貝也。”王躍馬從之，斬其首，賊遂大潰。由是西邊益服王威名。經略司圖上其事，且乞優賞。會童貫專制邊事，疑敢勇皆勢家子，有所增飾，止許補一資。衆譁不平，而王恬不芥蔕，當時識者知王器量宏遠矣。從劉延慶築天降山寨，敵遽有之。延慶令王守北門，王夜縋城而下，斬二級，割護城氈以獻。繼逢敵於佛口寨，斬賊首數級，始補守闕，進義副尉。至臧底河，又斬三級，轉進武副尉。會妖人方臘起桐廬，自號“聖公”，殺掠吏民，自浙河東西至於江南，毒流蓋千里。南方素無兵備，詔調西帥討之。王部敢勇五十人，隨王稟以往，遇别將王淵於杭之北關堰橋。會大潦，道不通。賊揜至，淵惶怖不知所出。王造淵，説曰：“今賊據險爭利，我不以智勝，而以力拒，可乎?”淵怒曰：“何人敢爾?”王益辨論，不少屈。淵曰：“汝雖能言，願聞必勝之説。”王為調一二，且請以所部邀擊。淵命取軍令狀以去。明日會戰，賊勢張甚。王選敢勇二十餘人，伏堰橋傍。須臾伏發，賊衆大亂。王追至泊舟前，斬首數級，師遂大克。淵乃嘆服，曰：“真萬人敵。”盡以所隨白金器賞焉。與淵定交，自此始。至今，杭人呼堰橋為“得勝橋”云。時天下忘戰日久，盜起倉卒，天子宵旰南顧，詔：“能得渠魁者，授兩鎮節鉞。”王單騎窮追至睦之清溪洞。賊根據巖屋為三窟。諸將繼至，莫知所從入。王潛行溪谷間，問野婦，得其洞口。即挺身仗戈而前，榛棘嵚崎，越險數里，擣其巢穴，縛僞八大王，格殺數人。臘遂就擒，並俘以出。辛興宗後至，領兵截洞口，掠王俘以為己功，故王不受上賞。别帥楊維忠還闕，少伸其事，但超轉承節郎。朝廷議復燕山，調諸軍以行，至則皆潰。王往見劉延慶，抵滹沱河，獨與蘇格等五騎列于高岡，戒勿動。值燕山潰卒來會，然皆重傷者。王即命艤舟河岸，約曰：“敵奔，即鼓噪助聲勢。”王乃獨躍馬薄敵，囬折自如。敵疑之，分為二隊，據坡以觀。王出其不意，突刺二執旗者，因縱擊。格等五騎應於後，舟中潰卒亦鼓噪如約。敵疑我伏發，遂大潰，追斬甚衆。是時山東、河北盜賊蜂起，王從王淵討捕，所在摧鋒。於大名境中，殺水賊幾盡，大破湯村強盜，累建奇功，轉秉義郎。以偏將從梁方平經略東事。賊楊天王、透手滑聚衆數千，寇尉氏。一戰，擒其渠帥，餘黨悉平。臨沂賊武鬍，衆數萬，戰于韓王店，又平之。沂州賊徐進，衆五萬而官兵不滿五千，王止以衙兵五十餘博賊，誅馘悉盡。又青社賊張先、水鼓山賊劉大郎、望仙山賊高托山、集路山賊賈進、莒賊徐大郎，衆皆不下萬人，大者或跨州兼邑。王每身先諸將，次第擒滅。又殺獲東海賊張夔等，由濟南振旅而歸。於是山東諸盜悉平，轉武節郎。

欽宗即位之初，王從梁方平防河濬州。金人大軍已壓濬境，方平漫不顧，以為他盜。王說曰："今之來者，金人耳。願公速整行陣，為護河計。河一失守，宗社阽危，公可忽乎？"王忠憤由中，詞氣激烈。方平怒，俾王以三十騎當敵，名曰"硬探"，實欲致王死地。王遇敵輒戰，以實歸報。方平猶以為紅巾賊，不設備。及敵進迫屯子橋，則方平脫身遁矣。王師既失主帥，數萬之衆皆潰。敵騎大至，陷數十重圍中，意氣彌壯，挺鎗奮躍而前，所向披靡。敵嘆異，小卻。即潰圍出，殿諸軍，焚橋而歸。至京師，欽宗聞王勇冠三軍，召對便殿，且訊方平失律之狀。王條奏甚悉，轉武節大夫。俄召諸路勤王兵入衛，王隸京城四壁為統領屬。敵人許割三鎮而還。王淵為河北總管，辟王為先鋒統制。有勝捷軍統制張師正者，戰敗，轉徙大名留守。宣撫使李綱斬之以殉。師正所部，本童貫牙兵。初貫創勝捷軍，諸軍之選，每禁軍一指揮所選，止一二人，或三四人，皆人物魁梧、武騎超絶者，纔得五千餘人。後隸師正。師正死，此軍懷反側，遂相約為亂，鼓行而東，劫掠淄、青間。影附脅從者，四五萬人，號二十萬。所過無有噍類，山東復擾。王以戍將寓大名，雅為綱所器重，遂檄王以所部五百人討之。至淄河，以軍分為四隊，佈鐵蒺藜，窒歸路，令曰："前則有功，退則死。有怯走者，許後隊殺以為功。"於是士皆效死，莫敢回顧。至夜半，縱兵襲賊砦，賊皆驚擾。旦而接戰，大破之，斬其魁李復，餘悉奔潰。王窮追不已，賊伏潰卒數千，出我不意。王不及介冑，上馬趨之，矢石雨下，指、臂、吻、鼻，中四鏃。王怒，折箭披弓，拔刃徑前，殺為首者六人。賊衆又奔，追至宿遷。其衆尚萬餘，謂已遠，王不能及。方擁其所掠子女，椎牛飲酒，王單騎疾馳，夜造其營，呼曰："大軍來矣。速束戈卷甲，吾能保全汝等，以共功名。"賊自淄河破膽，皆跪請命曰："願吾父貸死。"因進牛炙斗酒。王下馬，飲啖輒盡。衆莫敢動，悉束手降。黎明，見王所部止此，始悔之而業已解甲，莫不相顧失色。遷左武大夫、果州團練使，將所降朝京師。欽宗再賜對，慰獎甚渥，賜衣甲、鎗牌，除正任單州團練使，就命將所部屯滹沱河。真定失守，王知滹沱形勢已蹙。去之趙，趙守蓋王淵云。淵得王，恃以自固。敵再入，攻趙，知王在焉，攻益急。粟寡援絶，孤城更數日殆破。王一夕潛將三百人擣其營。敵大驚亂，翌日遁去。後有自敵來者，始知大酋二都統是日被鎗已斃，衆遂不能支。除嘉州防禦使，將所部還。大名總管趙野辟為前軍統制。

光堯壽聖憲天體道性仁誠德經武緯文太上皇帝時以天下兵馬大元帥駐濟陽，王領所部勸進，復自濟陽次南京。敵縱兵逼城，人心洶懼。王據西王臺力戰。敵稍卻，翌日再至，而其帥白馬三郎以衆數萬薄城。王時所將僅千人，與敵遇，單騎突之，斬其帥以還，部兵乘勝鏖鬥。衆大潰，南京圍解。郡守率父老迎謁，居民香火夾道，多感涕者。王還詣濟陽勸進，遂扈蹕如南京。太上即位，授光州觀察使、帶御器械。王請移蹕長安，下兵收兩河。朝議不從。始建御營，以王為左軍統制。詔平濟州山口賊解大刀、李昱等，所向剿除，陞定國軍承宣使，依前帶御器械。制曰："解趙城之圍，威鎮河朔；卻朔馬之牧，效著睢陽。"皆紀實也。車駕幸維揚，王以所部扈從。甫至，賊有張遇者，號"一窩蜂"，既破儀真，自金山以衆來降，抵城而不解甲。扈從者危懼。王單騎造其壘，曉之以逆順禍福，叱使速降。衆遂解甲聽命。李民擁衆十萬，亦既來降，比至維揚，復狼顧，整厲器械。詔王淵處置，淵以屬王。王往諭旨，誅梗議者劉彥，驅李民以出，縛小校二十九人，送淵戮之。以民隸王軍，分其衆屬大將軍俊，事遂定。授王京西等路，捉殺內外賊盜。時敵再犯河雒，王率敢死士戰於孝義橋，所殺已數千人。而別將以後軍先退，敵衆乘我。王身被鏃如棘，卒力戰以免。後至汴，詰先退一軍，皆斬左右趾以殉，威令大振，自是軍不復敗矣。召還行在，授鄜延路副總管，加平寇將軍，承節帶御營統制如故。未幾，詔王領所部如山東。王聞車駕幸錢塘，遂由海道趨行在。時建炎三年也。未至，有裨校段恩亡至都下，詭言王兵潰陷敵，物情震駭。殿前統制苗傅、劉正彥素蓄異心，聞王陷沒，無復忌憚，遂勒兵反，殺僉書樞密院事王淵及內侍數十人，奉太上居別宮，凶焰熾甚。神武中軍統制官吳湛又陰與同惡。王在海上聞變，望闕慟哭，舉酒酹神曰："誓與此賊不共戴天。"舟中士卒亦皆痛哭思奮。禮部侍郎張浚在平江，方欲議討亂，與諸將環坐，計未有所出，聞王且至，更相慶曰："韓公之來，此事必辦。"王至，見浚相與號泣，曰："何猶豫為？"即日與浚定復辟之議。乃先諸將行，時道路譁言傅、正彥謀挾乘輿以出，中外洶懼。王曰："賊素知畏我，我至，彼敢爾耶？"尋命偏將張世慶搜絶諸路郵置，使偽命不行。至嘉禾，造攻具甚急。傅、正彥矯制止王，且除節鉞。王不受命。會江淮、兩浙制置使呂頤浩亦來，王迎謁於郊。頤浩問曰："賊計無他虞乎？"王曰："彼怙勢憑衆，脅取鐵券，自謂不死，安有他虞？"又問："可必勝乎？"王曰："以順討逆，何為不勝？"頤浩曰："知彼知己，可以戰矣。"時楊國夫人及二子質傅軍，防守甚嚴。王略無顧念。會隆祐太后宣見楊國。楊國詣傅，紿曰："太尉作如許事，公來矣，於太尉何如？"傅乃屈膝拜曰："願奉兄嫂禮，謹具鞍馬，煩夫人好為言。"是日，入見。隆祐宣問周悉，執楊國手垂泣曰："國家艱危至此，太尉首來救駕，可令速清巖陛。"楊國奉詔，馳出都城。遇傅弟翊於途，告之故。翊色動，手自捽耳。楊國覺翊意非善，愈疾驅一日夜，會王於嘉禾。王見之，驚曰："汝輩在耶？"俄而明受詔至，王曰："吾知有建安官家，安知明受耶？"斬其使，焚其詔，進兵益急。傅等大懼，遣將領張永載謝罪，且出御札曰："知卿已到秀州，遠來不易。朕居此極安寧，苗傅、劉正彦本為宗社，終始可嘉。卿宜知此意，遍諭諸將，務為協和，以安國家。"王知脅求詔旨，非太上本意，諭永載曰："天子即復位，事乃可緩。不然，吾今以死決之。"賊得語，知不可解，即日復太上明辟。王晨夜兼行，承宣使張浚遣兵三千助王。王顧所部，或非素所拊循，乃悉收家屬詣軍。及合戰臨平，艤家屬舟岸下，由是師徒登岸擊賊，無一不用命者。賊將苗翊、馬柔舌以重兵負山阻河為陣，且於中流植木為鹿角，以梗行舟。岸間塗淖，不可馳。王乃下馬，揮戈令軍中曰："今日當以死報國，若面不帶數箭者，皆斬。"士殊死鬥。轉至剪刀山下，賊以其神臂弓數千持滿而待。王瞋目大呼，挺刃徑前，賊辟易，矢不及發，連戰皆大克。直造北關門，傅、正彦自授江東制置使，提禁旅數萬以遁。朝廷慮其遂逸去，詔能生擒傅、正彦者，有官人轉承宣使，無官人授正任觀察使，其餘獲逆黨，賞各有差。王入朝行宮，拜且泣曰："逆賊不道，主辱臣死。臣願受命，縛此二逆。"因奏曰："逆賊擁精兵數萬，去甌閩甚邇。萬一寖成巢穴，愈難撲滅。臣請速除之，未審聖意欲生致之耶？抑函首以獻耶？"太上曰："能殺之，足矣。"王曰："臣願生致之，顯戮都市，為宗社刷恥。不然，則臣為欺天。"殿前虎賁有宋金剛、張小眼者，號膂力。王乞以從，欲俾護俘來。王時所部，纔數千人，請止以所部行。太上壯之，酌巨觥以餞，因握手語王曰："統制吳湛佐二叛為逆，卿知之乎？"王曰："此易與耳。"時湛已不自安，嚴兵為衛。王詣湛，與語，手折其中指，遂擒以出門下。兵衛驚擾，王按劍叱之，無敢動。又親擒湛黨王世修，同日伏誅。王遂行，詔除武勝軍節度使、御前左軍都統制。王兼程追襲。賊方圍三衢，聞王師來，即解去，將趨上饒。王恐其或滋蔓閩廣也，徑自浦城捷出，迎之漁梁驛，與賊黨遇。夜半，勒兵距浦城十里。賊跨溪，據險設伏。正彦屯溪北，傅屯溪南，相約為應。俄而接戰，部將李忠信、趙竭節恃勇，陷陣馬，彦、傅馳救，死之。王挺鎗徑前，賊望見咋曰："此韓將軍也。"乃潰。擒傅、正彦及傅弟翊，遣所乞二虎賁護俘，獻行宫，斬於建康市。師還，至蔣山。太上遣中貴人賜金盒、茶藥，並御書"忠勇"二字表王旗幟，詔曰："餘杭之難，卿首奮忠勇，已破凶逆。朕之復辟，惟卿之功。"除檢校少保、武勝、昭慶軍節度使、御前左軍都統制，楊國自碩人超封國夫人，制曰："智略之優，無愧前史。給内中俸，以示報焉。"功臣妻給俸，自楊國始。改除武勝、定國軍節度使，依前檢校少師、御前諸軍都統制。

烏珠入寇，車駕復幸臨安，命杜充以尚書右僕射守建康，王守鎮江，兼制海道。王方治舟，秀之青龍。無何，充以建康叛，降於烏珠。烏珠遂自建康取宣城，直至廣德，徑趨臨安。車駕又幸四明，王聞之，亟以舟師赴難。未發，烏珠聞王在京口，遽勒三十萬騎北還。王即奏，願留江上勦除，使絶南牧之患。遂提兵截大江以要之，先降其將"鐵爪鷹"李選。太上賜札曰："比在會稽，吕頤浩獻議，欲會兵京口，邀截歸路。遽覽來奏及圖上方略，寔契朕懷。惟卿忠憤之誠，謀慮之審，千里之外，不謀而同。載觀圖規，深所嘉嘆。今以獲敵資財物，盡與將士，並除空名札二百道，用資給賞。"烏珠遣使通問，王亦遣使臣石臯報之。約日會戰，戰數十百合，敵終不得渡。復致詞，願還所掠假道，不聽；請益以名馬，又不聽。敵乃益兵儀真，勢接建康。烏珠軍於南，達蘭軍于北。王提海艦中流，南北接戰，相持黄天蕩，四十有八日。烏珠窘甚，求打話，王酬答如響。時於佩金鳳瓶，傳酒縱飲，示之。敵見王整暇，色益沮，乃祈假道甚哀。王曰："是不難，但迎還兩宫，復舊疆土，歸報明主，足相全也。"烏珠語塞。又數日，求登岸會語。王以二人從見，復申前懇，而言不順。王怒且罵，引弓將射之，亟馳去。敵自知力憊粮竭，或生變，而王舟師中流鼓枻，飄忽若神，凡古渡津口，又皆以八面控扼，生路垂絶。乃一夕潛鑿小河三十里，自建康城外屬之江，以通漕渠，刑白馬，剔婦人心，烏珠自割其額祭天，幸風濤少休，竊載而逃。王諜知其謀，悉舟師督戰。會風弱帆緩，敵得以輕舸渡去。土人稱為"番人河"，其後秦檜主和，更名新開河云。先是，王治兵鎮江，嘗曰："是間形勢，無如金山龍王廟者。敵必登此以觀我虚實。"乃遣將蘇德以二百人伏廟中，又遣二百人伏岸下，約曰："聞鼓聲，岸兵先出，廟兵繼之。"數日敵至，果有五騎趨入廟。廟中之伏喜，先鼓而出，五騎振策以馳，僅得其二。有一人紅袍白馬，既墜，復躍馳而脱。詰二人者，云即烏珠也。是舉也，烏珠僅以身免，俘獲殺傷者，不可勝計。所遺輜重山積，所掠男女獲免者不知數。又獲龍虎大王舟千餘艘。捷聞，太上賜札曰："卿比統率舟師，要擊勍敵。忠勇之節，遠近所聞。相拒大江，殆彌兩月。殺傷莫計，俘獲良多。所有已立功人，早以功狀來上，當優與推恩。”又札曰：“朔馬飲江，大肆殘虐。卿感激思奮，慷慨自期。獨提全軍，往邀歸路。將士用命，水陸齊攻。捷音遽聞，殺獲甚衆。言念忠勞，不忘嘉歎。”未幾，除檢校少師、武成感德軍節度使、神武左軍都統制。時劇盜數起閩中，荆湖震擾。朝廷為出禁旅，遣辛金宗討之，師老不能平。福帥程邁、監司侯慤等力請改命將帥，章四十三上。太上乃除王福建、江西、荆湖南北路宣撫，副參政孟庾以行。賊范汝為據建安，衆踰十萬，至僭造黄傘等。王曰：“建居閩嶺上流，使賊沿流而下，則七郡皆血肉矣。”於是選輕鋭，航海徑趨福、唐，擁衆而上。福帥迎謁，且言賊方鋭，宜少休，以俟元夕。王笑曰：“吾以元夕凱還見公矣。”因酌酒以別。師次延平，劍潭湍險，賊焚橋以拒我師。王策馬，先浮以濟。師遂濟，士氣益倍。距建寧百里許，賊盡塞途路，埋巨木為鹿角，散佈竹簽、鐵蒺藜、陷馬坑。凡可以抗拒王師者，無不用其至。王即命諸軍偃旂仆鼓，捨正路，俾各擇便利，沿山塹溪，披踐荆棘，遂達郡之鳳皇山，繞出賊背。下瞰城邑，如在井底，火樓、巨石、天梯、雲梯，百道齊攻，汝為震怖，以為從天而下。五日城陷，汝為竄身自焚。囬源洞中又有陸必強、葉鐵骨、陸必先、張弓手、熊致遠等，皆號賊驍將，分兵四劫，而葉諒者，別以一軍再寇邵武。王悉擒斬之，凡殺賊衆三萬餘人，生擒渠首張、熊等五百餘人。士人之附賊，如施逵、謝向、陸棠等，皆械送行在所。乃令軍人悉駐城上，毋得下，植旂城之三隅。令士民自相别：農者給牛穀使耕；商賈者弛征禁；為賊者使民得甘心，脅從者貸遣。建安之民，自以為蒙再生，家立生祠，共刻其事于石，至今奉香火惟謹，太上賜札曰：“省奏范汝為已就滅亡，遂釋朕南顧之憂。其餘畸零賊黨并葉諒等，想已招捉。惟務隨宜處置，勿留後患。”又札曰：“卿比執訊獲醜，安靖一方。非特秋毫無犯，給耕夫之牛，使不失時，雖古名將，何以加諸？朕始聞此，喜而不寐。是惟威愛兼得，體我至仁，加惠斯民者。卿之勞苦，寔永朕懷。”王遂條奏：“江西、湖南群寇，要須以時平定，乘勝撲滅，勢若破竹。”詔從之。王旋師永嘉，若將就休息者。已而道括蒼、上饒，徑至豫章，江濵連營數十里。賊不虞王之猝至，以為神，大驚。於是曹成、馬友、李宏等，次第來降。王悉分配諸軍，即日移師長沙。

山東賊“白氊笠”劉忠，有衆數萬，嘗與烏珠轉戰頡頏，而南據祁陽之白綿山，自黥其額，號“花面獸”，山險重複，營柵相望。凡一年，莫敢嬰其鋒者。王始至，即欲急擊之，曰：“少延歲月，湖南生靈無種矣。”庾不可，曰："功幸已成而師勞。若更趨白綿，如有不捷，前功盡廢。"王曰："兵家利害，世忠策之審矣，非參政所知。請期半月，當馳捷以獻。"庾不能奪。王即將所部與賊對壘，乃奕棋飲酒，按兵不動者累日。衆莫窺其際，一夕，獨與親信蘇格便服，聯小騎直穿賊營。警夜者呵問，王曰："我也。"蓋王已諜知賊中約以"我"字為號，故所向不疑。遂周覽營而出，喜曰："此天賜也。"即下令明日破賊會食。遂命諸軍拔柵前行，先遣鋭卒二千銜枚夜進，伏于白綿山上，戒曰："賊必空壘來戰。若疾馳，入奪中軍望樓，駐麾張蓋。"既而賊以三萬人拒戰，交兵自寅至巳。賊精兵迭出，勝負未分。俄而所遣鋭卒二千，植旂蓋於賊之望樓，傳呼如雷震。賊囬顧驚愕，進退無所據，遂潰亂。王乃傳麾令，上下夾擊，將士爭奮，大破之。追斬忠于小舟，傳首闕下。下令敢掠子女者斬，湖南遂平。戰克之日，與庾所期，如合符契。詔除太尉，餘如故。又賜札曰："出師歲，今將期。以爾勞苦，緊我憂忡。比又李宏瑰值，劉忠敗績，益張吾武，震撓凶徒，朕甚佳之。且以防秋戒期，狄怨是念，卿其振旅來歸，竭盡智力，以圖大功，而後喜可知也。"王授鉞以出，掃清三方，太上偉其功，詔樞密院以功狀頒示内外，諸將各務奮厲，共舉中興，以光史册。師還建康，乃置背嵬親隨軍，皆勇鷙絶倫者。除開府儀同三司，節制依舊，充淮南東路宣撫使，泗州置司。

明年，以建康、鎮江、淮東宣撫使駐鎮江。是歲，烏珠與其將托卜嘉合三路兵入寇，騎兵自泗取揚，步兵自楚取高郵，塵覆飛鳥。太上賜札曰："覽卿平楚之奏，良用駭嘆。今敵氣正鋭，又皆小舟輕捷，可以横江徑渡。想卿謀畫已定，可保無虞。更宜率勵將士，戮力勦除，此亦卿前日之所論奏也。浙西趨行朝無數舍之遠，朕甚憂之。卿忠憤憂國，朕所素知。協濟艱難，正在今日。切更多算，以決萬全。"又札曰："朕以逆臣劉豫外挾強旅，驅率吾民，遣兵東向。觀其措意，必欲圖危社稷，人神所共嫉，覆載所不容。卿為國大臣，乃心王室。忠憤之氣，想實同之。今直犯真、滁，已逼江上。而建康諸渡，舊當其衝，萬一透漏，存亡所係。卿宜戮力一心，以赴國家之急。先飭守備，徐圖進取，無失事機，以墮賊計。朕雖不德，無以君國子民，而祖宗德澤，猶在人心。所宜深念累世涵養之恩，永垂千載忠義之烈。興言及此，當體至懷。"王受詔，感泣曰："至尊憂勤如此，臣子何以生為?"遂自鎮江濟師，以前軍統制解元守高郵，候其步兵，而王親提騎兵往大儀，以當淮、泗之寇。伐木為柵，自斷歸路。大會將佐，曰："金人馬步分道並進，車駕方在江南，有如不勝，必為社稷憂。諸軍奮忠義以報國，此其時矣。吾平昔恨無死，所以拔橋斷路，示無生還之望。"遂大享士，俟戰士皆感奮，氣自百倍。會朝廷遣魏良臣使敵。至維楊，王置酒送別，杯一再行。流星庚牌沓至，良臣問故。王曰："有詔移屯守江。"乃撤炊爨班師。良臣竊自喜，疾馳去。王度良臣已出境，乃上馬，令中軍曰："視吾鞭所向。"於是六軍大集，北行至大儀，勒精兵為五陣，設伏二十餘處，戒："聞嚴鼓之節，則次第起擊。"良臣至敵營，果問我師動息，悉如所見以對。烏珠號知兵，聞大軍倉卒南還，喜甚。與其將厲兵秣馬，且趨江口。至大儀五里所，王縱敵騎過吾軍之東直北。傳小麾，鼓一鳴，伏者四發。吾軍旂與彼雜出，敵軍亂。我師伍伍迭進，步隊各持長斧，斫馬足。敵全裝陷塗淖，弓刀無所施。王東西麾勁騎，四面蹂之。敵大半乞降，餘皆奔潰，追殺數十里。烏珠乘千里馬以遁。積尸如邱垤，擒其驍將托卜嘉，生俘敵人千五百餘人，獲戰馬五百餘匹，器械輜重，與平山堂齊，勢大振。烏珠還泗上，召良臣，詰責其賣己，將斬之。良臣好詞以免。解元至高郵，亦遇敵人，設水軍夾河而陣列，我師皆願效死。敵整隊迭出，一日之間，合戰十三。士力稍罷，相拒未決。王遣成閔將勁騎往援之，閔與元軍合，復大戰，生俘敵人及千戶長等。遂敗去。俄而王至，窮追於淮。軍復大戰，敗之。奔走相踏、藉沒溺死者，不可勝計。捷書沓至，群臣入賀。太上曰："世忠忠勇，朕知其必能成功。"賜札曰："聞卿獨抗大敵，勦殺俘獲，數以萬計。攘逐過淮，全師而還，甚慰朕望。烏珠舉國來寇，憑陵邊圉，非卿智勇冠世，忠義徇國，豈能冒犯矢石，率先士卒，以寡勝衆。儁偉如此，朕深念卿躬擐甲冑之勞，將士摧鋒力戰之苦，夙宵震惻，痛切在躬。得卿來報，頓釋朕懷。"初，敵既傾國內侮。朝廷過計，有勸太上他幸者。於是降旨議散百司，物論譁然，獨宰相趙鼎與王議合，曰："戰而不捷，去未晚也。"至是，敵既潰散，王自淮上振旅南旋，江左遂安，故論者以此舉為中興第一。除少保、武成感德軍節度使、淮南東路宣撫使，鎮江置司。王在鎮江，一日方會諸將置酒。敵帥達蘭恥前敗，覆以書幣來約戰。王即席，遣伶人張軫、王愈之持橘、茗為報。報書略曰："元帥軍事良苦，下諭約戰，敢不疾馳行李，以奉承指揮也。"達蘭謀屈，卒不來。未幾，全軍遁去。然諸將徘徊顧望，無敢渡江者。王獨請移軍窮邊，經理中原。太上賜札曰："昨因敵近，議者以經理淮甸為言。人多憚行。卿獨慨然，請以身任其責。朕用嘉之。"又曰："今聞全師渡江，威聲遐暢。卿妻子同行否？乍到，醫藥飲食，或恐未備。有所須，一一奏來也。"改除武寧安化軍節度使，依前少保，充京東、淮東路宣撫處置使，兼營田大使，楚州置司，兼節制鎮江。時楚累經殘掠，邑屋皆邱墟榛棘。王至，則撫集流亡，通商惠工，創新營壘，民心安固，軍氣日益振厲。於是曩時煨燼瓦礫之場，化為雄都會府，隱然為國長城矣。劉豫間遣兵入寇，每為王所攻卻。生擒偽知鎮淮軍王拱，食粮軍數百，獻於朝。是年，敵又犯漣水。王迎擊，殺其將孫統領，追至金城。時豫鋭卒盡屯宿遷聖女墩，王以輕兵破之。轉戰至徐之駕口。軍既單弱，而敵援兵額哩頁算濟舍人踵至，遂以背嵬輕騎五百衝之，為敵所圍。王突圍，拔衆以出，復乘鋭掩擊，過落馬湖五十餘里，殺傷不可計。攻淮陽，旦暮且下。會詔班師，王急還，道遇偽齊師劉？率金國三路都統太一貝勒，鑿山水晶，相會青州。五路都統東平府總管及烏珠舉兵，自河間與諸道會。王結陣向敵，遣小校郝彦雄造其軍，大呼曰："錦袍、氊笠、驄馬、立陣前者，韓相公也。"衆咎王。王曰："不如是，不足以致敵。"及敵騎至，王先以數騎挑之，殺其引戰者二人。諸將乘之，大破其衆，暴屍三十里。捷聞，太上賜札曰："卿誠存報國，義獨奮身，長驅濟淮，力戰破敵。俘獲群醜，撫輯遺黎。眷言忠勞，實所嘉歎。然王師之出，本以弔民，上將之威，尤宜持重。軍旅之外，毋爽節宣，深體至懷，副朕倚注。特授横海武寧安化軍節度使，賜揚武翊運功臣，依前少保，充京東、淮南東路宣撫處置使，兼營田大使。"王以承、楚單弱，正當寇衝，寇至，無以守，乃增大其城，身自督役。役不勞而城固，民恃以無恐，家立生祠以報。先是，移涇陽，與敵接境。王乃多遣間，結山東豪俊，俾緩急為應。東人及太行群盜多願奉約束者。

金人廢劉豫，中原軍潰盜起。王以為機不可失，奏乞全師北討，招納叛亡，為恢復計，懇請誠切。太上賜札曰："覽卿來奏，備見忠義。為國之意，深用嘉歎。今疆埸之事，以安靜為先，變故在彼，不必干預。當敦信約，卿其明遠斥堠，謹固封疆，以備不虞，稱朕意焉。"既而秦檜議和，諸帥已屯建康及武昌，詔王徙屯京口。王上奏，極論敵情叵測，其將以計緩我師，乞獨留此軍，蔽遮江淮。太上賜札曰："覽奏欲依舊留屯淮甸，誓與敵人決於一戰，已悉。朕迫於強敵，越在海隅。每慨然有恢復中原之志，顧以頻年，事力未振，姑鬱鬱於此。自去冬敵人深入，卿首剉其鋒，鼓我六師，人百其勇。既至，彼潛師引遁，而卿復率先移屯淮甸，進取之計，恃此為基。朕甚嘉之。前恐老小或有未便，委卿相度。今得卿所奏，益見忠誠。雖古名將，亦何以過此？使朕竦然興嗟，以為有臣如此，禍難不足平也。古人有言，'閫外之事，將軍制之。'今既營屯安便，控制得宜，卿當施置自便，勿復拘執。至於軍餉等事，已令三省施行。"初，國朝軍政日修，敵師屢衄，於是陰謀沮撓吾事。而秦檜還自沙漠，力勸太上屈己和戎，銷兵罷將。朝廷遣使交割河南境土，彼亦遣使來議，而使名不遜時。檜主議甚力，自大臣宿將，萬口附和。王獨慷慨，章上以十數，為太上開陳和議不可之狀，大略以謂："敵情詭詐，且陝西諸路，出兵產馬，用武之地，豈肯真實交割?"又曰："但恐以還地為名，先要山東、河北等路軍民及北人之歸附者。出此聲勢，摇動人情。我若大加卑屈，深慮人心離散，士卒凋沮。"又曰："今當主辱臣死之際，臣願效死節，激昂士卒，率先迎敵，期於必戰，以決成敗。若其不克，陛下委曲聽從，事亦未晚。"又曰："如王倫、藍公佐交割南地界，别無符合誑賺朝廷。雖以王爵處之，未為過當。欲乞令供具委無反復文狀於朝，以為後證。如臣言虚妄，日後事成虚文，亦乞重置憲典。"其言懇切深到，出於忠誠，且請單騎赴闕面奏。太上率優詔褒答，其略曰："卿勇冠世，獨當一面。國威既震，和議漸諧。南北兵民，可冀休息。究其所自，卿力居多。卿其保護來使，無致疏虞。所乞入朝奏事，俟有機會，當即召卿。衆方懷疑，疆埸事大，正倚卿為重，未可暫離軍中也。"其後敵果負約，如王所言。檜甚恐，即上疏曰："臣聞德無常師，主善為師。善無常主，協於克一。此伊尹相湯，咸有一德之言也。臣昨見金國達蘭有講和割地之議，故贊陛下取河南故疆。既而烏珠戕其叔達蘭，藍公之歸，和議已變，故勸陛下定弔民伐罪之計。"又曰："如臣言不可行，即乞行罷免，以明孔聖陳力就列、不能者止之義。"其詞反覆無據，由是天下服王精識，而尤檜益深云。烏珠既再陷三京，又犯漣水。太上賜札曰："金人復佔據已割舊疆，卿素藴忠義，想深憤激。凡對境事宜，可以結約招納等事，可悉從便宜措置。若事稍重，即具奏來。"王遂率背嵬軍由加口破走烏珠。僞守趙榮以宿州降，李世輔以亳州降。詔除少卿，餘官悉如故。明年，金都統周太師者，以大軍深入，水陸並進。未及渡淮，王督士馬拒戰于淮陽，又走之。因取劉泠莊，設伏掩擊，遂至沂水。敵溺死，不知其數。又遣偏將王勝攻下海州，取懷仁諸縣，破千秋胡陵大寨，擒其帥郭太師。依前功臣三鎮節鉞，淮東宣撫處置使，兼河南北諸路招討使、營田大使，封英國公。

是年，復犯淮西。殿帥楊存中合宣撫使張浚之師，與戰於鍾離，弗克，詔王赴援。有别軍數萬屯定遠，王遣成閔以輕騎擊破之，轉戰數日。烏珠中克敵弓以走，其衆大潰，遂奪鍾離。捷聞，太上賜札曰："聞卿親率將士與賊接戰，追逼直至城下。賊馬一發，奔潰過淮。卿已復據州，卿忠義之氣，身先士卒，親遇大敵，嘉嘆何已。况卿前後所料賊情，一一必中。今日善後之策，更為深加思慮，措置以聞也。"王因上章，極言爵賞之濫，乞自今非破敵、復境土，不畀崇資，以塞倖門。時和議復成，秦檜權力益盛，異己者禍如發矢。王復危言苦諫，以謂："中原士民，迫不得已，淪於顛危，其間豪傑，莫不延頸以俟弔伐。若自此與和，日月侵尋，人情銷弱，國勢委靡，誰復振之?”太上復賜札嘉獎。又乞與北使面議，優詔不許。尋再上章，力陳檜誤國，詞意剴切，檜由是深怨於王。已而盡撤邊備，召諸大將還闕，王及張浚、岳飛除樞密副使。王上表，乞解樞務，避寵丐閒。時論高之。時紹興十一年也。又上表乞骸骨，不許。除太傅，依前三鎮節鉞，充醴泉觀使，進封福國公，賜第都城奉朝請。其秋，顯仁皇后鳳駕來歸，王朝謁于臨平。以北方獨聞王名，特召至簾前，曰:“此為韓相公耶?”慰問良久，其後賜餉無虛月。

明年，進封潭國公。十三年，進封咸安郡王。十七年，以郊恩，改鎮南武安寧國之節。太上數召王同家人燕於苑中，眷禮深篤。數賜名馬、寶劍，其他賜予，勞問相踵。然王老矣。二十一年秋，王病，不能朝，乃上表謝事，策拜太師。問疾之使，肩摩轂擊於道。於是悉召故人列侯，勉以忠義大節。焚逋券百萬，親視含襚，曰:“吾以佈衣，百戰致位公王，可以無憾矣。”以是年八月四日薨於私第之正寢，享年六十有三。疾方革，累詔宣醫診視。訃聞，太上盡然，為輟視朝。贈通義郡王，賻以内帑金帛各三千匹，兩錫上方名騄龍腦香以斂襚，服用一品，所以慰卹其家，甚至遣敕使徐伸護葬事，以是年十月庚子，大葬於平江府吳縣胥臺鄉靈巖山之原。有詔，命中貴策祭於家。又詔奉常貳卿軷祭於都門外。子孫次第進秩。

娶白氏秦國夫人，梁氏楊國夫人，茅氏秦國夫人，周氏蘄國夫人。子男四人，長曰彦直，嘗任戶部尚書，今為大中大夫，延水縣開國伯，食邑八百戶;次曰彦樸，奉議郎，直顯謨閣，早世;次曰彦質，朝奉大夫，直徽猷閣，知黃州;次曰彦古，起復朝奉大夫，充敷文閣待制，知平江府兼節制水軍，今家居，終蘄國之制。女八人，長適故朝散郎、通判饒州曹霑;次適宣教佐郎馮用休;次適宣教郎、知宣州寧國縣王萬修;次適從政郎劉莒;次適宣教郎、宗正寺主簿胡南逢;次適承議郎、充集英殿修撰、主管神祐觀張子仁。二人為黃冠。孫男十六人，曰梃，奉議郎，太社令;曰杖，奉議郎，直秘閣;曰格，宣教郎;曰樞，承務郎;曰松，通仕郎;曰相，承事郎;曰椿，承務郎;曰楷，承奉郎;曰林，將仕郎;曰森;曰休;曰楫;曰炑;曰本;曰梓;曰樟。孫女八人，一適將仕郎王大昌，餘未行。

今天子乾道紀元之四年，有詔，特進封蘄王;又八年，乃賜謚。始王鼎貴，嘗戒部下及其家人曰:“忠者，臣子不可一日忘，不惟所當常行，抑亦人所當常言。吾雖名‘世忠’，汝曹無得以‘忠’字為諱。若諱而不言，是忘忠也。吾生不取，死不享也。”至是，得謚“忠武”。彦古稟述先教，不敢辭。君子以為通於孝云。

嗚呼！王起西陲佈衣，仗劍從戎，不數年，功名與日月爭光，何其盛耶？為平寇將軍，為都統制，為宣撫使，為處置使，為營田大使，為招討使，為樞密使，所踐無非達官要職，而能益彰；平全閩，夷江西，剪湖湘，殲苗劉，摧烏珠，鏖大儀，拓東海，捍荆楚，震淮陽，所當無非勍寇劇賊，而功益俊偉不可及。及議和初定，來使稍不恭順，王則忿其無禮於吾君，誦言誅之，且下令所部州，無得少屈。北使為之沮戢。

性不喜便佞，事關社稷，必傴僂玉陛上，流涕極言之。雖不加文飾，而誠意真切，理致詳盡。人主知其出於忠，實不以為忤也。秦檜用事，遣中原人親屬還北。其有戀國恩、不忍去者，械縶以送。至謀遣趙榮，王力爭曰："榮不忘本朝以歸，父母妻子，悉遭屠滅。相公尚忍遣之，無復中原望耶?"岳飛之獄，王不平，以問檜。檜曰："飛子雲與張憲書雖不明，其事體莫須有。"王勃然作色曰："相公'莫須有'三字，何以服天下?"於時舉朝憚檜權力，皆阿附為自全計。獨王於班列一揖之外，不復與親。每大議讜言，家人危懼，或乘間勸止。王曰："明知其誤國，乃畏禍苟同。異時瞑目，豈可於太祖官家殿下喫鐵棒耶?"言雖質而意旨深，士君子至今傳之。受人恩則生平不忍去心。僉樞王淵識王於微時，待遇絶等。苗劉之亂，淵首遇害。王為請地厚葬，經紀其家，不遺餘力。初淵輕財嗜義，家無宿儲。或勸以治生，淵曰："國家官人，以爵使祿，足代其耕也。若切切事錐刀，我何愛爵祿，不為大賈富商也。"王敬服其言。故握兵三十年，未嘗為乾沒貿遷之私。上所錫賚，悉分將士。將士故樂為之用。太上高其義，察其廉，特賜永豐圩江東田，以給其子孫。王使上書，租賦願與編戶同，為勢家倡。太上欲成其美，從之，優詔奬諭。惟厚撫將士，千金有所不吝。至一官一級，則靳惜如肌肉。嘗謂將佐曰："為國立功，人臣常分。吾所以使汝輩功浮於賞者，乃所以遺爾子孫也。天日昭昭，爵祿虛受，終必為禍。他日為國爪牙，尤當戒此。"舊制，戰勝第賞，必計首級。軍人貪得，至殺平人以希賞。王始建議不許以首級計功。然諸帥保奏將士武功，左右各有隊伍，惟王所部，須寔有功乃奏，終不以毫髮假人。是以淮東一軍功最多，而崇資者少。城楚州，與士卒同力役。黄天蕩之戰，楊國在行間，親執桴鼓。家楚州，織薄為屋。將士有臨敵怯懦者，王遺以巾幗，設樂大燕會，俾為婦人妝以恥之。其人往往感發自奮，後多得其死力。其制兵器，凡今跳澗以習騎，洞貫以習射，狻□之鍪，連鎖之甲，斧之有掠陣，弓之有克敵，皆王遺法。太上以其制下兵部，及頒降諸將者是也。嘗中毒矢洞骨，則以強弩拔之。十指僅全四，不能動身。被金瘡如刻畫。

晚以公王奉朝請，尤能以道卷舒，絶口不言功名。蓋自罷政，居都城，高卧十年，杖屨幅巾，恣意林泉壺觴間，若未嘗有權位者。而偏裨部曲，往往致身通顯，節鉞相望。歲時造門，類皆謝遣。群工列辟，想望風采而不可見，則相約於朝班，望王眉宇而慰喜焉。至於外夷遠人，幽閨婦女，皆知有所謂“韓郡王”。歲時輒相從詗王年幾、安否，以為天下重輕云。而王終日淡然，獨好浮屠法，自號“清涼居士”。雖權臣孔熾，王最為所忌嫉，而能雍容終始，蓋《詩》所謂“明哲保身”者。屬纊之際，神爽益清，冠佩修然，合掌而逝。有詔，擇日臨奠。檜遣中書吏韓成以危言脅諸孤，令必辭。諸孤亦緣王遺意，不敢屈勤君父，上表懇免至再。太上黽勉從之，其終始恩遇如此。

臣雄曰：自起、翦以來，山西出將尚矣。呼吸雷風，動摇山岳，戰勝攻克，卓然以勇略聞者，班班不絶於册。至於達之以智謀，本之以忠義，如古所謂名將者，山西蓋無幾也。秦漢而下，可以言智謀忠義如古名將，若諸葛亮、郭子儀，其庶幾乎。王本山西之豪，與起、翦相望，而其智謀忠義有過前修，無不及焉。方逆傅滔天，王聞變慟哭，士卒皆哭，莫能仰視，遂自海道徑還。吕頤浩以賊為憂，王謂賊既取鐵券，必無他慮。頤浩又慮賊難勝，王則深言逆順之理，知其必勝。於是頤浩計乃決，傅卒就擒。至如中興之初，倡議西都長安，乘建瓴之勢，東向以圖中原。朝議不從，識者以為深恨。及淮揚危急，六飛南渡，諸帥咸欲西趨岳、鄂，徑往長沙。王獨以為今已失河北、山東，惟有淮、浙，號稱富實。若又棄之，更有何地。太上嘉納。江左立國之謀，於是乎始定。臣雄嘗待罪太史氏，獲睹日曆，所紀太上皇帝聖語甚詳。最後論戰論和章數十上，皆算無遺策。蓋所謂定大事，決大疑，忠義稟於天資，智謀出於人表，視山西以勇略稱者，不可同年語矣。是以太上嘗賜札曰：“雖古名將，何以加諸。”而皇上以“忠武”易名，蓋以王為亮、子儀之流。惟二聖日月之明，知臣莫若君，德音鏗鍧，天下傳誦，世忠得此嘉獎，亦可以死而不朽也耶。臣觀宣王中興，如《采芑》、《江漢》之詩所述，“蠻荆來威，王國庶定“等事，雖以褒大方叔、召虎之功，然其任賢使能，致此巍巍，則宣王盛德之形容，光明偉傑，不可揜也。臣願頗采周《雅》聲，為銘詩，以彰元勛，以歌堯父舜子知人之明，以稱明旨，顯耀韓氏，以昭示於億萬世。其辭曰：昔在宣靖，崇極而傾。邊陲不戒，神州震驚。天地重開，直人龍翔。德業巍巍，周宣漢光。凡此中興，誰實佐命。緊時元勛，王國以定。元勛謂何，維師蘄王。王奮山西，起翦之鄉。鐵胎之弓，悍馬長槊。方在童年，氣震山岳。逮事徽皇，至於欽宗。天下兵動，外阻内訌。王先戎行，是磔是剪。浙西山東，績用丕顯。伯府肇新，來乘風雲。掃清南都，大駕時巡。淮海之間，劇盜蝟起。解甲束戈，如父詔子。帝幸餘杭，王征徐方。逆臣乘虛，反易天常。賊虐樞臣，都城喋血。凶焰孔熾，震驚宸闕。王在海上，聞變號呼。凡爾衆士，今當糜軀。吾與群凶，不共戴天。山川鬼神，寔臨此言。舟師鼓行，雷動電擊。撓彼凶徒，裂膽褫魄。天位反正，乾清坤夷。生擒渠魁，梟首大逵。有狡汝為，盜據富沙。流毒全閩，血人於牙。大江之西，重湖之南。蜂屯蟻結，虎猛狼貪。三方皆城，地數千里。奮攘矯虔，聲勢相倚。當寧謀師，宜莫如王。授以斧鉞，往擣其吭。覆其穴巢，鋤其根萌。閱歲未周，三方悉平。奔旗奔師，捷書相望。貸遣脅從，旌别善良。爾商爾財，我弛爾征。爾農爾田，我資爾耕。仁義之兵，弔伐是尚。帝有恩言，卿古名將。朔馬飲江，充叛以降。金陵不支，洊窺上邦。王整虎旅，邀截歸路。誰謂敵強，望風震怖。海艦如雲，江之中流。北剉援兵，南衄歸舟。水戰陸攻，摧枯拉脆。殺傷莫數，俘獲萬計。渠帥小黠，僅脱其身。敵勢寖銷，皇威益信。彼猶不悛，纔數年期。傾國南侵，步騎分馳。厥黨成林，塵暗穹蒼。九重制詔，罪己如湯。王曰吁嗟，君父旰食。臣何生為，矢死報國。部分將佐，直趨淮壖。親室歸途，示無生還。妙算既定，奇計先施。聲言守江，已駐大儀。衆寡雖殊，我整彼亂。聯騎紛呶，馬足俱斷。四面鏖擊，若降若屠。積骸為邱，灑血成渠。折馘獻俘，千里相踵。驍將數百，豈計輜重。偏裨在楚，亦以捷聞。王來窮追，全師大奔。振旅凱歌，天子曰都。世忠忠勇，敵不足誅。江左人心，恃此寧謐。中興以來，武功第一。淮陽鍾離，莫非俊偉。生平戰多，竹帛莫紀。王屯極邊，志清中原。和議既諧，弛強鑠堅。王之論和，忠憤激烈。利害皎然，黑白區别。聖主俞之，權臣讎之。明哲令終，天實休之。孰不為將，孰不建功。動摇山岳，呼吸雷風。惟王天資，與勇將異。達以智謀，本以忠義。大疑大事，決於片詞。較彼起翦，王其過之。王起佈衣，飯糗衣紵。出際盛時，蛟龍雲雨。解衣推食，言聽計從。任用不疑，天子之明。三鎮節鉞，三事典策。報功惟優，天子之德。惟聖天子，使臣以禮。哀榮死生，福禄終始。重華神武，志大有為。眷言勛勞，恨不同時。真王啓封，貴窮人爵。忠武之諡，如葛如郭。八言衮褒，更瞻雲章。誰克有勛，上不汝忘。豐碑巖巖，億載有耀。凡百臣子，其思忠孝。

# 葉適

**撰，［明］黎諒編：《水心集》卷五，《紀綱四》**

建炎初載，李綱用事，議分京東、河北，用唐藩鎮之法，使自守其地，諸道各置要郡次，要郡以一兵馬之權。綱所措畫，則已陋矣，括馬斂財，騷動天下，議者蜂起，不得旋踵，卒以逐去。於是汪伯彦、黃潛善無所施為，以為稍徙近南，安常守舊，命使祈請，自足苟延歲月。既而有維揚之禍，牽運奔走，東極海嶠，始委張浚以川陝，而宣撫處置之名立焉，便宜行事之命出焉。范宗尹相繼建請，而江、淮亦各分裂為鎮撫使。於時盜賊充斥，僞齊擁挾金人，連兵内向，上流又置鎮撫大使，文武參用，犬牙相附，復遣執政督視，以一威望。浚雖狂疏，竟失關、陝，然節制諸將，保有全蜀，張俊、韓世忠、岳飛亦次第平殄群寇，江左所以粗守，而金肯和者，任人之效也。雖然，分畫無法，寄任不專。張浚、趙鼎，汎然於事機之會，言戰不敢，請和不欲，費日累月，師老糧匱，上下厭倦。而秦檜以為權不可外假，兵柄不可與人，故屈意俯首，唯金所命，以就和約，廢誅諸將，竄逐名士，使兵一歸於御前。督府結局，收還便宜，使州郡復承平之常制。檜方矜伐，自比趙普，以為經國之長算，莫能及也，且祖宗之天下，無故而失其大半，遷劫之讎，百世不可忘矣，乃以撫定江左為大功，何哉？戊申至辛巳，二十年矣。女真一旦出不遜語，聞於殿陛，朝野喧然，搏手無措，相對駭愕，無可為者，而葉義問、汪澈出矣。及陛下嗣服以來，張浚總統於江淮，虞允文、王炎之屬，相繼宣撫於漢中，蓋四五十年。時用分畫之法，稍以事權付托臣下，為國之紀綱，終不可廢者，亦已粗見於此。然而不明其地，則不可以任其人，不任其人則不可以要其功。内治不定，則夫仇讎者，誰與謀之。今百計裒取，竭東南之力，以供餽四駐劄者，而兵不知用；因任舊將之子弟部曲，以次得為統帥，而將不知兵。除授更易，一出内庭，報發承受，名為機密，而大臣不聞；諸州禁兵零細纖弱，專使路鈐教閲訓練，而守臣不預。防遏内江，虛撤沿淮，紀綱所立，錯謬無序。然則有民誰治，有兵誰用，有地誰守，歲遷月易，孰為可見之效。而陛下規恢之圖，終將邑邑不試而已乎。天下非可以私智為也，方略非可以私術驗也，勝敗休廢，古今一塗轍而已。

本朝之論，則欲私為而私驗之。是以頹弊委靡，至於今日，而莫曉其故。此臣所謂必盡知天下之害，而後能盡天下之利也。

**同上書同卷，《四屯駐兵》**

敢問四大兵者，知其為今日之患乎？使知其為深患，豈有積五十年之久，而不求所以處此者？然則亦有不知而已矣。自靖康破壞，維揚倉卒，海道艱難，杭越草創，天下遠者命令不通，邇者横潰莫制。國家無明具之威以驅使強悍，而諸將自誇豪雄，劉光世、張俊、吳玠兄弟、韓世忠、岳飛各以成軍，雄視海内。其玩寇養尊，無若劉光世；其任數避事，無若張俊。當是時，廩稍惟其所賦，功勛惟其所奏，將校之禄，多於兵卒之數。朝廷以轉運使主餽餉，隨意誅剥，無復顧惜，志意盛滿，仇疾互生，而上下同以為患矣。及張俊收光世兵柄，制馭無策，吕祉以疏俊趣之，一旦殺帥，卷甲而遁。其後秦檜慮不及遠，急於求和，以屈辱為安者，蓋憂諸將之兵未易收，浸成疽贅，則非特北方不可取，而南方亦未易定也。故約諸軍支遣之數，分天下之財，特命朝臣以總領之，以為喉舌出納之要，諸將之兵盡隸御前。將帥雖出於軍中，而易置皆繇於人主，以示臂指相使之勢。向之大將，或殺或廢，惕息俟命，而後江左得以少安，故其為深患者若此而已。雖然，以秦檜之慮不及遠也，不止以屈辱為安，而直以今之所措者為大功。疲盡南方之財力，以養此四大兵，惴惴然常有不足之患，檜徒坐視而不恤也。檜久於其位，老疾而死，後來者習見而不復知，但以為當然。故朝廷以四大兵為命，而困民財；四都副統制因之，而侵削兵食；内臣貴倖，因之而握制將權。蠹弊相承，無甚於此，而況不戰既久，老成漸耗，新補惰偷，堪戰之兵，十無四五，氣勢懦弱，加以役使，囬易交跋，債負家小，日增生養，不足怨嗟，嗷嗷聞於中外。昔祖宗竭天下之財，以養天下之兵，前世之所無有；而今日竭南方之財，以養四屯駐之兵，又祖宗之所無有也。夫以地言之，則北為重；以財言之，則南為多。運吾之多財，兵強士飽，事力雄富，以此取地於北，不必智者而後知其可為也。今奈何盡耗於三十萬之疲卒，襲五六十年之積弊，以為庸將腐閹賣鬻富貴之地，則陛下之遠業，將安所托乎？陛下誠奮然欲大有為於天下，攄不可掩抑之素志，以謀夫不同覆載者之深讎，必自是始。使兵制定，而減州縣之供餽，以蘇息窮民，種植根本。於是厲其民，使必鬥，厲其將，使不懼，一再當敵，而勝負決矣。兵以少而後強，財以少而後富。其說甚簡，其策甚要，其行之甚易也。

**同上書卷二十一，《中大夫、直敷文閣、兩浙運副趙公墓誌銘》（節錄）**

公名善悉，字壽卿……靖康之難，走相州，與岳飛善。聚兵萬人，將迎二聖，雄張河南、北，巨盜皆避之，曰：“此小使軍也。”高宗立，以衆歸御營，復從飛武昌。飛死，秦檜奪其兵，抑守嶺外而歿。

**同上書卷二十二，《故知廣州、敷文閣待制薛公墓誌銘》（節錄）**

公名弼，字直老……湖南運判王𤅢捕楊幺，久無功，更命岳飛。幺據洞庭，陸耕水戰，樓船十餘丈，官軍徒仰視，不得近。飛謀益造大舟，公曰：“若是，則未可以歲月勝矣。且彼之所長，可避而不可鬥也。幸今大旱，湖水落洪，若重購舟首，勿與戰，逐筏斷江路，稿其上流，使彼之長坐廢，而以精騎直擣其壘，則破壞在目前矣。”飛曰：“善。”兼旬積寇盡平，進直祕閣。是冬，震電大雪，冰厚尺餘，席益煮粥於市。益去尤甚，白晝剽劫群行，而飛責月椿錢，鄂、鼎運分撥米甚峻。公具奏天災民窮，詞甚哀切。上惻然動，為捐二十萬，出廣西常平，貸之潭、永間，始復生理。王彥自荆移襄，遷延不即赴。彥所將八字軍，中原勁卒也。朝廷疑有變，以公直徽猷閣代之。問策安出，所從兵多少。公曰：“若志在除彥，某書生也，非所及。代之，則湖南送吏足矣。”彥殊不意，公至徑入府，受將吏謁，大駭。公曲折譬曉，又大悟，即日上道，卒賴以全。除岳飛參謀，飛母死，遁於廬山。張宗元攝飛事，飛將張憲因辭疾，下多效之，洶洶生異語。公強邀憲行軍，謂將曰：”太尉力乞張公，而詔使隨至，岳家軍馬素齊整，無故忽諠鬧，是汝輩累太尉也。”諸將以告憲，憲佯悟曰：“相公心腹，惟參謀知耶。”飛尋起復，時去鄜瓊纔一月，人謂：“非公，此軍亦亂矣。”……然初佐李綱，與時論忤，中從趙、張事，薄晚而秦檜擅國，深檜事天下不樂聞。雖如公者，未有以別異而獨鄉人夸誦之爾，可歎也。然檜嘗欲引公為戶部侍郎，公耻以言利進，不答，頗怒，故止於外藩。將死，乃得待制，則公之為檜用，自其資所喜而非利之也。公既為岳飛參謀，飛與其徒妄臣反，冤氣貫日月，獨公幸免，其子弟或以咎公。嗚呼！巨浸大疫，殺人成邱，死者之家，不怨免者，知不以己之所遭同於人也。檜果於殺飛，而不忍害公，天誘之也，岳氏何尤焉。

# 韓元吉

**撰：《南澗甲乙稿》卷二十，《祕閣修撰鄭公墓誌銘》（節錄）**

公諱安恭，字子禮，以避后謚，改思恭……始公在武昌，佐其守禦寇有勞。寇攻漢陽，守檄公赴之，被命即緣江至，躬自縋城，諭以禍福而解。猺賊犯道、營，公出戰，縛其酋。會曹成兵大至，郡僚皆遁，獨登城呼軍士曰："吾與爾守此，敢去者斬。"衆謂賊不敵。公即持牛酒，直抵其營，曰："吾，道州倅，來勞軍。"飛矢雨注，城上皆為公懼。成見公無甲，驚異。公徐曰："道為州，數家聚也。產賦不滿千緡，何足辱諸君。聞王師且來，豈若束兵刃，為社稷立功名哉？"成笑曰："通判不疑我，所教亦誠也。願無犯城。"留一夕於外，明日果去。而守令未還，宣撫岳太尉軍驟集，廩空無粟。君召四郊父老，曰："大軍之來，為爾輩卻賊也。有粟，宜以十三助我。與其餉軍，猶勝沒於賊也。"衆感泣，得粟五百斛。岳軍少之，呼公至帳下，左右示以淫刑具。公不顧，對曰："郡無粟，取於民也。今民力亦竭矣，請為民受法。"岳公遽起，曰："飛敢有此也。軍無食且怨，欲與君議其策耳。"公曰："米稅未當輸，誠得幕府榜，俾先期輸，且得其贏，可足用也。"遂從之。民知公且被罪，凡輸米，不復計其量。迄飛之平賀州，無乏，即以書謝曰："當奏厚酬公官。"宣諭使薛徽言薦為容州。在容幾三年，莫知公政之善者。既移鬱林，容民遮道留公，而鬱林之人相賀。轉運司議置鹽倉鬱林，公指其非，便議十上，且請於朝，得寢。

# 戴復古

**撰：《石屏詞》，《水調歌頭·題李季允侍郎鄂州吞雲樓》**

輪奐半天上，勝概壓南樓。籌邊獨坐，豈欲登覽怯雙眸？浪說胸吞雲夢，直把氣吞殘敵，西北望神州。百載好機會，人事恨悠悠。

騎黃鶴，賦鸚鵡，謾風流。岳王祠畔，楊柳煙鎖古今愁。整頓乾坤手段，指授英雄方略，雅志若為酬。盃酒不在手，雙鬢恐驚秋。

# 陳造

**撰：《江湖長翁集》卷二十二，《記岳侯事》**

張平為盜，湖南岳樞使討之，遣李道往。平剋日與道戰。道之始發也，岳集諸校置酒而歎。問所以歎，曰："使道當平，能不憂乎？"張憲請行，許之，計授憲，臨陣就以道軍戰平，降者與俱來。又計授道，憲到，以兵授之而歸。平臨陣，求與道語。軍士以張告，平愓眙。既見憲，召左右議，遂降。岳意李威名出憲下，憲徑往，則平且逃去，臨陣投以所忌則氣奪。識者以岳之料平，與李光弼降高暉、李日越不異。

# 曹彥約

**撰：《昌谷集》卷十七，《中興四將贊》**

贊曰：臣之妻父國子祭酒蕭之敏為臣言："劉錡順昌之捷，不在殺金平、和尚原下。"晚歲守荆州，聞其名者爭先睹之。錡褒衣博帶，自言"老當退矣"。聖眷念其前功，尚令分閫。其挾有勛勞之意，形見顏面。識者知其志氣有限，不可以復用。其後握兵京口，往來江淮間，輕進易退，卒致瓜州之衄，失其本心，非疾病而後亂也。按《李顯忠》、《魏勝》二傳，其人忠勇善戰，亦皆萬人敵。顯忠殺宿州之降，已不足以厭服人心。所部諸將，僅有曹高麥一二輩，頗致其力。及張計通等擁衆而歸，遂搏手無策，與之俱遁。則於知人御衆之道，猶有歉也。勝以捐軀效死，可謂義士。朝命未通，孤立於東海，援兵不至，送死於淮陰。賢則賢矣，臨事而不懼，好謀而不成，猶非中道。若夫智略足以料敵，鑒裁足以用人，紀律嚴而下不忍怨，糧運竭而衆不忍叛，身死八十年，聞風者猶且悦之，其惟岳飛乎？古之所謂大將，不過於此。然而南北分合，應有定時，忠邪身死，應有定數，豈權臣一日所能自為之？哀哉。

# 張栻

**撰，［宋］朱熹編：《南軒集》卷二十四，《答朱元晦》**

某受任上流，到郡恰一月。顧此地在今日至重，豈譾陋所能勝，然亦不敢妄自菲薄，黽勉激昂，期為遠計。第承積弊之餘，綱紀委地，無一事不當整頓。今頗有條緒，邦人似相信愛。邊備深可寒心，軍政極壞。今軍事在都統，財賦屬總司。所謂帥臣者，其所當為要是以固結民心為本，使斯民皆有尊君親上、報國疾讎之心，則以守固，以戰克矣。此路民貧悴尤甚它處，田多未墾，茅葦彌望，坐失上策。於今幾年，義勇民兵，實多強壯，但久不核其籍，且數年不教，其勢因循見行。整頓此事，在於人情，亦似樂之。然其間曲折之宜，正須精密乃可。帥司兵但有神勁馬步合千人，騎軍共父所制也。方一新隊伍，嚴紀律，明節制，兵雖不多，要是規摹，不可不立。荆鄂大軍屯營在此者，亦萬五千餘人，非復岳侯向日規摹。近日曾喚來射，亦全不成次第。兵將輩見帥司治軍，似頗有愧色。前此，其軍擾郡中百姓，不可言。某務以信義開懷待之，而號令則不可少犯，頗肅然，無敢干者。襄陽去此平原，四百餘里耳。然向來兵不曾出此者，以糧運費力之故。顧此亦何足恃？但此間乃吳蜀腰領，自襄陽至此，要當以死守之。往年劉信叔號名將，張安國素豪俊，然為帥時，才聞邊上少警，便倉皇要為移治江北之計。此乃大繆，不知縱敵使至此，更有甚世界。此皆不知義，亦不知勢也。

**同上書卷三十八，《王司諫墓誌銘》（節錄）**

公諱縉，字子雲……以論事忤宰相，出知英州。時二廣多盜。郡有土豪，公縻以職秩，結以恩信，得其死力，所捕致無不克。宜章賊尤熾，公縱諜者諭以利害。他日賊過郡境，以俚語戒其徒曰："無犯吾佛。"曹成蹂踐湖南，為岳飛所敗，走桂而東破連州，衆號數萬，廣東大震，科調紛然。

# 黃榦

**撰：《勉齋集》卷七，《與綦總郎書奎》（節錄）**

漢陽雖小郡，實與武昌為唇齒。丙寅丁卯，榦適在武昌。武昌之人，日夜望漢陽之烽火，以為安否。孫氏都武昌，而使魯肅守漢陽，則其為要害可知。今乃蕩然無城池之可恃，此豈郡守之所敢自安？城南俯瞰大江，堤岸低薄。夏月水漲，居民晝夜為之不寧。一或潰決，則一郡生靈皆為魚矣。城池、堤岸二事，乃郡政之最大者。日夜籌度計劃，要非郡計所能獨辦。俟有成說，即具利害方略，申朝廷諸司。而目前有不容已之事，惟使所可以主張者。本軍軍籍多缺，禁軍二百人，僅存百二十人，多遊手亡命之徒。向來廩給不充，聽其朝來暮去。自榦到任，為之增廩給，然後粗有固志，且招填已及百五十人，見招是舊額。但無營屋可居，往往散處民間。有營屋二三十間，又在郡山之後、荒蕪無人之地，深為非便。蓋漢陽郡城自紹興之初，殘破之後，並無居民。岳侯屯兵武昌，遂佔郡城荒地為水軍寨。所佔之地，居郡城三分之一也。水軍七八百人，又皆高燥之地。郡中居民，皆在卑濕。又皆偪仄，無所容居。軍、學乃在湖水之中，同官廨舍，往往不能備，猶非利害。而禁軍無營寨，乃缺典之大者。今水軍所居之地，既為寨屋，又為房廊；既為廨舍，又為花圃。向屯七八百人，則空地甚多。同為屯軍，水軍之地有餘，而禁軍乃無營寨。禁軍之兵無地可居，而寄屯之軍其地反多空閒，以彼有餘，補此不足。

# 周南

**撰：《山房集》卷五，《跋〈鞏洛行記〉後》**

右《鞏洛行記》一卷，妻外氏洪公吉壽紹興九年辟祇謁陵寢使，蜀道間筆錄也。始余竊從好事，訪以南渡舊聞，則先老已無存者。慶元丁巳，前籍田令岳侯震艤舟秋浦亭下，往納謁焉。因語岳事本末，籍田愧謝：“方患難時，齒幼不盡知。”又問：“紹興十一年，齊安士㒟坐交書藩鎮，罷大宗司，斥居外，復傾身請以百口辨詔獄之冤誣。是何相知之深，相與盡力之如是耶?”籍田泣謂：“余先公孤起軍旅，豈識宗室近屬。曩者齊安偕張公燾銜命謁省橋陵，道過武昌時，始識公。先公素意卿士大夫，一見即握手引坐深語。既諜知敵情動息，實無意斂兵，因力言敵無信，且二公此行關國體，盍少緩，未害也。齊安年少，固激昂喜事，方日夜企而望歸，謂‘公不主和，實曼辭邀留’，不為之動，且誼不當以王事憚行，遂馳去。既去三數舍，塵氛倏起，囂呼動地，導從股栗，復馳而南。無幾何，則兵巇已壓其前。先公在行，且怒且喜，迎呼二公，固謂：‘君毋遽，今董御帶、牛觀察已前交鋒矣。' 頃之，兩將捷書尾而至。其後齊安坐論救公謫，慨然有烈士風，實激於所嘗目睹。詎知公，非但德公深也。" 余奇偉籍田所聞，謂世必有私識於簡槊者，每以未及盡見野記小史為恨。丁卯，再適越，知妻外氏實壻齊安，且用齊安表上其才得仕，又嘗身預使從，亟求得此卷考之。按趙、張以是年二月二十四日出國北門，王事沿道有程，獨至鄂罷。就舍二十許日，洎再得金字信督趣，始治行，皆無所謂倉卒道遇兵事，但既行命張憲以兵護之而往而已。是書距今七十有三年，當時豈有所諱隱闕略而不著耶，抑非其使行時事而傳之誤耶？然在武昌所抄，多竄定，不盡存，其赴岳軍燕設，與岳帥致饋間，亦多塗抹。偶其字畫濃淡，尚餘髣髴。使實遇兵，又蒙岳力，其不敢形筆墨以賈禍，決矣。要之無故不應淹泊武昌如此其久，非嘗有意外，又不應嚴兵輟愛將為衛。其不止於道梗，備它盜明甚，則籍田之言為不謬決矣。惜乎劫於告密羅織之威，雖奧渫寒士篋牘、私小文字，家人所不可得而見者，亦畏避刪除而不敢盡存。故雖七十三年敗笈之所藏，復出而曾不足以考證之也，則其間遺落泯没而不盡傳者，何獨籍田之所聞哉，豈不甚可嘆耶？按張子公歸奏諸陵石澗久涸，使至而津流適通。今閱行紀實，泰裕二陵在永安軍之南，號青龍河。其載新界事實，如李熙民、李仲荀不屈於童貫，皆有補史氏之佚遺，稍加刪潤，當與程公子《山西征記》並行。公名龜朋，世家維揚，博學有文，屢上有司，不第。尤嗜史，手寫温公《通鑑》，今藏其家，結字行楷有法。生平喜著書，業墮右列不偶，多散逸不傳云。嘉定庚午，外孫婿周南書。

**同上書卷八，《雜記》**

紹興和議初，金人以河南地歸於我。士㒟銜命，道京、襄、宛、洛，祗謁鞏原。過南鄧，大將岳飛曰："敵無信，君道路宜緩。" 士㒟以上命有程辭。去不數舍，塵起，聲甚囂，導從相顧失色，南向而奔。力未盡，鼓聲相聞，皆謂"弗脱矣"。忽報有王師至，望之岳幟也。馳就之，飛在焉，恚曰："固謂君毋行，今董御帶、牛觀察已前交鋒矣。兵勝敗無常，君，王人且近屬，吾以兵自裹送君爾。" 行數里，少憩。兩將以捷書至，蓋士㒟未至前一日出師也。十一年，臣寮上疏，論方飛進兵陳、蔡間，嘗密貽書於士㒟，欲朝廷遣使應援，今必將有所營救，身為宗室，不應交結將帥。十一月，遂罷士㒟宗司，提舉崇福宫，申嚴宗室出謁賓客之禁。十二年十二月，下飛棘寺，死獄中，子雲誅於市。或云士㒟嘗以百口明飛之無他，蓋親見其兵事之神速，不止德飛之深也。

# 衛涇

**撰：《後樂集》卷十，《繳裴良士乞父謚狀》（節錄）**

又輒引姚興為比，臣照得姚興當紹興之末與逆賊力戰死節，著在國史，已經贈官立廟。昨因趙善堅論奏，再與賜謚，希稷可謂擬非其倫。兼朝廷比年以來，褒表忠義，如岳飛、劉光世等，追贈王爵，中外有志功名之士，聞風興起，誠以理義人心之所同，固易於感發也。

# 度正

**撰：《性善堂稿》卷六，《重慶府到任條奏便民五事》（節錄）**

一、臣伏見往時兵端初開，朝廷特許四川總領所截留上供銀絹及田四廂銀絹，以餉大軍；此外，又給與官誥祠牒變賣；此外，又許增印會子；此外，惟料夫錢一事，大為騷擾，其餘無所誅剝。蓋朝廷既已應副之，則州縣亦不敢於常調之外，肆其妄取爾。近者邊事再起，去往時軍興之日未遠，百姓之瘡痍未合，州縣之事力未蘇，比之向來，實是空虛。向來所應副之數，朝廷宜一一應副之也。或謂截留上供，則外道州縣不復知有朝廷，故不許截留上供；又謂截留田四廂銀絹，則有妨湖北贍軍經常之數，故不許截留田四廂銀絹；添印會子，必至價落。既已不許，而所以應副四川軍興之用者，不過官誥祠牒與略給賜銀絹而已。以窮空之餘，連年餽餉大兵，而其應副之數，乃反過於向來，故不免許其多方措置，以濟用度。於是乎根括諸州見在之錢，根括百姓戶絶之田，根括寺觀常住之田，又監僧道驗度牒錢，又監坊場河渡助邊錢，下至巫師，亦監焉。名色不正，誅求無藝，不得已而皆為之。加之奉行之人，並緣自利，多端挾持，人情為之騷然。此無他，緣朝廷吝惜上供及田四廂銀絹，而至於此耳。臣謂諸司及諸州上供，以十分為率，宜以九分賜總所，量留一分，使同聖節綱進發，自足明其尊君親上之心。至於田四廂銀絹，則直可盡舉以復還四川總所。蓋往時秦檜賣國市和，以私意殺欲復中原之岳飛，而使田師中領其衆。飛素得軍心，故令師中自關外帶蜀兵數千人自隨，以為彈壓，而又分蜀賦以給之。此乃秦檜私意，初無義理，非祖宗良法，何必執之而不變也？況自蜀中津運至鄂州，雖曰順流，而江道險阻，運綱之費甚夥，而上供則直至都城，其費尤倍矣。今蜀口邊事連年，朝廷加念上流重地，豈得不厚其給賜，以寬民力，而固結其志。若朝廷明以此二者賜之，而盡免其所立名色之取，則庶幾經理財賦者易於為力。邊事雖未寧，而百姓稍得安跡，誠封植根本之上策也。上件銀絹，在四川得之，則何啻丘山之賜；而在朝廷，不啻毫末。況一二年後，兵革稍息，即復如舊，以富有天下之大，何吝於此。惟陛下特達而行之，臣不勝幸甚。取進止。

# 程珌

**撰：《洺水集》卷一，《太師鄂王岳飛改謚[①]忠穆制》**

昔在高皇，中興炎祚。如吕丞相，勛實著於勤王；如岳鄂王，烈尤高於衛國。蓋禦戎[②]復辟，耀[③]為社稷之臣；而秉事握樞，咸受腹心之寄。夫既稽功之無間，豈容論德之或殊；頃焉異議之莫齊，今也師言之允穆。同一辭而作謚，垂萬世以為公。故追復少保、武勝、定國軍節度使、武昌郡開國公、贈太師、追封鄂王、謚武穆岳飛。賦河朔之雄姿；熟左氏之兵法。遁烏珠於中宵之急；拔劉豫於一鼓之餘。西京之地既還；河南之境寖復。惟其張馬步蔣山俘馘之縶[④]，故能定業於江南；使其合晉、絳[⑤]、澤、潞豪傑之謀，豈復遺患於今日[⑥]？雖以忠而許國，屢形於天語之褒嘉；奈畏敵而急和，深沮於權臣之私意。此身卒至於莫保，天下迨[⑦]今以為寃。朕獲纘丕圖，敢忘宿憤，方將壯薄海之義氣，可不伸當日之忠魂，爰易嘉稱，用彰實美。鄙姦夫之遺臭，不崇朝而肉寒；偉烈士之英風，將千秋而髮豎。果孰得而孰失，抑可勸而可懲。今有名孫，久司兵钁。得非忠義之報，足驗天人之符。噫！遺廟峨峨，雖或游神於古鄂；英靈凜凜，豈能忘意於中原。

---

① 文又見《新安文獻志》卷二。

② 戎，《新安文獻志》作“侮”。

③ 耀，《新安文獻志》作“均”。

④ 縶，《新安文獻志》作“勢”。

⑤ 絳，《新安文獻志》作“絳”。按晉、絳 、澤、潞四州屬宋河東路（今山西長城以南，聞喜縣以北全境，及陝西葭縣以北之地)，乃有宋一代出產精兵良將之地，故稱“晉、絳 、澤、潞豪傑”，從《洺水集》

⑥ 豈復遺患於今日，《新安文獻志》作“諒已策勛於昔日”。

⑦ 迨，《新安文獻志》作“至”。

**同上書卷九，《書岳王家所藏高宗御札錄後》**

按飛《新傳》，在淮西日，被御札十有五。敵逼河南，詔助劉錡，兩月之間，被御札又二十有三。厥後秦檜錄其家，悉歸左帑。孝宗即位，飛之子霖抗章匄賜，始復還之，今此軸唯二十二札而已。古者撫士以恩，御將以威。今觀此數札，則高宗之所以待飛者，可謂恩隆意縟，不啻父子，飛當不知死所矣。而飛亦激昂自任，圖所以報高宗者，不為不力，始末十五年，不為不久，而功業所就，卒不能如志。君子思當日之變，覽諸將之事，未嘗不起千古之恨。雖然，毋怪焉。今又百年矣，而邊人失利，苟活一旦，可謂極矣。而烏珠之尸，今猶未鞭，豈非天哉，又豈非人哉！

**同上書卷二十三，《奉送季清赴山東幕府》**①

黃雲銜雪天模糊，有客飄然出上都。青絲絡馬銀兜鍪，紅錦韔弓金僕姑。劍光壓匣照路隅，帕首百騎前訶呼。不知客本山澤臞，今胡②為者意氣麤。自言有將新孫吳，我欲與之同長驅③。嗚呼！破④敵豈難且，病兵怯將自逃逋。胡⑤不觀，昔我藝祖造中區，以兵為國垂洪模。河北河東義勇徒，二十四萬鼓應桴，中興益振尺五符。世忠淮左聚熊貙，劉錡淮西貔虎俱。上流岳飛彎天弧，金陵張浚羆搏狐。手敕不賜弓矢旅，長城偶倚雍公虞。⑥ 邇來聞⑦敵尚窺窬，門內群寇更睢盱。胡⑧乃朘剝及其膚，豈止牛羊不求芻。我欲別幕飛於菟，十萬一屯淮之區。技閑器利整平居，幟明鼓震蒐彼廬。精神所折敵⑨如無，而況山東群盜乎？五符儻⑩缺聽其虛，十年且蠹一賦⑪租。斬然折⑫畫勿牽渠，他時混一更新圖。偉哉玉帳得通儒，君復碧油吐良謨，

---

① 詩又見《兩宋名賢小集》卷二百十六《洺水小集》。
② 胡，《兩宋名賢小集》作“何”。
③ 長驅，《兩宋名賢小集》作“力扶”。
④ 破，《兩宋名賢小集》作“滅”。
⑤ 胡，《兩宋名賢小集》作“君”。
⑥ 手敕不賜弓矢旅，長城偶倚雍公虞，《兩宋名賢小集》作“單于臺下雖寬誅，采石山前已斷顱”。
⑦ 聞，《兩宋名賢小集》作“殘”。
⑧ 胡，《兩宋名賢小集》作“遂”。
⑨ 敵，《兩宋名賢小集》作“渾”。
⑩ 儻，《兩宋名賢小集》作“倘”。
⑪ 賦，《兩宋名賢小集》作“賤”。
⑫ 折，《兩宋名賢小集》作“圻”。

凌煙豈一貂蟬與。

## 陳亮

### 撰：《龍川集》卷十三，《〈中興遺傳〉序》①

初，龍可伯康游京師，輩飲市肆，方叫呼大噱。趙九齡次張旁行過之，雅與伯康不相識。俄追止次張，牽其臂，迫與共飲。次張之父時守官河東，方以疾聞。次張以實告，伯康曰："毋苦，乃翁疾行瘳矣。子，可人意者，為我姑少留。"次張不得已從之，箕踞笑歌，詼諧縱謔，旁若無人。次張固已心異。一日，行城外，過麻村，觀大閱之所。伯康勃然曰："子亦喜射乎？"次張曰："頗亦好之，而不能精也。"伯康曰："姑試之。"次張從旁取弓，挾矢以興，十發而貼中者六七。次張心頗自喜，伯康拾矢而射，一發中的，矢矢相屬，十發亡一差者。次張驚曰："子射至此乎？"伯康曰："此亦何足道？千軍萬馬，頭目轉動不常，意之所指，猶望必中，況此定的，又何怪乎？"次張吐其舌不能收。俄指其地，而謂次張曰："後三年，此間非吾土，子姑識之。火龍騎日，飛雪滿天，此京城破日之兆。"因嘻吁長嘆，不能自禁。後三年，京城失守，其言皆驗。中原流離，伯康自是不復見矣。豈喪亂之際，或死於兵？抑有所奮而不能成也？次張每念其人，言則嘆惜。紹興初，韓世忠拒敵於淮西，力頗不敵。次張獻言，乞決淮西之水以灌敵營。朝廷易其言而不之信。已而，敵師俄退，世忠力請留戰。敵帥②使謂曰："聞南朝欲決水以灌我營，我豈能落人計中。"次張言雖不用，猶足以攻敵人之心者類如此。次張嘗為李丞相所辟，得承務郎③。督府罷，次張亦徑歸。大駕南渡，次張僑居陽羨。故將岳飛嘗隸丞相軍中。次張識其人於行伍，言之丞相。給帖，補軍校。後為統制，遇大駕巡永嘉，與諸將彷徨江上，莫知攸適。又乏糧，將謀抄掠。次張聞而竟往說飛移軍陽羨，州給之食。飛得無他，而州境賴焉。人有言次張生平於趙丞相者。丞相喜，欲用之，復有譖者曰："此人心志不可保。使其得志，必為曹操。"

① 文又見史部《敬鄉錄》卷九、《文章辨體彙選》卷二百八十六。

② 敵帥，《文章辨體彙選》作"酋長"。

③ 承務郎，《文章辨體彙選》作"丞務郎"。元豐官制，"承務郎"為宋寄祿官。

丞相疑沮而止。次張度時不用，屏居不出，竟死。昔參政周公葵屢為余言其人，且曰："我嘗薦之朝廷，諸公皆詰我：'子端人正士，胡為余言此等狂生？'我因告之曰：'吾儕平居[①]談[②]王道，說詩書，一日得用，從容廟朝，執持紀綱，可也。至於排難解紛，倉卒萬變，此等殆不可少。吾儕既不能辦[③]，而惡他人[④]能辦，是誣天下以無士，而期國家之必不成也，是烏可哉？'"余嘗大周公之言，異二生之為人，而惜其屈。嘗欲傳其事而不能詳，因嘆曰："世之豪偉倜儻之士，沉沒於困窮，不能自奮，以為世用。欲用而卒，沮於疑忌，如二生者，寧有限哉？然自古亂離戰爭之際，往往奇才輩出，嶄然自赴功名之會，如建炎、紹興之間，誠亦不少。雖或屈而不用，用不大，大或不終，未四十年，已有不能道其姓字者，記事之文，可少乎哉？"自是始欲纂集異聞，為《中興遺傳》。然猶恨聞見單寡，欲從先生故老，詳求其事，故先為之纂例，而以漸足之：其一曰大臣，若李綱、宗澤、吕頤浩、趙鼎、張浚；其二曰大將，若种師道、岳飛、韓世忠、吳玠、吳璘；其三曰死節，若李若水、劉韐、孫傅、霍安國、楊邦義[⑤]；其四曰死事，若种師中、王稟、張叔夜、何栗、劉竘、徐徽言；其五曰能臣，若陳則、程昌寓、鄭剛中；其六曰能將，若曲端、姚端、王勝、劉光世、劉鋭[⑥]；其七曰直士，若陳東、歐陽澈、吳若；其八曰俠士，若王友、張所、劉位；其九曰辯士，若邵公序、祝子權、汪若海；其十曰義勇，若孫韓、葛進、石竘；其十一曰群盜，若李勝、楊進、丁進；其十二曰賊臣，若徐秉哲、王時雍、范瓊。合十二册而分傳之，總目曰《中興遺傳》，聊以發其行事，而致吾之意。然其端則起於惜二生之失其傳，故序首[⑦]及之。昔司馬子長周游四方，纂集舊聞，為《史記》一百三十篇。其文馳騁萬變，使觀者壯心駭目。顧余何人，豈能使人喜觀吾文如子長哉，方將旁求廣集，

① 平居，《文章辨體彙選》作"平生"。

② 談，《文章辨體彙選》作"譚"。

③ 辦，《龍川集》作"辨"。按後句"惡他人能辦"，從《文章辨體彙選》改。

④ 《文章辨體彙選》此處有"之"字。

⑤ 楊邦義，《龍川集》、《文章辨體彙選》作"楊邦乂"。按《會編》卷一三五，楊邦義，字希稷，吉州廬陵縣人。建炎三年，建康城破，時任建康府事，不降兀術，剖心殉國。從《會編》改。

⑥ 劉鋭，《文章辨體彙選》作"劉銃"。按《三朝北盟會編》卷五九，劉鋭，名將劉仲武子，曾任平陽府都統制。

⑦ 序首，《文章辨體彙選》作"首序"。

以備史氏之闕遺云耳。

## 劉過

**撰：《龍洲集》卷十一，《六州歌頭【淮西帥李謀和，仍為書廟額】》**[①]

高皇神武，善駕馭豪英。攘北敵[②]，驅群盜，命天膺，救蒼生。奈變[③]繞沙漠，隔溫凊，屈和好，召大將，歸兵柄，列樞庭。公指汴京，威以振河洛，不顧身烹。失一時機[④]會，嗟困躓[⑤]吾民。痛岳家軍，就[⑥]扶傾。

久沉冤憤，七十載，還復遇，帝王真。表遺烈，錫王號，日照臨，激士心。始識安劉計，寧禍己，是忠臣。我來[⑦]傳，訪壁壘，想精明。英氣凛然若在，仍[⑧]題匾[⑨]、昭揭天恩。笑原頭荒草，一[⑩]死不能春。交怨人神。

**撰：《龍洲詞》，《六州歌頭【弔武穆鄂王忠烈廟】》**

中興諸將，誰是萬人英。身草莽，人雖死，氣填膺，尚如生。年少起河北，劍三尺，弓兩石，定襄漢，開虢洛，洗洞庭。北望帝京，狡兔依然在，良犬先烹。過舊時營壘，荆鄂有遺民。憶故將軍，淚如傾。

說當年事，知恨苦，不奉詔，偽耶真。臣有罪，陛下聖，可鑒臨，一片心。萬古分茅土，終不到，舊姦臣。人世猶，白日照，忽開明。衮佩冕圭百拜，九原下、榮感君恩。看年年三月，滿地野花春，鹵簿迎神。

**同上書，《六州歌頭【弔武穆鄂王忠烈廟】》（又一首）**

鎮長淮，一都會，古揚州。升平日，朱簾十里，春風小紅樓。誰知艱難去，風塵暗，邊馬擾，笙歌散，衣冠渡，使人愁。屈指細思，血戰成何事，

---

① 詞又見詞曲類詞集之屬《龍洲詞》。
② 攘北敵，《龍州詞》作“制海内”。
③ 變，《龍州詞》作“夢”。
④ 機，《龍洲詞》作“幾”。
⑤ 困躓，《龍洲詞》作“屠毒”。
⑥ 就，《龍洲詞》作“孰”。
⑦ 來，《龍洲詞》作“乘”。
⑧ 仍，據《龍洲詞》補。
⑨ 匾，《龍洲詞》作“扁”。
⑩ 一，據《龍洲詞》補。

萬戶封侯。但瓊花無恙，開落幾經秋。故壘荒丘，似含羞。

悵望金陵宅，丹陽郡，山不斷綢繆。興亡夢，榮枯淚，水東流，甚時休。野竈炊煙裏，依然是，宿貔貅。嘆燈火，今蕭索，尚淹留。莫上醉翁亭看，濛濛雨，楊柳絲柔。笑書生無用，富貴拙身謀，騎鶴來遊。

# 魏了翁

**撰：《鶴山集》卷七十一，《知南劍州洪公秘墓誌銘》（節錄）**

諱秘，字必之……未幾，郡以大治。差知武岡軍，陛辭以二事為言，曰："襄漢、鄂渚之屯，舊隸岳飛，號'岳家軍'，無一不當十，其餘子弟尚勁挺可用，顧廪給效用之，視長行加優。為壯士者非效用則弗屑，而主將吝嗇自封，率以長行之給募流庸，此緩急可恃乎。"光宗嘉獎再三，且謂："三衙亦有此弊，莫肯為朕言者。卿文人而熟兵家利害，留心國事乃爾。卿來自邊塲，有所見，為朕罄言之。"君遂奏："沿邊屯田，自中興以來，兩朝經理，規模遠矣。而法久弊生，蓋火耕水耘，非士所習。而督將亦非閑於農事者，歲收不足自贍，旁近民田，迺至罹其擾，故不若罷之便。"

# 真德秀

**撰：《西山文集》卷十四，《十一月癸亥後殿奏己見劄子》（節錄）**

靖康之初，國勢尚可強也，徒以一時群臣，類多姦諛怯懦之儔，豢於富貴安佚之久，一聞金人之名，則魂褫魄喪，不能自持，曰："此如雷電鬼神之不可測也。"不惟畏敵，抑且譽敵，故遂反強而為弱。紹興之初，國勢非不弱也。惟我高宗崎嶇跋履之餘，熟知敵情，非懾怯請和之可以弭患也，淬礪軍政，蒐拔將材宰臣，如吕頤浩、趙鼎、張浚，更迭用事，皆以整戎經武為己任。而諸將若韓世忠、岳飛、吳玠、張俊、楊沂中、劉錡之徒，分控要衝，敵至輒破，不惟憤之，且欲吞之，故能轉弱而為強。方其始也，祈哀請命之使，相尋於穹廬甌脫之間，未有得其要領者，而馹騎朝馳，邊烽夕警則數數然也。及王師累捷，敵威積挫，而和議之端乃自彼發之，以是知敵人之情，可以威制，難以禮結，由來尚矣。

# 葉紹翁

**［宋］陳起編：《江湖小集》卷十，《靖逸小集》，《題鄂王墓》**①

萬古知心只老天，英雄堪恨復②堪憐。如公③更④緩須臾死，此局寧輸⑤八十年。漠漠凝塵空偃月，堂堂遺像在凌煙。早⑥知埋骨西湖路，學取鴟夷理釣船。

# 姜夔

**撰：《白石道人詩集》卷下，《登烏石寺，觀張魏公、劉安成、岳武穆留題，劉云"侍兒意真奉命題記"》**⑦

諸老凋零極可哀，尚留名字⑧壓⑨崔嵬。劉郎可是疏文墨，幾點胭脂汙⑩綠苔⑪。

---

① 詩又見總集類《兩宋名賢小集》卷二百六十《靖逸小集》、詩文評類《詩人玉屑》卷十九《柳溪》。《詩人玉屑》題作"葉靖逸岳王墳詩"，前有序，"岳王之死，天下冤之。墳在西湖之傍，人多題詠，獨葉靖逸一詩甚佳。公之孫珂守武昌日，以此詩嘗致遺於靖逸焉。詩云～"。

② 復，《詩人玉屑》作"亦"。

③ 公，《兩宋名賢小集》作"君"。

④ 更，《詩人玉屑》作"少"。

⑤ 此局寧輸，《兩宋名賢小集》作"彼國安能"，《詩人玉屑》作"此輩安能"。

⑥ 早，《兩宋名賢小集》作"蚤"。

⑦ 詩又見總集類《江湖小集》卷五十六、《兩宋名賢小集》卷二百七十、《宋百家詩存》卷二十六、詩文評類《宋詩紀事》卷五十九。《宋百家詩存》僅題作"登烏石寺"，以"觀張魏公……題記"為小注。《宋詩紀事》題作"題嚴州烏石寺"。

⑧ 字，《宋詩紀事》作"姓"。

⑨ 壓，《兩宋名賢小集》作"厭"。

⑩ 汙，《宋詩紀事》作"涴"。

⑪ 《宋詩紀事》於詩末附以"《鶴林玉露》：'嚴州烏石寺，在高山之上。有岳武穆飛、張循王俊、劉太尉光世題名。劉不能書，令侍兒意真代書，姜堯章詩云云'"。

# 袁甫

**撰:《蒙齋集》卷十九,《江東巡部紀行》**

春過三之一,輕車走阡陌。平坂抹池陽,迤邐山路埆。風顛吹人面,雪滑皸人足。忽然銅鉦掛,九華醒兩目。自經千萬劫,寒翠光堪摘。半霄非人間,大江横其側。行行逼宣州,麻姑正面矗。且上敬亭山,感慨懷李白。聽說三洞天,渴見恨無翮。巖幽鬼神哭,罅開星月燭。金沙爛吾前,祖師燈未沒。賡酬二三子,不覺詩筆秃。歙州我舊遊,迎笑兒童簇。本無棠蔭芾,漫云恩波沐。黄山悵無緣,不得搜仙窟。祁門山何如?險與石埭埒。山花溪邊明,時有新凫浴。古木龍吟嘯,巨石虎蹲伏。偉哉岳鄂王,提兵舊盤礴。像設儼遺祠,光芒射斗宿。凌晨拜祠下,憂思心惻惻。無心惜落花,惟愁民捐瘠。浮梁與樂安,五十笑步百。幸瞻慈湖祠,風聲尚堪憶。鍾君我所敬,能續慈湖脈。乍合又倏離,人事渺無極。别友情無奈,看山意無足。山圍如城郭,漸逼鳴山麓。父老闌道叫,一路藉神福。問爾所欲何?作廟新奕奕。我來為爾民,爾欲我籌度。越宿至薌谿,三山森在列。顧我一瓣香,端為象翁設。象翁百世師,此道揭日月。書堂卜築成,屋與人俱傑。深夜濟濟容,學子紛四集。前廊問伊誰,同門舊知識。新知有二鄭,操行端矩矱。此學其興乎,欲去令人惜。大字書磨崖,字徑二三尺。匆匆過安仁,交友相追逐。湯董最可人,吉德侔金玉。干越今稱賢,閭閻聲籍籍。此聲買無價,民彝知未滅。我行三千里,六十零四日。明當抵番江,秉燭寫胸臆。若夫諮諏事,多賴諸賢力。云何略不書,此是使者職。

**同上書卷二十,《岳忠武祠三首》**

當年老檜肆欺謾,忠武哀哉抱寸丹。賴有皇天為吐氣,豈無青史更誅姦。字留陳跡何年泯,煙鎖空山盡日閒。世事關心眠不得,今朝下涕為潸潸。

兒時曾住練江頭,長老頻頻說岳侯。手握天戈能決勝,心輕人爵祇尋幽。堪嗟爝火當時滅,誰信長川萬古流。機會莫言今到手,卻愁無飯飽貔貅。

背嵬軍馬戰無儔,壓盡當年幾列侯。先輩有聞多散軼,後生誰識發潛幽。傷心咄咄權臣事,滿眼滔滔債帥流。槌剝到今渾似鬼,向人休說是貔貅。

## 吳泳

**撰:《鶴林集》卷三十三,《江淮兵策問》**

問:天地溫厚之氣,始於東北,而盛於東南;天地嚴凝之氣,始於西南,而盛於西北。一氣周流於天地間,固未嘗界南北而限之也。而鍾溫厚之多者,則為陽、為文明、為寬柔以教,不報無道;而得嚴凝之多者,則為陰、為肅殺、為衽金革,死而不厭。自昔論衣冠禮樂,必歸之東南,而選將募兵,必取之西北者,蓋以是也。然考之三代,則有所不然。且以兵言之,兵乘之制,無一國而非兵;牙璋所起,無一方而不調。漢、晉以來,猶兼四方之兵,不偏廢也。高祖嘗用閩、粵兵矣,孝景嘗用東甌兵矣,武帝嘗用會稽兵矣,光武嘗用江夏兵矣,昭武嘗用武陵兵矣,劉表嘗用荊州兵矣,諸葛恪嘗用丹陽兵矣,而未聞取之西北也。周瑜以江上之師破老瞞於赤壁,謝玄以淮壖之衆蕩狂士於淝水,虞潭以東方兵共平僭叛,劉牢之以北府兵屢挫強敵。其如臨灞上,入長安,又皆吾水軍步騎也,則亦未嘗募之西北也。惟我國朝南渡之初,扈從六飛者,率多元帥府之兵;而屯於江上者,又皆夙將麾下帶行之士。如王彥一軍,則河北土人也;如吳玠一軍,則關西部曲也。韓曰背嵬軍,張曰鐵山軍,劉曰赤心騎兵,三軍皆山東、陝西、河北諸處精鋭。其軍中所謂克敵弓,所謂駐隊矢,所謂鋭首小槍,則又萃集四方良工而製焉者也,而獨不用東南之一旅,何也?夫都於江南而用江南之人,可也。漢都關中、洛陽,而下取吳、粵之士。本朝駐蹕吳會,而用關西、河北、山東之人,此又何耶?或曰:"北人之長技,以鞍馬素閑,而便於馳突,吾之馬,弗如也。風俗勁悍,而勇於格鬥,吾之卒,弗及也。"果如是說,則飲江之騎,掠塞之兵,可以驅駕全吳矣。高宗皇帝慨然發憤,每謂取勝不必北方士馬,而它日順昌之戰,敵之諸酋乃謂:"南朝之兵,非昔之比。"則彼自畏吾南兵也。而昔所謂自陝西、山東、河北來者,反不足畏歟?今天下非少兵也,上而巴蜀,中而荊襄,下而淮甸,連營相屬也。而使敵窺淮甸,則將上流之衆,便可沿荊鄂而東;敵犯蜀關,則率中權之師,便可依均、房而北。此首尾俱至之勢。而今一方有變,自應不給,所恃以稱雄於天下者,獨江東、淮西兩軍爾。第一二年來,閩中盜起,則調某軍;江西寇作,則調某軍;逆全稱叛,則調某軍;三衢竊發,則又調某軍。近者襄陽告急,則亦欲調某軍，豈天下勁兵處，更無可調，而僅有游奕、武定、寧淮、強勇、雄關、飛虎數州之人耶。幸而蜀道漸夷，襄州奏功，不煩援師之行。若其未也，提軍遠征，脫有缺折，則又將從何所調遣耶？昔人謂“每一發兵，鬓為之白”，言其不可不謹重也。諸君俱自學古，試為我溯源尋流，窮天運之始，觀風氣之宜。覽漢、晉、三國之地勢，稽國朝諸大將之戰功，究今日襄、蜀、江、淮之兵力，參之於古而可信，用之於今而可行。詳著於篇，毋謂經生學士不知兵略。

# 李劉

**撰：《四六標準》卷二十二，《總領》**

總領財賦，古無其官。宋靖康末，高宗以大元帥駐軍濟州，命隨軍轉運使梁揚祖總領措置財用，然未以名官也。南渡初，嘗命朝臣總領都督府、宣撫司財賦。建炎末，張浚用趙開總領四川財賦，始置所係銜，總領官始此。紹興三年，差戸部侍郎姚舜明往建康府總領應干都督府錢物糧斛。六年，都督張浚言三宣撫司錢糧漕司互相佔悋，因至闕乏，乞于戸部長、貳内，差一員來鎮江府置司，專一總領。詔差戸部侍郎劉寧止。七年，令户部郎官霍蠡前往鄂州置局，專一總領岳飛軍錢糧。其後大軍在江上，間遣版曹或大府司農少卿調其錢糧，皆暫以總領為名。而四川改置都轉運司，故總領又廢。紹興十一年，諸將既罷兵，乃收諸帥之兵，以為御前軍，屯駐諸處，皆置總領，以朝臣為之，仍帶專一報發御前軍馬文字。盖又使之與聞軍政，不獨職餽餉而已，敘位在轉運副使之上。鎮江諸軍錢糧，淮東總領掌之；建康、池州諸軍錢糧，淮西總領掌之；鄂州、荆南、江南諸軍錢糧，湖廣總領掌之；興元、興州、金州諸軍錢糧，四川總領掌之。

# 吕午

**［明］程敏政編：《新安文獻志》卷五十四，《和岳王廟壁上韻》**[1]

【祁閶西一舍有菴，曰“東松”。紹興初，岳鄂[2]王提兵，經吾郡西上，

① 詩又見詩文評類《宋詩紀事》卷六十一。

② 鄂，《宋詩紀事》訛作“鄂”。

士卒秋毫無犯，夜[①]宿人門外，足不敢一越限内。嘗憩是菴，留題。】

當年惟[②]說岳家軍，紀律森嚴孰與鄰。師過家家[③]皆按堵，功成處處可鐫珉。威名千古更無敵，詞翰數行俱絶塵。擬取中原報明主，亦勞餘刃到黄巾。[④]

## 王邁

### 撰：《臞軒集》卷一，《丁丑廷對策》（節録）

聖策曰："選將練兵，而武事未立，何以成疆圉之固。"臣伏讀至此，若有以激愚忠之欲言者，敢詳以對。臣謂文治有餘而武功不競，内治未舉而外圉莫安，莫今日為甚。選將練兵，苟切於陛下之焦勞，則天下之事可為矣。陛下其亦知今日無可用之將乎？臣聞有擇將之道，有任將之道。以今日擇將言之，陛下嘗詔大臣各舉將才以聞矣。然介胄之士，非無過人之才，而伏於營壘符籍之中，罕與搢紳接，故知其才者，實難加之。軍將之間，轉相忌刻，又多方以困辱之，使其才不足以自見，豈營壘符籍之中果無人哉。昔者祖宗盛時，求之於偏校之中，可以得岳飛；求之於敢勇之中，可以得韓世忠。臣願陛下佈擢卒為將之令於軍中，則將才出矣。以今之任將言之，講解以來向之立功閫外者，無端而置之於閒散。若曰"天下可常無事焉"，用此曹為也。比者羽檄一馳，倉皇四顧，乃下一旨，以示其有收用之漸。臣恐不足以盡得其心也。

### 同上書卷二，《乙未閏七月輪對第一劄》（節録）

權姦當國，招納奸鄰，交通強敵，偷安豢養，玩歲愒日，養癰護疽，及至裂潰。往歲邊帥輕而寡謀，三邊方開，一敗塗地，甲兵輜重，蕩無孑遺。王檝之來，實欲覘國，將迎過厚，示弱取輕，狼子野心，得以窺我，多治戰艦，盛集車徒。近聞以百萬之精兵，分三道而入寇，而吾聞風膽寒，為備茫然。趙范猶有方略，軍民安之。全子才輩，跋扈飛

---

① 夜，《宋詩紀事》作"卒"。
② 惟，《宋詩紀事》作"唯"。
③ 家家，《宋詩紀事》作"村村"。
④ 《宋詩紀事》於詩末小注"《新安文獻志》"。

揚，喜功生事，掊克慘酷，嬉笑殺人，近於彭城之墟，又有覆師之舉。自初用兵，為自安計，乃招新集之北軍，以填南軍之缺數。設或變生肘腋，不知何術以制之。陳韡之在金陵，庶幾一賢可制千里之難。而又與范不合，兩不足恃，三趙則有塤篪之相應，於韡則有劍佩之相攻。廉、藺之釋憾同心，李、郭之相勉以義，韡可語此，他何望焉。往者中興之初，張浚、岳飛、劉光世、韓世忠，皆善將兵，惟不相能，遂誤大計。若輩小才，敢望昔之萬一，而淺中狠愎，未見其比。徒快睚眦之私怨，遑恤唇齒之相依。今而曰“邊鄙之事，自有將帥可托”者，皆欺陛下也。臣之所謂人臣相率為欺者，亦既陳於前矣。

## 蘇泂

**撰：《泠然齋詩集》卷七，《武昌》**

南樓絲管日紛紛，一帶春江浸碧雲。遺老相逢問年幾，白頭閒話岳將軍。

## 李曾伯

**撰：《可齋雜稿》卷一，《荆閫賀收復襄樊》**

圖披南雍，本吾國之封疆；斷出中宸，復舊時之城郭。聲揚師旅，喜溢乾坤。眷惟京右之區，古稱天下之脊。每念蚡冒山林之如昔，不虞駒支荆棘之至。茲一陷腥羶，幾更裘葛。固有撫故碑而涕者，詎容以墮甑而視之。宜我聖明，佈昭神武。命相臣而指授，飭將士以前驅。皇威一伸，舊物斯得。臣謬膺閫寄，幸奉廟謨。撫南北離合之機，豈不揆時而量力。當公私疲弊之際，敢云抗表以出師。顧分義有所當為，而事會誠恐易失。倘為身慮，則負國恩。端策拂龜，賴一二臣之允協；銜枚擁騎，越六七日以先登。一麾而挹山甫之流風，再鼓而洗羊祜之餘恨。平明整旆，重賡營將之吟；落日揚鞭，猶記里人之賦。豈臣愚之能效，皆聖策之有功。茲蓋恭遇皇帝陛下，授任不疑，好謀能斷。念惟天惟祖全付，豈宜玷闕于金甌；曰有土有邦在今，皆欲整齊于玉斧。堅持定見，爰底成功。然始至未有百日之糧，而後襲方當千里之饋。分財用，平版榦，非暫費，何以久寧；礪鋒刃，鍛戈矛，必有備，乃能無患。豫謹秋冬之計，庶寬宵旰之憂。觀趙鼎之奏，謂必爭所防敵釁；餉岳飛之車，使無闕其法祖規。

**同上書卷十九，《奏湖南運司合支水脚》(節錄)**

今來淳祐十二年分，蒙朝廷先科米一十萬石，繼蒙再科五萬石。本司申獲朝旨，其先科十萬，乃令制、漕兩司各認水脚一半，本司不敢推托，遵奉指揮。自春半委官團僱綱船，賫帶一半水脚往，漕司聞請一半，措置催運，趁水裝發。今乃涉時數月，適值漕臣新舊之交，懇請再三，藐不相應。漕吏祇以無例藉口，不思中興之初，岳武穆復襄，朝廷至舉湖南一路委之兼制，嘉熙間，朝廷亦以撥隸京湖，豈但區區之水脚。

**同上書同卷，奏襄樊經久五事（節錄）**

臣竊惟襄陽，天下之脊，古今重地。臣猥以無狀，仰奉聖上廟謨雄斷，賴將士之力，披榛蕪，治壁壘，亦既換歲，粗臻厥成。第惟圖經治之功固難，為經久之計尤難。其有合行規劃事件，嘗博詢之衆論。有當急者數條，輒不避天威，謹開具奏聞於後：一、前項所陳，曰移屯，曰耕屯，無非為省券食計。然邊城新復三軍以食為命，一日不可乏供。經理之初，勢須朝廷更與令項，應付三兩年軍券。乃若漕運一事，疇昔承平所難。今糧米自江西、湖南出産之地，運至荆、鄂間，已涉經旬，況自漢口、沌口、魯洑、柳子口等處，由復入郢，遠者一千四百里，自郢至襄，又七百里，中經白湖諸灘之險，且有哨掠邀截之虞，全藉春漲而取諸江夏，潦而泝諸漢，秋防未動，歲計已畢，然後恃以無恐。竊照轉輸，本漕臣職也。制司去年權宜措置，竭力應辦，僅克有濟，今運事又及時矣。臣固不敢遽諉他人，見辦輕艘以備津載。然獨力懼有於遺慮，而責任宜委於專官。昔者岳飛纔復襄陽，朝廷即命沈昭遠應辦糧餉。今來欲乞公朝選委京西轉運一員，專一任責，庶幾兵食不致闕乏。臣又有一二愚慮。昔嘉定間，棗陽陸運最難，朝廷科降不理，資次鹽鈔三萬袋下京西運司，許召商旅運米若干，至棗陽支鹽鈔若干袋，一時人競趨之，糧以給足。今乞倣此，以募大商之願運以往者。端平間，淮西糧運費力，朝廷昔命漕臣委官于鎮江置局，辦舟發米，自運河出淮里。光、豐間者，猶記三四萬石減舉主一員，今乞倣此，以勸邊吏之出身任運者。此皆犯危冒險，非是不足以使人也。敢併備採擇。

# 魏慶之

**撰:《詩人玉屑》卷十,《品藻》(節錄)**

毛國英，澤民之從子也，以詩自鳴。嘗經岳侯駐兵之地，江禁方嚴。國英投詩云:“鐵鎖沉沉截碧江，風旗獵獵駐危檣。禹門縱使高千尺，放過蛟龍也不妨。”侯曰:“詩人也。”委舟以渡之。

# 胡仲參

**[宋] 陳起編:《江湖小集》卷十四,《竹莊小稿》,《讀〈岳鄂王行實〉》**[①]

飛鵠來何意，英雄此日生。山河張膽氣，宇宙載風聲。一片堂中紙，千年身後名。至今墳上木[②]，猶作不平鳴。

# 徐集孫

**[宋] 陳起編:《江湖小集》卷十六,《竹所吟稿》,《岳鄂王墓》**

古木號風抱不平，百年忠義日爭明。墳前人馬空存石，何似當時聽用兵。

# 陳允平

**[宋] 陳起編:《江湖小集》卷十七,《西麓詩稿》,《鄂王墓》**

鄂王墓在棲霞嶺，一片忠魂萬古存。鏡裏赤心懸日月，劍邊英氣塞乾

---

① 詩又見總集類《兩宋名賢小集》卷二百九十八。胡仲參，《兩宋名賢小集》載:“胡仲參，字希道，清源人。負才遊京師，所與交俱一時知名士。嘉定間，赴試不售，浪跡數年，終蹇遇合，乃寄情山水以自放，詩有《竹莊小稿》一卷。”

② 木，《兩宋名賢小集》作“水”。

坤。蒼苔雨暗龍蛇壁，老樹煙凝虎豹旛。獨倚東風揮客淚，不堪回首望中原。

# 劉克莊

**撰：《後村集》卷四十九，《有宋龍圖學士、光祿大夫、致仕贈開府儀同三司傅公行狀》（節錄）**

諱伯成，字景初……梁興者，故隸岳侯軍官。至横行，遙刺死，無子，鄂州以戶絶法沒入之。公為立後，以其貲分給諸女，軍中感悅。

# 劉仙倫

**［清］曹廷棟編：《宋百家詩存》卷二十三，《招山小集》，《贈周伯二首·其一》**①

昔年椎鼓事邊庭，公相身為國重輕。四海幾人思武穆，百年今日見儀刑。筆頭風月三千字，齒頰冰霜十萬兵。天亦知人有遺憾②，定應分付與中興。

# 方岳

**撰：《秋崖集》卷十一，《次韻徐宰題岳王祠》**

殺氣猶纏岳字旗，秋風鐵馬已南歸。和之一字誤人國，今且百年遭禍機。白骨自荒公論在，青山良是物情非。一抔③誰弔長陵土，淚落囊封御筆依。

---

① 詩又見詩文評類《宋詩紀事》卷六十三。

② 憾，《宋詩紀事》作“恨”。

③ 抔本作“坏”，不通，當為“抔”字形似之訛。

**同上書卷二十二,《代賀岳都丞》**

伏審通班邃閣,導旨機庭。惟雲漢昭囬之章,寳為大訓;惟夙夜宥密之命,厥有明謨。並授傑才,玆為顯渥。蓋朝廷之成幾事,所賴親臣;而疆場之逞雄心,無任今日。孰有折衝之策,我得用兵之賢。綸綍初傳,縉紳相賀。恭惟材足以濟斯世,學足以窺古人,君子是以似之。慨想背嵬之無敵,王事維其棘矣。不圖武穆之復生,大書岳字之旗,盡索邊庭之氣。如使知中興四將之有後,雖欲加諸華一矢而莫能。乃陪帷幄之謀,甚稱衮旒之意。蓋淵雲之精筆妙墨,豈但論思而已哉。彼秦楚之堅甲利兵,直可笑談而卻耳。遄觀詔璽,徑踐政途。某望履無由,彈冠有喜。焚香而對楹史,每嘆倦翁之可人;仰天而問階符,更審相公之何日。瞻斗以北,與江俱東。

**同上書卷二十四,《與趙端明》(節錄)**

某嘗記前年出城,南門有數兵負芻與爭道者,前呵者曰:"制幹也。"兵曰:"何物制幹?此趙侍郎馬芻也。"時適相值於吊橋,進退不能,而數兵者盛氣直前,轎墜焉。有一兵倚芻道旁立,呼而勞之淮交百。而趣從者擒不遜者,得三卒,諭之曰:"爾,軍人也;我,制幹也。制幹之與軍人,自有統攝。爾猶敢爾,如百姓何?"搒之百,軍士環觀如堵,嗟服而散。由此小小者觀之,則知使此曹有紀律,本無難事,賞罰公而已矣。道旁立者,本何足賞,而欲示罰於彼,則不得不借賞於此,是亦一機括也。聞軍中撻罰,未嘗有輕貸者,然而非營運折閱,則陪納不足者耳。不聞有折逆旅匕箸,即斬以徇,如高崇文者;不聞有軍行露宿,旦朝與民家掃門而去,如岳飛者。是不特縱之為暴,而驅之為暴矣。故據其室,則子女其子女;過其墟,則雞犬其雞犬,此明以官軍而恐喝者也。語音不辨而行者獸犇,衣裝可疑而居者鳥散,此假以敵兵而剽奪者也。自荆襄囬者,則斷腕取金;自天長歸者,則放兵大掠;自淮西來者,則郡邑戒嚴。雖平居自詭,嚴於持軍,而近至通州,亦未免豢圉一空,草木皆盡矣。諸將徒知以此市恩,而不知以此賈禍。他日手滑無厭,及我矣,雖欲禁止之,得乎?某之所謂明紀律者此也。

**同上書卷三十八,《跋岳武穆帖》**

王之討楊幺也,過師吾里,留題東松庵壁上,老墨飛動,忠義之氣煜如。所謂"因邀後軍王團練"者,蓋後來告變之王貴,號"王鵰兒"者也。天兵濯征,偏裨之在行者多矣,獨邀斯人者飯,其愛之必異於餘子,孰謂其報知已一至此極哉？司馬文正公之邢恕，王荆公之吕惠卿，世固不少。而逢蒙殺羿，孟軻氏顧舍蒙而羿之責，又何也？淳祐九年六月朔，敬觀于廬山郡圃之愛蓮堂，附此歎息。

**［明］程敏政編：《新安文獻志》卷五十二，《題祁門岳王廟》**

神京膏壤成戰場，三精霧塞天地光。鼪啼鼯笑紛披猖，中分宇宙慨以慷。誰其與者淪綱常，受計於人扼我吭。王心凜凜天蒼蒼，以次束縛歸朝堂。自南自北諾已償，焉用鄰國為胥戕。為讎報讎胡不臧，至今淮塹為河隍。每觀王傳心摧傷，怒髪為立膽為張。皇畀予邑於祁閶，聞王有像西山岡。欲往從之潔予觴，簡書之言不我遑。今日去此何敢忘，牲肥酒香時日良，金戈鐵馬山茫茫。

# 吳文英

**撰：《夢窗稿》丁稿卷四，《沁園春·送翁賓陽游鄂渚》**

情如之何，暮途為客，忍堪送君。便江湖天遠，中宵同舟，關河秋近，何日清塵。玉麈生風，貂裘明雪，幕府英雄今幾人。行清早，料剛腸肯殢，淚眼難蠶。

平生秀句清尊，到帳動風開自有神。聽夜鳴黃鶴，樓高百尺，朝馳白馬，筆掃千軍。賈傅才高，岳家軍壯，好勒燕然石上文。到今日，念故人老矣，甘卧閒雲。

# 歐陽守道

**撰：《巽齋文集》卷二十一，《書〈崇岳集〉》**

岳忠武王之死，孰殺之？金人不能殺王於戰，能殺王於獄，蓋自遣檜來相，而金人之命行乎江南矣。其所欲殺，豈獨一岳王。檜方次第掃除以報，而藝祖在天，丕降罪，疾殛之。然後三四忠賢幸免，中國再有生氣。王不幸，最先死，死且孥，哀哉。《崇岳集》者，陳君華叔之所集，而間以己作，率悼王也。君若生同王時，若不偕王北向，則雖與王俱執，亦甘心焉。張睢陽死，得李瀚首作傳，白其心事於百世；許遠、南霽雲身後之誣，繼得韓退之明之，文之不可以已也如是。華叔之作，雖在王心跡既白之後，觀其悲感慨歎，不能自已，有以見其慕尚。君家犬豕，寧當以檜黨骨飼之哉！予幼與華叔同課試藝，見此集，嘉其心，故為之書。

# 胡升

**［明］程敏政編；《新安文獻志》卷七十八，《胡制機【閎休】傳》**

胡制機閎休，字良弼，婺源人。宣和初，入太學，與陳東、汪若海義氣相許，若海以女弟與閎休為昏。時方諱兵，閎休著兵書二卷。靖康初，創知兵科，閎休應試，中優等，補進義校尉，進承信郎。金人圍城，閎休分地而守。二帝詣金營，閎休欲結義士劫之，何栗禁止。二帝北遷，范瓊散勤王師，閎休曰："勤王師可進不可退。"檄令隨軍，而無靖康年號。閎休得之泣下，懷檄而走。從辛道宗勤王南渡，以忠義進保義郎。鼎州鍾相為亂。相亡，餘黨楊幺率其徒居湖、湘，聚兵數萬，立相子儀，偽號太子。或曰招之便，或曰討之便。閎休作《致寇》、《禦寇》二篇，言："天地之氣，先春後秋。招之不伏，則討之。"於是以岳飛為招討使。飛辟閎休為主管機宜文字，以誅幺功進成忠郎，兼正將，鄂州駐劄。飛被誣死，閎休發憤，杜門佯疾。十年，卒。有《勤王忠義集》，藏於家。孫照，德安太守。按《宋史》稱："閎休，開封人。"蓋閎休本居婺源，而籍開封，如近世富戶遷民之類。在宋，若吕溱稱揚州，汪介然稱開封，皆然。

# 姚勉

**撰，［宋］姚起龍編：《雪坡文集》卷二，《庚申封事【二月四日，供正字職。翌日奏。】》（節錄）**

但所利者，在居正，在建侯，在以貴下賤耳。居正者，順公理而無私邪也；建侯者，聚衆賢以自輔助也；以貴下賤者，屈己求謀而廣忠益也。鼎之相也，權倖請謁，内降差除，一切格止。黄彦節之移竹栽，微罪也，責軍令而禁止之。馮益之買鵓鴿，曖昧也，亦予外祠而疏遠之。陛下今能聽大臣如此否乎？此居正之道也。吕本中、張九成、潘良貴、魏矼、胡寅、范冲、朱震之諸賢，萃本朝韓世忠、岳飛、吳玠、吳璘、王彥之諸將，佈襄、淮、荆、蜀，陛下今有人才將帥如此否乎？此建侯之道也。天子罪己而求言，宰相謙冲而待士，詔近臣編類奏疏，擇而行之。陛下今亦求言矣，曾有見之施行者否乎？此以貴下賤之道也。是三者，高宗皇帝之所以亨屯也。高宗皇帝之時，豈不尤難於今日哉？而能有為若此，則亦當時有肯為之人，無難為之事耳。今如曰“不可為”，使陛下當高宗之世，將不固邊圉而捍敵騎乎？遐荒朔漠之人，蕩然窺闖内地，如升虚邑，纔十數哨騎入境，千萬人皆望風而潰，曾無發一矢與之抗者，臣甚為中國羞也。

**同上書卷七，《癸丑廷對》（節錄）**

臣伏讀聖策曰：“右科之設，本以示右武而求韜略，非特校虚文而課騎射也。兵興累年，未聞慷慨以英略著者，其故何歟?”臣有以見陛下慨念時艱，思欲得武略之士以為用也。臣聞以武設科，雖曰右武，以文求武，反不得人。今之武科，臣得而議之矣。貢薦額狹，選舉路艱，於是以武為捷徑，而求為右科之試。能誦兵法者，罕能兼騎射之習；能使弓馬者，罕能兼刀筆之長。於是能文者代課七書，能武者代執鞭弭，是無非欺朝廷也。間有能兼二者之長，亦不過苟一時之試，求其英略，宜爾無聞。今之文科，必有五削而後改京者；今之武舉，不出十年而可至郡守。既登武級，復試文闈，換授其官，已在通籍之上矣。此天下之士，所以指右科為速化，而競以趨之也。陛下於此，方且求其英略焉，可謂按圖而索駿矣。寇準器兼將相，非右科也，韓琦、范仲淹，才兼文武，非武舉也，此猶文士也。岳飛、韓世忠諸將，亦嘗自武舉中來乎？臣願陛下以道淑天下之士，毋使人指武舉為速化之地，則英略者出矣。

## 林泳

**［清］高鶚撰：《宋詩紀事》卷六十六，《岳武穆王墓》**

天意只如此，將軍足可傷。忠無身報主，冤有骨封王。苔雨樓牆暗，花風廟路香。沈思百年事，揮淚灑斜陽。【《武林舊事》】

# 文天祥

**撰:《文山集》卷三,《御試策一道》(節錄)**

何謂“虜寇[①]之警,盜賊因之”也?謹按國史:紹興間,楊幺寇洞庭,連跨數郡,大將王𤫉不能制。時僞齊挾北使李成寇襄、漢,幺與交通。朝廷患之,始命岳飛措置上流。已而逐李成,擒楊幺,而荆湖平。臣聞外之邊部,不能為中國患,而其來也,必待内之變;内之盜賊,亦不能為中國患,而其起也,必將納外之侮。盜賊而至於通敵寇,則腹心之大患也已。今之所謂敵者,固可畏矣。然而逼我蜀,則蜀帥策瀘水之勛;窺我淮,則淮帥奏維揚之凱。狼子野心,固不可以一捷止之。然使之無得氣去,則中國之技,未為盡出其下,彼亦猶畏中國之有其人也。獨惟舊海,在天一隅,逆雛穴之者,數年於兹,颶風瞬息,一葦可航。彼未必不朝夕為趨浙計,然而未能焉,短於舟,疏於水,懼吾唐島之有李寶在耳。然洞庭之湖,煙水沉寂,而浙右之湖,濤瀾沸驚,區區妖孽,且謂有楊幺之漸矣。得之京師之耆老,皆以為此寇出沒倏閃,往來翕霍,駕舟如飛,運柁如神,而我之舟師不及焉。夫東南之長技,莫如舟師,我之勝兀朮於金山者以此,我之斃逆亮於采石者以此,而今此曹反挾之以制我,不武甚矣。萬一或出於楊幺之計,則前日李成之不得志於荆者,未必今日之不得志於浙也。曩聞山東荐饑,有司貪市權之利,空蘇、湖根本以資之,廷紳猶謂互易,安知無為其鄉道者。一夫登岸,萬事瓦裂。又聞魏村、江灣、福山三寨水軍興販鹽課,以資逆雛,廷紳猶謂是。以捍衛之師,為商賈之事,以防拓之卒,開鄉道之門,憂時識治之見,往往如此。肘腋之蜂蠆,懷袖之蛇蝎,是其可以忽乎哉?陛下近者命發運兼憲,合兵財而一其權,是將為滅此朝食之圖矣。然屯海道者非無軍,控海道者非無將,徒有王𤫉數年之勞,未聞岳飛八日之捷。子太叔平符澤之盜,恐不如此。長此不已,臣懼為李成開道地也。臣願陛下持不息之心,求所以弭寇之道,則寇難一清,邊備或於是而可寬矣。

---

① 虜寇原作膚寇。按前文有“臣聞天變之來,民怨招之也;人才之乏,士習蠱之也;兵力之弱,國計屈之也;虜□之警,盜賊因之也”。

**同上書卷八，《回岳縣尉》①**

惟中興之初，先武穆王手扶天戈，忠義與日月爭光，名在旂常，功在社稷，天報勛勞，克昌厥後，雖百世可知也。縣尉生北平龍虎家，而又偉然植立，誰不知敬？幸出結習，乃托一日之嘗僚，刊諭批曆，亦既欽承，遠畀鱗緘，為禮過矣。

# 王柏

**撰：《魯齋集》卷六，《古賢像贊・岳王飛》**

赫赫武穆，天開駿功。聲震河洛，威憺華戎。梟檜忌武，烏臺勘忠。齊名諸將，愧死英風。

**同上書卷十四，《宗忠簡公傳》（節錄）**

宗澤，字汝霖……往初岳飛犯法，有司將正典刑。公一見奇之，曰："此將材也。"不加之罪，留之軍前。至是，遣為踏白使，以五百騎授之，曰："汝罪當死，吾釋不問。今當為我立功，往視敵勢，毋得輕鬥。"飛謝罪稟命，鼓勇而前，竟與敵接，敗之。公喜，擢統領，後遷統制。自是每出必捷。

# 何夢桂

**撰：《潛齋集》卷三，《岳帥降筆命作畫屏四景詩・其一》**

柳堤花港落紅塵，獨鶴歸來日半曛。惟有五雲山下路，至今人說岳王墳。

右西湖。

① 按：岳縣尉名岳覲，岳飛曾孫，任處州慶元縣尉（今浙江省慶元縣），後在抗擊蒙古兵入侵的戰鬥中殉國。

# 林景熙

**撰：《霽山文集》卷一，《太學同舍徐應鑣誓義沉井，後十年，衆為營墓立碑，私謚“正節先生”》**

高名不與魄俱沉，魚腹孤忠耿至今。翠碣已書身後謚，寒泉猶照死時心。神游舊月山河改，夢斷疏槐風雨深。埋骨誓終從武穆，棲霞嶺樹隔秋陰。

**同上書卷二，《拜岳王墓【岳飛葬西湖之棲霞嶺】》**①

寥落一抔在，英雄萬古冤。孤忠懸白日，遺恨寄中原。樹老殘霞濇，塵深斷碣昏。東南天半壁，往事泣寒猿。

# 吴龍翰

**撰：《古梅遺稿》卷二，《讀〈岳武穆王傳〉》**②

鬼蜮③為妖天地昏，將軍那可一朝存？泰山頽喻哲人死，東海旱為孝婦冤。當日主和甘下策，到今無計復中原。清風凜凜一編史，拭盡英雄幾淚痕。

# 董嗣杲

**撰：《廬山集》卷二，《過岳家市》**

鄂侯遺部曲，多歲此為農。茅店罷殘暑，松巒出亂鐘。溪流分别塢，晚色失前峰。去去遺仙跡，蒼雲幾萬重。

---

① 詩又見總集類《宋藝圃集》卷十九。

② 詩又見總集類《兩宋名賢小集》卷三百三十八。

③ 蜮，《兩宋名賢小集》作“域”。

**同上書卷四，《江州寒食》**

殊鄉寒食亦風柔，桃李春香掩燕樓。周子墓頭誰拜掃，岳家園裹自嬉遊。雲連闔節旌旗暗，水泛商船鼓笛浮。江國日長饒客思，不知何事阻歸謀。

**同上書卷五，《春步岳園二首》**

暖風晴日艷芳天，獨客心情不忍言。何處有花春掠眼，金陀坊裹岳家園。

將軍墓域在杭州，如此家園入夢遊。誰惜再傳無嗣續，至今匙鑰屬官收。

**撰：《西湖百詠》卷上，《岳鄂王墓》**①

在棲霞嶺口，葬名將太師忠武鄂王岳飛於此。

將軍魂夢遶旌旃，偃月謀成尚忍言。一旦風波誰左袒，八陵荆棘自中原。更無鴈帶邊頭信，惟有天知地下冤。鬱鬱棲霞霞外樹，墓門不掩雀巢喧。

# 陸世良

**［宋］張孝祥撰：《于湖集》附錄，《又宣城張氏信譜傳》（節錄）**

公諱孝祥，字安國，學者稱為“于湖先生”。本貫和州烏江縣，唐司業張籍七世孫，秘閣修撰、金國通問使邵之從子。父祁，任直秘閣、淮南轉運判官。紹興初年，金人逼和州，隨父渡江，居蕪湖昇仙橋西。時公甫數歲，豫章王德機一見而奇之，遂許以女焉。幼敏悟書，再閱成誦，文章俊逸，頃刻千言，出人意表。轉運公嘗面池築室，為讀書所。池故多蛙，公以硯擲之，聲遂永息，人咸異之。既貴，即以“禁蛙”名其池。年十六，領鄉書，再舉，冠里選。紹興甲戌廷試，擢進士第一，時年二十，有三策，問師友淵源。秦塤、曹冠，皆力攻程氏專門之學，公獨以程氏得孔、孟之緒。先知貢

① 此詩有明代陳贊和韻，俱載《西湖百詠》，見本編《明》卷。詩又見詩文評類《宋詩紀事》卷九十。

舉湯思退已定塡魁多士，帝讀其策，皆檜語，復自裁擇，乃首擢公，親灑宸翰，“議論堅正，詞翰俱美”。先蕪湖東境有龍，穿岸騰空，風雷夐異，須臾雲霓五彩，光燭百里，江山掩映如錦。及捷聞，人咸謂慶雲為公之先兆云。先是，岳飛卒於獄，時廷臣畏禍，莫敢有言者。公方第，即上疏言：“岳飛忠勇，天下共聞。一朝被謗，不旬日而亡，則敵國慶幸，而將士解體，非國家之福也。”又云：“今朝廷冤之，天下冤之，陛下所不知也。當亟復其爵，厚恤其家，表其忠義，播告中外，俾忠魂瞑目於九原，公道昭明於天下。”帝特優容之。時公尚在期集，所猶未官也，秦相益忌之。

# 黄文雷

**［宋］陳起編：《江湖小集》卷五十，《看雲小集》，《往年因讀〈岳王傳〉，嘗為之賦，今過東林，睹其遺像，感而申頌之》**

將軍英爽冠人豪，眼底山河累寶刀。青女護香天亦誤，黑龍飲渭數何逃。當時僧說松楸犯，今日人推閥閱高。珍重王孫方鼎貴，莫將歌舞替征袍。

欲壞長城豈自由，江人重唱白符鳩。熏天富貴還須盡，從古忠良類若讎。獄吏但能書牘背，相公終欲割鴻溝。書生志念閑無用，長想朱雲地下遊。

# 宋慶之

**［宋］陳思編，［元］陳世隆補：《兩宋名賢小集》卷三百四十四，《飲冰詩集》，《武昌懷古》**

極目平蕪送落暉，六朝征戰尚依稀。風生戰舸周郎過，月落南樓庾老歸。秋塞戍閒番馬病，春江流下蜀魚肥。神州北望知何處，父老猶能話岳飛。

# 韓性同

**［宋］陳思編，［元］陳世隆補：《兩宋名賢小集》卷三百五十六，《古遺小**

**集》，《岳王墓》**[①]

妖星隳[②]地芒角赤，龍劍悲吼[③]風蕭瑟。中原王氣挽不回，將軍一死鴻[④]毛[⑤]擲。秦家小兒真戲劇，播美[⑥]造化搖樞極。指仇[⑦]為親忠且[⑧]逆，雙手上遮天眼碧[⑨]。九重[⑩]茫茫隔天日，無由下燭臣愚直。臣愚萬死不足惜，國恥未湔猶憤激。古墳埋冤血空瀝[⑪]，西風[⑫]年年土花蝕。我恐精忠埋不得，白日英魂土中泣。請將衰骨斲[⑬]苔痕，獻作吾皇補天石。

# 潘音

**[宋] 陳思編，[元] 陳世隆補：《兩宋名賢小集》卷三百八十，《待清軒遺稿》，《讀〈岳武穆傳〉》**[⑭]

萬里浮雲入望陰，千山落日正沈沈。當朝自餒中興志，出塞徒勞上將心。

---

① 詩又見總集類《元風雅·後集》卷六、《元音》卷十、《元詩體要》卷五、《元藝圃集》卷四、《石倉曆代詩選》卷二百十四、《宋元詩會》卷五十五、詩文評類《宋詩紀事》卷八十。韓性同《兩宋名賢小集》作“韓性同”，並注“韓性同，字伯循，別號古遺，與陳石堂同里，而及其門。入元不仕”，《宋詩紀事》與之同。《元音》作“韓中材”，《元風雅》、《元詩體要》、《元藝圃集》作“韓中村”，《宋元詩會》作“韓信同”，並注“信同，字伯循，別號古遺，與石堂先生同里，為及門士。宋亡，不復仕進，為雲莊書院長”，《石倉曆代詩選》作“韓信同”，並注“先生生於宋末，入元不仕。建安劉文簡孫菊磵、隨齋二公以幣招長雲莊書院，先生一以四書六經為課試法，其重經術而末文藝也如此。先生伯循其字，別號古遺，與石堂先生同里，而及其門，因得以詩附焉”。

② 隳，《元風雅·後集》、《元音》、元詩體要》、《元藝圃集》、《宋元詩會》作“墮”。

③ 吼，《宋詩紀事》作“號”。

④ 鴻，《石倉曆代詩選》、《宋元詩會》、《宋詩紀事》作“為”。

⑤ 毛，《元藝圃集》作“光”。

⑥ 美，《元風雅·後集》、《元音》、《元詩體要》、《元藝圃集》、《石倉曆代詩選》、《宋元詩會》、《宋詩紀事》作“弄”。

⑦ 仇，《元風雅·後集》作“讐”。

⑧ 且，《元音》作“為”。

⑨ 碧，《元風雅·後集》、《元音》、《元詩體要》、《元藝圃集》、《宋元詩會》、《宋詩紀事》作“力”。

⑩ 重，《元風雅·後集》、《元音》、《元詩體要》、《元藝圃集》、《宋詩紀事》作“關”。

⑪ 瀝，《元風雅·後集》、《元音》、《元詩體要》、《元藝圃集》作“碧”。

⑫ 西風，《元風雅·後集》、《元音》、《元詩體要》、《元藝圃集》、《石倉曆代詩選》、《宋元詩會》、《宋詩紀事》作“風雨”。

⑬ 斲，《宋元詩會》作“斷”，而《元音》、《元詩體要》、《元藝圃集》“斲”後有“出荒”二字。

⑭ 詩又見總集類《元詩選·初集》卷五十四。

臣子終天仇未復，奸邪設險計殊深。惟餘一篋《精忠傳》，揮淚頻看不自禁。

# 汪師泰

**［明］程敏政編：《新安文獻志》卷九十六上，《汪觀察介然傳》**

汪觀察介然，字彥確。幼失怙恃，鞠於祖母，倜儻不羈。年十八，如京師，從伯父四友先生學，用開封祥符籍，領鄉薦，補文學，免解不第。從岳飛軍，補宣撫司幹官。後從韓世清軍，殺獲劉忠等賊，補進義校尉。收復襄陽等六縣，以功遷承節郎。紹興間，與侍郎沈昭遠使金，充上指節使，轉忠靖郎，就添差充本軍指使。先是，洪忠宣公皓陷金，高宗用其子适為相，屢書求皓，金以不知所在為辭。及公使金，遊城上，皓聞笑語曰："南音也。"密附蠟丸書。公剖股納之，歸聞於朝。帝召見公，以實奏命於御前，取書以進。上覽之涕泣，乃命适拜公，為之厚賂，和議乃成。明年，洪公皓、朱公弁、張公邵皆南還，洪公令諸子孫羅拜之曰："微夫人之力，不及此。"适出知徽郡，為公建府第。朱文公誌朱弁墓："得邑人汪介然密附洪公皓蠟丸之功也"，事見《洪公家錄》及《輶軒集》。是年，公罷任，以進義校尉授承信郎，添差監臨江軍，轉承節郎。二十年，差充戶部贍軍酒庫。二十一年，轉保義郎。二十五年，差監泰州丁溪鹽場，催轄亭戶煎鹽，兼本地分巡檢，巡捉私茶鹽礬，轉成忠郎。三十二年，轉忠翊郎。隆興元年，轉忠訓郎，差充邕州，提舉右江兵馬盜賊公事，兼沿溪巡檢使，提舉訓練三十六洞丁，橫山寨駐劄。乾道五年，轉修武郎。九年，轉武翊郎，轉武經大夫。淳熙元年，宣差東南第六副將，贛州駐札。七年，移吉州駐札，領軍三千五百人。九年，朝廷令大使檢閱兵馬。先是，戚公不肯為公保官，臣僚奏公不諳戰事，訓練不精。朝廷試公武藝，能挽一石二斗弓及走馬以鎗，提米一石，仍其官以觀察使。主管台州崇道觀致仕，卒年七十七。

# 聶琚

**［元］趙景良編：《忠義集》卷七，《無題【北兵發會稽七陵，取其寶貢上，以遺骸建塔于陵側】》**

天目峰摧王氣終，長江戰艦順流東。翠華搖落三宫遠，紫禁荒凉六鼓空。和靖湖邊虚夜月，岳王墳上老秋風。興亡自昔關天運，莫遣哀吟兩鬢蓬。

# 甘淵

**［元］趙景良編：《忠義集》卷七，《無題》**

炎祚當年德業隆，細編家譜見遺風。忠良籌略隳奸佞，顛蹶皇圖愍幼冲。梁苑緑莎深夜雨，吳宫白塔倚晴空。岳王墳畔西湖路，千載登臨恨莫窮。

# 趙與虤

**撰：《娛書堂詩話》**

毛國英，澤民之仲子也。以詩自鳴。嘗經岳侯駐兵之地，江禁方嚴。國英投詩云："鎖鐵沈沈截碧江，風旗獵獵駐危檣。禹門縱使高千尺，放過蛟龍也不妨。"侯曰："詩人也。"委舟以渡之。

# 王英孫

**［清］厲鶚撰：《宋詩紀事》卷七十九，《岳武穆王墓》**

埋骨西湖土一丘，殘陽荒草幾經秋。中原望斷因公死，北客猶能説舊愁。【《武林舊事》】

# 元

## 王義山

**撰：《稼村類稿》卷十四，《殿策·對》（節錄）**

臣聞師不必衆也，而效命者克。世之為將，惟務多兵，而不知兵至於三十萬，不可用矣。前代以六十萬而勝楚，以四十萬而勝秦，惟王翦、項籍二人。漢初，合諸侯兵五十萬，敗於彭城，以三十萬衆，困於白登。王恢以三十萬伐馬邑無功，王邑以百萬敗於昆陽，凡此皆以兵多而敗也。今日之兵，不患於寡而患於不精，不患於無功而患於老弱之未汰。伏惟陛下常以練軍實為心，則韓家軍、岳家軍不得專美於前矣，尚何患軍師不勇，而不得以盡吾義。而又法藝祖之量才甄奬者用人才，法藝祖之不赦掊斂者懲貪吏，法藝祖之易藩鎮於盃酒間者振朝綱，法藝祖之發軍食貸民飢者散儲蓄，法藝祖之積二百萬匹者豐財用，法藝祖之擇精鋭為禁旅者整軍師，果如是也，將見天下之勢，皆定于一也。此為生民立極，為天地立心。

## 方回

**撰：《桐江續集》卷三，《宿東松寺祁門西三十五里，岳武穆舊有紹興留題，衆因祠之。今壁壞矣，予三十年前猶見之也》**

一僧垂亂髮，杉閣夜寒饒。開鎖容鋪榻，求錢為造橋。獼猴窗外嘯，鼯鼠燭前跳。岳筆親題壞，前朝恨未銷。

**同上書卷二十一，《讀孟君復贈岳仲遠浚詩勉賦呈二公子》**

維岳武穆王，復讎議不合。老檜賣中原，神龍困蟻嚐。維孟忠襄公，緩兵策弗納。清之三京師，萬衆死者卅。憸黨梗國論，孰與噬而嗑？世事可流涕，循至虞不臘。秦鄭兩姦駔，百年棺已闔。骨朽遺臭在，厥後極葺闒。岳氏家幾傳，陽羨溪山市。故書三萬卷，金石爛模榻。孟氏神童孫，卜宅佔苕霅。詩聲鸞鳳鳴，衆作掃蛙蛤。猗歟先王公，百戰動摧拉。身在國庶幾，心與天響答。造物報勛裔，縱未黃其閤。各各神仙姿，不受塵土雜。臭味崇芝蘭，情誼篤鶼鰈。著我珠玉間，鬢蓬愧衰颯。冷話暗燈火，清宴倒壺榼。時凭城邊樓，同望湖外塔。二豪馬蹄花，春堤厭蹴踏。而我枯如僧，山肩一破衲。未甘脫儒冠，蕭寺求掛搭。終不望漢廷，安車聘申蓋。顧獨喜結交，勿疑朋簪盍。同道吻漆膠，開誠去梔蠟。將相棨戟門，六轡駕群軜。七十返初服，無復戟韎韐。豈其珠履中，不許青鞋靸。

**同上書卷二十八，《送岳德裕如大都》**

岳忠武王炎興中，才跨光世俊世忠。人見百戰百勝功，孰知洙泗儲心胸。姦檜忮忍摧英雄，秦賊之臭傳無窮。忠武馨香迥不同，鬼神呵護垂箕弓。子子孫孫有祖風，允文允武足臨容。敦以閱樂詩書崇，維德裕甫明且聰。昭文大學其宗公，招之使來有秋鴻。賢父賢兄笑顏紅，酌酒贐別浮金鍾。有馬有車舟有篷，脯腊湩酪羊豕熊。藕蓮藜棗蘋薀葑，罍之俎之籩豆豐。文賓詩客罔不從，軷祀而行氣如虹。浙之西而淮之東，中原廣大堯民雍。鄒魯齊趙森儒宮，默會寸心豁雙瞳。盧溝之水何溶溶，五門佳氣瞻鬱蔥。殿上日月朝衮龍，馬億萬萬休戰攻。獵圍發蹤無豣豵，海東青上天無穹。天鵝腦碎飄虛空，書生匪我求童蒙。橋門冠帶新辟廱，六藝一經或一通。加之官爵與磨礱，千里虎符百里銅。君邀王京登丹楓，即霑一命壽乃翁。歸歟不見橘霜濃，近在新年桃李穠。鶯鶯燕燕飛蝶蜂，滿斟環坐繡芙蓉。春滿一家和氣融，我有一言如藥石。後生仕宦非所急，明時用人略梯級。況乃要路薦引密，集賢翰林真可得。我身自有本來物，官小官高何損益。君家萬卷刻書籍，此事乃一大功德。陶鑄青衿千百億，歸而求之不鑿壁。一燈可費十年力，然後自觀語與默。一默浩養百蟲蟄，一語九霄轟霹靂。

**［明］程敏政編：《新安文獻志》卷五十二，《〈韓蘄王湖上騎驢圖〉為王孫葉葉賦》**

取日虞淵戰臨平，鼓起金山麾伏兵。既不畫此背嵬軍陣形，國容貂蟬佩葱珩，軍容金甲馬朱纓。又不畫此生面真儀刑，昔王不肯專樞庭，清涼居士以自名。散遣萬騎還屯營，獨控長耳遊林坰，林間坐石樵叟爭。不無醉尉呵夜行，孰識朱門抗旄旌。王孫妙年萬事輕，欲蹈箕潁遺浮榮。龔侯淡墨勝丹青，作此灞橋風雪征。龍變不測人中英，諦觀豈是寒書生。丈夫出處吾能評，不可長劍即短檠。得時用世身名亨，否哉履道幽人貞。葉葉用意何崢嶸，大司馬侃孫淵明。

## 黄庚

**撰：《月屋漫稿》，《江湖偉觀》**[①]

環峙山川秀氣鍾，人煙樓閣鬱重重。潮生潮落東西浙，雲去雲來南北峰。海曙扶桑紅影濕，堤春楊柳綠陰濃。子胥已遠岳侯死，斗酒聊澆磊塊胸。

## 任士林

**撰：《松鄉集》卷九，《岳鄂王墓》**

忠魂比明月，可死不可滅。空堂坐貂蟬，荒塚埋碧血。當時劍花寒，肝膽照北闕。君臣計已定，一死何足雪。湖山翁仲青，坐見氣消歇。欲語老胥心，飛濤過吳越。

## 趙孟頫

**撰：《松雪齋集》卷四，《岳鄂王墓》**[②]

鄂王[③]墳上草離離，秋日[④]荒凉石獸危。南渡君臣輕社稷，中原父老望

---

① 詩又見張觀光《屏巖小稿》，題“江湖佛觀”。

② 詩又見總集類《元文類》卷七、《元風雅·前集》卷二、《元音》卷二、《元詩體要》卷十、集《元藝圃集》卷二、《石倉曆代詩選》卷二百三十五、《宋元詩會》卷七十一、《元詩選·初集》卷十八。《元文類》、《元藝圃集》題作“過岳王墓”，《元風雅》題作“過岳武穆王墓”，《元音》題作“題岳武穆王墓”，《元詩體要》題作“岳武穆王墓”，《石倉曆代詩選》、《宋元詩會》題作“題岳王墓”。

③ 鄂王，《元風雅》、《元音》、《元藝圃集》、《石倉曆代詩選》、《宋元詩會》作“岳王”。

④ 秋日，《元文類》、《元風雅》、《石倉曆代詩選》、《宋元詩會》作“秋色”。

旌旗[①]。英雄已[②]死嗟何及，天下中分遂不支。莫向西湖歌此曲，水光山色不勝悲。[③]

# 白珽

**撰：《湛淵集》，《岳武穆精忠廟》**

國勢已如此，孤忠天地知。死生同父子，姦宄係安危。偃月無封檜，棲霞有謚碑。中原遺老在，歲歲夢王師。

# 龔璛

**撰：《存悔齋稿》，《詠岳王孫縣尉復棲霞墳田》**[④]

岳鄂諸孫復墓田，清明寒食起新煙。道傍為我除蒼檜，山下如今哭杜鵑。高廟神靈應悔此，中原父老尚悽然。西湖靡靡行人去，卻望棲霞轉可憐。

# 胡炳文

**撰：《雲峰集》卷八，《拜岳鄂王墓》**

有公無此日，再拜淚[⑤]交頤。大義君臣重，孤忠天地知。鴆毛何太毒，龍渡只如斯。墳畔休留檜，行人欲斧之。

---

① 旗，《元詩體要》作“麾”。

② 已，《元音》、《石倉曆代詩選》、《宋元詩會》作“一”。

③ 《元詩選·初集》卷十八詩後注：陶南村云：“岳王墓詩，不下數十百篇。其膾炙人口者，莫如趙魏公作。”

④ 詩又見《元詩選·二集》卷二。

⑤ 淚，《御選元詩》作“泣”。

# 尹廷高

**撰:《玉井樵唱》卷中,《西湖岳王墳》**

高鳥何嘗盡,良弓已弗存。西風捲歸旆,朔雪暗中原。檜色猶含愧,湖波不洗冤。當年莫須有,翁仲寂無言。

# 馬臻

**撰:《霞外詩集》卷五,《因話〈金陀遺編〉奉呈復齋岳仙尉就叙別懷》**

宋家王氣久凋零,奸檜元來黨彗星。陷得忠良冤漬骨,路人空唾牧牛亭。

一簣功成觸禍根,忠名還與此山存。寺田廢盡誰能復,武穆王家六代孫。

王孫德業是真儒,楚楚衣冠六十餘。漸覺令人不好武,傳家惟只用詩書。

相逢傾蓋即相知,醮罷星壇祗說詩。今日河橋還愴別,柳花飛雪未多時。

# 陳櫟

**撰:《定宇集》卷十六,《和東松菴岳王遺像詩韻》**

朱仙鎮上擄金兵,萬里中原不足平。棘寺銜冤真枉死,松菴遺像尚如生。中興四將尤芳烈,大節千秋擅令名。可恨張循阿老檜,卻令同傳玷忠貞。

# 黃公望

**［清］張豫章等編：《御選四朝詩·御選元詩》卷九，《西湖竹枝詞》**[①]

水仙祠前湖水深，岳王墳上有猿吟。湖船女子唱歌去，月落滄波無處尋。

# 虞集

**撰：《道園學古錄》卷十一，《高宗御書》**

成閔所管人有見在蘇州者，卿可拘收前去，恐走逸了。共及百來人見在親隨馬，撥入背嵬軍付俊。

**同上書同卷，《跋高宗御書》**

背嵬一軍，岳飛屢以取勝。成閔，亦當時良將。先雍公於金煬兵至江上時，請以閔師五萬留駐江、池之間，果獲其用。思陵此筆，屬張俊以拘收閔所管人背嵬，恐其走逸。殆秦檜構死飛後，閔亦見忌之時耶。泰定丁卯十二月八日，史臣虞集記。

**同上書卷四十，《跋宋高宗親札賜岳飛》**

大元故翰林承旨、魏國公、謚文敏趙公孟頫懷古之詩曰："南渡君臣輕社稷，中原父老望旌旗。"集承乏國史，嘗讀其詩而悲之，以為當時遺臣志士，區區海隅，猶不忘其君父，何敢有輕之之心也哉？今見思陵賜岳飛親札，則其奏功郾城時所被受者。觀親札所謂楊沂中、劉錡立功之事，則紹興十年七月也。是時，秦檜方定和議，而飛鋭然以恢復自任，所向有功。飛之裨將楊再興，則邦乂之子也，單騎入陣，幾殪烏珠，身被數十創，猶殺數十人而還，一時聲勢可知矣。是以郾城之役，恢復之業係焉。飛之師乘勢薄朱仙，與烏珠戰，破汴在頃刻。而檜亟罷兵，詔飛赴行在，而沂中、劉充、世

① 詩又見總集類《宋元詩會》卷九十五、《元詩選·二集》卷十四、詩文評類《曆代詩話》卷七十。

錡皆以其兵南歸，自是不復出師。明年十二月，檜遂殺飛父子，而烏珠無復憂色。洪皓區區蠟書雖至，而中原無復餘望矣。乃知文敏之詩，其為斯時而發也歟！

**同上書同卷，《題岳飛墨蹟》**

武寧湯盤藏其先世文林君軍中文書，岳武穆王紹興元年所署也。文林始以太學生上書，論備禦之策，崎嶇兵間，以功致文林之命。觀此牒，知文林倡忠義，擊叛潰，保鄉里，甚直而壯。噫！可以見其人心之一、士氣之盛，而其將又有若武穆者，宜其足立國於摧敗危亡之餘也。盤言武穆之死，文林上書論列，遂並受害。文丞相嘗題其家之堂曰“忠節”，遺墨故在，而張循王、劉太尉所署別為卷，俯仰二百年而感慨係之矣。近年集在館中，將纂修遼、金、宋史，館中皆以遺書亡軼為說。若此者，可徵尚多乎哉！

**撰，［明］虞堪編：《道園遺稿》卷二，《書趙節度建炎誥敕後》**

義旅趨京國，危城藉宿勛。山從官位改，世以故家聞。誥敕遺先代，圖經補闕文。凄涼寶劍贈，元自岳將軍。

# 揭傒斯

**撰，［元］錫喇佈哈編：《文安集》卷八，《〈宋史論〉序》**

《傳》曰：“五帝異樂，三王不相襲禮。”聖人非惡同而好異也，勢不能也。是故聖人執經以達道，君子因時勢以立業。經有定位，權無常勢。變化消息，與時皆極。知此則可以明古今之故，而制當世之務矣。集賢大學士、樞密院使大梁王公，曆觀先儒論前史之得失，必責以五帝三王之事，乃本司馬氏《通鑑》，作《曆代論史》，一本陳均《宋編年備要》，作《宋史論》。凡十數萬言，不為甚高之論，而求中行之實；不務辭藻之富，而求理義之當。執經達權，得易隨時之義；彰善黜惡，有春秋責備之法。所以求當於古人，垂訓於將來也。而於宋論尤加詳焉，其稱太祖之得天下也，無異前代，而能建過唐之祚，接繼堯之統者，立國以仁，設教以儒，此有道之長也。所深惜者，太祖無婁敬之臣，太宗有魯桓之行。神宗首用王安石，以啓宗室衰削之深根，哲宗起章惇，徽宗任蔡京，以致播遷之極辱。高宗為中興之主，而李綱、張浚廢痼，宗澤憂死，岳飛殺，黃潛善、汪伯彥、秦檜之徒彙征旅進，更為腹心，拒絶和之議，棄恢復之幾，甘宴安於窮陬，忘祖宗之大恥。孝宗既非剛明之主，徒聲北伐之辭。寧宗之疾，委柄侂胄；理宗之立，歸德彌遠。群邪輻輳，善類日消。不顧唇齒之謀，竊取復讎之美。馴至度宗，權歸似道。欺君敗國，卒至覆亡。三黨之禍，成於三變；四凶之毒，繼於五鬼。反覆小人之情狀，痛悼君子之椓喪。讀之千載之下，猶當拊膺扼腕、流涕而永歎也。至論其家法、規制、人才、文物，則薄唐而陋漢；南北並國，則帝宋而黜金。以王欽若收濕穀、蠲旱租、放逋責，吕惠卿卻西夏，丁謂經制施黔，雖小人，猶有所取；趙普修私怨，韓琦刺義勇，司馬光改助役，范純仁復青苗，劉摯等議調停，文彦博、吕大防主回河，寇準薦丁謂，張浚抑李綱、殺曲端、引秦檜，雖君子，而猶有所憾。若此之類，不可殫陳。皆矯然出於群思衆見之中，嶷然立於大公至正之表。所謂聖人復起，不易吾言矣。嗚呼！讀《詩》、《書》而不知經權之道、時勢之宜，孔子曰："雖多，亦奚以為？"夫國以賢興，以諛衰；君以忠安，以忌危。何自古人主之悟者恒鮮也？以公文學行藝，才識器度，直内而方外，憂國如憂家，身事五朝，位曆二府，雄名碩望將五十年，猶以餘忠遺智托之空言，使天下後世之為人君、為人臣者，知所龜鑑，而為宋成書者，亦有所折衷焉。雖然，今天下之望於公者，其止是哉？敢書以為《宋史論》序。

**同上書卷十四，《題〈昔剌使宋圖〉後》**

右國信副使《昔剌使宋圖》及君臣賦咏一卷。以昔剌公奇偉如此，四杖節使宋，豈無一言可紀而叙其事者？但責宋不能講和，及概稱奉使不辱而已，略不及其使事始末。大抵宋之南渡，不能復振者，本於張浚抑李綱、殺曲端、引秦檜，檜殺岳飛父子，而終於賈似道之專、劉整之叛。況天方以數千年不能大混一之天下，付之世祖皇帝，以主弱臣強之宋，豈能以數萬之金幣，保區區江南一隅之地哉？故宋戰亦亡，和亦亡，況二者俱不能之耶？然非賈似道誤國失信，無以正皇元出師之號；非劉整之叛，無以周知渡江之謀。天也！整之謀，亦非整之謀也，陳亮上孝宗封事料敵之言也。整，本制置使趙方麾下一小校耳，拔之行伍之中，用以為將。方將死，語其子葵曰："劉整，真將才也！然汝不能用，我死汝必殺之，不殺必為國患。"方死，葵不忍殺，竟以瀘州叛元，遂用其策以滅宋。亦天也！嗚呼，得人則興，失人則亡，古今同軌，可不監乎？若昔剌公之屢使不辱，郝文忠之終始不渝，偉哉！

# 宋旡

**撰:《翠寒集》,《武穆墳》**[①]

若論將軍勇,神京反掌圖。中原數千里,可惜葬西湖。

**[明] 曹學佺編:《石倉曆代詩選》卷二百三十六,《岳武穆》**[②]

剋復神州指掌間,永昌陵側詔師還。丹心一片棲霞月,猶照中原萬里山。

# 黄溍

**撰:《黄文獻集》卷七下,《辯史十六則》(節錄)**

靖康元年,宗忠簡公留守京城。岳忠武王飛時隸麾下,犯法當斬。忠簡見而奇之,曰:"此將材也!"遂釋,不斬,而留之軍前。會金人犯汜水,乃授以五百騎,俾為"踏白使"。已而凱旋,補為統領,尋遷統制,飛由是知名。此事與漢王陵之於張蒼,滕公之於韓信,暴勝之之於王訢,大抵相類。漢史備著三人之事,以彰其奇遇。飛孫珂撰飛行實,乃獨諱而不錄。幸忠簡家傳今行於世,而新史得以備著之。

# 蒲道源

**撰:《閑居叢稿》卷七,《讀〈宋四將傳〉並序》**

余讀《宋四將傳》,劉錡、李顯忠,死皆得正命,魏勝戰歿,亦可無憾,獨岳飛,功業於諸將中尤卓然者,竟斃於秦檜、張俊之手,重作二詩以哀之。

權臣通敵偷家賊,奸將持兵養病醫。報國丹心惟自許,身終不免更

① 詩又見總集類《兩宋名賢小集》卷三百七十六。

② 詩又見總集類《元詩選·初集》卷三十六《啽囈集詩》。

堪悲。

提兵殄寇功垂就，下詔班師事已非。天遣封疆限南北，區區空嘆失時機。

# 柯九思

**［清］顧嗣立編：《元詩選》三集卷五，《丹丘生稿》，《岳王墓》**

結髮行間見此公，兩河忠義俟元戎。勛成伊吕終方駕，算勝孫吴亦下風。拂劍未酬千古辱，賜環空壞十年功。奸邪賣國堪流涕，獨立西風看去鴻。

# 宋褧

**撰：《燕石集》卷十三，《宋高宗帝紀論【時為國子司業，預修宋史】》**

史臣曰：甚矣！高宗之不幸也。君於衰亂之餘，時危勢迫，兵弱財匱，敵兵歲擾，播越窮僻，重以苗、劉群盜之亂，其立國确乎艱哉！世美其能法祖宗，不妄殺，至禁用翠羽、鹿胎，澤及物類，寬慈仁厚，宜若可稱。然以李綱、趙鼎、張浚，終於竄斥，岳飛父子，寃死於大功垂成，良由數窘兵難，魂怵魄駴。餌賊檜和議，甘不絶口，顧祟其功，任以威權，刑賞黜陟，反聽其命。是以忘親忍恥，怙墮畏懦，境土不復，獲罪當時。悲夫！

# 李孝光

**撰：《五峰集》卷十，《岳王祠》**

人臣功高逢忌嫉，令終美殞古來稀。山東義士向天哭，海外將軍被詔歸。奏入國家無吉語，獄成廊廟定危機。嗚呼信史為君諱，自壞長城可嘆唏。

**同上書同卷，《遷新居，與表弟徐元澤對牀卧。夜半，風雨作，推枕賦此。復就枕，夢縛秦檜。既寐，再和前韻，呈元澤》**

鐘鼎山林不損憂，為君藉箸席前籌。身前恐是岳鵬舉，生子要如孫仲謀。那用功名懸口角，不緣憂樂改眉頭。栽花種竹溪南宅，擬比人間萬戸侯。

# 納新

**撰：《金臺集》卷二，《岳墳行》**

【守墳觀禪師至京，請加封謚，徵賦此。宋將孟珙滅金，捷迴金陵，命軍士屎溺秦檜墓上。】

岳王烈烈真丈夫，材兼文武唐漢無。平生許國膽如斗，誓清九廟迎鑾輿。十萬精兵多意氣，赴難勤王盡忠義。將軍閫外圖中興，丞相江南請和議。東京百戰方解圍，班師詔促事還非。父老吞聲仰天哭，兒郎含憤渡河歸。感激英雄竟誅害，萬里長城真自壞。但將淮水作邊關，淮河之北為他界。百年古廟近荒墳，夜深石馬戰秋雲。簫鼓時來謁祠下，遺民猶泣舊將軍。君不見，滅金孟珙誇驍勇，凱還兵薄秦家隴。六軍溷穢積如山，千古行人呼墳塚。

# 貢師泰

**撰：《玩齋集》卷五，《西湖竹枝詞四首·其一》**①

葛嶺西邊師相宅，潭潭府第欲連雲。別買樓船過湖去，可曾看見岳王墳。

**同上書卷七，《重修西湖書院記》**

江南浙西道肅政廉訪使丑的公重修杭州西湖書院，成，郡監謌勒哲特穆爾、旺温，守杜從庸、謝節，提學馬合謨、洪欽，以士人宋杞等狀來請。

文曰：西湖書院，在杭州西湖之上，故宋岳武穆王飛之第，後更為太學。至元丙子，天兵臨城，學廢，禮殿獨存。其地與憲治實皆為岳王第，故來長風紀者，莫不以作興為先務。三十一年，容齋徐公琰始即舊殿改建書院，且遷鎖闌橋三賢堂附祀焉。三賢者，唐剌史白居易，宋處士林逋、知杭

① 詩又見總集類《元詩體要》卷四。

州蘇軾也。置山長一員主之，遂易今名。延祐三年，周公德元徙尊經閣，建彝訓堂，創藏書庫，益增治之。至元元年，特默格公、胡公祖廣重葺大成殿，開志仁、集義、達道、明德四齋，以居來學，扁三賢祠曰“尚德”，別室以祠徐公，曰“尚功”。於是，書院之盛遂為浙東西之冠矣。越二十年，城燹於兵，書院亦廢，象設陊剝，庭廡汙穢。居人馬跡，交集其中，書籍俎豆，狼籍弗禁。明年，三賢堂燬。又明年，尊經閣壞。學官廩稍久絶，仿徨莫知所措。公朔望謁拜，顧瞻嘆息曰：“兵革之餘，雖瘡痍未復，教化其可一日而廢乎？況勉勵風紀之任，而書院又密邇憲治也哉。”於是出私廩白粳二百石，謀作興之。丞相康里公更益白金五十兩，乃克。裒堅萃良，撤朽易腐，輪奐再新。始事於至正十八年冬十月，迄功於十九年春正月。謂勒哲特穆爾等承命董役，幸底於成。

今尊經閣巋然特起，三賢祠棟宇輝映，設以重門，繚以周垣，殿堂齋廡，庖湢庫庾，無不悉治，此皆我公之力也。不有紀述，其何以勸？顧惟公之曾祖太師中山王，勛業卓冠，祖文奕世繼美。公由近侍拜三臺御史，曆四道廉訪使，以宣慰都元帥督兵饒、信，克復三路二州五縣，全活數萬人，其詳具載武功錄。及監憲浙西，又能以經濟之略，叶和遠邇，寛裕之德，撫綏軍民。雖當崎嶇戎馬之間，不忘詩書禮樂之事，可謂識見超卓，深知治本者矣。由是而風移俗易，使人皆知尊君親上之道，而銷其乖爭陵犯之風，其所係不亦重且大乎？是不可以無述，用不敢辭。

**［清］顧嗣立編：《元詩選》初集卷四十，《西湖竹枝詞二首之一》**

葛嶺東家是相門，當年甲第入青雲。樓船撑入裏湖去，可曾望見岳王墳。【此詩以鐵崖竹枝倡和本録入。其本集所載稍不同，云：“葛嶺西邊師相宅，潭潭府第欲連雲。別買樓船過湖去，可曾看見岳王墳。】

## 成廷珪

**撰：《居竹軒詩集》卷一，《奉書岳忠武王詩集傳後》**

班師歸來淚如雨，灑向北邙陵上土。金杯不共半杯來，旌旆已入黃龍府。姦秦柄國奈若何，世上英雄本無主。誰人肯道莫須無？嗟爾張公作何語？一朝行殿受封功，錫宴湖山看歌舞。兩宮萬里尚龍沙，泉下臣飛心獨苦。臣家有子罪萬死，臣心有血一斗許。君王還肯北征時，留釁中軍帳前鼓。大河落日又風塵，撫卷令人哭忠武。

## 鄭元祐

**撰：《僑吳集》卷二，《岳武穆王墓》①**

棲霞嶺南湖水陰，墓木兩株高百尋。鬼神撝護霜雪幹，日夜怒號風雨音。山僧紙錢每自掛，隴酋金椎那得侵。精忠既已塞天地，英爽尚爾盤山林。恨雖無血可化碧，世故有人能範金。恭惟父子一抔土，尚想君臣千載心。萬松嶺前行殿廢，五國城頭寒漏沉。空令遺黎痛至骨，荒墳一上一哀吟。

**同上書同卷，《古牆行》②**

某童時，侍先人到杭，訪諸故家，其數至則循王府也。府在省西天井巷，其北則油車巷也。宋諸王子孫居之者如蜂房，其家粗完，則月潤先生也。先生諱棋，與菊存先生兄弟行。先人言論孤峭，尊俎間每謂："循王功名，去韓、岳遠甚，特與高宗意合，故享富貴壽考耳。"其昆季每聞先人抗論，往往引去。今幾五十年，杭故家掃地盡矣，而循王府亦為江浙省官署。向年淮陰龔聖予與菊存交厚，見王府環牆猶堅完，知其版築時取土於南山，其用意遠矣，為賦《古牆行》，其詞於王多所褒美，然豈春秋筆削之謂哉。為賦此，庶幾黄太史《浯溪讀碑詩》意夫。

崒嵂環牆連數堵，宋亡猶是循王府。渡南功臣王第一，賜第錢塘貯歌舞。築牆遠取南山土，軍士肩赬汗流股。楨幹停匀杵築堅，小卻猶支三百年。當時能留岳忠武，返旆定可銘燕然。嫖姚忘家子壻戮，宰嚭賣國身名全。偷安湖山忘大辱，詔諭江南等臣僕。蕭牆繚周千柱宮，只欠甑泥蒸後築。帶礪鐫銘在甲第，築牆不厭高於屋。遠鴈秋横五國城，帛書無復淚交傾。可憐忠臣痛刻骨，空令志士死結纓。佞顯忠誅誰得失？二百年餘昭白日。舊時每見古牆邊，鬼燈夜暗光如漆。牆土于今化作灰，欲問故老心先摧。只有省垣新築後，鼓角聲殷吳山隈。

---

① 詩又見史部《浙江通志》卷二百七十三、總集類《元詩選·初集》卷五十二。

② 詩又見總集類《元詩選·初集》卷五十二。

**同上書同卷，《重建岳王精忠廟謝李全初長司》**

憶昔紹興南渡時，從王百萬虎與貔。鄂王奮身起偏裨，能以百戰扶國危。師行動以紀律持，屯行野次人罕知。堂堂大將精忠旗，敵人不敢正眼窺。連城之壁無瑕疵，如何青蠅玷污之。後來禮葬西湖湄，血已化碧無完屍。於今宋亡宗社隳，獨遺墓木蟠孫枝。夜啼鵂鶹嘯狐狸，過而問者知為誰。廬陵李君每涕洟，迺坐幕府深自惟。不獨罄發囊中資，又屬州人使共治。徘徊經營出成規，廟遂落成煥桷枅。烝嘗復享崇令儀，父老瞻拜咸嗟咨。贊君為政能及茲，只今解任舟將移。何以表君去後思，爰勒堅珉著貞詞。昭示億年匪夸毗，過者下讀麗牲碑。

**同上書卷六，《岳王廟》**

復得中原後殺身，將軍未必恨奸秦。甘將三百年宗社，君相偷安葬塞塵。

**同上書卷七，《與杭州路廉宣差起咨褒封岳王書》**

某老矣，每自念先大學士忘其齒、爵、德，以下交閭巷之小生，不惟温顧之而已。其所以勸獎成就之者，銘感心膂，更百世，其能忘之哉？閣下以名門世胄，揚曆中外，遂爾秉麾，出鎮錢唐。某自恨孤貧，動身如拔山，徒極傾企而已。故宋忠臣岳武穆王，其墳墓在杭西湖北山，更今二百餘年矣。岳王勛烈在旂常，忠義在海寓，姓名在竹帛。閣下以文儒世家，能言之，能白之。今岳墳主僧可觀者，念王為忠臣烈士，而求朝廷褒封。祭祀之典缺焉，自非閣下勇往作成，則王平生何以著顯於天下？江浙省掾史宋懷玉於是事嘗殫竭其力，閣下試扣之，當知某言為不妄。時暑尚炎，望厚愛，為國自重，不具。

**同上書同卷，《與烏程干壽道明府》**

某罪逆餘生，本不可詳，姓字上於几格。然性賦蹇直，見有義激於中者，輒欲佈憤懣，為當世大賢告。某舊居杭西湖，西與岳鄂王墳寺百步而近，故知其事為詳。寺久廢於庸僧，今宣政院劄差一僧可觀為住持。寺有田七十畝，典賣在烏程兩鄉豪處。幾十餘年，亦嘗數遍經官，俾歸此田，而至今揜為己有。愚竊謂胡安定先生之墳，得先生而後歸正。今忠武功德正是忠臣烈士，載在祀典者，而何物鄉豪，乃敢據其先朝所賜田？自非儒者道義憤激，幾何不以為迂且誕者。況典寺田，自有通例。深惟先生公明所照，不孤此意耳。干瀆清嚴，殞越待罪，伏乞尊照不宣。

**同上書同卷，《與歸安牟景陽》**

某頓首，隆山先生閣下：前日聞長令郎入吳，以不獲一見為慊。人從吳興來者，輒能誦閣下治政之美，清剛堅決。百里遺民，蒙被潤澤者，和風甘雨，溉及凡物，可勝既哉！某兀兀中吳閭巷間，無足為道者。茲恃雅度，輒有白事。杭州褒忠寺，忠武岳鄂王香火院也。有田在湖州，久為人所據。今主僧可觀為主持，欲經理之。寺久廢，而觀甚貧。閣下念鄂王忠烈，出力為理之，亦盛德一事也。冬閒欲望履幕，未審可動身否？伏乞尊照。不次。

前以岳忠武褒忠寺主僧可觀訟田事，曾具記上，陳典籤氏。繼而此僧來，備言閣下見義勇為，已為復得廿餘畝。仰見盛德之至，肯為地下枯骨復其烝嘗，功德何量耶？因自念某生岳墳之西，方其幼也，目擊其廢。稍長，鼓篋，從旁一故宋老儒讀書，又見江州岳氏及宜興仲遠之家圖興復之。已而，先人之廬不自保。比入吳，罔知墳與寺之益墜，而廟貌香火一朝委地也。舊鄰有來吳者，往往能言之，言之未嘗不下淚也。夫下淚者，豈有所為而然哉？秉彝之心，忠義之激，不能自已耳。僧可觀雖愚戇，而能殫力為忠武晨香夕燈之謀，夫豈偶然哉？天於忠義之報，必陰有以相其衷者。以故忘其犯分，輒書閣下。閣下平昔忠義激烈，德望孚人，據此而可忍，孰不可忍？茲舉也，上當告於分司，下必告於路官，使其田盡復，則觀且將紀公盛德德，刻之堅珉，置之忠武祠下，使萬世永久不朽。夫豈一時拘拘者所能與哉？情辭迫切，伏乞照恕。不次。

**同上書同卷，《與烏程張元明判簿【二通】》**

去年嘗一再辱書，有自吳興來者，輒能言閣下持官持身，氷清玉剛，文穆公有孫矣，英聲茂實，天豈久淹簿領者？當拭目以俟。茲恃雅度，輒有白事。杭州褒忠寺，宋以忠武岳王有田坐落貴治，久為土豪所據。今主僧觀者，將經理之。寺久廢，而觀甚貧。閣下能念王香火載在祀典，肯出力為理之，誠盛德一事也。柯博士近於九月初還吳，觀遣人求書述，以故柯公不及作書，勿訝勿訝。未由會晤，尚幾厚愛，侍奉吉慶，不次。

前日來吳，不遑款一餐，皇恐逮今。岳墳寺僧可觀者，備言閣下德政之醇美可慰，且言忠武王贍墳簿田雖已復得，而無所執證，慮及久長，必得湖州路一宗文據，則其田畝將來始不為強有力者所轉移也。於是觀復至霅川，有丹邱書與何節推，可以為其緩頰處完而畀之。忠武有靈，未必不鑒照在上也。貴邑王大尹三月間在吳，亟於賈治，安縣令坐間相會，不敢易易作書。倘會仲穆節、史仲光博士、德茂教授，皆為致敬，幸甚。

**同上書同卷，《重建岳鄂王祠寺疏》**

杭州路西湖北山褒忠衍福寺，伏念故宋太師、忠武岳鄂王忠孝絕人，功名蓋世。方略如霍嫖姚，不逢漢武，徒結志於忘家；意氣似祖豫州，乃遇晉元，空誓言於擊楫。賜墓田於棲霞嶺下，建寺祠於秋水觀西。落日鼓鐘，每為聲冤於草木；空山香火，猶將薦爽於淵泉。豈期破蕩之愚頑，盡壞久長之規制？典祊田、隳佛宇，春秋無所烝嘗；塞墓道、揭神棲，風雨遂頹廟貌。鵂鶹夜啼拱木，躑躅春吐斷垣。淚落路人，事關世道。蓋忠臣烈士，每詔條有致祭之文；豈狂子野僧，攙國典出募緣之疏？望明有司，告之臺省。覬聖天子，錫之珪璋。褒忠義在天之靈，激死生為臣之勸。周武封比干墓，事著遺經；唐宗建白起祠，恩覃異代。下均士庶，咸共見聞。謹疏。

**同上書卷十一，《重建岳鄂王忠烈廟碑》**

故宋贈太師、忠武岳鄂王，起卒伍，至將帥。其謀審戰勝、規模施設，雖古名將不是過，一時渡南諸帥臣不論也。而高宗昏孱，竟斃之於權奸之手。逮今二百餘年矣，雖童兒婦女，概知王之為烈也。孝宗嗣位，禮葬王父、子於西湖之北山，以舊廢智果觀音院賜額曰“褒忠衍福禪寺”，錫之土田。所以褒贈之者，無不備。然其榘度蓋甚略，視張浚、楊沂中墳墓，裁十之二三耳。嘗謂宋百度修理，獨武勇將帥之臣，不及漢、唐。幸而王出，支宋運中衰，克復舊物，以雪不與共戴天之讎。顧庸君自委宗社之靈、輿圖之廣，忍父兄不世之禍，而甘為怨仇之臣子。於是，王抱恨以歿。宋社既墟，王墳與寺亦廢。王子孫在杭州者，舊嘗與義興岳氏通譜，合其力以起廢墳與寺。既復完久，王疏屬有為僧者，盡徹寺所有，粥諸人。不惟王墳灑掃闕弛，至於廟貌，一切委地。行道之人，至或泣下。會武昌李君全，初以承事郎來，為杭州路總管府經曆。每過王墓道，必瞻望咨嗟，思所以興復於既壞之後。而杭之人，力可為者，於義不屑為；見義勇為者，力或不足為。李君籌於衆，得一人焉——王華甫。華甫素服君之清強，承命唯謹。於是，庀材鳩工，外為廟門，翼以兩廡，中作正寢，後作王燕寢，且葺褒忠寺於廟之後山。今浙西憲司，王故第也，舊藏王繪像。憲司出王像，正寢中像王，右像王之子——佐武大夫、中州防禦使，左像王之壻——龍神衛、四廂都指揮使、閬州觀察使。燕寢中像王父母，暨王夫人，咸在焉。王故五子，忠州君既侑食正寢矣，其次任忠州訓郎、閤門祗候、贈武略郎，次任朝請大夫、敷文閣待制、贈中大夫，次任朝奉大夫、提舉江南東路常平事，又其次任修武郎、閤門祗候，以及王之女、號銀瓶娘子者，並閬州君之夫人，與夫王諸孫名位通顯者，皆肖像以祀焉。王部曲諸將，舊繪於壁，今仍舊制。廟成，守土吏一再致祭，杭父老率其子弟，瞻拜王廟貌。有感而歎，曰："杭内附幾七十年，其任幕府長，蓋不知幾人矣！視王廟貌壝寺頹毀蕪滅，漠然無一動其心者。今李君乃獨經營一新，自非忠義契心、千古一致，其能若是乎？"衆圖昭示李君之艱勤，與王祠廟並久而弗墜。又為迎享送神之詩，併刻之石。詩曰：墓木陰，墓道深。作新廟，墓之南。神來臨兮，新廟作粲。枅桷王父，子儼冠服。颯風馭，下寥廓。神來格兮，祊田腴歲。有儲牲醴，肥酒甕㫺。神來□兮，神醉止錫。壽喜儂享，王終復始。神降祉兮，戔斝陳跪。踸頻徼侈，福更千春，儂送神兮。

**同上書卷十二，《元故昭文館大學士、榮禄大夫、知祕書監、鎮太史院司天臺事、贈推誠贊治功臣、銀青榮禄大夫、大司徒、上柱國、追封申國公、謚文懿、湯陰岳鉉字周臣第二行狀》（節録）**

岳得姓遠矣，由唐虞三代，降至漢唐五季，無大顯者。及宋渡南，而太史岳王起相州湯陰縣，事宋高宗，用功名顯，著於天下。若其忠義大節，則尤冠絶古今。王薨而家南徙，子孫在北方者，更兵燹禍亂，分徙於燕，遂為燕人者，公之家是也。

**［清］張豫章等編：《御選四朝詩·御選元詩》卷八，《竹枝詞》**

岳王墳西是妾家，望郎不見見棲鴉。孤山若有奢華日，不種梅花種杏花。

# 周德清

**撰：《中原音韻》卷下，《看〈岳王傳〉》**

披文握武，建中興廟宇，載青史圖書。功臣卻被權臣妬，正落奸謀。閃殺人，望旌節，中原士夫。誤殺人，棄丘陵，南渡鑾輿。錢塘路，愁風怨雨，長是灑西湖。

**同上書同卷，《張浚》**

謀淵略廣，論兵用武，立國安邦。佐中興，一代賢明將，怎生來險幸如狼？蓄禍心，奸私放黨，附權臣構陷忠良。朝堂上，把一箇精忠岳王，屈死葬錢塘。

# 陳樵

**撰：《鹿皮子集》卷三，《題建炎遺詔》①**

解下塗金膝上衣【一作蛾眉金縷衣】，匆匆命將墨淋漓。圖中吳楚無端坼，月裏山河一半虧。銀漢經天都是淚，杜鵑入洛不如歸。黃衣傳詔三軍泣，不是班師詔岳飛。②

# 朱德潤

［明］**曹學佺編：《石倉曆代詩選》卷二百五十六，《過岳鄂王廟》**

汴宋南遷社稷憂，忠魂應念國包羞。錢塘千載英雄恨，古木殘陽掩暮秋。

# 鄭玉

**撰：《師山集》卷五，《重修横山路記》**

歙東南境接杭之昌化，自昱嶺關至郡城，百里而遠，出入山谷間，無跬步夷曠者。其間自小坑口至溪子里，舊路由溪下，崎嶇坑澗中，厲揭二三十度，行者以為病。其險絶處，高則架木為棧，低則疊石為塘，修葺無時，官民勞費，至不可勝計。會宋岳武穆王飛提兵過郡境，至則溪水大漲，軍不可

① 詩又見總集類《元詩選·初集》卷四十二。

② 《元詩選》：鹿皮子律詩多出韻者，即吳才老通用之意，已為宋景濂《洪武正韻》發其端矣。

前。王命大衆伐山開道，由三嶺出，遂為康莊，且省其程三之一焉。出其途者，咸歌舞之，蓋二百年於此矣。獨葉村之下地曰横山，上倚懸崖，下臨深溪，號最險處。國朝至元中，討平西坑寨之亂，洪君聲甫雜木石為路，取平正以通軍馬。事出臨時，不能經久，梅潦侵齧，漸致崩腐。負者側足而步，乘者執轡而趨。聲甫之孫節夫，與其弟仲德、季安謀，鳩工選良，伐山取堅。層累而上，如城如堵；鱗比而成，如砥如掌。於是戴星步月，不擇地而可履矣。又於其傍築亭，以休行者，而祀武穆王其中。予按武穆王以紹興元年提兵討楊幺過此。故老相傳，軍過巖寺鎮，夜宿人門外，居民無有知者。黎明啓戶，見爨跡宛然，方知王兵已過矣。其持己律人，有大過人者。蓋古之忠賢，天地因之以立極，人物賴之以有生者也。開路之役，乃其餘事，然功在吾州，比之秦渠蜀堰，曆千萬世而不可忘，豈但見甘棠而思召伯也哉？節夫舉此於二百年之後，使王之功績因之而益著，其視世之修橋路徼果報者為不侔矣。予懼王此遺跡，國史既所不書，又復逸於郡志，歲月滋久，將遂無聞，乃並書之，使節夫刻之道上。不才名氏，亦將托王以不朽也。

# 張憲

**撰：《玉笥集》卷二，《岳鄂王歌》**[①]

君不見，南薰[②]門，鐵爐步。神矛丈八舞長蛇，雙練銀光如雨注。又不見，鐵浮屠，拐子馬。斫跸[③]鋼刀飛白霜，貫陣背嵬紛解瓦。義旗所指人不驚，王師到處壺漿迎。兩河忠義望風附，襄鄧荆湖唾手寧。朱仙鎮上馬如虎，百戰經營心獨苦。賜環竟壞迴天功，捲旆歸來卧樞府。錢塘宮殿春風輕，嬌兒安宴醉未醒。徒令功臣三十六，舞女歌兒樂太平。虎頭將軍面如鐵，義膽忠肝向誰説。只將和議兩封書，往拭先皇目中血。將軍將軍通軍術，君命不受未為失。大夫出疆事從權，鐵馬長驅功可必。功成解甲面赤墀，拜表謝罪死不遲。惜哉忠義重山岳，智不及此良可悲。烏乎！肆讒言，加毒手。申王心，循王口，蘄王湖上乘驢走。五國城頭帝鬼啼，金人[④]相酌

① 詩又見總集類《石倉曆代詩選》卷二百七十四、《宋元詩會》卷九十二、《元詩選·初集》卷五十四。

② 薰，《宋元詩會》作“熏”。

③ 跸，《石倉曆代詩選》、《宋元詩會》、《元詩選》作“蹕”。

④ 金人，《石倉曆代詩選》作“邊垣”，《元詩選》作“健兒”。

平安酒。

**同上書同卷，《悲建、紹》**

張都督，殺曲端，關中斷右腕，中興天子無相干。秦丞相，陷岳飛，江左長城墮，中興天子知不知。鐵象馬，精忠旗，羅索望風走。烏珠揾淚歸，旗折馬斃事可悲。君不見，竄李綱，死宗澤，可憐建紹同轍跡。中興、中興，良可惜。

**同上書卷八，《岳飛墓祠》**

半蓋樹陰團，長廊列從官。銀鎗火光現，鐵鍊雪花寒。二帝孤魂散，三軍老淚乾。獨全秦檜首，不挂稿街竿。

## 舒頔

**撰：《貞素齋集》卷五，《送歐宰入武陵》**

秋雨昨日足，秋田再生綠。送君入武林，高下半成熟。錢塘大都會，奢麗眩人目。百工競浮華，衢苑紛馳逐。毋惑於彼夸，毋憾於此辱。折腰賦歸來，強項仍食祿。奇哉八月潮，天下惟此獨。南朝百餘年，故址煙草覆。混瘞鎮浮圖，何物太慘酷。潮頭子胥怒，嶺上岳飛哭。縱觀無古今，長歎有倚伏。君還定何時，桂月奉醽醁。

## 高明

**［清］顧嗣立編：《元詩選》三集卷十一，《柔克集》，《和趙承旨〈題岳王墓〉韻》**

莫向宗周【一作中原】歎黍離，英雄生死係安危。内廷不一作忽下班師詔，朔漠全歸大將旗。父子一門甘仗節，山河萬里竟分支。孤臣猶有埋身地，二帝遊魂更可悲。

# 錢惟善

**撰：《江月松風集》卷十，《九月望日，與楊廉夫司令、袁鵬舉、陸孔昭賓王泛湖，過岳墳及林和靖墓，分韻得“横”字》**

梅花岡上酹先生，詩句猶同水月清。僧飯林鐘時復扣，客來野鶴不能鳴。百年榛莽餘瀛嶼，九月芙蓉似錦城。更約雪晴湖上宿，洞簫留向夜深横。

# 謝應芳

**撰：《龜巢稿》卷十四，《跋〈岳氏族譜〉》**

岳氏為常之望族，舊矣。予早歲過唐門，見其第宅相甲乙者數家。且聞竹山蔣先生言，宋乾德間，岳王弟經略使之孫自九江來居，由宋而元，子姓蕃衍，文物之盛，拔萃同里。比以陵谷變遷，奕葉憔悴，東之懼譜牒散失，嗣而緝之，猶老泉蘇公之譜其族也。老泉之言曰：“觀吾譜者，孝弟之心當油然而生。”吾知東之亦以是有望於族人焉。或謂昔者狄武襄不後，梁公君子韙之，是大不然，非其後而附之者非也，為其後而自外者尤非也。故人苟能以東之之心為心，由孝弟以行吾仁，則民吾同胞，四海兄弟，無往而非仁矣。然則族譜之作，豈小補哉？時洪武十有九年六月既望，龜巢老人謝某敬跋。

# 王逢

**撰：《梧溪集》卷一，《銀缾娘子辭【有引】》①**

娘子，宋岳鄂王女。聞王被收負，銀缾投井死。祠今在浙西憲司之左，逢感其節孝，敬為之辭：

---

① 詩又見總集類《大雅集》卷一，《大雅集》題作“銀瓶小娘辭”，並序：宋岳鄂王之女，聞王被收，負銀瓶投井死。

蒼梧[①]月落烏號霜，寒泉幽凝金井牀。綺疏光流大星白，夢驚萬里長城亡。女郎報父收囹圄，匍匐將身贖無所。官家聖明如漢主，妾心愧死緹縈女。井臨交衢下通海，海枯衢遷井不改。銀缾[②]同沈意有在，萬歲千春[③]露神采[④]。魂今歸來風泠然[⑤]，思陵[⑥]無樹容啼鵑，先王[⑦]墓木西湖邊。

**同上書卷三，《題歲寒橋【有引】》**

至正壬辰七月十日，徽寇犯杭，時樊時中執敬為浙省參政，亟禦于橋，遂死之。

大參身死歲寒橋，忠血長流憤未消。一片王孫煙草色，岳墳松柏共蕭蕭。

**同上書卷四，《岳鄂王墓木皆南向，平江張師正知事命工圖之，為題一首》**

昔僑嘉會門，嘗謁鄂王墓。二樸儼喬梓，十八松夾護。一壁青天豁，半嶺靈籟度。席然卷旌頭，槊若列武庫。勢田退飛鷁，神怳獨屏樹。適來卉衣巫，載陟苕花阼。遺像雖土木，快睹猶披霧。還鄉驚艸昧，臨衝乏材具。思得背嵬一作嵬軍，少展常山步。憂長家從隱，髮短歲復暮。溪園黃落深，多爾特我顧。粲粲岳林圖，依依棲霞路。物性本莫齊，英氣實攸聚。月中劍精起，想像羆虎踞。以袖敬拂拭，老淚忽雨澍。成固謝妙工，壞或恐內樹。龍雲與魚水，艱哉君臣遇。益使濟蕩人，終身樂韋佈。

# 郭鈺

**撰：《靜思集》卷八，《代贈峽江王巡檢》**

將軍仗節鎮巴邱，虎豹深藏山水幽。草露洲長朝試馬，柳風波細晚迴舟。岳飛曾作千夫長，李廣終期萬戶侯。且訪南鄰讀書客，論詩說劍自

① 蒼梧，《大雅集》作“碧梧”。
② 銀缾，《大雅集》作“銀瓶”。
③ 千春，《大雅集》作“千秋”。
④ 神采，《大雅集》作“神彩”。
⑤ 泠然，《大雅集》作“翛然”。
⑥ 思陵，《大雅集》作“趙陵”。
⑦ 先王，《大雅集》作“阿爹”。

風流。

# 戴良

**撰：《九靈山房集》卷二十七，《石孝子傳》**[①]

石孝子者，四明山農夫也。家世貧賤，老屋數楹，隱隱叢薄中。孝子早喪父，獨與其母俱[②]。一日以事出，則告其[③]母曰："兒出，母居此無侍養者，幸往依女氏。待兒之歸也。"母曰："諾。"其女氏家去母甚邇，孝子謂母可即至。竟行，後二日歸。首過母所寓，而母未嘗至也。孝子即心驚，倉皇抵舍。忽見壁間一巨竇，覘之則虎子三，據其榻處為穴。孝子知母已為其所害，即慟且盡殺虎子，復磨一斧堅，執立竇内。頃之，母虎循竇入，即斫其首，碎之，取肝腦磔諸庭，而復大慟，以斧指天曰："吾雖殺四虎，而吾[④]母之讎[⑤]未足以報也。"乃更跡牡虎所行路，持斧阻崖石待之。牡虎果咆哮過崖下，孝子奮而前當虎首，連斫數斧即斃。虎既斃，孝子亦隨死。僵立不仆，張兩目如生，而手所持斧，獰不可奪。鄉鄰走弔，咸凜凜，欲亡去。獨嘗捕虎者，相率拜祭而神之。蓋余至越，聞諸宋先生元僖云。

論曰：父母之讎，不與共戴天。是以齊襄讎紀，而有紀侯之去國；魯莊讎齊，而有乾時之戰敗。蓋寢戈枕甲，讎在必復而已。其可逆計強弱，蓄情抑志，以苟[⑥]其生哉。竊痛宋氏南遷，二帝客死於金[⑦]，稱兵以復讎，誠不可朝夕緩也。而顧有沮[⑧]於姦議，卒使終天之恨，竟莫一伸，是果何為哉？當時議者，孰不以宋弱金強為說。以孝子觀之，宋雖弱，豈下於一夫。金雖強，詎勝於五虎。孝子能行之，而宋之君臣反有所不能。設使孝子之事見之於彼日，主國議者，亦可少愧哉。嗚呼！若孝子者，皜皜焉，烈烈焉。雖與岳將軍輩比質[⑨]，可也。

---

① 文又見總集類《明文海》卷四百十一。
② 俱，《明文海》作"居"。
③ 《明文海》無"其"字。
④ 吾，《明文海》作"我"。
⑤ 讎，《明文海》作"仇"，下文皆然。
⑥ 苟，《明文海》作"悔"。
⑦ 於金，《明文海》作"金國"。
⑧ 沮，《明文海》作"阻"。
⑨ 質，《明文海》作"肩"。

# 李祁

### 撰：《雲陽集》卷六，《澤存祠記》①

徽之屬州曰婺源，婺源多故家世族，而汪氏其一也。汪氏之上世祖武經大夫介然，當宋紹興初，從侍郎沈紹遠使金。時洪忠宣公為金人所留，音問遼絶，大夫以計得竊與公語，且得其蠟丸書。剖股肉，納丸其中，歸以遺公之子。比公南還，命諸子執子弟禮環拜大夫，大夫由是顯聞於時。其後岳武穆王宣撫江淮，辟大夫幹辦公事，提舉贛州洞丁，橫山寨富勞翼駐劄，為第六副將，以壽終於家。其居宅則公之子适倅徽時所為築也。凡大夫所受宣敕詔誥，並曆仕批書，三洪往復書帖，至於今具存。其七世孫周，將構祠於大夫之墓，以虔祭掃，且以藏大夫之手澤，故名之以“澤存”，而請記於予。予聞諸《禮經》，人子之所以敬其親之手澤者，若書册琴瑟之類是也。大夫之手澤，豈特書册琴瑟之類哉？是宜汪氏之孫子世守之而不敢墜也。大夫為國盡瘁，不避危險，以忠義奮身，以功名垂世。後之士君子，凡聞其風而得其手澤者，孰不願一快睹，以想見其為人，而況乎大夫之孫子哉？是又宜汪氏之孫子世守之而不敢墜也。然自宋南渡至於今，數百年中間，凡幾變故。簪纓圭組之家，鮮克自守，至有不能保其身者，而況乎先世之手澤哉？一世二世之手澤且不能保，而況乎六世七世哉？世代有遷革，而大夫之手澤具完；人事有廢興，而大夫之手澤無恙。謂非汪氏有賢子孫，不可也。或有疑君子之澤，五世而斬者，則將應之曰：“五世而斬者，君子之遺風餘澤也。”遺風餘澤至五世則泯矣，若其手澤之存，則雖數十世可保也。顧其子孫賢不肖何如爾？周才學兼著，不屑用於時，而獨拳拳於大夫之手澤，若此可謂無忝爾。祖者不賢，能如是乎？後之來者，益加謹焉。庶乎其不替也。

# 貢性之

### ［明］曹學佺編：《石倉曆代詩選》卷二百四十四，《西湖燕集分韻得“南”字》

我志在丘壑，野性夙所躭。今晨適休暇，樂此風日堪。而我二三友，濟

① 此文亦見《新安文獻志》卷九十六上《汪觀察介然傳》後小注。

濟皆儒簪。扶攜眺西郊，到處窮幽探。湖光淨澄練，山色浮晴嵐。林木葉已脫，梅花蘂猶緘。言瞻和靖祠，芳草埋空函。載登岳王墓，老樹雲相參。眼明三竺國，金碧眩精藍。商歌起樵牧，清梵來瞿曇。方將履夷曠，尋復躡巉巖。去去不知遠，落日山腳含。美人具清讌，畫舫如雲龕。浮游六橋間，水天遙共涵。

# 倪瓚

**撰：《清閟閣全集》卷六，《送杭州謝總管》**[①]

南省迢遙阻北京，張公開府任豪英。守臣視爵等侯伯，僕射親民如父兄。錢廟有碑刓夜雨，岳墳無樹著秋聲。好將飲食濡饑渴，何待三年報政成。

**同上書同卷，《擬賦岳鄂王墓》**

耿耿忠名萬古留，當時功業浩難收。出師未久班師急，相國翻為敵國謀。廢壘河山猶帶憤，悲風蘭蕙總驚秋。異代行人一灑淚，精爽依依雲氣浮。【一作荒墳落日重回頭。】

**同上書同卷，《擬賦岳鄂王墓再二首》**

姦任忠誅轉謬悠，鄂王固豈為身謀。中興可望隳成業，南渡何心報敵讎。廢壘山河猶帶憤，悲風蘭蕙總驚秋。莫言當日民遮哭，更使他年過客愁。

丹楓落日隱荒祠，蕭瑟清秋志士悲。復國豈期讒賣國，出師何遽詔班師。少康一旅應無計，李牧多功徒爾為。汨汨江流寫餘恨，可憐宋祚亦終移。

**同上書卷七，《竹枝詞二首》**

錢王墓田松柏稀，岳王祠堂在湖西。西泠橋邊草春綠，飛來峰頭烏夜啼。

阿翁聞說國興亡，記得錢王與岳王，日暮狂風吹柳折，滿湖煙雨綠

① 詩又見總集類《石倉曆代詩選》卷二百六十五。

茫茫。

**同上書同卷，《宿義興先太初上人房》**

初公樓上雨蕭蕭，楊柳垂煙隔岸摇。何處舟人棹歌發，山長水遠望蘭橈。

周將軍祠隔水近，岳鄂王廟亦東鄰。百年故事誰記憶，風雨清明愁殺人。

# 王禮

**撰：《麟原文集》前集卷四，《游羅田巖序》（節録）**

因記岳武穆至斯岩，嘗有詩云："手攜竹杖訪黄龍，舊穴空遺虎子踪。雲鎖斷崖無覓處，半山松竹撼西風。"恨山間無淨壁可書以示來者，歌罷黯然，不能不為異代頗、牧之思也。

# 沈夢麟

**撰：《花谿集》卷三，《陪同考官劉季冶遊湖山》**

憶昔西湖遊畫船，重來風景總茫然。酒家楊柳渾無主，歌館琵琶已絶絃。竺國朱甍仍舊貫，岳墳翠栢自流年。平生弔古登臨興，掻盡雙蓬雪滿顛。

# 楊維楨

**撰：《東維子集》卷十二，《重修西湖書院記》**

厲人臣之風化者，曰忠曰清。其推風化於綱常之地者，又寔係乎六經之道。聖賢以之而立教，時王以之而致治。嘻！斯亦尚矣。杭之西湖書院，故宋鄂王之第也。宋季，更國子監。入我朝，建書院，祠三賢。三賢者，處士林公逋、郡守白公居易、蘇公軾也。岳以精忠死國，其大節無異議者，處士以潔身獨善，合乎道之清，蘇、白皆志忠鯁，有遺愛，寔裨於風化，而無忝於六經之道，以祠之不可廢者。至正十有六年春，浙省丞相金紫達公、浙西監憲丑公各捐俸金新之。比明年，大閱，募兵益衆，聚廬益隘，軍棲於寺觀，演於庠序，院之新者隨毀。平章光禄張公諗，其故長院者，白之。明日，令下，驅部伍徙營翼，院之缺者補之，弊者易之，弱不支者壯之。三賢諸像，彰施粉繪；六經版籍，重加修補。白堊黑黝，煥焉燁焉，視舊觀為有加於乎。庠序，風化之所出。況是院也，孤臣之精忠，三賢之清節，關於風化者不細。故光禄公惕焉神會，而於戎馬之隙，振斯文於既往，起清風於後來，使岳、林、蘇、白四君子之澤，與六經之道同於不朽，其功於名教，豈曰淺哉。既畢，山長應子尚承公命，徵余文於雲淞之上，勒石以紀歲月，且使後之人知光禄公之休武而修文者類此，故余不辭，為之書。至正二十年四月八日記。

**同上書卷二十六，《高節先生墓銘》**

先生諱侶，字君友，姓嚴氏，子陵三十五世孫也……嘗遊錢唐，偕石塘胡公、山村仇公過孤山，酹林處士、岳鄂王墓，卒有動於中，告二人曰："某常時如此，親必不安。"亟歸及門，遽有終天之别，擗踊氣絶者數。

**撰，［元］吴復編：《鐵崖古樂府，補卷三，《銀瓶女》**

宋岳鄂王之幼女也。王被收，女負銀瓶投水死。今祠在浙憲司之右。

岳家父，國之城。秦家奴，城之傾。天不靈，殺我父與兄。嗟我銀瓶為我父，緹縈生不贖父死，不如無生。千尺水，一尺瓶，瓶中之水精衛鳴。

**［明］孫原理編：《元音》卷十二，《嬉春體五首之四【錢塘湖上作】》①**

入山十里清凉國，三百樓臺迤邐開。岳王墳前弔東度，隱君寺裹話西來。接果黃猿呼一箇，探花白鹿走千囬。風流文采湖山主，髮白應須屬有才。

**［元］顧瑛編：《玉山名勝集》外集，《湖上感事奉寄玉山》**

湖水碧於天，湖雲薄似煙。鴛鴦不經亂，飛過岳墳前。湖水明於鏡，湖泥濁似涇。衹應萇血在，染得水花青。海嶠浮西日，關梁轉北風。蘇郎書未反，愁絶雁來紅。將石星空墮，靈山鳳不飛。惟餘灞頭水，西去復東歸。

---

① 詩又見《宋元詩會》卷九十二、《元音·初集》卷五十六。

# 陳基

## 撰:《夷白齋稿》卷十一,《弔岳武穆文》

亘天地而長存兮,惟孝與忠;參日月以齊明兮,惟德與功。昔有宋之多賢兮,禮彬彬其在魯。彼絳、灌或弗喻乎文兮,隋與陸豈良於用武?何夫子之英傑兮,文與武其並施。篤忠孝以為輿兮,載功德以驅馳。當建炎之播越兮,遵典午之遺轍。豈將相之無其人兮,夫子獨臨危而激烈。友萇弘于千載兮,偕吳胥而上下。猗嫖姚豈獨方略兮,矧孫吳又長於用寡。使君王而不忘嘗胆兮,則功業豈卑於范蠡;使左右而不信夫讒賊兮,則斯讎豈容須臾而緩死。彼便佞固不足誅兮,此廷臣豈皆不淑;懷長城曾不少救兮,棄神京逝將誰復。嗚呼!自古皆有死兮,余獨于夫子而永傷。谷可變而為陵兮,海可變而為桑。炳父子之昭昭兮,蓋彌久而有耿光。弔孤塚于西湖兮,拜新廟於北山。跽陳辭而敬酹兮,凛生氣之桓桓。

## 同上書卷二十二,《〈金佗稡編〉序》

宋高宗承祖宗之緒,雖間關播越,退保江南,然與漢光武不侔尺土者異矣。而靖康之敵,又非新室、赤眉之比。南渡將相,心膂爪牙之臣,亦非若曩時馮異仗劍而崛起者。加以重熙累洽,漸磨浸漬,淪膚浹髓,垂二百年餘。一旦兩宮蒙塵,宗社為墟,中原父老,日夜欷歔思宋,不減三輔。至光武徒步南陽,左袒一呼,盡復高皇帝舊物,其故何哉?蓋光武知人,明見萬里,而康王舉國聽於權臣。故囬溪之敗,馮異之罪小;朱仙鎮之捷,武穆之功大。光武不以一挫之失忘遠圖,故異卒以再造之績興漢室;康王不能因戰勝之鋒用武穆,而徇主和之議任秦檜。故以恢復自任者,適足以媒忌嫉之口;而忠貞自許者,卒無以逃煆煉之禍。夫所貴乎中興之主者,非以其能雪父兄之恥,光先考之烈乎?今舉垂成之業而棄之,使馮異君臣專美於前古,武穆父子銜冤於九原。此孝子忠臣所以讀《金佗稡編》者,未有不為高宗恨也。飛父子没餘二十年,至孝宗受禪,其孫珂始以《籲天辨誣錄》詣闕上訴。由是詔賜岳飛坟廟,復爵位,頒贈諡,錄遺孤。時高宗為太上皇,猶及見之。吾意其北望舊都,必恨不誅秦檜以謝天下。吁!已無及矣。是編揔若干卷,今江浙行中書平章政事、兼同知行樞密院事吳陵張公,命斷事官經曆吳郡朱元佑重刻之,且曰:“西湖,岳武穆故第也,宜序而藏諸。”至正二十三年，三月甲子，左右司郎中臨海陳基序。

**同上書卷三十三，《精忠廟碑》**

自古將帥功臣，身任社稷安危，而存沒始終之際，凜然有君子風。百世之下，至以其墳廟廢興，觀時政之得失。如故宋太史忠武岳鄂王者，豈非以其人死而不朽，而人心天理故自不可泯哉？蓋王之沒也，蓋二十有一年，孝宗嗣位，實始以禮葬王父子於杭錢塘縣西湖之北山。王之孫、制帥府尚書珂，相繼請於朝，以功德寺曰“褒忠衍福”，復創祠基側，賜額曰“精忠”。尋置田若干畝蘇之崑山，以奉烝嘗。咸淳戊辰，四世孫運幹通復置吳興田若干畝，命僧甲乙主之。運物故，寺廟浸廢。大德辛丑，子孫之在江州、義興者，相與裒材，率力繕葺復完。久之，疏屬有為浮圖氏者，盡剪棄前人所封植，而歲時所恃以追養厚本者，至是復委地矣。泰定改元，寺主僧可觀獨以祠事不復為己憂，朝夕扶伏，走公卿士庶間。蓋十有三年，為至元，仍紀元之。六年庚辰，郡經歷李全初嘉其義，募郡人力而新之，亦既勤只。至正十九年，己亥十二月，妖寇犯杭。先是，行省左丞達實特穆爾公與大尉吳陵【缺】張公以兵屬本省平章政事兼同知行樞密事。張公【缺】鎮杭，自冬及春，寇百計攻城，不利，乃縱賊四掠，燒民居，發塚墓。三月辛丑，大戰數合。是夕寇潰，斬首數千級，生擒者以萬計。寇平，吳陵公命即故址作新廟，經始於【缺】月【缺】日【缺】，落成於【缺】月【缺】日【缺】。中為正殿，凝土為王像，而配享者，子則宋忠州防禦使、繼忠侯雲，將則宋閬州觀察使、文烈張憲。而下各就序，前列廟門。東西為兩廡；後為燕寢，則祀王父母洎夫人，餘四子武略郎雷、中大夫霖、朝奉郎震、修武郎霆，女與諸孫咸在焉。閎邃靚嚴，視前有加，而安僧之居，候賓之館，昔之所常有，今無不備。仍命僧甲乙守之。而蘇湖之田則俾郡守謝節量其出納，著成規刻之碑石，毋令私有侵耗焉。甫竣事，平章公率僚佐致祭廟廷，且曰：“世以鄂王功官位望與張魏公浚等，並為中興名將。至論文武仁智，用兵如神，慨然以恢復之功自任，忠義之言，流出肺腑，則諸葛武侯以來，不多見也。當其長驅中原，轉戰千里，此其心豈忍斯須忘君父之辱哉？使天而克遂其志，則祖豫州不足多道，而秦檜乃忍使其自壞萬里長城，如劉宋之殺檀道濟。于是兩宫魂魄卒從晉懷、愍於地下，而神州宗社鞠為丘墟，此誰之罪歟？我國家恩覃異代，王父子以至部將，既以封崇列爵，光賁泉壤，而太史氏又論次其行狀，列而為傳矣。獨其忠貫日月，勛重邱山，始終大節，事關世風，在祭法所當屍而祝之者，蓋缺如也。”乃上疏朝廷，請與山川群望、曆代聖賢忠烈之在祀典者，並著令甲，所以昭往烈、勸方來，禮也。公俾書廟廢興歲月於石，某不敢辭，乃作辭，並刻之。其詞曰：昔宋中葉國步危，宗廟失守九鼎移。兩宮蒙塵四海悲，王獨自誓扶起之。河潰山崩徒手支，長驅中原屢搴旗。敵氣已奪走且疲，讎報恥雪復舊畿。忠孝堪與靈胥期，讒臣當國肆罔欺。勛業垂成又復隳，長城自壞大厦攲。耿耿忠誠天地知，西湖之曲北山隈。鬼神護持南拱枝，爰立新廟倚翠微。子祔血食將校隨，白蘋為羞雜江蘺。吴田有稷牲膽肥，擊鼓考石嗟嘆吁。王乘雲車駕丈螭，左右列俎參兩儀。麾叱靈霆命雨師，福澤下土五穀滋。鈞天無讒究厥施，永配山川歆無違。

**同上書同卷，《天騏姪壙銘》（節錄）**

尋葬杭北山岳武穆王墓側若干步，死以至正十二年六月二十一日，葬以明年【缺】月【缺】日。

# 張昱

**撰：《可閒老人集》卷二，《詠何立事》①**

宋押衙官何立，秦太師差往東南第一峰，恍惚引至陰司，見太師對岳飛事，令歸告夫人東窗事犯矣。復命後即棄官，學道蜕骨。今在蘇州玄妙觀，為蓑衣仙。

舊作衙官身姓何，陰司歸後記仙魔。視身已是閒軀殼，一領蓑衣也是多。

**同上書卷三，《岳鄂王墳上作》**

朔雪炎風共此年，中原父老亦堪憐。豎儒屢遣祈求使，大將空持殺伐權。忠誼有碑書大節，奸邪無面見重泉。至今宰木猶南拱，遺憾西陵是墓田。

**同上書同卷，《題岳王祠》**

落日西湖土一墟，黄泉赤血恨難除。開邊衆許儕韓信，舉國渾憐喪子

---

① 詩又見總集類《元詩選·初集》卷五十七。

胥。廊廟錦文忘版籍，京師黔首望鑾輿。即今五夜梅花角，吹作南來問信書。

# 李元珪

**［元］顧瑛編：《草堂雅集》卷七，《題文湖州〈湘中推篷圖〉》**

岳王樓前湖水邊，離歌驚覺鷓鴣眠。生綃一幅秋雲亂，又上江南客子船。

# 姚文奐

**［元］顧瑛編：《草堂雅集》卷十，《題岳王墓》**

旌忠函骨北山根，一過西湖一斷魂。獨掃金人歸朔漠，長驅鐵馬到中原。奸邪百代空遺臭，父子終天尚雪冤。墓木屯陰森戰戟，蕭蕭風雨泣黃昏。

**［清］顧嗣立編：《元詩選》二集卷十九，《野航亭稾》，《又題岳王墓》**

閫外歸來獄未成，秦人先自壞長城。九原父子猶全節，萬世忠邪不共生。古廟有田供歲祀，思陵無樹散秋聲。英魂長在青雲上，高並西湖月色明。

# 潘纯[1]

**［元］顧瑛編：《草堂雅集》卷六，《題岳武穆王墳二首》**

[2]海門寒日澹無暉[3]，偃月堂深晝[4]漏稀。萬竈貔貅江上老，兩宮環珮夢

---

① 潘純，《元音》：子素（即潘純）喜為今樂府，與冷齋、疏齋相為左右。歌詩秀麗清郁，後生輩竊詠之，以謂義山飛卿，殆不能過也。其《弔岳武穆》一篇，尤為一時傳誦。

② 詩又見總集類《元藝圃集》卷四，題作“岳王墓”，以及《元詩選·三集》卷十一《子素集》，題作“題岳武穆王墳二首”。

③ 暉，《元藝圃集》作“輝”。

④ 《元藝圃集》於此處注“一作‘玉’”。

中歸。内園羯鼓催花發，小殿珠簾看雪飛。不道帳前敕勒[①]舞，有人行酒著青衣。[②]

[③]湖水春來[④]自綠波，空林人跡少經過。夜寒石馬嘶風雨，日落山精泣[⑤]薜蘿。江左長城真自壞，鄴中明月[⑥]竟[⑦]誰歌。惟[⑧]餘滿地萇弘血，草色[⑨]年深碧更多[⑩]。

**［明］錢穀編：《吳都文粹續集》卷四十四，《復劉龍洲墓》[⑪]**

夷門王氣橫江來，秋風落盡梁宮槐。鳳皇[⑫]山頭駐青蓋，海門樓閣空中開。五國城荒雪如席，寒擁旃裘兩宮泣。帛書不繫雁南飛，衰草黃雲淡無色。君臣自謂虞重華，不識何如司馬家。鳳笙龍管將進酒，玉闌羯鼓方催花。白頭遺老空惆悵，鐵鎖長江幸無恙。獄中誰救岳將軍，人間知有秦丞相。搢紳之士皆汗顔，山林氣壓居庸關。那知義膽忠肝者，不[⑬]在貂蟬玉珮間。何人好事高千古，愛此淳風似鄒魯。咸陽寂寞漢諸陵，慚愧劉郎一抔土。

# 汪幼鳳

**［明］程敏政編：《新安文獻志》卷八十八，《滕星崖【墂】傳》（節錄）**

滕星崖，名墂，字仲塞。質貌清古，性度高遠，不事產業，財有赢餘，

① 敕勒，《元藝圃集》作“胡旋”。

② 《元藝圃集》於詩後注：此首《光岳英華》作蕭宇。

③ 詩又見史部《浙江通志》卷二百七十六、總集類《元音》卷十一、《元詩體要》卷十、《元藝圃集》卷四、《石倉曆代詩選》卷二百七十九、《宋元詩會》卷九十五、《元詩選・三集》卷十一《子素集》。《元詩選》題作“題岳武穆王墳二首”，此為第二首。《元詩體要》、《元藝圃集》、《石倉曆代詩選》、《宋元詩會》均題作“岳王墓”，唯《元藝圃集》錄兩首，其餘只錄此一首。

④ 春來，《元藝圃集》作“年年”。《元詩選》亦作“春來”，並注“一作年年”。

⑤ 泣，《石倉曆代詩選》作“嘯”，《宋元詩會》作“笑”。

⑥ 明月，《元藝圃集》作“明鏡”。

⑦ 竟，《元藝圃集》、《元音》作“為”。

⑧ 惟，《元音》、《元藝圃集》、《元詩選》作“空”。《元詩選》亦作“惟”，並注“一作空”。

⑨ 草色，《元音》、《元詩體要》、《元藝圃集》、《石倉曆代詩選》、《宋元詩會》作“芳草”。

⑩ 《元詩選》於詩後注：此首《文翰類選大成》作張惟庸。

⑪ 詩又見總集類《元詩選・三集》卷十一《子素集》。

⑫ 皇，《元詩選》作“凰”。

⑬ 不，《元詩選》作“弗”。

即以濟窮困。為文不蹈襲古人，自成一家。草書有晉人風度。常命兄子舜夫求文丞相遺墨，舜夫得所書《過金陵驛》詩以歸。堜日懸於堂，焚香拜泣。又過西湖，拜岳將軍墓，賦詩以伸其鬱，有“相對含悲石翁仲，老衰無淚落秋風”之句，其忠義蓋天性也。

## 于立

**[明] 曹學佺編：《石倉曆代詩選》卷二百六十二，《西湖竹枝詞》**[①]

儂家住在湧金門，青見高峰白見雲。嶺上並無丞相宅，湖邊猶有岳王墳。

## 克新

**[明] 釋正勉、釋性涵編：《古今禪藻集》卷十六，《岳飛墓次劉治中韻》**

西湖水色映陽阿，偃月堂連瑪瑙坡。方擁貔貅驅敵衆，豈期鷹隼被虞羅。兩宮天遠嗟何及，中土溝分恨轉多。異代英雄同感慨，酒酣彈劍一悲歌。

**同上書同卷，《岳飛墓次吴府判韻》**

湖上孤墳青草生，一門忠孝擅嘉名。力扶社稷還歸正，誓取山河不用盟。先帝終天讎未復，大臣欺國志中傾。丈夫自昔皆如此，感激英雄萬古情。

## 馮以默[②]

**[清] 張豫章等編：《御選四朝詩·御選元詩》卷三十六，《浙江亭》**[③]

海門潮水貫長虹，天際山形隱伏龍。南省官曹終日醉，西陵烽火隔江

① 詩又見總集類《元詩選·三集》卷十六，《會稽外史集》、詩文評類《曆代詩話》卷七十。
② 《大雅集》：馮以默，字淵如，號彈鋏生，雲間人。
③ 詩又見總集類《大雅集》卷七。

紅。黃金不鑄岳武穆，青史直書劉巨容。蕭瑟江南哀不盡，庾郎詞賦若為工。

## 曹文晦

**［清］顧嗣立編：《元詩選》二集卷十九，《新山集》，《題岳王墓》**

旌忠函骨北山根，一過西湖一斷魂。獨掃金人歸朔漠，長驅鐵馬到中原。姦邪百代空遺臭，父子終天尚雪冤。墓木屯陰森戰戟，蕭蕭風雨泣黃昏。

## 林泉生

**［清］顧嗣立編：《元詩選》三集卷八，《覺是集》，《岳王廟二首》**

岳王墳上褒忠寺，地老天荒恨尚存。介胄何堪投獄吏，衣冠無復望中原。青山能掩萇弘血，落日空悲蜀帝魂。遼鶴不歸人事別，吳宮青草又黃昏。①

誰收將骨瘞西湖，已卜他年必沼吳。孤塚有人來一作葬下馬，六陵無樹可棲烏。廟堂短計慚嫠婦，宇宙惟公是丈夫。往事重觀如敗局，一龕燈火屬浮屠。

## 徐瑞松

**［清］史簡編：《鄱陽五家集》卷八，《九月四日，偕弟可玉、外甥張敏修、吾孫棟，游西山訪古，追懷甲戌舊游，感嘆不已，紀事五十韻【丁巳】》（節錄）**

秋日清且厲，發興山西游。步出錢塘門，纍纍但荒丘。繁華歘消歇，王氣竟誰收。寂寞石函橋，小水清淺流。秦皇纜舡處，螺髻現佛頭。雖非淩雲像，雄偉亦罕儔。開示一指禪，觀者領悟不。作禮三皈依，將行復綢繆。浮

① 詩又見史部《浙江通志》卷二百七十六。

屠踞山巔，何年困鬱攸。返步遵大路，叢薄新篁抽。前有佛足泉，一竇清瀏瀏。凄凉鄂王祠，墓道鎖松楸。可憐忠烈魂，寄此土一抔。遺像儼中堂，怒氣横雙眸。誤國彼何人，寸斬不足酬。

# 明

## 陳汝言

**［清］朱彝尊編：《明詩綜》卷十四，《送謝從義知杭州分韻岳王墳》**

荒墳秋樹影蕭蕭，只有孤僧伴寂寥。二帝游魂歸不得，百年枯骨恨難消。山空永夜愁寒雨，江闊悲風起暮潮。若到錢塘逢故老，傷心切莫問前朝。

**［清］沈季友編：《檇李詩係》卷九，《岳王墓》**

一自班師下内庭，中原繁盛竟凋零。兩宫環珮煙塵迥，百戰山河草木青。雨暗靈祠嘶鐵馬，月明智井泣銀缾。凄涼古墓西湖上，老樹悲風不忍聽。

## 劉基

**撰：《誠意伯文集》卷一，《弔岳將軍賦》**

木之顛兮，其根必傷。人之將死兮，俞扁以為不祥。嗚呼！將軍夫何為哉？天地易位兮，江河倒流。鳳凰夭殈兮，豺狼冕旒。臣不知有其君兮，子不知其有父。嗚呼！將軍兮獨銜冤，而懷苦讎。何愛而可親兮，忠何辜而可戮。父兄且猶不顧兮，何忠良之能育。臣竭心以為主兮，又何可以為仇也。天之所廢不可植兮，亦將軍之尤也。鳥傷弓而欲殞兮，群啞啞而拊翼。猿狖縻于機檻兮，羂悲鳴而不食。相伊人之有心兮，曾鳥獸之不如。忘戴天之大恥兮，安峻宇而高居。信讒邪之矯枉兮，委九廟於狐狸。甘卑辭以臣妾兮，苟殘喘以娛嬉。焚舟楫於洪流兮，烹驊騮於中路。庸夫亦知其至愚兮，羌獨迷而弗寤。捐薄軀以報主兮，乃忠臣之素心。縱狂瞽之弗思兮，又何必以之為禽。屈原貞而見逐兮，伍子忠而獲戾。固將軍之不辰兮，哀中原之蕪穢。弔孤墳於湖濱兮，見思陵之牛羊。寄遙情於悲歌兮，識忘親之不臧。

**同上書卷十五，《玉兔泉銘【並序】》**[①]

自古有以勢軋天下，箝人口，使和己者，鮮不由細微以及大，此姦人之素能也。故高之馬，莽之祥瑞，惟其言而莫之違，然後大詐行，而大欲得矣。秦檜之事宋高宗也，以岳將軍之武之忠，且排搆之，殺其身以及其子，反以為功。而宋之君臣，莫不從其指，則亦何求而不得哉？玉兔之泉，以清美為建業城中第一，豈昔顯而今堙[②]者，檜實知之耶？或有善察土脈、工[③]穿井之術者，密以語檜，而神之以白兔耶？則皆不可知也。夫檜之罔民設詐，豈下於高、莽哉？白兔之是非，無關天下之大事。是故賢人君子忽之，而莫與較。於是乎，鄙夫諂子，遂探其意，而夸之以為佞。是蓋[④]不足辯也。金華張孟兼憫泉之芳潔為姦人[⑤]所污，而銘以雪其冤，愛物之良心也。予亦悲之，為之作後《玉兔泉銘》。銘曰：嗚呼！泉乎夫何辜，為檜所污。世無吳隱之，孰昭其誣。嗚呼！泉乎尼父，大聖猶言其主，瘠環與癰疽。白兔之傳，夫何傷於爾歟？檜死為蛆，泉潔自如。我作銘詩，衆[⑥]惑斯祛。嗚呼！泉乎，終古弗渝。[⑦]

# 陶安

**撰：《陶學士集》卷五，《岳王墓》**[⑧]

十二金牌發帝宮，儘憑讒舌害元功。君臣樂土偷安遂，父子邊庭屬望

---

① 文又見張孟兼《白石山房逸稿》之《張孟兼集附錄》、總集類《明文衡》卷十八。

② 堙，《明文衡》作“湮”。

③ 工，《白石山房逸藁》作“上”。

④ 蓋，《白石山房逸藁》作“益”。

⑤ 為姦人，《白石山房逸藁》作“以奸久”。

⑥ 衆，《白石山房逸藁》作“泉”。

⑦ 《白石山房逸藁》文後載，宋景濂重題玉兔泉卷後：泉地產初，何與人事？世目之為貪、為盜，不過藉其名以厲人行，泉固自若也。金陵有泉曰玉兔，甘潔異常。或者悼其不幸為奸檜所發，或者以檜之惡無污泉之清，爭出巧辨，嘵嘵不自休。嗚呼！安得莊生齊物之旨，語之者哉？部使者張君孟兼將上山東，出示此卷，請重題其後。題已，孟兼曰：“先生可為調人之官矣。”一笑而別。

⑧ 詩又見總集類《石倉曆代詩選》卷二百八十一。

空。莫掩青山千載恨，常懸白日寸心忠。英靈只在棲霞嶺，塚樹無枝偃北風。

**同上書卷八，《詠史十五首・岳武穆》**

寡弱兵能擊壯強，天生豪傑信非常。長城不使權奸壞，唾手中原復故疆。

# 王褘

**撰：《王忠文集》卷二，《西湖》**

波光一碧浄無瑕，楊柳芙蓉紫翠加。岸岸樓臺圍綺麗，船船歌管載繁華。蘇堤北去岳王塚，葛嶺西來賈相家。富貴功名總如夢，孤松歲歲自梅花。

**同上書卷十七，《跋宋高宗賜岳飛手札》**

右宋高宗手札賜岳鄂武穆王飛，召其以兵援廬州。按新史本傳，紹興四年，飛既平襄漢，趙鼎以謂鄂、岳最為上流要害，乞令飛屯兵其地，使江西藉其聲勢，湖、廣、江、浙亦獲安妥。飛乃以清遠軍節度使移屯于鄂。金人烏珠與劉豫合兵圍廬州，手札命飛提兵解圍。比至，金人以甲騎逼城，飛與戰，敗之。六年九月，豫復遣子麟、猊分兵寇淮西，劉光世欲舍廬州，張浚欲棄盱眙。時飛以武勝、定國節度使開閫襄陽，兼宣撫河東、節制河北。有召，飛以兵東下當其鋒。浚言飛一動則襄漢無所制，乃還軍。十一年，金人復分道度淮，迫廬州。時飛以少保、河南北諸路招討使，駐兵中原，請解兵柄，自廬入覲。詔即趣飛援之，凡十七札。飛策金人舉國南來，巢穴必虛，若長驅汴、洛以擣之，彼必奔命，可坐而敝。兵比至廬境，金人望風遁去。此札當是此三年中所遣，以不署年月，故莫得而詳。然札中有“張俊、劉錡合力措置”之語，考之舊史本紀：四年，乃張俊視師江上，而屯兵拒戰者，韓世忠、劉光世也；六年乃劉光世駐廬州，而張俊督師采石也；惟十一年，劉錡屯濡，須合張俊河中之軍以卻敵，與札中語合，則其為此年所遣，不疑。初武穆為秦檜所誣，且置之死。檜令搜其家，得御札數篋，束之左藏南庫。淳熙中，事既昭雪，其子霖以為請，孝宗還之。此札固在其數中者也。嗚呼！君臣之際，難矣！方天下多故，高宗之於武穆，倚藉之如此，使其不死，中原豈有淪沒，王室豈至於偏安乎？惟高宗無復有志於中原，故奸檜之計行，而武穆死矣。然則武穆之死，天實為之，吾於其君何尤焉。

# 朱同

### 撰：《覆瓿集》卷三，《竹枝詞十八首之八》[①]

儂家住在湧金門，青見高峰白見雲。嶺上已無丞相宅，湖邊猶有岳王墳。

### 同上書同卷，《竹枝詞十八首之九》

葛嶺東頭是相門，當年甲第入青雲。樓船東入裏湖去，何曾望見岳王墳。

# 王景

### ［明］程敏政編：《明文衡》卷三十二，《復宗忠簡公墓田記》（節錄）

嗚呼！國家之凌遲，至靖康之時，極矣。宋太祖有天下，太宗、真、仁繼之，百五十年，涵養生息，措國勢如太山磐石。自神宗用王安石，國脈潛耗。至於徽宗，以侈靡促之。童貫喪師，以啓邊釁，四郊多壘。徽、欽蒙塵，邦昌僭位。天理民彝，斲喪無幾。惟宗澤起自義兵都總管，留康王於磁州，差軍衛南，上書勸進。高宗即位，引兵趨行在。帝壯之，命知開封府、京城留守。宗澤招集義兵，得百餘萬，山寨效順，復數十萬。方剋日大舉，而病不可起矣。嗟夫！宋之再造，宗澤基之。宗澤之生死，係中原之存亡。宗澤在，則義兵至一百八十萬；澤亡，則義兵盡散。澤在，則化叛逆為王臣；澤亡，則王臣變為賊矣。是澤之生死，係宋之輕重。其忠義貫日月，心膽裂金石。志復宗社，而力不逮。囲鑾之疏二十四上，而國賊中沮之。感激而死，豈其得已哉？使澤不死，岳飛生存，宋之為宋，未可知也。

---

① 《曆代詩話》、《元詩選》、《石倉曆代詩選》皆云此詩為于立作，待考。

# 凌雲翰

**撰：《柘軒集》卷二，《岳鄂王墓》**

前相汪黄後相秦，力圖恢復竟何人。朱仙路近旌旗晚，古汴城高草木春。江月照空埋劍獄，邊沙吹斷屬車塵。棲霞嶺下將軍塚，夜夜悲風起石麟。

**同上書卷三，《洪武甲寅冬十二月，祀岳王，仁和知縣四明陳子善先生，夜宿祠下有作，因次其韻》**

我行古劍關前路，正見岳王墳上樹。墳前湖水日夜東，萬古不流忠烈去。汴梁城裹邊塵飛，炎精一蔽天無輝。宮墻煙柳自春色，畫梁燕子將誰依？新愁又到西湖柳，萬縷黄金拂人首。長條折取贈行人，誰酹英雄一杯酒。四弦彈出陌上花，推手為琵卻手琶。坡仙有語誰解道，獨歌緩緩妾還家。往古來今無限思，欲著春風恐無地。杜鵑祗解管興亡，蝴蝶何曾知寤寐。可憐凍雀絃干山，致身不似艮嶽間。翠華已見去冉冉，瓊珮無復來珊珊。西湖信美人間少，彷彿十洲與三島。獨有荒墳老樹身，拱把如今成合抱。白雲只在山之巔，隨風忽墮詩人前。酒酣載歌白雲曲，萬事知心惟有天。宋家秦檜過元載，奴計專和前志改。豈無祖逖空渡江，亦有魯連終蹈海。嗚呼自壞萬里城，誰挽天河重洗兵。朱仙靈旗一朝返，中原此恨何時平。昔聞哲王用人傑，鼇極何曾有崩裂。天之所壞不可支，劍鋒竟染萇弘血。背嵬將軍萬夫雄，丈八蛇矛成武功。左傳一篇長在手，正欲運籌帷幄中。干戈紛攘期盡掃，敵騎前徒萬戈倒。咄哉和議竟盈廷，此理無由問蒼昊。子復生孫孫有子，移山不信愚公死。英靈氣在天地間，每到祠前即興起。陞堂再拜有所思，中興奸相真小兒。良弓遽藏高鳥在，萬古千秋傷有為。皇綱詎可成烏有，誰念青衣類黔首。堂堂廟貌民具瞻，公論由來在身後。朅來弔古心自疑，浩歌似有山靈知。蒼茫雷電動神馬，恍惚風雲生大旗。秋復春兮春復夏，四時拜掃祠堂下。也知天定能勝人，列土分茅號王者。丈夫生死有重輕，死非其地如無生。吁嗟吁嗟岳少保，自公之死國不寧。二帝只在黄龍城，眼枯天地終無情。何如父子麒麟塚，離亂之餘除垂拱。不教斤斧犯松楸，肯使牛羊上丘壠。詩人夜宿聽山泉，出戶滿目皆荒煙。不聞金鼓殷地發，但見玉鏡當空懸。忠臣之志何烈烈，報國惟公心似鐵。明年虜簿迓為神，湖上花朝春二月。

**同上書卷四，《岳王廟化緣修理塑馬疏》**

伏以凌煙生面，完之又是百年；追電輕蹄，塑者已非一日。況丹青易為慘淡，奈土木久致崩摧。孰瞻在天之靈，竟失行地之用。必期多助，庶可有為。若鐵鎗之勇，著於王彥章；比泥馬之靈，顯於崔子玉。一舉兩得，異世同符。偕四將成中興，烜赫炎精之焰；參六飛為上駟，肅清朔漠之塵。茲以勸忠，幸為仗義。

# 貝瓊

**撰：《清江詩集》卷十，《西湖竹枝》**

聞郎北過李陵臺，湖上荷花今又開。那似岳王墳上樹，枝枝葉葉盡南囬。

**撰：《清江文集》卷二十六，《植勤堂記》①**

余嘗論宋三百年間，有大德而享其報者，晉國公王祐②也。符彥卿與太祖，外有君臣之分，在周則為比肩同事之人，而握兵居重地，一旦疑其為變，命祐往察動靜之跡，且欲因而翦之。使小人苟利富貴，必希旨附和，以誣其罪惡，計吾之得失哉。乃以百口保之，坐是失官。既而，其子文正公相真宗十有八年，孫懿敏公在仁宗朝，復出入將相三十餘年。植槐之應，捷若桴鼓。當是時，祐非私於彥卿，實所以忠於太祖者也。使太祖無誅滅大臣之過，而彥卿免讒搆③之冤，此固有純臣之義矣。若秦檜當國，忌賢嫉功，盡斥異己，至殺岳飛、殺趙鼎，而張浚、胡寅亦幾不免，其陰賊慘酷何如邪？乃歎其子不足相副，當燕而罷，曾不反求諸己。其後卒褫爵廢棄，秦氏遂衰。嗚呼！善惡之積如此，天之報施又如此，可為百世之龜鑑④已。故君子莫不稱祐不邀⑤近功；至檜，則皆怒罵，欲食其肉。然如祐之所存者恒寡，

① 文又見總集類《明文衡》卷三十二。
② 王祐，《明文衡》作“王祜”，下皆作“祜”。
③ 搆，《明文衡》作“構”。
④ 鑑，《明文衡》作“監”。
⑤ 邀，《明文衡》作“徼”。

而放檜之所為者，往往有之，豈其性甘為豺虎哉。將以天之冥冥為不足信也，不智甚矣。撫之金谿，有王熙謙和氏，以晉公為法，顏其所居之堂曰“植勤”。虞文靖公、揭文安公咸賦詠以美之，復介工部主事彭德修來謁記。故特舉二者論之，大抵為善無應，則輟而不進，此固人之常情。勤則始終無間焉，以木觀之，封其本而枝益蕃，去其蠹而實可冀，蓋有出於自然者。孰與快意一時，以稔其毒，肉未寒而名滅哉。覽者宜有所勸，是為記。熙，荊國文公十世孫，讀書好古，有長者風，為鄉里所推云。

# 徐一夔

**撰：《始豐稿》卷九，《昌文侯祝文》**

惟神以武略，為宋岳武穆王飛前驅，著有勛績，附見《宋史·岳飛傳》中。及王不幸被誣，神用不顯。其後王誣既雪，神蒙錫諡，牒令廟食京學，以相文化。寺中舊有故牒，近以典守者不謹失去，而肖像猶存。一夔至學之初，咨詢故實，敬仰神庥，式陳明薦。敢告。

# 童冀

**撰：《尚絅齋集》卷一，《追和子昂學士〈鄂王墳〉韻》**

二龍絶漠竟流離，五馬浮江勢尚危。北上忠臣生白髮，東南興運止黃旗。新亭誰灑中原淚，大厦良非一木支。落日湖光明埤堄，鳳簫遙應角聲悲。

**同上書卷五，《謁岳鄂王墓》**

鄂王遺廟空山裏，斜日荒煙澹暮嵐。一死曾微贖身百，孤忠寧愧過河三。戰場有敵皆奔北，冢木無枝不向南。白髮書生謁祠下，巖泉一勺酹芳甘。

# 高啓

**撰:《大全集》卷十五,《岳王墓》**

大樹無枝向北風,千年遺恨泣英雄。班師詔已來三殿,射敵書猶說兩宫。每憶上方誰請劍,空嗟高廟自藏弓。棲霞嶺上今囘首,不見諸陵白露中。

# 张羽

**撰:《靜菴集》卷一,《岳王墳墓》**

中原千里志,西湖四尺墳。長城忍自壞,神器理當分。流血應為碧,涅背漫成文。魂魄誰相友,濤江有伍君。

# 王恭

**撰:《白雲樵唱集》,《經鄂王墳》**

匹馬南行度浙河,汴城宫殿遠嵯峨。中興諸將思恢復,負國奸臣主議和。黃葉古祠寒雨積,青山孤塚夕陽多。六和塔影西風裏,陵樹蕭蕭野鳥歌。

# 瞿佑

**[明] 曹學佺編:《石倉曆代詩選》卷三百六十二,《故宫歎》**

金輪夜半北方起,炎精未墮光先已。青衣去作行酒人,泥馬來為失鄉鬼。江頭宫殿列巑岏,湖上笙歌樂宴安。魚羹自從五嫂乞,殘酒卻笑儒生酸。格天閣上燒銀燭,中王計就蘄王逐。累世内禪諱言兵,中興之功罪難贖。開邊釁動終倒戈,師臣函首去求和。木綿庵下新鬼哭,誤國重逢賈八歌。琉璃作花禁珠翠,上馬裙輕淚粧媚。朔風吹塵笳鼓鳴,天目山崩海潮避。往事興亡誰與論，亭亭白塔鎮愁魂。惟有棲霞嶺頭樹，至今人說岳王墳。

## 烏斯道

**撰：《春草齋集》卷四，《辯岳鄂王不渡河》**

士大夫言：鄂王朱仙鎮之師，金人命垂絶。王在軍，當不受君命，渡河成功而還，天子寧以報怨復地罪之哉？余謂當時事勢，必有所梲焉。秦檜在中執威柄，先請張浚、楊沂中歸，而後言王孤軍久留，不可深入，是剪王羽翼。已知阻於秦檜之議矣，且一日之内，奉十二金牌令班師，王憤惋泣下，東向再拜，曰："十年之力，廢於一旦。"以王博學明理，精忠勇決，積其勞十載，豈不慮及於君命不受？觀其一日之内，金牌十二，亦必因王疑議進退，而呼之之急如是也。假令王不受君命，徑抵金壘。烏珠智勇之將，雖挫衄，餘兵尚盛。敵未就擒，而追王逆命之軍躡其後，必受觸藩羸角之禍。是固雖欲渡河，而有必不可者矣。嗟乎！秦檜賣國，万俟卨與王有怨，故殺王。詎謂張浚名大將，亦傅成王罪？天子不念百戰之功，乃可姦人之奏，竟致王于死。嗚呼痛哉！

## 史謹

**撰：《獨醉亭集》卷中，《武林秋色圖》**

憶曾駐馬立斜曛，滿目清愁遠近分。蔓草平蕪和靖宅，淡煙疏柳岳王墳。湖光縹緲涵飛雁，晝思蒼茫接斷雲。回首君家天目下，滿山紅葉正紛紛。

## 胡奎

**撰：《斗南老人集》卷五，《臨安勝覽・其四》**

葛嶺蒼蒼横暮雲，旁人指點岳王墳。看取墳前向東樹，也知生死不忘君。

# 龔斆

**撰:《鵝湖集》卷一,《移忠寺》**

人生自古誰無死,蓋世功名只如此。丈夫事業在致君,要把香名照青史。欺君賣國將謀身,讒言搆禍誅功臣。身雖富貴國僅免,舍生取義為何人。荒墳蕭蕭秋草歇,翁仲含羞向誰説。君不見,西湖之上岳王祠,常有遊人拜忠節。

# 鄭真

**撰:《滎陽外史集》卷三十五,《跋宋高宗賜岳飛手詔》**

詔曰:敵犯和、淮西,與張浚和州相拒,已遣親札,趣卿倍道前來,合力擊賊,早夜以俟。卿忠智冠世,今日之舉,社稷所係,貴在神速,少緩恐失機會也。

此思陵所賜岳穆王飛手詔也。其當劉豫稱帝犯順之時乎?淮西去襄漢千餘里,飛得詔十五,此其一也。飛拜詔,即日引道。至盱眙,上書告師期,敵已退次舒州,待命。帝以飛為小心忠謹,不敢專進退為得體。飛之勤用王命,天地鬼神實知之。而張浚輔臣,秦檜之姦,卒以援淮西不力,且謂山陽不可守,為沮士氣,至於瘐死。其所賜御札與往來日月、道途,皆可考據。當時輔弼近臣,終無有為之辨者,哀哉!然則此詔其殺飛之由起乎?亦可以見高宗惑于姦宄,而無以大中興之業矣。

**同上書同卷,《跋宋高宗賜岳飛手詔·又》**

詔曰:朕惟國之用武,必據形勝,以為地利。今西南之重,實佔上游。既已委卿移此要害,深圖戰守之計。卿宜以朕此意,諭將佐撫勞士卒,勉思忠力一心,叶贊事機,庶克攸濟。有功必報,朕不汝忘。

古之帝王,必據形勝之地以為基本。故漢祖欲滅項氏,則先定關中;光武欲誅王莽,則先定河内。根本既定,國其有不興者乎?宋遭陽九之厄,而天不泯其社稷,戎馬驅馳,倉皇南渡,國勢地利,其何所恃以為重哉?高宗用岳飛復湖、湘則楊幺平,取襄、郢則李成遁。國之基本,於是為有賴矣。

此詔其當飛駐上流之時乎？其曰："西南之重，既已委卿，深圖戰守之計。"則帝有為之志可見矣。然終不能北取中原，奉迎二聖者，豈形勢使之然哉？雖然，帝之在臨安也，胡寅上疏，嘗欲以荆、襄為重矣。蓋以地近中州，上下不過千里，要害易守，非如淮、泗漫衍，易入而難備也。飛既廓清襄漢，則夫京西、兩河南北固已在其掌握矣。豈不能使之圖功攸終乎？朱仙鎮之役，去汴京僅四十五里，金人已謀北遁矣。而秦檜沮之，故始而班師，中而罷兵，終則置之死地，有可為之機而卒於無所為，則皆檜有以致之也。《詩》曰"其車既載，迺棄爾輔"，高宗有焉；"誰生厲階，至今為梗"，秦檜有焉；"如可贖兮，人百其身"，岳飛有焉。

# 方孝孺

**［宋］宗澤撰，樓昉編：《宗忠簡集》，《宗忠簡集原序》**①

國之廢興存亡，蓋天也，而有人事焉？由其已然之跡而觀之，人謀之從違，事變之得失，皆如預定而不可易者，人力若奚所用？自其未成之始而論之，成敗禍福之機，待人而發，豈皆出於天命哉？故善為天下者，盡人事以回天道；不善者，委天命以怠人事。田單，齊之壯士，用一邑瘡殘之民，復七十餘城不數月之間。諸葛孔明，以王者之佐，驅全蜀之衆，欲取中原之尺寸，終其身而不能遂。非特天命也，人事之難易，固不同也。率赤子以救父兄，疾呼而可集。說途之人，使拯其鄰於難，雖善其辭令，有所不從。賢者能勉人以其所樂為，不能強人以其所難勉。單之用齊人，人皆有亡國喪家之憤，而自為戰，故其成功也易。孔明之時，人知有曹氏，不知漢德久矣。孔明徒欲以忠義激之，安能必其從己乎？

宋敗于金而不復②中興，人以為天命，而不知人事，失其機故也。張浚、趙鼎，可謂天下之賢相，而韓世忠、岳飛、劉錡之徒，亦一時之將材。高宗雖庸懦，豈遽出法章下哉？然而沮撓，而不足成事者，以其初不用宗忠簡公之言耳。徽、欽之亡，在乎兵不足戰，而忠簡公既入都城，百萬之兵立具，爭欲為之致死。忠簡之賢，固足以得衆，而斯民戴宋之心，亦安可誣

① 文又見方孝孺《遜志齋集》卷十二、總集類《文章辨體彙選》卷三百十一，均題《宗忠簡公奏疏序》。

② 《文章辨體彙選》此處有一"能"字。

哉？當是時也，正田單復齊之機。而忠簡公，孔明之流亞也。使高宗能用其策，公少延歲月①未死，則覆沒之地可以迅②掃而平，敵人可以縛③而獻諸太廟，豈有蹙國事讎之辱哉？失此不聽，至于竄伏東南，而欲圖之，則民心之忘宋，亦已遠矣。是以終不能有所成，非特秦檜、湯思退之罪也。人無勇怯，惟其所用。乘其方鋭而用之，中人皆可為壯夫。及其氣衰志慴，雖烏獲，亦投劍而卻。顧公之拳拳，欲高宗都汴者，欲用天下之鋭氣，以復讎雪耻。而高宗信小人畏避之謀，棄不復聽，而公亦死矣。斯豈天命使然耶？實人為之不盡也。公沒今三百餘年，而《請高宗還汴之疏》二十有四，不盡載於史氏。其九世諸孫濬錄藏於家，而屬余序之。公忠義著於後世，不待疏而後見；疏之所著，不待言而後明。然世皆知宋之不復振，由于秦檜之相，而不知始於不用公之言。余是以具論之，使知此疏之不從，實宋室之所由分也。方孝孺譔。

**撰：《遜志齋集》卷二十四，《題南屏對雪圖》④**

昔年歲暮京國還，艤舟夜宿南屏山。山風吹雲天欲壓，夜半大雪埋江關。清晨倚樓望吳越，六合玉花飄未絶。恍疑江水⑤駕山來，萬頃銀濤湧城闕。山僧好事喜客留，置酒開筵樓上頭。玉堂仙人宋夫子，紅顔白髮青貂裘。坐談今古如指掌，共看雲收月華上。寒輝素彩相蕩⑥摩，碧海瓊臺迭蕭爽。酒酣擊節心目⑦開，慷慨弔古思英才。荒祠古柏岳王墓，廢湖殘柳蘇公堤。一時嘉會難再得，仙人上天塵世窄。王子何年繪此圖，正貌南屏舊遊跡。吾知王也奇崛人，新詩妙墨俱絶倫。偶然揮灑豈無意，神授髣髴存天真。世間今古同飛電，囬首人豪都不見。空有羅⑧山石室書，夜夜虹光射霄漢。

① 歲月，《遜志齋集》作“數歲”。
② 迅，《遜志齋集》作“汛”。
③ 敵人可以縛，《遜志齋集》作“中原群盜可縛”。
④ 詩又見總集類《御定曆代題畫詩類》卷三十。
⑤ 江水，《御定曆代題畫詩類》作“江上”。
⑥ 蕩，《御定曆代題畫詩類》作“盪”。
⑦ 目，《御定曆代題畫詩類》作“日”。
⑧ 羅，《御定曆代題畫詩類》作“蘿”

# 程本立

**撰：《巽隱集》卷二，《出使錢塘收書籍發大梁》**

奉使南行曉出關，囬瞻宫殿紫雲間。鄉里那從枉道入，圖書只載滿船還。百年艮嶽塵飛海，八月胥濤雪湧山。一到錢塘一懷古，鄂王墳下淚潺湲。

# 劉璟

**撰：《易齋集》卷上，《贈沈思善》**

沈生壯遊今幾年，復囬故山看畵船。西湖新水碧於酒，岳墳古樹青含煙。陶情經史三千卷，得意詩詞數百篇。眼底風光真可樂，儘將窮達付蒼天。

# 解縉

**［宋］宗澤撰，樓昉編：《宗忠簡集》卷八，《題宗忠簡公家傳遺藏誥敕【吉水解縉譔】》**

余少時，每讀宗忠簡《請高宗還京》二十餘疏，及公臨薨諭諸將之語，未嘗不流涕沾襟也。公未薨時，招集群盜，聚兵積糧，結諸路義兵，連燕趙豪傑，渡河克復，指日可期。嚮使公未薨，而高宗還汴，則公雖死，而宋亦可復中原。公不死，而渡河克復，高宗雖去之海上，必復還汴。然則公之連疏，請還駕汴京。其辭激切，感之以二帝，曉之以禍福。公殆亦微知其將死歟？或者以憂憤致疽發以死者，殆未足以見公之心。公是時，年已七十矣。憂不能忘，而何憤之有？公之平生，忠精明哲，服岳飛之善論兵。使宗穎之能得士，皆賢哲之所尤難。嚮使高宗能以穎代公，以飛副之，公死猶不死。惜哉！此敕乃公為小人所擯斥時被受，時宰又王黼也。公寶愛至今，而賢子孫如經者，又時出於人間。公之愛君憂國，小心忠恪，氣象可想見，故有以知其憂而無憤也。永樂癸未十二月，廬陵解縉大紳書。

**撰:《文毅集》卷十一,《伯中公傳》(節錄)**

觀我名子尚，入試，名觀臨川。吳文正公更字之，曰伯中……伯中至京上書，其略曰……金人之在靖康，專以講和誑惑為術。賣國之臣，從而信其欺，屏撤守備，括金帛鉅億，以填溪壑，卒誘執二帝，驅迫三千口於絶域。其懷諼縱毒，宋之人迷而不悟也。仁人志士，至今為撫卷憤惋。夫狙詐狐媚以取天下，石勒猶且羞之，矧大道為公之世乎？仰惟天朝以淳龐忠厚天心，修史垂訓，所宜取法春秋，永昭鑒戒。若強不義者，遂可躐居，恐傾奪成風，人欲肆而天理滅矣。臣愚所謂證時賢之確論者，此也。或者曰："高宗不能復讎，嘗屈節稱臣於金，豈復得居正統?"臣愚應之曰："唐高祖稱臣於突厥矣，然頡利卒為太宗所擒，唐之統固自若也，而何有於突厥？晉高祖稱臣於契丹矣，德光入汴，卒不能與漢爭，則晉統自有繼之者，而何論乎契丹？大抵倉卒舉事，不能仗義自立，而屈己稱臣於人，豈待智者而知其失策？故繼世之君，幸而如太宗，則立雪其恥；不幸如出帝，則自底滅亡。然而中夏有主，則一夫之存亡，固不容以變其統。此五代史記所以係漢係周，而初無與於契丹也。有如高宗之失策，特誤於奸臣，而又為梓宮太后屈爾。方是時，尼堪既死，烏珠屢衂，劉錡大捷於順昌，而岳飛乘勢獨克，有虎視燕雲之勢。陝西、山東、兩河忠義之士，蝟毛而起，自非秦檜矯詔殺飛，舉垂成之業而棄之，則金人其能坐而有之哉？及孝宗繼世，定為叔姪之國，則金世宗已讓高宗為兄，與澶淵之盟無幾矣。延乎理宗，遂夾攻蔡城而克復之。雖天兵之力，然而殄其祀，屋其社，亦足雪九世之讎恥矣。蓋金之興既在宋後，而其亡也又在宋前。宋統始終自當屬於皇元，彼何與於此哉?"

# 楊士奇

**撰:《東里集》卷九,《書宋高宗手詔後》**

右宋思陵賜呂忠穆公頤浩手詔一道。公九世孫，今福建按察僉事升之所藏也。升前官江西時，嘗倉卒失焉。後二十有三年，迺復求得之，間以示余。詔，紹興五年所賜。蓋紹興三年，公罷左僕射，為觀文殿大學士，提舉洞霄宮，居台州。五年，起知潭州兼帥，即此詔所命也。是年夏，岳武穆平湖寇楊太。此命當在初平寇之後。公至潭，適大旱，究心荒政，盡力拯濟，所全活甚衆。而明年冬，遂改浙西安撫制置大使，判臨安府。在潭，期歲而已。夫以公平生愛君憂國之切，而此詔詞深厚、誠要、義激，庶幾可為上下交而其志同者也。然公之大忠在於力排和議，以圖恢復之績，以雪君父之耻，而當時文武大臣斷斷同公此志者，如李、張、韓、岳諸公，可為衆矣。然卒不能以勝一逆檜之邪，致宋終以不振。嗚呼！天下國家，以衆君子興之而不足，以一小人敗之而有餘。此聖人於坤之初六，所以深致夫履霜之戒也歟。三復感歎，志其後以歸之。

**同上書同卷，《跋黄檢法告身後》**

右宋御史臺檢法官永嘉黄袞曆官告身三通。公七世孫性，什襲唯謹。性之子，今右春坊大學士淮，以示余求題。余考其時其人，不能無慨焉者。第一通，紹興八年，公為饒州司法參軍時所授。是年三月，秦檜自樞密使拜右僕射、同中書門下平章事，仍兼樞密使。五月，王倫使金還，檜力勸思陵屈己主和議。左僕射趙鼎持不可，參政劉大中附鼎議。於是檜使臺臣劾大中。十月，罷知處州。鼎亦繼罷，為兩浙東路安撫制置大使，兼知紹興府。十一月，樞密院編修官胡銓以上疏極論和議不便，乞斬檜等，遂遠竄。侍郎曾開亦以論和議被黜，而刑部尚書胡交修先以母老求去，皆在八年。鼎以下諸賢，當時國家所恃以為元氣者，一旦盡逐之。蓋自是和議遂定而天下之事變矣。後兩通，皆不完有月日而無紀年。第二通，改左宣教郎，充光州學教授。考之，當是紹興十六年。蓋前年十月，以樞密都承旨兼侍讀李若谷僉書樞密院事，兼權參知政事。十七年正月，罷僉樞而真為參政。第三通，權通判均州，轉左承議郎時所授，當是紹興廿三年。蓋廿二年十月，始以御史中丞宋樸僉書樞密院事。次年十月，遂罷。至是，而天下之事愈變矣。若谷與樸柔，佞檜拔之散地，取其易制，二人拱默於位，無足論。林一飛兄弟黨檜，靡所不為。周三畏親佐檜殺岳飛，小人之尤無忌憚者，而皆柄用之。賢者如吳表臣，正直敢言，志同趙鼎、陳橐、薛徽言，皆以非和議，見嫉於檜，用未久而輒斥於戲。親小人，遠賢臣，宋之不復振，豈待他日而後見哉？此余所以為深慨者也。然當檜勢燄赫奕時，奸邪阿附之徒，一言苟合，自散冗超躋華要，如鄭仲熊輩者多矣。黄公以紹興壬子張九成榜進士，與仲熊同年，曆官廿餘年，猶卑卑以權州判轉承議郎，終其身不過檢法官。檢法在御史臺，與主簿皆從七品，非公自重，難進而若此乎？繇紹興廿二年至今，二百六十有一年，性恂恂篤行，以承家啓，後為務用。淮貴封奉議大夫、右春坊大學士。淮起科目，登清華，駸駸光榮，未可量也。賢者必有後，撫卷三嘆，遂為題此。

# 吴訥

### [明] 程敏政編：《明文衡》卷四十八，《書〈先聖先賢圖贊〉後》①

右宣聖及七十二弟子贊，宋高宗製並書。其像則龍眠李公麟所畫也。高宗南渡，建行宫於杭。紹興十四年正月，始即岳飛第作太學。三月，臨幸，首著《先聖②贊》，後自顏淵而下，亦皆譔辭③以致褒崇之意。二十六年二月，刻石於學，附以太師、尚書左僕射、同中書門下平章事、兼樞密使秦檜記。檜之言有曰："孔聖以儒道④設教，弟子皆無邪雜、背違於儒道者。今縉紳之習，或未純乎。儒術顧馳，狙詐權譎之說，以僥倖於功利。"其意蓋為當時言恢復者發也。嗚呼！靖康之禍，徽、欽蒙塵，汴都淪覆。當時臣子正宜枕戈嘗膽，以圖恢復。而檜力主和議，擯斥衆謀，盡指一時忠義之言為狙詐權譎之論。先儒朱子⑤謂其"倡邪說⑥以誤國，挾敵勢以要君，其罪上通於天，萬死不足以贖"者，是也。昔龜山楊先生時嘗建議罷王安石孔廟配享，識者韙之。訥一介書生，幸際聖明，備員風紀。茲於仁和縣學，得觀石刻，見檜之記尚與圖贊並存。遂命磨去其文，庶使邪詖之說，姦穢之名，不得厠於聖賢圖像之後。然念流傳已久，謹用備識，俾⑦後覽者得所考云。

# 李昌祺

### 撰：《運甓漫稿》卷三，《尉氏縣》

縣舍鄰溱洧，門當綠野開。禽巢堦下樹，蝸篆壁間苔。俗質稀絃誦，田荒剩草萊。宋金酣戰處，武穆獨奇才。

---

① 文又見總集類《明文海》卷三百十四，題作"書《先聖先賢圖贊》"。

② 先聖，《明文海》作"宣聖"。

③ 辭，《明文海》作"詞"。

④ 儒道，《明文海》作"儒學"。

⑤ 朱子，《明文海》作"朱熹"。

⑥ 邪說，《明文海》作"和說"。

⑦ 俾，《明文海》作"使"。

# 王直

**［清］陳邦彥編：《御定曆代題畫詩類》卷十六，《題山水贈楊熙節》**

郭純永嘉人，善畫自疇昔。興來展豪素，滿眼絢金碧。永樂年中獨擅場，拜官得在内作坊。時時承詔恣點染，九重出入生輝光。洪熙改元初，進位閤門使。常言酒後妙入神，傾倒壺觴不知醉。供御之外頗自珍，一筆豈肯輕與人。忽持此幅來贈我，令我坐憶江南春。江南何處最奇勝，錢塘西湖誰與並。諸山遠近翠若圍，豔杏夭桃色相映。橋上行人駿馬過，橋邊桂楫揚清波。岳王祠下喬木老，林逋宅前芳草多。春光如此佳可賞，遠道迢迢心養養。朝囬看畫悄無言，夜雨寒窗神獨往。山陽義士真好奇，平生脫略誰得羈。昨日到京師，秋風露華白。訪我小瀛洲，暫作神仙客。飄然復往不可留，拂衣欲向東南遊。題詩卷畫贈爾去，相思定倚新城樓。

# 薛瑄

**撰：《敬軒文集》卷八，《衛河舟中懷古》**

衰草蕪城澹月輝，河流雖是昔人非。北門鎖鑰輸平仲，南渡兵車數岳飛。汴水風高霜落木，吳山秋晚露霑衣。當時故老知何限，空抱遺忠賦式微。

**同上書卷二十三，《處士牛君墓表》（節錄）**

古有司寇牛父，微子之後也。子孫因以父字為氏，而牛之姓實出於是……宋皋以勇略為鄂武穆部將。牛姓者，閭者代相望，史不絶書。

# 于謙

**撰：《忠肅集》卷二，《北伐類》①（節錄）**

臣等謹當用心設法，將各營已選團操並其餘軍馬，一體操習，整飭隊

① 文又見史部《名臣經濟錄》卷三十九，題《建置五團營疏》，又見史部《御選明臣奏議》卷三，題《請置五團營疏》，注“景泰三年”。

伍，申嚴號令，務使人馬強盛，武藝精熟。除團營之外，另選次第精壯，以備緩急調用，以助團營軍威。每日除演習弓馬、武藝之外，仍令馬步官軍兼習陣法，及交鋒、衝突、安營、走陣，以為戰鬥之勢，使之耳目慣熟，步驟輕健，能知進退、坐作之法，免致臨敵畏怯失錯。至如固守之法，則今日士卒頗多。京師城垣堅固，又有戰車、鹿角器具，兵縱勢衆，可以固守無虞。雖臣等愚見如此，但用兵之法，不測如陰陽，難知如鬼神，貴在臨機應變，難以一定而求。況外兵矯捷，去來之間，如飄風驟雨，應敵之際，非勇無以挫其鋒，非智無以破其詐，必謀勇兼濟，而後可以成其功。岳飛有言，“陣而後戰，兵家之常。運用之妙，存乎一心”。又曰：“文臣不愛錢，武臣不惜死，天下太平矣。”臣等既蒙朝廷大恩，授以重任，敢不潔己愛軍，以振士氣，損軀效死，以報國恩。緣係會議戰守事理，具題。景泰三年十二月二十二日各官奏。奉聖旨：“是兵貴乎精，將在謀勇。卿等務要同心協力，操習軍馬，有事運謀，或戰或守。若無事，則撫恤士卒，養其銳氣，遇警易為調用。這等不負朕委託之重，欽此。”

**同上書附錄，《賜諡忠肅諭祭文》**

維萬曆十八年，歲次庚寅二月癸酉朔，十六日戊子，皇帝遣都御史傅孟春諭祭太傅、兵部尚書于謙，諡“忠肅”，曰：惟卿鍾靈閒氣，著望先朝。屬多難以馳驅，矢孤忠于极蕩。社稷是守，力摧城下之要盟；樽俎不驚，坐鎮道傍之流議。肆返皇輿於萬里，迄維國祚以再安。赤手扶天，不及介推之祿；丹心炳日，寧甘武穆之冤。此典所以洊加，而公論猶有未愜。爰頒諭祭，載易嘉名。賁華衮於重原，表清風於百世。卿靈不昧，尚克祗承。

# 徐有貞

**撰：《武功集》卷一，《湖山勝概圖》**

湖山勝概聞天下，誰是湖山舊游者。君家迺翁稱世豪，風月襟懷自瀟灑。平生好作湖山游，游遍湖山春復秋。左張圖史右絃管，放歌傲浪浮扁舟。長堤煙柳湖西東，桃花落盡荷花紅。蘭橈競撥三春日，葵扇輕摇六月風。南北兩峰如削玉，中間一片晴波綠。近郭縱横列萬家，蘂林縹緲連三竺。飛來之峰最奇妙，呼猿洞口猿長嘯。扶笻醉後每登臨，岸幘閒來獨吟眺。岳王墳邊有古祠，猶存老樹向南枝。芳草離離含宿恨，行人往往弔新辭。當時此地多遊客，獨許迺翁詩酒伯。即今迺翁已遺世，猶憶迺翁行樂處。何人為君作此圖，宛然如見真西湖。迺翁儼坐扁舟上，忘機狎笑隨鷗鳧。君思迺翁重凄惻，我愛湖山遊不得。長歌一曲歸此圖，獨倚寒窗空嘆息。

**同上書卷五，《送楊能文敬遊錢唐詩並序》**

能字文敬，今游擊將軍、鎮朔參將、都督楊公之從子也。體武資文，禮賢重士。謝綺紈毬馬之習，事山水琴詠之游。前游維揚，久之乃還。今玆聞錢唐湖山之勝，復買舟而南。過京師，詣余，言别因乞歌詩，以華其行。余方有五湖之思，遂為援筆賦之，一以壯文敬之游，一以寓余之意云。時正統庚申二月三日也。

楊公子，百不憂，生居將門薄封侯。琴尊寓，高興山水豁唫眸。去年看花到揚州，今年復作錢唐游。錢唐勝概曾聞說，右界勾吳左於越。濤江壯觀且莫誇，西湖風景尤奇絶。西湖近在郡城西，萬頃澄波望欲迷。三竺樓臺連鞠院，六橋楊柳接蘇堤。蘇堤迢迢幾千尺，上有坡公舊行跡。桂枝低拂葛洪井，梅樹深藏和靖宅。南高峰對北高峰，十里荷花九里松。菱唱蓮歌前後起，酒船漁櫂往來逢。朝宜清風夜宜月，宜煙宜雨還宜雪。紛紛亭館知多少，細數其名不能了。我有五湖想扁舟，未果行。送君先我去，無限古今情。岳王墳園荒已久，憑君為奠一巵酒。墳前老樹半蒼蒼，試看南枝今好否。

**［明］程敏政編：《明文衡》卷六十七，《精忠廟碑》**①

國之有忠義，猶天地之有元氣也。天地非元氣不運，國非忠義不立。彼其所以係星辰、行日月、載華嶽、振河海者，惟元氣。元氣在，則雖時有隕蝕騫溢之變，而終不易乎常運。所以安社稷、尊主庇民者，惟忠義。忠義在，則雖時有寇難禍亂之虞，而可以救乎滅亡。然天地之主以道，國之主以人。道無私而人多慾，故天地不自害其元氣，而國有自害其忠義者。至要其終，則亦有萬世之公論存焉。如宋岳鄂武穆王之事是已。當夫徽、欽之既北狩，而高宗南渡也。宗社幾淪，兵戈方熾②，不翅天柱崩而

① 文又見總集類《文章辨體彙選》卷六百五十四。

② 宗社幾淪，兵戈方熾，《文章辨體彙選》作“國步斯頻，戎禍方熾”。

地維折。宋之不亡，僅如一線之屬旒。國無其人，誰與復立？王於時[①]奮自徒步，應募而起，曆裨校至大將，小戰百餘，大戰數十，鋒不少挫而益勁。遂平南北群盜，傾偽齊以蹙金人。蓋王之忠義勇智，皆得之天，非矯偽而為者，故能始終以恢復為己任。才與志副，名與實稱，南渡以來，一人而已。當是時，金兵數敗[②]，中原幾復。奈何主[③]蔽於奸，忘讎忍恥，自棄其土而不能成中興之大功。此則宋之不幸，高宗[④]之不幸，而豈獨王之不幸哉！論者謂，方郾城戰勝，進軍朱仙鎮，烏珠將棄洛還，而詔趣班師，使王以“將在軍，君命有所不受”之義，堅執北伐，乘屢捷之勢，逼屢敗之敵[⑤]而滅之，盡收故疆，措置已定，然後奏凱旋師，歸身謝罪，顧不愈於束手就僇，而志不得伸耶？此亦一義，然未得其當也。夫將不專制久矣，惟趙充國之破西羌，嘗違詔而伸己策，以上有孝宣之明，下有魏相之忠與協耳。不然，則必如孔明之受托[⑥]昭烈，桓温、劉裕之專制晉權，乃可以拜表而即行。彼高宗之去孝宣遠矣，又濟之以奸檜之賊。王既無孔明君臣之契，而温、裕之所為，又非王之所肯為者，此其所以寧死而不敢專制之也歟。嗚呼！於此益可以見王忠義之誠矣。是以自宋及今，天下之人所共扼腕傷嘆，聲其害王者之罪，而誦王之烈不已，非所謂公論之存於萬世者乎？歲己巳之八月，皇帝初即大位，以統幕師。上皇未復，敵[⑦]方内逼。乃命侍講臣珵等十有五人分鎮要地，遏亂略，糾義旅，以為京師聲援。而臣珵實來彰德。彰德，古相州也，湯陰為其屬邑。邑之周流社，王之所生地也。間因行縣至焉，既臨祭王之父祖墓而封守之，乃集郡縣僚[⑧]吏、師生、父老於庭，而諭之忠義。因及王之祠事，皆喜躍，願效力。其明年春，珵以召還，乃具列王之功於禮當祀者以聞，詔可。祠既成，敕賜榜曰“精忠之廟”，而俾有司春秋祭享如制。於是書其事於麗牲之碑，而識其相事者之職名於碑陰，又為迎送神之辭，使歌以侑享。既以慰王之靈於冥漠，且以為天下忠義之勸云。其辭曰：王歸來兮毋夷猶，寧不懷兮舊邱。昔仗劍兮南遊，刷國恥兮復君讎。王之烈兮蓋九州，羌彼奸

① 時，《文章辨體彙選》作“是”。
② 金兵數敗，《文章辨體彙選》作“女真數滅”。
③ 主，《文章辨體彙選》作“王”。
④ 高宗，《文章辨體彙選》作“中國”。
⑤ 屢敗之敵，《文章辨體彙選》作“技窮之寇”。
⑥ 托，《文章辨體彙選》作“計”。
⑦ 敵，《文章辨體彙選》作“寇”。
⑧ 僚，《文章辨體彙選》作“寮”。

兮忠是訧[①]。神胡為兮滯留，駕風鵬兮驂雲虬。婘鄉邑兮少休，醆有醴兮俎有羞，式燕享兮春與秋。王將去兮之何方，胡不睠兮故鄉。爰弭節兮迴旌，肆容與兮翺翔。肅羽騎兮成行，彎強弧兮射天狼。福我民兮佑我皇，干戈載戢兮無水旱傷。蠲我祀兮蒸[②]與嘗，江之南兮河之北，往復還兮樂未央。

# 劉珏

**［清］朱彝尊編：《明詩綜》卷二十四，《朱仙鎮岳王祠》**

郾北師還事已休，憑誰重報靖康讎。洛中故國非周土，江左新亭半楚囚。和議自遺千載辱，蠟書空送兩宮愁。傷心多少英雄淚，付與漳河日夜流。

# 程信

**［明］程敏政編：《明文衡》卷七，《陳言中興固本十事》[③]（節錄）**

七曰選將。臣聞三軍之命，係於將。然將之賢否，不止涉[④]軍士之死生，實以關國勢之強弱，不可不慎也。即今三營大將，固亦有百戰已試之人，不可輕議。至如坐營把司、掌號領隊，數者之名，即唐之所謂偏裨，宋之所謂首領，亦他日以次而備大將之選者。頃自國家多事以來，選設太濫，不無賢否混雜。且人材難得，不有以儲之於前，則無以獲用於後。昔李光弼起自郭子儀偏裨，岳飛起自宗澤首領，則其選亦豈可以不慎哉？乞敕總督、總兵等官，修明軍政，簡汰賢否，遇[⑤]闕員，必須推訪廉介智勇之士，具名奏聞以充，不許私相補授，重貽後患。

---

① 訧，《文章辨體彙選》作“尤”。
② 蒸，《文章辨體彙選》作“烝”。
③ 文又見總集類《新安文獻志》卷七。
④ 涉，《新安文獻志》作“係”。
⑤ 《新安文獻志》此處有一“有”字。

# 韓雍

**撰：《襄毅文集》卷四，《謁鄂王祠》**

南渡君臣社稷輕，獨將大義振孤兵。兩行淚滴中原地，一點心懸五國城。竹帛芳名今照古，廟堂遺像死猶生。九原若遇秦奸賊，為問誰家父子榮。

# 陳獻章

**撰：《白沙集》卷七，《弔崖》**

天王舟楫浮南海，大將旌旗仆北風。義重君臣終死節，時來胡虜亦成功。身為左衽皆劉豫，志復中原有謝公。人衆勝天非一日，西湖雲掩鄂王宫。

**同上書卷八，《與世卿閒談兼呈李憲副》**

風光何處可憐生，共把閒愁向酒傾。今日花非前日看，少年人到老年更。秦傾武穆憑張俊，蜀取劉璋病孔明。萬古此冤誰洗得，老夫無計挽東溟。

# 張寧

**撰：《方洲集》卷十七，《西湖百詠詩序》**

岳忠武銜冤就獄，至死無片語濫讟。《詩》所詠載，幾於和而不流，怨而不怒，致養如聚景園，追遠如延祥觀，死難如張忠勇廟，可以同光棲霞嶺墓，事父事君，詩亦具備。而其緒餘多識，又足以通知古今，曉暢名物，按求遺跡於荒蕪迷佚之中，不使終泯。夫然後嗣杲惟誠之言，庶幾合乎聖人之教。讀者尚亦逆志得情，毋徒留連景光，韻想形勝。以小視彥明之舉，則此集可以史稱矣。

**同上書卷十九，《旌功祠碑記》(節錄)**

昔周公避位居東，蒙譖入楚。雖君臣賢聖，亦未能無無妄之禍。及其末也，亦惟因事顯白，而成王終無良悟之心。褚遂良、岳飛，皆以忠死，今皆秩祀於杭，其始遠者百五十年，近者六七十年。更歷數朝，依違忌沮，漸加追重，求如今日之離明乾斷，速自宸衷而恩澤世洽者，古無前聞，寧故曰："千古一時，百世一人。"宜府尹君服膺兢惕，汲汲圖永，以俟首丘於祠墓之傍，可謂忠孝無忝矣。

**［明］曹學佺編：《石倉曆代詩選》卷三百八十二，《湖上書愁》**

濃如山色亂如雲，滿目春愁殢夕曛。風雨欲來人不到，杜鵑啼入岳王墳。

# 丘濬

**撰：《重編瓊臺稿》卷二，《岳王墳》**

我聞岳王之墳西湖上，至今樹枝尚南向。草木猶知表藎臣，君王乃爾崇奸相。青衣行酒誰家親，十年血戰為誰人。忠勛翻見遭殺戮，胡亥未必能亡秦。嗚呼，臣飛死，臣俊喜，臣俊無言世忠靡。檜書夜報四太子，臣構再拜從此始。

**同上書卷六，《沁園春・寄題岳王廟》**①

為國除患，為敵報仇，可恨堪哀。顧當此乾坤，是誰境界？君親何處？幾許人才？萬死間關，十年血戰，端的孜孜為甚來？何須苦把長城自壞，柱石潛摧。

雖然天道恢恢，奈人衆將天拗轉囬。歎黃龍府裏，未行賀酒。朱仙鎮上，先奉追牌。共戴仇天，甘投死地，天理人心安在哉！英雄恨，向萬年千載，永不沈埋。

① 詞又見史部《《河南通志》卷七十四，題《沁園春・過朱仙鎮責高宗殺武穆》。

# 楊守陳

**[清] 胡文學編:《甬上耆舊詩》卷八,《東錢湖絶句》**

東湖風景過西湖,史相祠宮列畫圖。不用舟人頻指點,留詩欲弔岳墳孤。

# 徐溥

**撰:《謙齋文錄》卷二,《書〈岳鄂王廟記〉後》**

宋建炎間,金烏珠南侵,攻陷常州,群盜四掠,宜興皆為所蹂躪。時岳鄂王方提兵抗禦,邑令迎王移屯其地。兵出屢捷,遂保無事,避地者亦賴以免。邑人圖象祠之,學錄周端朝實為之記。曆歲既久,人習稱岳廟,因訛傳為東岳之神。歲時男女,雜糅祈福於是。蓋廟記既亡,而王出兵時手書紀功小碑,後人築城,復置之亂石間,莫有知王之功者。近歲,士大夫稍知之,欲正其繆妄,而小碑亦以城圮而出,雖殘缺不完,尚可考信。蓋王之功,當不可泯也。於是今邑令武陵陳君重修其廟,而仍刻端朝記於石。陳君報功之心,其即宋令戴君之心也乎。刻成,予故書其事於後記云。王設方略,降馬皋,慴林聚。而史則云盜郭吉遁入湖,王遣辯士馬皋、林聚盡降其衆。其事不同,豈皋、聚既降,而後遣之耶。俟考之。

# 何喬新

**撰:《椒邱文集》卷三,《策府十科摘要·工科·屯田》**

立國資乎兵,兵有餘而食不足,是餒其兵也;養兵資乎食,食有餘而兵不精,是蠹其食也。何則?兵者,國之爪牙;食者,兵之命脉。有國,其可無兵乎?養兵,其可無食乎?苟兵精而食足,以守則固,以戰則克,誠國家萬全之計也。成周之世,比閭之中,卒伍具焉;耒耜之暇,干戈屬焉。民之所蓄,即兵之所食,故屯田之法,三代之前無有也。田不井授,國有兵費;糧以漕運,士有飢色。後之欲為富國足兵之計者,不出乎屯田之制耳。自漢文帝募民耕塞下，已有屯田之說；自武帝遣戰士田西域，始有屯田之規。成於昭、宣，廣於魏、晉，而極盛於唐。然漢之屯田以兵，唐之屯田以民。漢自通西域，始以校尉將卒屯田渠黎，而用戊己校尉屯田車師，趙充國既罷騎兵，所留蓋弛刑應募，及灌陽、汝南兵，此皆以兵也；唐因軍府以置營田，天下之屯，凡九百九十有二，或隸司農，或屬苑内，或分諸州軍，或以少卿巡行，或以御史莅輸，或有警，以兵千人助穫，此則以民也。他如諸葛亮屯田於渭水，羊祜屯田於荆州，則如漢人之制也；任峻募民屯田於許下，隋人立堡營田於河西，則如唐人之制也。然屯田之說有三：兵屯而不戰，則可以耕，如諸葛亮之田渭水，張公謹之田代郡，皆養兵蓄鋭，而不廢耕墾也；議定而不摇，則可以耕，如趙充國之田金城，棗衹之田許下，皆素有成謀，而不惑異議也；將帥先士卒，則可以耕，如郭子儀躬耕百畝，軍士不勸而耕，婁師德身衣皮袴，士卒樂為之田，此皆將帥先士卒之驗也。宋初，置屯田務於唐、鄧、襄三州，雜置營田使於河北東西路。若王守斌調兵卒田河北，耿望調丁夫田襄陽，兵民蓋通用矣。高宗中興，尤切留意。書充國留屯之事，以勉之；申建隆歲課之法，以督之。是以韓世忠田金陵，岳飛田鄂州，王之奇田兩淮，吴玠田梁洋。當時，淮南官四十三，耕田二百二十五頃，官得萬九千九百九十八石；建寧官莊三十九，耕田一百八十四頃，官得六千五百二十石，其明驗可見矣。夫屯田固富國足兵之要，誠能倣漢唐之制，酌古今之宜，沿邊則責之將帥而部兵以耕，境内則責之守令而募民以耕，如此則上有益於國，下有益於民矣。

**同上書卷六，《以宗澤為東京留守，澤累表請帝還京，而帝用黄潛善計，決意幸東南，不報》**

自古中興之主，必有英哲之資，而後衰可興，亂可撥，而舊業可復。高宗非其人也，其不能恢復祖宗之弘基，宜哉。當高宗嗣位之初，國勢雖非舊比，然李綱、張浚可相，岳飛、韓世忠可將，宗澤、張所、傅亮可當方面之重，人材猶足恃也。河北所失者四州，河東所失者六郡，其餘皆為宋守，中原猶未盡陷也。王善擁衆七十萬，楊進擁衆三十萬，丁進、王再興等擁衆各數萬，皆願自效，可以撫而用之也。關陜全城將士，可以號召也。江漢安堵財賦，可以轉輸也。使高宗因可為之勢，持必死之心，以李、張為相，經畫於内，韓、岳為將，征伐於外，命張所招撫河北，責以復懷、衛等四州，傅亮經制河東，責以復太原等六郡，宗澤留守京城，統楊善等百萬之衆，以問罪於金，而車駕往來三京，督勵將士，縱未能滅完顔而還二帝，中原未遽失也。奈何柔暗不君，有忠賢而不能用，知奸佞而不能去，遇機會而不能應，不為恢復之圖，專事退避之計，稱臣割地甘心焉，遂使二帝幽死穹廬，八陵隔在異域，嗚呼哀哉！

**同上書卷二十三，《題韓蘄王湖上騎驢圖【張俊封循王，附秦檜，殺岳飛，又欲分背嵬軍者】》**

錦裘綉帽韓將軍，江上淮東屢策勛。朝端蒼檜何蓊蔙，干霄蔽日長氤氳。高皇未有宣光德，指仇為親忠為逆。鳥未盡兮弓已藏，岳家父子死讒慝。將軍連訴解兵權，蕭然物外如神仙。清凉居士聊自命，蹇驢時跨西湖邊。古槐疏冷秋陰薄，門巷蕭條可羅雀。相隨惟有舊奚僮，偏裨盡入循王幕。路傍下種故侯瓜，湖堤携酒看梅花。酒酣時過岳侯墓，潸然長淚落煙霞。敵人忽動南侵志，舉朝爭獻檀公計。黃金不鑄韓蘄王，烈士忠臣謾歔欷。

**同上書同卷，《十樓懷古之岳陽樓【在岳州】》**

飛樓百尺壓城上，坐看長風掀巨浪。澄湖周迴八百里，雨態煙姿千萬狀。倚闌一眺心茫然，三湘七澤來目前。欲呼湘女一鼓瑟，更起靈均細問天。我懷文正高平老，後樂先憂古今少。廟堂密勿能幾時，遽遣行邊跡如掃。又懷武穆岳將軍，用兵決策如有神。樓船剪寇來此地，功成乃不保其身。英雄已矣不可問，斗酒那能散孤悶。欲乘玄鳳上九嶷，還就重華訴忠憤。

**同上書同卷，《讀余玠遺愛碑》[①]（節錄）**

北風蕭蕭戰血腥，殺氣晝壓蠶叢城。將軍俯首送降表，況敢仰視攖其兵。龍圖學士奮戈起，隻手欲障横流水。冉家兄弟亦英雄，獻策魚山築高壘。連雲戰格控黔中，鐵馬金戈氣勢雄。北兵睥睨不敢近，兩川再造伊誰功。青蠅紛飛點白璧，臺諫承風競彈擊。指忠為逆逆為忠，志士含冤氣填臆。萬里長城忽自摧，蜀中士女空悲哀。敵騎從此蹂吳甸，金闕瓊樓起戰埃。招賢亭館今安在，尚有殘碑紀遺愛。欲持杯酒酹忠魂，彷彿雲間見麾蓋。君不見，馬伏波，蠻兵未破謗已多。又不見，岳武穆，中原未復[②]家已

① 又見總集類《石倉歷代詩選》卷三百八十五。

② 中原未復，《石倉歷代詩選》作“黃龍未到”。

覆。功名自昔保全難，鳥盡弓藏世共嘆。江頭廢壘苔花紫，千載英雄掩淚看。

**同上書卷二十四，《謁岳武穆王廟用趙子昂韻》**

兩都兵後黍離離，誰念天潢國勢危。鐵騎正謀探虎穴，金牌連召仆牙旗。黃龍痛飲空遺恨，赤縣分崩竟莫支。欲弔忠魂何處是，淡煙衰草總含悲。

## 沈周

**撰：《石田詩選》卷五，《和陳惟貪先生〈姑蘇錢塘懷古〉韻》**

開國樂湖山，流觀起高臺。因有獻楣人，木眚自茲來。侈泰遂亡國，捲地驚風埃。孫勝有奇佔，揚風骨亦無。他日秦餘杭，三匝不可呼。令人追往夢，鳥雀悲煙蕪。伯業不可久，闔閭行復墓。世換悲樹葉，人滅驚草露。吳越互興亡，無足笑百步。襄鄧固宜國，李相言莫行。偷安昧遠圖，彈丸荆棘生。北來勢受敵，大江顧南横。海氣薄宮闕，燕幕傷故都。正如當道蛇，延頸待人屠。一枝難苟安，展轉南飛烏。和計適召敵，風塵入松關。六龍一逋播，王氣去不還。惟餘岳墳樹，枝葉無人攀。

**同上書卷八，《拜岳武穆像》**

松嶺離離草露多，碧山高廟獨嵯峨。天如未喪無三字，國自甘亡有一和。宛宛丹青尚生氣，潸潸哭泣付悲歌。伍胥不合錢塘歿，又見前朝起後波。

**同上書同卷，《黃應龍失去思陵敕岳飛殺賊手詔》**

東崑人來言，有盜發子帑。意非摸金手，必是探楔黨。不然尺一紙，何足厭貪掌。思陵灑此翰，破朮敕飛往。當時君臣際，天地相俯仰。知任觀哲明，眷注加温獎。功寵致忌殺，忠義果足仗。君心在遺墨，一讀自炳朗。矯害證逆檜，滔天信欺罔。此紙後不傳，何以暴所枉。錮子秘密藏，何為世標榜。天意流無方，假盜理可想。留吝恐違天，水火事或倘。物豈久戀人，物亦有精爽。使之一人傳，所見目惟兩。盜去轉相售，售售萬目賞。存未為子欣，失未為子惝。慰子不平懷，詩與發浩蕩。

**同上書卷九，《岳王墳上樹》**

岳王墳上樹，武侯廟前柏。在墳生南枝，在廟根如石。不訶無翦伐，不朽非培殖。冥冥草木者，何以通人德。二公鬱忠義，天地為拍塞。天地無發付，一夜化兩植。風雲發長噫，雷雨作怒擊。一不忘北兵，一不忘曹賊。英靈尚凛凛，死有幹生力。其生雖不辰，其死有遺直。嗟哉背逆徒，未死氣先息。諳諳蔑蘗餘，苟有亦荆棘。

# 徐恪

**［清］朱彝尊編：《明詩綜》卷二十八，《朱仙鎮岳王祠》**

汴洛凄凉寢廟空，中原恢復仗英雄。黄龍未遂長驅志，鐵馬猶傳轉戰功。貔虎散歸烽戍老，河山遺恨古今同。西風一掬懷賢淚，灑向荒祠夕照中。

# 陳壽

**［明］曹學佺編：《石倉歷代詩選》卷四百，《西湖懷古》**

東風吹馬動鳴珂，閒向蘇堤試一過。賈相宅前芳草没，岳王墳上夕陽多。山城寂寂空啼鳥，湖水年年自緑波。嗟我況逢流落久，感懷其柰客愁何。

# 李東陽

**撰：《懷麓堂集》卷二，《三字獄》**

朋黨謫，天下惜。惜不惜，貶李迪。三字獄，天下服。服不服，殺武穆。姦臣敗國不畏天，區區物論真無權。崖州一死差快意，遺恨施郎馬前刺。

**同上書卷二十一，《擬恨賦【有序】》**[①]

予[②]少讀江淹、李白所作《恨賦》，愛其為辭，而怪所為恨多閨情閣怨。其大者，不過興亡之恒[③]運，成敗之常事[④]而已。是何感於情，亦奚以恨為哉？中歲以來，更涉世故，記憶舊聞，忠臣孝子，奇勛盛事。或方值幾會，遽成摧毀，失之毫釐，而終身曠世不可復得，至令人吞聲搤腕而不能已。聖賢不言恨，然情在天下而不為私，亦天理人事之相感激。雖以為恨，可也。乃效江、李體，反其為情以寫抑鬱，而卒歸於正。知我罪我，皆有所不避云。其辭曰：仰視大塊，流觀古今。撫陳編之磨滅，悲往跡之消沉[⑤]。或事幾之奇會[⑥]，或禍敗之相尋。感志士之涕淚，傷善人之聾瘖。若乃國士報怨，吞炭漆身，遺恨飲器，潛身水濱。部馬為之驚踶，賊徒為之崩奔。奮仇衣於一劍，隕怨[⑦]血於千春。威橫強秦，怨深鄰國。壯士夜奮神椎晝擊，山嶽為之增氣，天地為之變色。誤[⑧]失手於副車，僅逃形於大索。陳竇秉政，誓清濁亂。推席定謀，露章請斷。機事暗泄，禁軍坐畔。塞宇宙於煙氛，墮衣冠於塗炭。昭烈繼絶，武侯托孤。勇復漢祚，雄吞魏都。陳二表之宏略，運八陣之奇謨。忽將星之淪落，悲帝業之榛蕪。武廟將建，唐社幾屋。躍少海之潛龍，返虞淵之日轂。二豎伏法，五王就戮。功甫收於藥籠，禍終流[⑨]於肌肉。建中失母，感慨天衷。顧衮衣與玉食，嗟欲養而無從。誤承歡於別輦，翻飲怒於深宮。冀百欺於一得，竟忍慟而長終。金人入汴[⑩]，岳侯奮矛。復中原於破竹，誓決策於焚舟。神褫敵[⑪]魄，天遺國仇。痛長城之自壞，委社稷於洪流[⑫]。敵騎[⑬]南驅，江沙夜駐。苦[⑭]兵力之不支，幸潮來之有

① 文又見總集類《御定歷代賦彙·外集》卷十七、《明文海》卷二十一。
② 予，《御定曆代賦彙》作“昔余”
③ 《御定曆代賦彙》無“恒”字。
④ 《御定曆代賦彙》無“事”字。
⑤ 消沉，《明文海》、《御定曆代賦彙》作“銷沈”。
⑥ 奇會，《明文海》、《御定曆代賦彙》作“幸會”。
⑦ 《御定曆代賦彙》無“怨”字。
⑧ 誤，《御定曆代賦彙》作“歎”。
⑨ 流，《明文海》、《御定曆代賦彙》作“留”。
⑩ 金人入汴，《明文海》作“金人南下”，《御定曆代賦彙》作“靖康入寇”。
⑪ 敵，《明文海》作“姦”。
⑫ 洪流，《明文海》作“荒邱”，《御定曆代賦彙》作“橫流”。
⑬ 敵騎，《明文海》作“朔騎”。
⑭ 苦，《明文海》、《御定曆代賦彙》作“若”。

處。海若助虐，坤靈失據。豈二儀之翻覆，莽萬物之非故。已矣乎！江山改兮人民非，白日黯兮陰風凄。時不可乎再得，嘆浮生[①]兮曷歸。駭餘聲於壁碎，佇滅景於雲飛。事難成而易敗，世寡合而多違。矢修正以俟命，孰利鈍之可期。庶人定以天勝，終斡旋於化機。

### 同上書卷二十五，《送憲副李君提學浙江序》（節錄）

岳武穆討曹成時，彥德以牛酒犒師，武穆義之，扁其堂為“一經堂”。其孫伯正、仲正成進士，官翰林；再世褎然亦成進士，至謙孫以解元擢上第。

### 同上書卷三十一，《敦本堂記》（節錄）

敦本堂者，吾友職方郎中劉君時雍所作也。劉氏宋南渡時，有都統制諱竇者，從岳武穆平湖南。武穆死，棄官，隱華容。華容之劉氏自都統始，由都統傳六世至天澤。

### 同上書卷三十五，《止善劉公傳》（節錄）

公劉姓，諱必弘，字崇道，號止善齋……公既没，子行簡亦不仕。至其孫仁宅，為廣西按察副使，曾孫大夏為兵部職方郎中，世其家贊曰：“予聞劉氏，宋南渡時有都統制竇者，從岳飛平楊幺，屯田岳、鄂間，為恢復計。飛死，失志，遂隱於華容以死。”公每論及此，未嘗不感恨泣下。

### 同上書卷四十三，《明故廣西按察司副使、致仕進階中議大夫贊治尹劉公行狀》（節錄）

公劉姓，諱仁宅，字廣居。其先山東東平州人。宋南渡，有都統制諱竇者，從岳武穆岳、鄂間，始居華容。

### 撰：《懷麓堂詩話》

趙子昂書畫絶出，詩律亦清麗，其《谿上》詩曰：“錦纜牙檣非昨夢，鳳笙龍管是誰家？”意亦傷甚。《岳武穆墓》曰：“南渡君臣輕社稷，中原父老望旌旗。”句雖佳，而意已涉秦越。至《對元世祖》曰：“往事已非那可説，且將忠赤報皇元。”則掃地盡矣。其畫為人所題者，有曰：“前代王孫

① 嘆浮生，《明文海》作“歎淨生”。

今閣老，只畫天閑八尺龍。”有曰：“兩岸青山多少地，豈無十畝種瓜田?”至“江心正好看明月，卻抱琵琶過別船”，則亦幾乎駡矣！夫以宗室之親，辱於異姓之主，揆之常典，固已不可。而其才藝之美，又足以為譏訾之地，才惡足恃哉！然“南渡中原”之句，若使他人為之，則其深厚簡切，誠莫有過之者，不可廢也。

## 倪岳

**撰:《青谿漫稿》卷六,《輓汪庶子伯諧父母【其父澄，任御史，閩寇事發，坐累被刑】》**

東卻青氊出泮林，一鞭驄馬氣駸駸。潢池誰遣驚濤起，閩海真成瘴霧深。武穆有冤皆切齒，王裒無淚不傷心。神遊只在風雲表，時聽中天彩鳳吟。

**同上書卷二十一,《大明故少保、兼兵部尚書、贈特進光祿大夫、柱國太傅、謚肅愍于公神道碑》(節錄)①**

故少保、兼兵部尚書于公……今上皇帝紀元弘治之初，訓導儲衍奏公功績，宜賜贈謚，立廟以祀，言甚剴切。禮部將上其事，會給事中孫孺複言：“古之節義，則諸葛孔明、張巡、文天祥；今之節義，則李時勉、劉球與公。宜一體報祀，以厲後來。”廷臣合議以聞。詔：“歲一祀公于鄉民所立祠。”未幾，冕以應天府尹致仕，歸復列公平生行業，請如制贈謚，以慰泉下，累數千言。事下禮部議僉，謂：“古今人臣，能為國家建大議、成大功者，生則有旌擢之恩，沒則有褒恤之典。若前②岳飛，盡忠報國，死非其罪，其追謚祠祀，在宋具③已舉行。公之受冤雖同，而功業所就，則大過之，宜如其子所請，制可賜謚曰‘肅愍’，建祠于墓，表曰‘旌功’，命有司春秋致祭。”

---

① 文又見史部《明名臣琬琰續錄》卷六，題《少保兵部尚書肅愍于公神道碑銘》，又見于謙《忠肅集》附錄，止題《神道碑》，並小注“倪岳撰文”。

② 《忠肅集》此處有一“宋”字。

③ 具,《忠肅集》作“俱”。

# 程敏政

**撰：《篁墩文集》卷二十五，《贈都督李公承恩展墓西還詩序》（節錄）**

漢世祖中興，諸將得過家者，令有司具少牢，行拜掃禮，以為榮，而宋岳武穆亦嘗以母喪還廬山，前史特書之。若聖天子以仁孝撫世，俾有勞於國者得遂其私。比於建武之詔，而李公不忘其親，兩被殊典，殆有慕於岳侯忠孝之名，宜諸君子播之聲詩，寫之毫素，以侈大恩，勵大節，豈直離亭繾綣之際，輸其仗劍對酒之情而已邪？雖然，關陜之境，兵荒相尋，宵旰之餘，屢勤西顧，發南甸之粟，出内帑之金，拯濟之策，不遺餘力。蓋自今歲以來，天心稍協，民力僅蘇，九重之憂漸釋，而大臣之私，始可白且遂焉。

**同上書卷四十九，《湯胤勣[①]傳》（節錄）**

湯胤勣，字公讓……與人言，出入經史子籍中，縱横闢闔，隨意所如。有問古名將者，胤勣以張巡、岳飛為第一，其人曰："岳將軍則聞命矣，張睢陽何如人？"胤勣瞋[②]目，曰："子不觀其對令狐潮之語乎？卿未識人倫，焉知天道自唐以下，誰有為此語者？"其所見如此。

**同上書卷六十一，《前旌操》**

古樂府《前旌操》者，為衛公子伋壽而作也。《詩·乘舟》之疏，與《左傳》所載甚詳，曰："宣公烝於庶母夷姜，生伋，為娶於齊而美。公取之，是為宣姜。生壽及朔，朔與宣姜譖伋於公。公使伋之齊，使盜先待於隘而殺之。壽告伋，使行，不可。壽竊其旌以往，盜殺之。伋至，曰'君命殺我，壽也何罪'，亦死於賊。"予考之宣公以魯隱四年十二月立，至桓十二年十一月卒，凡十有九年。姑以即位之始，便成淫亂，而伋即以次年生，勢須十五年，然後娶。既娶而奪之，又生壽、朔，已能同母譖兄，壽又能代為使者越境，非十歲以下兒所能辦。然則十九年之間，何以處之？此決無之事，特春秋好事者為之耳。予以此曲名雅，而失其實，因舉以歸之岳將軍

① 文又見總集類《文章辨體彙選》卷五百三十五、《明文海》卷四百五。湯胤勣，《明文海》作"湯引勣"。

② 瞋，《文章辨體彙選》作"瞑"。

飛。飛當宋南渡，以滅金復讎為己任。高宗嘗賜大旗，書其上曰“精忠”。飛每戰寘於前行。中興之功，計日可成，而卒斃於權奸秦檜之手。當其就獄，裂裳見背有舊涅“盡忠報國”四字，深入膚理。予以是深悲之，故為此曲，嗚飛之不平，而聲檜之罪，以待後之製樂者采焉。

大旌之搖搖兮，寘我前行。主錄臣忠兮，臣不敢忘。臣之志兮，復舊疆。以忠鏤骨兮，臣亡與亡。孰不臣諒兮，罪臣無將。不愛一死兮，臣志未償。願主毋以臣兮，卷旌而藏。

**同上書卷六十八，《夜穿杭城，宿吴山驛。明日，三司故人固請遊西湖。又明日，遂拜岳王墳，飲浄慈寺。時顧天錫郎中以公事寓杭，不及預會》(其一)①**

匆匆行李夜穿城，好友來尋半日盟。峰頂幾多僧錫住，湖心無數酒船行。風來廢苑堪懷古，雨蝕殘碑不記名。入眼浄慈還數里，望塵先拜岳家塋②。

**同上書同卷，《岳王墓再賦一首》**

南渡宗賢力相秦，不辭降表便稱臣。青衣空作還家夢，金字頻追出塞人。亂國已遭三寸舌，封王何益九原身。漁郎似識英雄恨，日對孤墳理釣綸。

**同上書卷七十七，《追思舊遊寄浙江左時翊参政十絶次草庭都尉韻》**

湖船詩十聯，半入煙霞氣。我語慚不工，居然别涇渭。倚櫂岳墳菴，碑本見遺墨。萬古擎天功，高峰峙南北。草滿六橋路，依稀放鶴人。道傍修竹裏，時見一枝春。開尊淨慈閣，鵝鴨滿湖田。對岸雷峰塔，亭亭入暮天。三生空有石，三竺未成賦。徘徊九里間，吟情拂高樹。天外一峰逈，飛來勢未降。冷泉亭上立，逸趣灑寒江。石屋龍潛處，題名憶長公。洞門喧水簾，苔逕失西東。一歃龍井寒，未續茶經筆。林外忽聞香，僧房焙茶日。山形繞廢宫，一鳳雲中度。下見淛江潮，寒聲自朝莫。憶登保叔塔，舉酒别諸君。兩聽春鴻過，相思逐片雲。

---

① 詩又見總集類《石倉歷代詩選》卷四百十四。

② 岳家塋，《石倉歷代詩選》作“岳王塋”。

**同上書卷八十三,《自岳王墳至淨慈寺》**

棲霞山色照湖東,五日還當逆旅中。角黍謾餘騷客恨,南枝猶寄岳王忠。夕陽燕影隨舟遠,別浦煙霏入座空。節序催人仍弔古,一尊同趁藕花風。

**同上書卷八十八,《都憲張公淮上所獲四印歌》**

予被召北行,道出淮陰。巡撫都憲張公汝器觴予,言往歲奉敕濬漕河,得古印四枚于楊子橋水中,已上進矣。其一曰"壽亭侯印",其一曰"鎮江府御前駐札都統制印",其一曰"鄂州管內觀察使印",其一曰"都巡檢使之印"。惟"壽亭侯印"為漢物,人知之,其餘莫之考也。予因言壽亭侯印,據傳記,凡三四見於宋元間,蓋後人追鑄,以奉神者,此恐其一也。史稱韓世忠嘗為鎮江府御前駐札都統制,岳飛嘗為鄂州管內觀察使,此二印殆宋物歟。都巡檢使亦宋官,主捕盜賊,以守臣兼領。今不註其職守所在,莫知為誰矣。語次,得長詩一篇,贈公,用紀其事。公與予同出河間進士,同年,予兄事之。

行臺使者清河公,濬川來往長淮東。役夫走告得四印,不知何代淪淵中。盤螭結紐各異狀,蘚包玉嚙傷青銅。自應神物不可閟,月夕往往虛晴虹。一朝昇出馮夷宮,寶氣盡發清泠空。行臺得之三歎息,謂爾古器遭沙虫。亂磨再使篆文出,拂拭不遣纖塵蒙。題緘頓首獻天子,護以黃袱馱青驄。近臣奉入歸御府,想像白日回重瞳。我來艤棹淮水上,十年相見驚秋蓬。坐間傾倒忽語此,便覺異代還英風。憶昔中山啓炎祚,絶世義勇稱髯翁。蘄王鄂王總人傑,南渡百戰勛猷同。當時遣使各賫賜,尚方新鑄憑良工。係之尺組表異眷,副以大纛兼彤弓。豈知變故生肘腋,斬地敗此中興功。孫權心久附漢賊,秦檜一力主和戎。兩人伏劍徇王室,霜飛六月愁蒼穹。一人湖上跨長耳,漫勞矰繳窺冥鴻。都巡歲遠失姓氏,無乃亦是千夫雄。撫時感事數百載,令人扼腕悲三忠。行臺於我同榜士,呼酒更酌開蓮筒。桑榆誼深談塵洽,松韭味潔冰盤豐。春風吹花助客醉,解舟北去方匆匆。海天回首推雙蓬,淮流浩蕩山巃嵸。為公高歌重懷古,城樓一抹斜陽紅。

**編:《新安文獻志》,《先賢事略上》**

胡制機閎休,字良弼,婺源清華人,汪直閣若海妹婿。靖康中,中武

舉。岳飛制置京湖，辟入幕，為主管機宜文字。飛死，閎休發憤不仕，佯疾十年，卒。所著有《勤王忠義集》。【見本傳】

## 章懋

**撰：《楓山集》卷二，《與董東湖道卿【遵時貢在京聽選。】》**

北敵為患，自古有之，但須觀其所為。若志在金帛子女，專以搶虜為事，則滿其囊篋，必自退去，終不能為大患，不過邊民受害，但推選守邊之將，嚴備以待之，便可無事。惟恐有豪傑生於其間，若元昊、阿骨打之流，志不在小，不為子女玉帛，到處攻城略地，收拾人心，則可憂者方大耳。非有韓、范之帥，宗澤、岳飛之將，不能禦也。今之為將者，往往皆膏粱紈袴之子，素不知兵，聞其來則望敵先懼，奏請益兵。朝廷不務擇將，而輕易出兵，倘京軍到彼，敵已先去。及旋師而歸，敵又再來，兵疲財匱，則不戰而自困矣，非策之善者也。愚意如此，不知諸公議論如何？吾友試與孔修諸公論也。

## 吳寬

**撰：《家藏集》卷四，《贈釋子芳草堂》**①

出吳閶門走山塘，山塘北去七里長。平郊崛起虎丘寺，雲樹一簇攢青蒼。我昔家居絶塵事，兩足只有登山忙。扁舟②摇摇掠岸去，尋奇探勝時徜徉。舍舟登岸縱可適，四尺古墩當道傍。道傍父老說遺跡，劉公佐邑殊循良。邑人此地曾拜送，相與聚土示不忘。我欲題詩紀其事，碑亭淡淡餘殘陽。倏然欲去更回首，忽見側畔依僧坊③。青松夾道蔭寺額，大書金字何煌煌。竹陰蕭然槿花舍，中有丈室並迴廊。一從京師住三載，東南④引領徒相望。旦朝忽有僧來謁，自言來自胥臺鄉。吾⑤師出家修苦行，吳下知名芳草

---

① 詩又見總集類《吳都文粹續集》卷五十一，題作“題釋子芳草堂”。

② 扁舟，《吳都文粹續集》作“舟楫”。

③ 坊，《吳都文粹續集》作“房”。

④ 東南，《吳都文粹續集》作“南方”。

⑤ 吾，《吳都文粹續集》作“我”。

堂。今年新領祠部檄，劉公墩邊開道場。敢持絹素乞一語，南還留作山門光。嗟哉後世重異教，三吳尤云熾而昌。穹樓傑殿[①]塗金碧，直以壯麗充緇黃。其間號稱彼善者，屈指一二無留藏。白雲寺建為范老，表忠觀改因岳王。只今此寺雖儉樸，寺名卻為劉公彰。此墩可夷碑可仆，有僧世守庸何傷。投簪還鄉會有日，便擬[②]入寺尋支郎。舊時詩句如可補，坐我草堂焚妙[③]香。

**同上書卷二十五，《題三忠廟，廟在城東，祀諸葛武侯、岳武穆王、文信公，都人周珍買地以建者》**

都城東面起車塵，廟貌巍然見鼎新。漢業強從三國號，宋家難贖兩賢身。朝班可勸為忠事，野史能歆好義人。上下千年同室坐，有周端合配三仁。

**同上書卷五十八，《天全先生徐公行狀》（節錄）**

公諱珵，更諱有貞，字元玉……鎮彰德時，問諸父老，得岳武穆父祖之墓于湯陰，因具牲醴祭之，以作義旅之氣。復奏請於朝，即其地建廟以祀武穆。

# 謝遷

**撰：《歸田稿》，卷八，《和兩峰懷西湖之作》**

武林城西山遶湖，湖山曾駐南宋都。偏安風景已陳跡，只今一統歸皇圖。太平勝概畫圖裏，楊柳風輕杏花雨。蘇堤虹臥聯六橋，歌吹聲中紛士女。孤山雪後寒梅香，岳墳愁怨啼黃鶯。湖山主人遠分閫，兩峰回首思茫茫。吾生久已辭金馬，幽懷每在孤山下。湖船唱和待公歸，我願低頭拜東野。

---

① 殿，《吳都文粹續集》作“閣”。
② 便擬，《吳都文粹續集》作“擬便”。
③ 妙，《吳都文粹續集》作“瓣”。

# 王鏊

**撰：《震澤集》卷四，《三忠祠【諸葛武侯、岳武穆、文丞相】》**

力挽中原志可吞，悲哉星賈渭濱屯。郾城詔下黄龍遠，燕獄詩成白日昏。義氣懸知千古合，綱常都仗數公存。如今混一歸真主，尚慰孤臣地下魂。

**同上書卷二十一，《武昌忠孝廟碑》**

武昌城東，有廟曰忠孝祠。吳司空孟孝感、宋少保岳武穆，二王者也。孝感，江夏人，仕吳，位至三公。嘗以母嗜筍，泣竹而筍冬生。雖庸夫稚子，皆知其為孝也。武穆仕高宗朝，志恢復中原，屢敗金人，功垂成而死奸檜之手。其忠憤之氣，至今炳燿兩間。而鄂，其駐節之地。破曹成、滅楊幺，皆在湖湘間，功尤烈矣，固宜廟食於兹。武昌故有孝感廟，庳陋湫隘。海陵冒侯政來守是邦，始謀徙今地。弘治戊午，姚江王君恩、西蜀牟君道，俱以御史按武昌。間謁祠下，謂："孝感有廟，宜也。而忠如武穆，功在鄂人，乃獨遺之。夫忠孝一道也。宋乾道中，詔建武穆廟於鄂，鄂固嘗有廟矣，合而祀之，於禮其可。"冒侯曰："諾。"乃分龕置主，更其額曰"忠孝"。露臺中拓，帛亭分峙，餘無加於舊焉。君子謂三君子之舉也儉而禮，走使京師，求紀其事於石。予謂二王之祀，孟以孝，岳以忠。孟之事微矣，遂能動乎天；岳之冤酷矣，而不能回高宗之惑。岳蹈其變，其功烈；孟修其隐，其名完。且其生也，相去千餘年，而人心崇嚮如一日，豈非忠孝大節，帝衷民彝，不以今古、遠近、常變、隱顯而有二乎？孟軻氏謂易地則皆然，韓愈氏謂曠世而相感者，並饗廟祀，於禮合矣。其地於鄂為白鶴山，錫之者楚府，相其成者徐長史仁。王長史綖銘曰：枕江維鄂，清廟莫莫。廟有二王，歲時合食。王生異世，千有百年。歿而同祀，忠孝則然。孝能動天，忠唯死國。維忠與孝，異功同德。坎其擊鼓，鶴山之下。百爾有生，誰其無父？誰其無父，其有無君。千秋右享，昭我彝倫。

**同上書卷二十二，《杭州重修岳武穆廟碑》**

宋少保鄂國岳武穆王祠墓，在錢塘棲霞嶺之陽，有司以朝命歲時饗祀。廟號宏麗，而後迫於山麓，湫隘沮洳，日以頹圮。正德某年月某官某承上命鎮杭，首謁祠下，顧瞻咨嗟，乃捐貲鳩工，刳巖巒，芟荆棘，得地之夷直者若干丈，闢為寝廟，延以廊廡，巍然翼然，遠近瞻悚，乃謁余文紀其事。夫武穆之死，迄今且四百年，人過其祠下猶為痛憤欷歔，欲籲天而無由。於檜之奸，則裂眥切齒，思食其肉而不厭，何哉？宋以忠厚立國，百五十年未有大惡於民。女真長驅入其國，毁其宗廟社稷，二帝蒙塵，后妃嬪主，纍纍而北，是天下之大仇也、大耻也。武穆奮起行間，挺身為國復仇，驅烏合之衆，摧方張之敵，震驚旃裘，不敢飲江南牧，是天下之大功也、大忠也。當是時，使其君能專任之，乘破竹之勢，入穹廬之境，二帝可還，中原可復，宗社之恥可雪。一旦金牌十二急召還之，大功垂成而不就，又使奸臣舞文鍛鍊，父子駢死獄中，是天下之大冤也、大恨也。縱奸檜以和誤國，忍害忠良，為高宗者獨忍棄其宗社，使大功不成，大仇不報，大恥不雪，貽萬世之恨乎？至於今所以憤檜之奸，痛王之冤，而重歎高宗之昏惑也。夫以武穆之忠，檜之姦，今之孺子皆能知之，而高宗獨甘心焉？而任之，而殺之，何哉？物有蔽之也。高宗之孱也，睹靖康之禍，褫魄久矣，惴惴焉自保江東，不啻已足，無復中原之志。檜窺見其隐，首倡和議，以中其欲。武穆忠義激烈，以恢復自任。然非其志也，而有功高不賞之嫌，一時群小，又從而譸張熒惑其間，遂使是非倒置，大不忠者為忠，忠者為大不忠也，可不哀耶？自昔人君莫不欲奬忠賢，而忠賢每至擯棄，故子胥、沈韓、彭醢、檀道濟殺，豈獨高宗哉？高宗其甚者也。余故表而出之，以為萬世戒，使後之人君得永鑒焉，所謂無使後人而復哀後人也。銘曰：噫嘻！武穆今且安之，其果亡乎？其忠勇憤烈之氣，將猶有不亡者乎！將為星辰，以照臨下土乎！為雷霆，以泄其憤怒乎！將彍風叱雲，上下於天，為帝督姦乎！將復為忠臣義士，以輔佐國家，降生人間乎！姦檜今已臭腐，完顔久已丘墟。中原之境，盡歸國家。前日之憤，亦可舒乎。相彼塚樹，枝皆南指。則其精誠惓惓于南也，其尚猶生時乎？吳山峨峨兮，巖曰棲霞。寢成孔安兮，惟王之家。王今安之兮，忍獨去此故邦。儲祥袪癘兮，庇我氓於茫茫。潔吾觴兮精吾糈，於萬斯年兮，俾我氓以不忘。

**同上書卷二十七，《靜菴處士墓誌銘》（節錄）**

有《弔項羽廟》、《睢陽懷古》、《輓岳武穆》諸詩，傳播人口久之。

**同上書卷三十三，《讀宋史》**

於乎，小人之流毒國家，何其酷哉？宋自建隆至慶曆，人主以恭恕為心，而宰輔以寬厚稱上意。海内和平，國家無事。其間或有一二小人，國勢奠安自若也。然宋制多沿五代，亦有當更化。而不更化者，韓琦、范仲淹為相，稍欲更之，朝議紛然。二公遂請行邊，不果建立。神宗慨然，狹小宋家制度，將大有為。而王安石素有矯世變俗之志，君臣相得，自謂千載一時，凡祖宗之制，一切掃去。中外攻之愈急，安石持之益固。海内騷然棼極，遂基一代之亂。然其志亦欲為國建制，非私也。元祐初，召用司馬光，因民之不便，於凡新法，一切掃去。然亦順天下之心，除天下之害，非私也，而其黨遂分。夫法無新舊，唯其便；人無疏戚，唯其賢。天下之事，當以天下之心處之，而宋人不然。主元祐者，以熙寧為小人；主熙寧者，以元祐為邪黨。互相攻擊，有如水火。紹聖間，章惇、蔡卞得志，志存報復。取元祐之政，又一切掃去，以還熙寧之舊。奪司馬光、吕公著贈謚，凡元祐諸臣，或貶或竄，遍滿嶺海，甚者欲斲棺以僇其屍，錮其子孫終身焉。蔡京繼之，謂當改紀而覆出為惡，復追奪司馬光等官，元祐、元符諸人，貶竄死徙略盡，倡“豐亨豫大”之說，務以侈靡蠱惑君心，遂致中原皆屬於金，二帝蒙塵五國城。自昔小人之禍，未有若是。其烈也，高宗間關九死，竊保一隅，前日之禍可以鑒矣。於時諸將競奮，強敵氣奪，中國之勢日振。如岳飛者，專任之，中原可復。而乃溺於秦檜之奸，忘君父之大恥，甘心事仇，殺戮忠良，放黜勛舊。跡其所為，又一章、蔡也。為之後者，可以鑒矣。寧宗因間得立，侂胄何功？顧德其立，已而倚任之。汝愚忠賢，竄死遠州。立僞學之名，以次斥逐諸賢。而其門客厮養，如蘇師旦、陳自強之流，佈列要位。晚開邊釁，卒之函首求成，喪師辱國。其所為，又一秦檜也。為之後者，可以鑒矣。史彌遠誅侂胄，遂據其位，權勢赫奕，廢君立君，比跡伊、霍。知公論不與，專任憸壬，以居臺諫。一時君子貶斥殆盡。其所為，又一侂胄也。為之後者，可以鑒矣。而理宗方以賈后之弟奸惡，似道為相，懷奸罔上，稱臣敵國。始解鄂圍，而妄奏大捷，以為再造之功。蒙古遣使幽之真州，以啓兵端。襄樊告急，勢若倒懸，安坐不救，日以去位邀君。其君至涕泣以留之，稱之曰“師臣”而不名。卒之蒙古深入，如蹈無人之境，播越海島，而宋社屋矣。似道罪惡，又浮於諸人。於乎！宋自紹聖而後，中間惟孝宗隆熙之政，差強人意，而史浩、湯思退猶且厠居其間。自餘一奸殞，一奸升，率皆馮高肆毒，濁亂國家，為之君者，曾不一聽。其紛紛醖禍宿亂，以至此極，猶為國有君乎？抑柳子厚所謂“周之喪久矣，徒建空名於其上者”乎？且哲宗之世，非無范純仁、韓忠彦之賢也，不用而用章、蔡，其意以章、蔡為忠且賢也；南渡之時，非無李綱、趙鼎、張浚諸賢也，不用而用奸檜，其意以檜為忠且賢也；其後非無真德秀、魏了翁、文天祥諸賢也，不用而用侂胄、彌遠、似道，其意以侂胄、彌遠、似道為忠且賢也。由今觀之，何如哉？宋世權奸誤國，覆轍相尋，以至於亡。我朝不立宰相，豈非以宋為鑒乎？雖然，非相之罪也，任相者之罪也。《語》曰："臨亂之君，各賢其臣。"而顛倒錯亂，未有如宋之甚者。余故表而出之，以為世戒。

# 林俊

**撰：《見素集》卷五，《二忠錄序》（節錄）**

慨自宋足一南，亡已先兆。李綱之策，首沮於汪、黃；岳飛之功，再隳於秦檜。侂胄、彌遠、似道繼續任政，而汝愚、德秀、了翁跡如棄梗。不待三閩四廣事，可知矣。

**同上書卷二十，《重修岳武穆王精忠廟碑》**

乾坤復位，孰從而棼之？河漢為東，孰從而潰之？嗚呼！覆水不收，長城自壞。人事歟？天事歟？昔三叔流言，天動威以彰周公之德，郊迎以歸；後主委國事孔明而聽之，規有混一，將星夜殞。興姬絶劉，天之意異也。岳鄂武穆王之禍，天意從可知矣。慨自紹述，說行群邪蠱扇，善流佈滿嶺海，貽有靖康金人之難。二帝北狩，中原失守，康王即位於南京。當是時，將相無足係天下之重，絶意恢復，專主和議。王文武忠孝，聲春秋討賊大義于群喑。獨倡之時謀，預機先變，隨敵運用，能手平劇寇，志殪強敵，前後數百戰，無不奇捷。走烏珠，朱仙鎮破之，金人沮喪，號令不行燕之南。金將密受旗榜，烏珠懼欲北遁，兩河忠義嚮風焉。復中原，清朔漠，迎還二帝，一渡河間爾。而速詔班師，竟出書生之所料，使垂成之功墜於一旦，故地復為金有，檜奸志猶未伸也！重井心王父子以死，弱宋右金，挾國讎以自固也。彼張俊者和之，宋亦和之，獨何哉？嗚呼！此宋之所以竟南為厓山兆也。暦考名將，無王之烈，亦無王之冤者，古今一大憤也。王，相之湯陰人。歿二十有二年，當孝宗立，首復故爵，頒封謚，葬之杭州，國朝與在配享。而杭、相專祀，付在有司。其賜額，相曰"精忠"，杭曰"忠烈"。祀宇内者，不可勝載。王之伸在，為之不足，而賊檜之奸，筆誅口罵，與王之褒頌，同其無窮。好事者至樹檜剖心，鑄奸像，鞭之殆刓。噫！檜之奸，未料此也！邪害正，奚利哉！總鎮崔公，居與王鄰。昭明風烈，飾廟貌新，之礪堅貞，屬紀王績。追誦疇昔，有餘慨焉。辭曰：於赫武穆，文豪武雄。矢心涅背，報國盡忠。百戰艱危，經營十稔。誓復山河，還軫二聖。天不北宋，鬼臆豺聲。金牌十二，煅煉獄成。地黑天昏，日星載睹。祀有牲醪，錫有茅土。奕奕新廟，風旛雲軿。於昭厥神，率土乞靈。

## 張吉

**撰：《古城集》卷一，《上時務疏》（節錄）**

又謂漢鼂錯論兵，以為制勝之道有三：一曰得地形；二曰卒服習；三曰器械利。臣竊嘗偃臥轅門，深計遠省，未嘗不服錯之知兵。其言簡而要矣。臣足跡未嘗至衛喇特，其山川險易，皆不能知。而佈陣團操、坐作進退之法，擊刺騎射之方，諸鎮帥臣亦必頻加督習，有可觀者。其得地形、卒服習二事，姑置勿論。惟器械一節，臣竊以為必先審敵人所長，思所以破之；又審我之所長，思所以用之，乃可制勝。如金人善用拐子馬，橫行遼、宋之問，二國不能博求所以破之之術，坐受其困，可謂愚矣。直至岳飛、楊沂中等，或以麻札刀入陣，第斫馬足，戒勿仰袒，或以萬人持長斧，如牆而進，上揕人胸，下斫馬足，而敵技始窮。使二國亟求其人，早行其計，則遼固未便覆亡，而宋亦豈為南渡偏安之小國哉？臣始至府江之時，特苦夷賊藥弩，中者輒死無救，而諸軍見賊輒奔，幾不可制。臣乃厚募解藥，多置挨牌而前患頗熄，人無畏心。然後教以勁弓神銃，射疏及遠，賊不能當，斯罕出矣。

## 蔡清

**撰：《虛齋集》卷一，《岳飛班師》**

嗚呼！岳公報國之志，所以終不酬者，果天耶？人耶？彼高宗、秦檜，無復論矣。愚獨恨公之未知權也。孝子之於親也，從治命，不從亂命。公向者親受高宗肺腑之屬，曰："中興之事，一以委卿矣。"今乃無故，一日十二金字牌趣班師，此非檜之為而誰？檜為之而高宗聽之，則亦亂命之類耳。將在軍，君命有所不受，正謂此也。苟利社稷，專之可矣。公亦素好《左氏》，獨不知斷以此義耶？且其時萬世之悲憤，既積吾胸中；不世之機會，又在吾目前。朝廷乃無故入姦臣之言，使我十年之功，廢於一旦，將不復以宗社為意，父兄為念，果何說也？吾為國臣子，誓赤心報國者也。矧有成命在，又民遮道慟哭者聲振野，此亦天意也。不以此時特出不得已之計，脫然於尋常法度之外，而有所敢為，則終為姦臣所制縛，而君父大事自我去矣，又何言哉？夫權姦可畏，高宗之不足倚，吾亦知之矣。獨不見前日宗留守乎？人臣殺其身，有益於君則為之，況污其身以善其君乎？當日之事，愚以為正當用權以濟直，馳表而南，極陳時之難得易失，不敢自墜于姦臣之計，以負陛下肺腑之托，而延吾國家萬世之辱。隨舉鞭而北，滅此而後朝食，可幾也。胡為乎竟以“不得擅留”一語自將哉？夫徇君命之忠，孰與為吾君報萬世不共戴天之讎之為忠也？且高宗之所以忍與金和，而急召公者，亦惟懼吾力之未足以克，而反速來禍耳。今吾自揆吾力必克無疑矣，一舉而克之，以還報吾君，以為如何也。既克之日，安集之餘，人民府庫，籍上於朝，將士卒伍，亦約束以俟朝命。吾特蓬頭跣足，步至國門，上表自劾。其違命進兵之罪，藉稿以待，粉身碎骨，萬死甘之，吾赤心報國，事畢矣。儻必吾全，則從此乞骸骨，歸田里，終身佈衣蔬食，自處於除名不叙之數。曰後有違君命者，雖能成功如此，律若是，亦足以存王法，而白此心於吾君與天下來世矣。蓋其轍行雖近類桓温，而心跡則與温有間，不害為同行異情也。此乃所謂權也。夫權出於不得已者也，若果不得已而猶不用權，雖聖人無以濟事，而聖人亦不立權之說，以教天下萬世矣。況公當日之事，尤非可以一夕安者乎？《易》有之曰：“大過之時，大矣哉！”大過君子，以獨立不懼意。大過之時，必有大過人之才，而敢為大過人之事，不膠於尋常故轍焉，乃克有濟也。是故以天下與人，上世未有也，而堯始行之；君無道而伐之，上世未有也，而湯始行之；君覆典刑而放之，自艾而復之，上世未有也，而伊尹始行之。萬世之下，終不聞有以為名教罪人者。使公當日而出此，其要歸於忠孝耳。又非有改立放弑事也，誰得而罪之？嗟夫！大丈夫建大事，苟非利己，安能為尋常法度所制縛哉？青天白日，萬世一日也。所責備乎英雄者，正在此耳。今一解而歸，非惟前功盡棄，其身之不免，人固已豫知之矣。嗚呼！公何不為趙氏九廟神主，惜此去就乎？此見可與權者之難也。嗚呼！使公當日雪恥之志既酬，而後為檜所害，愚亦為公甘之矣。

## 邵寶

**撰：《容春堂集》前集卷三，《朱仙鎮》**

繡旗揚揚出朱仙，中原王氣熄更然。敵軍萬騎鳴歸鞭，故宮遺廟在眼前。奈何忽有金牌宣，金牌宣，事甚迫。將之南，將之北，南為吾君北社稷。敢言君重社稷輕，彼奸在側方經營。社稷無功君有罪，到頭兩事惡乎成。岳將軍，決南行。南行即就死，死不愧臣子。

**同上書卷五，《湖上口佔二首・其一》**

畫船入西湖，風光正春暮。指點兩峯雲，先尋岳王墓。

**同上書卷七，《謁于肅愍祠》**

祠前春霧隱緋袍，隔嶺松聲應海濤。伯紀空勤恢復計，子儀還重廓清勞。我將薄奠成三獻，誰作長歌寄一號？西望岳墳纔數里，白雲湖上兩峰高。

**同上書卷十五，《東山公前傳》（節錄）**

東山公姓劉氏，名某，字時雍，岳之華容人。其先自宋都統竇，從岳武穆平湖南。武穆死，棄官居華容。

## 羅玘

**撰：《圭峰集》卷十五，《樂善先生墓誌銘》（節錄）**

其於學，不於章句，於大義。嘗讀《宋史》至《岳武穆傳》，閉目不視。久之，從弟獲鹿司訓幹，質之邑黄司訓。黄曰："噫！吾鄉老人，猶裂編擲之地！"幹曰："可怒在檜，編也何尤？"因持論不相下，主事從傍徐曰："家君之惜在武穆，此老之怒在賊檜。"論遂平。

# 史鑒

**撰：《西村集》卷六，《運河志下》[①]（節錄）**

國朝洪武元年，知州孔克中立吳相國伍員、唐中丞張巡、宋鄂王岳飛像於垂虹亭中，名曰“三忠”。

**同上書卷七，《記參寥泉、鄂王墓、飛來峰三》（節錄）**

西經葛嶺，訪賈似道故居，則已鞠為瓦礫場矣。噫！擅威福，窮逸樂，身不欲危，家不欲敗，國不欲亡，得乎？又行二三里許，至棲霞嶺。過岳鄂王墓下，下輿趨入，僉憲拜，衆皆拜。嗚呼！高宗忍忘其父兄之仇，其忍於殺王也宜矣。然墓上木今猶南向，則王之忠義，豈以冤死而有間哉？悲慨者久之。

**同上書同卷，《記銀瓶祠、紫陽庵、三茅觀九》（節錄）**

由錢塘門入，至立夫家。竹下少憩，共往遊銀瓶聖女祠。祠，故岳鄂王所居也。王遭誣時，家屬俱徙嶺南。惟女抱銀瓶，墜井死，杭人義而祀之。迄今，香火猶盛，豈其貞烈之性，死而猶靈歟？徘徊顧嘆，共舉酒酹之。

**同上書同卷，《記鳳凰山、勝果寺、淛江潮十》（節錄）**

復下，觀洗馬池、看月巖，宋之遺跡可見者，僅此耳。西南一嶺甚平坦，云“女教場”也。嗟乎！高宗有臣如岳飛者而殺之，乃欲教女子以兵，用圖恢復，難矣哉。

# 祝允明

**撰：《懷星堂集》卷二十六，《跋宋高宗付岳武穆手敕》**

宋藝祖得天下，雖不以兵車，要為英武之君也。至於端王，以浪子而失之於前，康王以昏懦而不能全復之。於後二君之文藝，皆有可觀，獨無為國

① 文又見史部《吳中水利全書》卷十八。

之才耳。丹青翰墨，藝祖豈有是哉？而天下得失之效，乃爾何哉？二君明其小，藝祖明其大也。此紹興與岳少保手敕中間，付屬之重，處分之均，期望之深，非愚者所能然。檜讒而岳死，於前敕猶兩人，由其明小，故反而大闇焉。囬視厥祖所以用曹彬、趙普與斥雷德驤之事，其得失粲然矣。敕為光禄華公汝德藏，不獨興君子之歎，其亦君人者之永鑒乎？

**同上書同卷，《跋宋高宗付岳武穆手劄石刻》**

由三代而後，先君蒙塵失國，而繼體者中興，則其賢不肖率由以分。然究其理，道是不可以成敗論，蓋縣乎其智勇矣。昔人有言，項籍臨死，歸恨天亡，耀射殺追，以示非戰罪，斯羽繆也。彼以攻戰為取天下之務，不知善戰者乃將帥事，取天下在仁智。仁來遠人，智收英傑，羽不知也。斯言政可以為若喻。蓋創業以仁智，中興以智勇，校然矣。由三代而後，試舉數世以參伍之。蓋如元始毒，建安禪，懷、愍執，天寶犇，以至於徽、欽之狩者。彼昭烈、元帝卒不全復版章，肅宗幸復得而有間，然唯光武為能盡道。究而論之，則智勇深淺有亡之間而已矣。智非鉤箝陰謀，勇非戰克攻取。自其秉不共戴天之大義，以為智之根本，而至於擇相簡將，相時審勢，知幾決策，燭姦破詐，察君子小人之分，嚴理慾界至之辨，皆智也。自夫厲臥薪味膽之苦，志以為勇之根本，而至夫訓武練兵，信賞必罰，任賢去邪，不為勢囬利疚，皆勇也。視權謀攻戰而大者也，是道也，得之完者，其效亦完，而譽騰亦久，漢世祖是也；得之而未完，效亦視之，而譽亦視之，昭烈、元帝、肅宗是也。若建炎之人品，其去光武遠矣，校諸蜀、晉與唐，疑可伯仲而實不及焉，何也？智之大者不及也。昭烈之任孔明，晉元之任茂弘，肅宗之任長源，則可謂不貳者矣。凡其武功之耆繇，廟謨之定。廟謨之定，智勇是也。其有偏全之間者，則所謂成敗之天，而其後來之得失，又係乎既平之後之敬怠，此別一理也。若高宗者，則異矣，其君臣之間，日夕之所論議，未始不以中興為辭，蓋不勝其紛龐錯雜。前三君之時，不聞費冗若是也，而效卒不逮焉，豈非智勇之大者未聞乎？智勇之大者蓋如彼，而高宗昧焉，宜夫顛之倒之！自壞以資敵，而委其事於豐敗大恥，終其身與子孫數世而莫之贖也，亦可痛哉！岳、檜之不同立，誰不知之？談者迄於今不二，而反復其故，職由諸此。有國與家者，宜不是鑒哉？而儒生斷史案，亦可以旁證互佐而得其情矣。武穆受建炎手敕甚多，當時皆入檢括。此一紙壽春貼，不知何一好事者鑱之石，正足以重鵬舉之忠冤，悼九哥之昏風。吾姻氏沈潤卿治地得之，以表于時。諸文章家題述已富，予綴此論相參焉。

# 罗钦顺

**撰：《整菴存稿》卷二十，《次湯陰》**

閥閱爭高王氣饒，鄂王祠廟更岧嶤。湯河未過先聞說，山雨多時也漫橋。

# 顧清

**撰：《東江家藏集》卷八，《謁文山祠次同游諸公韻》**

東風一夢過錢塘，直自元豐兆靖康。終歲諸公講和戰，到頭赤手樹綱常。生前骨肉山河碎，身後輝光日月長。新廟城南更雄麗，公忠遺種詎荒涼。【時新作三忠祠於崇文門外，祀諸葛武侯、岳武穆及公。】

**同上書卷二十二，《半閒居士傳》（節錄）**

平生所至，若湘之黃陵廟，荆之仲宣樓，潯之浯溪，越之曹娥祠，杭之鄂王墓，沛之歌風臺，忠賢義節遺跡之所在，題詠殆遍。

**同上書卷三十四，《十二日至濟寧秦鳳山，示和彭幸菴弔古諸作次韻八首之汚南武侯祠》**

習隆書奏野祠空，此地千秋享卧龍。論世合居莘野後，際時何忝渭川逢。微盧庸濮爭奔走，蛇虎風雲儼衛從。我亦瓣香遥稽首，玉京原廟有遺容。【廟在都城東，與岳武穆、文信公並祀，名三忠祠。】

**同上書同卷，《十二日至濟寧秦鳳山，示和彭幸菴弔古諸作次韻八首之岳武穆祠》**

一夕元戎掃地囬，遺民已抱左衽哀。如何寸紙中宵下，竟折長城萬里材。本意鳴鑾向河洛，自甘浮海過温台。英祠千古猶生氣，併入胥江作怒雷。

# 李夢陽

**撰：《空同集》卷二十三，《朱遷鎮》**[①]

水店囬岡抱，春湍滚白沙。戰場猶傍柳，遺廟只棲鵶。萬古關河淚，孤村日暮笳。向來戎馬志，辛苦為中華。

**同上書同卷，《朱遷鎮廟》**[②]

宋墓莽岑寂，岳宫今在玆。風霜[③]留檜栢，陰雨見旌旗。百戰囬戈地，中原左衽時。土人嚴伏臘，偏護向南枝。

**同上書卷三十一，《夏都給勘鄴潞之戰惠見憶之作寄答四首・其三》**[④]

侍臣斧鉞雲中下，山寨冰霜戰後行。阱腦乍攀黎賊路，石門重覽鄂王誉。中興崖石元留頌，成算朝廷敢論兵。試向絶巔看大海，年來波為聖人平。

**同上書卷三十二，《于少保廟》**[⑤]

朱仙遺廟已沾衣，少保新宫淚復揮。金匱山河丹券在，玉門天地翠華歸。平城豈合留高祖，秦相何緣怨岳飛。最怪白頭梁父老，哭栽松柏漸成圍。

**同上書同卷，《朱遷鎮》**[⑥]

水廟飛沙白日陰，古墩殘樹濁河深。金牌痛哭班師地，鐵馬驅馳報主心。入夜松杉雙鷺宿，有時風雨一龍吟。經行墨客還詞賦，南北淒凉自古今。

---

① 詩又見總集類《石倉歷代詩選》卷四百四十八、《明詩綜》卷三十四。朱遷鎮，《明詩綜》作"朱仙鎮"。

② 詩又見總集類《古今詩刪》卷二十五。

③ 風霜，《古今詩刪》作"霜風"。

④ 詩又見史部《山西通志》卷二百二十四。

⑤ 詩又見總集類《石倉歷代詩選》卷四百四十八。

⑥ 詩又見總集類《明詩綜》卷三十四。朱遷鎮，《明詩綜》題作"朱仙鎮"。

**同上書卷四十一，《少保兵部尚書于公祠重修碑》[①]（節錄）**

李夢陽曰：予觀今人論肅愍公事，未嘗不酸鼻流涕焉，蓋傷為臣不易云。夫事莫大於君出、虜入、排遷、主戰，四者旦夕之勢，而存亡之判也。乃今人議則異是，或見鮑莊事，輒曰："夫葵猶能衛其足，然獨不思勇士不忘喪其元乎？"孟子曰："所欲有甚於生者，故生而有所不用也。"然將軍蠡、留侯良，功成身抽，天下兩高焉。此又何焉？於乎！難言乎，難言乎。豈所謂計免者非忠，貪盛者違智歟？而賊酋擁太上皇大同城下，勒降也。大同人登城，謝曰："賴天地宗社之靈，國有君矣。"至宣府城下，宣府人登城，謝曰："賴天地宗社之靈，國有君矣。"至京城下，京城人又謝曰："賴天地宗社之靈，國有君矣。"於是，公颺言曰："豈不聞'社稷為重，君為輕'斯言也？"事以之成，疑以之生者歟？且太子之易、南宮之錮，二者有能為公恕者否耶？公有不如意，輒拊膺忿曰："此一腔血，竟灑何地？"聞其言，孰非酸鼻流涕者而獨咎予也。於乎！傷乎，傷乎。雖然，宗澤、岳飛，非下於人者，艱難百戰，卒愠衄而死。若公者，死可矣，死可矣。公巡撫諸所，業載傳狀，乃今不復述。第述其始終，若是亦大者云。

**同上書卷六十六，《事勢篇第七》（節錄）**

空同子曰："岳武穆全人乎，得正而斃矣。"或曰："將在軍，君命有所不受。"曰："惡何言也？不受命者，其身猶將也。周亞夫是也，非召之使還也，使之還者，奪之也。奪之而不受命，是叛也。以叛伐叛，夫誰其與之？"曰："閫以外，將軍不制之乎？"曰："制之者，其身將軍也，言有位也。汲黯發倉粟之類也，非召而奪之也；召之而不赴，則騎劫代毅矣；代之而不赴，則陽周之鐲鏤下矣。嗚呼！岳也，得正而斃矣，春秋之義也。"

# 郑岳

**撰：《山齋文集》卷六，《謁岳武穆王祠》**

十二金牌一日催，三軍慟哭捲旗回。馬前果中書生計，河上深孤父老

---

① 文又見史部《汴京遺蹟志》卷十六，題《少保兵部尚書于公祠碑》，又見總集類《文章辨體彙選》卷六百四十九。

來。開闢乾坤無此變，古今成敗有餘哀。皇明盡復中原土，地下忠魂亦快哉。

**同上書卷七，《九江分司二首》**[①]

分司相傳為岳武穆故宅，中有石池，尚為舊物。秦檜和敵而甘心武穆，高宗賜第，葛嶺有一德格天閣，今其遺址安在哉？岳氏一池，世猶愛護而不忍廢。善惡之報必久而後定邪？

石耳堆盤薦綠茸，白魚紫筍亦時供。日長分省無公事，坐對廬山雙劍峰。

石甃方池幾百年，岳王故宅[②]世猶傳。格天高閣今安在，葛嶺荊榛野雉眠。

## 陳洪謨

**［明］曹學佺編：《石倉曆代詩選》卷四百七十五，《過朱仙鎮謁武穆王廟》**

岳駐朱仙力抗金，指陳恢復見胸襟。卻憐十二金牌詔，盡失三千甲士心。道濟長城人與敵，孔明遺像古垂今。東風下馬來瞻拜，滿樹啼烏正夕陰。

## 顧璘

**撰：《顧華玉集·浮湘稿》卷一，《岳王墳》**[③]

崔巍中興業，浩蕩英雄才。刺身誓日月，驅甲鳴風雷。艱哉朱仙鎮，天地劃再開。君王亦何意，自卷旌旗回。中原本吾土，突騎[④]胡為來。家昏鬼蜮嘯，國破長城摧。宰木空南向，厓山益悲哀。舉觴酹宿莽，歌罷魂俱頹。

---

① 第二首又見《石倉曆代詩選》，題作“九江分司題岳武穆故宅”。

② 故宅，《石倉曆代詩選》作“遺宅”。

③ 詩又見總集類《石倉曆代詩選》卷四百五十三。

④ 突騎，《石倉曆代詩選》作“金人”。

**撰:《顧華玉集·息園存稿詩》卷十二,《岳墳》**[1]

玉曆將窮宋鼎移,長江東下水如馳。皇輿播越邊塵暗,歲幣和親國論危。殿陛有讒難自拔,英雄無主竟何為。厓山海色連天盡,精衛空銜萬古悲。

**同上書卷十三,《拜岳武穆廟》**

水白雲青廟貌明,墓門喬木盡南生。天高竟吼三人虎,國破誰摧萬里城。望斷白龍無死所,歌殘黃鳥有餘情。海波東去厓山遠,精衛千年恨未平。

# 邊貢

**撰:《華泉集》卷二,《椿庭榮壽圖詩》**

白頭注書懶出門,足跡不到東西村。倏忽移家向千里,遠遊卻謝君王恩。錢唐夜舸衝潮發,柏署啼烏曉方歇。升堂見子復見孫,綵服如雲映秋月。江魚竹笋稱觴暇,時坐肩輿過城下。蘇公堤上聞采蓮,岳王祠前看走馬。問君北歸今幾春,予欲乘槎西問津。渡河先訪封君宅,攜酒來攀庭際椿。

# 陳霆

**撰:《渚山堂詞話》卷一**

武穆駐師鄂州,紀律嚴明。路不拾遺,秋毫無犯。軍民胥樂,古名將莫能加也。有邵公序者,薄遊江湘,道其管内,因作《滿庭芳》贈之,云:“落日旌旗,清霜劍戟,塞角聲喚嚴更。論兵慷慨,齒頰帶風生。坐擁貔貅十萬,銜枚勇、雲槊交橫。笑談頃,匈奴授首,千里靜欃搶。荆襄,人按堵,提壺勸酒,佈穀催耕。盡芝夫蕘子,歌舞威名。好是輕裘緩帶,驅營陣,絶漠横行。功誰紀,風神宛轉,麟閣畫丹青。”《鄂王遺事》云:“此詞

① 詩又見總集類《石倉曆代詩選》卷四百五十三。

句句緣實，非尋常諛詞也。”

**同上書卷三**

京師崇文門外有祠曰“三忠”，都人建以祀漢諸葛忠武、宋岳武穆、文文山。士大夫南行者，多餞别於此，所以作勤瘁而勵忠節。於夫世教，不謂無補。憶予曩歲試政刑部，一日在廣坐，吏以册葉置案上，予取閲之，乃《三忠詩》也。凡若干首，獨喜范主事淵一絶，云：“萬古綱常惟一事，兩朝人物屬三公。誰修古廟燕山道，樹色江聲落照中。”詞簡而意盡，且有關係，有感慨，他詩莫能及也。予亦有詞寄《酹江月》，全篇云：“乾坤易老，歎風塵飄盪，河山分裂。名分綱常都掃地，曾有何人提挈？身翊飛龍，氣吞胡馬，赤手扶天闕。精忠照耀，一時名並日月。須信天理人心，自來不泯，千載思遺烈。廟貌燕山崇祀典，華表三忠新揭。西北中原，東南王氣，回首驚風雪。傷心行路，不堪日暮時節。”

# 張羽

**撰：《東田遺稿》卷上，《岳武穆王》**

岳王旌幟眼中空，精爽褒公與鄂公。萬里山河聞叱咤，千年廟貌識英雄。猶看汗馬回生氣，須到黄龍立戰功。誰誦辨誣成浩嘆，兩宫哀怨更難終。

# 孫緒

**撰：《沙溪集》卷十二，《無用閒談》**

岳武穆之孫珂，筆力遒勁，在晚宋諸人之上。尤善叙事，獨所著《桯史》一書中，間楊誠齋、辛稼軒諸公，不免微有訾議，而於朱勝非、史浩諸人，則極稱羨，縷縷不置。武穆忠赤與日月爭光，而其孫去取乃若此，不可曉也。

**同上書卷十六，《無用閒談》**

皇甫嵩、朱儁平黄巾賊，威震天下。方是時，獻帝微弱，猶無君也。以董卓、李傕之猖狂，因兵威乘衆，以伐其罪，天下當響應。彼以君命來，遂不敢拒，就拘朝廷，俛首罹罪。其精忠赤心，尚當與汾陽同列。而漢史以為舍格天之大業，蹈匹夫之小諒，陋矣。近日閩人蔡介夫亦有論，謂岳武穆舍金人不窮追，而班師以就死，為不知權，此論未是。夫君臣父子，世之大閑。申生不敢愛其死，使天下知有父也；武穆不敢愛其死，使天下知有君也。君命召我，我矯詔拒之，非矯者，亦足以為之辭矣。以事勢論之，吾不用君命，而強行師，非王師天吏矣。樵蘇供具，其孰與辦？簡書符檄，其孰與承？蔚宗弑君之賊，宜其有此，而介夫亦為此異論可怪也。

**同上書卷十九，《三忠祠【諸葛、武穆、文山也，又曰三賢祠】》**

拂袖拜三賢，雲霞映暮天。孤忠徒自許，一死竟誰憐。玄化昭心事，丹誠付簡編。明禋逢盛世，肸蠁自年年。

# 王守仁

**撰：《王文成全書》卷九，《陳言邊務疏【弘治十二年，時進士】》[①]（節錄）**

何謂蓄材以備急？臣惟將者，三軍之所恃以動。得其人則克以勝，非其人則敗以亡。其可以不豫蓄哉？今者邊方小寇，曾未足以辱偏裨，而朝廷會議推舉，固已倉皇失措，不得已而思其次。一二人之外，曾無可以繼之者矣。如是而求其克敵致勝，其將何恃而能乎？夫以南宋之偏安，猶且宗澤、岳飛、韓世忠、劉錡之徒，以為之將，李綱之徒，以為之相，尚不能止金人之衝突。今以一統之大，求其任事如數子者，曾未見有一人。萬一邊騎長驅而入，不知陛下之臣，孰可使以禦之，若之何？其猶不寒心，而早圖之也。臣愚以為今之武舉，僅可以得騎射搏擊之士，而不足以收韜略統馭之才。

① 文又見史部《名臣經濟錄》卷四十二、《御選明臣奏議》卷九、總集類《文章辨體彙選》卷一百十一。

# 杭淮

**撰：《雙溪集》卷八，《西湖僧閣和邵二泉諸公韻》**

紅塵入寺已知遙，更有巖扉竹色驕。秋水微茫來殿脚，白雲出沒自山腰。百年歌舞西湖地，落日風煙萬里橋。指點岳王墳上柏，野人猶自說前朝。

**同上書同卷，《新修岳武穆祠》**①

悵望秋風薦野蘋，忠精祠宇肅瞻新②。寒煙白石③荒山暮，枯木南枝萬古春。志決幽燕終報漢，眼中頗牧已無秦。金符十二如兒戲，豈料安危係若人。

# 何景明

**撰：《大復集》卷十，《古松行》**④

岳州地多古松樹，千株萬株植官路。故老猶能記歲年，行人不解知朝暮。臨江西來煙霧起，夾谷連山一百里。黛色寒通七澤雲，秋聲夜捲三江水。郡城之北江水東，鄂王祠廟丹青空。英雄為謨本宏遠，古木至今多烈風。忠魂義魄杳何在，故物依然見遺愛。繁枝百世人不剪，直氣千尋我當拜。六年前過蒲圻城，古松陰中三日行。空山倒掛雷雨黑，盛夏常貯炎風清。郵亭傳舍總蕭瑟，鬱抱煩襟亦飄逸。迴巖峭壁奔洪濤，老蔓長藤翻白日。只今復向巴邱道，野草漸多松漸少。仄徑孤根半蝕苔，夕陽幾樹空垂蔦。昔時所見合抱材，斷枝落葉隨蒿萊。過客山中想清籟，行徒道上愁黃埃。輦山輿嶺萬千重，半作豪家樓上棟。古人之力今人勞，大厦明堂不得用。年年官吏催斧斤，故老雖怒那敢嗔。傍枝出地子成樹，野婦山樵摧作

---

① 詩又見總集類《石倉曆代詩選》卷四百六十八，云：作者又作杭濟。

② 忠精祠宇肅瞻新，《石倉曆代詩選》此句作“精忠祠宇又更新”。

③ 白石，《石倉曆代詩選》作“白日”。

④ 詩又見史部《湖廣通志》卷八十五，題《雲溪古松歌》。

薪。驛前數幹聊可數，我忽見之再三撫。霜皮露甲如虬蟠，霧鬣煙鬟學龍舞。陰森氣象凜猶昔，翠色長標不可侮。荒林曠野識者稀，終為誰家起廊廡。回首鄂廟秋山阿，廟前之樹無高柯。鬼神訶護亦徒爾，英靈不返將如何。達人且勿怨搖落，志士胡為傷轗軻。君看世事盡如此，拔劍聽我松前歌。

# 崔銑

**撰：《洹詞》卷三，《退集》，《岳鄂王廟記》**

太史氏曰：學者每覽鄂王事，未嘗不垂涕焉。夫功疑而戮，握節而死者，古有之矣。鄂王忠而遇主者也，人胡得而甘心焉？昔高宗之既南也，王內則翦寇，外則遏敵。請建儲以安人心，還舊都以係衆望，收河北而掎中原。厄於王彥，危於杜充，而不挫；惎於張俊，沮於秦檜，而節不奪；誘以隆爵，而弗囬。其廉亡好，其仁不殺，是故謀遠而中，義明而信。故能存宋，弗遂亡也。夫道之所鄉，命也；命之所成，勢也。命有樞，勢有機，善治者因之。初，高宗之南也，金人亡王中國之志，民罹於兵之慘，而思宋之德。金人以汴畀張邦昌，以齊畀劉豫，而還師於漠矣。及乎昌、豫之仆，習安慮易，而後有之，則既堅其據矣。帝若擇建上宰，畀王以征伐，則金可亡。故言和於帝之世者，賊臣也；言戰於孝宗之世者，削臣也。語曰："同心之言，其臭如蘭。"夫君人之道三，志以決行，才以施務，知以明臣。帝慴於金人之威，憂其復讎亡成，且失其據。哲臣英將，懼亡以賞其功，乃為苟安之計。惟佞臣之交，夫俊貪而王廉，王忠而檜奸，俊、檜密君而王疏，間言陷術，豈一朝一夕之故哉？夫無成者，惡盈也；括囊者，辟譖也；遯跡者，消忌也。亡是三者，其能免於彼人之難乎？於乎以亡，明之跡而賊元臣。自古以來，未有如檜之甚也。奸臣之欲得國政也，始則逐直諫，以蔀其君；中則誣人之行，以淆其惡；終則果賊哲輔，以肆其威。且夫莫須有者，檜之遊詞也。檜欺天下，其心不能欺，故邪之賊正，其心非不賢之也，而棘於其欲，忍而為之爾。湯陰，王之故里也，廟久而剝。大明正德丁丑，中丞內江李公士修巡撫河南，稽賢闡隱，表墓新祠，示民所鄉，以成教化。檄下監司范君嵩，俾湯陰知縣王擢修王廟。既月而畢，麗牲有石，迺刻予文。

**同上書卷八,《休集》,《宋復讎論》**

崔子曰:痛乎!宋高宗之南也。父兄縶矣,母妻擄矣,守險而險失,恃兵而兵散。夫取天下者,乘人心而已矣。宋自王安石用事,繼以惇、京,小人之害,古未有也。竊避而佯退,圖利而援經,倡邪而任道,其讎君子也。殞其生又伐其死,排其猶又滅其學,誣其罪又載諸石,揚於朝一工之末,垂涕而畏公議。《易》曰:"包无魚,起凶,无民而濟。"有是理邪?然則宋不復興與?孟子曰:"雖有知慧,不如乘勢。"方金之下汴,亡帝中國之志。而民初遭蹂躪,思毆而去之。金人立昌及豫,旋師大漠。高宗若能政任李綱,兵授宗澤,貳以韓、岳,糾兩河之忠義,讎可復也,是曰"順人"。岳飛朱仙之捷,敵懾民悅。高宗若能内任趙鼎,參用諫爭,招攜惠服,明罰正典,讎可復也,是曰"乘勝"。夫何汪、黄間其交,秦檜脅其主,臣身弗保,何助於國?已而金謀既成,逆豫再廢,策士材臣,效能宣力。中原之勝,豈易窺哉?且夫興滅振頹,復土拓國,必有定規,以包之實德,以充之言其下者。子產相鄭,孔明立蜀,王樸興周,皆功運帷闥,而效收遠荒。宋之君臣,任人也忽邪忽正,修事也忽暗忽明,議制也昨是今非。雖有一二臣,然而張浚失之罔,陳俊卿失之懦,趙汝愚失之疏,其他末乎,無足賴也。奸人賊相,甫罷即作。譬之延藟叢棘,蔓引根滋,莫克剪伐。儒者迂辯疑學,角勝成敵。小人遂因之立禁,以排異己,宋亡而後止。然諸臣猶眣目而非和議,攘臂而任復讎,徒為簡牘之贅已爾。

**同上書同卷,《岳飛論》**

議者曰:忠武之屯朱仙也,中原咸思附之,蓋違詔而復舊京,棄小諒,成大績,不亦茂乎?崔子曰:不然。《易·否》之觀曰:"有命无咎。"臣之事,臣無貳。適國之遭難,須共濟。理反直者諫,可也,拒則止;事隳成者請,可也,專則悖。吾既逆命矣,何以責下之順哉?高宗,孱主也。親見父兄母妻之辱,甘於竄伏,而不敢奮。蓋畏金人獷悍,難以綿薄之力與角也,故檜之言與之投。使忠武抗而北也,或罪其違詔,而叛名之將,何以伐狄乎?《語》曰:"同力度德。"自王安石用事以來,宋失民久矣。彼烏珠者,非折箠可下也。且勝負之幾,大智難料。郭、李嘗敗於思明矣,況力十於思明者乎?夫民之苦虐者,投仁以生也;厭勞者,望我以佚也。斯二者,忠武豈得而遂哉?檜,小人之雄也。彼小人者,吝於謀國而捷於蠹國,拙於用才而巧於壞才。人將有為也,掣之曳之,必窮以促,使自失其據,而兼喪其名，以實其言，卒亡國而後已。忠武果北，檜之甘心快忿者，一端而已。夫至此，復安歸乎？夫帝王救亂之道二，曰德曰相，將其末焉耳。是故附衆以仁，招攜以德。迷方無悔者，始討之而弔其民，故德九而兵一。管仲、范蠡，佐伯者耳，齊作內政而後攘楚，越生養教訓而後報吳。蓋本搖者枝披其心，防隙者水毀其成。兵戈往來之忽，固非鄰國之守。然彼君相如此，徒責功於一將，不然之甚者。唐李光弼一不朝，乃至憤死，非代宗同難，故幾不庇其宗，是故忠武臣節周矣。若夫成功，則天也。君子無費辭焉。

**同上書卷十一，《三仕集》，《漫記》（節錄）**

張浚興符離之師，李椿告之曰："復讎討賊，天下大義也。必也正名定分，養威觀釁，而後可圖。今議不出於督府，而出於諸將，已為興師之凶。況藩籬敝，儲備薄，將多非才，兵弱未練，節制未允，議論不定，彼佚我勞。雖得地，不能守也。"李公，洺水人，朱子志其墓，乃力行之士云。張浚出師，與高宗"克日復中原"。岳飛曰："相公睡語邪？"遂忌岳，陷之而死。高宗謂趙鼎曰："浚措置三年，竭民力，耗國用，何嘗復尺寸之土？朕寧亡國，不用此人。"浚又上疏言兵。高宗曰："浚用兵，天下皆知之。富平、淮西，兩敗矣。今又生事。"乃下永州之命，史氏皆咎其君之不用浚也，非實也。《實錄》曰："符離軍敗，浚鼻息如雷。"魏公有是定力邪？果然，是其輕民之死，宜其敢用罔也。

# 陸深

**撰：《儼山集》卷八十八，《跋李嵩〈西湖圖〉》**

此卷購得之長安，當是《西湖圖》。第有蘇堤，而無岳墳，豈思陵時畫耶？或云李嵩手筆，然無題識可考。觀其粉金題額，非宋人不能書也。予夙有山水之好，頗留意錢塘之西湖。昨歲出持浙憲，輿舫往來，若為已有。既去，而未能忘之。今嘉靖戊戌臘日，邂逅此幅，恍如再到。時適有山陵扈從之行，表弟顧世安、黃甥標，從旁贊賞，以為人世等鴻雪爾，正可臥遊，神往橐中，自合貯湖山也。予笑曰："吾老矣，不復能有登臨之興。儻遂歸休，得從二三子於江海之上，左右圖書，以樂餘年。"是卷也，寧非予鑑湖之一曲耶，聊記於此。

**［清］黃宗羲編：《明文海》卷三百七十六，《釧鼎記》**

海虞王君文潔喜文博古，嘗獲一鼎，其識曰："維紹興丙寅三月己丑，太師秦公檜，一德協濟，配茲乾坤，乃作釧鼎，賜家廟以奉時，祀子孫其永保。"是蓋宋高宗之所賜，而其相秦檜所從受者也。文潔讀之愀然，憐岳武穆之冤忠，而鄙其當時君臣之所為，若是棄而勿顧。久之，當正德辛未秋，流賊入江，江南騷動。文潔又慨然思，得若武穆者之為將，而又恐有若檜者以害武穆之成功。乃發憤，即家山作萬松樓以祀武穆，而以所得鼎奉焉。既又範銅像檜跪於鼎足間，若伏罪者以向武穆云。是舉也，可謂雄偉不群者矣，而文潔固奇士也哉。按史載，檜之殺武穆也，在紹興辛酉之冬至，丙寅之春乃作家廟，遂有此賜。五六年間，和議已成，忠賢盡擯，固自以為百世之勛也。觀鼎銘所稱，以君而諛臣若此，計一時頑鈍無耻之士，道盛德於前，誇成功於後者，何限也！抑孰知百世而下，人心好惡之公，不容泯滅。雖聲色之間，亦有甚於鐘鼎刀鋸之所及者，而況其他哉？人可不自力於為善也。予嘗道西湖，拜武穆墓下，睹所謂南枝樹、銀瓶井焉。又一檜樹，中剖而植其前，固亦謂之秦檜也，疑皆好事者所為。又聞湯陰有武穆祠，戶外鑄鐵為檜拜焉。凡一方疫癘者必禱，禱者輒持笞箠蹈擊鐵檜，或十百千數，皆如所祝，輒得福。事雖涉怪誕，於此益以見人心之公。而忠賢正氣，流行於宇宙間，鼓為風霆，照為日星，形為川嶽，真有不隨生死古今而變者。則茲樓也，謂非武穆之所饗耶，而文潔固奇士也哉！文潔名澄，别號竹泉。有子曰授，攻進士業，質美而勤，嘗問學於予者。予知其庭訓義方之貽，遺安振宗之具，激勸之微，權皆類是。余友姚君尚絅，最能道之。作《釧鼎記》。

# 胡纘宗

**［清］黃宗羲編：《明文海》卷三百六十九，《新建韓蘄王廟記》**

自金源氏分主中國，於是宋社殄蕩，宮車流播。二三臣奮包胥之忠，而競搘持之。南轅脱輻，越鼎泣新。時則蘄王效武宣忠，矢志忘死，返麾而北，拳勇神機，建勛樹績。北兵之旋，我和之招，宋室不復，豈皆天邪？王諱世忠，字良臣，安延人也，卒於越，葬於吳，故吳人祀之。王初應募，虎捌而梟，磔目無敵也。扶銀州筥之，薙睦之青谿，剷燕山，揚滹沱，舉濬挾淄，樹趙之屏，撕西土，獨與金角摽其雄。批魚臺，擒黎驛，經河洛，撥内難於平江，至魚梁殲之。提甲八千，扼江之衝，讋十萬綺鋋。走無音，轢閩建，靳豫章，覆湖南，開軍受降。掩大儀，斖十之八，嘬而封之，執楚之臂，絶淮之吭。城高郵，塞洳口，崇山陽，敵乃慄縮而祭荆。大小百餘戰，主辱臣死，請當其重，還兩宫、復疆土之言，慷慨激烈。錦衣驄馬，勒兵交和，金人宵熸，何其偉耶。夫金方熛熾，上慘下黷，恼恼莫敢攖。王以孤壘相當，梏其觸而鑿其鋋，龍潭渡而都無標烽，山陽城而江無飲馬。時非王，固魚肉吴矣，宋其奈何。故中興之功，以王為首；王之功，於吴為大。至其抗論斥和，政府之揖，檜為側目。爭武穆之事不得，乞身湖山，徜徉謝世，以全首領，此其忠有餘而智足稱也。忠勇之號，百世是欽。天資人違，史臣歎息。河山之誓，太常之烝，實闕周典，易世報功，禮亦宜然。弗楝弗宇，即墓而祀，無以棲神靈，委帝貺於草莽，文儀為闕。予移而來以祭祀，取吴之神，正其位序，將事王墓，顧瞻欷吁。既乃得王故宅，在郡黌之東，淪為浮圖，亟命撤所祀之，不易一榱，不役一力。考王之廟，實嘉靖甲申三月望日也。位木其中，饗用歲秋，妥靈宜神，肹蠁用光，祈災儌祐，民咸利之。然懼久而淪没，乃磨堅石，用紀始事。庶觀象者，識表忠之彝章；馭民者，知事神之禮秩云。

## 張邦奇

**[明] 賀復徵編：《文章辨體彙選》卷七百四十六，《弔岳武穆王文》**

遡大江而西征兮，載馳瞻乎上遊。登崇宫之奕奕兮，忽予涕之横流。淩蒼霄之冰蘖兮，孰嚴霜之能摧。厲高秋之鷙翰兮，為鸒鳩之所裁。悲自古之藎臣兮，未有如夫子之冤。抑既皇天之表此心兮，芳烈烈其焉極。鼠惴慄以營腹兮，吾未知其樂也。舍義命而不渝兮，固夫子之覺也。以七尺之微軀兮，而扶綱常於萬古。相民生之攸厝兮，將舍此其焉所。嗚呼，悲哉！孰生非其父母兮，而忍自投身於穢也？媮旦夕以苟容兮，貽子孫之累也。紛詬詈之莫辭兮，懷生死之愧也。殷宇宙之群動兮，與化去之紛紛。惟忠烈之不亡兮，人今如見其精魂。揆帝命之孔晰兮，慨人生之多蒙。獨徘徊以瞻眺兮，搆予思之無窮。

# 孫一元

**撰：《太白山人漫稿》卷六，《岳武穆王祠》**

誓死從來建大勛，長驅虎旅蕩邊氛。中原故舊今餘幾，四海相看獨有君。吾道千年元氣喪，皇圖萬里一江分。至今風斷黄龍府，鐵馬猶嘶戰後雲。

# 鄭善夫

**撰：《少谷集》卷二，《武穆吟三首》**

南瞻岳王墳，拊心訟宣和。四海既無虞，樂事一何多。師師入帝側，金兵乃星羅。舊時張諫議，天閽語非訛。但見戶括金，不見士荷戈。囬首靖康末，志士悲如何。

太尉出世姿，用兵自神武。懷中《左氏傳》，羞與絳、灌伍。燕雲唾手得，甲卒盡熊虎。北開玄冥天，南靖朱光土。國耻猶未雪，百勝曷足數！誓將與諸君，痛飲黄龍府。不覩潁昌旗，氣已吞邊部。

英雄無奈何，氣數乘人事。宋德但末光，椒房生夢寐。北狩不可返，上天有成意。壯士自苦心，奸臣自長計。蠟書晨到門，將星夜墮地。平生四字符，竟落氣數裏。桓桓蜀武侯，殺身志乃已。

# 趙本學

**［明］賀復徵編：《文章辨體彙選》卷二百九十二，《〈孫子書校解引類〉序》**[①]

天地間有人則有爭，有爭則有亂。亂不可以鞭扑治也，則有兵。兵之為凶器，不可以妄用也，則有法。其事起於鬥智角力也，則其法不得不資於權謀。用兵而不以權謀，則兵敗國危，而亂不止。君子不得已而用權謀，政猶

① 文又見總集類《明文海》卷二百二十二。

不得已而用兵也。用之合天理則為仁義，合王法則為禮樂，故管仲，霸者之佐。用兵釋實而攻虛，釋堅而攻毳，釋難而攻易。以驩虞為道，假尊周為名，要純乎權謀而已耳。孔子稱之曰："如其仁，如其仁。"何歟？蓋人雖權謀，事則仁義也。諸葛亮澹泊[①]以明志，寧靜以致遠，此存心養性之言也；躬耕南陽，不求聞達，此尊德樂道之行也。至於用兵，知孫權之本為漢賊，而姑結與為援；劉璋，宗室也，而掩取以併其軍。仲達不戰，遺巾幗以激之；郭模詐降，泄人語以間之。盛兵晝行，夜攻遂陽以襲之；息鼓偃旗，開門卻灑以疑之。事雖權謀，心則仁義也。若宋之韓琦、范仲淹、寇準、宗澤、李綱、岳飛於金[②]，主戰而不主和，權謀無所不至。求其人，則金玉君子，忠厚正直，一言一行，無非聖賢正心修身之法。王欽若、汪伯彥、黃潛善、王倫、秦檜之徒，於金[③]主和而不主戰，未聞一啓權謀之口。求其心，則犬彘小人，姦囬險薄，滔天之惡，無不忍為。以此觀之，可見正用權謀，以復君父之仇[④]，安四海之民者，實為儒者分内事。而致知格物之功，明經學文之暇，不可不兼讀其書，而潛究其理也。古人著兵書，凡四十餘家，存者今有其七。《孫子》十三篇，實權謀之萬變也。數千年來，儒者未嘗一開其扃鑰。雖有曹操、李筌、杜佑、杜牧、王晳、賈林、張豫、鄭友賢、張賁、劉寅、鄭靈等十五六家之箋，不過粗略訓義，苟且引證，加以訛謬相承，古文漸失。迨至於今，凡用兵者，無所於法，庸非治亂所關，一大缺典乎？學不自量，竊重為校讎，而通釋之。又取古人一二已行之事，以証其下，名曰《校解引類》。使四方經生學士，皆可以讀之而不難。夫自三代之後，儒者不知兵，其故皆以孔子不答衛靈而因以為諱。殊不知春秋之時，天王在上，諸侯無合義之戰，亦無問兵之體，其不答也固宜。今日不答於衛，異日固請於魯，使孫子生魯，魯君用之，以誅陳恒而明王法。孔子豈不以魯為義、孫子為賢乎？漢、唐、晋、宋，及我聖朝，天下一統，禮樂征伐，自天子出。儻遇國家有難，出而主兵，何不可之？有猥云："德化不當用兵。"此迂儒保身之謀，賣國之罪也。學註其書，又恐文士惑不解，故復推其說，而序之[⑤]。

---

① 泊，《明文海》作"薄"。

② 於金，《明文海》作"用兵"。

③ 於金，《明文海》作"終身"。

④ 以復君父之仇，《明文海》作"以紓軍國之患"。

⑤ 而序之，《明文海》作"為之序"。

# 韓邦奇

**撰:《苑洛集》卷九,《正德八年山西鄉試》(節錄)**

問:論士者以年少則精敏也,而新進者多浮薄;年邁則老成也,而耄期者多倦勤。然考之於古……或建節而負克敵之志……是皆年少者也,而建立乃如此。浮薄果足為年少累乎……桓温既入關中,王景略留心江左,捫虱而談當世之務,可謂三秦豪傑之才矣,惜温之不見知;金人既陷中原,岳鵬舉唾手雲燕,建節而負克敵之志,可謂南渡精忠之將矣,惜檜之不見容。温造為御史而劾李祐,祐為之膽落,其風力可嘉也;韓琦任招討而鎮西夏,賊為之膽寒,其威名可畏也。數君子者,皆年少之人也,而建立乃如此,豈奸諛皆如佈者哉……

問:威天下,在乎兵。而主兵者,在於將。吳子有言,三軍之衆,百萬之師,張設輕重,在於一人。將固不可以不知兵矣。嘗即一二兵法而觀之。途有所不由也,不由崤澠者,成七國之功;由壺頭者,致五溪之敗。城有所不攻也,不攻華費者,完兵而深入;攻郢郡者,衆潰而走死。君命有所不受也,叱吳使之說者,成霸越之功;拒長史之謀者,舍格天之業。士卒當如愛子也。與士卒分勞苦者,著績於河西;不恤士卒饑寒者,見殺於安陽。數將於兵法,合之則成,違之則敗,是固然矣。然有可疑者,爭北山而敗,高陵不可向也,或以壓馬鞍山而取勝;以卒神而勝,妖術似可用也,或以用六甲而致敗。臨泜水而退舍,全軍宜矣,何退舍瀾水者,卒至喪師;日夜行三百里,敗走宜矣,何日夜行二百里者,卒至成功。是又於兵法也,或同合而成敗頓殊,或同違而勝負特異。然則為將者,將無事於兵法乎?其或兵法之變,有非可以常法拘乎?文事武備,皆諸士子分内事也,毋曰'吾儒生,未學於軍旅'。"

對:"有用兵之常,有用兵之變。常者,固兵法也;變者,亦兵法也。自其常而觀之,合乎兵法者,知兵法者也;自其變而觀之,合乎兵法者,固知兵法者也,不合乎兵法者,亦知兵法者也。夫兵者,隨機應變,因敵制勝者也。何常形之有哉?昔趙括能讀父書,奢不能難;岳飛好野戰,不用古法。蓋飛知變而括不知變也。觀乎此,則可以答明問矣。夫威天下在於兵,而主兵者在於將。三軍之衆,百萬之師,張設輕重,在於一人。為將者固不可不知兵,用兵之妙,存乎一心。微乎微乎,應形於無窮。而談兵者,又不可不知變也……”

**同上書卷十，《張紫巖浚》**

當時立主和議，浚始終不從。宋儒與之。曲端以直遂見誅，岳飛以忤觸見擠。

黄閣主和議，紫巖志恢復。聽之真可人，誰有孔明腹。曲端既已誅，武穆見忤觸。試使當筵舞，再蒙宣和辱。

**同上書卷十一，《岳墳》**

黄閣紛紛議講和，江淮從此欲投戈。萬松宫晚笙簫迥，五國城高雨雪多。楚澤竟亡周社稷，燕京誰復漢山河。祠前弔古憂時客，暮倚南枝一慨歌。

**同上書同卷，《岳墳》**

武穆祠前落葉秋【慧岩】，悲風長夜起松楸。精忠萬古南枝在【苑洛】，遺恨無窮汴水流。鳳閣誰為天子詔【慧岩】，龍沙空抱上皇憂。輿圖竟付東窻計【苑洛】，寂寞崖山一葉舟【慧岩】。

# 夏良勝

**撰：《東洲初稿》卷六，《論逆賊入江湖狀》（節録）**

若楊幺小醜，非失謀入港汊，以武穆忠勇，非乘風夜渡，得天之靈，亦未必成，敗何如也。今天之厭虐亦久矣，欲得夜渡江之將如武穆者，幾何人哉？

**同上書卷十一，《錢塘即事》**

只有青山無改時，十年來往百年思。巡簷怕讀奸臣傳，刻日來尋武穆祠。短鬢湖光羞照我，媚人春色急催詩。愁來默數興亡事，官燭今宵費幾枝。

林端好鳥更知時，喚起遊人百種思。蚤似少林成遁跡，誰躭厚禄乞宫祠。低囬南國全歸數，歌舞西湖莫費詩。天與懦夫留壯勇，箭厓恨不兩三枝。

漾漾西湖履舃間，鏡光無意照愁顔。忍聽烏鳥爭枯菀，朗誦營蠅集棘樊。少壯經過今幾度，宴遊緣分半生慳。雨餘風落林梢淚，頻式肩輿當倚欄。

未分忠岳與奸秦，誤國誰知屬老臣【謂張公浚也】。歸路兩宫瓶乳約，獄詞三字死生人。調高白雪難為和，上價黄金莫贖身。十二飛牌今在否，褒忠曾下幾絲綸。

**同上書卷十二，《謁武穆祠》**

丈夫有死丘山重，和議才成國步傷。紫塞茫茫迷輦跡，丹心耿耿落湖光。《春秋》半部惟權變，夷夏一家誰紀綱。欲起忠魂銷永恨，棲霞山雨淚相將。

**同上書卷十二，《謁肅愍祠》**

乾坤自合留奇士，廟社云何沒駿功。身禍也知天未定，國恩追到祀方隆。由來寵利戒履滿，卻怪英雄幾令終。鬱鬱狐丘真對待，岳墳蕭瑟樹高風。

# 楊慎

**撰：《升菴集》卷四十五，《陳恒弑君》**

孔子沐浴而朝，於義盡矣。胡氏乃云："仲尼此舉，先發後聞，可也。"是病聖人之未盡也。果如胡氏之言，則不告於君，而擅興甲兵，是孔子先叛矣。何以討人哉？胡氏釋之於《春秋》，朱子引之於《論語》，皆未知此理也。岳飛承金牌之召，或勸之勿班師。飛曰："此乃飛反，非檜反也。"其從容君臣之義，雖聖人，不過是也。慎按，孔子時已致仕，家無藏甲，身非主兵，何所為發？必欲先發，是非司寇而擅殺也。聚衆則逋逃主也，獨往則刺客靡也，二者無一可焉。而曰"先發後聞"，謬矣。疑者謂胡氏之失耳。詳考胡氏此言，見於《春秋》宋公、陳侯、蔡人、衛人伐鄭之傳，引孔子此事，而繼之曰："鄭有弑逆，聲罪致討，雖先發後聞，可也。"蓋指宋陳三國之君，移兵以討州吁為言，而非謂孔子也。若可以先發，孔子當先為之，不待後人之紛紛也。

**同上書卷四十六，《文公著書》**

朱文公談道著書，百世宗之。愚詳觀其評論古今人品，誠有違公是而遠人情者。王安石引用姦邪，傾覆宗社，元惡大憝也。乃列之《名臣錄》，稱其文章“道德文章”，則有矣。焉有引用姦邪，而可名為道德邪？蘇文忠公，文章忠義，古今所同仰也。乃力詆之，謂得行其志，其禍甚于安石。孔子曰：“吾之於人也，誰毀誰譽。如有所譽，其有所試。”文公解之曰：“善善速，而惡惡則已緩矣。”又曰：“但有先褒之善，而無預詆之惡。”信斯言也，文公於此，惡得為緩乎？無乃自蹈於預詆人之惡也。夫以安石之姦，則末減其已著之罪；以蘇子之賢，則巧索其未形之斑。此心何心哉？或曰不惟此也。秦檜之姦，人欲食其肉者也，文公稱其有骨力。岳飛之死，天下垂涕者也，文公譏其橫，又譏其直向前厮殺。漢儒如董、賈之流，皆一一議其言之疵。匡衡之言，頗純粹無疵，文公則曰匡衡有好懷挾。其不成人之美例如此。諸葛亮則名之為盆，又譏其為申、韓；陶淵明則譏其為莊、老；韓文公則文致其大顛，往來之書，亹亹千餘言，力詆之，必使之不為全人而後已。蓋自周孔以下，無一人逃其議。古人謂君子當於有過中求無過，不當於無過中求有過。文公語錄論人，皆無過中求有過者也。或者門人記錄之過。朱子無忠臣，遂至此歟。

**同上書卷四十八，《中興戰功不紀武穆》**

宋乾道二年，定中興十三處戰功：張俊明州，吳玠和尚原、饒風嶺、殺金平，韓世忠大儀，劉錡順昌，張子蓋海州，李寶海道，邵宏淵正月浦橋，虞允文采石，李道光化次湖，劉錡阜角林，王宣汲靖確山。凡十三，而不及岳武穆，蓋秦檜之黨猶存，掩之也。

**同上書卷四十九，《張俊張浚二人》**

張俊，附秦檜而傾岳忠武者；張浚，廣漢人，嘗稱飛忠孝人也。及飛冤死後，高宗納太學生程宏圖之奏，昭雪光復，浚與參贊陳俊卿悲感歎服。浚為都督，俊為樞密。劉豫遣子鱗、姪猊，合兵七十萬犯淮西，張浚聞之，以書戒張俊曰：“賊豫之兵以逆犯順，若不勦除，何以立國？今日之事，有進擊，無退保也。”此見張穎[①]所著《岳飛傳》，浚與俊豈可混為一人哉？今之

① 張穎應作章穎。

士夫，例以傾岳為浚之短，不知受誣千載如此。陳白沙詩“秦傾武穆因張浚”，白沙自語錄《擊壤集》外，胸中全無古今，無怪其然。而舉世懵然，余故詳著，以見賢者之不可厚誣，考古之不可不精，議論之不可輕立，而益歎今人之不知學也。

**同上書卷五十，《岳武穆當稱忠武》**

宋《贈鄂王岳飛謚忠武文》曰：“李將軍口不出辭，聞者流涕；藺相如身雖已死，凜然猶生。”又曰：“易名之典雖行，議禮之言未一。始為忠愍之號，旋更武穆之稱。獲睹中興之舊章，灼知皇祖之本意。爰取危身奉上之實，仍采戡定禍亂之文。合此兩言，節其一惠。昔孔明之志興漢室，子儀之光復唐都，雖計效以或殊，在秉心而弗異。垂之典册，何嫌古今之同辭？賴及子孫，將與山河而並久。”然今天下岳祠皆稱武穆，此未定之謚，當稱忠武為宜。

**同上書卷五十六，《忠簡、武穆詩句》**

宗、岳二公，以忠節戰功冠於南宋，戎馬倥偬，筆硯想無暇也。余嘗見宗忠簡石刻，《華陰道》二絶云：“煙遮晃白初疑雪，日映斕斑卻是花。馬渡急流行小崦，柳絲如織映人家。”又云：“菅茅作屋幾家居，雲碓風帘路不紆。坡側杏花溪畔柳，分明摩詰輞川圖。”岳公《湖南僧寺》詩，有“潭水寒生月，松風夜帶秋”之句。唐之名家，不過如此。嗚呼！二公其可謂全才乎！

# 夏尚樸

**撰：《東巖集》卷五，《亡友劉君元素行狀》（節錄）**

君諱絢，姓劉氏，字元素，號定庵……每論古人忠義之士，辭氣慷慨激烈，聽者竦然。閒居燕飲，必歌杜詩及岳武穆文、文山諸作以侑觴。觀此，則其志之所尚可知矣。

# 孫承恩

**撰：《文簡集》卷二，《鑒古韻語·高宗》**

五馬傳初渡，皇圖喜再開。守文堪令主，撥亂欠雄才。和議誰教信，精忠漫作猜。偏安方自足，恢復見悠哉。

臣惟高宗崎嶇南渡，再立邦家，恭儉有餘，明斷不足，可為守文之主，而非撥亂之才也。且帝既悟秦檜之奸，榜之朝廷矣，而終墮和議之計。既知岳飛之精忠，而復使檜得以誣其罪而殺之。所謂明斷，何在也？其不能恢復也宜哉。

**同上書卷九，《弔岳武穆賦》**

愧余生之后古之人兮，撫遺事而傷咨。弔英雄於既往兮，惟將軍之尤悲。昔宋德之既否兮，值強敵之跳梁。嗟世主之庸惑兮，矧相臣之弗臧。臣不有其君兮，子亦不有其父。忍戴天之大仇兮，肆安居而弗顧。彼廟堂之何心兮，何將軍之獨勤？誓畢力以報國兮，身百戰之經營。戰郾城而大捷兮，信軍聲之破竹。震氊裘而褫魄兮，宛恢復之在目。厄讒邪之抑制兮，奉君命以班師。凛擅留之不可兮，功垂成而就隳。仰蒼天而慟哭兮，天無耳而不聞！悲靈修之莫余知兮，欲控訴而無門！驥望長途而欲騁兮，迺烹之于中路。豪鷹側目於清霄兮，絛籠縶而甚固。日曖曖而西翥兮，時靡靡而過中。嗟英雄之一死兮，慨機會之不可以再逢。雖天意之或然兮，亦將軍之咎也。豈不聞將在軍兮，君命有所不受也。堅前志而弗移兮，羌有進而無退也。權輕重以處之兮，寧自受夫不諱也。宣至誠以自奮兮，仗大義而長驅。伸皇威於雷震兮，掃幕南而空之。擣厥黃龍兮，井湮而木刊。雪九廟之仇恥兮，見司隸之衣冠。挈故物以盡復兮，報明明之天子。歸伏闕以銜哀兮，瀝血誠而祈死。顧偉節之如斯兮，或君恩之所寬也。縱罹辜而受戮兮，亦將軍之所甘也。委薄軀以效主兮，迺將軍之素心。知吾事之既畢兮，何一死之足云。舒神人之痛憤兮，留英烈於萬世。羌雖死其猶生兮，可含笑而入地。理固有用權以濟事兮，迺君子之所多。胡效小順以自阻兮，致大功之蹉跎。彼狂蠢之弗思兮，固不暇夫深責。吾獨惜夫將軍兮，抱遺憾而不釋。訪孤墳於湖濱兮，渺幽懷之綿綿。紓情辭而一弔兮，酹宿草之寒煙。羌英爽兮知不知，謂余言兮然匪然。

**同上書卷四十一，《岳武穆王【飛】》**

性本忠義，神授勇力。正氣弗阿，克勝無敵。赤手障瀾，揮戈囬日。計成偃月，此恨何極！

# 朱樸

## 撰：《西村詩集》卷下，《弔岳武穆王》

淮陰死謗功成日，武穆罹奸志未酬。骨肉虎狼甘就戮，煙塵龍衮可忘仇？泉香古甃銀瓶冷，樹老新祠碧殿秋。猶有行人拜遺像，宋家陵墓總荒丘。

# 王同祖

## ［清］黃宗羲編：《明文海》卷三百七十六，《跋〈鍘鼎圖〉》

饗帝養親，鼎之為用大矣。而以賜宗臣、銘功德，元寶彝器，傳世靡革焉，帝王之盛節也。宋高宗範鍘鼎以賜其相秦檜，且銘其功德之隆，而祈其子孫之永保。德云乎哉？傾邪不忠，矯殺武穆是已。功云乎哉？和議是已。嗚呼！高宗於是乎誣其臣矣。檜之子孫卒不能保，及今數百年，乃為竹泉所得，反以享武穆焉。事安可逆料哉！武穆英靈在天地間，吾固知其不欲睹此鍘鼎也。而竹泉是舉，特以著高宗之不明，白武穆之精忠，尸秦檜之罪惡。微而顯，懲惡勸善，春秋之義也。或曰：武穆當時宜援“君命不受”之說，俟恢復中原，討君側之惡而請罪焉，可也。審如是，檜得以藉手於國法形跡疑似之間，何以自白？是鼎將不得為仲山甫器哉，而烏能享諸武穆？

# 羅洪先

## ［明］賀復徵編：《文章辨體彙選》卷四百二，《主和論》

岳飛之見殺也，以恢復也；檜之殺飛也，以主和也。恢復，天下公憤也；主和，一人私利也。以私利沮公憤，故羅織飛者為甚冤。飛冤，而檜之死有餘辜矣。故銜檜者，至於今猶不釋。雖然，慮不盡其情，囚即死，辭必不服。檜不足道也，論高宗者，亦有遺議否乎？方檜之逃金而歸也，孰縱之？則達蘭也。非達蘭也，金國之謀也。擄人父母，劫人兄弟，凌暴其骨肉，能無寒心乎？於是思所以制其命而愚之，而得二質。二質存，金人可以得志於宋，高枕無憂矣。昔者孟子答桃應以為舜之負瞽？而逃也，親為重，天下為輕，天理人情之至，人不得而奪也。是故生則望其歸，沒則請其櫬，順之則禍遲，逆之則禍速，則趙苞、徐庶之事，亦足以鑒，高宗其能恝然乎？此一質也。淵聖，兄也；建炎，弟也。淵聖讓，則金必不從；建炎讓，則手足之禍，旦夕且至。保富貴者，孰無是心？高宗其能脫然乎？此一質也。有父母之愛牽於前，有兄弟之嫌迫於後，自非出世之資，兼人之勇，固不足以辦此。宋不足以辦此，其命固已懸於金之掌握。雖無檜和，其終無成乎。故二帝之訃，諱欽不諱徽。徽之聞，訃在三年，而欽則莫知久近。其意以為徽即死，欽足為質；欽不諱，宋之畏我者去矣。檜之既歸也，一日而入對，再日而得美官，數月而和議成，明年而相，此非檜之奸狡能致然也。譬之於疾，砭石投其會，湯熨解其煩，方恨醫藥相見之晚。高宗蓄疾久矣，忠臣義士期於成功，而正論之士謬於達變，未有能通其鬱者，故檜得以乘其間。嗚呼！文告之往來，誠意之懇惻，可施於與國，而不可施於盜賊之前。項籍嘗獲太公、吕后矣，分羹之語，至為不仁。然籍之不敢果於烹者，未必非斯言之力也。正言若反，高宗其知之乎？正統土木之變，不幸類是，善乎肅愍之言曰："吾國已有君矣。"日治兵，不少懈，是以敵情破，而不及禍。嗚呼！惟無肅愍之智，故不免於身劫於人。惟無漢高之雄，故愛親之心，適以益其畏。愛心適以益其畏，於是甘為金人愚而不自覺。宋之儒臣，方且攻檜之奸，而以隱忍責其君，是止渴而奪之漿，投堇以清中熱也。其不入奚疑。

# 皇甫汸

**撰：《皇甫司勛集》卷十八，《送陳子知杭州》**

東省含香吏，南邦佩印臣。離心冶城月，別路武林春。碧水移蘭舸，青山擁畫輪。岳王遺寢在，拜手薦江蘋。

# 唐順之

**撰：《荊川集》卷二，《朱仙鎮觀岳將軍廟》**

丹書畫壁閃旌旂，想像勤王轉戰時。黃屋未歸南狩駕，金牌已罷北征師。平蕪漠漠前朝隔，曠野陰陰暮鳥悲。惟有西湖原上樹，春來猶發向南枝。

**同上書卷三，《岳將軍墓》**

國恥猶未雪，身危亦自甘。九原人不返，萬壑氣長寒。豈恨藏弓早，終知借劍難。吾生非壯士，於此髮衝冠。

**同上書同卷，《吴江三忠祠【祠在太湖東畔。三忠，伍太宰、張睢陽、岳武穆也】》**

廟枕洞庭波，招魂薦楚歌。靈風鼠雀避，落日鹿麋過。東國終為沼，南兵不渡河。江淮形勝地，保障近如何。一日屬鏤賜，千年墓檟秋。死應為厲鬼，戰豈覓封侯。吴越車書混，江淮戰伐休。幸逢全盛世，此地弄扁舟。

**同上書卷十二，《書岳將軍〈題大營驛〉》**

莊子以子之於父，為命之不可解；以臣之於君，為義之無所逃。意若以君臣為強合，予嘗疑其不然。觀岳侯所題《大營驛壁》，其處心積慮，未嘗一日不在於復中原，迎二帝，眷眷然若赤子之於慈母。然此豈無所逃而為之？其亦有所不可解者乎。侯之言曰："君臣大倫，根於天性。"此侯之所以自狀，而吾之所謂異乎莊生者耶。彼高宗者，乃忍於忘父臣敵，其獨何心且已。既已忍於忘父矣，有臣焉，為之急於其父如侯者，亦竟殺之，又獨何心？嗚呼！綱常，萬古事也。其磨滅與不磨滅，只在此心之死與不死而已。高宗之為心，何如也？宜侯之竟以殺身，而中原卒不可復，二帝卒不可還也。大營驛故在永州，侯所題字久而湮沒。余父為是州，乃勒之石，而併侯所題《廣德金沙寺》勒之。蓋侯之心尚炯然在宇宙間，未死也，固不係乎石之勒不勒。雖然，使忠臣孝子、英雄之士過而讀焉，其將慷慨泣下沾襟，而繼之以怒髮衝冠者乎？

## 尹臺

**撰：《洞麓堂集》卷七，《後一經堂歌【有序】》**

我師龍湖翁作《一經堂歌》，以贈今臨海令宗弟時夫。臺依和之敘曰：當宋寇内訌之日，武穆誓孤忠，提偏旅，破賊之計未決也，雲陽長者倡義聲，迎餉軍門，令六師之氣，不戰而先奮。其於成功之助蓋多矣。武穆不及他語，慨然於一經大書之遺，若預佔其後之必興者。今子孫詩書遠澤，延流數百歲，仕者不絶，承傳異人，神意所默授，得非本忠義一心之感協哉？翁歌以贈時夫，蓋取類至深矣。余故申其義和歌之，令時夫益誦，以自勵云。

古堂遺址經幾世，趙宋之南茲扁傳。於乎岳公三大字，蛟龍岌嶪風雷纏。憶昔湖寇始干紀，洞庭波立鱣鯨起。舟師既潰瀟湘流，敵馬復蹴江淮水。武穆此時挺戈出，萬里旗旌映天色。賊勢未掃攙搶外，軍聲已動軒轅側。當時義士誰赴招，雲陽長者吾宗豪。先持牛酒犒師旅，暗握蛇鳥陳機韜。武穆奇翰由此留，一經之堂傳千秋。長有煙雲護鐵畫，時看風雨生銀鈎。四百餘年詩書澤，簪笏代承何舄奕。斗菴芭采淪高旻，乃今見汝生奇翮。上書北闕正華年，專城墨綬何翩翩。海上雙鳧遙振履，雲間一鶴隨鳴絃。吾師玉署老仙公，題詩贈汝懷先蹤。雲仍豈乏菑畬訓，臣子要知忠義風。君不見，武穆高扁在堂垂無極，我師一經之歌將無同。

# 王立道

**撰：《具茨集》文集卷三，《游西湖日月記》（節錄）**

拜岳武穆墓祠，又於其十六世孫處索觀武穆畫像。目長細，挾書，觀殊不類武將。及賜敕一通，高宗手書。又岳珂誥一通，已殘闕。唯官資僅存。

# 沈煉

**撰：《青霞集》卷二，《重修岳王祠募緣文》**

竊以天地恩深，特尚鬼神之典；君親義重，難忘忠孝之心。孔子大儒，端冕而拜周公之廟；狄梁高義，篆書而存伍子之祠。從來有國之文，猶貴人臣之節。在蟻蜂而猶爾，何犬馬之不如？一飯堪懷，誰可負萬鍾之祿；千金易棄，何須受五鼎之烹。緬思武穆之風，雄視寰區之表。心懸社稷，手植綱常。抗疏賊臣，有不共戴天之憤；長驅鐵騎，成一匡諸夏之功。執鉞爭先，丹心耿烈。盡忠報國，四字昭囬。香案恭迎，著聲名之映天日；生祠顯建，為恩澤之入人心。周三畏棄職遁逃，不忍附姦邪之意；劉允升上言辨論，直書誅亂賊之詞。足徵忠義之在人，詎謂感通之無道。敢因其舊，復葺其新。香火明朝，表精忠之一點；鐘聲子夜，報華衮之中興。佈告十方，廣周千界。凡我賢良之士子，與諸文武之官寮，切悟善因，同歸正果。願超苦海，無如結忠義之緣；希入賢門，只是走光明之路。聞聲解意，觸景囬頭。助我一錢，勝種良田之千頃；饒他百計，難逃惡業之三災。天理人心，不離佈施。忠臣孝子，即是神仙。為普勸於萬人，庶共躋於五福。須至疏文者。

**同上書卷三，《題武穆岳王祠》①**

大哉武穆！稟受②元極。君臣之義，萬世不易。心懸日月，手扶社稷。巍巍堂堂，盡忠報國。春秋在我，矧彼陳跡。一劍霜橫，嗚呼檜賊！

# 楊繼盛

**撰：《楊忠愍集》卷四，《墓祠碑記》（節錄）**

容城楊忠愍公，在嘉靖之季，以論劾奸相嚴嵩遇害……嗚呼！古忠臣烈士，不幸而死於奸臣之手，如伯嚭之殺伍子胥，王鳳之殺王章，曹操之殺孔文舉，王敦之殺周伯仁，李林甫之殺李北海，盧杞之殺顏魯公，秦檜之殺岳武穆者，非一而獨。公與武穆，至今英雄之恨未銷。雖小夫婦人孺子皆能誦姓名，而感憤流涕，所在祠廟不絕，豈非其忠最烈，而禍最酷哉？然武穆死，宋遂以不振；公死，而肅皇帝感悟誅奸，行公之所論列。蓋予聞之故老，公死踰時，肅皇帝尚惓惓問公獄，意欲釋而用之，方知相嵩附公名他獄詞，以陷於死，從此遂燭嵩奸。而鄒公應龍、林公潤得，相繼奏其力。則公一死，不惟無損肅宗日月之明，益增嘉靖中興之績……賢者當必師公所為，即小夫、婦人、孺子，亦將有取嵩、世蕃、植、懋卿諸凶人像貌，跪仆公之階庭，快榜擊以懼奸邪，如武穆祠焉。

# 陳大濩

**［清］朱彝尊編：《明詩綜》卷四十二，《朱仙鎮岳武穆祠》**

駐馬朱仙鎮，傷心武穆祠。誰憐宋社稷，竟失漢旌旗。星墮天應憤，師

① 詩又見總集類《文章辨體彙選》卷三百六十五。

② 受，《文章辨體彙選》作“授”。

班帝豈知。空餘祠外柏，蕭索向南枝。

## 吳文華

**［清］朱彝尊編：《明詩綜》卷四十九，《謁岳武穆祠》**

幾樹蕭森岳廟東，一杯懷古酹西風。凱歌竟負黄龍飲，信誓虚傳鐵券功。無復翠華囬絶漠，最憐白雁入行宫。神州恢復千年恨，讀罷遺詩恨未終。

## 徐渭

**［清］黄宗羲編：《明文海》卷二百十五，《四書繪序》（節録）**

嘉靖辛亥，余讀書於錢塘之瑪瑙山寺。寺西近岳鄂王祠，兩廡壁畫王出處及征討撫降事，人馬弓旌，馳鶩伏匿之勢，行營按壘，叩首呼歡相問訊之狀，顔色丹青，能顯其跡，畫不能顯，輒復略書表敘。比之尋史册中語，似更明暢且動人。

## 王世貞

**撰：《弇州四部稿》卷四十，《岳王墓》**

落日松杉黯自垂，英風蕭颯動靈祠。空傳赤帝中興詔，自折黄龍大將旗。三殿有人朝北極，六陵無樹對南枝。莫將烏喙論勾踐，鳥盡弓藏也不悲。

**撰：《弇州四部稿》卷五十四，《滿江紅》**

五嶽先生，天原付、一雙高屐。端只為、幾篇詩句，漏伊消息。空自挂冠神武外，依然乞食銅駝陌。記玉鞭，環珮夜朝天，空陳跡。

青鬢在，還垂白；血淚灑，都成碧。歎帝城，宫樹夕陽秋色。明日酬他遷謫恨，西風戰盡英雄策。喚白雲，隨我共歸來，人方識。

**同上書同卷，《滿江紅・題〈高宗賜岳武穆詔〉後次文徵仲待詔》**[①]

御墨淋漓，到飛字、百身難贖。弾指罷、遺黎夢斷，舊都淪覆。十二金牌丞相詔，風波片紙君王獄。恨當時，巧放兩人歸，乾坤蹙。

翹首地，青衣辱；囬馬地，朱仙哭。笑大江，東去一夔兹足。北面生看臣構在，南枝死望中原復。痛他年，降表出皋亭，鴟夷目。

**同上書卷一百九，《議處于肅愍公諡號後裔修葺祠墓稿》（節錄）**

故少保兵部尚書贈太傅諡肅愍于謙，忠義天值，韜鈐神啓……擬報睽於汾陽，論功優於鄂國……且所定肅愍二義，曰剛德克就，曰正己攝下，曰在國遇難，僅舉疑似之稱，殊乖揚勵之典。竊謂謙於危身奉上之忠，有功安民之烈，内外賓服之正，純行不爽之定，宜擇二義，以風有永。遠則岳飛武穆之改稱忠武，近則時勉文毅之定諡忠文，謙於二臣，實為無愧。今天運二週，邊塵屢動，苟於謙能有所褒，異播告中外，握樞死綏之臣，不唯上明國典，抑足下鼓士心。其為裨益，殊非淺小。

**同上書卷一百十，《岳飛》**

昔人有以岳武穆朱仙之役，奉金牌十二班師為恨者。且謂“武穆用大夫出疆之法，不奉詔而進兵，可以報讎而復中原”，則非也。凡可以用出疆之命，不奉詔而進兵者，其勢足以制内者也。勢不足以制内而為之，必敗；勢足以制内而為之，雖成功，非純臣也。有如武穆不奉詔而進兵，檜以尺一削武穆官，使一部將代將之，而歸何以自處乎？強敵乘於前，而嚴僇迫於後，是非徒敗身也，且敗國。夫非獨義不順也，武穆雖強，兩河之兵雖響應，勢亦不能獨舉，何以言之？烏珠者，亦慄悍猾賊人也。女真之重兵，尚聚於燕雲之北，而未盡發也。武穆入，勢必用韓世忠、張俊之軍，為之左右掎角，劉琦、王德以殿巖之卒後勁，吳璘以秦蜀重兵出，劫其西援，而後金之膽奪，而中原可全復。今諸帥一時奉詔歸，而武穆以孤軍深入，情見氣攝，而敵悉其全師以萃我。勝負之機，固未有所分也。夫武穆可以復中原，而不使之復，又使之必不復，是故志士仁人所以深痛恨於高宗也。

---

① 詞又見《河南通志》卷七十四，題《滿江紅・題宋高宗賜岳飛手敕》。

**同上書同卷，《高宗》**

高宗之所以信秦檜，而必欲和者，非檜之術真足以動之也。謂高宗之不欲二帝歸者，亦非情也。當是時，政和帝殂矣，用兵不已，淵聖必不歸。即歸而帝不解以一虛名，居之別宮耶。凡帝之所以信秦檜，而必欲和者有三，而茲不與焉。一曰志足，二曰氣奪，三曰中疑。曰志足者，何也？夫帝，故康王也。天下非有變，而帝不過以一使相奉朝請，終其身足矣。今雖稱臣金，然猶人主也。雖失中原，然猶有天下半也。彼重視其所有，而恐失之者，足於其所有者也。且以其所不得者，非其所素有者也。曰氣奪者，何也？大梁之請和也，與磁州之南馳也，維揚之宵遁也，明州之汎海也。岌岌其身之不保者，數矣。夫身之不保，臨安之不敢有，而何有於中原？帝之所憂者，非二聖之不還也，憂其以身為二帝從也。曰中疑者，何也？苗、劉變而帝之心不敢以盡付諸將矣。是韓、張與岳三將軍，其兵皆重於京師，而秦檜以和之說進，立奪其兵而易置之。帝之安，不安於和，而安於三將之失兵矣。彼其輕於廢韓，而易於僇岳者，皆此意也。凡言不欲二帝歸者，皆深惡高宗而文之罪者也。嗚呼！高宗，誠可深惡也。自建炎而至咸淳，百餘年來，其真可以恢復者，獨此時耳。完顏亶弱，尼瑪哈死，大將之可以戰者，僅烏珠耳，非岳飛敵也；薩里罕、烏嚕，非韓世忠、劉琦、吳璘敵也。海上之女真，其覆燕傾汴者，漸以疲老。中原之子弟，則猶知有宋德也。而我之兵，方驟振而甚整，不於茲時復而誰復哉？夫大定之治，治於淳熙，而浚之才，又不能過佈薩揆、赫舍哩志寧。孝宗有志，而不獲時；帝有時，而不見志。若開禧以後，且厭厭為人役矣。嗚呼天哉！嗚呼天哉！

**同上書卷一百二十九，《〈三忠祠歌〉後》**

日予郎燕中時，嘗游所謂三忠祠者。客或以文信國亡論已，即諸葛丞相、岳武穆祠，若非其地。然予謂忠義在人心，靡所不應。且燕故屬冀州，操以冀州牧成篡業，又于金為大帥所都，彼二君子亦豈能一日而忘恢復其地哉？固不幸，生各不獲，遂令陸沉於荒裔者數百年，而真人出，始大洗之。俾亂臣強敵之區一變，而為薄海星拱之所。二君子有靈，其不灑然而來游以享也！予既用是語，客又嘗一再餞。故參議陳先生於祠所徘徊縱觀，相與慨歎久之，然未及以其說請于先生。後十五年，先生之子謙亨出先生所為歌三章，故文太史徵仲書而刻之石者，以示余。讀之，憤激用壯，令人慨然有白衣冠易水意。太史固信國裔孫，其為樂書宜也。不佞何足以辱先生。先生没矣，昔人謂：“孔北海、嵇中散，雖九泉下，凛凛有生氣。”非其人與歌也耶？

**同上書卷一百四十，《劄記外篇一百三十四條》（節錄）**

○秦白起死，無李牧敵矣，用趙郭開而趙舉；金尼瑪哈死，無岳飛敵矣，用宋秦檜而宋降。宋文之為魏僇檀道濟也，齊緯之為周僇斛律光也，唐莊之為明宗僇郭崇韜也。噫！

○南渡而後，宋岌岌乎，危於晉矣。然有人焉，綱、浚、鼎治內，飛、世忠、錡、玠治外。然而一檜足以勝之，是故賈似道之誤國，可罪也。謂宋尚可以支元，則非也。君子是以惡檜而恨高也。

○問：“李綱、張浚、趙鼎忠乎？”曰：“忠矣。然而綱之失愎，浚之失躁，鼎之失闇也。靖康之初，不失汴也綱也，其再失汴也，栗之狃綱也。江左之得為江左，鼎與浚也。江左之不得為中原，亦鼎與浚也。浚氣強，鼎氣弱。浚過多，鼎過少。”

○察罕之忠，庶乎岳飛矣。武則同，而功過之。庫庫之中沮也，失在太子。其終為純臣也，遺教在父。

**撰：《弇州四部稿·續稿》卷二十，《題畫·其九》**

岳王墳畔松，枝枝盡南向。無那臨皋亭，國書偏北上。

**同上書卷六十六，《紀漢昭烈、關、張、諸葛畫壁神趣事》（節錄）**

夫生為明人，没為明神，則自古記之矣。第孔明不免再出而為韋南康，以功食於蜀；翼德不免再出而為岳少保，以忠殉於宋。

**同上書卷六十七，《大理卿宋公傳》（節錄）**

宋公者，諱儀望，字望之……公生而磊落，感慨有大人志。一日，讀《宋史》至秦檜陷岳武穆事，掩卷而歎，贈公怪之，對曰：“令兒生其時，不飲血而碎檜首者？”

**同上書卷一百四十四，《乞恩俯念先臣功行推申部議特賜卹典以光泉壤疏》（節錄）**

故少師李春芳銘臣父墓，比之岳飛；少師徐階序臣父奏議，擬之賈、陸。此二輔臣者，皆言有準裁，不阿所好者也。浙省會城，專祠於未復官之前，太倉學宫，附祀於甫復官之際。閩人則復祠於武夷，而浙省通志與薊鎮湖廣皆載之名宦，於衆論不可不謂之定也。該部覆疏原俟另議，恩旨亦無報寢。

**同上書卷一百六十九，《沈石田畫》**

沈啓南先生畫十幀，幀系一絶句，為楚州，為高郵，為廣陵，為揚子，為句曲，為天平山，為馬鞍山，為垂虹橋，為西湖之岳墳，為下天竺寺。江以北凡四，皆無山，而江以南，則山五而水一，真清遠奇麗之觀也。高齋展玩間，自謂不減少文，卧游足以掩關矣。十絶余皆有和，仍托諸君子繼之。

**同上書卷一百九十八，《答張夢夔》（節選）**

《岳忠武志》，竊窺門下之志節焉。博而裁，良史也。

**同上書卷二百六，《答胡元瑞》（節録）**

中興諸將建節，亡若岳侯之年少者。艷羡艷羡。

**撰：《讀書後》卷四，《書〈韓世忠傳〉後》**

韓蘄王，一健鬥將也，而忠志材氣有古大臣風。晚節優游物外，以智藏身，則庶幾留文成而尉遲鄂公，所不論已。吾嘗謂宋高宗即昏愚，何以信姦檜至此？即議和之不浹歲，而烏珠已敗盟矣。然無纖芥之恨及檜者，其畏諸將甚於畏金人也。蘄王得其幾矣，故亦能藉而苟自全。凡岳武穆之死，所以成蘄王之生也。蘄王生，於是乎為宋臣者，皆有生樂而鮮死憤矣。

**同上書同卷，《書〈趙鼎傳〉後》（節録）**

張德遠僅賢於庾元規，元規亦非不忠於晉者，但忮忍好殺，且好勝耳。其鋭而喜事，所至無成，亦略如之。岳鵬舉喑嗚跳盪，臨機決勝，故在祖士雅上。綏來鎮撫之略，恐不如也。韓良臣則又其下矣。陳康伯不敢望謝安石。虞允文采石之戰，故自偉然，亦乘敵之未渡而幸勝之，又何可望康樂也？陶士行未壞之桓元子，元子已壞之士行，然其材亦非宋所比。晉之孽乃王處仲，宋之孽乃秦檜、韓侂胄、史彌遠、賈似道，是以無解璽而有銜璧，嗚呼！豈不幸哉？

# 王樵

**撰：《方麓集》卷二，《解任辭岳忠武王廟文》**

王之忠，足以動天地，貫金石，而人則忌之；王之材，足以平定中原，而天不成之。然而王之心，則盡矣；王之大義，則申矣。寧功之不成，知身之必危，而聞命即班師，束身歸朝，而無稍愠者，踐坤順也。知此義者，郭汾陽、李西平、與王三人而已。浙之憲司，有王之廟貌，以司為王之故宅也。樵官於此，數獲瞻拜。今蒙朝命內遷，禮當奉辭。視事之處，近在祠旁，三宿祠下，依依猶有餘情。謹告。

**同上書卷三，《贈侯别駕序》（節錄）**

先生弟子侯公，起家即講授韓魏公、岳忠武王，忠孝之鄉，亦繼人太學，施行其法，乃今簡判。

# 張元凱

**撰：《伐檀齋集》卷八，《岳王廟》**

古墓前朝獨有名，忠魂曾受璽書旌。功高主意疑韓信，運厄天心忌孔明。南渡江山數行淚，北轅戎馬幾空城。草間爵罷殘碑濕，腸斷黃龍痛飲情。

# 胡直

**撰：《衡廬精舍藏稿》卷九，《湖廣武舉鄉試錄後序》（節錄）**

彼漢之嵩、雋，宋之飛、錡，咸當季運而成駿烈，曷為際茲隆盛，而將種寥閬若斯之至，豈不亦悲乎！爾諸材官、良家子，翩翩來也。橋弓累弦，礪鏃鳴羽，自視為中鵠；搦筆操楮，入經出史，自名為成章。若可雄今而盖昔也，不知卒然敵遇，其不為踆踆不出城口，其必内能坐策為羆熊，外能奏公為吉甫，子將然耶？否耶？雖然，今天下果非無材也。材生于習，習兆于志，志胚于忠。故君子質有報國之忠，然後能有致身之志。有志矣，則習精而智鉅。雖欲不為材，不可得也。子不聞霍去病深入闐顏，致幕南無王廷；岳武穆志復中原，挫巨張席勝之敵。彼豈皆倖至哉？去病奮云：“匈奴未滅，何以家為？”武穆自為裨將，已刻肌自矢“盡忠”。此二君者，謂成於忠志，非與？直所屬爾諸材官及良家子，首必篤忠志，增益其所習。廓之慮在天下，命曰訏謨；引之計及萬世，命曰遠猶。材哉材哉，雖拜自獻于司馬晉，而腹心帝庭，可也。若夫任材之道，則固有握樞者存，直奚云。

**撰：《衡廬精舍藏稿·續稿》卷五，《大理卿宋華陽先生行狀》（節錄）**

一日，讀史至秦檜殺岳忠武事，悵然太息，坦菴翁訊之，答曰：“假令兒在側，則當為忠武，飲血擊檜。”翁喜，謂太夫人曰：“吾兒異時當能忠諫為耳目。”

# 歸有光

**撰：《震川集·別集》卷三，《乞致仕疏》（節錄）**

問：兵者，天下之至變。其安危存亡，常在反掌之間緊計之，得失明矣，請以前史論之。成安君之禦漢師也，果用李左車之言，則淮陰將遂困井陘乎？吳王濞之向關中也，果行田祿伯、桓將軍之計，則條侯遂委關東乎？董卓專漢命，梁衍獻規於皇甫義，真若從之，其能就格天之業？否也。夏侯楙鎮長安，魏延進計於諸葛孔明，若用之，其能成擣魏之勛？否也。淝水之捷，苻秦奔潰，謝安石何以不知乘之渭橋之勝，關中幾復？宋武帝何以不知取之？澶淵之幸，議者謂寇忠愍拘小信而不亟徼擊，否則，能使隻輪不返歟？朱仙之捷，議者謂岳武穆守小忠而不能矯詔，否則，能使中原廓清歟？諸士子來應武科，一劍之任，主司者不以此相期也，當必有獨明將帥之大略者，姑舉一二以相試焉。

# 謝榛

**撰：《四溟集》卷五，《朱仙鎮弔岳武穆》**

中原何幸見將軍，一劍長驅萬馬群。戰伐功高天意在，廟堂策定帝圖分。只今營壘空秋月，終古旌旗有暮雲。遺恨幾多堤上柳，冷風凄雨不堪聞。

## 郭棐

### ［清］黃宗羲編：《明文海》卷四百五十，《都察院左副都御史公行狀》

先生諱尚鵬，字少南……遂立局以便民，省費數十萬。修岳武穆公墓，建孫忠烈公祠。

## 袁黃

### ［明］賀復徵編：《文章辨體彙選》卷四十九，《申請審錄册稿》

竊聞申理冤，抑當急如救焚。既遇仁人，又復何待。因推明德意，列四款於前，而以各囚審語附錄於後，極知愚昧，瀆瀆尊嚴。然聞令遵行，猶是部中受教一人之數也。敢攄一得之，愚少裨五刑之用，為此理合造送，并具似由文册……四曰以案牘為跡。今日審錄所據者，案牘耳。職謂此粗跡，非可據也。昔万俟卨斷岳飛之獄，招詞累數千言。今尚有傳之者，豈獨高宗之愚，不能察飛之冤。煆煉甚工，羅織備至，即以堯舜之明，讀之未有不憤然欲殺飛者，豈知其大謬不然也。本縣獄詞，反覆詳閱，自以為極可據矣。及拘集證見，虛心研問，則前後參差，有如蒼白之相反者。以是知刻吏之不可臨民，而所遣查盤尤宜精擇者也。閲馬必察於牝牡驪黃之外，而後可以得馬之神。斷獄者必不拘成案深文之跡，而後可以伸民之枉。不然，即有仁心，且為文法所蔽，百死不得一生矣。

## 屠隆

### ［明］賀復徵編：《文章辨體彙選》卷七百八十，《擬岳武穆從軍中遺秦相國書》

岳飛頓首，頓首致書相國足下。飛自領王師渡河，賴陛下之靈、相國之智，所當摧鋒陷陣，大河以北無堅城。飛令諸軍北比，且大醉黃龍府。諸軍聽飛鼓音，無不踴躍。起介而馳者，敵人無當也。飛於是謂，遂定中原，挈兩宮而還之陛下，直唾手取之矣。然後角巾投老西河之上，飛之願也。乃今者一日奉陛下金牌十二，詔飛班師，天王有命，臣懼隕越於下，飛奈何敢不班師哉？然從東南來者，皆言非陛下意，謂謀出相國，相國實陰持之。飛竊意相國為陛下輔弼之臣，陛下之遇相國厚矣。《語》有之，“瓶之罄矣，維罍之耻”。相國為天子大臣，如何令敵人猖獗，盡棄大河以北赤縣神州？二帝越在草莽，而坐擁江南尺寸之土，以偷老其間，則焉置相矣？相國如天下，何內折中原之氣而外長仇讎？相國必不然，故敢以書奏。飛日者渡河來，顧瞻帝京，徘徊宮闕，咏宋箕子《麥秀》之歌，吟周大夫《黍離》之篇，扼腕而起，仰天長號，蓋不知其淚之淫淫下也。二帝遠在沙漠之鄉，望救於相國，一夕百年耳，願相國念之。且相國嘗從胡中囬，煙沙之地，不慘于中原乎？氈裘之人，不陋於冠裳乎？金人之遇相國誠厚，孰與大國之相乎？奈何令二帝久辱邊疆也！君父阽在危亡，此臣子枕戈泣血之時，誓不俱生之日，申包胥何如人哉？飛一日班師赴闕下，相國且握手勞飛，賜飛巵酒，飛寧能下嚥耶？相國即不念二帝，如陛下何？今中原取於掌上，二帝旋於目前，功業垂成而棄之，令飛十年經營，廢於一旦，能不痛心！詔書到軍中，父老擁飛馬首哭者萬數，相國不聞也！相國何親於敵，陛下何負於相國哉！是役也，即出陛下意，相國何不強諫，陛下必聽相國。相國之言行，則功在社稷，名留天壤，此萬世一時也，願相國圖之！飛為陛下取中原，還二帝，非以己也。陛下今召臣，臣業已還師，即歸死司寇，身首異處，臣請受而甘心焉，於飛何有哉！第棄垂成之圖，而失萬世之利，俛首喪氣，為天下笑，飛甚惜之！相國一旦不戒行，且獲戾萬代無已時。飛為相國謀忠，相國其熟計之，毋忽！

**［清］黃宗羲編：《明文海》卷一百九十九，《奉楊太宰書》（節錄）**

居生亦以此古今稱大冤者，以屈平、伍胥、武穆為極，真足積人神之憤，傷天地之和。

**［清］胡文學編：《甬上耆舊詩》卷十九，《韓蘄王花園老卒歌和吳淵穎》**

中原煙塵漲天起，汴城日落大旗靡。翠華北去泥馬南，坐擁西湖衣帶水。蘄王徒步起行間，百戰馳驅劍光駛。金牌晝分玉塞昏，三字獄成岳飛死。王也搤腕氣衝冠，鳥盡弓藏痛脣齒。飄然角巾歸西湖，自號清涼老居士。湖邊花園春色妍，亭亭百卉紅燒天。守園老卒鬢髮短，白首閒就花陰眠。蕉鹿呦呦蝶栩栩，石頭為枕苔為氈。黑甜正熟履綦響，王來蹴起始矍然。頭顱若此隙駒過，長日如何只高卧。相公勿輕灌園人，渭濱垂釣淮陰餓。龍泉補履鎌刈葵，閒卻英雄無事做。王歎此叟氣何豪，與爾十萬金錯刀。青雀樓船貫月上，紅牙歌吹遏雲高。少女如花雜賓從，鬅鬙白髮焰錦袍。口銜叵羅海霧捲，手揮如意江風飈。酒酣指點挂帆去，鳴笳疊鼓淩波濤。夷王倒屣迎上客，帀地氍毹佈瑤席。光生珠貝蛟人探，寒透冰綃龍女織。趙氏璧玉連十城，石家珊瑚高數尺。歸來大艑韓王欣，豪傑計倪少伯倫。胸中之奇聊一見，游戲仍臥花陰春。吁嗟乎！古來英雄何可測，駿骨往往埋埃塵。尉遲微時曾鍛鐵，王猛不遇行負薪。為龍為蛇古所嘆，從此不敢輕相人。

# 湯顯祖

**［明］賀復徵編：《文章辨體彙選》卷三百十七，《岳王祠志序》**

越有忠佑祠者，在泉司焉，祀宋武穆王岳飛也。司，故王宅，王亡，以為太學，元以為司，而祠王其東祠，宋孝宗之為也。祠志為册六，凡王所自為文，與其時至於今、所以榮哀王者，盡是梓而存之司。庶拜王祠下者，貌而既其實云。王之勇於忠孝，其天性然。斯志也，其以資世之感愴，流涕指髮，豈有間然者哉？予獨怪王以大將之才，為戰將之用，而用益以不終，當時無將將者。然則若肅、代之將，李、郭可與？曰：韓蘄王可以並郭，而王賢於李；高宗之資，不能為肅若代，亦其勢然。蘄王逸，而鄂王拘，非鄂王勇，而蘄王智也。鄂拘，蘄乃逸；蘄逸，而鄂之拘不免矣。肅、代雖疑其臣，不得而誅之，外多大藩師，或以為名。如李司徒召之不來矣，終不能有加焉。王之不肯為李，亦勢然也。或曰：王何不竟滅敵而朝，附於人臣出境遂事之義。此不然也，觀金起時，其君臣父子、叔侄將相之間，皆意念深毅，經略雄遠，非可猝猝乘弊而竟者。且其時諸將，並以詔還，王以偏師濟乎？夫王以歸而死，得為世所哀憐；佻而迋，王之為王，未可知也。王所謂進退維谷者歟？嗟夫！有高宗以其宅為宫，故有孝宗附其宫為廟。王為人不可知，神而後知之也。雖然，孝宗時而王在，猶之不能用王。蓋孝之不能為代，亦猶高之不能為肅。何也？徽、高在，高與孝雖有志，勢皆有所不得行。若使徽得幸蜀，高、孝為親父子，高總國，而孝撫軍，滔然無疑，畫河南北之地，以與諸將所克，王收其全以俟，此亦高、孝之所欲為也，勢不能也。嗟乎！古今相弔，豈惟高之於王而已哉。予志而悲之，聊以告後之君子。

## 胡應麟

**撰：《少室山房集》卷二十八，《題黃公望〈西泠煙靄圖〉歌》**

大痴老人黃子久，塗抹丹青號名手。名呼大痴畫不痴，此圖氣韵尤淋漓。危峰突起矗霄漢，迤邐橫岡折層巘。其下澄湖八萬頃，金碧樓臺挂天半。芙蓉及菡萏，艷色何紛披。恍如若耶溪，並浴千西施。飛鷗明滅傍沙際，挾雌抱子群翔飛。第六橋南入靈隱，此去南屏尚多景。岳王墓倚金沙灘，竺色三天浮髻鬟。隔崦人家夕陽落，破帽騎驢出東郭。尋詩何處攜絲桐，美人遲我飛來峰。

**同上書卷五十五，《西湖十詠·其一》**

碧空如水淨無氛，雁子凫雛蕩縠紋。係纜半依秦帝石，攜尊齊酹岳王墳。荷花色照千門月，桂子香飄萬壑雲。向暮西泠風轉急，綠波橫濺石榴裙。

**同上書同卷，《武穆祠》**

十尺嵬峨岳降神，當年橫槊徇邊塵。中原萬姓遮留日，絶徼全師慟哭晨。陰雨旌旗朝上帝，春風笳鼓酹遊人。淒涼大樹英靈在，盡拱南枝向北辰。

**同上書卷七十九，《同黃生過方生仲闇適沙棠入湖曲因寄聲留棹子夜同醉狹斜中》**

天際樓臺掛碧空，芙蓉十里褪殘紅。岳王祠畔狂歌發，何限湖山夕照中。

**同上書卷一百，《兵機》**

問："兵，非盛世所諱譚也。迺古今稱善用兵，往往不可以一端泥，嘗試與諸士商之。"違令者誅，師律也，穰苴行之莊賈矣，迺鄧羌於王猛，顧以邀賞而策勛，將違令者，有不必誅與？梗法者戮，軍政也，魏絳行之楊干矣，迺許歷於趙奢，顧以請刑而奏績，將梗法者，有不必戮與？穆公之釋孟明，非以使功，不如使過耶？而狄青破南蠻，以僨軍之必罰也，安在于過之使也。武侯之縱孟獲，非以攻城下於攻心耶？而段熲平西羌，以窮寇之必追也，奚昧於心之攻也。君命弗受，漢文所以勞細柳，偉矣，而高帝單符，直馳廣武之壁，謂淮陰將略而出亞夫下，吾弗信也；敵虛必乘，宋武所以克廣固，奇矣，而文皇大衆，竟扼高麗之墟，謂任城將略而出太宗上，吾弗知也。陸戰用車，一也。衛青以武剛走老上，馬隆以偏箱討樹機，一以攻，一以守，而皆破敵。胡後世弗能遵歟？水戰用舟，一也。關羽以艨【左舟右衝】虜龐德，岳飛以舴艋殄楊幺，一以巨，一以小，而皆獲俘。胡後人弗皆濟歟？此其轉移呼吸，違行若冰炭，而明效捷鼓桴。豈運用之妙，存乎一心。成法有不必泥，與將事機夐異，非紀載所能悉歟。爾諸士夙諳韜鈐，當必有獨照於衷者。

**同上書卷一百四，《讀〈桯史〉》**

南渡諸將，武穆功最大，禍最酷，古今所共扼腕。而張、韓、劉三氏，子姓悉無聞，吳氏遂以逆赤其族，僅武穆孫珂仕顯，且文學矯矯，為一時宗，亦好還一證也。余嘗讀《金陀》等編，知當時議論，誣枉滔天，似閻浮東南界、人理永絶者，迺今精忠大烈，宇宙並存。檜能以十指掩萬世共睹乎？此書雜記當時聞見，持論衷，叙事核，當是南渡諸說家第一編。閱之，不但藝苑賞心，且時為武穆吐氣也。

**同上書同卷，《讀〈齊東野語〉》**

宋末周密公謹所著《齊東野語》、《癸辛雜志》、《武林舊事》諸書尚傳，《宋史》中頗采用其說。張魏公富平等敗，及韓平原被禍始終，皆實錄。今儒生動輒攘臂南渡事，蓋徒據史家紙上，不旁考他書故。宋自朱仙鎮後，恢復事殆無可言。讀史忠惠、韓仲止諸疏，當時兵勢事機，可想見。朱元晦似亦有斯意。所謂豪傑識時務者，明丘文莊、崔文敏議論，大概主此。余意直以岳武穆亡百年間，無一可將者。李邵、郭田，齷齪小子，不敢望；楊沂中、劉光世，而命以經略中原，譬肉投虎口何異？俾外有武穆之將，而內李忠定主之，即無匪恢復之時也。蔡州之勝，雪百年恥。要以孟珙氏為將，故坐收成績。不爾，金縱垂亡，豈宋所能必克耶？蒙古滅金，勢已壓宋。而孟顧能於其間，收復襄、鄧諸城。廬州之圍，杜杲以數千禦八十萬之衆，元人傾國不能進跬步。余嘗謂國勢無強弱，人實為之。至守之與攻，又絶不類。理、度世固萬萬無完理，第大江有吕文德、高士璧輩守之，亦未必遂淪喪。或以諸葛不復中原為疑者，乃其所遇曹、馬皆勍敵，非王莽赤眉輩也。

# 江盈科

**［清］朱彝尊編：《明詩綜》卷六十二，《讀〈張魏公傳〉有感曲壯愍事》**

子聖焉能蓋父凶，曲端冤與岳飛同。何人為立將軍廟，也把烏金鑄魏公。

【《詩話》：徐秀才善敬可一日語予曰："周公謹，小人哉。張魏公，朱子所父事，何可毀也？"予曰："公謹三代，直道之遺也。宋之南渡，將帥有人，可以戰，可以守。自寄閫外之權於浚，喪師動數十萬，元氣重傷。譬諸孱夫，不能復起矣。浚於李綱、趙鼎輩，則刻之；於汪伯彥、秦檜等，則薦之，尚得云好惡之公乎？至曲端之誅，與檜之殺岳飛，何以異？而讀史者務曲筆以文，致端有可死之罪。不過因浚有子講學，浚死，徽國公為之作狀，天下後世遂信而不疑爾。中郎《朱仙鎮詩》已極悲惋，不若進之，一詩露膽張目，洎詩家之南董也已。】

# 余繼登

**撰：《淡然軒集》卷六，《封承德郎戶部主事方公墓誌銘》（節錄）**

公諱志充……讀史至秦丞相檜，戟手大詈言："我當武穆，時必擁兵長驅，復兩京，還二帝。安肯俛首班師，受制於賊臣？"偶督學，使者試《武穆論》，即奮筆言："檜者，宋之賊臣，天之順子也；武穆者，宋之忠臣，天之逆子也。"其議論種種類是。

# 顧允成

**撰：《小辨齋偶存》卷六，《答岳石帆繕部【武穆之後也，向隱岳為樂，今請復之】》（節錄）**

年丈遂復稱岳，開緘見字，頓令兩眼光明，快不可言。

# 高攀龍

### 撰:《高子遺書》卷十,《武林遊記》(節錄)

已至武穆祠墓,肅衣冠拜謁,至瞻遺像,遶墓三匝,南枝蕭蕭,秋風颯然,便欲泣下:"汝定持巨石擊檜賊頭!"聲硜然,稍為吐懣。

### 同上書卷十二,《華藏寺重脩佛像引》①

華藏為宋張俊賜葬之地,寺為俊建也。俊佐檜賊,殺岳武穆王,千古而下,仁人志士,爭欲斬屍揚灰,猶恐為天地之穢。今俊墓已在荒煙敗草中,為野狐牧羝之穴,而寺尚存。寺之存,非為俊也,為地勝也。湖山浩渺之致,禪房花竹之幽,選勝者所必之。故寺屢圮而復修,寺之修,非為俊也,為地勝也。寺僧某修寺既竣,役募都人士整三世②之像,而欲余為引語。余謂:"夫湖山依寺,寺依佛像,信當修而因為大衆說佛。佛者,覺也,檜乎?俊乎?一何迷③乎?佛之教空④也,檜乎?俊乎?千古臭穢,佛能空乎?知不能空千古之臭穢,則當自覺其是非之本心。"

# 畢自嚴

### 撰:《石隱園藏稿》卷八,《答李河岑》(節錄)

以中國之馬與邊騎角,終是強弱不敵,莫若以步勝馬。昔岳武穆破拐子馬,以麻紮刀,如牆而進,用步卒也。

---

① 文又見總集類《明文海》卷三百二十三。
② 三世,《明文海》作"三寶"。
③ 迷,《明文海》作"覺"。
④ 教空,《明文海》作"空教"。

# 徐熥

**撰：《幔亭集》卷十四，《西湖十景竹枝詞之綵鷁紅妝》**

湖心歌管遏春雲，水底榴花六幅裙。轉過蘇堤歡不見，停橈齊上岳王墳。

# 袁宏道

**［清］朱彝尊編：《明詩綜》卷六十二，《宿朱仙鎮》**

祠前簫鼓賽如雲，立石爭劖弔古文。一等英雄含恨死，幾時論定曲將軍。

# 葛昕

**撰：《集玉山房稿》卷四，《贈中丞冲翁顧老公祖開府遼陽序【代作】》（節錄）**

惟公往僉憲八閩，則計處邵武之亂，擒其首惡；参議廣東，則勤勦嶺東之寇，墟其廬舍。在滇南，則定土司之難；在兩浙，則解饑卒之棼。是必其胸中甲兵素富，故能投之所向，無不如意，而聲施洋洋。朝野間婦人走卒，無不知之。昔范希文節制西夏，西賊相戒以勿犯。而宋季金人之南下也，望岳家軍旗幟，輒引避，莫之敢角。蓋其威名夙震，足以先聲奪之氣，不戰而屈人之兵。若此以公之赫赫聞望，流宣窮漠，其以致疆埸，寧謐知必不後於二公矣。

# 王思任

**［清］吴景旭編：《歷代詩話》卷七十，《西湖竹詞》**

雙雙夫婦進香歸，北到孤山南淨慈。偶向岳王墳裏過，囑郎須買耍孩兒。

## 王象春

**［清］朱彝尊編：《明詩綜》卷六十五，《謁岳武穆廟》**

衰草寒煙日暮時，傷心瞻拜岳王祠。君王自得偷安計，臣子應班痛哭師。東海未填精衛死，南風不競杜鵑知。由來和議非長策，千古英雄恨莫追。

## 倪元璐

**撰：《倪文貞集》卷五，《策吏將兵民》（節錄）**

武穆北支強敵，南敵楊幺，臨饋而歎民財。使今人為之，則必拱手而驕壁上之觀，抗章而責絳河之慢……秦漢之際，一燕一代，自當匈奴，祿賞自足，不取備於內。宋姚内斌之於慶州，李允則之於雄州，莫不皆然。此又一法也。得其意而行之，可以不矯首大呼。王素守渭城，減省戍卒，而積粟支十年。此又一法也。得其意而行之，可以用寡。張巡與賊戰，弓矢械甲，皆取之敵，不自脩製。此又一法也。得其意而行之，可以不困。虞衡、王晏球在定州城下，日以私財饗士。此又一法也。得其意而行之，可以不有其家而軍益富。岳飛與兀朮戰，兵無現糧，將士皆忍饑，不敢擾民。此又一法也。得其意而行之，可以雖遭匱乏，無脫巾之憂。是故張詠、倪寬、尚已、何易于督賦役，不忍逼下戶以俸輸租。此又一法也。得其意而行之，可以損上益下。李翔教民以田佔租，收豪室稅萬二千緡，而貧弱以安。此又一法也。得其意而行之，可以裒多益寡，劑量窮富。何敬叔榜縣，受餉物各數十，以貸貧民輸租。此又一法也。得其意而行之，可以詭濟。种世衡以嚴治武功，凡有徵需，但以片紙榜縣門，無不應時集者。此又一法也。得其意而行之，可以雖追呼，不害。王慧龍守滎陽，農戰並脩，歸附萬家。此又一法也。得其意而行之，可以民治兵。董安于之為晉陽，襲矢於茨，襲銅於柱，數年之後而皆利賴之。此又一法也。得其意而行之，可以保障而理干城。凡若此者，皆能有以靖其志慮，畢其計謀，以著其神明。其為國家章美救粃，修濟祛厲，亦多術矣。

**同上書卷七，《祁世培司李玉節傳奇序》（節錄）**

岳氏之祠，泥範武穆，金鑄檜、卨，人之欲不朽檜卨，甚於存武穆也。

**同上書卷十九，《寄錢麟武相國【象坤】》（節錄）**

今之所謂救時者，非必有才也。游光揚聲以為才，詎不悖歟。盜賊滿天下，為李綱、趙鼎，則必求岳飛、韓世忠之將而用之，庶足以辦賊。

**撰：《倪文貞集·奏疏》卷十一，《防守措置要略疏》（節錄）**

其一則兵貴乎精，宜明用寡。岳飛以五百背嵬勝敵十萬，温造亦以五百甲士，擒斬南凉叛卒數千。安祿山反虜也，幾移唐祚，其初亦只恃五百驍僮耳。今日大患在於備禦廣，而兵力分，不明棄取緩急之法。

**撰：《倪文貞集·詩集》卷下，《遊西山·其二》**

也為尋春費百文，好春只合與山分。柳絲嬌織煙如錦，槐火光燒石有紋。來入幕風桓氏客，不殘花雨岳家軍。松呼泉咽皆天樂，世上爰居聞不聞。

**同上書同卷，《憑弔》**

一隊湖山十萬師，將軍無日不銜卮。論文也合孫吳法，講武偏宜王謝姿。儒雅味如揚子水，英雄淚盡岳侯祠。憑君欲弔周公瑾，白下丰標赤壁詩。

# 魏學洢

**撰：《茅簷集》卷六，《春夜與仲弟論文數條》（節錄）**

智勇項相望也，獨困於理，場如之何？曰：貔貅萬隊，仰函關而不攻，可謂雄傑乎？析理者，當鼓其才情之鋭，以蹂躪於其中。其酣也，如岳鵬舉從百萬軍中奪其纛而舞。

**同上書卷七，《擬治安策》（節錄）**

語曰："戰勝之威，民氣百倍；敗兵之卒，沒世不復。"然唐之亂也，河北亡敢戰者，有李光弼之嚴明，而壁壘皆精采也。宋之渡也，畫江以南，亡敢守者，有岳飛之強毅，而強敵辟旌旗也。故兵法曰："有必勝之將，無必勝之民。"

# 王猷定

**［清］黃宗羲編：《明文海》卷三百四十，《浙江按察司獄記》**

浙江按察司，故宋岳忠武第宅也。獄在司左，相傳万俟卨承秦檜意旨，置此以禁忠武者。旁有井，蓋忠武女持銀瓶投井死後，人謂之"銀瓶井"云。丁亥，余友朱士稚以事係獄。久之，得釋，為余言"天下之獄，未有慘於此者"。始入獄，卒導罪人至獄司前，索金。故事，罪人入見獄吏，無重輕皆輸金。卒如之，又推罪人有貲為牢頭者，主進焉。而後掠其私，謂之"常例"。錢金多者，雖重罪，處淨室，或自搆精舍以居。否，置一獄名"套監"，周遭樹木柵，地穢濕，覆以腐草，鬱蒸之氣，是生惡蟲。罪人械而入，卒持其兩手縶柵上，使不得便。須臾，蟲觸人氣，百千攢集人體，自耳鼻緣入衣裓。凡屬有竅，蟲滿其中。經晝夜，雖壯夫後生，什不得一二。折而下，一徑黝黑，盤曲深坳。突有石門，犴狴司之。門堅重，啓之，聲似吼。陰風颯颯從内出，炎暑當之股栗。中多積屍，臭達門以外。罪人既入，獄卒閉兩門。遲者僅存一竇，通勺糜。白晝鬼嗚嗚，狰狰立人前。強有力者，與之角。衆鬼來，人力不勝，則立斃。庚子，萊陽宋公荔裳分守浙東。余適游會稽，以此告之。公曰："明天順間，吾先世御史公諱巇者，嘗臬是邦矣。廨旁有廟，祀銀瓶女。祀之日，例拜女。一日，自念我朝廷執法吏，乃屈膝女子耶？命擇日改廟他所。甫鳩工，忽空中見女子，持弓矢射中背，頃之疽發。"余聞之，作而嘆曰："有是哉！以一女子死四百年，而英爽赫奕如是。况忠武乎？夫忠武嬰賊臣之害，亡宋社稷。迄今過其墓者，見賊檜之像，樵夫牧豎，猶爭擊之。胡至陵谷屢遷，而以幽陷忠武之阱，為獄卒賈利之場。為之吏者，若之何？仍其地，而不思所以廢之。"去歲除夕前一日，士稚没，余感良友之不可作，而有感乎其言也。今年春，宋公將之任按察司，公仁者，既嘗道其先世事於其行也。為之記以貽之，辛丑元旦書。

# 黄淳耀

**撰:《陶菴全集》卷四,《廉頗、藺相如列傳》**

趙使樂乘代廉頗,頗怒,攻樂乘,樂乘走,廉頗遂奔魏之大梁。趙使趙蔥及齊將顔聚代李牧,李牧不受,趙使人微捕,得李牧,斬之。頗、牧,名將也。將在軍,君命有所不受,苟利社稷專之,可乎?曰:否。君命有所不受者,蓋指軍中之事有所誅殺避就,而君從中制之,則將守便宜,可以不受也。若孫武斬莊賈而景公赦之,亞父以梁委七國而景帝督戰,此可以無受也。若將之用舍,則存乎君矣。易將而將不受,是反也。頗、牧皆不知大義者也,在戰國以樂毅為正,在後世以岳武穆為正。

**同上書卷七,《哀岳侯辭》**

竊獨悲夫趙宋之不造兮,愍岳侯之精忠。死而無罪兮,禍又及宗。何皇天之不純命兮,棄中原之土宇。君乃進而揖寇兮,退自戕其心膂。嗟侯烈烈兮,義重於生紉。壯武而為佩兮,編孤憤以為膺。陳兵襄漢兮,進規伊洛。逆豫待擒兮,朔方可蹙叶。方寢閣之受命兮,謂中興其可圖。鰲戴山而抃舞兮,誠不量其區區。臨兩河以礪劍兮,斷太行以援枹。遭北人之犇走兮,夜恐失其頭顱。當金牌之奉召兮,固知其鄗瀰叶也。思矯命之為利兮,顧臣節其尤重也。昔穰苴之專戮兮,憑君命以威衆也。若亞夫之在軍兮,雖帝至而岨鞚也。今不可同於往事兮,身廢而不用也。將在軍,君命有所不受。蓋指軍中之生殺進退,如穰苴戮莊賈,亞夫堅壁不救梁是也。若將之用舍,則制於君矣。樂毅之受代是也,廉頗、李牧之不受代,非也。覆又被之以偽名兮,實歎天之痛也。宏血碧而周替兮,牧首刎而趙亡蹇。夫子之溘死兮,逢思陵之侹攘。已矣乎!檜既懦而賣國兮,浚又勇而忌賢。彼桓桓之蘄王兮,聲喑啞而失宣。無鄂侯之諫諍兮,視梅伯之焚煎。致偏安之慭慭兮,斷潮汐而忽焉。鬱松柏於專祠兮,泣冬青於廢田。

**同上書卷二十,《陶菴自監錄二》**

雲棲蓮池大師記岳忠武降筆事。有士人扶乩請仙,忠武至。或問之曰:“將在外,君命有所不受。王當日何以不矯命破金,而後歸。”神以乩振几三下,曰:“君輩真白面書生耳。吾不奉君命,將士誰奉吾命乎?”今夕,偶讀史至李懷光養子事，有感懷光與逆臣朱泚通謀，其養子石演芬告之。懷光責演芬曰："吾以爾為子，奈何負我，死甘心乎?"演芬曰："天子以太尉為股肱，太尉以演芬為心腹。太尉既負天子，演芬安得不負太尉乎?"此言足以証忠武之言不謬矣！忠孝一理也，不忠之人為子者叛之，微獨養子而已。李璀，懷光真子也。懷光欲反，璀密言於上。懷光敗，璀亦自殺。夫以璀之賢，而不能全其孝於叛君之父，何有於將士乎？即忠武矯命伐金，雪不共戴天之恥，萬萬不可與懷光同日而語。然挾其軍威以抗君命，尚得謂臣節乎？忠武慷慨通大義，平日在軍中，必無日不以忠孝勵其下。君召不奉詔，亦何以示下哉？五百年來說者紛紛，非忠武自言之，誰有見及此者？文山云："下則為河嶽，上則為日星。"忠武之靈，固赫赫在人世也……所謂"將在軍，君命有所不受"者，閫外之事，不從中制也。如穰苴之斬莊賈，亞夫約"軍中不得馳驅"，天子按轡徐行，是也。若夫將之生殺進退，則制於君矣。苟將之生殺進退，不制於君，是無君也。嗚呼！宋岳侯、元托克托知大義也。

## 劉蒞

**[宋] 宗澤撰，樓昉編:《宗忠簡集》卷八，《宗忠簡公祠堂記》(節錄)**

治亂有循環之運，禍福無不報之機。君子之事功，有幸、不幸之殊；而其休光，則無古今之或異。公，一代人豪也。遭時坎坷，踣躓頓挫，老而見用。宋室中微，郊關為壘。奸邪竊柄，群情洶洶。汪伯彥、黃潛善輩，力主播遷；秦檜、王倫輩，力主和議。舉天下之人，匹夫匹婦，皆知其非。而牢不可破，膠固而不可解，卒以亡國者，子不知孝，臣不知忠。孤注君父，以偷目前之苟安，而不知敵人谿壑之欲，正欲蹂踐我疆埸民物，以收不戰之功。懵者黠而智者愚，豈非數歟？公忠義奮激，羹牆夢寐，無時不在青城左右。使宋人少知親上死長之義，相李忠定以責成於內，委公與岳武穆以收效於外，則返上皇而復邊境可以指屈。乃不知出此，此殆難以人論矣！夫以高宗之明，困心衡慮，備嘗世故。自開府以至即真，與公同事，豈不知公之必可用，而用之必有成。柰何為君父一心也，為己又一心也。汪、黃之姦，何所不至。想其紿帝必曰："畫江守淮，此為上策。輕挑速戰，難成大功。宗某之才，規劃有餘，持重不足。萬一少挫，雖欲假寐江東，不可得矣。"以為己之心，聽為己之說，不約而同，深入骨髓。故下令曰："敢阻南遷者，死。"公則大肆危言，略不顧忌。回鑾之疏，至於二十四上，披瀝血誠，吐露肝膽。雖字字流涕，言言忠愛，不勝衆楚之咻矣。嗚呼！宋室之禍，亘古未有。天下臣民嗚咽飲泣，有不忍言者。公雖有天下之大才，不能濟天下之大艱；能以片言留康王，以續南渡一百六十餘年之統，而不能以大兵返北狩之轅；能使兩河赤子戴之如父母，而不能使高宗信任之如汪、黄；能化奸為良，而呼吸之間招集百八十萬之戰士，而不能一時脱於讒譖之口。蓋公之所能者，天也；所不能者，人而天之也。使公抱恨含冤，賚志以沒，非公之不幸，宗社生靈之不幸也。公之忠精，則與雷霆爭震，與日月爭光，與天壤爭悠久。宋人自狹，乃較一官於死贈。然則門下侍郎與觀文殿學士，何足軒輊我公耶？

公諱澤，字汝霖……靖康元年，御史中丞陳過庭等薦之。八月甲寅，假公宗正少卿使北。時以公剛，方恐撓和議，不果行。九月，除公朝奉郎直秘閣，知磁州。是時公年六十九矣，窮拂萬狀之餘，始得少展。自此至沒，纔三年。嗚呼！晚而用，用而不究，豈獨宋人之憾哉？其子穎扶葬鎮江京峴山之陽，今為丹徒縣治東大慈鄉汝山灣之原。永樂間，郡守劉仁為之立祠，表墓買田以贍祀事，可謂知所重也……竊念岳武穆本受公節制，而廟在臨安、湯陰，極其宏壯。公梓里乃無半畝之宫以妥靈爽，何以表揚忠義，而風動後人，往來於懷者久之……余因闡治亂禍福成敗之由，備論有宋君臣之得失，以附春秋之義，而發古人之所未論。諸君臣恐亦不得而辭也。正德乙亥五月望為之記。

# 陳贄

**[宋] 董嗣杲撰：《西湖百詠》卷上①**

精忠賜字繡旌旃，淨掃邊廷有誓言。大將一朝身竟殞，權奸千古罪難原。鳥填東海那消恨，鵑叫南枝若訴冤。四季棲霞嶺邊路，邦人祭奠鼓聲喧。

# 于冕

**[明] 于謙撰：《忠肅集》附錄，《故明少保、兼兵部尚書、時特進光祿大夫、柱國太傅、謚肅愍于公行狀》② (節錄)**

公諱謙，字廷益……鳳陽府學訓導儲衍奏公功績卓異，宜賜贈謚，立廟

① 注：所和宋董嗣杲《岳鄂王墓》詩，俱載《西湖百詠》，見頁。

② 文又見總集類《文章辨體彙選》卷五百五十四，題作“兵部尚書于肅愍公行狀”。

祭祀，言甚愷切。禮部將上其事，給事中孫孺議奏："古之節義，若諸葛亮在漢，張巡在唐，文天祥在宋，今之義，若侍講劉球、祭酒李時勉、少保于謙，俱合一體祭祀，表勵將來。蒙朝廷歲賜一祭於鄉民所立之祠，恩至渥也。"冕痛念公未蒙贈謚，尋復乞恩於上。事下禮部，議得"古今人臣，能為國家建大義、成大功者，生則有旌擢之恩，死則有褒恤之典。若前宋岳飛，盡忠報國，死非其罪，其追謚祠祀在宋就已舉行。于謙受冤雖同，而功業所就，則大過之，宜如其子所請。"朝廷從之，建祠墓所，賜額旌功，有司春秋祭祀。

## 錢子正

**［明］錢公善編：《三華集》卷二，《綠苔軒集》二，《岳王墓》**

感慨忠良萃一門，聲名千古動乾坤。大姦力肆欺公議，巨寇身沾再造恩。麟塚已嗟銜怨骨，龍沙猶有未招魂。至今寂寂西湖路，時見愁雲蔽日昏。

## 錢子義

**［明］錢公善編：《三華集》卷九，《種菊菴集》三，《朱仙鎮》**

【完顔氏據中原，徽欽二宫北狩。岳飛，字鵬舉，相人也。奮其忠勇，誓復汴京。兵至朱仙鎮，金人破膽，已有捐燕以南之議。奈何賊臣主和議，懼其成功，遂詔班師，一日奉金字牌十二。飛東向再拜，曰："臣十年之功，廢於一旦。非臣不稱職，奸臣秦檜實誤陛下也。"故吳興趙子昂《題岳王墳》詩云："岳王墳上草離離，秋日荒凉石獸危。南渡君臣輕社稷，中原父老望旌旗。英雄已死嗟何及，天下中分遂不支。莫向西湖歌此曲，水光山色不勝悲。"○潘子素詩云："萬竈貔貅江上老，兩宫環珮夢中歸。"云云。】

金牌十二詔班師，九仞功成一簣虧。德壽殿深春日煖，不知沙漠兩宫悲。

**同上書同卷，《棲霞嶺》**

【秦檜主和議，殺岳飛，二宫無復南還，遷於五國城而崩。岳侯葬於杭

州西湖之棲霞嶺，贈鄂王，謚武穆，遺廟存焉。】

薜荔陰陰鎖羨門，我來揮涕吊英魂。青山北望空腸斷，五國城頭落日昏。

# 趙鈞

**［明］錢穀編:《吴都文粹續集》卷十六,《三忠祠記》**

大丈夫者，英雄挺生於當代，而威風振拔於古今；功業特立於一時，而聲名激烈於千載。至於殺身成仁，捨生取義，見危授命，非至忠者，不能也。謹按諸史：吴太宰伍員，赤心事主，犯顔極諫，致遭讒毁，竟死無辜，於吴甚忠；唐忠臣張巡，獨守孤城，糧援俱絶，殺愛妾以食將士，罵賊就死，於唐甚忠；宋鄂王岳飛，奮身為國，志在恢復中原，大功垂成，權臣為厄，於宋尤忠。時惟三子，氣足以配天地，貞足以貫金石，力足以撼山嶽，有係國家安危之機。行跡雖殊，忠則一也。是宜載在祀典，廟食百世。吴江城東之橋，曰“垂虹”。上有亭，俯瞰太湖，近接三江，為東南勝概，前監州德濟哈雅所建。内祀圓通大士，命僧主之。歲丙午冬，燬於兵。明年春，知州曲阜孔侯甫下車，輒欲經始，僚佐克諧其議，以時眚未舉也。明年秋，政通人和，庶務具舉，遂命工興役，陶瓦聚材，民趨其事，吏督其程，逾月而畢。亭去三高祠密邇。一日，侯瞻眺，乃毅然曰：“三高泥塗軒冕，全身遠害，固士君子之所當尚，故聞其風，而貪夫可廉；三忠持厄扶顛，以身殉國，尤人臣之所當為，故聞其風，而懦夫可立。然使在人人知三高之見幾，孰與共理其國哉？要之，士亦各從其志而已。考昔員、飛之忠吴、宋，保障東南，功為甚大。巡忠於唐，雖遠在睢陽，而蔽遮江淮，功最居多。矧自前代，三高得祠茲土，而三忠獨缺，使人不能無憾。今亭既成，祠而像之，揭以三忠，孰曰不宜?”俾鈞記之。烏乎！三忠以文武良將，竭忠報國。向無奸臣之譖，員必不至見殺，吴國未亡；不有強鄰坐視不救，巡何以陷，唐室未至陵夷；若夫宋雖南渡，而中原父老日望恢復，使無權臣妄主和議，飛不至見殺，國將還於故都。古所謂身在國安，身亡國危，三忠有焉。惜乎！生也不幸，死得其所。此心一揆，異世同符。相望於千載之上，雖死猶生，有志之士，蓋深悲之。異哉！侯建是亭，殆有三善：表良將以勵臣節，重名教也；尚忠烈以敦薄俗，正風化也；繼述古跡，不為遊觀之所，則又循良之能事也。有是三善，奚容不書？遂識歲月梗概，刻諸石，以告來者。洪武元年戊申，冬十一月，初吉，大梁趙鈞記。

三忠祠在長橋。洪武元年，知州孔克中立以奉吳伍子胥、唐張巡、宋岳飛。

# 王賓

**［明］錢穀編：《吳都文粹續集》卷三十八，《韓蘄王墓》**

石鼓山邊宿草長，中興名將舊墳堂。雙雙不見南朝樹，只有孤臣似岳王。

# 萬安

**［明］錢穀編：《吳都文粹續集》卷三十九，《明故推誠宣力守正文臣、特進光祿大夫、柱國武功伯、華蓋殿大學士天全徐公墓志銘》（節錄）**

詢知岳武穆祖父之墓於湯陰，奏為即地建祠，以祀武穆。

# 尤義

**［明］錢穀編：《吳都文粹續集》卷四十五，《陳基傳》（節錄）**

陳基，字敬初……時平章張士信統兵鎮杭，基以本職參佐，道之以正。杭有岳飛墳，蕪穢弗恭久矣。基追慕興感，以狀請於朝，俾與歷代忠臣並列，春秋致祭。尋自為文，刻石墓上，以表其功。西湖書院舊有經史書版，兵後零落無幾，即白平章出官錢若干，補綴成帙。

# 鄭珞

**［明］曹學佺編：《石倉歷代詩選》卷三百六十上，《錢塘懷古》**

雙龍北去歸遼海，匹馬南來嘆寂寥。一代興亡吳苑月，千年感慨浙江潮。岳王墓上松聲慘，伍子祠前劍氣消。遊女不知行客恨，夜深湖上更吹簫。

## 謝士元

**[明] 曹學佺編:《石倉歷代詩選》卷三百九十,《岳飛恢復》**

夙性秉忠孝,豈惟將才優。兵威振雷霆,行見復神州。垂成誤和議,端居懷隱憂。冤含莫須有,感之淚横流。

**同上書同卷,《和左天官弔岳王墳》**

鐵馬歸來偃綠沉,三軍朝氣散秋陰。偷安正是奸諛計,報主何知國士心。湖上青山埋白玉,人間遺像鑄黃金。春秋不廢蘋蘩薦,精爽洋洋儼若臨。

## 楊旦

**[明] 曹學佺編:《石倉歷代詩選》卷四百五十一,《拜岳王祠》**

權奸無狀逆天常,和議從容出廟堂。朔漠幾更新歲月,山河半失舊封疆。湖波東注聲猶咽,宰木南枝恨未忘。忠節凛然千載後,肅瞻遺像炷心香。

## 謝承舉

**[明] 曹學佺編:《石倉歷代詩選》卷四百九十五,《謁岳鄂王墓》**

元命綱常係此身,自江南渡幾孤臣。一門父子死何罪,五國君臣冤不伸。當道豺狼殘宋業,中原麟鳳避煙塵。忠勛細寫西山石,說向而今拜墓人。

**同上書同卷,《寄弔岳武穆》**

兩過錢塘兩謁公,棲霞嶺下是幽宮。人空有誓完西夏,樹亦無枝受北風。社稷命危孤立處，君臣身死一和中。我皇迅掃奸權日，似為忠良補舊功。

## 陳所有

### ［明］賀復徵編：《文章辨體彙選》卷二百三十三，《答高雪篷書》

雪篷來教詠史諸什，誠確論也。乃謂張浚不可與安石同傳，此特因襲之見耳。豈知春秋大義，覆國者罪無赦乎？夫安石病在不省事而執拗，張浚病在練事而妒嫉。執拗者，施之平居則蠹政，國必削；妒嫉者，處之艱步則妨才，國必危。其殆我子孫黎民埒也。雪篷其知醫乎？醫者之術二，攝生、起死而已矣。攝生者主衛元，起死者主辟邪。宋熙寧間，二祖三宗，德澤汪濊。如人父母無恙，安石不以五穀攝生之物膳也，乃進金石燥劑，以痿痺四肢，而銷鑠其元氣。逮建炎、紹興，秦檜懷酖，汪、黃握堇，海宇寒心，李綱、趙鼎、宗澤、虞允文、曲端、岳鵬舉諸人即起死之扁鵲、華陀也。浚為趙氏愛子，知酖醫而不能逐，良醫在旁，又恐其奪吾國手之名，顧兩謝之閉門，自作聰明，按方下藥，其害速於堇酖。嗟嗟！過江事勢，如人消渴勞瘵，奄奄氣息，尚能當此富平、淮西、符離三劑哉。許世子不嘗藥，春秋書"弑"，嚴誅心也。浚不知醫，又不迎醫。忌賢能，不揣才力；急功名，不恤利害。智闇於知人，性堅於拒諫。逐李斥趙，忌飛殺端。剛愎自用，引進庸佞。出師屢挫，益增中國之羞；專寵兩朝，空負長城之寄。說者謂："渡江士大夫，以諸葛公比浚。"此非南軒之門人，則樞府之故吏，而優孟擬叔敖，曾不足供傍觀者之一嗤。

來教又云："方高宗朝，南軒方弱冠，如何責以薦賢進能？"嘗考隆興元年，敬夫登朝，參謀幕府。符離之役，不勸乃公用賢納策，竟用邵宏淵取敗。敬夫又曰："符離師潰，惟存帳下十人。栻終夕彷徨，家君方熟寢，鼻息如雷。"嗚呼！君父尫羸疾勢如此，豈臣子從容鼾睡時邪？不過以江南塊土，為功名之孤注，奮臂大呼，試一擲爾。較之志決身殲，鞠躬盡瘁者，方寸何如？勝質之史，不攻自破也。按戴仲培氏《鼠璞》載，魏公乃黃潛善客，胡理則李綱客也。魏公附潛善、孫覿，奏"胡理筆削陳東書，欲使佈衣操進退大臣之權，幾至召亂"，遂以諷諭"狂生規搖國是"，將理編斥。使建炎果用東言，必無渡淮航海之事。覿、潛善不足道也，深為魏公惜之。夫仲培，宋人也，耳之熟矣。《鼠璞》所載，當為信史。據此一事，則其心術之險巇可怖哉！《大學》著个臣度量之寬狹，即係國家之興覆。張浚妒嫉自用，名雖正而實則邪，身雖勤而道則悖。宜乎！宋事之不終也。君子不以成敗論人物，惟按是非定功罪耳。元儒揭徯斯極詆其過，朱文公晚年深悔撰狀失實，蓋事久而論始定。執事因襲常談，未究故實，謂“德遠愈於王介甫”，能不為董狐之所誚哉？願反覆《宋史》，一細彈之。

## 大泓

**[明] 釋正勉、釋性涵編：《古今禪藻集》卷二十三，《弔岳武穆墓》**

過式英名在，空山埋骨深。旌旗還矯詔，社稷付和金。雨灑前朝淚，風悲今日音。精忠尚餘烈，宰木向南森。

## 本源

**[明] 釋正勉、釋性涵編：《古今禪藻集》卷二十四，《過岳武穆墓》**

出師頻捷報君恩，十二金牌下帝閽。豈料浮雲遮白日，空懷銳氣復中原。湖山共繞千年恨，草木長含萬古冤。百戰英雄今已矣，獨留忠節照乾坤。

## 方澤

**[明] 釋正勉、釋性涵編：《古今禪藻集》卷二十五，《弔岳武穆》**

廟門松檜晝森森，風起如聞鼓角音。日月猶懸南返駕，關山未死北征心。雲來朔漠陰長慘，潮至錢塘勢自深。棲鳥似知千載恨，含啼飛度碧湖潯。

## 馮大受

**[清] 張豫章等編：《御選四朝詩·御選明詩》卷四十七，《武林山水》**

十年夢作西湖遊，今日還浮湖上舟。湧金門外横塘路，數里垂楊鎖玉樓。樓前流水朝朝綠，湖光片片摇寒玉。風中不斷藕花香，煙外微聞采菱曲。畫船簫鼓載紅妝，楓葉蘆花映夕陽。孤山鶴去亭猶在，太守堤存柳半黄。岳王祠畔西陵路，夭矯長松不知數。青天晝接兩雲高，紫氣夜通天竺雨。靈隱峰頭月漸高，羅刹江邊正暮潮。望窮匹練騰滄海，坐久天香落錦袍。江山萬疊紛繚繞，煙光倏忽迷昏曉。默存恍在化人都，憑虛何必蓬萊島。便欲移家住此間，浮槎載酒日看山。不應世諦猶相戀，愁絶題詩醉裹還。

## 周鼎

### ［清］黄宗羲編：《明文海》卷六十八，施義烈廟碑

皇明成化十有一年春，桐村牧預修《杭州府誌》。按舊誌載宋殿前司後軍帥施全義烈事。全挾刃於道，候秦檜入朝，遮刺之，不中。送棘寺，檜引問曰："汝心風乎?"曰："我非心風，舉天下欲復仇，汝獨不肯，我故殺汝。"遂磔於市。太學生為立碑伍胥廟前，碑近亡。嗟夫！豫讓欲手刃趙襄子，而襄子殺讓；全欲刺檜，而竟為檜所磔。二事同也，然有大不同者。智氏之亡，無足為天下輕重，使讓之志行，僅快其在我者之恩仇耳；使全而獲行其志焉，則金人猶將曰南朝有人無所恃而肆，諸將勤王之師，必不由中而沮，大姦去而天心自回，士氣自奮，父兄之讎有可復之機，中原不至於板蕩而莫之為也。二子之義烈，皆足以千古不死，使事功或成，讓其亞於全矣。矧智伯以國士遇讓，而讓以國士報之，公義私恩固兼盡焉。全此舉，純乎公義，非有所私報於岳武穆也。抑武穆之國爾忘身，大有所感發歟。張巡、許遠之同日死者，皆巡、遠有以激勸之耳。全之事，有同此也。太學生亦將以天下之大義，激萬世之同有是心者歟。惜亡其姓氏無考，杭父老嘗祠全於碑所，祠壞而附祀於伍廟左廡。廟毁於往歲甲午，今與鎮海樓、城隍、康張諸廟皆次第新作，為補此記，與劉邦彦議刻諸石，亦志乘中所不可少者也。懷賢弔古之士，每致意於岳祠而於全無一言焉，牧此記可不作乎？有官君子治民事神，其毋以文辭視之。

## 張維樞

### ［清］黄宗羲編：《明文海》卷二百十八，《宗忠簡公遺草序》

華川蓋忠簡公故里也，樞待匱兹土，拜公祠下者逾六春秋。每凜然神

肅，日閱邑乘，讀公《勸田鑾疏表》“白日寒而悲風蕭也”，輒慨然憤懣不能句，因從汝文君索藏草倡梓。汝文曰：“宗煥自六世祖蓄於金，未復舊姓，乃每世無念敢忘宗，相與抱遺書而泣，愧煥無能光宗，祝幸大夫有意圖之也，敢不共役?”樞既卒業，謹序曰：自昔豪傑之禎人國也，竪而為功，與甲胄異；不得已宣之而為言，與紳衿異。是其始也莫不冥觀昭曠，酌究天人，淵然於玄淡之養，而洞然於道德性命之奥。故一秉羽，能開、能格、能攘、能平；一投羽，猶能以其匡定經緯之猷，為訓、為誥、為雅頌。夫誰非天子之力臣，而兼詣如是，良由元本邃也。三代斌斌，質有文武，嗣後登將壇者，鮮不慚德斯文。而獨南陽之梁父，不減有莘之耕；南陽之二表，不減有莘之訓。彼其處則寧静淡泊，出則鞠躬盡瘁。鼎足雖分，三立何愧?嗟乎！公之雅意，南陽也。公自知之婺諸先進，若宋文憲之題公誥，王忠公之弔峴山丘壠也，亦雷然南陽許公矣。今觀夫留守經略，犖犖節制；勸駕表疏，烈烈義胆；静居記題，超超玄悟。甚矣！公之似南陽也。樞謂豪傑不出世，不能擔世；不淡養，不能盡瘁蜀道；不玄悟，不能盡瘁汴京。有本者，言如是，武功亦如是。第公之捍汴京也，比南陽更瘁。當南陽居茅廬時，上結魚水，下駕熊羆。及末勢，始鬱於仲達之甘受巾幗。若公所事，何主也?建炎狃偏安，而忍淵聖北轅。雖累表二十四疏，猶左徒之問天，此一瘁也。南陽鼓即出，糧盡即還，宫府中誰敢營窟。公外有尼雅滿、烏珠輩，百戰之勁敵，而内有汪黄二豎之鼠狐，一手獨拍，疇為喁和，瘁二。南陽之許驅馳也，日在暘谷，神王氣舒，揮戈尚退三舍。公頭顱種種，始提孱卒，摩堅壘策，夸父步而馳崦嵫，雖心之長，何及於髮?天肯以尚父鷹揚之年假公不?瘁三。以是三瘁也，淚安得不枯，而背安得不疽?嗚呼！方事之猶可為也，其君相沈湎於花石聲色，公崎嶇一倅車耳。迨二主蒙塵，肉食者群拜敵不暇，公獨能壯汴為金湯，而撫揚進、王善、契丹兒輩為爪翼，臣有白首，備百瘁，不愛肝腦，以衛社稷。君相忍掣之肘乎?雖然，磁州之駕，公實挽之；武穆之命，公實活之，誰挈天下半還宋者，公耶。公呼雖苦，公目可瞑。今遺草具在，樞不遽訓誥雅頌。公直拊心，而指之曰：“是猶龍之吟，而氣吞金人之餘魄也。”華川自不乏文武，夫亦知所本乎?其人手此編，然後可習俎豆而行軍旅矣。

# 彭輅

**［清］黃宗羲編：《明文海》卷四百六，《詩社四友傳》（節錄）**

方澤資分奇雋，網羅浩博，貫穿馳騁於梵藏繹典，六經子史之間。詩方盛唐體格，而不喜剪刻藻繪，余嘗愛其《啥岳武穆》"日月尚懸南返駕，關山未死北征心"。

# 史敏

**［清］朱彝尊編：《明詩綜》卷二十四，《岳武穆祠》**

鄂國英風萬古存，當時一死不堪論。難將片石補天缺，空恨浮雲蔽日昏。南渡自安新割據，中原誰復舊乾坤。至今人過朱仙廟，便對斜陽拭淚痕。

# 周紹亞

**［清］朱彝尊編：《明詩綜》卷三十，《朱仙鎮岳王祠》**

南渡擎天一柱摧，塵沙滿眼實堪哀。金戈北伐心何壯，鐵馬南還志已灰。雁字傳哀天外去，河聲流恨月中來。我今謁廟瞻遺像，痛挹椒漿奠一杯。

# 陶允嘉

**［清］朱彝尊編：《明詩綜》卷六十七，《符籬懷古》**

張都護，殺曲端，關中將士皆心寒。秦丞相，殺岳飛，萬里長城一旦隳。婁室歡顏烏珠喜，小朝廷，復何恃。長脚太師吾何尤，魏公九原知悔不。

# 周燦

**［清］朱彝尊編：《明詩綜》卷七十三，《韓蘄王碑》**

西湖湖曲騎驢翁，中興十將稱最雄。道逢奸相但長揖，斯人豈比張魏公？鄂王英武庶其匹，時危協力扶王室。龍王廟前金鼓震，遺恨書生黨兀朮。公之骨埋荒墳，公之烈存碑文。華堂鐵券雖已失，千載猶傳趙雄筆。【徐電發云：辭不多，而激昂流轉，"斯人豈比張魏公"一語，足慰蘄王於泉下。】

# 朱勤灿

**［清］朱彝尊編：《明詩綜》卷八十三，《朱仙鎮岳王祠》**

未遂黄龍飲，金牌止渡河。艱難終奉詔，痛哭乃迴戈。三字翻成獄，千秋尚輓歌。不知廊廟計，何苦但求和。

# 曾守身

**［清］汪森編：《粵西文載》卷二十四，《蒼梧分守道寅賓館記》（節錄）**

以故自姚、姒後，如馬文淵、李藥師、狄漢臣、岳鵬舉、廖永嘉、侯之武、元次山、秦少游、羅景綸、解大紳、黄才伯之文，陶士行、盧仲翔、韓襄毅、劉忠宣、張敬夫、王伯安之德業，靡可悉數，梧皆得賓之，以澤梧。而梧之士大夫如士威彦伯仲、馮當世三元、陶孔恩橋梓、吴獻臣伯仲，蓋省志載古今人物，梧獨多至三十九公，其盛如此，宦梧者皆得賓之，以寡過庸，詎非山川萃靈乃爾？

# 李源深

**［清］汪森編：《粵西文載》卷三十八，《于忠王廟碑》（節錄）**

嗚呼！張巡堅守，而唐以中興；岳飛力戰，而宋業復盛。

# 周孟中

**［清］汪森編：《粤西文載》卷三十九，《劉賢良廟碑》[1]（節錄）**

嘗聞漢楊震没，有大鳥悲鳴其前，流涕而去。宋岳武穆廟樹枝至今皆南向。古今忠義之感，鳥獸草木，猶若有知，彼奸諛者，獨非人乎哉！

**同上書同卷，《桂林名宦祠碑》[2]**

天地之正氣，無乎不在。人生其間，惟君子得是氣之正。由是隨所遇而發，光明正大，精誠不二。其生也人仰之，其没也人思之。祠廟而烝嘗之，焄蒿悽愴，如或見之。豈非禮義之同然，曠百世而相感者乎？監察御史邵武朱公欽，巡按二廣。政暇，考圖按志。廣右人物於宋得朱道誠、李珙、石安民、宋士堯、馮京、林勛、梁詔，祀於文廟之右；名宦唐得褚遂良、張九齡、劉蕡、元結，宋得余靖、李師中、胡舜陟、李浩、唐體仁、高登、趙抃、岳飛、程珦、廖德，明崔與之、蘇緘、吳得、陸續，流寓宋得范祖禹、張廷堅、胡夢昱、黄庭堅、鄒浩、胡銓、李光、劉子羽，漢得士燮，祀於文廟之左。諸君子或生於斯，或仕於斯，或流寓於斯，或以忠義顯，或以孝友稱，或以政事名，或以武功奮。當大任而不疚，抗大義而不囬，臨大節而不變。雖時異勢殊，而根於正氣之發者，蓋無有不同也。是故氣之光明如日星，正大如山岳，精誠不二，貫金石而通神明。去今千百載，凜凜猶有生氣。朱公祠而祀之，以風後進，可謂知所務矣。孟中奉命督學，恐久而泯没，迺謂桂林知府羅珦、同知馮冕琢石，刻諸賢名氏，並履歷之大概。庶後君子仰其名而論其世，論其世而師其人，使吾之正大光明、精誠不二，與之匹休焉。顧不偉歟，謹記以俟。

# 張琦

**［清］胡文學編：《甬上耆舊詩》卷七，《弔岳武穆王墓》**

侵疆幾復捲鯨鯢，一檜横遮帝眼迷。直北山河忘故土，江南烏鵲作安

---

① 文又見史部《廣西通志》卷一百八，題《劉賢良祠記》。

② 文又見史部《廣西通志》卷一百四，題《桂林府學鄉賢名宦祠記》。

棲。皇天此日真難問，長劍何人得再提？寂寞墓前青血在，一抔還覆趙家泥。

## 戴翺

**［清］胡文學編：《甬上耆舊詩》卷八，《過湯陰武穆祠》**

雲樹蕭森武穆祠，晴沙秋日尚含悲。中臺一德初開閣，内殿精忠漫賜旗。河北不聞經略計，江南已早受書儀。廿年灑泣看遺傳，式里重吟板蕩詩。

**同上書同卷，《再過武穆祠》**

再拜重瞻武穆祠，凄雲衰柳不勝悲。瓣香幸致經行日，雙淚嘗懸讀史時。主已忘讎安可責，天如棄宋亦何為？最憐一曲西湖地，英爽能忘故里思。

## 朱瑩

**［清］胡文學編：《甬上耆舊詩》卷二十七，《西湖曲》**

鄂王廟前湖草生，綠陰深處有啼鶯。鶯聲草色春長在，何日官家議北征。

鄂王廟前湖雨肥，掠波燕子故雙飛。空梁有壘香泥落，南渡無家何處歸。

## 韓子祈

**［清］沈季友編：《檇李詩係》卷十五，《讀鄂王傳》**

山前山後盡王庭，大將旌旗壓柳營。海上浮圖俱下馴，岳家赤幟有先聲。兩宮未復元戎意，九伐方張國賊生。五國城枯南望眼，康王已是諱稱兵。

# 朱茂暉

**[清] 沈季友編:《檇李詩係》卷二十二,《崇禎戊辰湖上觀毀逆奄祠紀事》(節錄)**

成之累歲月,毀之不終晨。世間快意事,敗謀在逡巡。除惡莫若盡,古訓信可遵。白日重光昭,平湖自漣淪。長留關與岳,終古配明禋。【祠址在關忠義、岳忠武雙廟間。】

# 沈乘

**[清] 沈季友編:《檇李詩係》卷二十九,《岳王祠孝女井》**

黄龍未飲詔抽輪,三字含冤千古呻。弱女偏能存大義,天王甘自號藩臣。萇弘碧化銀牀影,精衛魂填玉鏡塵。不是鐵欄留舊跡,岳家故第已難詢。【井上有鐵欄,刻孝娥字。今按,司署宋為太學舍,係岳王故第也,以井故,截出立岳侯祠。】

# 熊人霖

**[宋] 宗澤撰,樓昉編:《宗忠簡集》卷七,《遺事》(節錄)**①

時岳飛偶犯有司,欲正典刑。公一見奇之,曰:"此將材也。"留軍前。適羽報敵犯汜水,遣飛為踏白使,以五百騎授之。公語曰:"吾釋汝罪,今當為我立功,且戒無輕鬥。"飛稟命即行,凱還,補為統領,後遷總制,自是軍聲大振。

---

① 明崇禎間,熊人霖據舊本重刊《宗忠簡集》。清王廷曾重新編定時,於卷七末識曰:"按公集熊公刻於庚辰冬日而遺事識於夏日云。"可知《遺事》一篇為熊人霖撰。

# 清

## 吳偉業

**撰:《 梅村集》 卷十,《過韓蘄王墓》**

訪古思天塹,江聲戰鼓中。全家知轉鬥,健婦笑臨戎。汗馬歸諸將,疲驢念兩宮。凄涼岳少保,宿艸起秋風。

**同上書卷十八,《口佔贈蘇崑生·其三》**

西興哀曲夜深聞,絶似南朝汪水雲。囬首岳侯墳下路,亂山何處葬將軍。

## 施閏章

**撰:《學餘堂詩集》 卷二十,《西湖歎》**

山圍碧水隄橋好,西湖一曲天下少。波光雲氣變陰晴,玉笛銀箏接昏曉。三春桃柳亂如煙,十里芙蕖繞畫船。遊女爭過瑪瑙寺,少年遺卻珊瑚鞭。南渡繁華長若此,一朝歌舞歸流水。蘭舟漸少葑田多,飲馬千群夕陽裹。岳王古廟飛青燐,處士孤山愁殺人。呼鷹走狗無遺鶴,陵樹園花盡作薪。黃塵日日昏林麓,野老哀吟愁躑躅。夜來急雨洗兩峰,可憐依舊湖光綠。

**同上書同卷,《醉遊吟留別曹秋岳侍郎》**

昨日飲湖渚,今日遊山園。相攜繾綣不能別,半醉臨風歌一言。長安花發滿青門,司農東閣開金罇。宣城野客卧郎署,日袖詩篇相討論。文章直許曹劉合,意氣寧知卿相尊。風塵浩蕩忽飄散,一卧蒼江歲將宴。南馳嶺表北雲中，尺素雙魚心緒亂。但知詞翰益老蒼，豈謂園林同汗漫。移船改席興何長，俯檻徵歌爵無算。於乎！此園傳自武穆之孫岳倦翁，其人文雅多淹通。賸水殘山紛氣象，不與他家堆砌同。司農讀書日坐卧，范蠡湖水連芳叢。又闢小園依第宅，高下池亭分咫尺。半岡詰曲盡栽梅，四坐谽谺皆倚石。斯文耆舊時過從，鄴下西園嗣往蹟。崎嶇軒冕鬢早斑，何如群賢絲竹遊東山。我今歲暮且歸去，會待花時重往還。

**同上書卷二十六，《諸子汎舟孤山》**

水抱一山孤，春晴積病蘇。試風鶯出柳，挾子鴨翻蒲。佳客聯吳越，殘梅定有無。岳王墳下過，愁思滿平湖。

**同上書卷二十九，《朱仙鎮岳祠》**

痛哭班師處，秋陰慘廟門。餘忠囬草木，一死變乾坤。白日霓旌動，空階石馬喧。請君看此地，萬古是中原。

# 范承謨

**撰：《范忠貞集》卷七，《跋宋高宗賜岳武穆敕》**

右宋高宗所賜岳武穆王敕也。但書七月十二日而不書年，未定為何時所賜。觀其敕語，似為經略中原時，諄諄委任，有心膂之寄。雖光武之於馮、鄧，何以加茲？予以己酉至杭，垂今五載。每過西湖，未嘗不瞻拜墓下。邇者為公加護馬鬛，兼裝潢遺容，以垂奕世。因念公之英靈，炯炯於天地間者，固無之而勿在也。當日高宗御墨流傳甚多，悉已泯没，而此敕獨借公以傳千秋萬世，存乎其人，豈不信哉？

# 吳綺

**撰：《林蕙堂全集》卷十五，《岳武穆墓》**

老檜何年盡？荒祠此尚存。名成三字獄，家破兩朝恩。俎豆秋攜奠，旌旗夜返魂。誰知千古事，惆悵不堪論。

**同上書卷二十三，《畫堂春·西湖偶作次辰六韻》**

小樓一望暮山横，山光飛上層城。西湖深夏綠波平，荷葉風清。芳渚半生花氣，畫船時送歌聲。鄂王祠樹白公亭，今古關情。

**同上書卷二十五，《滿江紅·岳墳次武穆原韻》**

南渡楊劉，到此日、功名銷歇。只今有、西陵華表，標題忠烈。三字冤沉犴室土，兩宫淚灑龍城月。笑玉環腦後是何人，情非切。

一湖水，千峰雪；身縱死，名難滅。把椒漿澆奠唾壺堪缺。道上金牌人有口，階前鐵像心無血。只荒祠猶自對遺宫，神依闕。

# 汪琬

**撰：《堯峰文鈔》卷二十一，《光禄大夫、太子太保、禮部尚書王公行狀》（節錄）**

本朝曾經增定，皆祀從來開創帝王功業顯著者。至於守成令主，概不及與，中間如商之中宗、高宗，周之成王、康王，其行事具見《詩》、《書》。漢之文帝，史稱其節用愛民，方内安寧，家給人足；宋之仁宗，恭儉仁恕；明之孝宗，亦與仁宗相類，憂勤惕厲，終始不渝。此七君者，宜百世祀，不當以守成見格。又言宋臣潘美，不當在從祀列。張浚三命為將，凡三致敗，一敗於富平，則關陝遂陷；再敗於淮西，則酈瓊叛命；三敗於符離，則中原遂不可復。且劾李綱，殺曲端，與岳飛議不合，奏其積慮，在於併兵，雖為南渡名臣，而初無灼然可見之功，亦當罷其從祀。詔議祫祭禮，公疏言宜奉肇興景顯四祖及太祖南向，太宗東向。

# 朱彝尊

**撰：《曝書亭集》卷三，《岳忠武王墓》**

宋室偏安日，真忘帝業艱。但愁諸將在，不計兩宫還。鄂國英雄士，淮陰伯仲間。策名先部曲，薄伐自江關。赤縣期全復，黄河度幾灣。龍庭生馬角，雪窖視刀鐶。城下盟何急，師中詔已頒。盈庭尊獄吏，囊木謝朝班。相狡妻兼煽，和成主愈孱。長城隳道濟，大勇喪成覸。舊井銀缾失，高墳石虎間。銘功存版碣，鑄像列神姦。曠世心猶感，經過淚獨潸。傳聞從父老，流恨滿湖山。朔騎頻來牧，南枝尚可攀。墓門人寂寞，江樹鳥緡蠻。宿草經時綠，秋花滿目斑。依然潭水月，終古照潺湲。

**同上書卷五，《西湖竹枝詞六首之四》**

岳王祠外舞臺偏，半在湖塘半在田。怕值油車蘇小小，勸郎騎馬不如船。

**同上書卷四十五，《宋學士院〈中興紀事本末〉跋》**

《中興紀事本末》，七十六卷，學士院經進。始建炎元年五月，至紹興二十年十二月。南渡君臣時政，詳于徐夢莘《三朝北盟會編》、李心傳《建炎以來朝野雜記》。茲編紀載有出二書之外者，可以資考證也。所載岳鄂王獄具，秦檜言："飛子雲與張憲書，不明其事體，必須有。"韓蘄王爭曰："相公'必須有'三字，何以使人甘心?"惟徐自明《宰輔編年錄》同之。今群書皆作"莫須有"，恐未若二書之得其實也。

**同上書同卷，《書〈宋史·張浚傳〉後》**

徐秀才善敬可，一日語予曰："周公謹，小人哉！張魏公，朱子所父事，何可毀也?"予曰："三代直道之遺也。宋之南渡將帥，有人可以戰，可以守。自寄閫外之權於浚，喪師動數十萬，元氣重傷。譬諸孱夫，不能復起矣。浚於李綱、趙鼎輩，則劾之，於汪伯彥、秦檜等，則薦之，尚得云好惡之公乎？至曲端之誅，與檜之殺岳飛何以異？而讀史者務曲筆以文，致端有可死之罪。不過因浚有子講學，浚死，徽國公為之作狀，天下後世遂信而不疑爾。袁中郎宿《朱仙鎮》詩云：'祠前簫鼓賽如雲，立石爭鑱弔古文。一等英雄含恨死，幾時論定曲將軍。'江進之《讀魏公傳》詩云：'子聖焉能蓋父凶，曲端冤與岳飛同。何人為立將軍廟，也把烏金鑄魏公。'可謂助我張目者也。"

**編：《明詩綜》卷十九，《胡廣》**

廣，字光大，廬陵人。建文庚辰，賜進士第一，更名靖，除翰林修撰。靖難後，直內閣，復名廣。累官文淵閣大學士，卒贈少師、禮部尚書，謚文穆，有《晃菴扈從集》。【楊東里云："胡公賦詩，取適性情近體，頗得盛唐之趣。”《詩話》：……其《題宋思陵所書〈洛神賦〉》：“云靜夜焚香閱舊書，洛神下筆意何如。可憐不寫平戎策，千古中興恨有餘。汴水園林跡已荒，南來宮館燕錢塘。卧薪有志圖恢復，好寫招魂酹岳王。”其辭悽惋，不類牧豬奴……】

**同上書卷二十七，《丘吉》**

吉，字大祐，歸安人，有《順信齋集》。【《詩話》：瞿宗吉以《香奩八題》見賞於楊廉夫，自是以後從而效之，拾西崑之唾餘，雜以鼓詞院曲之穢字，誦之欲嘔。吴人劉欽謨倡無題詩，初不見好而一時和者紛紛，衆推吴興丘大祐為最，故沈啓南贈詩有“西漢人材東閣外，六朝詩句北窗中”之句。大祐《無題五首》中云：“只解詩中嘲阿軟，寧知花底活秦宮。絳桃成子花無色，銀燭燒心淚有痕。”在彼法中差勝而全首未工。他詩若“楊柳一堤沽酒路，木蘭雙楫載書船。吴淞東去皆連海，天目西来總是山。斜日半林金翡翠，青雲千尺玉浮圖。白鵶谷口霜摧栗，黄鶴樓前水到門。簾外雨多龍洞漏，屋頭松老鶴巢稀。山家雲濕長垂箔，水館風多不置窗。醉筆題詩蕉葉遍，夕陽催酒玉缾空。青山無雪梅花後，細雨生寒燕子前。賀監酒船湖左右，杜陵茆屋瀼西東。消磨盆盎茅柴酒，姑負烟霞榔栗條。野寺夕陽銀杏葉，水村涼雨石楠花。松葉微風三竺路，荷花細雨六橋船。”又《題岳鄂王墓》云：“南國有人論歲幣，中原無日見官軍。”頗有思致。大祐，自號執柔道人，賦才最敏。同郡詩家，如唐庠惟周、唐廣惟勤、張淵子靜、沈祥彦庠，皆奉之為師友，故當時推許，有吴興領袖之目也。】

**同上書卷三十四，《李夢陽》**

《靜志居詩話》：……獻吉五古源本陳王、謝客，初不以杜為師，所云杜體者，乃其摹仿之作。中多生吞語，偶附集中，非得意詩也。至效盧、駱、張、王諸體，特游戲耳。惟七古及近體，專仿少陵，七絶則學供奉，蓋多師以為師者。其謂“唐以後，書不必讀，唐以後，事不必使”，此英雄欺人之言，如江湖陸務觀“司馬今年相宋朝，秦相何緣怨岳飛”等句，非唐以後事乎？

# 毛奇齡

## [明] 楊繼盛撰:《楊忠愍集》原序

是以朱氏傳王荊公為名臣，而稱秦會之太師為致有骨力。何則？不輕舉也。夫以岳忠武之死，而猶譏其横刺，其直向前厮殺，而無所於變也，他可知矣？予氣塞而罷然，而歸檢舊史，見趙宋兩朝，當君國之慘死事者，不下什伯。而《宋史·忠義傳》並無一講學之徒厠身其間，然後知薄事功並薄氣節，皆宋學之陋，而非恒情也。

## 撰:《西河集》卷十四,《報周櫟園先生書》

日者先生為陳老蓮作別傳，以未備諸隱軼事，飲間詢甡。甡與老蓮損三十許歲，及見老蓮，時已晚矣，故雖屬同郡，其交老蓮乃反疏於先生。後在秣陵館次，書數事付管記，都不甚晳。思先生表微闡軼，汲汲然不遺餘力，且必探捃其形實而後已，恐其中未晳，負先生意，願有以正之。退揀甡夙選越詩，亦有《女氏乞畫蓮》一絶句，其云“庚申三月岳墳前”者，正老蓮二十三歲時也。老蓮總角為畫，便馳驟天下，特以好酒，尤好為女子作畫，故女妓每載酒邀作畫，是詩實錄也。【本詩：桃花馬上董飛仙，自剪生綃乞畫蓮。好事日多還記得，庚申三月岳墳前。】

## 同上書卷三十五,《〈柯亭詞〉序》

嚮與蒼崖作集字詩，平陂單複，頃刻裁押。予早知其能填詞，及其游大梁，作《大梁竹枝》若干首，愿雅而雋狎，得填詞家遺法。竹枝者，填詞中一體也。蓋蒼崖才多，其於學無所不窺。然且未嘗習為之，略涉即得。故其為詞，固未嘗知其為詞，而其詞工焉，況履甲得乙。予已早見其能工者哉！特詞為詞語，使必效隋唐餘習，刻意組就，將以别於元慶之庸便，嘉隆之佻滑，而其失也錐而不利。詞為詞氣，必欲蓄志，以蘊氣，使氣不横洩，比之詩歌，庶幾免於蘇、黄之孱劣，辛、蔣之頑誕，然其失也宛而不舒。蒼崖甫涉筆，而二弊免焉。蓋詞如衣然，稱身而裁，不減不浮，而後越佈單衣，皆得目之為佳士。氣如箎然，依聲高下，而不伉不墜，然後街談巷諺，亦且播之為雅音，而無所或二。柯亭之詞，不如是乎？中郎見竹，而知其材。予見其為他詩，而知其為詞，雅有同量，若夫學仕者之亦為詞。古有以君子而為詞者，晦翁也。晦翁且為詞，而況其他也？有以大人而為詞者，希文也。希文且為詞，而況其他也？有以命世之才而為詞者，蘄王與鄂王也。蘄王與鄂王且為詞，而況其他也？

**同上書卷一百三十四，《滿江紅》**

【施愚山憲長招仝韋劍、威六匠、陳集生、張南士、徐伯調、平載問，過岳王祠，觀宋高宗手敕，用文待詔王弇州韵。】

第六橋頭，四望裹、水青山綠。柳陰下，幔舟艤岸，管笙低蹙。過雨晚移東嶺盡，清鐘午度西林曲。趁紅裙，同拜岳王祠，間追逐。

雙熊仗，排花谷；交螭字，横荒麓。啓玉函，珠璽鳳鸞飛簇。漫道明湖春去久，聽子規尚叫南木。痛玉毫，散寫作南枝，枝枝矗。

**同上書卷一百四十一，《西湖竹枝詞三》**

小姑十五壓花鈿，長抱琵琶坐小船。藉問小姑何處住，陸公祠下岳墳前。

# 張玉書

**撰：《張文貞集》卷八，《昭代樂章》**

順治二年，議曆代帝王廟祀。禮臣言：“宋曾納貢於大遼，稱姪於大金，則宋之天下，乃遼、金分統南北之天下也，廟祀不得獨遺。至元世祖之有天下，功因太祖，未有世祖入廟而太祖不入者，亦應追祀。”詔從之。於是祀伏羲、神農、黄帝、少昊、顓頊、高陽、高辛、唐堯、虞舜、夏禹、商湯、周武王、漢高祖、光武、唐太宗、宋太祖、遼太祖、金太祖、世宗、元太祖、世祖、明太祖共二十二帝，其從祀功臣，則風后、力牧、皋陶、龍伯、夷夔、伯益、伊尹、傅說、周公旦、召公奭、太公望、召穆公虎、方叔、張良、蕭何、曹參、陳平、周勃、鄧禹、馮異、諸葛亮、房玄齡、杜如晦、李靖、李晟、郭子儀、張巡、許遠、曹彬、潘美、韓世忠、張浚、岳飛、赫嚕、尼堪、斡里雅佈、穆呼哩、巴延、徐達、劉基，共四十一人。十七年六月，御史顧如華請奉守成賢君入廟，下禮臣議。商中宗、高宗，周成王、康王，漢文帝、宋仁宗、明孝宗，皆屬賢君，但帝王廟止祭創業之君，不及守成，應否入廟，候旨酌定。詔奉七君入廟，其遼太祖、金太祖、元太祖，原未混一天下，且行事不及諸帝王，令罷祀。從祀功臣罷宋潘美、張浚，亦允如華請也。

## 潘天成

**撰：《鐵廬集》卷一，《默齋湯子訓言【湯子，諱之錡，字世調，宜興人】》**

為將必勝之道，不外吾夫子"臨事而懼，好謀而成"兩語，古之善用兵者多本此。【揭子宣先生亦云："岳忠武每着着算到敗，故能着着皆勝。"】

## 田雯

**撰：《古歡堂集》卷二十七，《學政條約序【附十五則 江陰示諸生】·十五則》（節錄）**

文武兩途，國家並重。士之慷慨，自命不屑章句，思欲從事於馬蹄間者，固應有人。而其委巷粗材，未通武略，以戲車扛鼎，闌入其中，亦不為少。於是什百為群，摴蒱作劇，失意栖酒，即手搏相向，蕩然無復名教之閑、詩書之氣。故士子一列武生，謂之異途而學，使亦厭其然。凡一切校閱下文生一等，而先事約束之條目不與焉。今使者為國家收異材、拔奇士，不復問所從來。文生武生，眎之一體，無復異同。但以自古豪傑，未有不曉詩書、不習禮讓而可為名將者。若粗中剛暴，尚氣陵忽，不惟官途不至，亦且臨事無謀，誤人委任，國家何取於此，而隸之學校，董之師儒哉。昔戴若思少無行檢，陸機勸之就學，遂折節自勵，為晉名臣。岳飛性好野戰，宗澤授之以兵法，乃屈首授書，為宋賢將。諸生有志功名，須以古人為期，循使者之教誨，而力行之，慎毋以武人自豪也。

## 愛新覺羅·玄燁

**撰：《聖祖仁皇帝御製文集·第三集》卷十九，《宋高宗父母之讎終身不雪論》**

朕萬幾餘暇，命大學士翰林該直者於南書房，出《宋高宗父母之讎終身不雪論》，朕亦作焉。大學士熊賜履將朕意已書，因文意得體，故不復作。衆官作完，進呈朕一一細閱。責之太過者，不免刻薄；立己之意者，不能無私。文章雖雅，皆非至當不易之理。朕自弱齡，苦好讀書，未嘗以文為事。況帝王之學識，其遠者大者而已，非儒生對句，華辭多麗為勝也。覽此衆論，又不能無疑。故勉強濡毫，出意見再論之。論古人之道，猶後之視今，須在中正和平。中正則不偏，和平則不闕。責人重者責己輕。千百年前所為，以瞬息論之易；一生數十年間，事業成之難。自古創業守成，自有其法。創業惟艱，守成不易。宋之開創，已百餘年矣。徽宗，守成之主，不能敬天法祖，有圖燕之議，亡失故有三也。所以天命將危，外患已深。雖孝子慈孫，不能改也。當日能保邦於未危，治之於未亂，任賢勿二，去邪勿疑，内有守國之賢相，外有謀勇之將士，可以一鼓而殲遼、金，何難之有？若至危急存亡之秋，武侯之才，止於死而後已之歎，僅存漢室三分，偏安蜀都矣。又覽史册，韓世忠敗金兵於金山，兀术乘騎而遁。金山者，共目所睹，豈能乘騎排兵耶？南渡史訛，以至如此。況金兵破遼之後，兵已滿萬，人強將猛，非宋之所敵，明矣。備責不能臥薪嘗膽，以雪父兄母后之讎，則高宗何辭？若論李綱之忠言不聽，岳飛之丹誠不用，設使諫行言聽，則必勝金兵於朱仙，生還二帝於汴京，朕實不信也。何也？根本已久不固，人心已久不一。上無慣戰之良將，下無用命之士卒。天下雖有勤王之名，真偽莫測，虚實難分。高宗久在金營，孰強孰弱，自有切見。若使復讎雪恥，再整江山，實不能也，勢使之也。孟子曰："寡衆弱強，不敵也。"若論講和之非，我太祖高皇帝，因祖之讎，戊午起兵，戰必勝，克必取，所向無敵，有往必成，神威聖武，深仁厚澤，猶念中國塗炭，數次議和。明朝引南宋講和之非，始終不悟，歸罪兵部尚書陳新甲為秦檜，棄市示衆。發天下兵迎戰，如袁崇煥、毛文龍、洪承疇、祖大壽、唐通、吴三桂，前後千餘員。凡出關者，非死即降，靡有孑遺。財賦因之已竭，人心隨而思亂。百萬雄兵，盡沒東海；億兆窮民，罹於邊戍。元氣盡傷於關東，闖賊蜂起於隴西。賊至京城，文武逃散，無一死於難者。豈非當日不主議和者乎？偏安社稷，猶存一線之脉絡。若為雪耻復讎，同死於國難者，尤不知於明末同乎？否乎？文天祥云："社稷為重，君為輕，立君以存社稷，存一日則盡臣子一日之責。"實千載忠臣之語。君與社稷，並而為一也。使高宗匹夫之勇，死而無悔，不顧社稷，以死雪讎。又不知當時議論如何耶？天下非一人之天下，有德者可以居之。民不堪命，即有"是日曷喪"之詩。天視天聽，自我民始。有國家者，不可以不慎。朕不敢責於已然，而責於未然。取其殷鑒，不遠之誡。自警自戒，云："爾不暇多論古人是非也"。

# 徐釚

**撰:《詞苑叢談》卷六**

《堯山堂外記》岳武穆《送張紫陽北伐詩》有"號令風霆迅,天聲動北陬。歸來報明主,恢復舊神州"之句,又有《小重山》詞云"欲將心事付瑤琴,知音少,絃斷有誰聽?"蓋指主和議者多也。

**同上書卷八**

夏侯橋沈潤卿掘地,得宋高宗賜岳侯手敕石刻。文徵明待詔題《滿江紅》詞云:"拂拭殘碑,敕飛字、依稀堪讀。慨當初,倚飛何重,後來何酷。豈是功成身合死,可憐事去言難贖。最無端,堪恨又堪悲,風波獄。豈不念,封疆蹙?豈不念,徽、欽辱?念徽、欽既返,此身何屬?千載休談南渡錯,當時自怕中原復,笑區區,一檜亦何能?逢其欲。"激昂感慨,自具論古隻眼。後宋改謚岳忠武文云:"李將軍口不出辭,聞者流涕;藺相如身雖已死,凜然猶生。"又云:"孔明志興漢室,子儀光復唐都,不嫌今古同辭,將與河山並久。"唯岳侯為能不愧此謚。予嘗至鄂王墳上,賦一詩云:"帆挂西泠隱畫橈,岳王墳上草蕭蕭。頻年羌篴吹孤月,盡日垂楊鎖六橋。石馬夜嘶荒殿雨,水犀春漲浙江潮。登臨休問前朝事,只有南枝恨未消。"

**同上書卷九**

杭州女教場,在鳳凰山麓。宋南渡,妃嬪演武於此。蕭山毛大可奇齡過之,賦《鷓鴣天》云:"銀甲琱戈小隊工,内家宣敕教從戎。山蘿覆鏃縈金細,野火燒旗閃幔紅。宫月静,陣雲空。鳳凰山下抱龍弓,珠兜玉韄圍營路,小雨寒花何處逢。"余亦有絶句云:"御教場中看點操,宫娥隊隊雁翎刀。鄂王已戮蘄王死,羞著團花舊錦袍。"蓋傷南宋之不復振也。

# 鄭方坤

**撰:《全閩詩話》卷三**

李安期，字泰伯，淹貫經史，援筆成文，尤以詩名遨遊江湖間。岳飛死，作《表忠詩》百二十首弔之。一日，謁四川茶馬使王涯，因賦《白鷺》云:“漁父家風不設罾，錦鱗為飯水為羹。銀袍只當蓑衣著，自在江湖過一生。”王奇其才，將以賢良薦。因弈爭道，安期推枰曰:“公平章天下。亦可如此反覆乎?”拂衣去。王深自刻責，以末藝失天下士。有集行世。【《閩書》】

**同上書卷六**

黃旂山，名澤，字敷仲，閩之侯官人……水落蘇堤見斷橋，棲霞嶺下駐蘭橈。東西兩樹悲風起，南北諸陵王氣消。遺廟殘碑春寂寂，卧麟芳草雨瀟瀟。古今多少登臨恨，半付江雲半海潮。【岳王廟】

**同上書卷十**

鄧氏，名鈴，字德和，閩縣人，儒士鄭坦妻。坦卒，刲雙耳自誓。詔旌表其門，年八十二。萬曆中，以嗣子雲鎬貴，贈宜人。有《風教錄》。其《讀岳鄂王傳》詩云:“英雄誓復舊山河，曾奈奸邪誤國何。鐵馬長驅河洛水，金牌亟返郾城戈。中原父老空遮訴，南渡君臣不恥和。五國城頭煙月慘，千年墳樹盡南柯。”【《明詩綜》】

# 李光地

**撰:《榕村集》卷三十八,《讀史二首之一》**

一疏忠定去，再怒岳侯危。張也徒堂堂，自檜更無譏。迂疏輕決事，俊哲重知時。晏子殺三士，梁甫有悲詩。

# 蔡世遠

**編:《古文雅正》卷十二**

金人所以立劉豫於江南，蓋欲荼毒中原，以中國攻中國，尼堪因得休兵觀釁。臣欲陛下假臣日月，便則提兵趨京洛，據河陽、陝府、潼關，以號召五路叛將。叛將既還，遣王師前進，彼必棄汴而走。河北、京畿、陝右，可以盡復。然後分兵濬、滑，經略兩河，如此則劉豫成擒，金人遠遁。社稷長久之計，寔在此舉。①

成算在胸。〇武穆之功，非徒破金也。如李成、楊太諸劇賊，皆擁數十萬衆，非武穆，孰能破滅？〇武穆折節讀書，惟守"忠孝"二字。行已公正，無取禍之道，乃為賊檜所殺。死時年方三十九，痛哉！〇宋朝有二大可恨事：一則變元祐為紹聖，諸賢貶斥為黨人是也；一則秦檜殺武穆是也。使江文通著筆作賦，不知更如何恨乎？〇先儒謂："孔明不死，三年可以取魏，乃功未成，而卒于軍，天也。"武穆累捷，恢復方張，乃召之回，而又殺之，人也，天乎？〇胡致堂謂："漢武時，若用董仲舒為相，汲黯為御史大夫，最得。"余謂："高宗朝，若用李忠定為相，岳武穆為將，何仇之不復哉？"

# 查慎行

**撰:《敬業堂詩集》卷十四，《余作江州雜詩，灌園既垂和，續為〈潯陽行〉，感慨淋漓，讀之使我心惻，因推本其意，再成長律四十韻》(節錄)**

艱虞經剝運，成敗付閒評。是物關天授，伊誰敢力爭。每聞稱僭竊，旋見就擒烹。【宋泰始、元徽中，晉安王子勛、桂陽王休範，梁天監中，刺史陳伯之俱以江州反，未幾就平。南宋建炎中，李成陷江州，為張峻岳飛所敗。元至正二十年，陳友諒以江州為都，國號漢，改元大義，尋戰死。】

① 此段為岳飛《論恢復疏》原文。

**同上書卷二十，《朱仙鎮岳忠武祠》**

平生感憤興亡際，往往無端供裂眦。晉之懷愍宋徽欽，失國偷生本同類。兩家子弟又庸下，南渡誰論復仇義。千秋乃有岳將軍，欲雪斯慚出奮臂。曾經讀史浮大白，況到提戈用武地。一條衣帶指黃河，倒捲狂瀾作餘勢。當時大業已垂成，談笑收京俄頃事。乞和語出金人口，二帝歸如反掌易。南内何妨奉上皇，中原未必虛神器。可憐計算不出此，奸相逢君有深意。朝廷不要兩宮還，那許疆埸壞和議。乾坤震蕩功百戰，性命風波獄三字。湯陰故里虎林墳，幾處經過頻灑淚。豈如此地更悲涼，血裹征袍等閑棄。二百年來崇廟貌，【祠創於成化戊戌。】兩行檜柏干霄翠。北風怒吼白日昏，猶有英雄不平氣。

# 汪森

**編：《粵西文載》卷十六，《廣西馬政志【雜纂】》**

《朝野雜記》云："廣馬者，建炎末，廣西提舉峒丁李棫始請市戰馬赴行在。紹興初，隸經略司。三年春，即邕州置司提舉，市於羅殿、自杞、大理諸蠻。未幾，廢市馬司，以帥臣領其事。七年，待制胡舜陟為帥，歲中市馬四千二百匹，詔賞之。其後馬益精，歲費黃金五鎰，中金二百五十鎰，錦四百端，他帛千匹，廉州鹽二百萬斤，而得馬千五百匹。必四尺二寸以上，乃市之，其直為銀四十兩。每高一寸，增銀十兩，有至六七十兩者。土人云：'其尤駔駿者，在其出處，或博黃金二百兩，日行四百里，但官價有定數，不能致此耳。'然自杞諸蕃，本自無馬，又市之南詔。南詔，大理國也，去自杞國，可二十程。而自杞至邕州横山塞，二十二程。横山寨至靜江府，又二十餘程。羅殿國又遠如自杞十程。宜州溪洞巡檢常恭者赴闕，持南丹州莫延葚表來，乞就宜州市馬，比之横山可省三十餘程。張說在樞筦，以其表聞。李壽翁時為檢詳文字，為說言：'邕遠宜近，人孰不知？前迂其塗，亦豈無意？況今黃氏方横，乃欲為之除道，而擅以互市之饒，誤矣。小吏妄作，將啓邊患。請論如法。'說不聽命。從義郎李宗彥以提點綱馬驛程，往宜州措置。既而說罷政密院，乃奏宗彥所言邊防不便。罷之，時淳熙元年也。又諸蕃多以馬易錦，蓋蠻人死，即以一錦纏繞，親友賻者亦以錦。貴人至纏數十匹，故須錦為急。"

舊《通志》云："宋建炎四年五月戊辰，李棫請市廣西馬，來年，又請市戰馬赴行在。紹興二年正月壬午，置司邕州，市馬於羅殿、自杞、大理諸蠻，又命廣西經略司即韶州撥内帑錢三萬緡市戰馬。於是神武諸軍皆缺馬。六月癸巳，以三百騎賜岳飛。癸丑，以百騎賜張浚。七月癸亥，選千騎赴行在。紹興三年四月辛卯，賜韓世忠廣馬七匹。十一月丁丑，初令賓、横、宜、邕四州守吕顒管買發戰馬，如邕州例，隨即邕州置司提舉，市羅殿、自杞、大理諸蠻。其後又置買馬司，以帥臣領其事。然諸蕃本自無馬，蓋又市之南詔，南詔即今大理國也。紹興七年，廣西進出格馬十匹，御廐留一匹，餘付殿前司。上謂臣曰：'朕所留一匹，幾似代北所生，廣西亦有此馬之良者，不必西北。'可知上因論列國春秋不相通，所用之馬皆取於中國而已。今必於所產之地而求，則馬政不修之故也。乾道元年十月，命夔路造舟。二年二月，吴璘由水道先發宏昌西馬五十匹。七月己未，初置提舉孳生牧馬監官，於饒州置司。時蓋市馬於廣西，故先擇牧地置營。三年正月壬寅，樞密院請即邕州置買馬司，馬必四尺二寸以上，每十匹為一營。二月辛卯，初置廣西提舉買馬司於賓州。六年十二月二十二日，兵侍王之奇言：'蜀馬頗煩費，請於成都、興元、襄陽各置司牧營，詔宣撫使相度。'邕州買馬格，大觀中所定有八等。今之買馬，多出於羅殿、自杞，彼乃以錦綵博於大理。世稱廣西馬，其實非也。横山寨博馬場互市之制，以銀鹽綵錦相參而行。范石湖奏議《論馬政四弊》云：'邕州置馬大弊二，蠻人先驅一二百瘦病者為馬様，邀以買此，而後大隊至，暨至，亦雜以半，買馬典吏與招馬人，歲久為弊一也；横山寨無草場，支錢悉與官吏乾没，不以時得草，二也。沿路損馬大弊二，所至無橋道涉水，貪程一也；州縣不與草料，但計囑押人而去，二也。買之弊，乞擇官；損之弊，乞馬病隨寓留醫焉。'淳熙元年指揮，戰馬買四尺四寸以上。石湖奏乞四尺三寸以上，蓋以廣中原無戰馬，羅殿、自杞以錦綵博之大理諸蠻，驅至横山場互市，每低一寸，減銀十兩，如四寸者銀四十兩，三寸者銀三十兩。自横山邕州七程，至經略司又十八程。其道自邕、賓、象、静江出湖南，而指揮經由州縣於經制錢立科應副，湖南自全州至行在，並遵依。而廣西科税、戶税、戶陪些小錢物，折與管押兵校，而馬斃於饑渴矣，奏乞一體奉行。又奏買馬久弊，銀則雜銅，名四六銀，鹽則減斤，一百斤止得七十斤，皆為邊吏乾没。若照依乾道九年任楷支，銀不須帶，鹽足斤兩。又印給支買憑，由每量馬到足，即批上尺寸斤兩，則蠻人感悦而得馬最良矣。"

**同上書卷六十三，《名宦》**

岳飛，字鵬舉，湯陰人。紹興二年，賊曹成擁衆十餘萬，由江西曆湖、湘，據道、賀二州，命飛權知潭州，兼權荆湖東路安撫都總管，付金字牌、黄旗招成。飛至茶陵，奉詔招之。成不從，飛奏勦除之。飛入賀州，得成諜者，縛之帳下，飛出調兵，食吏曰："糧盡矣，奈何?"飛陽曰："姑反茶陵。"已而顧諜者，若失意狀，頓足而入，陰令逸之。諜歸告成，成大喜，期翼日來追。飛命士蓐食，潛趨遶嶺。未明，已至太平場，破其砦，賊大潰，成奔連州。飛謂張憲等："脅從者，若等誅其酋，而撫其衆，慎勿妄殺，累主上保民之仁。"於是憲自賀、連，徐慶自邵、道，王貴自郴、桂，降者二萬，與飛會連州，進兵追成。成走宣撫司降。

**同上書卷六十七，《遷客》**

劉洪道，岳飛重其才，辟為參謀，有戰功。紹興中，飛死，洪道謫柳州。

高穎，紹興中參福建安撫司，坐從岳飛謫象州，固窮守節剛直之性，怡然不渝……

趙不尤，宋太宗裔。靖康之難，募義兵與金人戰，皆捷。河南北盜，亟避其鋒，曰："此小使軍也。"高宗即位，引衆歸，補武翼郎，從岳飛平湖寇。飛死，檜奪其兵，遣刺横州。

**同上書卷六十八，《人物》**

施才，號拙翁，貴州人……紹興中，官鄂、岳間，值岳武穆將兵，應副軍，甚有勞績。武穆薦之，召見奏事，任靜江理定令，官至澧州守。

**編：《粵西叢載》卷二十五，《歷代馭蠻【採《學海通志》】》**

欽宗靖康中，賊曹成據道、賀二州，以岳飛為荆湖東路都總管，討平之。

**同上書卷二十七，《曹成》**

曹成，江漢間群盜也。紹興元年辛亥十二月，成初陷漢陽、鄂州，屯攸縣。湖東安撫使向子諲招之，成聽命。子諲遣兵扼衡陽，欲圖之，而援兵不至。成忿子諲扼已，即擁衆而南，官軍悉潰，成大掠，執子諲而去。詔岳飛等討之。壬子四月，成擁衆十餘萬，由江西曆湖、湘，據道、賀二州。命岳飛權荆湖東路安撫都總管，知潭州，付金字牌、黄旗招成。成聞飛至，驚曰："岳家軍來矣。"即遁，飛追至賀州，力戰，大破之。成乃自桂嶺置砦至北藏嶺，連控隘道，以衆十餘萬守蓬頭嶺。飛部千人一鼓登嶺，破其衆。成奔連州，飛謂部將張憲、徐慶、王貴曰："成黨散去，追而殺之，則脅從者可憫，縱之則復聚為盜。今遣若等誅其首，而撫其衆。"於是憲自賀、連，慶自邵、道，貴自郴、桂，招降者二萬，與飛會連州進討。成走入邵州。五月，韓世忠既平范汝為，旋師永嘉，若將休息者，忽由處、信徑至豫章，連營江濱數十里，群賊不虞其至，大驚。世忠因使董收招成，成方為岳飛所追，乃率衆降，得戰士八萬，遣詣行在。【《學海》】

## 方苞

**撰：《望溪集》卷四，《答問》**

兄子道永重修南郊漢前將軍關公廟。問曰："自《書》《傳》以來，至忠大勇，英略蓋世，且卓見聖人之道，而死於非命者，莫過於公與岳忠武。故浩然之氣，長震動乎萬世之人心。然公之廟，無地無之。而忠武之祠，則連州比郡，或無一二。又公之神，常若充滿遍佈於宇宙，而時見其精爽。其大者示威於戰陣，其小者凡有禱問，其應如響。而忠武無是也。"是有說與余，應之曰："自周衰，戰國諸君，糜爛其民。至暴秦，而生民之類幾盡矣。漢高祖出之於水火之中，治尚寬大，有天下者，垂四百年。自武帝而外，桓、靈以前，雖有庸君，患不及民，民之思漢也深，則激於公之忠義者切。又東漢之末，士大夫多明於義理，而重名節，故諸葛武侯遺書搜錄而表章之者，乃晉氏也。其書所謂賊，即時君之祖宗。以是觀之，則公遇難時，魏、吴之士，民群聚而祠之。其君臣必見為當然，故震動宇宙而結聚於人心者，深固而光昭。忠武為秦檜所戕，身死而檜之餘恨猶未解。吏民畏檜之威，直至檜死，乃敢訟言忠武之冤。孝宗朝始得立祠於鄂，而屢世相臣，奸庸相繼，多主和議偷安，以保妻子，大率與檜同心。故忠武之義氣，雖不没於人心，而祠祀則寥寥焉。此事勢之自然，於二公無加損也。夫神者依人而行，舉億兆人之精神，皆專嚮於公，則公之神，自隨地而監照之。忠武即間有祠祀，未有禱禳祈報者，則其神何由與之相應，而有所徵驗哉。昔孔子夢見周公，不聞堯舜文武，並見於夢。則神明之感，通由於生人精神之結聚，明矣。故凡禱祈於公，行汙而所問之事非正者，簽辭多不應。以其精神不足以相感召也。”既以告道永，因思此義亦宜存天壤間，乃筆之。

# 儲大文

**撰：《存研樓文集》卷三，《荆州論》**

荆州北距襄陽，東距漢，西距夷陵，南距江財千里，地平衍沮洳，無峻嶺巖關以為阻隘，古稱用武之地，曰“荆襄”。襄固則荆固，若無襄，是無荆也。昔者，元破襄陽，降吕文煥，則朱祼孫制置江陵而不能守。苻堅破襄陽，獲朱序，則桓冲退治上明【上明在松滋縣】。冲老將，蓋識屈信進退之勢也。曹操置郡襄陽，又宿重兵，則吳南郡治南平，又戍公安地皆在江以南。，故能有餘力，時入沔、漢。祖中而卒殄西陵之難，何則？形屈而勢信也。苟不能屈，而蕲、信是適，貽敵之擒而已矣。嗚呼！以梁元帝新復之勢，定都江陵，又北與襄陽為難，而周師忽至，則其舉國為俘焉，宜也。庾信賦曰：“履陽城而避險，臥砥柱而求安。”

夫荆州者，地勢視江北濱江諸郡大類揚，於楚則類黄。昔人守廣陵，尠能固者。毛寶合豫州兵力戍邾城，而卒蹙於江。金再破黄，而宋遠不相聞。夫荆州者，北兵若至，是絶地也。其不蹙於江，不止也。南兵若至，是又不存之地也。昔者灌嬰自江擊江陵，而共敖滅；陸議白衣摇櫓，而糜芳不知；劉毅、劉道規自馬頭襲江陵，而桓謙不知；王鎮惡聲言劉蕃上，而毅又不知蕭詵都江陵；而李靖以水漲，自清江倏至，則百粤江西兵胥不及援。非智不足也，日日而備之，夫力不暇給也。就令力能給，而南與北交備，夫亦卒莫之暇，以至頓而必屈焉已矣。是以孟宗政三海，迄不能阻阿爾哈雅之師。高季興國勢獨弱，四面稱臣。唐建南都，命吕諲以舊相鎮撫，而後卒為下府。晉、宋、齊、梁自王廙、王悦督府，常治江陵而必復立雍州於襄陽，其兵鋒常為所督八州之冠。此隋之所以寧授後梁以江陵，必迫奪其襄州。岳飛置宣撫，所以自鄂而必主襄陽，而李綱之所以首議巡幸也。或曰：“桓溫都督府亦治江陵，治江陵則能扼蜀。”曰：“温時適圖蜀也，若扼蜀，江陵又不如夷陵。陸抗曰：‘西陵，國之西門。’是殆與鄂鈞重也。”然則督府宜何置？曰：“昔李綱議行都，曰襄陽，後又曰長沙，不言江陵。長沙有重湖之險，綱之識，殆能以屈為信，類吳君臣而度越王廙、吕諲萬萬也。若夫督府宜置者，則吾必曰襄陽，次曰巴陵。”

**同上書卷三，《襄陽論》**

宋建炎初，李忠定議巡幸，曰："四方多故，宜講巡幸之禮以鎮之。除四京外，以長安為西都，襄陽為南都，建康為東都，各命守臣營葺城池、宫室、官府，使之具儲峙糗糧，積金帛，以備巡幸。"又曰："至於費用，則長安當委之四川，襄陽當委之荆湖，建康當委之江、淮、閩、浙，三都成而天下之勢安矣。"又曰："天下形勢，關中為上，襄陽次之，建康又次之，今捨上中而取其下，非得計也。"又曰："據要會之地，以駐六師。既有以係中原之心，又有以紓一時之急，策無出於此者。"而其《議巡幸第一劄子》曰："為今之計，縱未能行上策以趨關中，莫若取其次策以適襄、鄧。襄陽近為李孝忠所據，雖已潰散，恐或殘毀。惟鄧為可以備車駕之時巡。夫鄧者，古之南陽，光武之所興也。西鄰關、陝，可以召兵；北近京畿，可以遣援；南通荆、湖、巴、蜀，可取貨財；東達江、淮，可運穀粟。有高山峻嶺，可以控扼；有廣土寬城，可以屯重兵。民風號為淳古，盜賊未嘗侵犯。此誠天設，以待陛下之臨幸，事之機會，不可失也。願召守臣增修城池，漕臣儲峙糧草，朝廷給降錢帛，廣行應副，專遣使者，以督其事。將來秋高，六飛啓行，由陳、蔡、唐以趨南陽，不過半月可達。天下之士，知陛下之不忍棄中原也；河東之民，知陛下之不遠徙也；天下郡縣，知陛下之處中以臨四方也，皆當心服而無解體之患。是一幸南陽則三者皆得，一幸建康則三者皆失。利害安危之幾，在此一舉。陛下何憚而不行也?"

夫幸南陽，猶之幸襄陽也。是故《建炎論事》則曰："鄧，古之南陽。天設以待巡幸。"而《紹興論事》旋曰："襄、鄧，天設以待巡幸也。"及繇宣撫荆湖、廣南請提舉嵩山崇福宫也，復奉詔條具邊防利害曰："至於守備之宜，則當料理淮南、荆襄，以為藩籬。夫淮南、荆襄者，東南之屏蔽也。六朝之所以能保有江左者，以強兵巨鎮盡在淮南、荆襄間。故以魏武之雄，苻堅、石勒之衆，宇文、跖跋之盛，卒不能窺江表。後唐李氏有淮南，則可以都金陵，其後淮南為周世宗所取，遂以削弱。今朝廷欲為守備，則當于淮南東西及荆襄置三大帥，屯重兵以臨之。東路以揚州、西路以廬州、荆襄以襄陽為帥府，分遣偏師，進守支郡，小築城壘，如開新邊。其初，朝廷應副錢糧，謂如淮東則以江東路財用給之，淮西則以江西路財用給之，荆襄則以湖南北路財用給之，徐議營田，使自贍養。遇有敵騎，則大帥遣兵應援，稍能自守。商旅必通，乃可召人歸業，漸次葺理，假以歲月，則藩籬成矣。前有藩籬之固，後有長江之險，加以戰艦水軍，使沿江一帶，帥府郡縣，上連下接，自為防守，則敵騎雖多，豈敢輕犯？近年以來，大將握重兵于江南，官吏守空城于江北，雖有天險，初無戰艦水軍之制，故敵人得以侵擾窺伺。欲為守備，無他，反此而已。或謂：'三大帥率重兵以屯江北，則供億之費不貲。'臣應之曰：'使三大帥屯兵於江南，亦仰給於朝廷。其費等耳，曷若使之渡江，葺理淮南，以為家計。則朝廷異時可省經費，而藩籬之勢成，為無窮之利。守備之宜，莫大於是。有守備矣，然後可以議攻戰之利，亦當分責于諸路大帥。謂如淮東之帥，則當責以收復京東東路；淮西之帥，則當責以收復京東西路；荊襄之帥，則當責以收復京西南北路；川陝之帥，則當責以收復陝西五路。諸路剋捷，因利乘便，收京畿，復故都，以戡禍亂。此雖落落難合，然在陛下志先定於中，而斷以至誠必為之意，蓋無不可成之理。"及其後為江南西路安撫制置大使，又嘗專論襄陽形勝曰："臣竊以當今天下形勝在襄陽，何以言之？四方地勢，正猶棋局。今車駕駐蹕於吳、越，是置子於東南隅也；宣撫制置司聚兵於川、陝，是置子於西北隅也。湖、湘屯重兵以控制，是置子於西南隅也。吳、越由湖、湘以趨川、陝，如行曲尺之上，相去萬有餘里，號令未易達，首尾不相應。一有緩急，何以為援？惟襄陽地接中原，西通川、陝，東引吳、越，如行於弓弦之上，地里省半。而又前臨京畿，密邇故都，後負歸峽，蔽障上流。遣大帥率師以鎮之，如置子于局心，真所謂'欲近四旁，莫如中央者'也。既逼僭偽巢穴，賊有忌憚，必不敢窺伺東南。將來王師大舉收京東西及陝西五路，又不敢出兵應援，則是以一路之兵，禁其四出，因利乘便，進取京師，乃扼其喉，拊其背，制其死命之策也。朝廷近拜岳飛為荊襄招討使，其計得矣。然駐軍岳、鄂，未聞前進，豈不以自兵火以來，襄陽焚毀尤甚，野無耕農，市無販商，城郭隳廢，邑屋蕩盡，而糧餉難於運漕故耶。臣觀自古有意於為國家立功名之人，如劉琨、祖逖之徒，未嘗不據形勝，廣招納，披荊榛，立官府，履艱險，攻苦淡，積日累月，葺理家計，然後能成功者。若欲坐待其自成，必無此理。願詔岳飛先遣將佐軍馬及幕府官，徑趨襄陽，隨宜料理，修城壁，建邑屋，招納西北之民，措置營田，勸誘商賈之伍，懋通貨賄。稍稍就緒，然後徙大兵以居之。旁近諸郡，如金、房、隨、郢，見屬我者，可以撫綏；如陳、蔡、許、潁，見從賊者，可以攻取。不過年歲間，必有顯效。如謂屯兵、聚糧、運漕為難，則漢江出襄陽城下，通於沔、鄂，漕運之利，未有如此之便者。當以兵護糧船，使賊不得抄掠，則吾事濟矣。今日天下形勝，臣愚以為無出襄陽之右者。伏望聖慈特加睿察，早降指揮，無使緩不及事，天下幸甚。"而其《論進兵劄子》又謂："小試於山東。岳飛重兵，且屯襄陽，勿輕動，以牽制其師，使不得應援。”至其乞沿淮沿漢修築城壘也，又曰：“臣昨奉詔書，條具邊防利害，嘗論駐蹕建康為措置之宜所當先者。”然其說謂：“淮南有藩籬之固，則建康可都，宜命諸將，移重兵於江北，料理營田，葺治城壘，則藩籬可成。今大將既已移屯矣，營田既已施行矣，楚、泗既已修築城壘矣。惟是沿淮如廬、壽，沿漢如襄、鄧等處，尚未措畫。臣願陛下降詔劉光世、岳飛，乘士卒之暇，以漸修築。如韓世忠之於楚，張俊之於盱眙，楊沂中之於泗，使名城堅壘，綿亘相望，以張國勢，以讋敵心。又命朝廷選通知古今臣僚，按行淮、漢，深考古跡要害控扼之地，如濡須塢、牛渚圻之類，築壘屯兵，益務自固，使我師無侵突之虞，敵騎有蓄鋭之利以守，則固以戰則勝，此今日之上策也。”而又嘗以承、楚之警，與宰相論捍賊曰：“一宜防備上流，綱竊觀自古侵犯東南，未有不由上流者。舳艫相接，順流乘風，自川江而下，日數百里，不旬月間，可至江、浙。故上流之地，自吳及東晉以來，必屯重兵，乃可保國。今歸、峽、荊南、岳、鄂、九江一帶，雖無他虞，然屯兵不多。所幸襄漢復為我有，上流形勢，倚之為重，襟帶荊、蜀，控引江、淮，下瞰畿甸，真形勝必爭之地也。宜命大帥，統重兵以鎮襄陽，則上流有屏蔽之勢，江浙可以奠枕，中原有恢復之兆，畿甸可以俯窺。此最今日之上策。惟廟謨熟計之。”蓋忠定之拳拳襄陽者若此，而其後于三都之外，復曰：“長沙，再越大江，三面重湖，可以建都。夫都長沙，猶之都襄陽之漸也。若曰長沙視建康為上流，又為重險，而視臨安，并無海道不測之虞。繇建康、臨安紆道，經長沙以趨川陜，則如行曲尺之上，而繇長沙以趨襄陽，則猶行弓弦之上也。夫亦庶乎其可都也。”

**同上書卷四，《魯肅城》**

太平城，在蒲圻縣西南八十里，吳遣魯肅征零陵，於此築城。魯肅城在岳州府南，肅嘗屯兵於此。而益陽故城在縣西南，亦肅所築。唐魏齊公元忠曰：“將大兵如擎盂，水一跌，其可復乎?”此伍員、趙充國、諸葛亮、魯肅、桓冲、韋孝寬、李光弼、何承矩、李允則、岳飛之為將，所以宜詳考也。

**同上書卷十，《宋高宗上》**

建炎元年五月戊午，後通問使相繼，曰：“以二帝也。”紹興七年二月庚子，後奉迎使相繼，曰“以梓宮、淵聖、太后也。”紹興十二年四月丁卯，皇太后偕梓宮發五國城，而淵聖不歸，帝猶可辭乎？曰“無辭。”曰：

“十六年九月甲戌，何鑄祈請國族。二十一年二月壬戌，巫伋祈請淵聖及皇族。三十一年五月辛卯，淵聖訃聞。甲午，詔斬衰三年。夫帝曷忘淵聖?”曰：“斬衰，偽也。雖祈請，亦偽也。請繇八年數之。十二月丁丑，詔金還梓宮、母兄、親族。張燾、胡銓述和議，亦曰“淵聖可歸”。而九年正月丙戌，王倫充奉護梓宮，迎請皇太后，交割地界，使不及淵聖，一也。十年正月丙戌，莫將充迎護梓宮，奉迎兩宮，使又不及淵聖，二也。十一年十一月，金蕭毅來，帝曰：‘今立誓，當明言歸我大后。不然，朕不憚用兵。’故何鑄進誓表，首請歸后，是緩徽宗梓宮也，奚有淵聖，三也。十二年四月甲子朔，孟忠厚迎護梓宮，使王次翁奉迎兩宮使。是時，五國城未發也，而淵聖不歸，朗如燭照，四也。”曰：“庸知兩宮非淵聖?”曰：“懿節后九年六月崩。是月辛巳，訃至而命使。先十有六日，懿節梓宮又同太后歸，其非淵聖，可知也。奉迎禮儀使若此，奉迎使可知也。是年八月，梓宮、太后至。越四年而後，泛請國族。又五年而後，請淵聖。是特八年詔，久而不讎，而姑假此為名耳。至伋果請與否，未可知也。何鑄名請國族，而使事秘不傳，庸知非淵聖蘄歸逆閉之塗邪? 五也。伋請淵聖，兼請增加帝號，且一請不許輒止，六也。廖剛一言罷，朔望遙拜，而正朔侈行大朝會禮，且諸吉禮胥舉，七也。三十一年六月戊辰，徐嘉賀金遷都，不請淵聖梓宮，不問諱日，八也。”曰：“是時帝懼甚，賀遷可請梓宮邪?”曰：“三十二年四月戊子，洪邁賀金主即位。時用敵國禮矣，又不請，何邪? 且邁可請河南地，獨不可請梓宮邪? 九也。不知朱后何時崩，淵聖太子諶北地又生子訓，帝無子，不議迎歸，奉永祐陵一盂飯，十也。”曰：“祈請可乎?”曰：“議和非也。議和而不祈請淵聖、皇族，益非也。故帝大罪三，曰淵聖崩于金，臣金，殺少保、萬壽觀使岳飛。”

**同上書同卷，《宋高宗下》**

帝忌淵聖歸，信乎！曰：“信苗傅叛言：‘帝不當即大位，淵聖來歸，何以處之?’旋降帝皇太弟，皇太子旉皇太姪，一也。范壽憾孟忠厚誣，與隆祐太后密養淵聖子。夫太后擁護功度，越古今母后。壽，小臣，非窺帝旨，何敢輒及此? 壽編管湖州踰月，太后崩，而淵聖子本末不竟也，二也。金廢劉豫，揚言閭巷間，‘請女舊主少帝來此’。論者曰：‘是欲復立淵聖也。’按豫求哀，撻懶曰：‘趙氏少帝出，號哭聲聞遠邇，女何不自責，而歸三京陝西。’議實撻懶主之，秦檜歸自撻懶軍。故七年十一月豫廢，八年三月壬辰，亟復檜右僕射，稱臣乞和，三也。帝再使金，淵聖進封，帝母韋賢妃以慰之，是太后不樂帝行也。太后嘗難普安郡王之立，庸知不阻淵聖歸，四也。别史載，太后歸，淵聖乞太乙宫使。雖不必信，然曹勛嘗達徽宗御衣領中書，季微達太后書。和議後，南北信使相望，而淵聖詔不一達，是帝惡五國城信也，五也。諸王陷北，無一人還者，信王榛亡匿五馬山砦，舉兵乞援。帝密令馬擴幾察榛，且詔擇日還京，以伐其謀。夫還京之詔不出於宗澤三表，而出於沮榛，遂使榛無援戰敗，不知所終。其於淵聖，可知也，六也。金取趙彬等孥，洪皓言：'宜告金，俟淵聖及皇族歸，乃遣。'張邵言：'金有歸淵聖及諸王后妃意，皆讁外。"邵雖頌檜忠，不免，七也。三十一年，金主亮命高景山、王全曰："辱宋，宋必不敢殺女。"全見大，言曰：'趙桓死矣。'不即斬，且欲俟金使去發喪。蓋帝重愧于金，而金輒用是制之，八也。故曰帝之忌淵聖也信。"

**同上書同卷，《秦檜》**

秦檜通金，曷證？曰：何㮚等同拘，而檜獨歸，且偕妻王氏也。歸俘議合，金使也。曰：請廣之。曰：兀朮通檜書，謂"不殺岳飛不克和"，一也。曰：檜必不泄兀朮書，書曷證？曰：粘罕至淮上，檜為草檄，室撚見之，後語洪皓寄聲。檜夫檄可草，書獨不可通邪？二也。莫將、韓恕拘於涿。紹興十一年六月，兀朮求和，縱之歸。夫將，姦人也，嘗附和議，賜第，躐起居郎，庸知不附兀朮書，而檜始決意。越月，輒罷飛樞密邪，三也。十月乙亥，劉光遠等還。戊寅，輒下飛獄，四也。十一月壬子，金審議使蕭毅入見。乙卯，何鑄報謝。鑄嘗爭飛獄，命鑄且決殺飛，是毅審殺飛議也，五也。趙立鎮撫楚、泗、漣，俘獲輒磔。建炎四年，金久攻楚。九月戊辰，楚破。十月辛未，檜始歸漣水軍，是懼立也，六也。檜歸自撻懶軍，劉豫亦主撻懶。檜親黨鄭億年事豫，後歸朝，擢資政殿學士，是殆豫歸俘議，而懼其泄也。且豫僭號後二十四日，檜始歸，何邪？七也。檜受學汪伯彦，伯彦子召錫，檜死黨。嘗執於金，得還。蓋伯彦使人贖之，庸知非即檜邪？八也。建炎三年十一月戊午，金陷洪州，撫袁州，守臣王仲山、仲嶷皆降。仲山，檜妻父也。且檜既至淮上黄州淮西郡，庸知檜及妻不隨金軍趨洪，約仲山等降，而後偕縱之歸邪？九也。曰：是年九月丙辰，張邵使金，邵遇檜於濰。十月辛丑，金人自黄渡江，檜能遽至黄邪？曰：度急騎可至。不然，書可達。又不然，後一月，兀朮犯建康，破溧水，尋繇廣德軍破臨安。且溧水在建康南，馬家渡師未敗而縣。先破臨安，不取平江道而徑廣德軍，檜家溧水、廣德間，庸知不作鄉導？而飛時六戰皆捷，又庸知檜不用此讎之也？

# 藍鼎元

**撰:《鹿洲初集》卷十一,《〈兵事志〉總論》(節錄)**

潮自建邦啓土以來,用兵者百數矣。賊在山者,十之七;在海者,十之三。而海之為禍較烈焉。倭黨入寇,與明代相終始。而嘉靖、萬曆之間,沿海生靈,頻遭塗炭,竟似島夷窟宅,全在此邦。哀哉!明之為治也。其他海寇,不可枚舉。許朝光、吳平、曾一本、劉香等,皆有名劇賊。而鄭氏芝龍父子,祖孫一門,相繼播虐海上,潮疆慘毒,殆不可言。舊志目擊心傷,痛定思痛,所以有山魈易撲,海寇難靖之悲乎!然自唐將軍陳元光、宋少保岳飛、提舉楊萬里,皆為山寇而來。而有明伏莽尤甚,憲、孝兩朝,屢下赦撫之詔。世宗以後,萑苻四起。張璉一賊,害及江、閩,至傾三省之甲,乃克平之。么麽五總,鄰省震動,在山者,亦豈易易哉?

**同上書同卷,《〈潮州雜記〉總論》(節錄)**

《雜記》雖志乘緒餘,亦不可專務索隱,致傷名教。交趾道士仙花嶂叟,雖荒誕不經,未至壞人心術。若舊志載,梅州異僧為定光佛化身,庇護宋貺事,深可駭焉。宋貺為秦檜用人,以鷹犬而致大位,檜敗被劾,安置梅州。遇聰明正直之神將,痛心疾首,為天下誅,殛之恐後,何勞老佛化身,不遠二三千里,指示前程?許陰助於數十年之先,則何不教以勿附奸邪?併此陰助而省之。為奸伏辟,乃天道王法之常,豈可以建庵慈報,終為庇護?俾復顯官,享遐齡,佛之乖謬,竟一至此極乎?李綱廢棄,趙鼎放逐,宗澤沾襟,岳飛被害,佛何不助之庇之?豈尚不知有忠良、邪佞之別耶?何所見而黨惡?何所因而佑賊?使後世奸諂小人,安心病國,恃有佛而無所顧忌,所關於世道人心,匪細也。

# 愛新覺羅·弘曆

**撰,[清]蔣溥等編:《御製樂善堂全集定本》卷六,《岳武穆論》**

夫北宋之亡,河北之失,宋祚之不復振,中原之不恢復,人皆曰由徽、欽而致。然高宗實難逭其責焉。當欽廟北去,社稷為墟,高宗入援,順人心而即大位，非不正且大也。及即位之後，當臥薪嘗膽，思報父兄之讎。而信用汪、黄，貶黜李綱，不復以河北、中原為念，豈非高宗庸懦，用人不察之過哉？其後諸將用命，岳武穆以忠智出群之才，率師北驅，所戰皆克，而以金牌十二召之班師。淮北之民遮馬痛哭曰："相公去，我輩無噍類矣。"然而武穆亦不得以自留也。夫如武穆之用兵馭將，勇敢無敵，若韓信、彭越輩類，皆能之。乃加之以文武兼備，仁智並施，精忠無貳，則雖古名將，亦有所未逮焉。知有君而不知有身，知奉君命而不知惜己命，知班師必為秦檜所搆，而君命在身，不敢久握重權於封疆之外。嗚呼！以公之精誠，雖死於檜之手，而天下後世仰望，風烈實可與日月爭光矣。獨不知為高宗者，果何心哉？

**撰：《御製文集·二集》卷十四，《五經萃室記》**

事雖大而無關於天理人心之正者，不可炫其有文而為之記；事雖小而有關於天理人心之正者，不可憫其無文而弗為之記。茲五經萃室之記，蓋有合於後之所云。五經之有關於天理人心，夫人之所知也。而謂其事小者，徒以萃宋時岳珂所刻之五經，故曰小。然而六百歲之間，分之復合，散之仍聚，則其事亦不謂小。而況闡數大聖人之精微，示天理、正人心，斯可憫其無文而弗為之記耶？岳珂所刻之五經奈何？蓋自乾隆甲子時，薈萃宋、元、明三代舊板，藏之昭仁殿，名曰《天祿琳琅》。其時即有岳氏所刻之《春秋》，未詳其所由來，亦不過與别部《春秋》一例，載之《天祿琳琅》之書而已。茲復得岳氏所刻《易》、《書》、《詩》、《禮記》四種，而獨闕《春秋》。因思《天祿琳琅》中或有其書，命細檢之，則岳氏所刻之《春秋》故在。其板之延袤分寸，無不吻合，而每卷之後，皆有木刻亞形"相臺岳氏刻梓荆溪家塾"印，大小篆、隸文、楷書不等，且每頁之末，傍刻篇識，如"易之乾坤卦"、"書之堯舜典"之類，其用心精而紀類審，即宋板之最佳者，亦不多見也。至於收藏家，則《易》、《書》、《詩》蓋同，經七八家而略有異【《易》、《書》、《詩》三經皆有晉府書畫之印及徐乾學、季振宜、陳定書、李國壽、陳氏世寶、敬德堂諸印，《尚書》又有覃懷李氏印，蓋大同小異云】，藏《禮記》者四家【晉府書畫印、李國壽印、覃懷李氏印、敬德堂圖書印】，藏《春秋》者三家【宋本印、項氏萬卷樓圖籍印、季振宜印】。夫岳氏之書既分而合，幸合則不可使復分。但《天祿琳琅》之書久成，所錄諸書皆以《四庫》分類，架貯昭仁殿。其丙申以後所獲之書，别弆於御花園之養性齋，以待續入。茲撤出昭仁殿之《春秋》，以還岳氏五經之舊，仍即殿之後廡所謂慎儉德室者，分其一楹，名之曰“五經萃室”，都置一几。是舊者，固不出昭仁殿，而新者亦弗欄入舊書中，似此位置可謂得宜。

吾因思之：位置一切政務，亦能如是，胥得宜乎？所謂得宜者，亦有合於天理人心之正而不違五經之旨乎？刻書家多矣，若茲分而復合者蓋少，遂命選善書者如《影宋鈔》之例，通録其五經正本，以壽世而公來者。吾於是慨武穆之忠而喜其有文孫承繼家聲也。又恨宋高宗之信奸相，忘復讎而自壞其長城也。又謂天之報施善人固不爽，而司馬遷怨尤之語，誠不足為信史也。

**同上書卷三十一，《書南宋論兵事》**

南宋棄河北而不守，忍二帝而弗顧。志恢復，而知兵者莫過岳飛一人，以讒誅之。是尚可與言兵哉？而最可笑者，莫若上皇與吳璘相論之事。《宋史》稱上皇嘗問勝敵之術於璘，對曰：“弱者出戰，強者繼之。”上皇曰：“此孫武子三駟之法，一敗而二勝。”吁！其識之鄙可怪哉！夫亦知孫武子三駟之法乎，彼教田忌與諸公子置馬較射，此尋常賭金為戲，以是法相馳，固當一不勝而再勝，在馳射較勝負則佳，而豈可以用之於行軍乎？且是法也，市井博奕之徒，無不知之，亦不得謂孫武子行軍妙算也。夫兩軍對敵，所貴先聲，其勝敗衹在呼吸頃耳。以大為小，以強為弱，過俯仰之間。今以弱者出戰，以當敵之強者，跌而不振，後之強者亦將望風而敗，又豈能收兩勝之功哉？若夫臨敵出奇制變，或先示之以弱，而繼以強勇之兵，擣其虛則可。要非對戰時，當使弱者居前而強者繼後也。昔宋楚泓之戰，襄公稱先道古，言之非不亹亹，而卒致於敗，為天下笑。予謂高宗之舉孫武子，其亦類於此矣。

**撰：《御製詩集·二集》卷二十一，《經岳武穆祠》**

翠栢紅垣見葆祠，羔豚命祭復過之。兩言臣則師千古，百戰兵威震一時。道濟長城誰自壞？臨安一木幸猶支。故鄉俎豆夫何恨？恨是金牌太促期。

**同上書卷二十五，《岳武穆墓》**

讀史常思忠孝誠，重瞻宰樹拱佳城。莫須有獄何須恨，義所重人死所輕。梓里秋風還憶昨，去歲巡豫，過湯陰，乃其故里。石門古月鎮如生。夜臺猶切偏安憤，想對餘杭氣未平。

**同上書卷二十六，《金鼓洞》**

棲霞嶺迤西，嵌壁多崖洞。是間名金鼓，壯哉特異衆。武穆孤墳近，惜未中興宋。所恨和議行，敵人反間縱。山林思作氣，高孝獨無慟。過祠留句曾，撫畫興懷重。

**同上書卷六十，《題〈宋高宗手賜岳飛敕〉卷後》**

飛白精忠早賜旗，霜寒又壓上流師。【用敕中語。】本來原是腹心托，十二金牌竟若為。

**同上書卷七十，《竹素園小憩》**

策馬山陰廿里強，延緣嶺複達山陽。亭看放鶴緬高士，祠過褒忠嘉鄂王。卻喜名園傳翰墨，亦饒幽趣足徜徉。外湖宛與內湖接，咫尺煙宮可泛航。

**同上書同卷，《岳武穆祠》**

陣戰曾輕兵法常，紹興亦委設施方。操戈不謂興張俊，納幣終成去李光。何事書生叩馬首？遂教名將飲魚腸。至今人恨分屍檜，宰樹餘杭萬古芳。

**撰：《御製詩集·三集》卷二十一，《岳武穆祠》**

黃龍直抵氣崢嶸，燕以南金令不行。正可乘機事恢復，誰知虛力費經營。愛錢切中文官病，怕死曾輕武士生。萬里長城空自壞，至今冢樹恨難平。

**同上書卷二十五，《題宋玉鸜鵒銜桃杯【相傳孝宗製以進德壽宮者】》**

江山半臂宛中分，那慮飛來鐵馬群。製器已看鸜鵒啄，侑筵想對綺羅紛。兩宮慈孝且相詡，五國凄涼不復云。德壽良辰酹梅石，一杯可到岳王墳。

**同上書卷四十八，《岳武穆祠》**

褒嘉手敕是誰言，何致終銜不白冤？戰必驍騰驚北騎，地爭尺寸守中原。持身忠總根於孝，撫士威還濟以恩。生世漫悲纔卅九，千秋英氣兩間存。

**同上書卷八十三，《題明景帝陵【在玉泉山北，登山可望見】》**

遷都和議斥紛陳，一意于謙任智臣。挾重雖云祛恫喝，示輕終是薄君親。姪隨見廢子隨棄，弟失其恭兄失仁。宗社未亡真是幸，邱明誇語豈為淳。

按：景帝任于謙，排群議，而力戰守，不可謂無功於宗社。獨是英宗還國，僻處南宫，事同禁錮而廢后易儲，有貪心焉。天道好還，子亦隨死，終於殺禮西山，實所自取耳。然英宗亦豈得辭寡恩尺佈之譏哉？至於于謙"社稷為重"之言，蓋出於吕飴甥"喪君有君"及公孫申為將改立"晉必歸君"之意。後世迂儒，無不以是為韙。夫君猶親也，親為人執，為子者不被髮纓冠，而往救之，以示不急，其可乎？則意欲之獄，亦有由來。或猶以為非英宗意，是真不識事體者之言耳。然則當時宜從和議乎？曰：不共之讎，安得與和？繕甲治兵，以從其後，如岳飛之力戰迎二帝，天下其誰非之？

**撰：《御製詩集·四集》卷十五，《題〈宋中興聖政草〉》**

少康光武始堪稱，【古今中興之君，惟夏少康、漢光武足以當之，盖少康誅寒浞以復姒基，光武誅新莽以全炎祚，實能定數十年之亂，繼墜緒而大一統。又如商之武丁，撻伐用武，嘉靖殷邦，周之宣王，外攘内修，紹美文武，皆能振作。其既衰之業，雖足稱為中興，然較之少康、光武，則有間矣。若唐肅宗收兩京，其功固不可沒，然唐室宗社未移，自不得謂之再造。至於宋高宗，流離播遷，僅有東南半壁，始終委靡無能，苟圖自全之計，不思為父兄雪恥，恢復中原，以為偏安則可。然比之東晉元帝，尚有未逮。顧靦然詡為中興，不亦深可鄙哉。】何事建炎號中興。輕議武湯慚盡善，高談堯舜匹先登。【宋祖受禪于周，得天下即不以正。至高宗當徽、欽失國之後，倉皇南渡，其即位始末，殊無足稱，乃陸游編輯此書，序言"堯、舜以來，獨宋為甚盛之際"，且謂"湯有慚德，武未盡善"，不復顧萬世公論，即為尊親者諱，亦何至是非顛倒若此。】偏安祗有姑息計，北伐曾無恢復能。徒曰親征望敵返，未聞業創受終膺。【宋高宗親征一事，周必大侈為鋪張，其實往還兩月餘，未嘗渡江與金人一戰，僅自鎮江至金陵，略無武功足紀，歸甫三月，即傳位孝宗，退居德壽，時年未六十，惟圖自逸，不復存卧薪嘗膽之志，庸懦甚矣。至於文有李綱、趙鼎，武有韓世忠、岳飛，或以讒貶，或以冤死，皆不得竟其用，奸如秦檜為腹心，迷而不悟，求賢遠佞之謂，何乃盛稱其沉珠玉，碎竇小節，謂出於至誠惻怛，抑亦不揣本而齊末矣。】求賢進退都無定，遠佞優游幾實曾。碎竇細人索供平聲。故，斥璫内侍竊權仍。舉凡率可知時政，曲譽安能逃後繩。七字永言昭鑒戒，艱哉天命慎欽承。

**同上書卷四十九，《全韻詩上去入聲七十六首古體詩一首【戊戌五】》**

忘不共戴天之讎，安苟且一隅之暫。有其志，尚恐不能成；忍於恥，那復知有憾。奸如秦檜，旌一德之應求；忠若岳飛，致三木之審勘。如斯人也，而得優游德壽，以善終，蓋幸叨天恩之濫。

右宋高宗。

**同上書同卷，《全韻詩上去入聲七十六首古體詩一首【戊戌五】》**

福王擬高宗，南遷祚可接。使其能振興，江表或安帖。諸事不如宋，明亡速交睫。皇清一統成，殷鑒告萬葉。

明臣立福王於南京，未嘗不可比宋高宗之南渡。然史稱高宗恭儉仁厚，繼體守文則有餘，撥亂反正則不足。其初立，尚可有為繼，乃偷安忍恥，匿怨忘親，以致貽譏天下。若福王，則昏庸無識，聲色是娛，始終昧於宴安，酖毒之戒，自詒伊戚。兩君相較，福王實不及高宗遠甚。至高宗初時，信用汪伯彦、黄潛善，後則專任秦檜，皆贊和議，以售其奸邪。然彼時内有李綱、趙鼎諸人，藎誠謀國，外有岳飛、張俊、韓世忠諸將，慷慨抒忠。雖黑白混淆，忠良誅貶，然始終不乏正人，故尚可支撑半壁。而福王則倚任馬士英、阮大鋮，引進群邪，擊排善類，國事殆不堪問。其可恃以圖存者，文臣惟史可法，武將惟黄得功，皆處非其地，又從中掣其肘，遂成傾厦之難支。故論二代之臣，明末亦不及南宋。且金將宗弼統兵南下，雖追高宗於海上，然僅焚臨安、掠輜重而還。迨宋稱姪議和，兵戈漸息，因得延國祚一百五十餘年。我朝則豫親王多鐸奉詔南征，王師所至，迎降恐後，因即平定江南，福王就執。立甫一年，而明亡。此固上天眷顧佑，啓我國家億萬載丕基，而明末君臣，弗克善保其緒，自速危亡，亦足垂鑒奕祀耳。

右明福王。

**同上書卷六十一，《題宋澄泥虎符硯》**

澄泥製已久，吕翁獨擅宋。此硯虎符式，宜是行軍用。四王皆名將，武穆巨擘中。而未終厥志，遭讒抱冤痛。安能草露佈，恢復中原頌。陶泓若有知，亦自懷慚慟。

**同上書卷七十二，《岳武穆祠》**

相過【平聲】必紀詩，忠勇實嘉之。屈死夫何恨，每生豈肯為。存心義有素，報國志無移。飛白曾觀諭，由來情見辭。【內府藏宋高宗付岳飛手敕，云"卿盛秋之際提兵按邊，風霜已寒，征馭良苦如是，別有事宜，可密奏來。"云云。初無督令恢復之語，其願與金國議和之意已隱然言外矣。】

**同上書同卷，《金鼓洞》**

深沉洞穴鎖巃嵸，異響常因吼謖風。武穆孤墳近其下，至今金鼓氣猶雄。

**撰:《御製詩集·五集》卷一，《五經萃室聯句》(節選)**

祖有賢孫岳家幸，國微良將汴基傾。【御製記褒岳飛之忠而被禍，為宋高宗自壞長城，且喜珂之能繼家聲。】是君是相一德格，稱姪稱臣半壁撐。【高宗信秦檜和議，檜第中建閣，賜額曰"一德格天"，以示君臣同德。旋至國勢日削，稱姪稱臣，東南半壁漸不能支。御製記中責其信奸忘讎，洵為誅心之論。】割地議堅謀檜咼，【臣紀昀。】籲天錄就雪韓彭。【珂作《籲天辨誣錄》，白其祖冤。昭雪後，又作《天定錄》以紀之。】報施豈爽踈非漏，尤怨均蠲陂亦平。珂爾紹聞衷款款，【臣彭元瑞。】遷偏抱憤語硜硜。【司馬遷《伯夷列傳》舉顏淵、盜跖之事，謂:"天之報施善惡，或有所爽，夷齊之死，或有怨尤。御製文嘗闢其謬。珂為飛孫，能紹聞經訓，可見天之報施善人，原自不爽，而流俗怨尤之見，可以胥泯。玆御製記末及之樹義，有聞天道人心，至為廣大。】

**同上書卷六，《題岳武穆墓》**

六番經古墓，無不著吟頻。武更文雙濟，忠兼孝兩真。洞猶金鼓作，【《西湖志》載:棲霞嶺北有金鼓洞，昔人伐石其間，聞金鼓作乃止。庚子有句云"武穆孤墳近其下，至今金鼓氣猶雄"。】世早宋金湮。新得五經萃，欣他有後人。【武穆之孫岳珂曾刻五經，其鏤板工緻，用意精審，即宋板最佳者亦不多見。《天祿琳瑯》中向有岳氏所刻《春秋》，昨歲癸卯，復得岳氏刻《易》、《書》、《詩》、《禮記》四經，數百年後分而復合，實藝林勝

事。因合弆於昭仁殿後楹，名之曰“五經萃室”，並命武英殿仿刻頒發，以壽世而公來者。】

**同上書同卷，《金鼓洞口號》**

孤墳武穆近堪尋，風作常聞金鼓音。木石無知猶若是，宋家君相獨何心？

**同上書卷五十六，《題〈宋高、孝法書合册〉》**

宋帝率能書，石渠藏屢有。茲册合高孝，三希刻曾久。幾暇偶展觀，謂昔鑒失苟。全書蘇軾詩，題識無其後。【末祇有御書之印一，並無款識。】地黄昨闢蘇，不復摛吟口。但如馬喻身，蘇宜帝何取。【軾自喻馬可也，高宗身為帝，無恢復之志，書此詩，自卑以擬老馬，是益可鄙也。書亦遜賜岳，《三希堂法帖》中並有宋高宗賜岳飛手書，清健流麗，此頗不及。】頗疑出僞手。既成弗可更，遂過吾自醜。

## 厲鶚

**撰：《南宋雜事詩》卷六**[①]

東朝鑾馭朔方歸，南面方知樂事稀。可惜岳將軍不見，深宮只著道家衣。【《二老堂雜誌》：紹興十二年，太母還宮。上曰：“朕自東朝之歸，方知南面之樂。”中書舍人程敦厚行。太后姪女韋氏十娘，封郡夫人。制全用上語。《七修類稿》：韋太后北歸，至臨平。因問何：“不見大小眼將軍耶？”人曰：“岳飛死獄矣。”遂怒帝，欲出家，故終身在宮中道服也。】

**撰：《宋詩紀事》卷七十五，《陳文龍》**

文龍，字志忠，一字君賁，興化軍人。咸淳四年，廷對第一。累遷参知政事。元兵至杭，文龍乞歸養。益王立於福州，復拜参知政事，充閩廣宣撫使，即興化軍開閫。元兵攻城，通判曹澄孫降，俘至杭，餓死。訃聞行朝，謚忠肅。【《三柳軒雜識》：陳文龍，度宗朝狀元也。德祐末，歸守本州。北

---

① 按：《南宋雜事詩》凡七卷，清沈嘉轍、吳焯、陳芝光、符曾、趙昱、厲鶚、趙信七人同撰，卷六為厲鶚撰寫。

兵入閩，不屈。生縛之至杭，病卒於杭之貓兒橋巷。初，文龍入太學，累試不利。太學守土之神，岳侯也。一夕，夢神請交代，意必老死於太學，常悒悒不樂。既而赴廷對第一，仕宦日顯，前夢不復記矣。及守鄉州，又夢神通書，閱書前面曰："交代後，書年月至元。"心甚慢之。未幾，國亡城陷，家殘身俘，至杭，幽於太學之側。】

**同上書卷八十，《滕塛》**

塛，字仲塞，號星崖，婺源人。【汪幼鳳云："星崖常命其兄子舜父求文丞相遺墨。舜父得所書《過金陵驛》詩，以歸日懸於堂，焚香拜泣。又過西湖，拜岳將軍墓，有"相對含悲石翁仲，老衰無淚落秋風"之句。其忠義，蓋天性也。】

# 汪由敦

**撰：《松泉集》卷一，《西湖競渡詞》**

午月午日日卓午，水馬奔騰振鼉鼓。金支翠羽獵獵斜，彷彿馮夷挾風舞。紛挐桂楫競盤空，蜿蜒倏忽雲吞吐。鬐爪之而白浪翻，舴艋攀鱗百千聚。中流畫鷁鏡奩中，五尺珠簾淡容與。杏衫輕壓赤靈符，艾虎斜牽長命縷。六橋濃柳新蟬沸，橋上遊人薄醉語。水嬉勝事盛東吳，此日招魂彷荆楚。美人香草寄幽憂，大夫日月並千古。噫嘻往事紛可數，自昔孤臣遭際苦。不見棲霞嶺宋岳鄂王墓對三台山明於忠肅公墓，兩代忠魂一抔土。南枝蟉結閟幽宫，鐵人剥蝕埋荒莽。銜哀冰上鷺鷥飛，松楸雺雺神靈雨。蛟龍攫食東門蕪，虎豹當關帝閽阻。燐燐碧血射寒烟，岌岌雲冠委芳杜。綠水青山到處愁，悲歌重借離騷譜。痛飲蒲樽放棹囬，荷蓋亭亭隔前浦。空明窈窕浸山脚，南高北高鬥眉嫵。我乘新月作曼聲，定值鮫宫弄珠女。

# 沈季友

**編：《檇李詩係》卷六，《樂架閣善》**

善，字為之，岳忠武王之後。當時有所避忌，變聲為樂。元季寓嘉，官江浙行中書省架閣庫管勾。受知於平章政事徹爾特穆爾，因哭其父左司員外，嘔血而卒。

## 吳景旭

**撰：《曆代詩話》卷七十，《選野君續本》**

望郎不歸春又深，相思敲斷碧瑶簪。南高峰頭有香願，早買湖船出湧金。西子湖邊楊柳枝，千條萬縷盡垂絲。東風日暮花如雪，飛入雕牆兩不知。春來芳草踏成蹊，半是車輪半馬蹄。多謝清明三日雨，舊痕新緑一般齊。湖日初明湖水涯，門前鵲噪郎到家。折得草花還自喜，插向阿奴雙髻了。春風楊柳緑絲絲，似妾千思復萬思。妾家有酒沙糖味，郎若來嘗便得知。杏子單衫窄樣裁，荷花嬌貌一般開。心中有事誰知得，酸去酸來只怨梅。討筊祈籤問後因，大槐宫裹話前程。憑君金玉過於斗，四月啼鵑能幾聲。一灣高岸幾家船，聚族成村到市廛。解語小兒知物價，而今猶數宋時錢。酒盡壚青客未休，脱衣走馬恣風流。西湖亦有横塘曲，一拍風吹入秀州。錦馬穿花十八娘，春風吹過草生香。珊瑚鞭墜不回顧，卻折柳枝三尺長。白公堤畔草離離，别樣湖山絶可思。箇中風景誰當似，蘇小當年未嫁時。雙雙夫婦進香歸，北到孤山南淨慈。偶向岳王墳裹過，囑郎須買耍孩兒。南屏鐘罷黑稜層，二十亭亭月二更。畫舸香車都不見，西陵橋下數漁燈。湧金門外水微茫，問水亭邊上小航。三十六橋隨意去，阿誰風色似錢塘。湖南柳大解拖煙，湖北花開不賣錢。儂正南來郎北去，相逢憎殺兩來船。杭州纖趾四方傳，踏破蘇堤一寸煙。新月吐時真像月，蓮花開處又生蓮。個個春衫簇繡裙，滿湖風月幾家分。妾心堅似南山石，郎情薄似北山雲。陸公祠下酒如泉，十五小姬向晚妍。兩頰欲言紅似火，低頭學索酒家錢。人依三竺結樓臺，竹嶺松坪酒肆開。貸得僧錢娶新婦，夜深花燭拜如來。大小兩山猶號孤，虧儂獨自住西湖。少年若也能留佩，何必兒家日望夫。青陽處處賣湖堤，白墮家家颭水旗。不道岳墳春似海，果然人像午潮時。一群野烏立樹了，一雙好鳥睡淺沙。生憎我郎顛倒甚，藕花不采采梨花。西子湖頭賣酒家，春風摇蕩酒旗斜。行人沽酒唱歌去，踏碎滿街山杏花。横塘秋老藕花殘，兩兩吳姬蕩槳還。驚起鴛鴦不成浴，翩翩飛過白蘋灘。紅漆車兒駕白羊，吳鹽空灑竹枝香。不知羊角如心曲，纔聽車輪欲斷腸。

# 王奕清

**編:《御選曆代詩餘》卷一百十七,《詞話【南宋一】》**

岳侯,忠孝人也。其《小重山》詞,夢想舊山,悲涼悱惻之至。詞云:“昨夜寒蛩不住鳴,驚囬千里夢,已三更。起來獨自遶階行,人悄悄,簾外月朧明。白首為功名。故山松菊老,阻歸程。欲將心事付瑤琴,知音少,絃斷有誰聽。”【《古今詞話》】

武穆《賀講和赦表》云:“莫守金石之約,難充谿壑之求。”故作詞云:“欲將心事付瑤琴,知音少,絃斷有誰聽?”蓋指和議之非也。又作《滿江紅》,忠憤可見,其不欲等閒,白了少年頭,足以明其心事。【《話腴》】

# 黃永

**[清] 孫默編:《十五家詞》卷十六,《溪南詞》,《湯陰謁岳武穆廟》**

身在尚無家,身死家何地?縱使游魂遍九州,不向湯陰住。

有恨化為雲,無淚飛成雨。若變啼鵑何處歸,趙氏孤兒處。

# 陸求可

**[清] 孫默編:《十五家詞》卷二十,《月湄詞》,《拂霓裳·湖上月》**

月團圞,瓊樓玉宇淨無煙。金波耿,蒼茫雲水遠相連。湖山增皎潔,花柳門嬋娟。漾清漣。一聲聲、摇過採蓮船。

謫仙已往,空泠落,錦袍鮮。誰乘興,騎鯨捉月上青天。清暉涵碧下,香霧岳坟前。列芳筵,願年年夜夜、總長圓。

# 後　記

2012 年，在學校領導和岳氏後裔賢達、全國岳飛思想研究會會長朝軍先生的共同推動下，南昌大學岳飛研究中心正式成立，朝軍先生出任中心主任。中心成立前，我就和朝軍會長商量編纂一部岳飛研究資料的文獻集成。隨着中心的成立，“岳飛研究資料滙編”的想法也就開始付諸實踐。經過反復商討，我們決定從《四庫全書》這部大叢書入手。2013 年 1 月，西南大學馬強教授發表《“岳飛學”構建芻論》一文，提出編纂“岳飛文獻集成”是當代所謂“岳飛學”構建的重要內容，與我們的想法不謀而合。其後，馬強教授對《滙編》的編纂體例也提出了非常中肯的建議。

《滙編》的初期輯錄、點校工作主要由岳飛研究中心的同人和研究生完成，分工如下：

策劃：岳朝軍、王德保、岳湛

經部：王德保、邱明

史部：宋三平、王德保、楊揚、朱一華、邱明

子部：段曉華、楊笛

集部：王德保、段曉華、陳豔雲、郭平、李苒苒、潘琦巍、邱明

初期工作始於 2012 年 6 月，訖於 2013 年初。此後由段曉華老師和我進行二期審稿，碩士生楊笛和邱明則進行覆核。八個月後，我將二審後的書稿交請本校前輩學者俞兆鵬教授審閱。俞老欣然接受，以耄耋之齡，宵衣旰食，將一部近百萬字的書稿審閱完畢，對收錄內容、編纂體例提出了精審的修改意見。其淵博學識和嚴謹學風，直令人肅然起敬。也保證了本書的編纂品質。

在《滙編》的編纂過程中，著名學者史式、龔延明等諸位先生都提供了卓有成效的建議。全國岳飛思想研究會會長岳朝軍先生、副會長岳湛先生一直關注本書的編纂過程，提出了許多寶貴意見，為本書的出版做出了極大的貢獻。在出版過程中，本書得到中國社會科學出版社的任明先生的幫助和指導，藉此機會一並致謝。

值今付梓之際，在此向为本書編纂出版付出心血的各位學者、同人、同學致以最衷心的感謝。